统治史

The History of Government

S.E. Finer

卷一：古代的王权和帝国——从苏美尔到罗马

卷二：中世纪的帝国统治和代议制的兴起——从拜占庭到威尼斯

■ 卷三：早期现代政府和西方的突破——从民族国家到工业革命

本卷以日本德川时期为开端，接着评述中国的清朝、奥斯曼帝国和莫卧儿帝国，以及英国、法国和西班牙的民族国家和代议制的兴起，随后考察文艺复兴和新教运动后欧洲各国和美洲殖民地政治制度的突破性发展，最后对三大革命（美国革命、法国革命、工业革命）影响下的“现代国家路径”进行了概要性评述。

THE HISTORY OF GOVERNMENT FROM THE EARLIEST TIMES III

统治史

卷三

Empires, Monarchies, and the Modern State

早期现代政府和西方的突破

——从民族国家到工业革命

[英] 塞缪尔·E·芬纳 著
马百亮 译

华东师范大学出版社
上海

VI HORAE
华东师范大学出版社六点分社 策划

目　　录

第四部分　旧帝国和新君主制(1500—1776 年)

亚　　洲

第五部分　通向现代国家之路

第四部分　旧帝国和新君主制
（1500—1776 年）

综　　述

[1065]从 1500 年至 1776 年，两项技术进步大大刺激了全世界范围内统治史的发展。这两个进步分别是枪炮（尤其是火炮）和远洋帆船，二者结合，成为“可以向四面八方快速发起炮火攻击的水上堡垒”。[①]正是借助这些坚船利炮，欧洲人不仅征服并定居美洲，还在整个南亚和东南亚建立了防守森严的贸易站。对于后者，其势力范围只局限于铁甲战船所能保护得到的区域，其他地方则鞭长莫及。从这个意义上讲，这两项进步十分重要，它们使罗马帝国之后的欧洲第一次在世界历史舞台上扮演十分重要的角色，而同台演出的还有其他三个伟大的国家体制，它们分别是伊斯兰国家、印度和中国。攻城炮的重要性在于它比这种新型的战船更加普及，它使全世界的每一个中央政府都得以强化。火炮可以攻破贵族城堡的护墙，以此将权力集中到君主手中，这一点是欧洲历史传统观点的一部分。所谓的“新君主制”就是其直接结果。出于同样的原因，欧洲所发生的这一切在亚洲也发生了，而其结果就是被称为是“火药帝国”[②]的出现。

---

① 转引自 M. Howard，“欧洲扩张中的军事因素”，载于 H. Bull and A. Watson，《国际社会的扩张》，第 34 页。

② 我不知道这一表达是否为 McNeill 所发明，如果的是的话，应该向其表示祝贺，但是他多次使用这一表达。参见 W. H. McNeill，《竞逐富强-西方军事的现代化历程》(Blackwell，牛津，1982 年)，第 79 和 95 页。

无论是莫卧儿帝国(巴布尔,1525年),沙皇俄国(伊凡三世,1480年),还是奥斯曼帝国(1453年攻占君士坦丁堡),它们的中央集权都是建立在火炮的使用之上。的确,萨法维帝国的建立并非如此,但在阿巴斯大帝(1587—1629年)在位时,中央集权的巩固同样是借火炮之力来完成的。在中国,满族人从1642年开始对明朝的征服也是仰仗其火炮之优越,而日本之所以能够结束不同家族之间的斗争并建立中央集权政府,很大程度上也要归功于手枪和攻城炮的使用,因为只有这样才能攻破大名的城墙。对于无论是中国还是日本的军事传统来说,这些枪炮的使用是为人们所不齿的,尤其是在日本,自从1638年开始奉行闭关锁国的政策时起,武士等级就将手枪扔到一边,重新捡起了长剑。

[1066]在这一阶段初期,要说欧洲支配着整个世界,甚至说它可能会支配整个世界,都是不可能的。在1500年,世界的未来似乎还掌握在传统的亚洲帝国手中,尤其是穆斯林帝国,因为伊斯兰教的影响虽然在西班牙和莫斯科公国有所衰落,但在其他地方有了很大的发展,如巴尔干地区,非洲,印度,东南亚和中国的西北部地区。

但是两个半世纪之后,事情的发展看起来就有些不妙了。虽然这些帝国中的大部分依然形势良好,但是从1500年起,一个新的角色开始登上世界历史舞台,它就是所谓的"欧洲国家"。简而言之,欧洲最终总算对国家进行了改造。虽然从结构上讲,这样的欧洲国家和我们前面所遇到的君主制政体十分相似,但它却拥有一些新的特征,因此成为当今世界范围内政治事务的典型单位。不仅如此,它还气势汹汹、无所畏惧、侵略性十足,借助前面提到过的坚船利炮,把自己武装得十分强大。

有些历史学家认为从1500年起,欧洲的国家体制就开始优越于亚洲,至少从发展潜力上看是如此。①实际上,有些热心追捧者将这种体制的内在优越性追溯到12或13世纪。②甚至还有两三位历史学家声称这种优越性植根于欧洲中世纪的黑暗时代。他们认为黑

① 如E. L. Jones,《欧洲的奇迹》(剑桥大学出版社,剑桥,1981年)。
② 如J. A. Hall,《权力与自由》(Blackwell,牛津,1985年)。

暗时代之所以得名，是由于我们对当时历史的无知。①还有其他更加温和的人士，断言说欧洲的政体对于亚洲的优越性是从1700年以后才开始表现出来的。②法国历史学家布罗代尔的看法总是值得我们的关注，他将这个时间定在19世纪初的20多年。③我个人更倾向于将亚洲帝国明显衰落的时期放在18世纪下半叶。要想将对这个问题的探讨继续下去，最好的办法是将这些国家在1500年的状况和1750年进行比较。

这样，本部《统治史》就开始有点音乐上赋格曲的味道。最初我们描述了各个独立的国家，如埃及和美索不达米亚平原上的国家，还有在其间隙建立并在很大程度上效仿它们的国家。[1067]希腊和罗马的国家紧随其后，两者之间互相渗透，互相影响，但是中国历史的发展却与此完全独立。此后，越来越各具特色的国家体制涌现出来，常常是互相隔离，互不干扰，如哥伦布到达之前的美洲、西欧、南亚、东南亚和远东。实际上它们完全可以说是“生活在各自的世界里”，这里的人们“几乎不知道在他们的帝国之外还有一个世界”。④但是从16世纪开始，随着欧洲对南美洲的征服和对东方的渗透，它们之间越来越相互依赖，相互模仿。就像一首乐曲的赋格，先是一种政体，接着是另外一种政体，然后是某些政体之间的转换，最后这些政体混合到一起，直到1750年，整个世界都几乎要采用一种国家体制，获得了一种普世性。

当然，欧洲只不过是亚欧大陆西边突出的一块，传统的亚欧分界线是乌拉尔山脉。因此，下文1500年世界上各个国家的政治地名表将以此为参照，先从其东部说起，然后再一路向西。

乌拉尔山脉的东部是绵延不断的大平原，包括今天的西伯利亚，前苏联的中亚部分，还有蒙古国。当时西伯利亚的原住居民可能还

---

① M. Mann，《社会权力的来源》(剑桥大学出版社，剑桥，1986年)，第1卷，第377页；R. Hodges，《黑暗时代的经济》(Duckworth，伦敦，1982年)。只要读一下都尔主教格雷戈里的作品就知道了。

② W. H. McNeill，《西方的兴起》(芝加哥大学出版社，芝加哥，1963年)。

③ F. 布罗代尔，《15世纪至18世纪的物质文明、经济和资本主义》，三卷本(Collins，伦敦，1981—1984年)，第3卷，第467—533页。

④ O. Hintze，《奥托·辛策谈历史》(牛津大学出版社，牛津，1975年)，第165页。

不到20万人，①而其南部的突厥斯坦（即里海以东广大的中亚地区）人口却多达350万，强大的希瓦汗国，布哈拉汗国和费尔干纳汗国都位于此处。西伯利亚的人口大部分是游牧民族，属于蒙古人种，其南部的这些汗国都建立在绿洲之上，这里的人口主要是突厥族。其通常的统治模式遵循的是伊斯兰的传统，权力由乌勒玛集团和可汗共同掌握，各个强大部族的首领可以对可汗提出挑战，而不是与其共同统治。这种结构虽然有点摇摇欲坠，权力的界线很模糊，可汗的更换也很频繁，但这些国家却相当强大，足以击败来自北部大草原上的游牧入侵者。

由此继续向南，与其紧邻的是面积广大但却只有大约400万人口的伊朗。在先是伊尔汗国，接着是帖木儿王朝，最后是白羊王朝的统治之下，这个古老的国家行将解体。1502年，伊斯梅尔一世（Shah Ismail）将其攻占，建立了萨法维帝国，这个帝国延续了很长时间。

在伊朗的东部和东南部是印度，这里人口密集，多达一个亿。[1068]在这里，"老虎"巴布尔利用猛烈的炮火攻击，粉碎了无能的德里苏丹所率领的军队，建立了强大的莫卧儿帝国。与其相比，在当地君主的薄弱统治之下，只有100万人口的小国锡兰却四分五裂。

在伊朗的东南部是四个缅甸王国，人口有400万，还有强大的泰王国，人口200万。和泰王国接壤的是侵略性十足的越南安南王国和柬埔寨的高棉王国，两个王国的人口总数约400万。此时的马来群岛分崩离析，出现了上百个小国。

在远东，庞大的明帝国正处于其鼎盛时期，固若金汤，坚不可摧，人口多达1亿5000万。与其相比，拥有1700万人口的日本则相形见绌，在此后的一个世纪里，日本各个大家族之间将展开无休无止的战争，于是这一阶段也成为名副其实的"战国时期"。

此时亚洲的人口约2亿700万，而欧洲即使算上奥斯曼帝国，总人

① 此处和后面对人口的估计数字源自两本书，分别是C. McEvedy和R. Jones的《世界人口史地图册》（Allen Lane，伦敦，1978年），和J. R. Hale的《文艺复兴时期的欧洲，1480—1520年》（Fontana，伦敦，1971年），后者主要是关于欧洲国家，前者也涉及到了亚洲国家，但是关于欧洲部分，两书差别不大。

口也只在 9000 万和 1 亿之间。

乌拉尔山脉向西就是广袤的莫斯科公国，信奉东正教。就在 1500 年前不久，这个国家还附属于南部的穆斯林鞑靼人的金帐汗国，但是在 1480 年，伊凡三世以重型火炮攻占诺夫哥罗德，从此摆脱了鞑靼人的控制。伊凡三世自称"沙皇"，以独裁者的身份进行统治。这里没有城市或地方派系之争，却有称霸一方的特权贵族地主。除了天寒地冻的北部地区之外，莫斯科公国其他三面皆为陆地所包围。在莫斯科公国和黑海之间是鞑靼人克里米亚汗国，此时依然十分强大。再向南就是奥斯曼帝国的疆域，而向西和波罗的海之间是普鲁士的条顿骑士团国和波兰-立陶宛。

逊尼派穆斯林的奥斯曼帝国是亚洲第四大帝国，它"和欧洲对立，和基督教世界对抗"，"面积极其广大"，①但即使算上其欧洲部分，人口也不超过 1000 万。15 世纪时，在帖木儿的攻击之下，奥斯曼帝国几乎崩溃，但是却在 1453 年攻占君士坦丁堡，完全消灭了拜占庭帝国，还于 1517 年吞并了叙利亚和马穆鲁克埃及。这里我们要注意一点，即这两件事都是借助重型火炮来完成的。1521 年，苏莱曼大帝即位，这标志着奥斯曼帝国达到了势力的巅峰，其面积也从巴尔干地区一直延伸到多瑙河流域。

在奥斯曼帝国的东部边境和俄国的边境之间是广阔的罗马天主教国家立陶宛-波兰，其人口为 900 万。[1069]其政体和俄国恰恰相反，实行的是选举君主制，虽然君主只能从亚盖洛家族(Jagiellons)选出，但是权力却正在迅速地向贵族等级手中转移。1493 年成立议会(Sejm)，包括上下两院，上议院由大贵族组成，下议院由小贵族组成。1501 年，这个国家正式宣告成为"共和国"。波兰-立陶宛和莫斯科公国的南部是荒野的大草原，居住着来自两个国家的逃亡者，他们就是哥萨克人。在这里，他们建立了原始形态的组织自治。

波兰属于拉丁基督教共同体的一部分，没有受到蒙古人的入侵，逃脱了莫斯科公国后来所遭受的被鞑靼人支配的命运。因此，比起莫斯

① 布罗代尔，《15 世纪至 18 世纪的物质文明、经济和资本主义》，第 3 卷，第 467 页。

科公国野蛮的原始主义,波兰更加欧洲化。波兰的西邻波西米亚王国和匈牙利王国更是如此,这两个王国实行的是选举君主制,前者人口300万,后者125万。和波兰的君主一样,两个王国的君主受到强大的土地贵族的种种约束。

除了匈牙利人是马札尔人之外,上述所有这些东欧独立国家的人民都属于斯拉夫族。在西边和其紧邻的欧洲中间地带,最北端是斯堪的纳维亚人,中欧是日耳曼人,阿尔卑斯山以南则是意大利人。夹在其间的是瑞士联邦和奥地利大公国。奥地利大公来自于哈布斯堡王朝,随着其家族历史的发展,他们逐渐统治了附近的施蒂利亚和提洛尔。这里成为新兴的哈布斯堡帝国的核心地区。这个帝国很幸运,其扩张之路不是通过战场上的兵戎相见,而是通过一次次的家族联姻。像这样一些不同地区的所有人民都效忠于同一个家族,这就是在欧洲背景下被称为是“王朝”国家的典型。在这一阶段,它还只不过是几个地区之间的共主联邦,还说不上是真正意义上的国家。瑞士联邦有人口75万,是好战的农民和市民共同体之间的松散联盟,因此构成为数不多的共和国。

由此向北直到波罗的海,这片现在被称为德国的土地是几百个小国的联合体,其中有些真的很小,这里的总人口大约在1700万和2000万之间。据说这些小国大部分都是神圣罗马帝国的一部分,而这个政治结构几乎没有一个符合国家的特征。皇帝虽然是选举出来的,但通常是在哈布斯堡家族内部产生,而从1438之后则总是如此了。此时的新皇帝的马克西米连(1493—1519年在位)正要努力使这个非正式的国家成为通常意义上的政治机构。

[1070]1397年,斯堪的纳维亚半岛上的挪威王国、瑞典王国和丹麦王国结成卡尔马联盟,三个王国的总人口约200万。此时这个联盟正在解体。1523年,古斯塔夫·瓦萨(Gustavus Vasa)率领瑞典人将他们痛恨的丹麦人赶出自己的王国,重获独立,建立了好战的瓦萨王朝。

与此同时,在阿尔卑斯山以南,意大利各民族已经形成了高度复杂的势力均衡体制,这个体制由11个小国家构成,其中包括拥有巨大海上帝国的城市共和国威尼斯，人口 150 万；米兰公国，人口 125 万；城市共和国佛罗伦萨，人口 75 万；由教皇任命统治者的教皇国，人口 200 万；更小的共和国热那亚，卢卡和锡耶纳；小公国费拉拉，摩德纳和乌比诺；此外还有曼图亚侯爵领地和位于半岛南端的那不勒斯王国。这些意大利国家的总人口约 1000 万。

最后，我们开始探讨分别被称为大西洋国家、新君主国和民族国家的政体。就像被人嘲讽的那样，英格兰只是“半个岛屿”，北部的苏格兰王国相对贫弱，人口 50 万。爱尔兰是英格兰的殖民地，人口约 80 万，这里的人民使用的是爱尔兰语。英格兰的人口只有 300 万，此时刚刚从玫瑰战争中恢复过来，正在开始所谓的“都铎政府革命”，以此将权力集中在国王和议会手中，并开始解除贵族的武装。其宿敌法国面积更为广大，也更为富有。在此前的 50 年里，一个又一个采邑落到了法国皇帝手中，因此，此时法国直接控制着默兹河-罗纳河以西的几乎所有地区。法国的人口约 2000 万，是欧洲人口最多的统一国家。法国最大的对手是西班牙，此时被称为“las Espanas”，是以复数形式出现的，由此可以看出它是新统一的国家。1479 年，阿拉贡的斐迪南二世和卡斯蒂利亚的伊莎贝拉一世的联姻将两个古老的王国联合到了一起。1492 年，这对天主教双王征服了格拉纳达的摩尔人王国。那瓦拉还是独立的王国，大西洋沿岸的葡萄牙王国也是独立的。后者的人口约 100 万，西班牙的人口有 650 万。这两个国家虽小，但在军事上十分重要，这是航海大发现的结果，这种发现始于 1492 年哥伦布横渡大西洋。这里不妨提前引用英国商务大臣乔治·坎宁的一句名言，“新世界存在是为了平衡旧世界”。

现在我们可以将 1500 年前后的这份地理名录与 1750 年前后进行比较。到了 1750 年，欧洲的人口已经从黑死病的大破坏中恢复过来，增加到了 1 亿 4000 万，在 1500 年的基础上增长了 55%。[1071]亚洲的人口增长了 77%左右，总数让人吃惊，高达 4 亿 9600 万。仅印度的人口就比整个欧洲的人口还要多。

这一时期和前一时期的最直接差异具有全球性的影响，这一差异发生在西伯利亚和中亚的“中心地带”。在 2000 年的时间里，这个地区的游牧民族所向披靡,大军所到之处,东欧,印度和中国都要么被劫掠一空,要么被彻底征服,但从此以后,这一切都将成为历史。

> 在古代和中世纪,马上弓箭手一边冲锋陷阵,一边拉弓射箭,然后再迅速离开。在当时,这种间接的杀伤方式几乎和今天的火炮手一样有效,一样可以将对手打个落花流水。
>
> 这种优越性为什么会丧失呢?为什么从16世纪初开始,游牧民族无法继续支配定居民族了呢?正是因为后者有了火炮与其对抗。借助这种武器,仿佛是一夜之间,他们获得了一种人为的优越性,几千年的关系由此开始发生逆转。利用炮火攻击,伊凡雷帝驱散了金帐汗国最后的继承者,清朝的康熙皇帝让卡尔梅克人闻风丧胆,这标志着世界历史上一个时代的结束。有史以来第一次,但也是一劳永逸地,军事技术扭转了乾坤,文明世界变得比蛮族更加强大。①

在南部的绿洲之上,各个穆斯林汗国依然存在,但西伯利亚此时到了俄国人手中。俄国人一路向东扩张,1740年左右到达白令海峡,但是其扩张受到强大的清帝国的阻挡,后者将边界定在阿穆尔河。这些汗国的南部是伊朗,此时人口为550万。1747年,波斯帝国在纳迪尔沙汗(Nadir Shah)的统治下达到了军事力量和政治势力的巅峰。但在他于1747年去世后,这个帝国马上开始崩溃,在政治上变得无足轻重。由此继续向南就到了印度,这里的人口已经增加到了1亿7500万,但是莫卧儿帝国已经解体,分裂成很多个国家。这些国家之间战乱不休,这种你死我活的敌对状态为英法两国在印度的贸易公司提供了十分有利的机遇。几乎就在这个世纪的中叶,也就是1751年,英国的罗伯特·克莱夫攻占了卡那提克的首府阿尔科特,并经受住了其后的围攻。这个时间具有历史性的意义,它标志着英国开始了对印度长达两个世纪的政治支配。

① R.格鲁塞,《15世纪以前的东亚帝国》(法国大学出版社,巴黎,1941年),第2卷。

此时，拥有150万人口的锡兰已经被荷兰支配了很长时间，与其遭受同样命运的还有马来西亚和印度尼西亚，后者的人口为1700万。早在1517年，西班牙就发现并吞并了菲律宾，在那里进行殖民，并使当地人皈依天主教。此时，菲律宾的人口有175万。但是在东南亚欧洲人遭到了更多的抵制。越南分成了两个王国，但它们都是独立的。[1072]暹罗通过一次宫廷政变将所有的欧洲人驱赶出去，在此后的150年里，一直奉行闭关锁国的政策。重新统一的缅甸王国人口为550万，对所有的邻邦展开扩张性的侵略，欧洲人并没有去招惹它。直到很久以后的19世纪，当它向北入侵时，才和大英帝国在印度的势力发生冲突。

中国和日本不仅仅是独立的国家，而且还生活在各自的世界里，自成一统。清帝国的人口不少于2亿1500万，1751年，它正在合并西藏、准噶尔盆地和塔里木盆地。无论是稳定性和国力，还是繁荣程度，以前的朝代都无法与其相媲美。通过专门的政策，它和欧洲的唯一联系是通过特许的条约口岸澳门来实现的。1638年，日本的德川幕府执行了与此类似的政策。从1600年起，德川家族已经借助重型火炮，实现了国家的统一。此时的日本繁荣昌盛，人口多达2900万。

可见，在1750年，亚洲的国家依然十分富强，人口众多。的确，伊朗和印度曾经非常强大的帝国现在已经崩溃，但是前者有很长的解体再复兴的历史。就印度而言，如果说1750年时，这块次大陆已经处于失去独立的边缘，这也完全是站不住脚的。和伊朗一样，印度历史上也经历了多次先分裂后统一的时期，并且每一次统一后都变得更加强大。欧洲势力的渗透最为明显的一个地区是东南亚的众多群岛。这个事实为1750年的形势提供了一种解释，即除非就像是在中国和日本那样，被毫不客气地驱逐出去，欧洲人能够、并且也的确渗透到了沿海一些坚船利炮和保护港范围所能允许的地方，但是这样的地方既不多，也没有强大到使其能够征服内陆地区。

虽然如此，我们好奇的不是为什么欧洲人没能征服整个亚洲，而是他们为什么能够渗透那么远。在1500年之后的两个半世纪里，亚洲肯定发生了一些重大的变化。事实的确如此。此时，欧洲在科学和技术上已经居于领先地位，随着时间的推移，和智识上停滞不前的亚洲之间差距越拉越大。就像我们不遗余力地要强调的那样，技术方面发展最快的就是“坚船利炮”方面，但是这种优越性反映了在智力、经济和政治领域的一种总体进步。就经济而言，欧洲国家，尤其是莱茵河和多瑙河南部和西部地区，已经形成了广泛的内部贸易，从前面的段落可以看出，除了中国和日本那些被与世隔绝的地区之外，和世界其他地方之间的贸易也十分活跃。[1073]这种贸易，再加上制造业和农业方面的技术进步，大大提高了人均占有财富的数量，使前面提到过的人口大增长成为可能。

此外，欧洲人还对国家进行了改造，中世纪时权力分散的封建君主制不见了，取而代之的是分界明确的各个区域单位，拥有共同的政治上级，这些单位之间互相承认各自在边界之内完全自由地任意行事的权力，简而言之，就是独立自主。从1500年前后开始，几乎所有这一类国家，①无论是像俄国这样的专制国家，还是像英国这样的议会国家，都呈现出至少五个崭新的、显然不同于中世纪的特征，分别是常备军，专门的官僚机构，财政上的中央集权，广泛的贸易网络，还有就是和其他主权国家之间制度化的外交对话。这种新型欧洲国家的独特性绝对不止这些。随着国际法的出现和势力均衡政治理论和实践的发展，产生了国家之间持续性的外交活动和永久性的使馆。实际上，除了这两个特征是欧洲所特有的，亚洲国家不仅表现出其他所有特征，而且就像我们看到的那样，很早就已经这样做了。但是新型的欧洲国家的确还有某些其他特征，使其截然不同于所有的亚洲国家，其中最为主要的就是其守法性。现在不是对此详细说明的时候，在后面的章节将展开深入探讨。这一点十分重要，它标志着一项革新，它在全世界范围内影响之大，要求我们必须现在就对其加以注意。

记住这一点，我们就可以继续前进，即从乌拉尔山脉一路向西。此时的俄国是一个庞大的帝国，沙皇及其贵族对农奴等级实行专制统治。其疆域从波罗的海一直延伸到太平洋，其南部是日渐衰落的奥斯曼帝

① 主要的例外后文会提到，其中包括波兰，瑞士联邦和尼德兰联合省。

国。俄国面积广大,人口为 1800 万,此时正在欧洲的军事和外交舞台上扮演着十分活跃的角色,不断地对外扩张。

俄国的头号敌人就是奥斯曼帝国,此时的人口为 2400 万。1683 年对维也纳的围困标志着其入侵欧洲所到达的最远距离。根据 1699 年的卡洛维茨条约,它将匈牙利、特兰西瓦尼亚和克罗地亚-斯洛文尼亚割让给了哈布斯堡王朝统治的奥地利帝国。虽然人们多次宣告其灭亡,但最终总是被证明是夸大其词。[1074]在 1750 年,奥斯曼帝国依然相当富有,还垄断着亚洲内部的商队贸易,不让外国的船只驶入红海和黑海。直到 1774 年的库切克凯纳基条约,才将黑海对俄国船只开放。当然,其政治和军事机构正在走向衰落,但是其经济上的崩溃直到 19 世纪的前 25 年才发生,先是在巴尔干地区,然后是在埃及和叙利亚。①

奥斯曼帝国的北面是波兰,其人口基本上稳定在 700 万左右,此时整个国家民生凋敝。在此很早以前,波兰就已经失去了其南部的大草原,因为生活于此的哥萨克人决定走到俄国一边。1772 年,俄国伙同普鲁士和奥地利,夺去了波兰很大面积的领土,这就是"第一次瓜分波兰"。第三次瓜分发生在 1795 年,从此之后,波兰彻底失去了作为一个独立国家的地位。这一命运应该归罪于其毫无生气的政治体制,它实行的是一种极端的、自我挫败式的寡头地主统治。

曾实行选举君主制的匈牙利和波西米亚,现在沦为广大的哈布斯堡帝国的行省。就像刚刚提到的那样,随着奥斯曼帝国势力的衰落,哈布斯堡帝国在巴尔干地区获得了更多领土。在瓜分波兰的过程中,它也分到了属于自己的一杯羹。帝国的总人口为 2400 万,依然是众多行省、公国和侯国的松散联合,但玛丽亚-特蕾西亚和约瑟夫二世马上就要开始实行强有力的中央集权。德国的人口约为 2300 万,依然是由许多小国构成的,按照此时常见的集权模式和官僚模式进行统治。意大利的许多小国也是如此,其总人口为 1500 万,但威尼斯是个例外,依然保留了其寡头共和政体。在构成德国的这些小国家中,有一个虽然人

① 布罗代尔,《15 世纪至 18 世纪的物质文明、经济和资本主义》,第 3 卷,第 469—483 页。

口不多,只有350万,但此时已经成为十分强大的军事力量,它就是普鲁士王国。在1500年之前,这个王国还很不起眼。作为一个王朝国家,从1640年开始,在霍亨索伦家族一系列精明强干的铁腕统治者的治理下,将该家族分散的地区实现了中央集权化、官僚化和军事化,使其成为欧洲治理得最好,控制也最严格的国家。丹麦—挪威王国和瑞典王国军事上的鼎盛早已经成为历史,实行的也是专制君主制。

欧洲国家总体上有实行君主制的传统,但是有两个是例外,一个瑞士,另外一个是尼德兰联合省。波兰的君主制有名无实,每一位上议院议员都享有全权否决权。[1075]瑞士保留了其共和制,但是权力全部落到了寡头手中。原哈布斯堡王朝的尼德兰联合省成功推翻西班牙人的统治,建立了自己的主权国家,实行的是联邦制,中央领导权掌握在总督手中。如前所述,控制这个国家的商人寡头还控制着锡兰和东印度群岛强大而富有的海外贸易帝国。但是在其他地方,如北美洲,其殖民点和贸易站却落到了欧洲最西面的三个国家手中,它们就是所谓的"民族"国家。英格兰已经于1536年和威尔士结成联盟,1707年,通过《联合法案》,苏格兰也加入其中,共同组成大不列颠联合王国,总人口为725万。爱尔兰人口为300万,是一个半自治的行省。此时的法国正处于势力的巅峰,是欧洲人口最多的统一国家,多达2400万,因此无论是军事上还是经济上都很强大。这个可以直接通往大西洋和地中海的国家有一个特征十分奇怪,那就是其海外扩张并不发达。法国首先是一个陆上强国,此时可能是欧洲大陆上最为强大的国家。伊比利亚半岛上的葡萄牙完成复国战争,从西班牙独立,人口950万。自从1713年波旁王朝在这里掌权以来,仿效法国的波旁王朝,实行高度的中央集权,但其经济和军事力量却全面衰退。

虽然如此,这些大西洋沿岸的君主制国家并没有止步不前。1500年以来发生的最重大的变化就是通过这些国家,"欧洲"(无论这个词究竟意味着什么)的范围已经延伸到了海外的大量"鬼亩",到了广大的新世界。葡萄牙在巴西控制着巨大的帝国,西班牙则控制着南美洲的其他地方,还一心想要获得加利福尼亚以南,直到今天的新墨西哥一带。在北美洲,法国的势力正在被英国排挤出来。法国人本来已经在魁北克地区定居，但是在 1757 年，却要将这里割让给英国。由此向南，从名义上讲，法国人控制着北美内陆密西西比河以西的地区，但是英国已经在大西洋沿岸建立了 13 个殖民地，这些殖民地人口稠密，欣欣向荣。英国人把荷兰人从哈德逊河流域驱赶出去，将新阿姆斯特丹更名为纽约。

所有这些大西洋帝国都将各自独特的政治体制移植到了新世界：葡萄牙和西班牙的是专制模式，英国的则是代议制和普通法。[1076]所有这些国家毫无例外地都从事奴隶贸易，进口奴隶，剥削奴隶的劳动。就像布罗代尔指出的那样，对于非洲来说，无论是伊斯兰帝国主义，还是西方帝国主义，两者的活动有一种同一性，即都是“侵略性的奴隶贸易文明”。①

① 布罗代尔，《15 世纪至 18 世纪的物质文明、经济和资本主义》，第 3 卷，第 434 页。

亚　　洲

第一章　德川幕府时期的日本(1600—1745年)

[1077]日本是统治史上的后来者。作为一个国家,其历史从公元645年的大化改新才真正开始。对于统治史的研究者来说,其意义一直很有限。这种状况一直延续到1600年,德川家康在关原合战中击败其他的领主对手。在此之前,日本的统治史一直都在亦步亦趋地模仿中国的唐朝,试图建立中央集权,但结果却是权力越来越分散,敌对家族之间的武士征战不休,也许弥尔顿会称其为老鹰和乌鸦之间的斗争。奈良时代和平安时代十分重要,因为我们可以从中看出此后封建动乱状态的本质,而这种状态的重要性在于它可以告诉我们,至少是从一开始,德川幕府的统治只不过是将这种无政府主义制度化。

这种情况是到现在为止我们在亚洲还从来没有遇到过的,但是却和前面描述过的中世纪欧洲很相似,这个事实本身就很值得好奇。这个政体有点像中世纪后期英国或法国所谓的"变态封建主义"时期的政体,只是晚了两个半世纪而已。它非比寻常,和我们到现在为止所遇到的政体都不一样。因此,虽然其封建结构和欧洲很相似,但是与其相结合的一套价值观却是典型的东亚的,实际上,在很多细节上,是中国式的,例如制度化的不平等,没有个人权利,没有法治,还有无条件的服从。[1078]由此产生的政体是一种专制主义的复合体:一位超级的专制者,即将军,高高在上,通过庞大的世袭武士阶层,控制着一切;从法律上讲,武士阶层高于其他人;通过法律,将社会分成不同等级;这种等级分化是僵化的、固定的;人们的思想和行为都要受到控制。虽然如此,这个国家却能安定有序,欣欣向荣。

从本部《统治史》的角度来看,德川幕府政体的重要性体现在四个方面。首先是其封建主义,虽然和欧洲的相类似,但并不相同,这是一种真正意义上的封建主义,而穆斯林国家的伊克塔制度不是。而这是在和欧洲完全隔绝的情况下出现的。其次,这种政体不仅本身有趣,和其他可能同源的政体之间的比较也很有趣,这样的政体如马穆鲁克王朝,或者是其他的复合制国家,无论是联邦制,邦联制,还是省区制。第三,它将世袭的常备军转变成为文职官僚机构,这一点即使不是完全独一无二,也十分独特。最后这一点要到本书第五部分进行探讨,那就是在幕府政治体制的外壳内部发展出来的社会和经济结构。最后,这些新的发展变得和原有的政治体制背道而驰,而这就为日本 1868 年通过明治维新接受欧洲现代的民族国家模式创造了条件,而这扇大门是 1853 年美国海军准将佩里率舰队打开的。

1. 土地和人民

日本和亚洲大陆之间的最短距离为 110 英里,这段距离并不算远,足以让中国的文化渗透进来,但又不算近,正好可以让日本在想要闭关自守的时候就闭关自守。因此,日本的历史总是两个阶段的交替,一个是自觉自发的向外界借鉴学习,一个是自我隔离。由于唯一说日语的民族就是日本人,再加上到 8 世纪时,剩下的原住民也已经几乎被消灭殆尽,因此,在很大程度上,日本民族从很早就成为“由共同的语言和文化统一起来的同种同宗的民族”。①在漫长的与世隔绝阶段,最初的外来因素被改头换面,获得日本特色。

这些外来因素只有一个源头,那就是中国的唐朝,一个强大而繁荣

---

① 赖肖尔译,《入唐求法巡礼行记》,第 462 页。

的盛世。从6世纪直到10世纪,日本从中国吸收了佛教和儒家思想,汉字和汉语,艺术和文学经典,还一举接受了唐朝整个中央集权统治的制度。对于一个原始、贫穷、基本上处于部落社会的国家来说,最后一点非同凡响。

[1079]随着时间的推移,上述这些借鉴每一项都会获得独特的日本色彩。例如,佛教和本土的神道教泛灵论相结合,发展成为一种救赎主义宗教,如净土宗、日莲宗,或者成为一种对凝神冥思的沉迷,如禅宗,而这些在中国并没有得到如此的重视。这些教派的组织方式就像中世纪西方拉丁基督教的军事修道团那样,互相之间不断展开斗争,有时也和政府为敌。在这方面,日莲宗的和尚尤其突出。从"中国时期"之初开始,儒家思想就无所不在了。其影响时盛时衰,到了德川幕府统治时期,对当时的政治发挥着垄断式的影响。的确,儒家思想和日本民族的许多原有观念高度一致,但是在日本的环境中依然发生了很大的变化。例如,虽然家庭在日本人的价值观系统中也十分重要,十分突出,但却并不像在中国儒家思想里那样至高无上。再例如,中国的儒家思想更重视"文",即文明礼节,而不是"武",即战争,因此士兵地位不高,而士人则成为社会领导阶层。17世纪的日本与此相反,社会精英是那些好战嗜杀的武士,他们以此为标志,以此为自豪,后来甚至通过法律将武士阶层确立为统治阶层。为了调和与传统儒家思想的这一分歧,要求武士在学武的同时,还要致力于文化和艺术方面的修养。①

另一方面,儒家思想也和日本原有的许多根深蒂固的观点相适应,为其提供了哲学上的支撑。和中国人一样,日本人的思维、情感和行动都是从集体出发,而不是从个人出发。这就不难理解为什么会一人犯罪,全家受罚,甚至全家抄斩了。同样,像在中国那样,整个村落要为缴税集体负责,人们被以五户联保或者十户联保的形式拴在一起,这也就没有什么好奇怪的了。儒家思想的保守主义,还有对传统的过分尊重,尤其是五伦观念,所有这些都为日本原有的不平等、等级制度和对社会地位的尊重提供了依据,并使其更加强化。"中国时期"的革新者模仿

① 见原书第1100页。

唐朝的官制，将贵族和官员的分成许多等级，不同等级服装不同，尊卑不同，礼仪也不相同。和中国一样，通过深浅不同的鞠躬和各种各样的敬语称呼，让每个人时刻记住自己的身份地位，并相应行事。直至今日，这在日本社会依然有所体现，只是程度不同而已。[1080]社会地位是世袭的，世袭的概念深入人心，即使地位的持有者在其他方面出现问题，如经济上陷入困境，但这并不动摇其世袭的地位。因此，村落头人或长老的选举不是根据其财富多寡，而是根据其世袭地位的高低，即使不是完全根据这一点，也肯定要对此重点考虑。平等的概念是完全不存在的，相应地，个体在地位更高的人面前也毫无权利可言。所有的重点都放在服从和忠诚上，日本是人们所说的典型的"垂直"社会。垂直的封建关系，缺少相应的"水平层面的关系"，即契约的概念，正是这些使日本的封建主义不同于西欧。

虽然如此，日本也有一些完全是土生土长的价值观和情感，和中国的哲学、宗教和理论没有任何关系，其中有些在政治上十分重要，尤其是荣誉感和其对立面，即羞耻感，后者和中国人的"丢脸"概念很相近。这些情感会促使一位面临道德两难处境的日本人切腹自杀。日本是一个重视"耻"的社会，英雄主义是这个问题的另一方面。武士之道就是视死如归，永不屈服。就像古希腊的斯巴达勇士那样，对于日本武士来说，投降是绝对不可接受的耻辱。武士之道，即"武士道"，是一种行侠仗义的行为规范，从很多方面和中世纪欧洲的骑士精神相类似。说起来有点矛盾，但武士道精神是 17 和 18 世纪武士的军事功能变得多余时的产物，是对其存在合理性的一种辩护。但毫无疑问的是，伟大英雄人物振奋人心的壮举一定在"武士道"出现之前很早就有了。实际上正是这些英雄人物激发了这种勇敢无畏、舍生取义的行为规范。

2. 大事年表

日本的统治史可以有多种角度进行思考，也有多种方式进行分期。但无论以何种方式，有一点很明确，那就是在最初的部落社会之后，天皇曾努力加强中央集权。由于缺少官僚机构的支撑，无法维护社会秩序。从 1192 年开始,部分统治权落到了武士手中,因为他们有能力并且的确维护了社会的稳定。1336 年,武家政权崩溃,取而代之的是与其类似的军国主义政府,而这个政府无法有效控制桀骜不驯的军事阶层。其后的一个多世纪战乱不休,直到 1590 年,丰臣秀吉征服其他的领主,获得支配地位。

[1081]另外一个考察角度和前者并不冲突,是从统治阶层社会来源的变化来看待这种演进。在奈良和平安时代,统治阶层是宫廷贵族和皇室成员,其中许多被派驻各地任地方领主,但是后来他们委派代理人进行统治,自己却滞留皇宫,沉迷在声色犬马之中,但是其收入还是来自领地。这些金翅蝴蝶般的廷臣构成平安时代的宫廷贵族,他们具有非凡的文艺天赋,但是却软弱无能,百无一用,这在紫式部的《源氏物语》一书中都有描述。

天皇没有常备军,每当首都发生骚乱,只能召集西边正在和阿依努族人作战的领主前来平定。这些领主是皇室家族的年轻后裔,他们到各地寻找发达的机遇。最后,这些家族之间展开斗争,直到源氏家族取得领导权,这种状况一直延续到 1333 年。此时的统治阶层是小贵族,他们成为各地的军事长官(守护)和各庄园的地头,和古老的宫廷贵族分享土地的税收,而后者依然保留着其土地所有人的地位。随着新生的、白手起家的领主的出现,这种结构解体。他们剥夺了古老的宫廷贵族和小贵族的地产,将相邻的土地集中起来,组成藩。藩主之间互相斗争,直到德川家康将其全部征服,实现和平,这种和平局面延续了两个半世纪之久。

这段历史或者还可以从封建主义发展的角度进行观察。1192 年前,宫廷贵族利用人们对其习惯性的顺从,直接对国家进行统治,而这一年建立的武家政权则通过其封臣进行统治。这就是日本历史上最早、也是最原始的封建制。此后封建制的形式更加发达,尤其是封土分赐和低级封臣的设置,还有宣誓效忠时所有礼节性的程序。最后一个阶段,即德川幕府时期,就属于这种情况,在强大的中央政权的严格控制之下,和中世纪的法国一样,各个封邑都是其附庸。

日本发生的这一切有些在其他亚洲国家肯定也发生过。例如,日本的奈良和平安时代就可以看成是中国的西周时期,因为其后都是中央权威解体,逐渐落到地方诸侯手中,直到最后几乎完全崩溃,而这些分散的权力后来又集中到越来越少的强大领主手中,直到其中一个兼并其他领主,重塑整个政权体制。可是,这样的类比并不合适。[1082]一方面,西周的继承者实行的不是封建制,而是中央集权制,并且随着时间的推移,中央权威更加强大。另一方面,在日本,各个封邑并没有被获胜的德川势力吞并,而是在德川幕府的框架之内保留了各自的独立自治。

欧洲的经历与其更为相似。我们可以将奈良和平安时期与查理曼大帝的帝国相比。由于缺少有效控制地方的军事和行政能力,两个中央政权都远不能胜任统治的任务,从这个意义上讲,两者都是不成熟的。随着地方领主掌握统治权,无论是和中央政府的代理并驾齐驱,还是取而代之,中央政府的权威都要解体。这种解体愈演愈烈,直到有一天又一位强大的领主成功吞并其他弱小的领主,并以封建的形式建立一些组织有序的行政区,对君主只有名义上的忠诚。但是君主也有自己的势力范围,他也通过战胜桀骜不驯的小贵族来巩固自己的统治,并和强大的地方领主展开角逐,看谁能够更快地兼并更多的领土。有时会出现这样一种情况,君主的势力范围足够广大,其权威也足够广泛,能够控制封建领主的活动,但是却让他们在各自的势力范围之内继续统治。

这些都是两者之间的相似之处。虽然在欧洲这一阶段之后是地方势力的强大,重新和王权展开斗争,直到最后中央政权战胜地方势力,并将其纳入中央集权体制,但是这种情况在日本并没有发生。恰恰相反,当获胜的领主确立了对其他领主的支配地位时,他没有采取进一步的行动,而是维持现状。正是这种奇怪的僵化现状,不仅造成了德川幕府政权这样不大可能出现的结果,而且成就了其独特性,而这正是其有趣之处。

希望通过这些展示日本政体发展的不同方式,可以帮助读者理解下面的大事年表。

2.1　古坟时代(公元 250—710 年)

大和氏族在其首领天皇的领导之下处于支配地位,这就是大和时代。230 年前后,大和民族不断扩张,和原住民族展开斗争。

古坟时代

[1083]约400—450年,采用中国的汉字和文言。

538年,佛教传入。

593年,圣德太子,佛教徒,改革家。

625年,奈良佛教六宗中的第一宗从中国传入。

645年,孝德天皇即位。

646年,大化改新,全盘复制唐朝的政治体制。

2.2 奈良和平安时代(710—1192年)

天皇是行政首脑和最高祭司,由以太政大臣为首的太政官辅佐。地方行政机构的设置仿照唐朝。文化出现大繁荣。努力使佛教成为国教。

奈良和平安时代

710年,迁都奈良,进入奈良时代。

743年,颁布《垦田永世私财法》,规定垦田永世归开垦者私有。这一规定使班田制遭到破坏。

792年,废除地方武装,取而代之以守卫。

794年,桓武天皇从奈良搬到平安京(现在的京都),进入平安时代,切断了佛教和国家的联系,班田的频率缓慢下来。

宫廷贵族在物质上享有大量的特权,同时也担任各级官僚。审美文化发展到了顶峰。免除捐税的庄园面积越来越多,而国家可以分配的土地越来越少。贫困破产的农民不断地把土地"委托"[1]到大庄园主门下,到10世纪时,独立的农民就已经消失了。按照唐朝官制建立的

---

① 面对虎视眈眈的强邻,贫穷的农民只好把自己的土地赠送或"委托"给大地主,以得到其保护。G. Sansom,《日本史》,第1卷,至1334年(1958年出版),第2卷,1334—1615年(1961年出版),第3卷,1615—1867年(Dawson, Folkestone, Kent, 1963年出版),第1卷,第235页。

中央行政被简化成为三个部门,分别负责审核、档案和治安。

838年,最后一批遣唐使,标志着"中国时期"的结束。

858—1160年,藤原家族执政时期,以摄政或者关白的身份,藤原家族控制着天皇,将一个个女儿嫁给天皇,以确保权力的延续和继承。

约900年,开始使用假名,标志着日语书面文学的开端和中国影响的结束。

[1084]902年,虽然努力抑制土地过度集中,还是产生了很多大庄园主,这些人都是贵族和皇族的后代。

约1001—1005年,紫式部的《源氏物语》和清少纳言的《枕草子》。柔美的平安宫廷文化发展到了高峰,"光源太子的世界"。

1073年,院政时期的开始,后三条天皇逊位,宣誓要一心向佛,实施院政。

约1100年,都城的动乱愈演愈烈,源氏和平氏家族进京平乱。

1156年,在位天皇和院政天皇之间发生斗争,保元之战爆发。平氏获胜,将天皇置于其控制之下。

1180年,源氏和平氏之间的源平合战。

1185年,源赖朝的军队在壇之浦击溃平氏。

1192年,源赖朝成为将军。朝廷在京都,但是幕府在镰仓。

2.3 镰仓幕府时期(1192—1333年)

幕府实行的是一种军事封建统治,在各地设置了守护和地头,代幕府行事。此时实行的是庄园制。

镰仓幕府时代

1199年,源赖朝去世,权力落到了北条氏手中。由于出身过于卑微,北条氏无法担任将军的头衔,于是就自称是大将军的副手,即执权。

1221年,后鸟羽天皇试图亲政,起兵倒幕,失败,幕府的权力得到进一步强化。

1274年,第一次蒙古人入侵。

1281年,第二次蒙古人入侵。镰仓幕府开始没落,无法奖赏因击败蒙古入侵者而立功的武士。一些新的家族开始兴起,如足利氏,将土地所有权进行集中,开始挑战幕府的权威。幕府内部争权夺利的斗争使其力量进一步削弱。北条家族失去人心。

1318年,后醍醐天皇即位,在足利家族的支持下,废除院政,夺取权力。

1333—1336年,建武新政。镰仓幕府结束,后醍醐天皇亲理朝政。

1336年,足利尊氏迫使后醍醐天皇退位,后醍醐建立"南朝"。

1338年,后醍醐天皇去世,足利尊氏被册封为将军。

2.4　足利幕府时代(1338—1573年)

[1085]地方领主势力越来越强大,难以驾驭。财政匮乏,守护自行征税,背叛中央政府。市民和行会(座)兴起。农民起义。

足利幕府时代

1336—1392年,王朝内部斗争导致分裂,出现了北朝和南朝,足利尊氏支持北朝,幕府的力量进一步削弱。

1392年,王朝内部斗争结束。

1467—1477年,经济衰退,王朝内部斗争,饥荒,农民起义。

1477年,应仁之乱,标志着内战的开始。地方领主自卫,新兴的、出身低微的大名夺取了贵族外居地主和守护的地产。

1573年,足利幕府被推翻。

2.5　战国时代(1573—1603年)

大名取代守护,将领地集中起来,将家族法规当作地方法规,不承认共同的上级。在城市,公社和行会兴起。寺庙的世俗作用越来越大。武士阶层兴起。1543年枪炮被引入。在1575年的长条合战中,10000名火绳枪兵被投入使用。

战 国 时 代

1577年,织田信长获胜,成为关白(摄政),统一全国。

1582 年,织田信长被刺杀。

1585 年,被号称为“日本的拿破仑”的丰臣秀吉成为关白。

1587 年,丰臣秀吉统一整个九州地区。

1588 年,发布“刀狩令”,解除除武士阶层之外所有人的武装,不准佩剑。

1590 年,丰臣秀吉统一日本。

1591 年,禁止武士从事其他任何职业。

1595 年,公共事务的基本法规得以确定。

1598 年,丰臣秀吉去世,五奉行摄政。

1600 年,德川家康在关原合战中击败五奉行。

1603 年,德川家康被册封为将军。德川幕府时代(1603—1868 年)开始。

3. 德川幕府的封建基础

3.1 发展阶段

3.1.1 镰仓幕府:从开始到终结(1192—1333 年)

[1086]朝廷通过地方长官和次官对各地进行统治。在 11 世纪,这些官员越来越受到地方贵族的挑战。由于中央政府缺少强大的常备军,于是他们就组织私人武装,保护自己的庄园,这就是最早的武士阶层。

1185 年,源赖朝成为将军,即这个国家的军事独裁者。他将自己的家臣派往各个地方担任守护和地头,和地方长官一起实行统治。守护和地头的权力仅限于军事和治安。1221 年后鸟羽天皇倒幕运动失败之后,本来只在为数不多的地区才有的地头被派到全国各地。守护逐渐发展成为地方军事长官,地头则扩大了其征税权。

朝廷依然位于京都,但源赖朝在距此很远的镰仓建立了自己的政府。这个政府被称为幕府,而这个词本来是指战地将领的军帐。起初,幕府关注的仅仅是新建立的军队的利益,但是由于实权在手,不久幕府就成为这个国家真正的政府,而朝廷机构只不过是其地位较低的统治搭档。通过让天皇册封自己为将军,源赖朝将这种篡权合法化。

这个体制具有多少“封建性”呢？并不多。一方面，从很大程度上讲，这种统治体制和私人庄园的存在和采邑完全没有关系，而只有采邑才是封建体制的标志。另一方面，将军和其追随者的关系简单而直接，并不存在封土分赐。这里的情况是“凯旋的军队通过其首领实行专政”，[1]德·隆格雷说，“这需要此后一个时期的内乱，因为这样武士们才会遍及全国，并成为一种独立的力量，形成一种分权的土地封建主义。”[2]

3.1.2 镰仓幕府的没落和足利幕府的支配(1338—1547年)

[1087]此时当权的北条氏家族的敌人联合起来，支持后醍醐天皇，推翻了幕府统治，天皇亲理朝政，实行建武新政，但是1336年，他被其曾经最大的支持者足利尊氏废黜。足利尊氏将自己选择的傀儡皇帝扶上位于京都的天皇宝座，成为将军和足利幕府的首脑。

足利幕府无法控制地方武装，这个时代内战频仍。“单层”封建制此时让位于多层等级制。在内战的过程中，武士“委身”于当地的地头，此时的地头已经从以前的庄园主那里获得了土地所有权。这样，他们现在就成了真正的领主，由于他们在此过程中还获得了征收土地税的权力，情况更是如此。但是，幕府过于软弱，无法保障他们新获得的权利，于是他们就“委身”于当地最为强大的领主，即大名。这些大名从这种总体的混乱和无政府状态中受益最多，因为他们实际上获得了独立。这些大名大部分是以前的守护，此时他们军事上的权力已经延伸到了其他领域，夺人土地，自行征税，自设法庭。这样一来，他们成了事实上的地方长官，即国司。从1333年开始的这种情况到16世纪的战国时代发展到了最高峰。于是就出现了一种金字塔形的权力结构，最上面的是大名，接着是他们的陪臣，然后是这些陪臣的家臣。

这里我们必须提前将注意力转向日本封建主义和欧洲的两点差

---

① F. J. de Longrais,《东方与西方》(法国历史研究所，巴黎，1958)，第113页。
② 同上。

异,它们十分显著,也非常重要。在日本,一个人不可能同时既是一个庄园上的家臣或御家人,又是另外一个庄园的御家人。同样,一个御家人也不能同时为多个领主服务。①

3.1.3 战国时代和德川幕府的出现(1467—1547年)

15世纪出现了新一代的地方统治者,他们将相邻的领地合并起来,实行集中治理,真正的封建制这时才出现。在此之前,领主和封臣之间忠诚的纽带是一回事,而封地的授予是另外一回事。在战国时代的内战中,两者开始统一。不仅如此,和镰仓幕府不同,御家人也不再全是将军的直接家仆了。

[1088]1667年至1677年之间毫无意义并且没有结果的应仁之乱之后,全国陷入大名之间的长期内战之中。和英国的玫瑰战争一样,古老的地方家族势力之间互相厮杀,已经基本上所剩无几。取而代之的是新兴的家族,如北条家族和毛利家族,有时甚至是一些毫无家族背景的人,如德川家康。所有这些人都是通过武力取得并维持自己的支配地位。就像在同时代的欧洲一样,骑士正在走向衰落。随着步兵地位的上升,一种新的兵种产生了,那就是足轻,他们和古希腊的轻步兵十分类似。战场上,两位足轻辅助一位佩带双剑的武士(只有武士才能佩带两把剑)。足轻主要来自农民,后来他们要受到极为严格的军纪约束,但是这一时期,他们臭名昭著,和中世纪法国的雇佣兵一样,无论是对敌人还是朋友,巧取豪夺,无恶不作。和同时代的欧洲比起来,军队十分庞大。日本此时的人口为2000万左右,是法国的2倍,英国的4倍。在1476年至1528年间,主要欧洲国家军队的人数稳定在大约25000至30000人之间。1591年,英国在爱尔兰的驻军有17000人。1610年,法国的军队约有51000人。②这些都是整个国家的军队,而在日本,相当于欧洲公爵和伯爵的大名却都拥有自己的军队,参加1560年桶狭间合战的有25000人,1572年川中岛合战的有16000人,1572

① J. W. Hall,《日本政府和地方势力:从500年至1700年》(普林斯顿大学出版社,Princeton,1966年),第197页。

② J. R. Hale,《文艺复兴时期欧洲的战争和社会:从1450年至1620年》(Fontana,1985年),第63页。

年三方原合战的有 18000 人。[①]在 1600 年的关原合战中,西军的人数为 80000 人,此外还有 13000 人的预备部队,而德川家康的东军,人数多达 74000 人。[②]

古老的侠义传统已经荡然无存,此时的战争十分残忍,充斥着欺骗、背叛和阴谋诡计。间谍和渗透行为已经成为军事策略的主要部分。德川家康之所以能够赢得关原合战的胜利,就是因为正当战争处于高潮时,敌人的一支主要队伍公然倒戈。

这些大名已经完全取代了过去所有的地方长官、守护和地头之类的人物。他们将各个分散的庄园合并起来,集中治理,成为巨大的"藩"。在这里,他们按照家族法规自行统治,这些法规以最为详细、最具压迫性的方式规定其附庸的行为方式,违背这些法规则意味着极其严酷的惩罚。[1089]在此过程中,他们兼并了本来属于皇族和古老宫廷贵族的所剩不多的私地,让这部分人陷入穷困的境地。庄园早已不再是地方土地管理的基本单位,取而代之的是村落,在此后的 3 个世纪里,村落都将作为统治的基本单位。

这一阶段的大名之间互相展开战争,织田信长,丰臣秀吉和德川家康先后力克群雄,完成统一。总之,某一位"超级大名"要制服其他所有大名,让其成为或不得不成为自己驯服的封臣,而这些封臣也有属于自己的更低一级的陪臣,并通过他们进行统治。就这样,一种建立在逐级分封基础之上的、新型金字塔结构出现了,它将成为新兴的德川幕府统治的基本框架。这是一种充分发展了的封建制,下面我们就对其特征展开探讨。

3.2 日本封建主义的本质

3.2.1 天皇和朝廷处于封建体系之外的地位

在西方,国王或者皇帝就是封建等级结构的首脑,而日本的天皇完全处于这种结构之外。位于这一结构最高处的是将军,他是天皇

---

① S. R. Turnbull,《武士的战争》(Arms and Armour,伦敦,1987 年),第 37 页、47 页和 71 页。

② S. R. Turnbull,《武士:一部军事史》(Osprey,伦敦,1977 年),第 240 页。

的代理人。天皇和将军之间的关系绝不是一种封建关系,将军不是天皇的封臣,而是其册封的"总司令"。不仅如此,将军努力要使自己的封臣和朝廷保持距离,即使他们要和朝廷联系,也只能通过将军自己的官员。此时天皇的朝廷还在京都,而将军的幕府则设在江户城。和墨洛温王朝的宫相查理·马特家族不同,后者如果得到教皇的许可,可以废黜皇帝,取而代之,而将军只要剥夺天皇的统治实权,从来也没有想过要夺取天皇的头衔,因为天皇是神圣君主,是"神",是天照大神之后裔。①

3.2.2 个人关系的重要性

领主和封臣之间是一种个人化的、接近于父子关系的亲密关系。在这方面,我们可以将其与罗马庇护制之下被庇护人与恩主之间的关系进行比较。[1090]这种个人关系要转变成一种封臣对领主的军事义务是需要时间的,如果这种义务是建立在土地赐予的基础之上,需要的时间会更长。在法国,法兰克人是由上至下建立这种关系的,正如征服者威廉在英国所做的那样。在这两个国家,隶属关系和具体的军事采邑制密切相连。源赖朝和其部下之间的关系是一种个人关系,并且后者之所以为他服务不是为了报答过去的恩惠,而是为了分享此后的战利品。直到14世纪的内战时期,个人关系和封土关系才开始重叠,而真正的采邑只有这时才出现。

3.2.3 采邑和恩给

恩给的意思是"恩惠",和西方的"采邑"非常接近,通常是由一方提出请求(通常是口头形式的),表示愿意提供某种服务,并为之得到回报,这种关系有时会以书面形式确定下来。如果未能提供该服务,这种关系可以立即取消,至于服务究竟是否提供,最终由封主说了算。此外,受封者只拥有封地的使用权,不能将其转让。

恩给的概念不仅仅包括土地使用权,还适用于各种有条件地做某

① 参见 M. Bloch,《封建社会》,第2卷,第382页。

事的权利,例如,御家人在其他人的地产上的担任地头。此外,授予恩给的条件也不限于提供军事上的服务,而可以是其他任何形式的服务。①

3.2.4 保有权和知行地(即封地)

在足利幕府之前,知行地这个词还没有获得司法上的定义,和西方的保有权相似,是指对一块土地合法占有。这种保有权以占有时间为依据,在13世纪,只要占有20年就可以生效,后来延长到了三代。②

3.2.5 非契约性

这一点可能是日本的封建主义和欧洲之间最核心、当然也最为重要的差异。正是这一差异让梅特兰(Maitland)认为日本的封建主义并不是真正的封建主义,他的这一结论已经几乎被今日学界普遍拒绝。日本的封建关系不是平等双方的准契约,而是下级对上级的一种自愿服从。③因此,双方各自的义务相应地和欧洲有所不同。[1091]武士对领主的忠诚是模糊而笼统的,不可能像在欧洲那样将封臣的义务明确分类。这种忠诚是一种"模糊的整体"。④其次,和欧洲的情况完全不同的是,在日本,领主和封臣之间的诉讼是被禁止的,甚至想都不能想。封臣永远不能向更高一级的领主甚至是将军提起上诉。可以看出,在现代之前的日本,这种专横和上诉权的缺失本身就代表着一切形式的司法权的总体缺失。封臣能做的只有忍受,或者退出。

在镰仓幕府时期,封臣不能也不应该收回对领主的忠诚,当时只有一位公认的封建领主,那就是将军。在1336年至1392年间,有了两个互相敌对的朝廷,封建领主要么站在一方,要么站在另一方,武士不仅必须要做出选择,并且他们的每一个选择都是合法的。理所当然地,就

---

① de Longrais,《东方与西方》,第125—130页。
② 同上,第139页。
③ 这是Bloch的用法,《封建社会》,第2卷,第447页。
④ 这是de Longrais的说法,《东方与西方》,第147页。

是从这个时期开始,武士开始只将率领自己参战的人当作自己的领主。因此,如果领主改变自己的忠诚对象,其武士也会随之改变。

我们也许会问,武士道精神中著名的、被武士们引以为荣的忠诚在哪里呢?战国时代的背叛、欺骗、阴谋诡计和间谍行为和这种精神完全背道而驰。当一个封臣宣誓效忠其领主时,他已经把自己的所有,包括生命,都献给了领主,从这个意义上讲,这种忠诚的确是存在的。如果他对自己受到的待遇感到失望,离开原来的领主,投靠一位新领主,他也会毫无保留地将自己的忠诚献给这位新领主,至少有人是这样告诉我们的。①有一点值得我们注意,那就是在在德川家康掌握政权之后,这种收回忠诚的行为被明令禁止。从此之后,忠诚就是不可收回的了。

3.2.6 封臣的职责和义务

"谒见"一词在日语里是"见参",但是不如西方那么正式。这种仪式(如果我们可以这样称呼的话)是指未来的封臣到领主的城堡,接受其面试,如果领主同意接纳,他就会得到一匹马或者一把剑作为礼物。[1092]此外还有一种形式就是双方交换酒杯,宣誓"三生"效忠,这是一种典型的东方式夸张,用来表达至诚之心。②封臣这样做出的效忠宣誓是以神灵之名作出的正式承诺。在内战中,这种承诺变得越来越正式,德川家康掌权之后,要求封臣必须宣誓并信守承诺。

在西方,封臣被授予采邑的场面十分庄重,但是在日本,封臣只是接受一纸文书,说明并证实其权利和义务。③封臣的职责重点包括守卫城堡;维护道路治安;必要时提供军事援助;应领主要求向其提供建议;必要时提供经济援助。所有这些都被表达为领主所施的恩惠和封臣所承担的义务,而不是像西方那样,是一种相互行为。

虽然可能会有点重复,但是我们必须再回到日本封建主义和西欧

---

① 这是 de Longrais 的说法,《东方与西方》,第 149—153 页。虽然该作者对前面他所做的这一回答似乎有点尴尬。根据有关历史记载,尤其是关于武士战争的历史记载,我认为应该将御家人对其领主的忠诚和领主对其领主的忠诚区分开来,后者似乎很脆弱,而前者似乎是绝对的。

② de Longrais,《东方与西方》,第 153—154 页。

③ 同上,第 157 页。

的两个本质差异。第一,在日本,上下级之间的封建关系具有排他性,缺少水平的维度。日本人对"权威"的认识和西欧有本质上的不同。在欧洲,宗主权的象征是举行法庭审判的权力,领主和封臣之间的关系受到法律程序的制约。如果国王或皇帝想要凌驾于这些程序之上,他们就会陷入十分难堪的境地。简而言之,在欧洲,权威是建立在法律基础之上的,而在日本,权威却是建立在社会模式基础之上的,而这种社会模式仅仅是家庭模式的复制,也就是说,是一种父权制的延伸。当然,儒家思想为这种意识提供了很大的支撑。从某种意义上讲,臣属就是"孩子",事实上他们也常常会被收为养子,改姓封建领主的姓氏。在日本,"无论是根据宗教、道德伦理、政治理论,还是根据人们的思维习惯,抵抗行为都是站不住脚的。"①

第二个重大的区别前面已经提到过,就是一位封臣只能为一位领主服务。任何个体都不能既是一个领地的封建领主,同时又是另外一位领主领地上的封臣。这在西欧是可以的,并且也的确出现过,因此西欧的封建主义是跨地域的。就像我们后来会看到的那样,这一奇怪的情况延续了很长时间,直到被建立在地域基础之上的主权效忠所取代,而这种主权效忠是现代欧洲国家模式的基石。

3.2.7 "骑士阶层"

[1093] 作为贵族的武士阶层和欧洲的"骑士"阶层不同,第一点就是人数上的差异。在英国,骑士领最多的时候有 6000 左右,因此骑士的实际数量要比这少很多。但是武士阶层占日本总人口的 5%—6%。在 1600 年前后,其人数不少于 100 万。

第二个差异是两者的阶级分层不同。并不是所有的武士都有采邑。在欧洲,家臣侍从的人数一直就不多,到 1100 年时已经基本上消失了。②在日本,只有上层的武士才能获得封邑,下层的只能领受一定数量的俸米。到了德川幕府时期,大名让其武士离开村落,住到自己的

① J. R. Strayer,"德川时期和日本的封建主义",载于 J. W. Hall and M. B. Jansen,《近代早期日本制度史研究文集》(普林斯顿大学出版社,Princeton,1968 年),第 8 页。

② 同上,第 6 页。

城堡,这些家臣变得越来越像是一架大型军事机器上的零部件。领受封邑的武士越来越少,而领受俸禄的武士相应地越来越多,到了1700年,十分之九的武士都在领受俸禄。①

4. 德川幕府的统治

4.1 基本制度(1600—1640年)

4.1.1 结构

1600年的关原合战确立了德川家族的统治地位,1603年德川幕府正式建立。1637年,德川幕府镇压了其统治期间最后一场大规模叛乱,即岛原之乱。此时,德川幕府已经具备了其所有的结构特征,到1639年政府决定闭关锁国时,这实际上意味着"一个开端的结束"。

这些结构上的特征是由武力所决定的,也通过武力得以维持。可以不夸张地称其为由武士建立的、为了武士的武士政权。在此后的两个半世纪里,政权一直掌握在武士手中。这一时期国运昌盛,海晏河清,基本上没有发生什么动乱。那么,这种从其结构本身就时刻处于备战状态的政权,是怎样面对如此漫长的和平时期的呢?这也许就是德川幕府政权最吸引人的一方面。

[1094]人们一致认为从1688年至1703年的元禄时期是德川幕府时代社会发展的顶峰,而从政治上讲,这一时期一直延续到1750年,此间是幕府统治的成熟时期。其结构没有发生变化,但是其实践却变化了。下面我们先勾勒一下1600年至1640年间政权创立时期所建立的各个机构,在后面的章节我们将结合1700年前后这些机构的运作方式,对其展开详细探讨。

日本人称这种统治为幕藩体制,它是一种"在中央总体控制之下的分权的封建主义"。我们可以从两个维度来认识,一个是从侧面即

---

① J. W. Hall,"对日本封建主义的再评估",载于 J. W. Hall and M. B. Jansen,《近代早期日本制度史研究文集》(普林斯顿大学出版社,Princeton,1968年),第47页。

地域的维度，另外一个是垂直层面即管辖权的维度。将军被认为是整个日本的统治者，他将土地分封给各个藩主，而将军本人的藩最大，最富有，战略位置最重要。在这些方面其他的藩主无法望其项背，即使联合起来也无法与其匹敌。这就是水平的维度。从垂直维度上讲，首先作为对将军赐予采邑的回报，藩主要无条件地履行各种义务。其次，这些藩主和其家臣之间也存在一种与此类似的关系，他们向家臣提供采邑或俸禄。我们已经注意过封臣对其领主的绝对服从，这种对上级的绝对服从向上一直延伸到封建等级结构的最高层即将军那里。同样，他的专制权威也一直向下延伸到这个结构的最底层。我们还可以将这种垂直维度的幕府统治看成是一种"阶梯式专制"。使其不同于欧洲封建政体的重要特征正是这种权力的集中。在这个金字塔式的封建等级结构中，等级越高，权力越大。在实践中，藩主只要在将军规定的总体法律框架之内活动，就可以在自己的藩里享有专制性的统治权。

将军实际上就是一个专制者，也就是说只要他想做什么事情，没有什么权威可以阻止他，无论是法律上的，还是实力上的。将军的统治是一种二元结构，一方面是将军作为最大的领主对其领地和幕府本身的治理，另一方面是通过直接支配其封臣，即藩主，进而对全国进行的间接而有效的控制。

在不同时期，藩的数量也有所变化，在295至265之间，涵盖了全国面积的十分之三。将军的藩是面积最大的大名藩主的7倍，占全国土地面积的四分之一，人口则占全国总数的三分之一。①[1095]其中大约有超过一半的领地在将军的直接控制之下，其他的被分配给其家臣，即旗本和御家人。他们的地位、财富和职业要严格遵循僵化的等级和职位体系。将军对其领地进行统治的机构主要包括分别由老中(德川幕府的高级幕臣)和若年寄组成的议事会，还有一些很重要的职位，如大阪城长官，后面我们将对其展开讨论。

大名可以分为三种，第一种是和德川家族有旁系血缘关系的大名，

---

① Sansom,《日本史》,第3卷,第4页。

即亲藩,德川家康家族对这部分大名非常小心,不敢让他们担任政府职务,他们的职责实际上就是在万一德川家族正统后继无人时为其提供继承人,让将军一位继续在德川家族手中。第二种是在关原合战中保持中立或者与德川家康为敌的大名。他们是外样大名,其中有些非常强大,如萨摩的岛津家族,或者是前田家族和细川家族等。他们的领地都远离江户,德川幕府最害怕就是这部分人。第三种是谱代,人数最多。这个等级的大名在关原合战前就是德川家康的武将,或者是站在他这一边。谱代大名就是所谓的"世袭"封臣。各个将军都尽量将谱代大名的领地设在关键地带,而将外样大名封到偏远之地。为了避免大名之间联合起来发动叛乱,将所有的藩都分割成小块。为了实现同样的目标,还经常更换大名的领地。

大名本人只要不违背将军的法规,就可以为所欲为。只有十分富有的封臣才能作大名,即土地每年能够生产相当于1万石(约5万蒲式耳)大米才有资格。和将军一样,每个大名都有自己的陪臣和扈从,如果他们愿意,可以将土地进一步分封。大名以自己的方式治理各自的藩,其家族法规具有法律效力,只有他一个人掌握财政权。

大名对将军的义务就是无论何时,无论何事,只要将军要求,就要提供帮助。当然,这种帮助主要是军事方面的,但除此之外,大名还有义务出资维修将军的城堡,帮助修建宫殿,修筑道路和港口,[①]所有这些都耗资巨大。另一方面,大名不用向将军缴税,虽然他们要向其"送礼"。

由于将军没有派驻行政人员到各个藩,大名可以在自己的藩里为所欲为,只有一条限制,那就是必须遵守将军制定的法规。[1096]这里的问题是将军怎样才能让大名做到这一点呢?如果大名不这样做,又会怎样呢?这是中央和地方之间一个永恒的问题,例如,就像我们已经看到的那样,埃及的法老和总督之间,大国王和总督之间,还有哈里发和总督之间,都有这样的问题。所有这些国家的中央政府没有一个能够彻底有效地控制地方,其中大部分经常发生地方叛乱。而在日本,直

① Sansom,《日本史》,第3卷,第20—21页。

到19世纪30年代,这种情况完全没有发生。恰恰相反,将军对大名的控制是绝对而彻底的。如前所述,这部分上要归功于根深蒂固的绝对服从的文化传统,但也有一整套制度上保障,其中有些是日本所独有的。

大名要向德川家康宣誓效忠,①后来每一位新将军即位都要重复这样的誓言。1615年,德川幕府颁布《武家诸法度》,②大名被定期召集聆听。有些情况下,这种忠诚通过和德川家族通婚得以强化。与此同时,大名之间却不准互相通婚,除非将军确信这种通婚不会形成与己为敌的联盟,表示同意。这和中世纪后期的英国形成鲜明的对比,在那里,互相通婚是许可的,结果产生了拥有大量领地的敌对势力,如兰开斯特公爵。

未经允许,大名不准修筑城堡,也不能征兵。不仅如此,只有将军一人才能决定大名是否成功履行其职责和义务。随着时间的推移,如果被认为治藩不当或者滥用职权,大名会受到和叛乱与不忠同样的惩罚:削减其藩的面积;强制离开原来的藩;或者是将其家庭拆散。由于前面已经提到过的原因,还有另外两个后面将要提到的原因,针对这样的决定,大名无处求助,也无处上诉,没有一个大名,即使是最强大的大名,能够发起武力抵抗。

有两个制度对大名的控制最为严格。首先,大名的家人、家臣和大量的扈从必须全年住在将军的都城,即江户,他们实际上就是人质。[1097]其次就是"参觐交代"制度,也就是"轮流参觐"。各地大名每年(有的是每隔一年)都必须要来江户,随其而来还有大量的仆人和扈从。③他们要在首都居住6个月左右,在此期间,每个月都要觐见将军,

① 见原书第1092页。

② 对其总结见Sansom,《日本史》,第3卷,第7—8页。该文件规定大名在习武的同时还要习文,任何建筑工事都要上报,要驱逐被控犯有谋杀罪或叛国罪的士兵,还要驱逐任何违法分子,只允许生在本藩的人在当地居住,对附近有关阴谋和派系斗争的传闻进行汇报。

③ 见E. Kaempfer,《日本史》(J. Maclehose& Sons,Glasgow,1906年),第2卷,第330—337页。"名门贵胄的随从队伍浩浩荡荡,络绎不绝,……有一位大名的侍从多达两万,小名(Sjiomo)的随从也有上万人。"这些随从一路散开,后面的要赶到前面的,需要三天的时间。因为同一时间,有的大名是从江户返回,有的大名则正在赶往江户,客店必须提前预定才行。

而将军则静静地坐在屏风后面。大量的随从,加上大名在江户的豪华府邸,耗资巨大,削弱了大名的财力,当然,这是将军有意为之。此外,这种参觐交代制是按照花名册的顺序安排的,以确保每年中的任何时候都有一半的大名不在其领地。

最后,虽然大名在自己的地盘上可以为所欲为,这并不意味着他不受任何监督。恰恰相反,将军幕府有自己的"目付",这个词有时被翻译成"间谍"或者"通风报信者",但更多的时候按照中国明朝的说法,将其翻译成"监察官"。他们实际上是情报人员,会走访大名的府邸,有时甚至短期居留,向江户的幕府回报大名的情况。说得夸张一点,就连一只老鼠从日本的任何一个地方爬过都无法逃过幕府的眼睛。

这种对一举一动的密切监视,再加上上述所有的其他措施,使大名完全处于将军的掌控之下,而大名对其辖下的家臣也实施着同样的掌控。就这样,日本的封建制度形成了我们前面所说的"阶梯式专制"。和欧洲不同,日本的封建权威只存在一个垂直的维度,而没有水平的维度,即德川幕府时期的封建主义只有金字塔式的上级对下级的层层控制,而下级对上级永远没有权力,也没有可能提出上诉。

4.1.2 "垂直"社会

我们已经讲过晚期罗马帝国、中国的明朝和许多其他政府,为了保证江山永固,努力要将社会"冻结",而德川幕府的独特之处在于其社会工程的彻底性和其获得的成功。

[1098]关原合战中击败所有对手之后,德川家康努力维护自己的统治权。他所创立的政治制度只是其谋划的一个方面,还有一个方面是为了建立并维持一种独特的社会秩序而采取的一整套措施,这些措施影响深远。所有可能引起叛乱的中心都被捣毁。在这方面,德川家康受益于其前任织田信长和丰臣秀吉的努力。例如,前者一劳永逸地粉碎了佛教僧兵的政治势力。他花了 11 年的时间,围攻并焚烧佛教寺庙和堡垒,最后火烧了一向宗的大本营本愿寺。本愿寺本来被认为坚不可摧,不但防御森严,并且在全国各地都有强大的僧众团体,构成很多武装分队。1580 年,本愿寺被镇压,永远结束了佛教势力对中央政

权的军事和政治挑战。①

战国时期就发生过人民起义和僧侣发起的叛乱。②1588年,丰臣秀吉颁布"刀狩令",一举解除除武士之外所有人的武装,彻底结束了这些暴动。

此时城市已经取得繁荣发展。城市及其行会获得了某种半独立,其原因和西欧相类似,也就是政治权威的瓦解。通过向人口最多的城市派驻行政长官直接实行统治,德川家康将其牢牢控制在自己手中,具体细节下文将有描述。各藩大名通过建立自己的"城下町",也取得了同样的效果,这些城市成为繁荣的中心,但总是处于来自城堡的监视之下。

禁止基督教的传播和锁国政策之间是有联系的,两者都源自于幕府要根除任何潜在不稳定因素的决心。基督教是1543年后由葡萄牙和西班牙的传教士引入的,在有些大名和成千上万的平民百姓中取得了很大发展。对基督教的迫害先是偶尔为之,直到德川家康的儿子德川秀忠得出结论说传教士是欧洲入侵者的先锋部队。如果我们考虑一下东南亚当时的形势,这个结论似乎是正确的。1617年后,残酷的迫害就没有间断过。1637年岛原地区信奉基督教的农民忍无可忍,发动叛乱,最后幕府借助信奉新教的荷兰人的力量,将其残酷镇压。

出于对类似叛乱的担心,幕府政权最终决定实行"锁国"政策,要和外部世界隔离开来。[1099]1624年,西班牙人被驱逐出去,1638年,葡萄牙人也未能逃脱同样的命运。1639年,日本人不准出国,如果擅自离开,回国后就会被杀。轮船也不能建造。唯一被允许居留日本的外国人是一些荷兰商人,其活动范围被限定在长崎附近的一个小岛之上。

丰臣秀吉颁布的"刀狩令"预示了德川家康和其继承者更加彻底的等级分化。有一个统治阶层,那就是世袭的武士。然后根据级别高低,分别是农民、手工艺者和商人,在日语里的表达是"士农工商"。有一条"格杀勿论"的规定,意思是说如果地位较低的人如市民或农

① Sansom,《日本史》,第2卷,第283—284页,第289页。关于对比叡山(Hiyeizan)的镇压,见Turnbull,《武士,一部军事史》,第152—153页,关于对本愿寺的镇压,见第160—162页。

② 赖肖尔译,《入唐求法巡礼行记》,第577页。

民言行无礼,武士可以在必要时将其斩杀。不可否认,随着时间推移,对这一规定的限制越来越严格,但是其存在本身就表明了武士在这个政体的地位。大部分法律都体现了这种武士和平民之间的区别,对此我们后面将展开论述。大名领主命令武士们离开村落,到城堡居住,这是导致这种区别的决定性一步。从此之后,他们就成为与众不同的一个等级。社会所有其他等级都是为了维护这个军事阶层的存在而存在。①

这一时期,至少占人口总数 80%的农民既是丰臣秀吉和德川幕府统治的受益者,也是其受害者。丰臣秀吉彻底废除了庄园领主土地所有制,通过一种"不动产权"让农民拥有了土地所有权。但与此同时,他们也被牢牢拴在所在的村落。这两个结果都是通过丰臣秀吉 1590 年的人口普查来实现的。1591 年,丰臣秀吉下令驱逐"游民",即 1590 年 9 月之后进入村落的人。②

这种不平等的社会等级划分需要一种说辞,但佛教不愿意也不能提供这种说辞,不愿意是因为佛教归根结底是一种救赎宗教,不能是因为随着其军事上的溃败,其智识上的活力也随之终止。德川家康和其继承者发现了朱熹的理学思想,认为这是可以为自己的统治辩护的最佳思想体系。我们在本书第二卷已经讲过这种思想是怎样在宋朝产生的。③吸引德川家康的是其对忠诚、对尊卑长幼的等级划分、以及对"五伦"的重视,总之,是其保守主义。[1100]这种思想旗帜鲜明地反对日本战国时代"下克上"的观念,倡导与此相对的"献身"品德,这种品德将孝和忠连在一起。这里的问题是朱熹的儒家思想将孝道放到了压倒一切的位置,并且位于中国社会等级最上层的士人官僚对士兵只有蔑视。因此,德川家康只有在对新儒家思想做了两个改动之后才将其接受,这两个改动影响深远。④第一,对统治者的忠诚完全凌驾于对个人家族的忠诚之上。第二,将武士阶层"吸收"到士人阶层之中,这是通过两个方

---

① G. Sansom,《日本文化简史》(第一版,1931 年;Cressett Press,1987 年),第 465 页。

② Sansom,《日本史》,第 2 卷,第 332 页。

③ 见原书第 456—457 页。

④ 见《大英百科全书》(1979),"日本,历史"词条,第 10 卷,第 73 页;Sansom,《日本史》,第 70—74 页。

法来完成的，一个是将武士看成是理想主义式的“卫士”，另外一个是武士必须在习武的同时坚持习文。①经过这样一改，宋明理学思想成为德川幕府政权最为合适的意识形态。②

在享受这种法律和社会特权的同时，武士阶层被期望能够有一种责任意识，就像罗马人的“帝国意识”，或者是“德行”的概念。我们要强调一下，他们是被期望如此。实际上武士们也的确将这种责任感、感恩之心、纪律性和自制力进行内化。在欧洲，如果也有这些观念的话（对此人们完全有权怀疑），是通过内化基督教的原罪概念而形成的，而在日本，起作用的是耻感。③不仅如此，这些观念向下一直延伸到整个社会。至于这一过程是怎样完成的，通过什么完成的，我们将在后面展开论述，这里要说的就是它非常有效。

4.2　天皇的角色

日本的天皇直接源自天照大神，即太阳女神，因此是神圣的。他是最高祭司。他的肉身如此神圣，以至于连走路都是不允许的，只能被人抬着。他的头发和指甲也很神圣，因此必须在他睡觉的时候从他身上“抢走”。如果他认为某人有神迹，或者有异相，可以将其封神。

[1101]日本天皇的神圣性和中国人的概念大相径庭，在日本没有天命的概念。天命观认为皇帝只是代天行事，但日本的天皇本身就是天，其统治是无条件的，是绝对专制的。因此，当他将权力“下放”给将军时，将军也部分上获得了绝对专制权。

在古代，天皇既有世俗权力，也有宗教权力，但是后来其世俗权力落到了声称代其统治的人手中，虽然其间天皇也再次掌握过世俗

---

① 见原书第1080页和1091页有关武士道的内容。

② 早期的将军有著名儒学家作为顾问，如林罗山和山崎暗斋等人。山鹿素行曾这样说过：武士阶层的主要职分是要维护世间和平与秩序，遵礼守节，治国平天下。四民之间若有争讼，则处理之。此外，还要负责军事指挥和组织。在另外一个地方，他还说武士的职分在于对主君效忠，对朋友忠诚，最重要的是要忠于职守。（转引自C. D. Totman，《德川幕府的政治—从1600年至1843年》，哈佛大学出版社，剑桥，马萨诸塞州，1967年，第249页。）

③ 见原书第1080页。

权力，但是次数很少，时间也很短，因此微不足道。9 世纪时，藤原家族的首领成为摄政，虽然此时天皇已经成年，或者是作为其顾问，即关白。虽然名称有所变化，但其本质没有什么变化。1185 年，凯旋而归的武士首领源赖朝让不幸的天皇封其为将军。这种幕后统治的传统如此强大，以至于当源赖朝只留下一个未成年的继承者时，北条家族虽然让其继承将军之位，自己却以副将军即执权的名义掌握着所有的实权。

虽然如此，只要天皇拥有土地，他就拥有政治势力。将军们对朝廷总是疑虑重重，不但自己避而远之，还让封臣和其保持距离。因此，无论事实上的权力核心在哪里，毋庸置疑的是神圣天皇是合法性、权威、荣誉的唯一源头和所有头衔的最终保证人。无论是摄政和关白，还是将军，要想觊觎天皇的位置，都是不可思议的事情。与此相反，他们声称自己的合法性源自天皇已经将世俗权力委托给他们这一事实。

并不是所有的天皇都愿意接受这种有名无实的统治者角色，但是他们收回绝对权力的努力即使暂时取得成功，也无法持续长久。在战国时代，大名从天皇手中收回最后的地产，从此他再也没有能力发起抵抗了。1615 年，德川家康制定法规，实际上剥夺了朝廷除仪式之外的其他所有职能。将军还在京都派驻一位军事长官，并建立城堡，以确保天皇能够顺从。京都的军事长官通过两位朝廷官员完成对天皇的监控，这两位官员负责传达将军的命令，并控制着所有的职务任命。德川家康给天皇的生活费数额可观，足以维持其生活，但宫廷贵族却穷困潦倒，以至于按照坎弗尔的说法，他们中有些甚至沦落到了编制稻草篮子出售的地步。他的话一针见血，朝廷“豪华而贫穷”。①

[1102]天皇统而不治，幕府治而不统。坎弗尔描述的是 1702 年的日本，他称日本有两个天皇，一个被称为是“公方”，另外一个是“神圣世袭天皇”，一个“本身极为神圣……是天生的教皇”。②

① Kaempfer，《日本史》，第 1 卷，第 263 页。
② 同上，第 259—260 页。

4.3 将军和其幕府

4.3.1 幕府的结构

将军在所谓的中奥之内进行统治,中奥是其在江户千代田宫殿群中的私人居所。表是各色官员、警卫和指挥官的公署。①中央行政是一步步建立起来的,在1650年前后发展成熟。实际上共有三个级别的官员,分别是家老,是制定决策的最高官员;奉行,处于中间;代官,是地方官员,级别最低。②

[1103]要想更好地理解下面的内容,最好参考下面的职位表。

德川幕府主要官职表

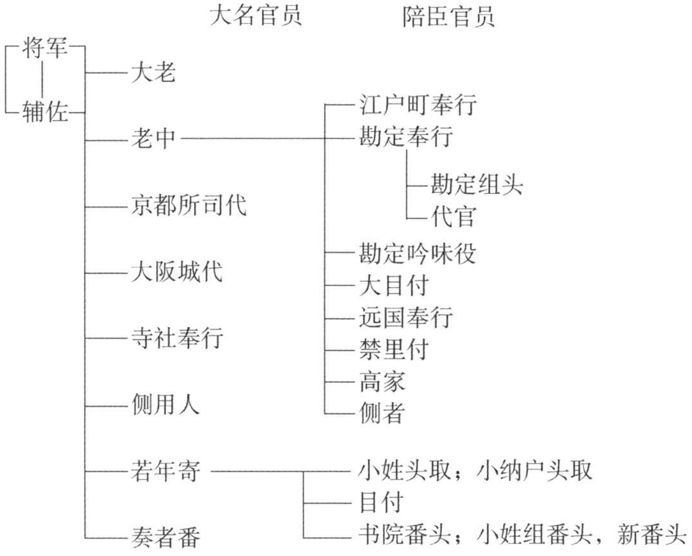

出处:C. D. Totman,《德川幕府的政治(1600—1843年)》,哈佛大学出版社,1967年版,第41页。

主要的决策和行政机构是由老中(又称年寄)构成的议事会,有时3位,有时6位。他们负责幕府和天皇、朝廷和寺院的关系,监督大名

---

① 详情见原书第1110页。

② Totman,《德川幕府的政治》,第20页。

(领地能够收获10000石[①]以上大米的封臣)的行动,指导将军领地的管理,确定官方文书的形式,尤其重要的他们还控制着铸币和公共建设。德川幕府向来就多疑,担心将某一项重要职能交给某一个人负责会带来问题,因此年寄之间轮流主持事务,每人一个月。就像后面会看到的那样,其中最为重要的是大年寄。

评定所是一种行政法庭,由老中和负责各个行政部门的奉行构成。

每一位若年寄对应一位老中,但受其管辖,人数也有4到6位。正如老中要监视大名的活动,若年寄也组成一个议事会,其主要职责是监视旗本和其他领地产量少于10000石大米的封臣的活动。[1104]此外,他们还要监督行会组织,检查公共建设,负责在京都、大阪和其他地方将军城堡的人事安排。

这两个议事会之下是一些委员会或个体的行政官。前面提到过的大目付是情报官员,共四位,他们密切监视着每一位大名的活动,并直接向老中汇报。他们手下有16位附属人员,这些人要受到若年寄的监督。此外还有四位负责宗教机构的官员,他们就是寺社奉行。

位于统治中层的是管理大阪、京都和骏府城堡的行政官,他们是城代。管理京都的是一位军事行政官,叫所司代,而在其他城市,如长崎,山田等,则是奉行。他们和法国的监察官一样,负责地方的行政、司法和治安。将军的领地面积广大,由四位财务官负责,被称为勘定奉行。他们下面就是现场管理者,在有些地方,是四位郡代,但大部分是四五十位被称为代官的官员。

从老中向下,所有这些部门和委员会的内部组织都很不正常,这反映了德川幕府的偏执和多疑。德川家康是一位极其狡猾奸诈,而又生性多疑的人物。在战国时代,这种性格十分典型。因此,在他建立这些部门的时候,他脑海中一定无法摆脱那个时代可怕的背叛、欺骗、间谍和谋杀行为。这与当时的时代是完全相符的。他最大的顾虑就是安全,将军的安全。只有一个职位可以让一个人来担任,那就是他的将军之位。其他所有职位的设置都考虑到要让同等级别的官员之间互相牵

---

① 一石大致相当于五蒲式耳,约300磅。

连、互相监视、互相制约。因此,重要的职位总是由至少两个人轮流主持事务,例如,让两位地方官共同治理一个城市,还有就是像我们前面已经提到的那样,让老中每个月轮流主持政务。不仅如此,委员会的每个成员在实际任职期间拥有整个委员会的所有行政权力,但是无论何时,只要想采取行动就要获得其他所有同僚的签字,只有这样,其决策才可以生效。①

4.3.2 人事制度

[1105] 决定一个人可以担任何种职务的是其世袭等级,这严重地限制了职业的流动性。其次,这一时期的日本没有像中国那样发达的科举制度可以选拔贤能。第三,许多职位的人选都是按照世袭来确定的,只有武士才能以将军封臣的身份担任这些职务。我们可以从中看到一个军事阶层转变成为文职官员的过程。

对亲藩大名和外样大名来说,这些职位中级别最高的如老中是无法担任的,只有从关原合战前就追随德川家康的谱代大名才有资格,从高级直到中级的职务大部分都是如此。

作为和总体指导不同的具体行政工作,无论是涉及到政策制定,还是仅仅涉及到其执行,都被移交到将军的旗本和御家人手中。旗本约有 5000 人,御家人约 17000 人。两者中的每一个人都要提供军事上的服务,但是 1640 年后就没有了敌人,要想将他们全部另行安置是不可能的。虽然为了给他们"创造工作机会"做出了很多努力,其中依然有超过 5000 人处于失业状态。②这些人中比较"高层"的有可能会参与到决策制定过程,构成重要职务人选的人才库。旗本的职务是世袭的,但虽然世袭的社会等级决定了哪些职务向他们开放,在等级内部依然有非常激烈的竞争,因为每两个候选人只有一份值得做的工作。③从本质上讲,级别更低的御家人所担任的职务世袭色彩更为浓厚。这些职务包括"信使、卫兵、随从、侍者、清洁员、门房等",是幕府在制度化的过程

---

① 见原书第 1113 页。

② Totman,《德川幕府的政治》,第 141—143 页。

③ 同上,第 146 页。

中所出现的,担任这些职务者通常可以领取少量的俸禄。①

4.4 领地的治理

幕府早期的一条法令规定“江户的法律”应该“在所有的地方,对所有的事情”都适用。②一开始,这只不过是一种单纯的愿望,但是到了1800年,除了一两个大家族之外,基本上所有的地方都是这样做的。但这种地方家族法规和幕府律令之间的融合并没有改变这样的事实,即在此框架之内,大名是享有独立主权的领主。[1106]在大名被废除前没几年,即1868年,以前本来只是传统的大名权力被明确化,“在其藩内,管理神社和人口普查,改善武士和百姓的福利,发扬道德规范,鼓励良好品行,征收赋税,监督徭役,执行赏罚,管理僧侣簿册,指挥藩内军队”。③

霍尔在书中曾描述池田家族备前藩的内部管理情况。④大名住在自己冈山城堡的堡垒里,其主要家臣和很多低级武士环住在其周围,其中包括约5000户人家,被分成10个等级,地位最高的是6位家老,最低的是足轻,人数在1900至2600之间。大名下面是评定所,由两位家老和其他高级官员组成,是最高的决策制定机构。军事机构是一个单独组织,由警卫团队构成,其成员限定在某些家族,是世袭的。此时大部分武士都在文官机构。这个机构由两个议事会领导,每个议事会三名成员,分别是老中和若年寄。为他们服务的是一个由各种工作人员组成的队伍,如管家、检查员、秘书和记录员。行政职能由各个行政部门的官员来履行,如郡代负责农村事务,还有其他人分别负责财务、城市、寺庙、神社和学校。一份记录1764年将军巡查的文件表明,在池田大名辖下有1568位获得封地的封臣,4725位领取俸禄的家臣。他的藩包括8个地区,有634个村落,38个分村。不算采邑的收入,其税米

① Totman,《德川幕府的政治》,第145页。

② Sansom,《日本史》,第461页。

③ 引自J. W. Hall,《日本政府和地方势力:从500年至1700年》(普林斯顿大学出版社,Princeton,1973年),第411页。

④ 同上,第411—420页。

的收入在10万3000石和10万5000石(约14000吨)之间,其中近一半被用来支付俸禄。此外,还有两所学校,一所只对武士家的孩子开放,另外一所甚至接受“普通农民的孩子”。[①]这个记录还表明藩处于“极其严格的安全措施和严密的控制系统之下,它们规定了每一个人的社会地位、居住地和一言一行”。[②]

4.5　地方统治:村落和城市

[1107]农村人口占总人口的80%至85%,最基本的统治单位是村落、领主的高级官员、郡代和代官。[③]

村落实际上在两个层面起作用,一个是对政府的命令做出反应,另外一个是管理村落自身的内部事务,但两者之间有所重合。在前者,主要官员是村长,在日语里是庄屋或名主,三四个长老,在日语里是年寄,还有一些村民代表,被称为百姓代,此外还有五户联保(五人组)的头领。村长和长老的薪水来自村落的稻米收入。村长总是来自某一古老家族,通常是子承父业,往往也十分富有,通常是由领主提名。他有权有势,可以有自己的姓,也可以佩剑,而这些都是只有武士才能享有的特权。村长保管着所有重要的记录、人口普查表和人口流动的登记表。他负责分配并征收土地税,监督公共建设,仲裁纠纷,将违法行为向上级汇报。年寄是其助手,而百姓代似乎是普通老百姓的代表,负责监督村长的活动,并向其提供建议。就像已经提到的那样,五人组是一种执行法律的手段,会在后文相关部分展开讨论。

除了这种结构,村落还有一种自我管理机构。一个村落受其村规民约的约束,有些规定涉及的领域和与其平行的面向政府的机构重合,如税收,治安等等。除此之外,还涵盖村落内部容易产生争执和冲突的领域,如公有土地的管理、灌溉和边界的划分。执行这些法规的主要机构是村民大会,大会不时会召开,以制定新的法规,对违法行为进行审

---

① 引自J. W. Hall,《日本政府和地方势力:从500年至1700年》(普林斯顿大学出版社,Princeton,1973年),第417—418页。

② 同上,第419页,又见原书第1109页。

③ 见原书第1099页和1104页。

判，并做出相应的惩罚。这些惩罚通常包括排斥、放逐和罚款，或者是要求过错方致歉。虽然有时很难确定村民大会的成员究竟是哪些人，但很显然的是实际控制权掌握在精英家族手中。另外一个与此相关的村落机构是被称为宫座的神社祭祀组织。[1108]这个组织获得了选举村落官员的权力，并将其候选人限制在自己的成员之内，而这些人全部来自精英家族。①

城市的管理似乎更加复杂，这很正常，因为大城市的人口数量，无论是从相对比例还是从绝对值来看，都很庞大。1720 年，江户的人口据说已经多达 120 万，是世界上人口最为稠密的城市。这一时期京都的人口约 40 万，大阪也有 35 万。实际上城市的统治模式总体上追随村落，只是规模更大而已。这里有领主派出的行政官，一群城市长老，在他们下面是各个街道或城区的头人。

最为重要的城市在将军的直接控制之下，由他任命两位行政官进行管理，两人轮流主持政务，一人一年，这是因为就像前面说过的那样，他们同样要轮流去江户居住。

坎弗尔在 1700 年至 1702 年被派驻在长崎，他对那里的统治情况有十分详细的描述。②那里共有三位行政长官，在任何时间，总是有两位在长崎，另外一位在江户。他们的实际工作人员包括 10 位出身小贵族的奉行，还有 30 位下级官员。除了行政长官，将军还任命了一位代官，负责监控他们的行动，这让我们再次体味到整个行政体系无所不在的不信任感。

一个由四位世袭的长老组成的议事会领导这些官员，而这些长老有一些副手协助其工作。坎弗尔接着描述了四位官员，任期为一年，由于他们在行政长官的府邸有一个房间，可以在此等着传递人们的诉状和行政长官的命令。这些人和长老的副手一样，从城市的各个头人中选取最能干的。坎弗尔接着将话题扯开，描述了一群兼做法警和治安

① 这是贝夫的说法，见 Hall 和 Jansen 的《近代早期日本制度史研究文集》，第 301—314 页。又参见 Sansom 的《日本史》，第 3 卷，第 97—106 页和 C. J. Dunn，《传统日本的日常生活》(Batsford，伦敦，1969 年)，第 71—76 页。

② Kaempfer，《日本史》，第 1 卷，第 91—129 页。

官的信使,他说的实际上就是城市的治安力量。坎弗尔提到这些人都是"摔跤高手",手拿绳索,和武士一样,腰佩双剑。他们都是在同一条街道上相邻而居的30个家族的成员,其职务都是子承父业。①

坎弗尔接着描述了城市统治的基本单位,在长崎,就是街道,而在江户,由于其面积巨大,又在不断向郊区扩张,基本单位更大,是町,像这样的町有1000多个。②[1109]每一个街道由一位官员负责,他称其为大人,显然和村落的村长相照应。街道两头都有大门,包括30到60户人家。这位大人负责保管户口登记表,汇报人员的去留,调解和仲裁纠纷。此外,他还兼任消防队长,巡逻队长和对一些轻罪的即决法官。他的工资待遇相当于街道收入的十分之一。在长崎,这个收入来自对外贸易的利润,然后再分给各个街道。街道的这位头人由街道的居民通过定期选举产生,选举以投票的形式进行。③他下面还有三位副手帮助其工作。

这些街道头人的工作一直落实到五户联保,这种联保只是在土地所有者之间,不包括佃农。每个街道有10至15个这样的联保单位。每个联保单位都有一位长老作为头领,并为其他成员负责。除了这些,街道还有其他的官员,如公证人,负责起草并公布所有的书面告示,发放通行证,保管人口普查和居民具体情况的记录;司库;信使,负责传递诉状;两位守卫,一位是头领,负责特别的保安任务,另外一位长期值班,负责防火防盗,看守街道两端的大门。

5. 政治过程

5.1 宫廷政治

按照我们的说法,德川幕府时期的日本是一种宫廷式政体。当然,作为这种政体中的特殊一员,无论是在实践上,还是在法律上,其政治

---

① Kaempfer,《日本史》,第1卷,第108页。

② D. F. Henderson,"德川时期法律的演进",载于Hall and Jansen,《近代早期日本制度史研究文集》,第216页。

③ Kaempfer,《日本史》,第110页。

权力都十分分散。

这种特殊性可以用另外一种方式来表达,如果我们从一开始就将日本看成一种“复合”政体,就会发现虽然它与众不同,但还是和下面这些政治体制相类似,它们是希腊的同盟,罗马作为霸主的意大利同盟,还有瑞士或者是荷兰的同盟,等等。我们可以将这一时期的日本看成是有大约250个专制政权组成的集合体,而将其结合在一起的是一个超级专制者,即将军。实际上最好将日本看成是一种宫廷式政体“过程”和复合政体“结构”的混合物。

在复合政体,如阿契美尼德帝国的行省制度,就像我们已经看到的那样,其政治过程存在于两个层面,[1110]一个是宫廷内部的权力斗争,另外一个是皇权和地方军阀之间争夺宫廷的斗争,而后者常常会导致政权的瓦解。在日本发生的只有第一种斗争。在锁国政策之下,持不同意见的大名无法依赖外援,外国人也无法在大名中挑起事端。此外,也没有像欧洲那样有来自教会或法庭或商人或银行家的有组织的反抗。将军的财富和实力比大名要强很多,无论是他们的个体还是联合。将军也不需要额外的财力和人力从事对外战争。因此,他从来也不需要依赖其封臣或者其他的社会阶层。而在欧洲,就像我们看到的那样,君主迫切需要财政和军事上的援助,不得不召集代表会议。①不仅如此,大名的领地属于他们自己所有,在政治领域之外。在意识形态方面,他们忠实于将军所倡导的对士农工商的等级分化,这种现状对他们很合适。

这就是为什么和到现在为止我们讨论的几乎所有政体不同,日本中央和地方的关系并没有产生政治过程。但是当我们将目光转向宫廷本身,就一定会发现一种极其熟悉的模式,这一模式频频出现,那就是统治者和其心腹与官僚机构内部高级官员之间的明争暗斗。在这方面,罗马帝国是个例外。

将军生活在迷宫似的千代田城堡中一个被称为是中奥的地方,这里

① 但是对这两种不同的结果,还有另外一种评价,参见Bloch,《封建社会》,第2卷,第452页。

有他的私人住所，只有他本人、贴身侍卫和男性仆人才能出入。这里要注意一点，即在日本的宫廷生活中，完全没有太监的位置。德川家族的前三代将军精明强干，其后继者中有一两位也是如此，尤其是德川吉宗，其在位时间是1716年至1745年，但是总的说来，将军过着与世隔绝的生活，多半在日本历史上默默无闻。他们不理世事，只是短暂地接见最高官员。远离朝廷，将军主要通过身边的侍从和外部世界保持联系。

中奥一边是大奥，另一边是表向。前者是后宫，住着一千佳丽。表向的成员根本无法干涉大奥的事务，除非他有一位女性朋友可以为其传递信息。这也并非易事，因为大奥成员要离开大奥必须要获得令牌。中奥和表向之间有两个大会议厅，是将军每个月默默接受大名"觐见"的地方。[1111]表向就像是一个迷宫，是各个官员、警卫部队、军事指挥等等的办公场所，是行政区域。

1651年之前，在即位之时就追随自己的亲信的协助下，精力旺盛的将军大权在握。①后来，从1651年至1680年，在德川家纲任将军时，一些高级官员，尤其是老中，发现他们可以自己行使实权。1684年发生了一场有人要刺杀将军的恐慌，于是就将行政办公场所搬迁到了一个远离中奥的地方，这样一来，就要有信使往来，传递信息。这些信使中地位最高的是侧用人，他很快就成为一个关键性的中介。于是就出现了这样一个摇摆不定的时代，支配决策制定的有时是将军，有时是老中，但是大部分时间都是侧用人。精力充沛的将军德川吉宗厌恶侧用人的支配地位（此时侧用人已经实际上取代了大老的主导地位），重新起用旗本作为自己的亲信。作为中间人，这些亲信不可或缺，他们安排接见，推荐要任命或升迁的官员，处理已经获批的报告，等等。德川吉宗的继承者昏庸无能，将军的个人统治从此结束。幕府内部爆发了老中和侧用人之间争夺领导权的斗争，两种势力此起彼伏，斗得不可开交。如果老中支配了将军亲信并因此掌握大权，将军为了逃避他们，就会依赖侧用人，这样侧用人就会再次成为至关重要的中间人。出身低微但极其能干的田沼意次先是被提拔为侧用人，此后他更进一步成为

① 德川家康（1603—1605年），德川秀忠（1605—1623年），德川家光（1623—1651年）。

老中,这标志着侧用人政治的巅峰。田沼意次掌权时期政治腐败,这不可挽回地损害了侧用人政治。从 1787 年开始,老中成为政府的实际首脑。①

5.2 政治和行政

到 18 世纪,除了一小部分武士构成警卫部队之外,将军的 22500 名旗本和御家人已经成为庞大而复杂的文职官僚机构。就像上文描述的那样,幕府的领导权从将军手中转移到了表向,但这并不标志着政治过程的终结,此时这个过程转化为争取表向控制权的斗争。[1112]政治过程的形式是由武士官僚机构的结构决定的,但也必须如此,因为这个结构十分笨拙,很不稳定,如果没有这样的政治过程,即使可以工作,也会运转不畅。因此,宫廷之内的政治也是文官行政机构的政治,两者都是其行政机构独特模式的原因,也是其结果。

幕府的政治支配权落到了"中等"大名的手里,因为他们垄断了老中的职位。随着时间的推移,这些中等大名开始攀登一种等级阶梯:先是幕府仪式的司仪,即奏者番,接着兼任寺庙和神社的总管,即寺社奉行,然后如果得到某一派系的支持,就可以成为大阪城代,最后成为老中。关于派系,下文将有描述。另一方面,级别较低的大名更可能会从奏者番成为警卫首领,即番头,然后,如果足够幸运,再被提升为若年寄,有的还可以由此跻身老中之列。要想步步高升并不容易,因为职位总是不够。②要想谋求一份好差事,或者是获得升迁,中等大名就必须依靠世袭地位、裙带关系或其他社会关系。

这些社会关系是通过加入一种"垂直派系"而建立的。这种垂直派系既是高级官员如老中操纵官僚机构的手段,也是使这种僵化的机构得以运转的润滑剂。顾名思义,垂直派系从地位最高的谱代官员,一直向下延伸到只有 100 至 500 石俸米的陪臣这样的低级阶层。③由于职

---

① 关于老中田沼意次,见 Sansom,《日本史》,第 3 卷,第 174—177 页,注意他对将军德川家治的操纵得到了将军一位宠妾的帮助,而这位宠妾和田沼意次的妻子有亲戚关系。

② Totman,《德川幕府的政治》,第 176 页。

③ 同上,第 181—201 页。

位和世袭等级之间的僵化联系,要想维持这种关系的延续性,就需要在向下的每一个阶层都有支持者。此外,这种级别上的差异还导致每个职位都有固定的例行公事,这就形成了一种缺少弹性的职业分化,以至于一个官员不可以履行和另一个官员有关的职责,甚至高一级的官员也必须尊重低一级官员固定的例行程序。因此,从这个角度考虑,也有必要在每一个低级的层次有自己的支持者。

由于前面提到过的轮值体制,①派系没必要在每一个级别有"水平层面"上的延伸。[1113]就像我们看到的那样,"消极任职"的官员要为其积极任职同僚的行动签字,才能使其生效,但是一旦签字,就不可撤销。因此,对于某一部门,只需要控制其中一个官员就够了,等轮到他积极任职时,就可以通过"联署制度"取得所有同僚的支持。

世袭等级和某种职位之间的密切联系,使高等级无法改变低等级例行程序的僵化的工作分工,由此可以看出,要想让整个系统正常运行,这种从上至下延伸,并在同一等级向外辐射的垂直派系是必要的。除此之外,还有其他的手段,如解除一个在职者的职务,换另外一个更可靠的支持者,或撤销一个职务,新建另外一个职务。还有另外一个办法是建立一个特别委员会。

需要控制的最重要的职位是大老、老中、若年寄、京都所司代和大阪城代,在陪臣担任的职位中有江户町奉行和勘定奉行,前者负责城市治安,后者负责处理诉讼、不动产法、领地的经济状况、货币和税收,职责范围非常广泛。财务部有12个部门总管,两百个附属人员,因此其支持者也很广泛。另外一个重要职位是监察官,即目付,因为他们要承担很多种角色,这和当时固定的例行程序的总体风气形成鲜明对比。虽然如此,但是就像托特曼评价的那样,他们"十分适合垂直派系的政治"。②

在所有这些职位中,最有声望并且可能也最有权势的是大老。

---

① 见原书第1104页。
② Totman,《德川幕府的政治》,第201页。

德川幕府时期的日本不同于其他的许多宫廷式政体,也不同于藤原时期的摄政统治和镰仓幕府时代的北条氏执权统治,大老这样的高级官员从来没有篡夺过将军之位,也没有幕后掌权。这是为什么呢?

篡权会遭遇很大的障碍,德川幕府具有极大的合法性。篡权的机会也从来没有出现过,因为德川家族任何时候都没有缺少过合法继承人的人选。关于继承资格的规定是通过传统牢牢确立的,按照长幼尊卑的顺序,首先是嫡子,然后是庶子,最后是御三家,即亲藩。还有就是几乎整个统治阶层都有理由支持德川幕府的统治。御三家作为德川家族的分支,自然不用说。[1114]中等大名知道他们有机会通过担任老中获得政治权力,而将军的封臣也无法从改变现状中得到任何好处。这样就只剩下外样大名,由于无法得到任何外援,他们也无法有任何作为。最后,争夺各个高级职位的中等大名自然会抵制他们中的任何人获得永久支配权的努力。同理,垂直派系的形成会引起与其做对的派系的形成,以取而代之。

最后的答案总是一样的,即在德川幕府的情况下,表向的大名要想掌握权力,唯一的方法就是通过其垂直派系控制官僚机构,并在拥有行政支配权的位置上,在将军名义的掩护下进行统治。

6. 政府职能

和到现在为止探讨过的所有国家相比,日本政府职能的最大特征就是其军事机构的重要性不断降低,对于一个靠武士建立,由武士统治,为武士阶层服务的政权来说,这是很不可思议、很自相矛盾的结果。

6.1 军队

军队没有演进,反而退步了。其人数减少,战斗能力丧失,武器实际上退化了。我们应该区分战争时期的军队与和平时期的军队。对于前者,在 1603 年,理论上德川家康拥有兵力 40 万,实际上他可能将 25 万人马带上了战场。镇压了 1637 年至 1638 年的岛原之乱和实施锁国政策之后,战时的队伍开始慢慢削弱。大约四分之一的封臣要提供个人扈从,但是到1862年,只需要一万名这样的士兵。除此之外,大名也应该能够提供13万人马,但他们从来没有被要求这样做过。和幕府的队伍一样,大名的队伍也是毫无用武之地,都被用来从事一些日常性的事务,不再接受军事训练。他们被组织参与一些徒劳无益的战术部署,他们的武器也没有超越刀剑和甲胄这一阶段。

和平时期的军队当然要更小。17世纪30年代,由1020人构成的近卫队(Great Guard)和各自的家臣,构成一支总人数在5000人左右的警卫部队,但是到了19世纪,人数大大减少。这些士兵和其他的警卫部队一起,负责驻守将军在千代田、二条城和大阪的城堡。[1115]他们被定期从一个地方转移到另外一个地方,而这同样是幕府的多疑使然。江户警卫部队的主要职能是镇压叛乱。

参加警卫部队是一件很有荣耀的事情,是职业生涯的第一步,但这却并不表明一个人的军事技能,因为没有这方面的要求。没有什么军事训练,甚至在德川吉宗提倡之后,依然如此。长期的和平让武备松懈。这些警卫部队不是用来打仗的,只起到宪兵队的作用。①

但日本军队的最突出特征不仅仅是其人数的不断减少,也不是其军事技能的日益丧失,而是对枪炮的放弃。早在1543年,日本就引入了火绳枪。在结束内战的战役中,火绳枪发挥了十分关键的作用。但是战争刚一结束,日本人就对其充满不屑,因为他们认为使用这种武器有辱武士之尊严和精神。这和一个世纪之前欧洲的伟大骑士贝亚德有点相似,对火绳枪充满仇视的他对俘虏的火枪手杀无赦,但是最终还是丧命在火绳枪之下。于是,他们又回到了剑这种传统而神圣的武器。这并不意味着枪炮被完全放弃,如军队里有专门的火枪兵先锋队。但是最受人尊重的武器首先还是刀剑,其次是弓箭,最后是长矛,枪炮排在最后。②枪炮从来没有升级过,依然是原始的以火绳引燃的火绳枪。

---

① Totman,《德川幕府的政治》,第48页。

② 同上,第47页。

1636年,在长崎的荷兰商人给了日本人十几支欧洲新式的燧发枪,这些武器被礼貌地接受,然后就被束之高阁。① 日本的火炮更为落伍,1776年,为了保护东京港,他们装配了12磅加农炮,但是此后每隔7年才试火一次,还是用一根火柴拴在一根长杆子上点火。②

6.2 法律和司法

德川幕府时期有“法律”吗?

> 江户幕府是一种最小化的政府(minimal government),它冒着极大的危险,经过极大的努力,才成功控制了这个充满斗争的社会。在其确立政权的时间里,主要职责就是通过维护幕府的统治来维护和平和安定,这不难理解。[1116]考虑到前几个世纪的战乱,幕府的功能不可小觑……与此相应……其对法律的应用是以自我为中心的,也就是说致力于完成其结构化,如社会等级分化,封建关系,等等,还有就是通过严刑峻法,保护自己不受敌人的攻击……无论是日本还是中国的法庭,在其各自的传统时期,这种为自我服务的法律……都是法律传统的核心……刑法只不过是维护政府权力和政策的压制性工具……因此,社会独立存在,很大程度上自我管理,私人关系和“私法”属于地方事务,应按照民约的传统积累予以处理,不受新生的“国家法”或“国家法庭”的干涉。这样,虽然政权完全是威权主义的,但并不是极权主义的……③

由于民事诉讼是由村落或街道里的长老和类似官员按照地方传统进行审理的,对于难以裁决的案件,甚至需要城市当局的参与,我们这里只讨论和公法与刑法有关的内容。

---

① N. Perrin,《日本的刀剑革命—从1543年至1879年》(Godine, Boston, 1979年),第68—69页。

② 同上,第69页。

③ 这一简洁概括来自Henderson,“德川时期法律的演进”,载于Hall and Jansen,《近代早期日本制度史研究文集》,第214—215页。

没有专门的法庭，也没有专业的法官。行政长官（代官或者是藩里和其相应的官员）进行简易审判，对审判结果不允许上诉。谁也无权起诉法庭，实际上，任何人都无权起诉法律上的上级。政府的法规、活动和官员是不可在法庭进行审判的。在日本，就连到将军本人那里上诉也是完全不允许的，这种情况一直延续到18世纪中叶德川吉宗在位时。[①]而在我们到现在为止所探讨的所有其他政权中，这种向最高权威上诉的权利和行为都是存在的，这似乎和政府本身所内在的某种最原初的特征相照应，即主持正义的重要责任。在日本，如果下级起诉上级，就会受到惩罚。例如，1655年颁布的一条法令规定如果仆人起诉主人，这个仆人就要被关进监狱[②]。在家庭内部，对家中地位更高者的起诉同样被禁止。对于这种起诉，总是主人、父亲、师长或者其他任何地位更高的人说了算。[③]命运最糟糕的是胆敢越级起诉的人，如果情况不实，他会被钉死在十字架上。[④]

刑法是不平等的，武士和平民判罪方式不同，受到的惩罚也不同。[1117]这两种人有不同的继承法。一个日本法典选集（法律大全从来就没有被编纂过）中明目张胆地提出“所有的犯罪都要根据社会地位进行惩罚”，这一法规在实践中完全得到遵守。

审判过程是简易式的，但是被告只有亲口承认才会被判罪。和包括欧洲在内其他遵循这一原则的地方一样，也有刑讯逼供。惩罚非常严峻。此外，和中国一样，可以并且常常是集体连带责任，一人犯罪，家庭、邻居等等都会受罚。坎弗尔举了一个例子，长崎代官家里的管家向朝鲜走私刀剑和其他武器，这种行为是严格禁止的。被发现之后，他和同谋被钉在十字架上处死，他在十字架上眼睁睁地看着自己七岁的儿子被斩首。代官本人也因为连带责任被免职，两个儿子和他一起被流放。[⑤]桑

① 参见Sansom，《日本史》，第156页。

② Henderson，“德川时期法律的演进”，载于Hall和Jansen，《近代早期日本制度史研究文集》，第222页。但是也有少量的例外情况，那就是当涉及将军利益时，或者是当过错明显在主人一方时，还有就是在涉及财产继承问题时。

③ 同上，第223页。

④ Sansom，《日本文化简史》，第465页。

⑤ Kaempfer，《日本史》，第2卷，第128—129页。

索姆为我们列举了一系列的酷刑:像英国对叛国罪的惩罚那样五马分尸;把犯人腰部以下埋在土里,让人用锯竹子用的锯把他开膛;对纵火犯,则是活活烧死。①

有法律效力的命令有两种,一种是"通知",另外一种是御触书,即告示。②前者是幕府上级机构对下级机构,而不是对大众,列举了惩罚、酌处权和减刑的情况,等等。因此,是严格保密的,但是到了18世纪,已经广为人知,在任何书店都随手可得。但是大部分法律都以告示的形式出现,统治当局会想方设法让尽可能多的人了解。在城市,告示被层层下达,直到街道或镇的头人和五户联保单位的首领那里。在村落,参加五户联保的各个家庭必须登记,以证明他们已经知晓法律的内容。此外,幕府利用告示将政令传达到城市和乡村的所有人口。③ 这些告示最能说明问题的特征也许正如坎弗尔所说:

> [1118]没有说明为什么会颁布这样的律令,也一字不提其制定者的观点和意图,对于违背者也没有明确的惩罚。这种简洁被认为是和强大统治者的威严相符的。只要他知道自己发布命令的原因就够了,而要质疑其判断就会构成叛国罪。④

可见,一方面是我怎样想,就怎样下令,另一方面是我被怎样命令,就怎样去做。

6.3 治安和社会秩序

这方面的情况我们已经有所提及,如幕府对情报人员即目付的使

---

① Sansom,《日本文化简史》,第464—465页。书中记载武士常常被允许在尸体上试剑,这让人想起1937年的南京大屠杀,作者并没有说明这种惩罚是否常见,但是根据有些历史学家的看法,并不经常发生。

② Henderson,"德川时期法律的演进",载于Hall和Jansen,《近代早期日本制度史研究文集》,第215页。

③ 关于通讯方法,见Henderson,"德川时期法律的演进",载于Hall和Jansen,《近代早期日本制度史研究文集》,第216页和218页。有时是将法律或政令当众宣读。

④ Kaempfer,《日本史》,第3卷,第326页。

用,参觐交代制度,将大名家人当作人质,地方行政长官和各个部门长官的轮流。所有这些都表明了这个政权生性多疑的本质,再看一看其安全措施,就会更加深切地意识到这一点。

首先,一举一动都要受到严格控制。早期就有的路障被延续下来,检查行人是否拥有通行证。从江户离开的女性必须携带专门的令牌,上面写着她们的体貌特征,以此防止大名家的女性人质逃跑。平民要想离开家乡必须携带五人联保组签署的良民证,答应为其作担保,他要携带良民证到镇上的长老那里领取通行证。①在村落,村长负责保管人口普查记录,要向上汇报人口的任何变动,根据前面提到的丰臣秀吉和德川家康的法令,②其中必然包括所有的迁移情况,因此村民也必须拥有通行证。

有人也许会认为城市居民可以逃脱如此监控,只要改变一下住址就行了,但事实恰恰相反。坎弗尔对长崎的街道生活有十分详细的描述。这里的居民每天晚上都被关在两头大门紧闭的街道里。在安全状况比较紧张的时期,如有外国船只到达或者要离开时,白天常常也是如此。这时地方长官会随机上船检查,确保船上没有日本人。此时如果居民有紧急情况,必须要离开街道,他必须获得一块符木,凭借这块符木,他被一个街道的守卫护送到下一个街道,再由这个街道的守卫送到下一个街道,直到到达目的地。搬家几乎和今天移民并获得外国居住权一样难。[1119]户主必须得到大人即头人的许可,这位大人会把对这个人外貌和品格的说明送到他要迁入街道的每一位居民那里,而这个街道的任何一位居民都可以反对他迁入。如果无人反对,他会从大人那里得到适当的文书,这样就可以自由搬迁了,但他的麻烦不一定就此结束,因为他必须要卖掉原来居住的房子,而这必须要得到原居住单位所有居民的同意。③

这里要重复一下,五人组即五人联保单位的目的是为了让集体为其所有成员的个人行为负责。在村落,五人组的职责很多,要主持婚

① Kaempfer,《日本史》,第2卷,第118页。
② 见原书第1099和1109页。
③ Kaempfer,《日本史》,第2卷,第116—119页。

姻、继承、遗嘱、契约等事务，为拖欠税款负连带责任，还要签署一份记录簿，上面长长地详细罗列着哪些可以不做，哪些必须做。五人组的首领要将这份明细表大声读给全村的人，每年几次。如果五人组将施加给他们的所有职责都彻底完成，这个政权就真的距极权主义不远了，但是他们的完成情况究竟怎样呢？这是一个很有争议的问题。桑索姆认为他们完成得并不彻底，①贝夫认为他们虽然“在控制农民方面有时发挥作用”，②但影响有限，而日本学者野村认为“五人组的组织几乎完全是为了保管记录，在实践中几乎没有什么意义”。③

坎弗尔对长崎居民的情况是这样评价的：“长崎的居民很大程度上被置于一种奴役和顺从状态之下，这种情况几乎是独一无二的”。④前面我们已经简单勾勒了其对长崎治安的描述，⑤现在可以勾勒一下德川幕府对江户百万居民的安全治理，并以此结束这部分内容。

江户由两位町奉行进行治理，他们每个月轮流主持政务，实际上任务变得如此繁重，他们不得不将“空闲”的那一月全部投入于处理没有完成的公文。这些奉行是治安长官，行政长官，又是民事案件和刑事案件的法官。担任这一职位的武士级别不用太高，只要拥有 500 石收入就可以，但这个职位本身可以享有 3500 石的额外津贴，这样他们就可以跻身中等武士，即旗本的行列。

由于要管理一百多万人口，这两位奉行有 25 位助理行政官为其服务，这些人被称为与力。[1120]他们是 200 石级别的武士，到 17 世纪末，这一职务成为世袭。他们都生活在城市中同一个区域。

每一位与力要负责大约四万名居民，很自然地他们每人也有 120 位同心为其服务。同心的职务也是世袭的，他们也是武士，但是在武士中级别最低，只有资格佩带一把剑。正如长崎的警察手拿绳索到处巡逻，这些同心拿的是铁钩子，用来钩住犯罪分子的衣服。每一位同心还

---

① Sansom,《日本史》,第 103 页。

② H. Befu,“村民自治和与国家的衔接”,载于 Hall 和 Jansen,《近代早期日本制度史研究文集》,第 305 页。对于 19 世纪以后的情况,Sansom 和 Nomura 的说法无疑是正确的。

③ 同上,第 305 页。

④ Kaempfer,《日本史》,第 2 卷,第 114 页。

⑤ 见原文第 1108 页。

可以拥有两三位助手,通常是本地人,他们常常起到通风报信的作用。这些同心执行城市大部分的治安工作,只有当情况很危险的时候,才会由身着甲胄,骑着大马的与力亲自拘捕,但这种情况并不多。

6.4 税收

在到现在为止探讨的每一个政体,似乎只有城邦是例外,财政和税收领域总是充斥着官僚的管理不善,贪污腐败和违法乱纪行为,而普通百姓只有被敲诈勒索,甚至是严刑拷打的命运。但是在17世纪的日本,情况并非如此。

早期几位将军服膺儒家思想,因此只收取土地税,虽然后来通过种种途径国家收入很大一部分来自城市和商业。因此,我们的叙述将仅限于将军直属领地的土地税的征收,而这一部分占全国土地的四分之一,人口是全国的三分之一。

这里的高级官员是奉行和代官(见原书第1102页至1104页),值得注意的是情况和法国很类似。法国的监察官既负责司法,又负责财政,日本也是如此。不仅如此,由于这些官员负责财政,他们还会顺便向幕府汇报当地的民情。在早期,他们十分专横,滥用职权,有些在德川家康掌权以前就已经成为地方要人,支配着当地事务。他们当然不愿意纳税,并且税收程序也不确定。到了17世纪末期,这些情况都成为历史。代官的人数曾经一度多达127位,但是被一再减少,最后只剩下不超过40位。1681年,将军德川纲吉在解除很多职务的同时,废除了代官职位的世袭制。1725年,德川吉宗结束了代官从财政收入中将地方花费扣除,只向幕府缴纳余额的做法,而这在所有的财政体制都是一种相当常见的做法。在英国,这种做法曾十分盛行,以"退税"的形式一直延续到19世纪中期。[①]

[1121]代官是一个不可小觑的大人物,毕竟当时的人口多达1000万,却一共只有四五十位奉行和代官对其进行治理。按照当时的行政标准,他们的工作人员队伍庞大,包括他们自己的扈从,武士

① Totman,《德川幕府的政治》,第64—69页。

警卫和从事体力劳动的助手。这些人既是助手,又是书记,负责保管文书和账目,并对村落进行检查。代官负责的区域面积大小不同,其总体编制也有所不同。可以占有的办公面积也受到严格控制,例如有一位代官除了自己的家臣,还有29位下属,他治理的是一个拥有约1000名家臣的大名的采邑,这个采邑可以生产五万石大米,但是他能拥有的总办公面积只是一个长20码,宽20码的空间。①由此可以发现日本的地方行政和18世纪的普鲁士不无相似之处,行政官员的待遇如此之低,以至于当我们说某人是在无报酬地工作时,我们常常会说他在"为普鲁士的国王服务"。

代官的总部详细记录每个村落可能的收获情况,并根据记录评估徭役和土地税的分配,这些徭役包括城堡、道路、灌溉工程等的建设和维修。②村头将总数分摊到各个村民的头上,并负责完成征收工作。除此之外,只要村落不扰乱地方治安,代官和村落不产生其他任何联系。村头将征收的税米或税金交给相关的官员,这位官员清点过目之后会给他一份收据。在进入代官的仓库之前,还要再次接受检查。这些事务的记录被送到江户负责财务的勘定所接受最后确认。勘定所人员众多,在1633年有12位财务官员,到了1733年,已经增加到了不少于186位,再加上从事体力劳动的助手,总数达2000人之多。③

6.5 社会塑造

我们已经讲过丰臣秀吉和德川家康是怎样实施士农工商体制并将其永远确定下来的,他们的继承者将这种划分完整延续下来。进一步的社会分化时有发生,但是在每个阶层内部,而不是在各阶层之间。

[1122]对于怎样充实这种僵化的等级划分,德川幕府也有自己的看法。在我们遇到的社会里,很多依赖宗教来强化社会秩序。德川幕府当然也对神社和寺庙大力赞助,还专门建立一个机构对其负责,但是

---

① Totman,《德川幕府的政治》,第74页。

② T. C. Smith,"德川时期的土地税",载于Hall和Jansen,《近代早期日本制度史研究文集》,第289页。

③ Totman,《德川幕府的政治》,第76页。

在当时的社会,宗教已经失去了其吸引力。神道教虽然有很多人到伊势神宫去朝圣,但一直都是一种此世的宗教。佛教也失去了其活力,虽然政府对寺庙和僧侣大力支持。

当宗教无法灌输道德规范的时候,幕府开始干预。对武士阶层的文化教育建立在阅读汉语的儒家经典基础之上,这使新儒学的传统得以确立。此外,幕府还颁布一系列律令和法规,其目的是为了让人们遵循儒家的道德行为规范。对于无法禁止的事情,他们则进行调控。例如,通过将妓女集中到城市的某个区域,如江户的吉原,他们将卖淫制度化。意识到无法抑制新兴的歌舞伎表演,他们却可以禁止使用女演员,后来甚至年轻男子代替女演员也被禁止。幕府也没有禁止小说的传播,即使是廉价的恐怖小说或者色情小说。它还让哲学思想自由传播,但是我们必须意识到一点,即这些思想是只有在与世隔绝的日本境内才有的思想。直到18世纪中叶,勇于改革的将军德川吉宗才首先打破这种封闭状态,开始放松政策,允许中国的部分书籍进入日本。欧洲的书籍从来没有被禁过,因为幕府认为即使有人能够读懂这些书,其人数也不会多。①

幕府主要关注的是农民。前面我们提到过各种告诫性的告示被张贴,并被大声读给村民。桑索姆援引了比较短的一个告示,只有15项内容,时间是1658年,它告诉村民必须怎样接待来访的官员,要清扫道路,怎样对待狗和猫,要清理沟渠,要开荒种地,要修路架桥,不准赌博,不准行贿,等等。②

幕府颁布详细的法律,禁止市民和武士阶层奢侈浪费。德川吉宗禁止妇女留昂贵的发式,穿贵重的丝绸。任何人都不能购买价格高昂的漆器,包括大名。迎亲的队伍不能超过10顶轿子。这些旨在倡导节俭的命令被一再重复,但却于事无补。③[1123]到18世纪末,新的规定禁止使用理发师和美容师;妓女都被赶到了吉原;在公共浴室,男女开

① Sansom,《日本史》,第2卷,第168—170页。关于所谓的“荷兰研究”,见J. P. Lehmann,《现代日本的根源》(Macmillan,伦敦,1982年),第22—23页,第124—125页,第128页。

② Sansom,《日本史》,第3卷,第102—103页。

③ 同上,第160—161页。

始分开;赌博行为被禁止。对这些法规的执行依赖于广泛的侦探和告发者队伍。①

在促进儒家的道德行为方面,幕府和大名的确取得了一个很大的成功,那就是学校。武士有自己的学校,其课程就是学习中文的儒家经典和武术。在德川家康时代,武士几乎都是文盲,但是到了18世纪,几乎所有的武士都识字了,有些甚至成为杰出的诗词作者。教育上最大的成功在平民那里,最后,几乎每一个中等大小的村落都有自己的学校,有专门的老师任教,学习的主要内容是读写算三种基本技能。到了江户时代末期,40%的男孩和10%的女孩都在接受正规的学校教育,识字率可能高达50%左右。②这让当时的欧洲都无法望其项背,更不要说今天的许多第三世界国家了。③

广泛的学校体系(尤其是在农村)的重要性并不仅限于知识技能的传授。学校是社会化过程中—也就是说向下一代灌输其社会价值观的过程中—最为重要的工具之一。德川幕府在这方面的巨大成功我们将在下文展开探讨。

7. 评价

德川幕府时期的日本专制、严酷、不公平、官僚主义十分严重,这些都是不争的事实。就像一位权威说的那样,它是一个"十分有效的警察国家"。他还引用了当时一个口号,"官尊民卑",意思是尊重官吏,鄙视平民。④

在我看来,这个政体最有趣的一个特征似乎就是其直接意图和长期结果之间的错位。

首先,有些情况是幕府没能实现其本来意图,但是无心插柳柳成荫,

---

① Sansom,《日本史》,第206页。

② 参见R. Dore,《德川时期日本的教育》(Routledge &Kegan Paul,伦敦,1965年);J. P. Lehmann,《现代日本的根源》(Macmilan,伦敦,1982年),第115—121页。

③ 参见C. Cipola,《文化教育和西方的发展》(Penguin,Harmondsworth,1969年),第二和第三章。

④ Lehmann,《现代日本的根源》,第58页。

出现的结果却是良好的。这方面最突出的例子就是财政部门对农业产量的低估。[1124]要知道，这个复杂的官僚机构要对土地进行地籍测量，通常在此过程中要考虑到土地的面积、质量和农作物的种类。还要知道，中国的明朝从一开始就进行了这样全国范围的田亩勘查登记。德川幕府继承了丰臣秀吉详细的全国范围的土地丈量清册。在这两个国家，实际上在几乎所有尝试这样做的国家，包括英国，其结果都是一样的。对于现代之前的行政者来说，这个任务过于复杂，过于耗时，无法经常性地做出必要的调整，因此他们要么使用已经过时的土地清册，要么就索性采用传统上确定下来的税额，如在英国，要缴纳土地总产量的十分之一或十五分之一。德川幕府的财政部门使用的有时是一个世纪之前的土地清册，①而在整个17世纪农业生产率不断提高。因此，农民实际上缴纳的不是其产量的50%，而是40%，有时甚至更少。这样一来，农民的收入不断提高，这种状况甚至一直延续到19世纪。此时有些地方的农民已经在为市场而生产，这使他们特别脆弱，很容易破产。这就是为什么这些地区的农民起义不断增加。②因此，在我们谈论的这个世纪，每年只有一次农民起义，但是从1760年开始，农民起义的次数是以前的6倍。③

对于批评这个威权主义政体缺少自由的人来说，它没能有效控制人们的服饰、享乐和道德这一点，似乎也是一件好事。这种意图上的失败强化了前面的评论，即虽然这个政体是彻头彻尾的威权主义，但却并不是极权主义。只要村落按时缴纳税赋，不扰乱社会治安，就可以自行决定村落的事务。对于城市街道上的口舌之争和轻微的犯罪行为，也是由街道自行处理。④幕府政权最关心的是自我的延续。其统治虽然很深入，但并不广泛。社会生活的很多领域都是自我调控的，受民间习俗和道德观念的制约。⑤

---

① Smith，"德川时期的土地税"，第283—299页。

② 同上，又见T. C. Smith，《现代日本的农业起源》（哈佛大学出版社，剑桥，马萨诸塞州，1959年），第159页。

③ Lehmann，《现代日本的根源》，第63页。大部分的起义都是针对商人和高利贷者，而不是地主。

④ Kaempfer，《日本史》，第2卷，第110页。

⑤ 参见W. G. Sumner的《民俗》（Mentor edn；纽约，1960年），第76—78页。

虽然有些意图上的失败带来了良好的结果,但是,有些情况下,长期的结果却是灾难性的,这在军事领域最为严重。为了让武士阶层能够坚持军事训练,提高其备战能力,幕府做出很大努力,尤其是德川吉宗在位时,但是却收效甚微。再加上他们对火器的鄙视和对刀剑的一种宗教式的迷恋。[1125]结果,到了1853年,西方入侵者长驱直入。

另一方面,在两个十分重要的领域,长期的结果却和其最初的目标相一致,这是十分可喜的。第一个就是要有一个高效而又低廉的行政部门。这种迷宫式的、由武转文的行政部门官僚主义极其严重,傲慢自大,目中无人,但是至少直到18世纪中叶,其标准都是相当高的。的确,向上级送礼的行为十分猖獗,虽然我们今天可以称其为"贪污腐败",但是在当时,这却是这个体制已经为人们所接受的一个特征。无论怎样,这也要受到传统的约束。①对于这个官僚机构的其他方面,虽然它有一个军事化的源头,虽然有多人共同主政所带来的拖沓和职业分化所带来的不便,虽然大部分职务都是世袭,虽然没有正规的考试体系,它却依然是胜任的、经济的。"大部分行政人员都完全忠实于上司,他们谨慎小心、诚实本分地履行自己的职责,至少按照现代以前的标准来看,是十分高效的。"将军领地上的代官负责维持社会治安,征收赋税。他们"尽心尽力,其花费却让18世纪世界上任何一个政府都羡慕不已"。②在中国的清朝,官吏的薪俸如此之低,以至于他们只有通过腐败才能维持自己的职位,更不要说仅靠俸禄过上体面的生活了。但是在日本,代官的俸禄已经相当高,在到现在为止我们所接触过的几乎其他每一个政府,都有敲诈勒索和违法乱纪的现象,他们对此却不太感兴趣。即使按照今天的严格标准,其成本和税收收益的比例都是很低的,只要花费1000石就可以征收17500石的税,即5.7%的比例。将其和哈里发国家的财政系统做一下对比,就会发现后者简直是不折不扣的抢劫。③

---

① E.O.赖肖尔,《日本人》(哈佛大学出版社,剑桥,马萨诸塞州,1977),第238页。无论如何,公务员和从政者不应该利用职务之便牟取私利,这是晚近才出现的观念。即使现在,其实际适用范围也很有限,甚至在一些发达工业国家也是如此,如美国、日本和俄罗斯等。对于绝大多数第三世界国家,则根本不适用。

② 同上,第238页。

③ 见本书第三部分第二章。

对于幕府的目的得以成功实现的第二个领域，上一个章节的最后我们已经简单提到过，即在对待等级和权威的态度和认识方面对大众的塑造。学校体制向大众传播了两套紧密相连的上层阶级价值观，那就是士农工商的等级分化和武士阶层的统治。前者是通过有点通俗化的、改头换面的程朱理学来传播的，例如石田梅岩的“心学”。在政府的鼓励下，这一学派在日本各地创办了81所学校。①[1126]后者对此起到一种补充，是通过历史、充满暴力和刺激的小说和带有颠覆性内容的歌舞伎的广泛传播来实现的。所有这些作品都歌颂过去武士英雄的丰功伟绩，尤其是在源氏对平氏的战争中涌现出来的武士。这就是为什么到我们探讨的这一时期结束时，虽然日本人已经全部成为平民，但是却依然充满军国主义色彩。②

在这样的环境中长大，人们将四民的等级分化，不同等级之间在礼仪细节上的差别，还有集体对个人的压倒性地位都看成是一种自然秩序。由于锁国政策的实施，无法接触来自外界的不同思想，更加强化了这种情况。因此，至少整整八代日本人只知道本土的个体观念、社会秩序观念和政权观念，对外界一无所知。在此情况之下，当整个民族都将这些观念内化之后，他们就会做出自动反应。③

但是我们最后必须谈一谈一个出乎意料的，从幕府的角度来看，完全是适得其反的结果，这个结果是由政治上显而易见的成功所带来的，如锁国政策，四民体系，封建秩序，还有国内的稳定。不安的因素并不多，即使有，也不重要，没有造成多大影响。④这里就出现了一种自相矛

---

① 参见 Dore,《德川时期日本的教育》，注意作者是怎样评价蒙学读物《实语教》的，其中“父母如天地，师君如日月”一语道出了孝道和对权威的尊重。又参见 M. B. Jansen 和 L. Stone 的文章“日本和英国的教育和现代化”一文，该文探讨的是德川时期日本和都铎王朝时期英国“现代化”过程中教育所起的作用，载于 C. E. Black 编著的《比较现代化读本》(Macmillan，伦敦，1976 年，第 214—237 页)。

② Kaempfer,《日本史》，第 3 卷，第 307—312 页。尤其要注意此处作者的话：“铭记先贤的英勇行为，他们心中总是充满对武艺的热情和对声名的渴望。当他们还在襁褓之中时，如果哭闹起来，用来安抚他们的是战歌。学童所能接触的书本基本上全部是杰出英雄的书信和历史。

③ 参见 Sumner 在《民俗》一书中对此所做的思考，第 76—77 页。

④ 赖肖尔和费正清，《东亚史》，第 620—621 页。

盾的情况:统治者创造了一种政治体制,这个体制带来了和平和稳定,和平和稳定促进了经济和社会的发展,但这种发展却让社会距这种政治体制本来想要取得的结果越来越远。在这种政治结构中,武士是统治阶层,商人在社会最下层。但是在新的社会经济结构中,这些角色被颠倒过来,商人到了最上层,武士却要向商人借贷。

与外界隔绝,安享太平的日本现在已经高度货币化。[1127]耕地面积和农业产量都有提高,富有的农民在为市场而生产。港口地区涌现了大量的运货商、批发商和零售商。被鄙视的商人阶层变得越来越富有,城镇在扩张,手工业、纺织业和金属制造业等都取得了很大发展。在德川幕府时代的鼎盛时期,即1675年至1725年之间的元禄时代,文学和艺术领域产生了大量反映富有的城市资产阶级文化的作品。

在商人阶层日渐富有的同时,武士阶层却日益贫穷。将军精明的参觐交代制度耗费了大名的大量财力,他们要维护江户的豪华府邸,供养那里的随从人员,这部分花费占大名总支出的80%。①虽然到了18世纪中期,随着农业产量的提高,税米的数额也相应提高,但这种提高很小,而大名的花费却日益增加。例如,大名在江户的豪宅增加到了600处左右。②在我们探讨过的其他社会,对此的反应会是增加税收。但是在日本,税额是传统固定下来的,大名如果擅自改动,只会惹祸上身。③于是他们就向商人借贷,减少御家人的俸米,财政十分紧张的时候甚至中止发放。此时十分之九的御家人都领取俸米,而不是拥有采邑。④此外,由于他们的薪水就是一定数量的大米,这些家臣也受到米价浮动的不利影响。就这样,下层武士的收入下降,但他们也有奢靡的生活习惯。其中有些节俭度日,很多人开始从事其他职业,尤其是教书和进入行政部门,因为他们很多都受过良好的教育,⑤但是绝大多数向

---

① Lehmann,《现代日本的根源》,第85页。

② 同上,第85页。

③ 关于税额的稳定性,见Smith,“德川时期的土地税”,第283—299页,又参见Smith,《现代日本的农业起源》,第159页。关于对农民起义的担心,见Lehmann,《现代日本的根源》,第85页。

④ 见原书第1105页。

⑤ Dore,《德川时期日本的教育》,第150—152页。官僚机构中才干突出者可以获得额外的津贴。

商人举债,债台高筑。

这种发展的最终影响直到1750年前后我们探讨的这一时期结束时才发生。从此之后,随着社会金字塔和政治金字塔的完全颠倒,幕府政治上的成功所带来的危险变得越来越严重。到了1853年,当美国的战舰在江户港下锚停泊时,这些危险变得一目了然。从此,日本开始长达20多年的自我审视,最终实施了世界上最为杰出的从上而下的政治革命,即1868年的明治维新。①

[1128]显然,今天西方世界的任何人都不会喜欢在德川幕府时代的日本生活,从这个意义上讲,今天的任何日本人也是如此。但是我们的确不用悲叹其专制的、不公平的严酷本质。德川幕府时代的日本是一个与众不同的、独立的世界,有属于自己的价值观。这些价值观和甚至同时代的欧洲完全背道而驰,更不要说今天的了。但我们必须意识到一点,那就是在日本国内,对我们感到义愤填膺的事情的批评直到1750年后才出现。②要评判这个政体,必须按照它自己的标准。坎弗尔对这个政权的冷酷无情似乎无动于衷,例如,他认为虽然幕府时代的司法草率敷衍,很容易出错,但是和欧洲司法的漫长拖延相比,更为可取。③坎弗尔是一位受过良好教育的欧洲文明人士,就自己所看到的日本,他做出了如下评价:

> (人民)幸福而繁荣……(国家)统一而稳定,(人们)知道敬奉神灵,遵守法度,服从上级,邻里互敬互爱,彬彬有礼,乐于助人,品德高尚。在文艺和产业上皆优于其他诸国……(人们)生活富足,安享和平稳定之福祉。④

---

① 见本书第五部分(编者注:这部分最终没能完成)。

② 在James Clavell的历史小说《将军》中,对威廉·亚当斯和德川家康的经历进行了描述,其中最精彩的一部分内容就是伊丽莎白时期这位英国水手目瞪口呆的文化休克。

③ Kaempfer,《日本史》,第3卷,第319页。

④ 同上,第336页。

第二章　中国:清朝的黄金世纪(1680—1780年)

1. 满族入主中原:延续和转折

[1129]在本书第三部分第四章结束对中国的讨论时,中国正经历着一场巨大的震动,士大夫和宦官之间的殊死搏斗让明朝中央政权陷入瘫痪,都城本身也受到重重威胁,南方的农民起义如火如荼,而在东北只有200英里的地方,强悍的女真族(后来的满族)正虎视眈眈,时刻准备着突破长城。这时的女真还处于前国家状态。对于即将探讨的满清政权,本章不打算像描述前面几个阶段的中国政权那样详细展开。这里要展示的更像是一种升级,原因十分简单,即早期的满清政体从本质上讲就是对明朝政体加以升级,最重要的是使其正常运转。

满族这个名字的词源很模糊,是1636年女真族统治者皇太极为自己的民族采用的。此时满族已经在很大程度上被中国化,已经占据了辽东的大片土地。1644年,明朝将领邀请满族军队入关,以便联合起来向北京进军,从农民起义军手里将其夺过来,交给明朝的皇帝。他们成功了,但是随着明朝皇帝自缢身亡,满族的摄政王多尔衮以年幼王子的名义夺取皇权,这位王子就是后来的清世祖,由于其年号为顺治,所以被称为顺治帝，其在位时间从1644年至1661年。在长江流域和南方很多地方，出现了很多打着明朝旗号的顽强抵抗。这里是中国人口最为稠密，也最为富裕的地区，这里的士大夫阶层在明朝精英群体中长期处于主导地位。这些抵抗之所以能够被镇压下去，和三位变节的将领分不开，而他们之所以变节，就是为了能够继续保留对所辖藩镇的实际统治权。当满族统治者要削减其领地时，这些将领又发起了反清斗争，这就是三藩之乱，战争持续了10年（1671—1681年）之久，最后被镇压下去。1683年，清军攻陷台湾岛，这标志着满族征服中原，完成统一。按照有些人的说法，在此过程中，8000万人丧生。从此汉族人开始接受一个尚未完全走出部落社会的异族人的支配，两者不同种，不同源，语言不通，文化有别。起初，满族人对汉人采取了极其残忍，极其暴虐的政策，还大肆掠夺汉人财产。但即便如此，满族人还是将中国带入了一个黄金时代，无论是按照中国的历史标准，还是相对于同时代的其他任何国家，还是从绝对意义上讲，都是如此。

[1130]此时的中国国内和平稳定，农民的生活水平并不比欧洲低。经济的增长"足以供养整个国家，从人口大小、社会复杂性、文化成熟度和总体质量来看，这个国家至少和18世纪之前的任何欧洲国家不相上下。①实际上，一位权威人士声称"从整体上讲，雍正时代和乾隆时代前半期的中国农民比路易十五时期的法国农民境况更好，更加幸福，往往也能受到更好的教育"。②要知道，这位权威人士本身就是法国人。此时，中国是世界上面积最大、人口最多的国家，面积多达5247000平方英里，而"中国本土"只有1370000平方英里。到1800年，中国的总人口已经多达3个亿。③从北面的朝鲜到东南部的安南（今越南）、缅甸和暹罗，再到西南部的尼泊尔和不丹，还有远在中亚，传说中的绿洲国家布哈拉和浩罕汗国，所有这些周边国家都承

---

① A.费维恺，《18世纪中国的国家和社会：清帝国的鼎盛时期》，密西根中国研究系列丛书之二十九（Ann Arbor，Mich.，1976年），第80页。

② 谢和耐，《中华文明史》，第481页。见后文3.1.1部分。

③ 费维恺，《18世纪中国的国家和社会：清帝国的鼎盛时期》，第995页。相当于现在的3691500平方英里，和美国的面积（3615122平方英里）相当。1800年，俄罗斯人口为3600万，而法国、日本和英国的人口均在2800万至3000万之间。

认其宗主国地位,并向其进贡。

1.1 清朝的崛起

大 事 年 表

女真(满族)国家的崛起(1583—1644年)

1583年,努尔哈赤成为女真族的首领,成为附属于明朝的"边界领主"。

1601年,将部落族人编成正四旗。

1607—1613年,征服其他女真部落。

1616年,建立大金国,史称后金,自号"天命皇帝"。

1618年,率兵攻明并获胜。

1621年攻占盛京,1625年定都于此。

1626年,努尔哈赤去世,第八子皇太极即位。击败朝鲜,袭击北京。

1631年,仿照明朝官制,如六部,建立文官政府。

[1131]1635年,将国名和族名改为"满洲"。

1640年,攻占锦州,然后征服阿穆尔河以北的蒙古人。

1640年,皇太极去世,六岁的儿子福临即位,其叔父多尔衮摄政。

1644年,李自成向北京进发,吴三桂邀请多尔衮入关,二人联手战胜李自成。李自成逃跑,多尔衮进入北京,立福临为皇帝,年号顺治。

统一中国(1644—1683年)

1645年,南方地区明朝宗室的抗清复明运动。

1646年,南明桂王的支持者郑成功夺取厦门和金门,以此为根据地,建立政府。

1646—1659年,满族人节节胜利。

1659年,郑成功舰队战败,撤退到台湾。

1662年,郑成功去世。

1674年,投靠满族人的明朝将领发起"三藩之乱"。

1681 年，最终击败中国南方所有反清力量。

1683 年，征服台湾。

清朝的皇帝（1644—1796 年）

根据其年号，分别是

1644—1661 年，顺治皇帝

1661—1722 年，康熙皇帝

1722—1735 年，雍正皇帝

1735—1796 年，乾隆皇帝，1796 年退位。

1.2 延续、变异和变化

满族人成为新的统治阶级后，他们全盘接收了明朝的统治机构。满人的征服带来了两个主要的变化：第一个是满族部落成员拥有政治和社会地位上的种种特权；第二个变化更为重要，那就是至少到乾隆退位时，满清的皇帝使政府体制更加富有活力，运转更加有效，这是前所未有的。18 世纪的清王朝真正代表了中国历史上所有政治传统的巅峰，它从最大程度上综合了儒家社会、信仰和政治制度。

[1132]因此，这里没有必要重新描述这种行政体制、其职责分化和征募体制，也没有必要描述其法律和司法体制，还有乡村层面的保甲和里甲制度。我们关注的将是对这些体制的完善和改进，例如，对法律和税收制度的修订，主要是满族人所做或所主持的为数不多但又十分重要的改变，其中尤其突出的是皇帝十分活跃，而士大夫阶层则消极被动；军机处取代内阁成为政府的主导；军事上的八旗制度，还有就是地方精英（所谓的“乡绅”）不断增强的政治影响。

有一种变化最好称其为“变异”，这就是满族人和汉人之间的“二元官制”。考虑到 18 世纪满汉之间的和谐关系，我们最好记住一点，即满族人对汉人最初的征服行为是极其血腥、极其残忍的。起初，满族人打算自己作主子，让汉人做奴才，这和阿拉伯帝国第一个世纪的情形差不多。在这方面，我们必须承认他们得到了“汉族叛徒”的协助，这些人包括汉人俘虏及其后人。在 1618 年至 1644 年的战争中，他们被满人活捉并成为其奴隶,即"包衣",又被纳入汉人八旗,和满族人并肩战斗。除此之外,还有叛明投清的汉族将领,如吴三桂之流。满族统治者禁止满族旗人和这些汉人通婚,①将他们隔离在城市中的一定区域。为了让满族人保留其纯粹的部落特征,不允许汉族人进入满洲地区。他们让汉人穿满族服装,还要像满族人那样削发蓄辫。对于抵抗者,他们大肆屠杀。他们通过跑马占地,侵占农民的土地,建立巨大的满人聚居区,让汉族战俘和失去土地的农民为其服务。这些汉人像牲畜一样被买卖,被奴役,被束缚于土地之上。②最后,满人终于意识到这种恐怖统治只会让农民逃离土地,让汉族地主奋起反击,于是逐渐放弃了这种隔离政策,让农民重新获得土地。从 1685 年起,霸占农民土地的行为被禁止。到了 1700 年,这些隔离区和使用农奴的做法实际上已经消失。

但是满族人依然固守其排外性,禁止和汉人通婚,不准满洲旗人从事其他任何职业,让他们成为一个世袭的武士阶层,从国家领取俸禄。皇帝的嫔妃也只能是满洲人。更为重要的是,虽然满族人只占中国人口的很小一部分,却占据着半数以上的关键职位。[1133]例如,从 1736 年至 1793 年,各省总督或提督中 48%都是满人。在重要的机构,如内阁和军机处,职位的设置也是满汉各一。所有公文不仅有汉文的,还要有满文的。

不仅如此,在有些方面甚至连二元制也不是,而是完全把持在满族人手中。例如,理藩院的官员全部是满人。此外,满人还控制着军事指挥权,因为虽然旗人中有满人,也有汉人,但八旗军主要由满人构成,由满族将领和满族都统指挥。③明朝降清部队和其他队伍被编入辅助性的"绿营军",构成治安部队,而不是战斗部队,其指挥权由汉人和满人平分。

---

① 但是可以和汉族的旗人通婚。

② 谢和耐,《中华文明史》,第 466 页。

③ 1735 年,在名义上有 678 个满族连队,蒙古人和汉人组成的连队分别为 207 个和 270 个。赖肖尔和费正清,《东亚:伟大的传统》(Modern Asia edn.; Houghton Mifflin, Boston, 1960 年),第 1 卷,第 364—365 页。

2. 中央政府的重建

2.1 政体的核心特征

清朝早期君主的一大革新就是对帝国政府的重建，而这是通过引入一个新的、积极的政治意志和一套适当的方法来实现的。经过努力，他们成功地将一个皇帝只是从名义上进行统治的政体转变为皇帝真正实行个人统治的政体，也就是说他们抛弃了儒家传统和士大夫阶层强加给晚明皇帝们的被动角色，①实施更加活跃、更加积极的统治。正如本书前文所述，中国自汉朝以降直至明朝灭亡的宪政史(如果我们可以这样说的话)一直在两种势力之间摇摆，一边是任意妄为的皇帝，另一边是其宫廷和行政官员。这种摇摆经常以竞争的形式出现，竞争的一方是皇帝和内廷宦官，另一方是士人阶层所支持的外廷官员。这种竞争造成了中央政府阵发性的动荡，并导致了至少三个伟大王朝的灭亡，分别是汉朝、唐朝和明朝。[1134]对于清朝早期的几位皇帝来说，这种情况并没有发生，个中的问题就在于“为什么呢?”

2.2 勤政的皇帝

康熙、雍正和乾隆这三位皇帝统治帝国长达135年，他们饱读儒家经典和中国文学，在如何治国安邦方面受过良好的训练。他们以一种近乎着魔的状态致力于其统治，这种精神在早期帝王身上即使出现过也是少之又少。明朝的皇帝们要么不能，要么不愿离开宫廷，而清朝的这些皇帝们与其不同，他们到帝国各地四处巡视。例如康熙曾六下江南，再例如，在炎热的夏季，他们会回到老家即热河地区避暑。这样一来，他们就有机会深入民间，至少是亲眼看看百姓是怎样生活的。②我们一定还记得儒家士大夫们是如何阻止皇帝御驾亲征的，但是在1696年，勇敢的康熙皇帝曾亲率大军，不怕旅途劳顿，危险重重，直抵戈壁沙

---

① 见第三部分，第四章，“明政府”。

② 史景迁，《康熙自画像》(Jonathan Cape，伦敦，1974年)，第54—56页。

漠的心脏地带,在乌兰巴托击溃准噶尔部。

这些皇帝实际上都是工作狂。他们执政勤勉,不知疲倦。康熙曾经贬谪过一位知府,原因是他曾吹嘘说一天能够处理公文七八百件。康熙解释说:"朕为帝 40 载,只有在吴三桂叛乱时才日理公文 500 件,并且朕无需亲自执笔批复,即便如此,也要熬到半夜。你可以骗得了其他人,骗不了朕。"他接着说:"在战争期间,有时奏折多达 400 份,但是通常每天 50 份,读起来也不太难,甚至可以纠正其中的错误。"①通常这些皇帝每天早上五点就开始阅读奏章,乾隆时期的一位官员感叹道:

> 每天早上五六点钟,十来个(军机处的)同僚轮流值勤,依然会感到很疲倦。皇上却日复一日,天天如此。这是在平常没有重大事件发生之时。如果西部边境有战事,甚至半夜也会有军报。皇上必须亲自接见信使,往往需要召集军机大臣,就如何正确部署做出 100 至 1000 字之间的指示。[1135]此时我会负责起草,从第一稿到最后正式定稿,需要一两个小时,而此时皇上已经穿上衣服,还在等候。②

1793 年,英国使节马戛尔尼勋爵拜见乾隆皇帝。按照他的说法,乾隆凌晨三点起床,然后去佛寺,接着读奏章,早上七点吃早饭。短暂休息过后,开始召集军机大臣和其他官员,商讨国事。接着开始常规的朝见群臣,下午三点结束工作,晚上七点就寝。③

这些皇帝大权在握,既不依赖宦官,也没有受到士大夫的约束,更没有激起两者之间灾难性的斗争,他们是怎样做到这一点的呢?主要有两点:第一,一套新的机构设置;第二,对士人阶层的笼络。除此之外,我们也许还可以再加上第三点,即稳定的边疆。

---

① 史景迁,《康熙自画像》(Jonathan Cape,伦敦,1974 年),第 46 页。

② 费正清和邓嗣禹,《清代行政机构研究三种》,哈佛燕京丛书第 19(剑桥,马萨诸塞州,1960 年),第 51 页和 61 页。

③ 引自谢宝超,《清朝政府》(Johns Hopkins Press,Baltimore,1925; repr. Frank Cass &; Co. ,1966 年),第 32 页。

2.3 个人统治的新机构

2.3.1 宦官出，包衣入

1644 年明朝皇帝自尽之后，太监们归顺实际的统治者、摄政王多尔衮，供其使唤。但是满清的官员反对这一做法，直到 1661 年，他们说服辅佐年幼的康熙帝的四位辅政大臣解散了 13 个由宦官任职的部门，削弱了宦官的势力。从此以后，宦官不但薪水微薄，还要受到另外一种皇家奴仆的严格控制。这种奴仆就是“包衣”，从此皇帝的私人事务只有由他们构成的内务府才能料理。

内务府和明朝的内廷有三个明显区别：首先是包衣的地位，其次是其非政治性，最后是其在财政和行政上的巨大影响，实际上成为皇帝私人的机密部门。

包衣可以被说成是奴隶，或者说是家奴。其中很多甚至大部分都是 1610 年至 1620 年战争中的汉人战俘或其后代。[1136]因此和太监一样，他们也完全依赖于皇帝的个人喜好，也被用来从事太监所从事的工作。他们被选自直接听命于皇帝本人的上三旗。

能够进入内务府服务是每一个包衣的梦想，能够成为皇室包衣是回报丰厚的职业生涯的第一步。在满族的八旗制度之下，这些世袭的包衣奴才要进入专门学校接受教育。如果学习优秀，则可以在宫廷从事低级文书工作，然后根据资历进行升迁。要想进入上层，尤其是担任最高职位，是十分困难的。这些职位通常会安插皇帝个人亲信。①

内务府机构复杂，职权广泛，有 56 个部门，其中还有很多被分成更小的部门。1662 年，内务府总人数为 402 人，到了 1722 年，增加到了 939 人，到了 1796 年，则多达 1623 人。②在这一年，最大的部门是广储司，有 183 人。内务府的职责就是照料皇帝的生活起居，还要为其提供消遣娱乐，如宫女、书籍、戏剧表演等等，但最重要的职责是管理宫廷财政。这一职能由广储司履行，但其活动范围绝不限于宫廷周围区域。

---

① 陶博，《康雍乾内务府考》（哈佛大学出版社，剑桥，马萨诸塞州，1977 年），第 60—78 页。

② 同上，第 28 页。

事情必须如此,这是因为一方面它要管理整个帝国范围内属于皇帝的地产。另一方面,清朝的皇帝积极参与商业活动,垄断了利润极其丰厚的人参贸易,还是铜贸易的主要参与者。在一些港口,尤其是在对外贸易的中心城市广州,朝廷要征收特别的"额外"关税。还有一些是更加传统的产业,如皇家兵工厂,还有在苏州和杭州的丝绸厂。此外,朝廷还可以从盐的垄断贸易中获得部分利润,①至于到底获利多少,我们无从知晓。所有这些都很重要:首先,它们使皇帝拥有巨大的财政收入,无需依赖于由外廷官僚控制的财政系统。其次,它们促使皇帝将亲信的包衣安置在各个政府经济部门的关键职位上,如盐道或海关。[1137]总之,通过其亲信构成的网络,皇帝控制着整个帝国的关键经济部门,这些亲信不仅向其提供金钱,还提供信息,不仅有信息,还有对普通官僚工作情况的批判性评价。

内务府和明朝的宦官机构有一个很大的不同,那就是虽然和明朝的宦官一样也履行经济职能,但是他们从来没能够参与决策制定过程,也从来没有拥有任何军事力量。他们只能和正式的官僚机构并驾齐驱,而不可将其取代。这样还存在着一个大问题没有得到解答,即为什么其前人无法有效控制官僚阶层,而清朝的皇帝却做到了呢?

简单说来,答案就是他们绕过了官僚阶层。这里涉及到两个新的机构,它们分别与信息和行动有关。

2.3.2 朝廷奏折制度

宦官机构文书房曾经是接收、处理信息,并向皇帝提供建议的重要机构,清朝一开始就将其废除,并将其职能交回到内阁手中。②在此设置之下,来自各省的奏折先到达通政使司。通政使司权力很大,可以将奏折退回到发送者,也可以将其移交给内阁各个部门,由这些部门进行票拟,即拟好批答文书,以备皇帝参考,然后将票拟好的奏折上交大学士本人,如有必要大学士可以做出更改,然后再呈送给皇帝。这里的问

---

① 陶博,《康雍乾内务府考》(哈佛大学出版社,剑桥,马萨诸塞州,1977年),第四章各处。

② 见第三部分,第四章,"明政府"。

题是：在两种情况之下都是官僚先得到信息，将其加工处理之后再传到皇帝那里。明朝后期士大夫阶层和宫廷宦官之间的斗争，实际上就是对这种加工处理信息的权力的争夺，争夺的一方是内阁和通政使司，另一方则是宦官机构文书房。

1970年，吴秀良教授出版了《中国的通讯联络与皇帝的控制：1693—1735年密议奏折制度的演进》一书。他在书中首次向人们展示了一个完全不同的信息流入渠道和皇帝本人制定决策的方式。他称其为“密议奏折制度”，在康熙和雍正两位皇帝在位期间，这种制度得以发展。和其他一些重要制度一样，密议奏折制度的源头也很微不足道。

这一制度始于康熙皇帝。这位皇帝被选择接班人的问题弄得焦头烂额，他指定的继承人似乎精神错乱，不得不将其废黜，但随之而起的是皇太子和各位皇子之间争夺储位的斗争。[1138]与此风马牛不相及的是，康熙帝对各地天气的汇报感到不安。如前所述，信奉儒家思想的人将天气看成是上天发出的预兆。康熙帝有这样一种错误的观念，认为自己可以科学地解析这些征兆。遗憾的是，他接收到的天气报告毫无价值。对于糟糕的天气状况，各省官吏瞒而不报，因为这只会被看成是上天对其治理状况的一种反映和判断。于是康熙开始专门选择官员向其秘密汇报天气状况，这种汇报是绝密的，连副本也不保留，然后他再将这种汇报和自己的评语以同样保密的形式发还给这些官员。这部分人常常是从内务府借调担任各省职务的。这些密信装在一个匣子里，只有送信者和皇帝本人有匣子的钥匙。

1700年，康熙帝将这一制度延伸到其他普通地方官员。1712年废黜皇太子之后，康熙将范围再次扩大，命令三品以上所有的高级官员向他呈送类似的密议奏折。这些密议奏折由专门的信使送到皇帝手中。在康熙统治时期，这样的密议奏折每天都有十件左右。虽然如此，在这一阶段这种制度还不过是秘密信息流向皇帝的一种渠道，其影响直到1726年雍正皇帝对准噶尔部用兵时才充分发挥出来。

2.3.3 军机处取代内阁

1726年，雍正皇帝从前线接到的密议奏折数量巨大，于是他设立了一个专门的秘书处来处理这些折子。这件事本身并没有多少创新,康熙皇帝也曾利用南书房为其拟定诏书,雍正皇帝则有议政王大臣会议为其服务。为了赢得这一战役,雍正帝召集了一种由亲信顾问构成的战争内阁,即军机处。1729 年,军机处正式成立。这里有两点需要注意:首先,它是一个严格保密的"厨房内阁";其次,皇帝通过密议奏折制度,可以在军机处之前接收到非常规的信息。从 1729 年起,军机处成为辅助皇帝工作的主要办事部门,而内阁则退居一侧,只处理一般性的例行事务。

密议奏折绕过了设立已久的通政使司,也绕过了内阁,直接到达一个小部门,即奏事处。[1139]奏事处的存在仅仅是为了将奏折呈送给皇帝,并将皇帝的批复传达下去。批复的形式有四种:第一种完全是保密的,皇帝将批示写在奏折上,直接返还给上奏者;第三种是"常规"方法,皇帝将奏折转给内阁,由其进行例行的处理;第四种是明发上谕,将皇帝的旨意宣示天下。我们这里关注的是第二种方式,即廷寄。廷寄的内容只有少数人才能知道,实际上这些人只包括军机大臣和为数不多的几位军机章京。这样,皇帝可以直接接收政治情报,不需要经过大臣,并将其交给一个专门机构来处理。

下面就是这个体制的运行情况。首先,军机处是非正式机构,军机大臣的人数并不固定,其人选完全由皇帝决定,他们通常来自六部的尚书和侍郎,还有大学士,也有的是由军机处的 32 位军机章京擢升而来。[①]军机大臣通常有六位,但是其中只有一半是汉人,但领班军机大臣总是满人。同样,军机章京也是满汉各一。军机大臣均以原官兼职,因此实际上内阁、六部和军机处之间存在重叠。

其次,和英国的内阁一样,军机处是保密的。它没有书吏,只有 32 位军机章京,负责草拟诏书。实际上它要处理的文书并不多,大概每天五六十份左右,[②]但所有这些文书都很重要。奏事处将接收到的奏章匣子呈送皇帝,只有皇帝才能将其打开,因为每一个匣子都有专门的钥

① 费正清和邓嗣禹,《清代行政机构研究三种》,第 57—58 页。
② 同上,第 58 页。

匙。他通常在早晨五至七点之间批阅这些奏章，然后从中选择想要进一步商议的奏章转送至军机处。军机处在早晨三点就开始工作，以便能够在皇帝七点左右吃完早饭后接受召见。这部分工作完成之后，军机大臣下去将皇帝旨意拟成谕旨，再交皇帝御览。皇帝朱笔改定之后，将其发还到军机处，由军机处抄录备案，并下发谕旨。所有这些效率极高，于是就有了这样一个流程：

第一天，　[1140]凌晨，来自都城的奏折在宫门口上交，这里时刻都有来自各省的奏折送达。正如上文所述，皇帝批阅奏折，然后召见军机大臣。

第二天，　早晨，奏折到达军机处，如上文所述，事务得以解决，并采取相应行动。如果需要进一步商议，则放到第三天。

第三天，　早晨，奏折到达军机处，最终决定。然后将原奏折交奏事处，由奏事处还给上奏者。

这是例行的过程，对于紧急事务，可以将此过程缩短到几个小时。①

就这样，这个皇帝私人顾问团完全绕过了大臣的核心阵地，即内阁，而皇帝和上奏者之间一对一的交流又可以绕过这个顾问团。由于比军机大臣知道得更多，也更早，还有就是军机处本身不是行政机构，不准直接向六部发号施令，也不准和各省官员沟通，此外再加上皇帝和具体上奏者之间一对一的交流，所有这些都对皇帝十分有利。

那么为什么官僚体制内外的儒家势力没能像在以前的朝代那样，抵制皇帝的乾纲独断呢？按照人们的推测，此时的皇帝成了外族人，抵制应该更有力才对。答案很简单，那就是儒家势力被笼络了。

2.3.4 对士人阶层的笼络

清朝初年，士人阶层忠诚于明王朝，拒绝和满族入侵者合作。1646年恢复科举考试后，两者的关系有所缓和，但是双方真正融洽相处要到

① 费正清和邓嗣禹，《清代行政机构研究三种》，第66—67页。

饱读儒家经典的康熙皇帝在位时。从此以后,满族统治者开始争取汉族士人阶层的支持,并最终诱使他们站到自己一边。1679年,康熙帝邀请188位文人学士参加考试,有些忠诚明王朝的人拒绝参加,但是其中55位候选人顺利过关,被纳入到一项规模宏大的文学和科学工程。清朝的皇帝们从财力上大力支持,这些当选的文人也兴致勃勃,这不是因为这份工作对他们十分合适,而是因为这实际上是一件弘扬中华文化的不朽事业。他们将要参与的就是官方《明史》的编撰工作。在此之前,浙江的70余位文人曾因为私自编印《明史辑略》被斩首。①[1141] 1710年,康熙帝下旨组织著名的文人学士编撰《康熙字典》,这项工程于1716年完成。1713年,《佩文韵府》出版。《钦定古今图书集成》的收集整理工作开始于1701年,完成于1721年,其规模是《大英百科全书》的四倍。另外一部卷帙浩繁的工程是《四库全书》。这部被奉为经典的皇皇巨著至少包括3461种书目②,其中许多精选自全国各地的珍本和私人藏书。从1773年至1785年,其成书过程历时12年。成书之后,先后缮写手抄本7部,每部79309卷(译者注:原书称36000卷),存放在全国不同的地方。除了收集整理这些文本之外,编撰者们还为所有10254种书籍写出评论性的提要(译者注:原书称10230种),将其编成《四库全书总目》。乾隆帝在位时期还有其他的宏伟文化工程,如重新刊印《二十四史》。③

《四库全书》的编撰也有其黑暗的一面。从1772年至1788年,乾隆帝发动了针对他认为是反清言论的“文字狱”,结果2500多种书籍被全部或部分查禁。对此,学者们有不同评价。有人认为这是“可恶的暴政”,④还有人认为清朝的做法“是一种吸收,而不是镇压”。⑤对此,我们将在后面对清政府进行评价时展开探讨,但是有一件事是确定的,即就连严肃的批评者如前文引述的谢和耐也承认满清政府对士人阶层的

---

① 参见谢和耐,《中华文明史》,R. Foster 译(剑桥大学出版社,剑桥,1982年),第475页。

② [译注]原书称至少3462卷。

③ 费维恺,《18世纪中国的国家和社会:清帝国的鼎盛时期》,第31—33页;谢和耐,《中华文明史》,第472—475页和503—515页。

④ 谢和耐,《中华文明史》,第475页。

⑤ 费维恺,《18世纪中国的国家和社会:清帝国的鼎盛时期》,第33页。

笼络是彻底的，“受教育阶层拥护这个新政权”。①

2.3.5 稳定的边疆

满族人是一个能征善战的民族，甚至可以说他们以战争为生。努尔哈赤的八旗制度是一种十分有效的战略设置。各旗由诸王和贝勒统领，清初几位皇帝对其中的三旗直接统辖，这三旗被称为“上三旗”。后来，雍正将剩下的下五旗也置于其直接控制之下。这样一来，清朝的皇帝就可以直接指挥每一个满洲旗人，也可以直接和他们联系。这和明朝后期皇帝与其军队之间的关系实在是大相径庭。不仅如此，清初几位皇帝本身也能征善战，而康熙和雍正两位皇帝实际上就是英勇善战的武士。[1142]这和1449年土木堡之役中不幸被俘的明英宗之后的明朝皇帝形成了鲜明对比。②我们只要看一下康熙对征讨准噶尔部的回忆，就可以体味到他对战争是多么兴致勃勃，对普通士兵是多么亲密，多么关爱有加，对将领是多么赏罚分明知人善任。③

满族武士入关，成为帝国的统治者，先前的外部威胁现在成为巨大的军事资产。一夜之间，武装的盗猎者成了武装的猎场看守人。此时的主要威胁是来自西部的蒙古人，主要是准噶尔部，因为他们可能会得到北部俄国人的支持，而俄国势力一直在向南推进。这就是为什么要镇压准噶尔部和西藏的叛乱。1690年，准噶尔部的首领噶尔丹入侵热河，1696年康熙帝将其击败。1717年，噶尔丹的继承者占领拉萨。由于担心准噶尔部和西藏联合，清政府派兵远征西藏，将准噶尔部驱赶出去，并设置驻藏大臣，加强了对西藏的管理。1750年，西藏地方政府正式建立。1736年至1739年间，雍正皇帝不得不再次面对准噶尔部。最后乾隆皇帝一举平定准噶尔部。1755年至1759年间，准噶尔部被全部消灭，通往中亚的道路被打开。这样，中国总算第一次摆脱了几个世纪以来北部势力的侵扰。俄国入侵者也被驱赶出去，不得不和清政府签订1689年的《尼布楚条约》和1727年的《恰克图条约》，确定了领

---

① 谢和耐，《中华文明史》，第503页。

② 见第三部分，第四章，“明政府”。

③ 关于康熙的回忆，作者参考的是史景迁的《康熙自画像》，第17—22页，第34—39页。

土边界。对北部和西部地区的征服情况如下：

1697 年:外蒙古

1720 年(结束于 1750 年):西藏

1755 至 1757 年:伊犁

1759 至 1760 年:塔里木盆地和新疆

此外,中国强盛的军事实力吸引了周围的国家,他们向中国称臣进贡,成为藩属国。1637 年,朝鲜成为藩属国。但是从 1770 年前后开始对东南亚的一系列战役只不过是迫使缅甸、暹罗和东京(今越南)这些国家承认其朝贡国地位。比起对国家财政的巨大消耗,这有点得不偿失,因为这种消耗加速了清朝的衰落。与此同时,北部和西部边境史无前例的稳定大大促进了中国黄金世纪的繁荣和太平。[1143]正是在此背景之下,清朝的皇帝才能够像我们所描述的那样,采取有力的、开明的乾纲独断既不依赖于宦官,也不依赖于群臣,而且也没有激发两者之间破坏性的斗争。

3. 疆域的衔接

3.1 儒家枢纽士绅

我能召唤遥远的精灵。
那又怎么样,我也可以,谁都可以,
问题是你真的召唤的时候,它们会来吗?①

人们总是会将中华帝国说成是“中央集权”国家,但是在 20 世纪之前,真正意义上的中央集权是不可能的。清帝国尤其如此,它面积太大,情况也太复杂,无法远距离实施其政策。从实践上讲,没有地方精英的合作,中央政府根本无法贯彻其政策,实际上从唐朝后期开始,情况就一直如此。在现代之前的农业帝国,我们曾多次遇到这种情形,即在中央官僚和地方势力之间都有一个交界点,只是对其有不同的称呼

① 莎士比亚,《亨利四世》,第三幕,第一场。

而已，在罗马帝国是“市议员”，在伊斯兰帝国是“贤达”，在中华帝国则是“士绅”。

我们已经注意到在明帝国后期，士绅阶层的影响在不断扩大。到了清朝，它已经成为帝国之内最为重要的一股政治力量，因此，有些学者称这个帝国为“士绅国家”。他们在中央和地方之间起到了有效的枢纽作用。我们甚至可以说他们是让整个社会连为一体的粘结剂，一个统一的、与众不同的阶层，涵盖并指导着整个政治和社会结构。在清朝，他们所起的作用和罗马安敦宁王朝的市议员阶层是相同的。

无论“社会等级”一词究竟是何意义，“士绅”都不是一个社会等级。它只是享有特定社会地位的团体，而只有拥有一定学识者才能进入这一团体。成为文人是加入这一团体的必要条件，但不是充分条件。充分条件是必须要拥有一定学历，并且在绝大多数情况下，这个学历只有通过参加竞争性考试才能获得。也有少数人能够通过“捐纳”，即购买学位而加入这一团体。这和今日牛津大学和剑桥大学的文学学士花钱购买文学硕士学位的情况差不多，但是在英国其他大学，硕士学位只有通过考试才能获得。①[1144]既然成为士绅的途径就是读书，下面我们必须讨论一下清帝国的教育体制。

3.1.1　教育的传播

清朝保留了中央官学国子监，学生300人，与其说它是一所大学，不如说是一所研究院。政府鼓励各省设立官方的省学，每个省都有自己的学政，但更为重要的是在全国各地的大量私人书院，这些书院由富有的地主和商人出资创办。在农村，提供基础教育的公学和私学“如此之多，家境相对殷实的农民也可以让孩子接受教育”。因此，就有了我们想要指出的一点，即“18世纪的一些大学者出身相当卑微”。②商人、手工业者、店主、地主和相对富足的农民的孩子往往都读过几年书。读

① 徐中约，《中国近代史》，第72—75页，第79页。在授予硕士学位的方法上，牛津和剑桥的做法要早于英国的其他大学。后者如果从一开始就赋予其学位不同的称呼，可能更加明智。

② 谢和耐，《中华文明史》，第481页。

书期间,他们会学习从宋朝延续下来的标准课程,首先学习两千来个汉字,然后学习四书五经。等到学习结束时,这些学生可以读写几千个汉字。意识到教育的重要性,父母亲会尽其所能送孩子到较好的学校,希望能够获得人人向往的学历,成为士绅中的一员。农村的孩子还可以在农闲时参加短期的学习,学会几百个汉字,足以应付日常简单计算和书写的需求,但却不足以入仕。①很难说这两种人的文化程度究竟有多高。毫无疑问,和同时代的日本比起来,清朝的识字率一定低很多,因为日本曾大力普及文化教育。但是从绝对意义上讲,读书人提供了足够的人选,他们参加科举考试,并接着谋取士绅地位。

3.1.2 科举制度的完善

[1145]这就是为什么对学历的竞争日益激烈,为什么科举考试会日益复杂。在讨论明朝时我们已经概述了科举制度的大致特征。②简言之,初级学历是生员,意为“政府的学生”,俗称“秀才”;然后更高一级的是举人,意为“可用之人”;最后更上一层就会成为享有很高声望的进士,意为“高级学者”。

对生员的考试是在县一级,对举人的考试是在省一级,对进士的考试则在京师进行。每一种考试都包括三场小考。生员的考试每三年举行两次。考生要出示由当地士绅所做的出身和人品担保。然后参加由知县主持的考试,通过者会接着参加州或府一级的考试。如果通过,就可以到省城参加最后一轮考试。只有这一轮考试合格才能成为生员。按照政府的定额,全部通过这三场考试的考生比例只占考生总人数的1%到2%。由此可见,这一学历是多么来之不易。

这些生员可以领受一定的津贴,鼓励他们继续参加更高级别的考试,即乡试。这一级考试每三年举行一次,也包括三场小考,考试为期9天。在此期间,考生被关在各自的号舍里。在广东省,考试区域占地16英亩,包括8653个号舍。考生要带着自己的被褥、食物和笔墨,因

---

① 罗斯基,“文化教育”,载于B. Hook主编的《中国百科全书》(剑桥大学出版社,剑桥,1982年),第131—133页。

② 见第三部分,第四章,“明政府”。

为这三场小考中有两场他们都要被禁闭起来，一关就是三天三夜。通过这一轮考试者就是举人，其名额只有1400个，约占考生总人数的5%。

举人已经成为高级士绅的成员，在赴京师参加会试时可以从政府领取差旅费。这次考试也分为三场小考。第一场考试的结果一个月后揭晓，通过者继续参加第二场考试，最后一场考试发生在6周之后，这就是殿试。最好的十份答卷由皇帝亲自评阅，将其分为上中下三等，分别是状元、榜眼和探花，三者都可以参加朝廷举办的宴会，获得各种礼物和最高荣耀。每一次考试只有238位考生可以考中进士，占考生总人数的六分之一。由此可见，参加生员考试的总人数最少有1255446人，其中238人可以考中进士，占总人数的0.19%，也就是说每5270位考生中，只有1位胜出。

[1146]有人说竞争性的科举体制是一种假象，因为只有富有者才能接受高等教育，从这个意义上讲，这个体制只不过进一步确定了特权阶层的特权。这种说法在很大程度上是正确的，但并不完全如此。科举制的确造成了相当程度的垂直流动。在整个清王朝，有19.1%的进士家中过去三代没有一个人拥有任何级别的学历，而另外19.1%的进士来自只出过一两个生员的家庭，只有505位进士的家中在过去三代中曾考取过进士。因此，至少三分之一的进士来自过去100年中教育背景很低、甚至没有任何教育背景的家庭。①

19世纪30年代，考取各种功名的总人数为100万。其中只有47500位考中进士，还有25000位是武进士。虽然科举制出现的最初动机是为公共职位提供最合格的人选，但当时只有一半考取功名者可以担任官职。②当然，他们会满怀希望地等待着有朝一日能够担任一官半职。既然通过科举考试者有如此多的剩余，为什么考试的竞争还如此激烈呢？答案是虽然这些学历不能自动给其持有者带来官职，但有一个结果是确定的，即无论其出身多么卑微，只要通过科举考试，马上

① 徐中约，《中国近代史》，第78页。
② 费维恺，《20世纪初外国在华机构》，第42页。

就可以成为士绅阶层的一员。①那么,何以每个人都想成为士绅呢?

3.1.3 士绅

士绅受到人们极大的尊重,他们享有法律上的特权。只有他们才可以担任公职,许多士绅本身就是现任或离任官员。当然,有的士绅很富有,但也有的比较穷,但这并不是问题,他们共同构成中国社会的特权阶层。

士绅着装和普通百姓不同。只有他们才可以参加孔庙的祭拜仪式。在祭拜祖先时,总是由他们主持。②在法律上,庶民如果冒犯他们,就会遭受比冒犯其他的平民更加严厉的惩罚。[1147]平民不能召唤他们作证,即使作证人,他们也不用亲自出面,可以派仆人代理。知县无法对其提出公诉,因为他和知县级别相同,除非设法让省学政剥夺其士绅地位。此外,他们还享有经济上的特权,并且被免除徭役。士绅家庭缴纳的税款是同等庶民家庭的三分之一左右。③

他们是当地的天然领袖,在经济、教育和慈善事业等方方面面起着带头作用。知县往往每三年要调换一次,他们人地生疏,但本地士绅的存在是永久性的。因此,士绅就成了知县的"耳目",供其咨询,为其提供建议,在他和本地民众之间起到中间人的作用。没有其他的社会团体可以做到这一点,村落、行会和商人都无法做到这一点。在下文对县级行政官员的探讨中,我们将更清楚地了解到他们是怎样合作的。

3.2 法律上的集权,事实上的分权

3.2.1 区域划分和各级官员

距离

清王朝的疆域过于广大,无法有效实施中央集权。从汉朝开始,甚

---

① 这方面最精彩也是最有趣的例子出现在吴敬梓(1710—1754)的小说《儒林外史》中,前面已经提到过该书,可怜的范进因为不能养家糊口而受到屠夫岳父的欺负,在得知自己中了举人之后,兴奋得昏厥过去,醒来之后发现当地的乡绅前来拜访,马上跻身士绅之列。这本书写得很妙。相关章节载于 H. F. Schurmann 和 O. Schell 的《中国读本》,第 1 卷(1967 年),第 85—98 页。

② 徐中约,《中国近代史》,第 72 页。

③ 同上,第 73 页。

至更早，通讯方式基本上没有发生变化。清朝的道路和驿站网络是从明朝继承而来，而明朝则是从其前朝继承而来，以此类推，甚至可以一直上溯到春秋时期。①五条大路从都城北京向各个方向辐射。要想利用公共驿站的马匹和车船，需要有牌符。信差受到严格的管理，必须到路上经过的每一个驿站报到。送急件的信差每天行程200英里，和古波斯帝国相同，但代价也很高昂。普通快件信差的速度是其一半。这些当然都要靠骑马来完成。从19世纪早期的记录可以看出帝国疆域是何其广袤：从北京到广东最慢要41天，中等速度要20天，到南京最慢要25天，中等速度要10天，到新疆，最长要用37天，中等速度要34天。②[1148]在1842年，官员如果从北京到广东或四川需要4至6周的时间，因为路上会有停顿。③

区域划分

清朝沿用明制，将帝国分成18个省，每省设巡抚一人，巡抚上面是总督，总督一般辖三个或两个省。“一个省的面积几乎相当于欧洲一个国家，实际上有些省比很多欧洲国家还要大”。④由于通讯不发达，这些省“更像美国《联邦条例》之下的各个州，而不像法国的省”。⑤对于这种自治，还有制度上的原因。例如，总督、巡抚和布政使直接对皇帝负责，行使权力时不必听命于中央部门。因此，随着时间的推移，诸如民兵队伍的大小和状况，财政上的安排等方面，逃离了中央的严格控制。⑥

这里我们只需简略说明一下州县以上官员的设置，因为按照中国人的措辞，他们是“管官的官”，而州县这一级别的官员则是“管事的官”。⑦每一位巡抚下面有三位由皇帝任命的行政专员，分别为负责财

① 费正清和邓嗣禹，《清代行政机构研究三种》，第3页。

② 同上，第30页。

③ 费正清，《中国的思想和制度》（芝加哥大学出版社，1987年），第34页。

④ 引自谢保超，《清朝政府》，第318页。

⑤ 同上，第289页。

⑥ 引自谢保超，《清朝政府》，第318—319页，引自Wang Tao的《省级制度的历史发展》。谢保超对清政府各省行政的批判在本章结尾处。

⑦ 瞿同祖，《清代地方政府》（哈佛大学出版社，剑桥，马萨诸塞州，1962年），第14页。

政的布政使,负责司法的按察使和负责教育的学政。巡抚配有专门的工作人员,也由皇帝任命。常备军由提督独立控制,同样独立于巡抚的还有各个部门的行政专员,如负责盐税的盐运使。省下面是道,道下面是府,最下面是州和县。所有高级官员都是异地为官,每三年调动一个地方。对他们的任命、升迁和调动都由中央的吏部负责。在行政、财政和预算等方面,他们要服从中央政府的管理。每一级官员都要受到上级官员的审查。

[1149]我们最好在这里列举一下每个级别的官员及其数目。这些官员总数在 2 万左右,①其中 90%在京城。根据谢宝超的《清朝政府》一书,各省官员的分配如下:

省	总督 8 位,巡抚 15 位
	布政使 18 位
	按察使 13 位
	盐运使 13 位
	粮道 13 位
道	道台 92 位
府	知府 185 位
	同知 41 位
州/县	知州 72 位
	知县 1554 位

总人数:2011 人

州/县政府

18 世纪末,县的平均人口为 20 万左右。知县负责其辖区内的一切事务,因此被称为“父母官”。②他主要关注两件事情,分别是税收和司法,对其政绩的评估也建立在对这两项职责执行情况的基础之上。③知县的工作地点是衙门,每天早晨开门,知县早上处理政务,下午审理诉讼,直到晚上七点衙门关闭。

① 费维恺,《20 世纪初外国在华机构》,第 39—40 页。作者还列举了 7000 名武官。
② 同上,第 22 页。
③ 瞿同祖,《清代地方政府》,第 16 页。

地方行政的特征源自知县的三个特征，分别是其职责、所接受的训练和在一个地方任职的短暂性，整个帝国都是如此。

中央政府只为其提供为数不多的几位下属，其中有一两位县丞，一位典史，此外还有杂职官数人，包括驿丞，税课司大使和县仓大使。①这些官吏人数很少，到1899年，整个帝国只有巡检925位，驿丞65位，闸官45位。②[1150]这些人员是远远不够的。知县的职责非常广泛，实际上无所不包，并且他管辖的区域也很大，需要一批人员帮其处理各种文书，也需要更多差役直接深入村庄，确保村民完成上述的要求。知县上任时会发现衙门内外已经有大量的非官方公务人员听候使唤，很多情况下，这样的人太多了。

在这些人中，书吏的作用很独特，和异地为官、三年一调的知县不同，他们是本地人。虽然服务5年后就不应该继续聘用，但他们通常可以设法延期，或者是至少把这个差事留给自家人，因此，他们实际上是永久性的。他们负责整理文书，而所有的行政活动都是围绕着这些文书展开的。他们还熟知各项规章制度，而知县往往做不到这一点。此外，由于他们负责处理文档，可以轻易将其篡改。因此，他们影响力很大，也很容易成为贿赂的对象。③在1618至1655年间，大县的书吏可以多达千人，小县也有上百人。

这些书吏大部分来自无产阶层，他们必须出身清白，还要能写会算。差役的地位最为低下。从法律上，他们属于地位卑贱的阶层，即“贱民”，其本人及其三代子孙都不准参加科举考试。差役种类繁多，他们负责征收徭役，从农民那里征集牛马和车辆，发布传唤和令状，还要捕盗缉凶，看守监狱，甚至作轿夫和仪仗队的吹鼓手，等等，是地方官员的“爪牙”。④衙门里差役的人数是有定额的，但如果能够证明的确需要更多人手，也可以超过这个限额。这种差役数量众多，动辄成百上千。在浙江省的一个县衙，其数量达到一千五六百人，山东省的情况也是如

① 瞿同祖，《清代地方政府》，第8—9页。
② 同上，第9—11页。
③ 同上，第37页。
④ 同上，第57页。

此。在四川省的一个县，差役竟多达 7000 人。有趣的是，正是在这个县，有一位能干的知县将其中的 6700 名差役解散，只保留 300 名，结果照样把辖区治理得井井有条。①

这些差役的报酬来自哪里呢？它们既不来自政府，也不是知县自掏腰包，而是来自一种被称为"陋规"的例费。从很大程度上讲，知县本人的薪酬也来自这种收费。这一点对于我们了解清朝基层统治的质量和特征十分关键，[1151]原因如下：

州县官员的俸禄是象征性的，知州的年俸只有 80 两白银，而知县则只有 40 两白银。薪酬低得离谱，雍正皇帝在位时推出了"养廉银"制度，给各级官员发放补贴。但即使如此，依然不足以满足衙门必需的开支。这些开支包括高薪雇佣幕僚，招待上司，向上司送礼，偶尔还需要出钱弥补税收上的缺口，等等。从 1753 年至 1809 年，这方面每年的总花费高达五六千两白银。这还不算幕僚的支出、吃饭、穿衣、接待和其他各项日常花销。因此，薪酬问题就是如何弥补这个差额的问题，而这个问题的答案就是"陋规"。在各种场合，以各种事由，州县的官员都可以征收种种费用。这种陋规既不合法，也不违法，仅仅是非正式的一种惯例坦然接受。不同的县之间，陋规的本质和数额也有不同，全国上下根本就不统一。②有一个时期，中央政府曾努力控制陋规，但最后无果而终。另一方面，州县的行政长官也不能任意增加陋规的数额，因为这样做有违惯例。通过这种收费，这些官员最终通常可以有所盈余。

同样，衙门中胥吏的收入也来自陋规。例如，书吏会征收"纸笔费"，"挂号费"，"结案费"等等，名目繁多，不一而足，就像一个同时代的人说的那样，"多如牛毛"。③差役同样也以收取陋规为生。这样一来，在全国范围内，陋规的总量和政府常规税收的总量不相上下。④显然，此中充斥着各种贪污腐败，对此我们毋庸赘言，但后面我们会简要描述一下这些腐败是以什么形式发生的。政府对这种情况心知肚明，但要

① 瞿同祖，《清代地方政府》，第 59 页。

② 同上，第 26—30 页。

③ 同上，第 49 页。

④ 费维恺，《20 世纪初外国在华机构》，第 19 页。

想解决这个问题只有一个办法，那就是从政府税收里拿钱出来增加官员的薪水，当然这就意味着要增加税收，但康熙实际上已经在1713年将其数额固定下来，其后的皇帝没有一位敢于改变祖宗成制。

无论如何，虽然有众所周知的横征暴敛、敲诈勒索，但在帮助行政长官处理文书、执行决策方面，这个庞大的衙役队伍还是起了很大的作用。这样职责的问题就得以解决，还有另外一个问题，这个问题源自官员所接受的训练。[1152]这些行政官员是科举考试的产物，他们接受的是文学上的训练，但是他们的主要职责技术性很强，如评估并征收税款，依照法律裁决诉讼。没有他人的帮助，他们本人根本无法胜任这些工作，整个帝国的行政会一塌糊涂。此外，如果完全靠自己，将辖区弄得乌烟瘴气，他们至少要被革职查办。于是，他们就聘用技术专家为其提供建议。这些专家就是专业的幕僚，他们地位很高，甚至可以和知县平起平坐，因此又被称为"幕友"。他们的待遇也很丰厚，年薪多达200至250两白银，到18世纪末，则增加到了800两左右。他们是税务和法律方面的专家，有的曾做过书吏，有的曾做过官，还有的是科场失意者，其中大部分都拥有生员头衔，实际上很多人一边做幕僚，一边抽空参加科举考试，以获取更高的功名。他们的专业技能是从私塾先生或者在任的幕僚那里学来的。作为知识分子，这些幕僚也是士绅阶层的一部分。①

最后还有一个难以克服的障碍，这个障碍源自地方行政官员在地方上任职的短暂性。对于所辖区域来说，他是一个外乡人。一旦三年期满，就要被调动到另外一个地方。每到一个新地方，他都会面临当地已经确立的社会秩序，以及当地人独特的行事方式。有些家族在地方事务中扮演着十分重要的角色，当然，这部分人就是士绅。

明朝时士绅阶层已经十分强势，实际上可以决定知县的人选。清朝结束了这种情况，对士绅财政上的一些特权加以限制。各种士绅一直在滥用自己的特权，如将自己的宅邸登记为"书香门第"。这里必须强调一点，即无论是在学术上，还是在政治上，知县的地位都很高，因为

① 瞿同祖，《清代地方政府》，第93—115页。

他们往往是进士。在1800年,中华帝国的人口为3亿,而这些进士绝对是其中的知识精英。知县并非任人摆布的傀儡,而是完全独立,因此他们和士绅之间的关系要么是合作,要么是对抗,其中一方决非另一方的附属。

州县行政长官主要负责公共建设,如灌溉工程等,但由于他们在同一地方任职的时间很短,如江河湖泊的水利工程建设这一类工作就落到了当地士绅阶层手中。行政长官会尽力按照政府的规定履行教育和济贫等方面的职责,但士绅对其工作所做的补充甚至使其工作相形见绌。[1153]他们募集资金为当地开挖运河,修建堤坝,修路架桥,资助孔庙、学校和祠堂的活动,还资助地方志的出版。此外,他们还仲裁纠纷,设立慈善基金,建立贫民收留机构和医院。重要的是,他们还负担地方武装的开支,并担任其领导者。

有时士绅阶层会滥用其特权。例如士绅阶层的税务负担比普通人要轻,因此他们会把平民的地产登记到自己名下,从中牟取私利。18世纪的古典名著《红楼梦》在西方也家喻户晓。书中第四回有这样一幕,新到任的应天知府正要发签派差人将凶犯族人拿来拷问,却被门子阻止。门子掏出一份私单,上面列有“本省最有权有势,极富极贵的大乡绅”,然后告诉他说他要拷问的家族就是其中之一,“得罪不起”。①

有时士绅阶层的利益和政府的政策背道而驰。例如,地方行政长官要保护湖泊和水库,以防干旱,而士绅则会为了得到更多可耕地而将湖泊填平。再例如,行政长官本应更新土地清册,以便调整税收评估,而这当然会遭到士绅的抵制,他们想要维持原有的评估。

村庄:保甲制与里甲制

清朝承袭了明朝的里甲制和保甲制,前者是税收联保组织,后者是治安联保组织。这些组织的首领实际上由地方行政长官任命。对于两者的运作方式是有争议的,但有些情况是确定的。里甲制的主要职责之一就是更新赋役册籍,但是1713年,康熙皇帝将徭役和土地税固定下来。1740年,摊丁入亩制通行全国,将地丁合二为一,统

---

① 曹雪芹和高鹗,《红楼梦》,(外文出版社,北京,1978),第54—55页。

一征收银两，但依然设定在1713年的水平，一直延续到清王朝的结束。在这种情况下，中央政府所保留的册籍是没有意义的。于是里甲制被抛弃，取而代之的是保甲制。1722年，为征收徭役而每五年进行一次的登记注册被废除，里甲的主要职责变成督促其成员按时缴税。有时里甲依然要履行原有的职责，其首领要负责监督整个里甲完成税收任务。[1154]作为一种联保组织，保甲继续负责汇报人丁的消长变化和人口的流动情况，但是作为其成员活动和道德监护人的作用似乎已经大大削弱。①实际上，1726年的一条法令明确承认它已经名存实亡。②

4. 政府职能

4.1 防御、法律和治安

在18世纪的最后20多年，中华帝国开始出现大规模的人民起义。从此以后，人民起义此起彼伏，规模越来越大。从1840年起，清朝的军队意识到自己和西方列强坚船利炮之间的巨大差距。但是在清朝早期，处于全盛时期的大清王朝没有遭遇任何入侵，周边附属民族的叛乱已经被有效镇压，民众安居乐业。

清朝的司法体制和明朝大同小异，保留了《大明律》的形式，减少了其条款，最后于1740年颁行了修订的最终法典，即《大清律例》。③

和《大明律》一样，《大清律例》也有七大篇目，其中只有一个篇目和"民法"有关，并且仅仅涉及到西方罗马法和普通法传统中民法概念的一部分。和以前一样，绝大多数民事案件是按照当地的习惯法，通过调解程序而不是诉诸法庭。清朝似乎比以前的朝代更加不愿意私人把冤屈上诉到帝国法庭。1692年的一条律令命令行政长官让民众害怕法庭，这样他们才不会动辄就打官司。④因此，民事案件应该经过仲裁来

① 徐中约，《中国近代史》，第58页；瞿同祖，《清代地方政府》，第5页。
② 瞿同祖，《清代地方政府》，第152页。
③ Bodde和Morris，《中华帝国的法律》，第60—61页。
④ S. Van der Sprinkel，《清朝法律机构》(1962年)，第76—77页。

解决。给私人提供法律上的建议是违法行为,更不要说帮助诉讼当事人起草诉状了。①

行政法与刑法和以前一样专制,但惩罚似乎有所减轻。法令在书面上保留了传统上对惩罚的描述,但在实践中并没有完全执行,[1155]例如,"重打100大板"实际上减少至40大板。②与此相对的是一个无可置辩的事实,不知由于何种原因,可能是计算方式上的不同,应该判死刑的罪行从明朝的249条猛增到了813条。此外,还引入了一些按照欧洲的标准"十分残忍"的附加刑,如重达33磅的木枷。③对叛国罪和谋反罪的惩罚照例比其他罪行都要严重,这两种罪行被列入"十恶",其惩罚是"凌迟处死"。④

和德川幕府时期同样严厉专制的司法系统不同,清朝的法律建立在其前代的基础之上,形成了复杂的上诉机制,尤其是对死刑。通常情况下,死刑必须由位于京师的刑部批准。布迪和莫里斯在《中华帝国的法律》一书中说,"刑部小心而严谨",因而推翻了很多下级法庭的判决。⑤此外,虽然法律很严酷,但司法过程并不是专断的任意而为。这之所以是一种"法治",是因为适当的程序被严格遵守,并且在每一个司法层面,每一次宣判都必须援引相关的律例。⑥清朝的法律体系的确允许类比推理,而这当然有可能会被滥用,给法律带来不确定因素,但是它也做出巨大努力使这种推理更加合理,更加简单易懂。1739年,政府制定了三十条类推原则。⑦在清朝的法律中,的确有一些无所不包的罪行,如"做不应做之事"和"违背法令",但其中除了一项之外,其他都是针对十分轻微的犯罪。⑧

---

① 事例见 Bodde 和 Morris 的《中华帝国的法律》,第413—417页,第203个案例。
② 同上,第99页。
③ 同上,第77—78页,第96页,第99页,第103—104页。
④ 同上,第93—94页。作者指出这种惩罚所导致的肢解行为是极其有争议的。
⑤ 同上,第173—174页。
⑥ 同上,第173—175页。皇帝的确可以进行干预,但是这种情况很少见,根据史景迁在《康熙自画像》中援引的例子,皇帝可以改变的是惩罚,而不是判决本身。
⑦ Bodde 和 Morris,《中华帝国的法律》,第77页。
⑧ 同上,第177—178页。这类犯罪有点类似于英国军队里的"扰乱军纪"或足球协会里的"扰乱赛场秩序"。

4.2 财政和税收

关于清朝的税收系统，第一点要说的就是农民必须缴纳的税比他们应该缴的多很多，其次就是他们应该缴纳的税并没有那么多。[1156]简而言之，法定的税负并不重，但行政上的腐败和操纵却使其大大增加。从某种意义上讲，腐败是这个体制本身固有的特征，就像我们看到的那样，只有大约一半的政府收入是法律上授权的，其他的都来自"陋规"。为数众多的差役及其合作者书吏围在衙门周围，其目的正是为了利用这个体制为自己牟取私利。不仅如此，他们的不良行为还延伸到了法定的税收系统。这里我们根本不必逐条列举，因为以前都遇到过，如操纵磅秤，开假收据，收受贿赂让纳税人不上"迟缴"名单，拖延检验漕粮的重量，不经农民同意提前为农民纳税，然后索取高额利息。值得注意的是1736年的一条诏书，说"恶吏"将土地税的百分之二三十装入自己囊中。这和德川幕府时期的日本形成十分鲜明的对比，因为后者征税的花费只占税额的5％。①

官方规定的税负本身并不重。财政收入大部分来自土地税和人头税，还有就是对盐和茶的垄断经营收益和来自广东的关税。土地税本来是按照满族刚入关不久即1646年的土地清册征收的，随着和平的到来，繁荣也随之到来。随着人口的猛增，国家财政收入也随之增长，于是清政府开始减免赋税。到了1711年，减免赋税高达一亿两白银，比中央政府的财政收入还要多。康熙皇帝在1712年规定，以后的土地税和丁税固定在当年的水平。因此，税收并没有显著增长。即使有所增长，也主要是由于新开垦土地的增加。从1644年至1661年，国库每年的收入为2800万两白银，从1736年至1795年，国库每年的收入为4300万至4500万两之间。②据估计，到18世纪末，国库收入还没有占到国民生产总值的5％。③

---

① 瞿同祖，《清代地方政府》，第49—51页，第67—69页。关于日本部分，见本书第一章，"德川幕府时期的日本"。

② 徐中约，《中国近代史》，第59页。

③ 韩素瑞和罗斯基，《18世纪的中国社会》（耶鲁大学出版社，纽黑文，康涅狄格州，1987年），第219页。

这并不是说收税是件很简单的事情,实际情况远非如此。地方行政长官如果不能按时按量完成税收任务,就要被贬职,但如果超额完成任务,则会得到升迁。①对于拖欠赋税的行为,他们通常的做法就是鞭笞欠税者,在更多的情况下是鞭笞差役,因为他们近在身边,而农民则比较分散。②

如前所述,有一半财政收入是隐性的"陋规",[1157]这部分收入用于地方政府的开支。在18世纪中期,政府的官方收入大约为4400万两白银,而其花费大约为3500万两,其中大约950万两是中央的花费,约有2600万两是地方的花费。到18世纪80年代,中央国库每年可以有900至1000万两白银的盈余。

4.3 行政的质量

清朝原封不动地接过了明朝的官僚机构,同时也继承了其诸多弊端。这些弊端在关于明朝的章节我们已经讨论过,这里无须赘述,其中主要包括过度依赖公文,而不是实地考察,监察体制缺少连续性,派系之争,暗箱操作,还有其他种种腐败行为,所有这些问题都继续存在。清初几位皇帝精明强干,通过密议奏折的情报网络,通过亲身巡视,考察民情,鼓励他们申诉冤情。③同时,他们还派遣亲信的家奴包衣到全国各地担任敏感职位,为其通风报信,但就连他们也没能取得多少进展。虽然官员的选择和等级分化看似合情合理,但职务晋升和肥差的人选依然取决于你认识什么人,而不是你的学识。私人关系网络大行其道,利用同学和同乡关系互相攀附。1729年,康熙皇帝颁布一份诏书,大意是说你们这些举人和进士喜欢结党营私。为了向上爬,你们拉帮结派,官官相护。虽然有这样的警告,他依然无法将这种现象根除,而只能对其有所控制。雍正皇帝更加严厉,这方面的努力也更加成功,但随着其统治的结束,这种努力也化为泡影。④

---

① 瞿同祖,《清代地方政府》,第133页。
② 同上,第138—139页。
③ 史景迁,《康熙自画像》,各处。
④ 韩素瑞和罗斯基,《18世纪的中国社会》,第13页。

一般的看法是从1780年开始，清朝的统治开始走向衰落，这个过程在整个19世纪加速发展，直到最后崩溃。这一切的原因在18世纪还是潜在的，但其恶果有些已经表现出来。这些表现如行政上的极度迟缓、贿赂、腐败、侵吞公款，还有就是中央权威不断地向周边流失。在整个18世纪，所有这些情况不断恶化，而这一切都几乎源于一个事实，即行政人员的数量远远不够，其薪水也过于微薄。[1158]我们先看薪水的问题，行政人员的薪水在14世纪明帝国早期就已经固定，而清朝仅仅将其进一步确定下来。因此，这些薪水几乎只是象征性的。官员要想在自己的位子上干下去，唯一的办法就是巧取豪夺。养廉银制度的出现就是为了杜绝这种现象发生。对于级别较高的官员来说，养廉银的数量是俸禄的100倍，①而州县行政长官的养廉银相对要少很多，②就像我们提到过的那样，这根本无法满足日常开销的需要。与此同时，对于职位的竞争也更加激烈，前面已经提到过，每两位获取功名者中只有一位可以得到任命。③日益激烈的竞争延长了初次赴考与最终获取功名之间的时间，因此也就增加了读书人的经济负担。为了维持备考期间的生活，他们不得不四处举债。这样一来，即使薪水足以满足日常花销，却未必足以还债。其结果是更加疯狂的敛财行为。高层官员队伍中充斥着贪污腐败。面对包衣的不端行为，就连最英明的皇帝也有点无能为力。例如，巡盐御史高恒将大约1100万两的盐业垄断收入纳入私囊，而这相当于整个帝国全年财政收入的四分之一。④乾隆皇帝“熟知这些被派到盐道和海关的包衣的种种不端行为，甚至对他们摆脱其奴才恶习不抱任何希望”。⑤

---

① 徐中约，《中国近代史》，第62页。

② 瞿同祖，《清代地方政府》，第22—23页。

③ 费维恺，《18世纪中国的国家和社会：清帝国的鼎盛时期》，第42页。

④ 陶博，《康雍乾内务府考》，第139页。原书第1156页提到，税吏将百分之二三十的土地税装入自己腰包，两者属于应该属于一类行为。显然，如果将这两种嚣张的贪污行为算在一起，国库损失至少要占到国家税收的一半左右。

⑤ 同上，第180页。更多贪污腐败的例子，见该书第177页，第131—136页，第136—172页，第179—180页。

官僚机构第二个与生俱来的弊端更加严重,它导致了帝国的衰落,并最终使其崩溃。这个弊端就是正式行政人员的不足,其数量和汉朝时几乎没有什么区别。据说在其间的13个世纪里,行政人员的数量只增加了13%,而同期的人口则增加了3倍。这种人员上的不足造成了两个不幸的后果。首先,它孳生了大量的攀附者和寄生者,即各级衙门里的书吏和差役。[1159]显然,既然中央政府不付薪水给下级文员和各种差役,地方政府只好雇佣自由职业者,我们在前文已经见识了他们是怎样一群无赖刁滑之徒。就这样,基层统治越来越脱离中央政府的控制。

第二个不幸的后果是行政工作陷入大量的文牍和漫长的拖延之中。行政机关被分成四个级别,这有点太多了。因此:

> 当一个地方要做某事时,必须首先获得总督或巡抚的同意,要先做出请示,然后再得到执行的命令。由于通讯方式落后,这个请示也许要花几天时间才能到州县行政长官那里,然后需要几周才能送到知府和道台手中,最后才能送到总督那里。请示到达省城之后,必须先经过地方专员之手,然后再交给总督,而在此过程中要浪费大量的时间和金钱。①

这和日本德川幕府时期的高效和节俭形成十分鲜明的对比,原因在于中国的面积过于广大,加之人口众多,为数不多的官员变得越来越脱离其辖下的民众。而在日本,主要是由大名及其封臣在各自小面积的领地上实行统治,这样他们的官吏可以直接和人民打交道。就连将军本人的领地也只占日本总面积的四分之一。

清朝的这种体制在18世纪之所以足以维持其统治,一个根本原因在于,政府总体上在普通百姓生活中的作用微不足道。其基本职能就是在不要过度征税的情况下,维护社会的和平稳定。按照费正清的说法,在巨大的社会当中,满清政府缩小成为单薄的一层统

---

① 谢保超,《清朝政府》,第319—320页。

治阶级，这个阶级由税吏、地方官员和军队构成，他们起到一种结构性的集权和监督功能，但是对普通百姓的生活来说，却并不重要。①有趣的是，费正清还这样说过："政府是一个人数相对不多，但是却高度集权的机构，它所统治的是大量互相孤立的农民共同体。两者之间的接触点是地方政府所在地，地方长官和两三个中央政府任命的官员在这里直接和村庄的头领、大地主和其他地方领袖打交道。"②[1160]但是这描述的根本就不是清朝，而是近2000年前的汉帝国。

虽然如此，清代中国人比之前的汉朝或其他任何朝代都要幸福，即使不比同一时期世界上所有其他国家的人民更加幸福，至少也和他们一样幸福。清王朝早期是一个和平繁荣的时期。国家财政收入呈上升趋势，人口增加了两倍。新的土地被开垦，来自美洲新大陆的作物被种植，新的农业技术被采用，如双季稻，冬麦夏谷的轮作。中央政府负责堤坝和疏通黄河长江等大型水利建设，地方士绅则资助并组织当地农田的灌溉工程。不仅如此，他们还为庙宇、济贫院、医院和学校提供资金。和德川幕府时期的日本一样，通过学校和士绅无所不在的影响，广大农民也吸收了儒家的行为模式。

在这些受过良好教育的士绅和更为广泛的文人阶层中间，文学和艺术得到慷慨赞助并取得了长足的发展。如果通过和同时代政权的对比来评估一个政权的表现，我们必须承认无论是从外部和平与内部稳定，还是从人们的生活水平和文学艺术的发展，清王朝早期的确是中国的黄金世纪。正是在这个世纪，中华帝国变成了不仅仅是一个儒家帝国，还是一个儒家社会。

清王朝的悲剧就在于最后沦为三种压力的牺牲品，其中两个是它所无法预见的。一个是内部压力，这种压力无情地在一些地区不断扩张。另外一个是来自掠夺性国家的外来压力，这些国家的科技如此先进，在当时的中国人看来，他们仿佛来自另外一个星球。这两种压力造

① 费正清，《中国的思想和制度》，第20页。

② 赖肖尔和费正清，《东亚：伟大的传统》，第96页。

成了第三种压力,这个压力本来无足轻重,但后来却势不可挡,它就是排外的汉人反对满族统治者的地下抵抗运动。

在所有这些反清队伍中,最古老的一支是白莲教。它可以追溯到1250年前后,甚至更早,是一个秘密的准宗教组织。它曾经强烈反对蒙古人的统治,坚决支持洪武帝朱元璋。此时它又举起了"反清复明"的旗帜。另外一个秘密的反清社团是乾隆皇帝在位期间成立的哥老会。[1161]西方人最为熟悉的一个组织则是三合会,又名"天地会",创立于17世纪70年代,由5名忠诚于明王朝的人撤退到福建少林寺之后创办,其口号也是"反清复明"。之所以被称为"三合会",是因为它强调天地人之间的和谐,用三个点来代表三者,因此又称"三点会"。这个组织建立了前五祖堂和后五祖堂,分会遍布各省,主要是沿海地区。所有这些团体都延续了对满族人的反抗,但在我看来,他们需要前两种压力的刺激才能够发起公然挑战。第一次大暴动是1793年的白莲教起义。清政府的镇压和大肆逮捕促使白莲教信徒在1796年再次发起叛乱,并很快蔓延数省。如前所述,由于清朝统治者对士人的笼络和士绅在清帝国所扮演的关键角色,士绅阶层组织队伍,修筑堡垒,以镇压叛乱。虽然如此,叛乱一直延续到1804年才被镇压下去,在嘉庆皇帝统治期间,即1796年至1820年,动乱一直持续不断。

随着19世纪历史车轮的前进,清朝体制变得越来越落伍,由于来自有限土地资源的压力,广大民众日益穷困,这些团体的影响也日益强大。这些民间力量的反抗,再加上西方对中国传统信仰体系的颠覆和清王朝军事上的软弱无能,使清王朝不断衰落,并最终灭亡。实际上这也意味着中国两千年专制传统的灭亡,但这就是后来的事情了。①

---

① 关于总体情况,见徐中约,《中国近代史》,第127—130页。具体细节,见F. L. Davis,《中国的原始革命者》(Heinemann,伦敦,1977年);J. Chesneaux编著的《中国平民运动与秘密社团—从1840年至1950年》(斯坦福大学出版社,斯坦福,1972年)

第三章　奥斯曼帝国：1566 年前后的鼎盛时期

1. 奥斯曼帝国的重要性

[1162]1453 年，突厥人攻占君士坦丁堡，传统上这标志着欧洲中世纪历史的终结和现代历史的开始。因此，正如这一时期横跨在中世纪和现代之间，奥斯曼帝国的体制也兼具两者之特色。从这个时间可看出，奥斯曼帝国的鼎盛时期比德川幕府时期的日本和清王朝统治下的中国早了整整一个世纪，甚至更多。从前面两章可以看出，德川幕府政权在 1710 年前后达到其鼎盛时期，中国的鼎盛时期在 1750 年前后，但是在这两个时间之前，奥斯曼帝国十分有效的古典体制已经湮灭，其中央政府已经失去了对地方官员的控制，领土不仅没有继续扩张，反而有所缩小。

历史上有两个伟大的穆斯林帝国，奥斯曼帝国是第二个。其领土不到阿拉伯哈里发帝国的一半①，但人口和它差不多，在 2800 万至

① 根据我的计算，在 750 年，即阿拉伯哈里发帝国鼎盛时期，其领土面积约为 4888000 平方英里。在计算奥斯曼帝国的面积时，我略去了从今天的埃及到阿尔及利亚的沿海地带，同样也省略了波多利亚和克里米亚汗国，因此我的数字偏低。安纳托利亚和阿拉伯地区为 1941390 平方英里，欧洲部分有 326170 平方英里。因此，其总面积为 2267560 平方英里。这个数字可以和我对亚述帝国、罗马帝国和阿契美尼德帝国面积的计算结果进行比较，三者的面积分别是 580130 平方英里，1454000 平方英里和 2275400 平方英里。阿契美尼德帝国和哈里发帝国的疆域之所以会如此辽阔，是由于两者拥有伊朗以东的中亚地区。

3000 万之间，并且奥斯曼帝国更强大，也更持久。这种持久性，再加上鼎盛时期政权的独特性，使其完全有资格在本部《统治史》上占有一席之地。

可以和奥斯曼帝国互为参照的政权是其伊斯兰先驱，阿拔斯哈里发帝国。从大处着眼，这两个伟大的政体有些类似。两者的疆域都很辽阔，都有很多种族和宗教上的少数派，基本上都是农耕经济。两个政府的职能都仅限于战争、司法和治安，还有税收。[1163]两者都是宫廷政体，在形式上都是中央集权制。政治权力集中在由少数人构成的统治阶层手中，其中包括一支常备军和专业化的官僚队伍。统治阶层和广大被统治者之间界线分明。最后，两者都是伊斯兰帝国，因此，和哈里发帝国一样，奥斯曼帝国的苏丹不得不对影响巨大的宗教势力做出妥协，不得不面对以宗教冲突的形式表现出来的社会问题。最重要的是，他要行使被伊斯兰教法和世俗的卡农法所分割的权威。

但是在此大框架之内，两者的区别还是十分明显的。无论是从语言和宗教，还是从种族上看，奥斯曼帝国都更加多元化，这就促成了其最典型也最成功的制度，即由自治宗教社区构成的"米勒特制度"。其次，构成统治阶级的士兵和官僚都是苏丹的奴隶。直到 17 世纪中叶，其精英并非普通的奴隶，而是专门征募并训练的非突厥人。与此形成对比的是，许多行省的军政和民政，还有帝国骑兵队伍的供应，都落在提马尔采邑(timar，又译为"蒂玛")的拥有者头上。作为对所得采邑的回报，这些人要为苏丹提供军事上的服务。除了世俗统治机构之外，还有一个由宗教权威乌勒玛构成的地方统治机构，我们几乎可以称其为"准教会"。这个宗教等级机构为奥斯曼帝国提供宗教法官，即卡迪。和阿拔斯哈里发帝国的情况不同，卡迪不仅执行伊斯兰教法，还执行苏丹的世俗法，尤其是被编为法典的卡农法。卡农法是奥斯曼帝国最伟大也最有益的创新之一。①

此外，专业化官僚机构已经牢牢确立。虽然 1566 年苏莱曼大帝去

① 卡迪法庭既使用伊斯兰教法，也使用卡农法(见原书第 1197 至 1198 页)，但是这一事实无法解决政治需求和宗教法学之间固有的矛盾。因此，虽然卡迪法庭不必像阿拔斯王朝时那样必须要和马札里姆法庭共享司法权，但是其司法权却受到行省总督和其他官员简易审判权的侵犯。于是，以前的问题以新的形式重新出现。

世之后，堕落的苏丹，无能的大臣，后宫的阴谋，军队的叛变和苏丹的废立等问题越来越困扰帝国的统治，是这些受过专门训练的官僚让帝国得以正常运转。除了文官机构之外，帝国还有大量好战的军队。虽然1600年后军训松懈，军纪也有所涣散，这些队伍却一次次地击退日益强大的欧洲对手。因此，1600年后虽然有种种弊政、腐败和贫弱，奥斯曼帝国却依然出现了多次中兴。[1164]如此长久的持续性和阿拉伯哈里发帝国的脆弱形成鲜明对比。由此可以引出两个帝国之间的最后一点对比，即军事。

哈里发帝国的积极战争时期始于632年，到曼苏尔在位期间(754至775年)结束。此后就是和拜占庭人围绕边界问题经常展开的突袭和反突袭。除了这些虽然强大、但以防御为主的拜占庭人之外，哈里发帝国再没有其他的军事强敌。但是奥斯曼帝国的情况远非如此：东部是复兴的什叶派萨法维波斯帝国，与其势均力敌；西部是技术和财力优势日益增强的欧洲各国；北部的对手俄罗斯面积广袤，正在崛起。奥斯曼帝国四面迎敌。如果将1400年至1789年之间的时期分为三个阶段，奥斯曼帝国在每一个阶段都算得上是四个最为好战的国家之一。在1400年至1559年之间，它和神圣罗马帝国一样，有114年处于战争状态，占整个时间段的72%。从1559年至1648年，战争状态有79年，占整个时间段的70%，仅次于西班牙的83年和74%。从1648年至1789年，它和对手俄罗斯与奥地利不相上下，有77年处于战争状态，占整个时间段的55%。总的说来，在1400年至1789年间的389年中，奥斯曼帝国有270年都在征成当中，平均每10年中就有7年在打仗。①

2. 大事年表

突厥人在本书前面已经出现过，他们曾是哈里发帝国的奴隶军队，

① 这些数字源自E. Luard的《国际社会上的战争》(Tauris，伦敦，1986年)，第二章和第1—3页。关于奥斯曼帝国的数字可能偏低，作者是否充分考虑了在亚洲的战役，我们不得而知。根据我的统计，总数为303年，我所依据的是Luard书上的表格(第421—434页)。

但最后却取而代之。乌古斯部落民也是突厥人,在曼齐克特战役中战胜拜占庭人之后,他们在安纳托利亚地区建立了塞尔柱帝国。在1243年的科塞达克战役中被蒙古人击败,帝国灭亡。强大的突厥游牧部落土库曼人不断西进,穿过塞尔柱帝国残余的区域,在安纳托利亚西部的山区重组力量,这里成为和面积已经缩小的拜占庭帝国之间的边界。为了得到更多土地和战利品,这些土库曼人的首领鼓动他们发起针对基督徒的"圣战",并在边界地区建立领地。这些突厥人没有使用"吉哈德"(jihad)这个词,而是用"加札"(ghaza),意思为"捍卫伊斯兰的战役",参与这种战役的人被称为"加齐"(ghazi),即"信仰斗士","圣战者"。奥斯曼加齐在距离拜占庭和巴尔干半岛最近的地方建立了领地。[1165]这位奥斯曼就是奥斯曼帝国的创立者。"奥斯曼"是阿拉伯词语"鄂斯曼"(Uthman)在突厥语里的发音,这就是为什么会有"鄂图曼"(Ottoman)一词。很可能奥斯曼本来的名字就是突厥语里的"图曼"(Toman),这个名字被虔诚地用到第三位哈里发的名字里。

从此以后直到1566年,他们不是和西北部的欧洲基督教徒打仗,就是和东南部的突厥人穆斯林打仗。在1395年的尼科堡战役和1444年的瓦尔纳战役中,他们击败了欧洲联军,保证了对巴尔干半岛的兼并。1453年攻占君士坦丁堡,这就从形式上和地理上将帝国的两端连接起来,一端是信奉基督教的欧洲,另一端是信奉伊斯兰教的安纳托利亚。1517年,又击败了马穆鲁克王朝,这样一来,奥斯曼帝国的领土不仅包括北非沿海和整个埃及,还包括中东所有阿拉伯人的土地,其中最重要的是圣地麦加和麦地那。就这样,阿拉伯人,突厥人,还有东南欧的人口全部统一到一个政权之下。此后,帝国继续扩张,一直延伸到罗马尼亚、匈牙利、波多利亚和克里米亚。

奥斯曼帝国靠战争起家,以战争为生。因此,在列举大事年表之前,我们最好先罗列一下它所参与的主要战争。

奥斯曼帝国的主要战争

1399—1401年,和拜占庭作战

1400—1402年,和蒙古人作战

1413—1421年，和瓦拉几亚、波斯尼亚、匈牙利、威尼斯与塞尔维亚（从1419年起）作战

1422年，和拜占庭作战

1429—1440年，和塞尔维亚、希腊、威尼斯与匈牙利作战

1442—1428年，和教皇国、匈牙利、波兰与立陶宛作战

1443—1461年，和阿尔巴尼亚人作战

1452—1453年，和拜占庭作战

1455—1464年，和塞尔维亚、匈牙利、波斯尼亚、瓦拉几亚、雅典、摩里亚、希腊群岛作战

1461年，和特拉比松作战

1463—1479年，和威尼斯与阿尔巴尼亚作战

1463—1470年，和波斯作战

1470年，和卡拉曼（安纳托利亚）作战

1475—1476年，和摩尔达维亚、克里米亚作战

1478—1479年，和阿尔巴尼亚与伊奥尼亚群岛作战

1480年，和那不勒斯（奥特兰托）作战

1481—1483年，和匈牙利作战

1485—1489年，和摩尔达维亚、鞑靼人与波兰作战

1485—1490年，和埃及（西里西亚）作战

[1166]1492—1495年，和波西米亚与匈牙利作战

1497—1499年，和波兰、摩尔达维亚与鞑靼人作战

1499—1503年，和教皇国、匈牙利与威尼斯作战

1509年，和埃及与马耳他骑士团作战

1514—1516年，和波斯作战

1516—1517年，和叙利亚和埃及作战

1521—1523年，和匈牙利、威尼斯与罗得岛作战

1525年，和也门作战

1528—1529年，和波斯作战

1537—1540年，和阿尔及尔、威尼斯与神圣罗马帝国皇帝作战

1538年，和摩尔达维亚作战

1538 年,和亚丁作战

1541—1547 年,和神圣罗马帝国皇帝与特兰西瓦尼亚作战

1548—1554 年,和波斯作战

1551—1562 年,和神圣罗马帝国皇帝作战

1559—1564 年,和西班牙与威尼斯作战

1565 年,和马耳他与西班牙作战

1566—1568 年,和神圣罗马帝国皇帝作战

1569 年,和俄罗斯(阿斯特拉罕)作战

1570—1578 年,和教皇国、威尼斯与西班牙作战(和威尼斯的战争一直延续到 1573 年)

1576 年,和希贾兹作战

1578—1590 年,和波斯作战

1593—1606 年,和教皇、神圣罗马帝国皇帝与鞑靼人作战

1603—1612 年,和波斯作战

1615—1618 年,和波斯作战

1616—1617 年,和波兰作战

1620—1621 年,和波兰、神圣罗马帝国皇帝、特兰西瓦尼亚与鞑靼人作战

1623—1631 年,和波斯作战

1625—1627 年,和波兰、匈牙利与鞑靼人作战

1631—1634 年,和波兰、匈牙利与鞑靼人作战

1635 年,和也门作战

1644—1669 年,和威尼斯作战

1658—1661 年,和波兰、特兰西瓦尼亚与鞑靼人作战

1663—1664 年,和奥地利作战

1672—1676 年,和波兰、鞑靼人与哥萨克人作战

1677—1681 年,和俄罗斯与哥萨克人作战

1682—1699 年,和奥地利、德国、波兰、威尼斯与俄罗斯(从 1685 年开始)作战

1710—1713 年,和俄罗斯作战

1714—1718 年，和威尼斯与奥地利（从 1716 年开始）作战

1722—1724 年，和波斯作战

1725—1726 年，和阿富汗作战

1729—1730 年，和阿富汗作战

1729—1736 年，和波斯作战

1734—1739 年，和俄罗斯与奥地利（从 1737 年开始）作战

1768—1774 年，和俄罗斯作战

[1167]1787—1792 年，和俄罗斯与奥地利作战

（引自洛德，《国际社会中的战争》，第 421—434 页）

历史年表

1261—1310 年，在西安纳托利亚建立看很多加齐小公国，其中包括奥斯曼利（Osmanli），即奥斯曼公国

1326 年，攻占布尔萨

1326 年，奥斯曼去世，奥尔罕即位

1331 年，攻占尼西亚

1354 年，攻占加里波利和安卡拉

1361 年，攻占亚德里亚堡（埃迪尔内）

1362 年，穆拉德一世即位

1389 年，科索沃战役中击溃塞尔维亚的军队

1389 年，巴耶济德一世（别称“雷霆”）即位

1389—1402 年，在巴尔干半岛和安纳托利亚地区轮番攻占更多的土地

1394—1402 年，封锁君士坦丁堡

1396 年，在尼科堡击溃欧洲各国的军队，在巴尔干半岛和安纳托利亚中部地区取得更多胜利

1402 年，安卡拉战役，巴耶济德一世被帖木儿战败并俘虏

1402—1413 年，巴耶济德四个儿子之间发起第一次内战

1413 年，穆罕默德一世即位

1421 年，穆拉德二世即位

1421—1422年，穆拉德二世对其兄弟穆斯塔法的第二次内战

1422年，围攻君士坦丁堡

1440年，攻打贝尔格莱德失败

1444年，在瓦尔纳取得对欧洲联军的决定性胜利，并彻底攻占巴尔干半岛

1444年，穆拉德二世逊位。穆罕默德二世即位，后来又被废黜

1444—1451年，穆拉德二世再次执政

1451—1481年，"征服者"穆罕默德二世在1453年攻陷君士坦丁堡，将特拉比松、卡拉曼（东安纳托利亚）、摩里亚、阿尔巴尼亚、波斯尼亚和瓦拉几亚并入帝国的版图

1481—1512年，巴耶济德二世即位，发起对其兄弟杰姆第三次内战

1495年，杰姆去世

1512年，巴耶济德二世被废除，"冷酷者"塞利姆一世即位

1517年，马穆鲁克人被击败，征服埃及。麦加承认其宗主权

1520年，塞利姆一世去世

1520—1566年，苏莱曼一世，他征服了匈牙利和罗德岛，1529年包围维也纳，1533年攻占突尼斯，夺取特兰西瓦尼亚。作为"立法者"，颁布法典，改革司法体制。帝国发展到了全盛时期

1566—1574年，"酒鬼"塞利姆在位

[1168]1570年，征服塞浦路斯

1571年，勒班陀战役，海军战败，但很快就重整旗鼓

1574—1595年，穆拉德三世在位

1595—1603年，穆罕默德三世在位。波斯的阿拔斯一世在乌尔米亚湖击败奥斯曼帝国的军队，攻占伊拉克和巴格达

1603—1617年，艾哈迈德一世在位

1617—1618年，穆斯塔法一世在位，后被废黜

1618—1622年，奥斯曼二世在位，1622年被废黜并被勒死

1622—1623年，穆斯塔法一世复辟，后来再次被废黜

1623—1640年，11岁的穆拉德四世即位，他所面对的是禁卫军的

反叛和局势的动荡。后来他无情镇压了禁卫军，并排除异己

1625 年，新的叛乱被强力镇压

1638 年，重新夺取巴格达。席林堡条约确定了和波斯之间的永久边界。重组提马尔采邑，努力裁减禁卫军的人数并改革军队。此后从巴尔干地区信仰基督教的民族中征集青少年以补充军源的做法越来越少，最后一次发生在 1704 年

1640—1648 年，易卜拉欣一世在位，精神错乱，1648 年被废黜并被处死

1648—1687 年，穆罕默德四世在位，他 6 岁登基，国家陷入无政府状态

1656 年，威尼斯人封锁达达尼尔海峡

1656—1661 年，穆罕默德·柯普鲁卢(Mehmet Koprulu)任大维齐尔，相当于首相。他是一位铁腕的行政官，抑制禁卫军势力，排除异己，提高税额，没收财产，击败威尼斯人

1661—1678 年，穆罕默德之子艾哈迈德·柯普鲁卢任大维齐尔

1664 年，在圣高特哈特(St Gotthard)被奥地利将军蒙特库科利(Montecucculi)击溃

1669 年，最终从威尼斯人手中夺过克里特岛

1672—1676 年，征服波多利亚和隶属于波兰的乌克兰，初次与俄罗斯建立联系

1678 年，艾哈迈德·柯普鲁卢之妹夫卡拉·穆斯塔法任大维齐尔

1683 年，围攻维也纳，未能攻克

1687 年，第二次莫哈奇战役，洛林公爵五世击败奥斯曼帝国的军队，伊斯坦布尔一片慌乱，穆罕默德四世被废黜

1687—1691 年，苏莱曼三世在位

1689—1691 年，穆斯塔法·柯普鲁卢任大维齐尔，进行军事和财政改革，提马尔制度被恢复

1691 年，穆斯塔法·柯普鲁卢在斯兰卡曼(Slankamen)战役中兵败身亡

1695—1703 年，穆斯塔法二世在位

1697 年,萨伏伊王子尤金在森塔(Zenta)击败奥斯曼军队

1699 年,卡洛维茨条约。奥斯曼帝国割让匈牙利、特兰西瓦尼亚、克罗地亚、斯洛文尼亚、摩里亚和波多利亚。同样来自柯普鲁卢家族的大维齐尔胡赛因帕夏进行改革,遭到伊斯兰教长的反对,于 1702 年去世。埃迪尔内事件。穆斯塔法二世被废黜

[1169]1703—1730 年,艾哈迈德三世在位。宫廷生活骄奢淫逸,这就是“郁金香时期”

1730 年,波斯的纳迪尔沙击败波斯军队,伊斯坦布尔发生群众暴动,苏丹逊位

1730—1754 年,马赫穆特一世在位。相对和平的时期。在 1757 年至 1763 年,拉吉布帕夏任大维齐尔时,文化发展。中央对各省的控制减弱,在安纳托利亚地区,代雷贝伊(derebey)开始崛起

1754—1757 年,奥斯曼三世在位

1757—1774 年,穆斯塔法三世在位

1774 年,库楚克·凯那尔吉(Kuquk Kaynarja)条约。胜利的俄罗斯获得了在黑海航行的权利

3. 1600 年前后的奥斯曼帝国

奥斯曼帝国的领土包括:从爱琴海到德涅斯特河和布格河之间的东南欧地区;黑海已经成为其内湖,因为周围地区都已经成为奥斯曼帝国的属国,北面是克里米亚汗国,南面是君士坦丁堡海峡;安纳托利亚中心地区,向东一直延伸到卡尔斯和凡湖;古老的哈里发帝国说阿拉伯语的地区,沿波斯边境直到埃及和整个北非沿海。

奥斯曼帝国的行政区划并不统一,在欧洲的边疆地区是各个信奉基督教的附属国,这些附属国都有自己的统治者,但是要服从帝国的支配,并按时纳贡。有的行省由总督实行统治,他们向中央政府缴纳特定数量的税款,剩下的财政收入用于地方行政。这部分行省被称为“赛尔延内”(salyane)行省,即包税省,在这些行省,治安和税务的评估和征收都由政府直接负责。绝大多数行省与此不同,这一时期它们被称为

“贝拉贝伊利克”(beylerbeyliks)，后来被称为“艾亚雷特”(eyalets)，行省的总督被称为“贝拉贝伊”(beylerbeyi)，拥有“帕夏”的头衔。在军事、治安和财政制度方面，贝拉贝伊利克行省和赛尔延内行省大相径庭。这里的土地被分成大量的采邑，这些采邑被称为“提马尔”，即军事采邑。拥有采邑的封建主要向苏丹提供军事上的服务，作为回报，他可以支配采邑的收入，可以征税，负责维护社会治安并执行一些低级的审判职权。为了便于司法，每个行省又被分成更小的地区，每个地区由一位卡迪负责。实际上与其说卡迪是司法官员，还不如说他是地方行政官。

这些行省的所有各级官员都由中央政府直接任免，全部掌握在苏丹一人手中。苏丹凌驾于整个统治阶层之上，可以说也凌驾于宗教等级机构之上。所有正式为苏丹服务的人共同构成统治阶层。[1170]在民法上，他们被称为“库勒”(kul)，即苏丹的奴隶，这实际上意味着他们没有个人权利和财产权。这个统治阶层包括以苏丹的大维齐尔为首的行政官僚集体，大量文书人员，还有士兵。这些士兵和“执笔者”、即“书记员”相对应，被称为“剑士”。士兵有两种，一种来自提马尔采邑，没有薪酬，只有战时才出动。另外一种是常备军，他们被称为“宫廷奴隶”，包括骑兵和人数更多的步兵，即禁卫军。骑兵和步兵可以领薪酬，有专门的营房，他们构成了精锐部队。

人数不多的统治阶层和普通百姓界线分明，后者被称为“雷阿亚”(re'aya)，意为“群氓”。无论是高级行政官员和公务人员，还是宫廷禁卫军和骑兵，都不但是奴隶，而且还不能是突厥人，这是奥斯曼帝国统治阶层最突出的特征。从种族上讲，他们都是异族人，要么来自普通的奴隶市场，要么通过奥斯曼帝国独特的一种被称为“德伍希尔迈”(devshirme，又译为“德夫舍梅”，意为“征集”)的人口征召制度进行招募。这个制度从基督教家庭挑选合适的男孩，然后送到首都抚养长大，并让他们接受专门的训练，有的成为士兵，有的成为文职官员。整个统治阶层实际上就是由这些异族奴隶组成的。

除了统治阶层之外，还有所谓的宗教阶层。伊斯兰教十分盛行，出现了很多宗教教团。很多圣人自创教派，他们常常和政府作对。和哈里发帝国不同，奥斯曼帝国建立了一个以伊斯兰教长为首的官方穆斯林统治阶层，教长和其下面的各个职位都由苏丹任免。只有这个阶层的成员才能成为卡迪，而要想进入这个统治阶层并在其中获得升迁就要通过一系列考试，这些考试的难度逐级增大，由政府创办的“米德雷色”（medreses，伊斯兰高级学校）主持。

和大多数农业帝国相比，奥斯曼帝国的政府对人们日常生活的渗透十分肤浅，其职能仅限于战争，获取战利品、奴隶和财政收入，征税和维护社会秩序。简言之，它的角色就是掠夺者、税收机器和警察。通过各种各样的宗教社团、商业和产业团体，城乡居民过着各自的生活。他们和政府的接触十分有限，即使接触，也是通过各个团体的领导人物。在其他方面，伊斯兰教严格约束着帝国三分之二人口的家庭生活，而东正教徒、犹太教徒和亚美尼亚人分别构成三个独立的自治教区，这些教区被称为“米勒特”，每个教区有自己的宗教领袖，负责各教区内的财政和治安事务。[1171]在其他方面，各个教区都是自行其是。

4. 统治阶层

4.1 苏丹

4.1.1 重要性

苏丹位于权力金字塔的最高层，是所有权威的来源。整个统治阶层都要绝对依附于他，除非其职权由其代理人即大维齐尔代为履行。这方面有一个事例非常典型，那就是1656年至1691年间来自柯普鲁卢家族的一系列大维齐尔。他们个个才能出众，不但拯救了奥斯曼帝国，还创造了中兴的局面。虽然如此，苏丹仍然可以置维齐尔的建议于不顾，甚至将其绞死。据说在1656年曾力挽狂澜的大维齐尔穆罕默德·柯普鲁卢曾让苏丹做出承诺，允许自己完全自由行事，而不去横加干涉，这件事很能说明问题。另外一个困难是这要求苏丹必须知人善任，而这取决于其人品和所接受的训练，而这两者又都和权力继承的方式有关。

4.1.2　训练和继承

奥斯曼王朝的统治始于1281年，终于1924年，几乎延续了650年。其间权力一直保留在男性继承人手中，从来没有中断过，甚至根本就没有人想到要将这一做法废除，直到1923年凯末尔将其推翻，这是很了不起的。更了不起的是并没有法律或传统对权力继承做出规定，因为他们认为既然苏丹的人选是由上天决定的，凡人如就此立法，就是大不敬。①这样一来，王子中谁能够先到达都城，掌握国库，赢得禁卫军和乌勒玛的支持，谁就可以成为苏丹。内战的结果被认为是天意，其背后的理论基础和西方的"决斗判决"相似。②

奥斯曼帝国早期10位苏丹登上宝座的方式与其继承者不同。无论文治，还是武功，他们个个都很精明强干。但是他们的继任者除了两三个例外，其余都很懦弱无能，而原因就在于继承方式上的变化。

起初，按照传统，各位王子被送到安纳托利亚地区各个古老的行政首都做总督，在那里，他们掌握一些治理国家的经验。由于对权力的继承是开放式的，他们常常会卷入内战。[1172]巴耶济德一世去世之后，他的四个儿子开始互相残杀，这场内战一直延续了11年。为了避免此类事件再次发生，"征服者"穆罕默德二世制定了臭名昭著的"杀害兄弟法"，即"为了国家的福祉被上天选作苏丹的王子可以合法地将其兄弟处死，这得到了大部分乌勒玛的许可"。③穆拉德三世绞死了自己的5位兄弟，穆罕默德三世则下令处死了自己的19位兄弟和两个儿子，据说还有15位怀有身孕的宫女。④但是从17世纪早期开始，这一做法不再是常规，取而代之的是将王子软禁在托普卡帕皇宫的第四庭院，这个

---

① 要知道，拜占庭人也是这样认为的，或者声称是这样认为的。见第三部分，第一章。

② 无可否认，这一做法在13世纪时已经基本上被废弃，但是在英国最后一次使用是在1818年，直到次年才被废除。

③ 引自 H. Inalcik，《奥斯曼帝国—古典时代：1300—1600年》，(Weidenfeld and Nicholson，伦敦，1973年)，第59页。

④ D. Alderson，《奥斯曼王朝的结构》(Clarendon Press，牛津，1956年)，第31页。有趣的是，该作者暗示这一做法在西方可能被夸大其词。对于这一做法和使其合法化的途径，欧洲人会拒绝吗？作者辩护说，毕竟，在奥斯曼王朝650多年的时间里，这样的处决行为只有80例(第27页)。

地方还有另外一个不太好听的名字,即"囚笼"(kafes),[①]由此可见各位王子的生活境况。在这里,他们过着囚徒一样的生活,不能有孩子,对外界所知甚少,甚至一无所知,也无从接受一旦成为苏丹将如何履行职责方面的教育。

这种成长环境给苏丹的性格和能力带来了灾难性的影响。一方面,这意味着苏丹在即位之前无法拥有自己的孩子,其结果就是一旦苏丹去世,其继承者年龄还很小。很多情况下,这种囚禁生活严重削弱了其性活力,使其根本无法生育。另一方面,在囚禁期间,这些王子无法接受良好的教育,当然也就无从学习如何治理国家。其中很多在即位时已经成为精神病患者。[②]此前的苏丹无论有怎么样的过错,但终究接受过治国方面的训练,并且是通过征战沙场才成为苏丹的。但 1600 年之后的苏丹要么过于懦弱,要么过于昏庸,并且也不再御驾亲征,当然也有极少数例外,如精力充沛、残酷无情的穆拉德四世。苏丹越是无能,宫廷派系、禁卫军和乌勒玛的势力就越大。

4.1.3 苏丹专制的特征

苏丹是"专制的",但是这种专制是伊斯兰教意义上的,在前面的哈里发帝国我们已经遇到过。只要伊斯兰教法没有明文禁止的,他都可以做,这实际上使其可以自由控制我们通常所说的"政治"领域。[1173]不仅如此,和在哈里发帝国一样,法学家往往会"曲解"伊斯兰教法,使其和苏丹的治国理念相适应。逊尼派则倡导绝对服从苏丹,无论他们多么疯狂,多么堕落。虽然如此,权力界限的划分并不明确,而是有很大的伸缩性。一般情况下这是由于苏丹立法和伊斯兰教法之间的关系,尤其是苏丹和以伊斯兰教长为首的宗教集团之间的关系。

对于苏丹立法和伊斯兰教法之间的关系我们后面会有更多论述,这里只需要说明一点,即土耳其的传统就是按照固定的法律行事。因此,在其权力范围之内,苏丹颁布卡农法。"卡农"一词源自希腊语的"can-

① 详细描述参见 N. M. Penzer,《后宫》(Spring Books,伦敦,1965 年)。Penzer 本人称这个地方为"王子监狱"。

② Alderson,《奥斯曼王朝的结构》,第 33—34 页。

on”，意为“准则”。卡农法中有很多和伊斯兰教法相冲突，但并没有遭到乌勒玛的挑战。这是因为苏丹在做出重大决策之前，很少不咨询伊斯兰教长的意见，而教长则会以教令“法特瓦”的形式将其颁布。通常情况下，伊斯兰教长会揣测君主的意图，并颁布相应的教令。如果君主很强大，如穆罕默德二世和苏莱曼大帝，在应对伊斯兰教长方面不会有什么困难。但是如果苏丹懦弱无能，教长处于强势，这种情况就会被颠倒过来。在1703年的埃迪尔内事件中，伊斯兰教长除掉了大维齐尔，自己成为苏丹的最高顾问，这一举动引发了一场暴动和军事叛乱，教长本人被处死，苏丹则被废黜。另一方面，当伊斯兰教长反对穆拉德四世的决策时，被后者绞死。一般说来，伊斯兰教长的势力只是偶发性事件，正常情况下卡农法凌驾于宗教法规之上。

在此范围之内，苏丹是至高无上的。这方面最为极端的表现就是他拥有任免官员的绝对权力。就像拜占庭帝国的皇帝们可以选择顺从的牧首一样，苏丹可以挑选并任免伊斯兰教长。他拥有最为任意、最为专横地处置所有官员生命、自由和财产的权力，因为他们都是他的奴隶。这一权力绝非形同虚设，恰恰相反，它被苏丹运用到了极致。①

[1174]要想把政治上的专制转变为实践，他们必须如此。要想毫无约束地行使这种权力，苏丹必须成功克服几个危险的障碍。这些障碍包括：宫廷派系，从苏莱曼大帝在位时开始，后宫的势力日益壮大；[1175]禁卫军，这部分人必须要以战争的胜利、战利品和“即位费”加以安抚；乌勒玛，他们在民众中很有影响力；最后就是民众本身，他们时刻准备着在首都发起暴动。在各个行省，叛乱和骚动频繁发生。传教者利用民众一触即发的不满情绪，煽动叛乱。早期的10位苏丹意志坚定，能征善战，再加上国库充盈，帝国日益扩大，得以克服这些障碍，

① 在这方面，奥斯曼帝国政府给Rycaut留下了很深的印象，他说：“专制的皇帝没有理智，没有道德，他的话语可能很不合理，但却必须是法律；他的行为可能不合规矩，但却必须是范例；他的判断常常充满讹误，但是却不可撤销……当我想一个人不需要有任何贵族血统和头衔，不需要有卓越的功勋，不需要有非凡的经历和能力，只要通过谄媚、机会和君主的恩宠就可以飞黄腾达，获得功名富贵；当我想到他们的富贵何其短暂，君主稍不如意，他们就可能会人头落地，怎能不唏嘘不已？”引自Paul Rycaut爵士《英国领事在土耳其：Paul Rycaut在士麦那(1667—1678年)》(Clarendon Press，牛津，1972年)，第2页。

[1176]但是到了17世纪,随着经济和军事上的衰颓,上面列举的这些障碍越来越成为不稳定因素,而与此同时,软禁生活也大大削弱了苏丹的智力和体能。

4.1.4 皇宫和政治过程

苏丹生活在与世隔绝的内宫,①这里有他的枢密院,还有内库和各个负责苏丹衣食住行的部门。后宫就在附近,用于接见使节或者召开国务会议的房间也在这一区域。连接内宫和外宫的是"吉祥门",这是一条宽敞的门廊,苏丹在此接见维齐尔,执行判决。外宫住着禁卫军的"阿加",即指挥官,还有负责维护各个皇家花园的"宫廷园丁"和其他各种职能人员,如信使。其中有些部门的人员既为整个帝国的行政服务,也为皇宫服务,如首席建筑师及其助手,铸币总监,还有苏丹的太医,后者是整个帝国医疗行业的首领。内宫和外宫的所有这些官员构成一个复杂的等级机构,这个机构受到严格的控制。这支队伍十分庞大,1609年,文职人员多达3万,武官多达6万,苏丹出征时,他们全部随行。

日常决策和行政由苏丹、大维齐尔和胡马雍迪万(Divan-i Humayun)即国务会议负责。从本质上讲,迪万就是法院,无论身份高低,任何人都可以直接向其递交诉状,而对冤情的调查和对冤案的昭雪被认为是其最为重要的职责。民众常常会派自己的代表出席迪万。对地方卡迪所做的判决来说,迪万还是上诉法院。每当诉状被递交到迪万,迪万就把属于伊斯兰教法的问题交给卡迪,把其他问题交给迪万各个相关成员或其他有关部门。从1475年起,苏丹只是透过窗户对这一过程加以监督,②后来这种做法被废止,审核冤案的权力落到了大维齐尔手中。每一期国务会议结束时,苏丹会在吉祥门接见迪万成员,以审核并批准他们的判决。③

---

① 见托普卡帕皇宫的布局图,源自于S. J. 肖,《奥斯曼帝国与现代土耳其史》第1卷(剑桥大学出版社,剑桥,1976年),第116页。Penzer的《后宫》很精彩地描述了这个宫殿,书中的布局图表明了居住其中的各种人物。

② Inalcik,《奥斯曼帝国》,第91—93页。

③ 同上,第92页。

[1177]迪万也是大维齐尔的顾问委员会。穆罕默德二世的法典明文规定："大维齐尔是众维齐尔和指挥官之首，他凌驾于其他所有人之上，是苏丹在一切事务上的绝对代表。德夫特达尔(defterdar)即首席财政官是苏丹在国库的代表，但要服从大维齐尔的监督。"①低级的维齐尔、总督(贝拉贝伊)和军事指挥官的诉状都要通过大维齐尔，他要么亲自审理，要么上交给苏丹。所有任命都要经过他这一关。在很多重大问题上，大维齐尔有权自行采取行动。他常常领兵打仗，而此时是他权力达到巅峰的时候，因为他可以不和苏丹协商就任意做出决策，任免官员。

但是，大维齐尔的权力并非不受任何约束。在做出重大决策之前，他必须征求迪万其他成员的意见。此外，财务部门和司法部门的最高长官可以自行任命本部门的官员。虽然首席财政官的行为要受到大维齐尔监督，但只有前者才可以批准各项花费。②禁卫军指挥官和海军元帅由苏丹直接任命。虽然如此，大维齐尔的权力依然很大，他有权监督并指导所有政府部门，控制着所有官员的任免，苏丹的所有命令都要经其复签。对于迪万的所有决策，一旦经过大维齐尔本人批准，苏丹就不能驳回，这已经成为一种传统。在独断专行的"冷酷者"塞利姆、穆罕默德二世和苏莱曼大帝统治时期，大维齐尔退居次要地位，但是在君主懦弱时，他们获得了几乎是独裁式的权力，如前面提到的柯普鲁卢家族的各位大维齐尔。③

迪万成员完全由大维齐尔决定，但总会包括两位大法官和一位维齐尔办公室主任，再加上大维齐尔，他们被共同称为"擎国四柱"。一些地位较高的贝拉贝伊、禁卫军的阿加和海军元帅也会参加迪万。这些贝拉贝伊是拥有三个马尾标的帕夏，即最高级的帕夏。这种马尾标是权力的象征，大维齐尔的旗帜上有5个马尾标，苏丹有7个。首席秘书和首席翻译官也可以参加迪万，但不能参与表决。④

当然，要迪万做出判决的诉状绝非由其成员凭空想象产生，就像后面行政机构部分阐述的那样，其中大部分来自各个政府部门，或者至少

---

① Inalcik,《奥斯曼帝国》,第94页。

② 同上,第94—95页。

③ 同上,第95—97页。

④ 肖,《奥斯曼帝国与现代土耳其史》,第118页。

要经过这些部门的处理。

4.1.5 政治过程的病态

[1178]这个病态政治过程的主要力量包括:敌对维齐尔家族构成的朋党;后宫内部的不同派系;禁卫军;提马尔领主;骑士;乌勒玛;街头暴民;宗教复兴运动者;托钵僧和他们在农村的追随者。这种病态的表现方式包括军事叛变、街头暴动、宗教蛊惑、诡辩式的教令、宫廷阴谋和以宗教为名的叛乱。它们要么由苏丹交替时期留下的权力真空所导致,要么由某个灾难性事件所引发,这种灾难性事件往往是军事上的失败。这些动乱背后的动机可能完全是个人的,如各位王子母亲之间的明争暗斗,但这种斗争要依赖于更为广大的势力,或者是为这些势力所利用。这些动乱大致可以分为三种,一种是人民大众以宗教名义所进行的反压迫起义,另外一种是安纳托利亚旧贵族和来自德伍希尔迈制度的原基督徒构成的新生力量之间的斗争,最后一种是禁卫军为了维护并扩大其特权、获得更多战利品而进行的斗争。各股力量之间的实力此消彼长,其动机和关注对象也不断变化,而不同政治力量之间的联合也会随之发生变化。要把所有这些因素逐个理清,实际上就是要写作整个帝国的政治史。

我们必须记住一点,即这里描述的是16世纪中期的历史状况,因此必须强调一点,即这种混乱状态从17世纪才开始愈演愈烈。这是因为由于所有可能的继承者都被软禁在皇宫中的第四庭院,苏丹宝座竞争者之间的斗争由战场转到了宫廷。后宫势力的兴起实际上始于苏莱曼一世的皇后洛克塞拉娜(Roxalana)。洛克塞拉娜生于俄罗斯,又被称为许蕾姆(Hurrem),据说她设计使苏莱曼大帝的莫逆之交、才华横溢、精力充沛的易卜拉欣失宠并被绞死,后来又让苏莱曼认为另外一个妻子给他生下的继承人要背叛他,并设计将其处死,为自己两个儿子扫除了通往王位的障碍。这种说法流传很广,事实可能的确如此。但是要想真正体味后宫斗争的残酷,我们要看一看皇后克塞姆(Kosem)不平凡的一生。作为艾哈迈德一世的寡妇和后来穆拉德四世和易卜拉欣苏丹的母亲,这位政治女强人操控了苏丹的继承。她先是将艾哈迈德一世的弟弟穆斯塔法送上苏丹的宝座，而实际上由她真正掌权。接着被她扶上宝座的是她的儿子穆拉德四世，在穆拉德四世统治初期，她依然大权在握。随后即位的是穆拉德的疯子弟弟易卜拉欣，最后是她6岁的孙子穆罕默德四世。[1179]克塞姆试图毒死穆罕默德，让穆罕默德的疯子堂弟苏莱曼取而代之。克塞姆的阴谋被其儿媳、即小苏丹的母亲发觉，她先下手为强，设法将老太太绞死。①这一切都充分表明了后宫斗争的残酷性。

“酒鬼”塞利姆为了获得禁卫军的支持而向他们缴纳“即位费”，这就开创了禁卫军直接参与王权之争的先例。不过，直到1622年他们才真正废黜苏丹，发动暴乱，并洗劫首都。到1648年至1651年间，这种混乱状态十分严重，因此这一时期被称为“阿加苏丹时期”。②

在苏莱曼设置伊斯兰教长这一职位之前，乌勒玛一直扮演着十分重要的政治角色。自从有了这一职位，苏丹为了使自己的行为合法化，总是会努力让教长颁布教令，但是出于同样的原因，苏丹的敌人也会做同样的事情，并且有时会成功。一个很好的例子就是上文中对皇后克塞姆的处决，谋叛者实际上是带着教长的教令将其绞死的。不难看出，越是在动乱时期，教长的势力越大。但是这里我们要重复一下前文说过的内容，即苏丹可以将教长撤职，甚至走得更远，“1633年，当伊斯兰教长阿赫·扎德·胡赛因·埃芬迪(Ahi zade Huseyin Efendi)发起抗议时，穆拉德四世将其免职，后来又将其绞死。无论是乌勒玛还是官僚，只要抵制他的命令或者有不端行为，他马上将其去除。”穆拉德四世甚至下令将当时最伟大的学者之一、伊斯坦布尔的卡迪处死，理由是他应该为首都黄油的短缺承担责任。③

从这些片段可以看出，“囚笼政权”时期宫廷高层政治斗争的主角

---

① 作为英国派驻到穆罕默德二世宫廷的大使的秘书，Paul Rycaut在他的《英国领事在土耳其》第四章中详细讲述了她的故事。这位老太太年过八旬，并且没有了牙齿，但是她一直挣扎到最后。第一个试图绞杀她的人拇指被咬，只好作罢，后来另外四个刽子手联手才将她绞死，但是没有想到他们刚一离开，她的头又动起来，于是他们返回来，将绳子缠绕她脖子上用斧头的手柄用力拧，这才结果了她。

② 肖，《奥斯曼帝国与现代土耳其史》，第192—193页，第196页，第203—204页。

③ 同上，第192—193页，第198页。这位卡迪因为王太后为其求情才幸免一死。

是何等人物,以及他们是如何受一己之私所驱动。但我们更感兴趣的是此前争夺王位的众王子之间在战场上一决雌雄的古典时期。这里我们似乎可以发现一条潜在的规律,即这种斗争是土库曼贵族和宫廷人员之间的斗争,先是卡皮库鲁(Kapikulu,意为"国家奴隶")部队,后来是禁卫军,最后是整个德伍希尔迈阶层。由于在征服战争中获得了大量封地和战利品,贵族势力大增,[1180]正是为了与其相对抗,穆拉德一世建立了一支贴身卫队,由来自基督教附庸地区的士兵和皈依伊斯兰教的卡皮库鲁士兵构成。正是在这一时期,他开始实行"德伍希尔迈"制度。由于这支队伍中有欧洲人,他们和土库曼贵族之间在很多方面发生冲突,首先是战场问题,前者想在安纳托利亚,后者想在欧洲。其次是战与和的问题,通常德伍希尔迈士兵和边境领主主张战争,而安纳托利亚的贵族则主张和平。接着是军队模式问题,是以德伍希尔迈士兵为主的枪炮步兵,还是以土库曼贵族为主的轻骑兵。最后是文职官僚和维齐尔的人选问题。贵族认为自己才是苏丹"理所当然的"顾问,而德伍希尔迈阶层只是些"新手"。每当苏丹之位空缺,诸王子展开内战时,德伍希尔迈阶层和土库曼贵族总是会追随不同的王子。在巴耶济德一世之后,穆罕默德一世赢得了苏丹的宝座,而协助其赢得这场斗争的就是以坎达利家族(Chandarli)为首的安纳托利亚贵族。在穆拉德一世统治期间,维齐尔之位从卡拉·哈里尔·坎达利(Kara Halil Chandarli)开始连续四代父子相传,一直延续到 1453 年。这充分证明了土库曼的寡头贵族对中央政府的巨大影响。

在年轻的穆罕默德二世在位时,坎达利家族最后一位维齐尔反对围攻君士坦丁堡,而苏丹以前的老师、希腊人萨格诺斯(Zaganos)却极力主张这样做。攻陷君士坦丁堡之后,穆罕默德下令将坎达利处死,让萨格诺斯取而代之。这是德伍希尔迈阶层第一次开始占据文官机构的制高点。苏莱曼大帝任命自己的知己、意大利出生的易卜拉欣为大维齐尔,这标志着德伍希尔迈阶层在文武官僚机构中的全面胜利。

上文描述的事情经过可以从一次次的废黜事件中反映出来。在 1618 年以前,这类事件只发生了 3 次,并且第一次还算不上是真正意义上的废黜,但是在 1622 年至 1730 年之间的 108 年里,这类事件共发生了7次，分别如下图所示：

表4.3.1 1402年至1730年间被废黜的奥斯曼帝国苏丹[1181]

苏丹	时间	细节
巴耶济德一世	1402年	被帖木儿击败。
穆罕默德二世	1446年	被土库曼贵族维齐尔和禁卫军废黜，嫌其年龄太小，无力拯救帝国。5年后再次即位。
巴耶济德二世	1512年	因军事上失利，被儿子塞利姆和禁卫军废黜。
穆斯塔法一世	1618年 1623年	因精神错乱被维齐尔废黜，4年后再次即位。 因精神错乱被维齐尔废黜，此后又活了16年。
奥斯曼二世	1622年	因反对禁卫军被废黜，一天后被杀。
易卜拉欣	1648年	生活上的骄奢淫逸和军事上的失利引发民众骚乱和宫廷斗争，20天后被杀。
穆罕默德四世	1687年	因军事失利被维齐尔废黜，此后又活了5年。
穆斯塔法二世	1703年	因军事失利被维齐尔废黜，埃迪尔内事件。
艾哈迈德三世	1730年	因西化、生活奢侈腐化和军事失利，被煽动者巴特罗纳·哈里尔（Patrona Halil）和军队推翻，此后又活了6年。

来源：奥尔德森（Alderson），奥斯曼王朝的结构，第76页。

这些废黜事件让我们不由想起拜占庭帝国的皇帝。在拜占庭帝国，这类事件发生的频率没有如此之高，只有大约奥斯曼帝国的一半，但是发生的原因却的确十分相似，都是军事失利和宫廷阴谋。两者之间最大的差异是在拜占庭帝国，废黜事件常常标志着王朝的更替，但是就像我们已经指出的那样，在奥斯曼帝国的整个历史上，苏丹之位一直保留在奥斯曼家族内部。虽然王位曾一度摇摇欲坠，而政权本身却毫发无损，两者在这一方面也是相似的。这主要是因为有一批接受过良好训练的职业化行政人员。奥斯曼帝国之所以能够延续如此之久，这是一个主要原因，也许是最为重要的原因。

4.2 官僚机构

4.2.1 部门结构

奥斯曼帝国中央部门的结构源于塞尔柱王朝时期，甚至更早。和行政队伍的招募与训练方式相比，这一结构本身对我们并不重要。但是由于这一官僚机构对于帝国的延续来说十分关键，我们有必要对其进行简要描述。

此时大维齐尔还没有属于自己的部门，“王室智囊团”，即欧洲人所说的“高门”直到1654年才出现。但他却拥有自己的办公室，办公室主任被称为尼沙齐。尼沙齐的职位十分重要，因此，依照职权，他在国务会议上有自己的席位。

大维齐尔监督或指导的主要部门被统称为秘书处（kuttab），秘书处有两个分支，一个分支为国务会议服务，另外一个为国库服务。

[1182]负责为国务会议服务的部门的官员、即行政人员的首脑，是首席秘书，他也是秘书处的首脑。此时秘书处已经十分重要，到1600年后，这个部门影响更大，首席秘书也成为所有官员中最为重要的人物。

为国务会议服务的部门由四个办公室构成，一个是记录起草办公室，负责会议记录，将会议的决定备案，并将其转化为相应的律令，告示或协约。塔赫维尔办公室（Tahvil）负责政府高级官员的任免、升迁和调动，其中包括提马尔领主。尼沙办公室（Nishan）负责同样的事情，但是针对的是低级官员。第四个办公室负责外交事务。

为国库服务的秘书处以首席财政官为首，这也是一个重要职位，因此，依照职权，也是国务会议的成员之一。他还是罗梅利亚省的财政官，在他之下是安纳托利亚的财政官及其附属部门。国库有四个办公室，首先是帝国财政办公室，负责所有的财政收入，尤其是专门对非穆斯林征收的人头税；其次是首席财政官办公室，负责关税、矿税和各种专营税；第三个是永久产业办公室，负责管理苏丹通过各种渠道聚敛的产业；第四个办公室负责防御工事的建设。此时也许是交代中央财政部门和各省财政官之间关系的最佳时机，对于后者，我们将在后文关于行省部分详述。简言之，每个行省都有自己的财政官，负责四个主要的部门，分别是登记处、会计处、稽查处和固定资产处。登记处本身又包括三个小部门，第一个部门负责行省的大致预算，第二个负责处理具体收支，第三个对第二个部门的所有支出加以核查。会计处负责对每一项收支进行记录并加以存档。①

4.2.2 人事：征募和培训

“奴隶制度是奥斯曼帝国的基石”。②与哈里发王朝和马穆鲁克王朝一样，奥斯曼王朝主要使用奴隶为自己提供军事服务，这种状况一直延续到穆罕默德二世，他开始任命奴隶出身的人担任大维齐尔。在14世纪，大部分奴隶要么是战俘，要么是购自繁荣的奴隶市场。[1183]在17世纪，仅在伊斯坦布尔的市场被卖出的奴隶就多达两万人。③在我们所关注的15和16世纪，这些奴隶大部分来自于奥斯曼帝国独特的德伍希尔迈制度。④我更愿意称这种征召为对欧洲行省基督徒家庭的男孩的选萃。当地的卡迪和骑士会把整个村庄年龄在8至20岁之间的青少年召集起来，从中选取他们认为最合适的。这一做法仅针对基督教农民家庭，有独生子的家庭和城市居民被免除这项义务。只有波斯尼亚地区是个例外，因为这里的穆斯林居民坚持要服从这一制度。苏丹派出的地区专员和禁卫军军官对这些男孩进行登记，然后以50或100人为单位，送到伊斯坦布尔。这种征召会根据需求而进行，平均下来，每3至7年进行一次。根据一位权威人士的估计，每年的人数为1000，另外一位的估计则为3000。⑤一旦到了首都，他们要接受训练，以便为奥斯曼帝国的军队和政府部门提供精英分子。

到17世纪早期，作为一种征募方式的德伍希尔迈制度开始逐渐消失，最后一次发生在1703年，但是从赖考特1668年的描述可以看出，奥斯曼帝国依然在从“基督教家庭、战俘和偏远地区”为“国家重要部门”征募人员，他举了巴巴罗萨海盗的例子。⑥

---

① 肖，《奥斯曼帝国与现代土耳其史》，第118—121页；H. Gibb和H. Bowen，《伊斯兰社会和西方》，第一卷，第一和第二部分（Royal Institute of International Affairs，伦敦，1950和1957年），第107—136页；Inalcik，《奥斯曼帝国》，第100—103页。

② Inalcik，《奥斯曼帝国》，第77页。

③ 同上，第78页。

④ 文献记录表明在14世纪这一做法就已经存在。Inalcik，《奥斯曼帝国》，第78页。

⑤ 同上。

⑥ Rycault，《英国领事在土耳其》，第25页。

这些男孩中的绝大多数被送到安纳托利亚的农场,学习土耳其人的生活方式,以成为优秀的穆斯林。就像前面提到的那样,此后他们就会加入禁卫军。但是其中最有希望的被选拔出来,成为伊奇欧古兰(ich oghlan),即宫廷侍从,并被送到位于佩拉(Pera)、埃迪尔内(即亚德里亚堡)和伊斯坦布尔的宫廷学校。在那里,他们会受到太监的严格管教,住在集体宿舍里,所有的活动都要汇报。他们学习穆斯林的信仰,还学习阿拉伯语和波斯语。这种训练主要是文学上的,赖考特曾嘲讽他们在逻辑学、物理学、哲学、数学和地理方面的无知。①一旦他们足够强壮,就会学习使用武器,尤其是如何拉弓射箭。

此后还会有第二次选拔。最机灵的人会被送到苏丹皇宫,余者会到卡皮库鲁部队的骑兵中服役。前者依然要受到最为严格的管教,每时每刻的行动都要受到监督,并且在25或30岁之前必须保持单身。最后,还要经过第三次选拔,其中最能干的就被送到苏丹身边,为其提供服务,剩下的加入骑兵。②[1184]这里培养的是未来的行省总督,外宫各个部门的首脑,还有卡皮库鲁部队的高级指挥官。他们对伊斯兰教的虔诚几乎到了狂热的程度,最重要的是,他们是苏丹的奴隶,完全依附于他。

这就是行政机构高级官员所接受的训练,但是在作为主要部门的秘书处,工作人员的征募和训练与此大相径庭。当然,许多被派往国务会议的文书人员都毕业于宫廷学校,尼沙办公室的首脑常常来自乌勒玛,但秘书处基本上是一个自行招募、自行训练、自给自足的机构。秘书处是一个以首席秘书为首的同业公会。当学徒的秘书通常是在职秘书的亲戚或附庸。他们以实习生的身份进入这一行业,边工作边向高级秘书或办事员学习。这种实习生涯延续很长时间,作为部门领导者的高级秘书会纠正这些学徒工作中的失误。此外,他们还要通过一场考试,在获得高级秘书的认可之后才可以成为秘书的候选人。这时,他们还要等待空缺。一个秘书去世之后,如果其子有资格,可以继承,否

---

① Rycault,《英国领事在土耳其》,第32页。
② Inalcik,《奥斯曼帝国》,第79—80页。

则这一职位就要由最能干的合格候选人来担任。

用迄今为止我们遇到的任何标准来判断，这个征募和训练体制都是相当严格的。这个体制十分有效，因此，到了18世纪，当帝国的旧机构在分崩离析时，首席秘书竟然变得比其主人即大维齐尔更为重要。①

4.3 军队

奥斯曼帝国的军队包括两种，一种是卡皮库鲁部队，另外一种是行省的军队。

4.3.1 卡皮库鲁部队

卡皮库鲁部队是常备军。一般认为禁卫军是由穆拉德一世在14世纪中叶建立的，其成员来自战俘和购买的奴隶，大约半个世纪以后，开始通过德伍希尔迈制度进行征召。②[1185]禁卫军(Janissary)的音译为“耶尼色里”，也有人将其译为“加尼沙里”，意为“新军”。那些通过德伍希尔迈制度征召的青少年先是被送到穆斯林农民家庭，在需要时将其召集起来，编入队伍。从此以后他们就可以得到薪酬、食物、衣服和住所。军纪极其严格，他们不准结婚，必须生活在兵营里，定期接受训练。他们不能从事其他任何职业。这支队伍是永久性的，因此是欧洲大陆上最早的常备军。③

起初禁卫军由弓箭手构成，但是到了16世纪，他们成为火绳枪兵，后来又成为火枪手。和土耳其所有骑兵队伍不同，禁卫军使用手枪。16世纪，在欧洲其他地方，战争主力由骑兵转变为步兵，因此，土耳其禁卫军也成了军队的主力。在苏莱曼大帝统治期间，禁卫军人数约为3万，分成101个营。这些营之上是苏丹的私人卫队，其他各营的军官往往来自这支队伍。还有另外一支特殊的队伍，被称为“阿加博鲁克”(agha boluks，意为“指挥官部队”)，起初这些人是禁卫军指挥官的贴身护卫，但此时他们承担了一系列其他职责，比如保卫苏

---

① 肖，《奥斯曼帝国与现代土耳其史》，第280—282页。
② Rycaut，《英国领事在土耳其》，第190—196页。
③ 其次就是法国1445年的“敕令骑士团”。

丹的人身安全,维持首都的治安。他们构成了禁卫军精英部队,而近卫军本身也是整个军队的精英。关于禁卫军,还有一个事实值得注意,正是这一事实强化了其团队精神,使其有了与众不同的意识形态,而这种意识形态使其和宫廷产生对立,这个事实就是他们和穆斯林教派之一拜克塔什派(bektashi)关系十分密切。到了16世纪后期,拜克塔什派教徒正式隶属于禁卫军,而这个教派的宗师则成为近卫军第99营的指挥官。

在和平年代,禁卫军则负责维持首都的治安,并且轮流在帝国各个主要城市作为卫戍部队,可能还要充当城市的警察。

禁卫军并不是卡皮库鲁步兵部队的唯一构成者。炮手和工程兵的人数虽然要比禁卫军少很多,但是在军事上却十分重要。这是因为奥斯曼帝国的大军之所以能够在战场上势不可挡,很大程度上应该归因于重型火炮的使用。帮助穆罕默德二世攻破君士坦丁堡城墙的正是他的巨型大炮。奥斯曼帝国比同时代的欧洲人更早地使用火炮,很长时期以来,他们在这方面都强于欧洲人。①穆拉德二世建立了专门的炮兵团。1574年,这个团有1100人,但到17世纪,已扩大到5000人。[1186]值得一提的是,这些火炮主要用于围攻。虽然大炮在莫哈奇战役中曾起过决定性作用,但是由于过于沉重,不适宜战场作战。奥斯曼人没能研发出野战炮,这使他们在17世纪晚期输在了奥地利人手中。

和卡皮库鲁步兵并肩作战的是卡皮库鲁骑兵。这里要注意一点,他们不同于提马尔骑士,后者是指各个行省的骑士,我们将在后文展开讨论。卡皮库鲁骑兵共有6个中队,和步兵相比,他们的薪酬更高,声望也更高。两种队伍之间互相敌视。我们前面已经说过,那些被认为不适合从事文职的宫廷侍从就被送到这支队伍。卡皮库鲁骑兵的其他成员来自现役骑兵的子弟和非土耳其人的穆斯林,如阿拉伯人、库尔德人和波斯人,还有的是在战场上表现突出的禁卫军士兵。在战斗中,有两个骑兵中队专门负责保卫苏丹的人身安全。他们可以领取薪酬。和

① 见C. Cipola的《欧洲文化和海外扩张》(Penguin, Harmondsworth, 1970年),第73—78页。

行省的骑士一样，他们不喜欢火器，而是继续使用弓箭、长矛和战斧。16 世纪后期，其人数为 6000，到了 17 世纪后期和 18 世纪早期，增加到了 21000 左右。①

4.3.2 提马尔骑士

奥斯曼帝国的军队绝大部分是行省的部队。有些是边防军，禁卫军有时被借调防守要塞，没有禁卫军防守时则由"阿扎布"(azab)步兵驻守。这些步兵起初是有薪酬的，但是到了 16 世纪，主要是从边境地区所有的穆斯林居民中征募年轻人，由各自的村庄为其提供食物和装备。还有为数不多的士兵负责守卫有城防的村落或沿路而设的岗哨，他们的报酬要么是得到封地，要么是获得免税特权。这部分士兵被称为"德本特"(derbent)或者是"马尔托罗"(martolo)，在保加利亚地区则被称为"沃伊尼克"(voinic)。16 世纪末，被称为"阿金吉斯"(akinjis，意为"突袭者")的轻骑兵队伍在经历了瓦拉几亚之役的惨败之后被解散。②

绝大多数行省部队是被称为"西帕希"的战地骑兵。和卡皮库鲁士兵不同，他们不是领受薪饷的常备军，而是封建式的提马尔领地的领主。

提马尔制度只是阿拉伯帝国的伊克塔制度和拜占庭帝国潘若尼亚制度的一种变体。因此，和后两者一样，从根本上讲，作为一种军事封建方式，它是指对一个或者几个村庄进行征税的权力。这种权力不可剥夺，但可以取消，是对军事服务的回报。这一制度也曾构成埃及马穆鲁克王朝的基石。[1187]在奥斯曼人获得统治权时，它已经存在于安纳托利亚地区，在原来的拜占庭帝国和巴尔干半岛上原始的诸王国所在的地区，也有与此类似的制度。随着奥斯曼人的加齐军队不断向欧洲推进，他们很自然地采用了同样的制度。提马尔制度和伊克塔制度有一点不同之处，即提马尔领主拥有维护领地治安的权力。这不仅仅是一种军事

---

① 肖，《奥斯曼帝国和现代土耳其史》，第 122—125 页。

② 同上，第 127—129 页。

制度,而是和西方的封建制度一样,是各个行省地方行政的有机组成部分。这里还要注意一点,即提马尔领主不能将领地进一步分封。

收入超过10万阿克切(akches)的、最富有的提马尔被称为“哈斯”(has)。收入在两万至10万阿克切之间的被称为“济亚美特”(ziamet),其持有者被称为“苏巴希”(subashi)。标准的提马尔收入低于两万阿克切。无论大小,每一位提马尔领主都要率领自己的武装侍从出征作战,还要为自己的队伍提供马匹、武器、食物和其他物质,而这些被称为“杰菇里”(jebeli)的武装侍从人数则取决于其领地大小。在罗梅利亚省,只要提马尔领主的收入达到6000阿克切,他就必须在帝国需要时出征,并且自备一切必要的物质。在其他地方则从1500至3000阿克切不等。在此基础之上,提马尔领主的收入每增加3000阿克切,就要多带一位武装侍从和一匹马。对于济亚美特的持有者来说,每多5000阿克切就要多带一位武装侍从和一匹马。

提马尔领主去世之后,如果其长子已经成年,可以履行相应的服务,他就可以继承领地,但是要去除后来因各种原因而增加的部分,如奖赏。如果继承人尚未成年,可以让家臣代替自己履行军事服务。病残的提马尔领主可以退休,他可以继续保留提马尔的一部分,其余分给他的儿子和其他的骑士。提马尔领主一生所赢得的奖赏在其去世后要归还给当地的贝伊(bey),然后将其集中起来作为保留地,以奖励其他的提马尔领主。如果提马尔领主去世时没有男性子嗣,整个提马尔将会重新分配给另一位有资格的骑士。骑士如果连续7年不能履行应尽的义务,就会失去其领地和地位,成为普通百姓。

起初地方总督负责对提马尔领地进行分配,但是到苏莱曼一世在位时,这种权力到了朝廷手中。从此之后,富裕的哈斯和济亚美特通常掌握在宫廷官员手中。行省总督的领地每年收入在60万至100万阿克切之间,桑贾克贝伊领地在20万至60万阿克切之间,苏巴希贝伊领地在两万至20万阿克切之间。骑士和禁卫军的平均收入只有大约桑贾克贝伊的1%。[1]贝伊和济亚美特的持有者富可敌国,这就是为什么

---

① Inalcik,《奥斯曼帝国》,第115页。

在西方旅行者的描绘中，这些帕夏贵族们的生活总是极其奢华，所到之处扈从如云。

[1188]骑士生活在其提马尔领地所在的村庄里，他本人并不从事耕作，而是监督当地农民遵守土地和财政方面的法律法规，因为这正是他们本人的收入之所出，这种收入主要是实物。对于罚款，他可以将一半据为己有。正是通过这些方式，骑士成为公共财政和社会治安机构的有机组成部分。当他们外出打仗时，一部分骑士会留下来，负责治安和收税。

骑士使用的武器是长矛、战斧、弯刀和弓箭，他们身着盔甲，头戴头盔，还配有护身盾牌。和埃及的马穆鲁克骑兵一样，他们鄙视火器。只要有战争的召唤，他们马上就会集结在苏巴希和桑贾克贝伊[1]的旗帜之下，进而加入行省总督的队伍。然后，这些行省武装再和苏丹或其维齐尔的队伍联合。但是，和其他所有由领主率领的军队一样，他们无法全年作战，因为每到收获季节，他们要返回各自的领地，征收属于自己的那部分。因此，战役一般从 3 月份开始，到 10 月份结束，但实际作战时间只有两个月左右。

1527 年，奥斯曼帝国共有 37521 个提马尔领主，其中 27868 个是常备的骑士。加上其家丁，他们共同构成了一支多达七八万人的大军，而卡皮库鲁部队的人数还不到 27900 人。另外 9653 个提马尔领主负责守卫要塞。在罗梅利亚地区，所有提马尔领主的收入占土地总收入的 46%，在安纳托利亚为 56%，在阿拉伯地区为 38%。

据统计，在 1607 年，提马尔领地共提供了 105339 个骑士。斯坦福・肖由此得出结论："奥斯曼帝国的军事霸主地位并不像被其击败的欧洲敌人所宣称的那样，是靠人数上的优势而取得的"，而是靠优秀的军事素质和训练所取得的。[2]但是我们还要把三四万人的常备军考虑进来，此外还有大量自带武器装备加入队伍的非正规军。因此，奥斯曼帝国军队的总数肯定远远超过 16 世纪其欧洲敌人所能集结的人数。

---

① 桑贾克在土耳其语里是"旗帜"的意思。

② 肖，《奥斯曼帝国与现代土耳其史》，第 127 页。

在第二次匈牙利远征时，苏莱曼一世率领了10万大军。到了1566年的第三次远征，他率军25万，大炮300门。1532年，神圣罗马帝国召集近10万大军和土耳其人作战。1552年，查理五世集结了15万人与其作战，但是这支队伍十分分散，遍布帝国各地。欧洲国家再次大规模地集结军队对奥斯曼帝国作战是在1574年，据估计，这一次聚集在荷兰的西班牙军队多达8.6万人。①

4.4 海军

[1189]奥斯曼帝国海军的历史始于穆罕默德二世，为了对君士坦丁堡实施封锁，他首先建立了一支小型舰队。但是当时海军司令的地位相当低微，这种情况一直延续到苏莱曼一世时期。苏莱曼一世统治时期，奥斯曼帝国的海军赢得了整个地中海的控制权，横扫加泰罗尼亚、尼斯和奥特朗托等信仰基督教的沿海地区，直到1565年才在马耳他被击败。1571年，在勒班陀海战中，海军虽然遭遇惨败，但并未造成重创。这个伟大的时代和巴巴里海盗海雷丁（Khayreddin）密切相关，也正是他的天才塑造了这个伟大的时代，欧洲人称其为"巴巴罗萨"。在西班牙的攻击之下，巴巴罗萨请求并获得了苏莱曼一世的援助，成功收复阿尔及尔。因此，他被任命为地中海各岛屿的贝拉贝伊，并依照职权，成为国务会议的成员。1534年，他又被任命为"海军大元帅"，连续和神圣罗马帝国的海军上将、热那亚人安德烈亚·多利亚（Andrea Doria）展开斗争，并在1538年的普里维萨（Prevesa）战役中取得决定性的胜利。这一胜利保证了奥斯曼帝国对地中海东部一直到勒班陀地区的控制。

海军指挥部设在位于伊斯坦布尔的海军造船厂，这里既有作战人员，又有造船者。造船者效率很高，在勒班陀海战中，奥斯曼帝国的海军一败涂地，失去了将近一半的舰队。但是在随后的一个冬天中，巴巴罗萨的继任者乌鲁吉·阿里（Uluj Ali）建立了8个新的码头，建造了至少158艘大划桨船，并在其后的两年里继续

① Hale，《战争与社会》，第62—63页。

建造。①

船只大部分是划桨船，配备的主要人员是划桨手和士兵。后来划桨手全部由犯人和著名的“土耳其船奴”组成，后者即来自基督教国家的战俘。作战士兵是禁卫军，甚至是提马尔骑士。划桨船并不需要很多有经验的水手，因为很少使用船帆。虽然如此，受过训练的水手还是很难征募。起初，他们利用航海经验丰富的所谓的黎凡特人，即希腊人、达尔马提亚人和阿尔巴尼亚人。后来，他们用专门从各个岛屿和沿海地区征募的、领薪酬的士兵取而代之，但这支队伍实际上不过是一群无法无天的暴徒，不一定有航海或战斗经验。②

5. 行政区划

[1190]从本质上讲，奥斯曼帝国是由众多地区和社团拼凑而成的，其统治集团的功能完全是结构性的。和阿契美尼德帝国与阿拉伯帝国一样，奥斯曼帝国也是一个征服帝国，但是它和前者更为接近。阿拉伯征服者使其臣服者接受阿拉伯人的生活方式，信仰伊斯兰教，出现了一个无所不在的同质的社会结构和价值体系。实际上，在此过程中他们本身也失去了其个性。相比之下，古老的波斯统治阶层似乎只是负责征收贡奉，维持治安，对其他的事情则不加过问。总的来说，这也是奥斯曼帝国的特征。对奥斯曼帝国的指责不是嫌其过于严酷，虽然在衰落时期，事实的确如此，而是嫌其在穆罕默德二世和苏莱曼一世的创新之后，变得萎靡不振，极其保守，没有任何改进，成为一种蒙昧主义的累赘和社会的沉重负担。臣服者中被其成功同化的只有那些被纳入到统治集团内部的人，其他群体则继续信仰原来的宗教，继续使用自己的语言，继续保持原有的社会风俗习惯。

5.1 附属国

起初，奥斯曼帝国将其征服的大部分地区都作为其附属国，但是苏

---

① Gibb 和 Bowen，《伊斯兰社会和西方》，第 94 页。

② 同上，作者称他们“完全是一群乌合之众”，第 98—101 页。

丹发现这种状况不太稳定,于是就逐渐将这些附属国转变为由中央直接管辖的行省,即"艾亚雷特"。但仍有大量地区直到最后都只是帝国的附属国,在承认苏丹宗主地位的同时,对内享有自治权。对于帝国中央政府来说,由格莱(Giray)家族统治的、鞑靼人的克里米亚汗国尤其重要。因为他们可以为其提供优秀的骑兵,而在17世纪这些骑兵可以弥补提马尔骑士人数的减少。很多信仰基督教的奴隶来自这里。随着特拉比松落入土耳其人手中,这一区域变得从战略上也很重要,因为它使奥斯曼帝国可以将黑海变成自己的内湖,并将其海军力量集中于地中海和红海一带。与此同时,它还减少了来自侧翼的压力,这种压力先是来自波兰,后来是俄罗斯。因此,奥斯曼帝国在克里米亚派军驻守,而很长时间以来,亚述海一直让俄罗斯人很为苦恼。

摩尔达维亚和瓦拉几亚由各自的大公实行统治,大公由两个国家的特权贵族选举产生,起初这些贵族是比萨拉比(Bessarab)王室成员,这一地区因此被称为"比萨拉比亚"。从1716年开始,这个家族被证实不够忠诚,于是被希腊的法纳尔人所取代。当然,这种选举过程充斥着贿赂和阴谋,但是这些地区的确拥有与众不同的政府,其原有的宗教信仰也不受任何干涉,一座清真寺也没有建。[1191]作为回报,他们要向奥斯曼帝国纳贡,并在需要时派遣军队,参与帝国的战争。特兰西瓦尼亚也是一个附属王国,但这个附属国并不可靠,在相当长的时间内,它实际上都是独立的。在所有信仰基督教的附庸地区中,有一个地位很独特,尤其值得注意,它就是拉古萨(Ragusa)。对很多旅游者来说,它直到最近一直被称为"杜布罗夫尼克"(Dubrovnik)。起初它是威尼斯的附庸,后来与土耳其人签署和约,由此变成了一个"自由城市",承认奥斯曼帝国的宗主权,在贸易上享有很多优惠。

5.2 赛尔延内行省和埃及

赛尔延内(Salyane)意为每年数额固定的税款,在以其命名的行省,作为总督的帕夏向中央政府交纳特定数量的税金,将剩下的财政收入用于地方行政。这样一来,行省实际上成为总督的税区,只要他能够完成中央确定的税收任务,就可以随心所欲地从行省榨取税收。对于埃及行省来说，情况尤其如此。

奥斯曼帝国对埃及的统治采取了典型的“尽量维持现状”的态度，原有的行政人员和社会本身没有发生任何变化。一开始，奥斯曼人的确取代了马穆鲁克的埃米尔，但是他们在埃及的势力逐渐衰落。到了18世纪，埃米尔实际上已经重新掌握权力，只是这时他们已经被奥斯曼化，成为贝伊。

埃及行省统治权掌握在帕夏手中，但是为了对其加以控制，德夫特达尔（defterdar，即财政官）、大穆夫提和禁卫军的指挥官都由中央直接任命。这个指挥官统领着六个团的禁卫军。此外，帕夏还要受到来自行省会议的制约。行省会议由其下属的全部行政官员、军官和宗教要人组成，每周集会四次，甚至更多。虽然最终执行权在帕夏手中，但是他本人却不允许参加会议。

苏莱曼大帝让剩下的马穆鲁克埃尔米继续购买切尔克斯奴隶，马穆鲁克阶层因此得以延续下去。他们的队伍构成一支骑兵常备军，在总督和禁卫军势力形成制衡。按照传统，有些特定的职位必须要由马穆鲁克埃米尔来担任，因此，他们在政府的势力得以延续。在17世纪，总督和禁卫军在地方的权力削弱，而贝伊的势力却在增强。因此，到了18世纪初，大贝伊担任着开罗总督的职位，并且有一个非官方的头衔，即“城市长官”（Sheikh el-Beled）。中央政府也许会命令总督处死过于强大的贝伊，但奇怪的是，贝伊获得了不用提前和中央政府商量就罢免总督的传统权力。这样一来，那些想要处死贝伊的总督还没有来得及行动就马上被免职。[1192]大约一个世纪之后，埃及的实际统治权又回到了马穆鲁克寡头集团手中，但是奥斯曼帝国依然是其宗主。

也许可以这样说，所有这些表面上的变化都没有什么意义，因为埃及实际上还是由同样的人按照同样的方法进行统治，从它被阿拉伯人征服之时开始，甚至更早，一直都是如此。埃及的社会是静止的，其成员的社会和经济地位是世袭的，通过大量的社团组织得以延续。在几个世纪的时间里，它已经成为“一个独立的有机体，根基牢固，但是又能屈能伸，其稳定性从来就没有遇到过危险。外国的奴隶、统治者、管理者和商人仅构成了其上层结构。"①

这种稳定的传统社会和接踵而至的外来宗主之间是互相隔离的，位于两者中间才是真正的统治者，即历史悠久的官僚机构。

一个个宗主你方唱罢我登场，封地被重新分配，但是地主和农民之间、官吏和手工业者之间的关系基本上原封不动……在18世纪，作为会计的穆斯林，作为黄金交易商和簿记员的犹太人，作为估税员和征税人的埃及土人，这些人依然各司其职，和10世纪时一样。②

5.3 提马尔行省

上述两种地方政府都属于例外，标准的行省贝拉贝伊利克或艾亚雷特建立在提马尔的基础之上。虽然提马尔制度并不是真正意义上的"封建制度"，③但是要想了解地方政府的一般情况，我们必须从这个角度对其进行考察。提马尔的关键人物是骑士，他住在提马尔采邑所在的村庄。在这里他们近距离地确保农民遵纪守法，按时缴纳赋税。简而言之，在罗梅利亚和安纳托利亚的核心地区，村庄层面的统治权掌握在近37000名小骑士手中。

这些骑士处于桑贾克贝伊的军事控制之下。桑贾克贝伊的采邑是济亚美特，或者是哈斯，而桑贾克贝伊则处于贝拉贝伊的管辖之下。贝拉贝伊不但拥有哈斯采邑，还拥有帕夏的头衔。帕夏有自己的行省会议，模仿苏丹的国务会议而建立，有权发号施令，处理诉讼，还可以对官员和士兵的非法行为进行惩罚。[1193]有两位财政官协助帕夏的工作，同时也对其加以约束。一位财政官负责处理提马尔的事务，另外一位负责有关中央财政收入的问题。这些财政官是独立的，由中央政府任命，直接对在中央各个财务部门的上司负责。

除了军事辖区之外，行省还被分为司法辖区，这些辖区被称为"卡达"(kada)。卡迪本人生活在市镇里，将助手派往乡下。这些卡迪不仅主持司法，还要监督对苏丹律令的执行情况。这样他也就成为财政事

① Gibb和Bowen,《伊斯兰社会和西方》,第211页。

② 同上,第210页。

③ 见本书第三部分第一章"封建背景"和第四部分第一章"德川幕府时期的日本"。

务的总管，负责向中央政府汇报所有不端行为。大卡迪常常要调解敌对派系或敌对官员之间的争执。在城市长官或行省总督之位出现空缺时，他还要代理这一职位。作为地方上最卓越的行政人员，许多卡迪得以升迁，成为贝拉贝伊。对卡迪职位的竞争越来越激烈，许多人不得不等待好多年才能得到任命。

卡迪的判决由苏巴希（subashi，即警察长官）执行。苏巴希住在较大的市镇或行省的省会。和总督与桑贾克贝伊一样，苏巴希以自己的封邑为生。和提马尔领主一样，苏巴希也必须向军队提供相应数量的武装侍从。在这个等级结构之中，苏巴希只比普通提马尔骑士高一级。

第三个主要的行省官员是国库财政官。和卡迪一样，他也由中央政府直接任命，完全独立于总督。其职责在于保护国库的利益，为此他可以直接和位于首都的上司互通信息。虽然如此，对总督的约束也有一条限制，那就是总督可以将卡迪或国库财政官免职，但是如果这样做，他必须要告知中央政府。

这里必须重申一点，即作为富可敌国的哈斯采邑的拥有者，总督供养着大量的侍从人员，这也是他的义务，因此他实际上拥有一支私人军队。随着时间的推移，这种军队将会使帝国日益走向瓦解，而这一过程从18世纪就开始了。但是在我们所探讨的这一时期，任何想要对中央政府用兵的企图都会被禁卫军部队所粉碎，这些部队驻守在行省的各个市镇和要塞。他们不受总督的管辖，由自己的指挥官直接领导。

不难看出，奥斯曼帝国政府对地方的渗透十分“肤浅”。行省的行政人员和当地居民的接触仅限于税收、司法和治安。也许对百姓生活最具入侵性的活动就是对基督教家庭的青少年的征募，但这仅发生在信仰基督教的行省。[1194]在其他地区，就像吉布和鲍文经常指出的那样：

> ……所有被统治者都被组织到行会之类的团体……他们所忠诚的就是这些团体，而不是国家，甚至也不是苏丹……虽然要受到地方总督的监督，但所有的行会、村务会议和部族拥有很大程度的自治……这些团体的个体成员也许还会忠诚于某一种宗教机构，

> 但不是政治机构……正是因为这些原因,统治集团和智识阶层的腐朽要很长时间才能影响到被统治者。

两位作者将这些特征总结为"奥斯曼帝国的'肤浅性'"。

赖考特曾用整个章节讨论这个问题:

> 为了保护帝国不受派系之争和叛乱的干扰,土耳其人做出多大努力呢?苏丹的封邑里有很多富有而强大的偏远行省。对这些行省的总督来说,摆脱附庸地位,谋取独立,让自己和子孙后代实行专制统治,这样的诱惑一定十分强大。①

对这个问题的回答如下:首先,就像我们刚刚看到的那样,总督的部分权力被财政官、大卡迪和禁卫军指挥官所分享。与此同时,提马尔采邑由中央政府直接分配,因此总督并不能建立自己的地方权力基础。

其次,虽然最早的总督是土耳其贵族,但这一时期的总督却来自卡皮库鲁士兵。就像前文描述的那样,他们通过德伍希尔迈制度被征募而来,然后到宫廷接受教育。根据赖考特的说法,这就是为什么他们会如此驯服。"古老的贵族世家被消灭,不是奥斯曼人就无法担任公职也无法拥有财富的做法被废除"。只有苏丹本人拥有对其职位和财产的世袭权力。赖考特接着指出,出身于德伍希尔迈制度的总督在宫廷中长大,不知道自己的血统和家庭,也没有亲戚可以依靠,只是被短期派往远方任职。由于所有这些原因,他们没有机会也没有资源可以牺牲苏丹的利益,以追求自己的利益。赖考特也承认有些帕夏的确为获得独立而起兵,但他解释说苏丹并不需要和他们展开斗争,因为他们缺少地方势力的支持,仅阴谋就足以让其计划破产。"在他们所统治的地区,他们仅仅是陌生的异乡人。"虽然如此,我们要通过一个例子,对赖考特"不知道自己的血统和家庭"这一说法做一点修正。[1195]这个例

---

① 这一话题占据了该书整个第十六章。引言部分源自 Rycaut《英国领事在土耳其》,第196页。

子就是从 1565 年至 1579 年担任大维齐尔的穆罕默德·索科卢(Mehmet Sokollu)，他原本姓索洛维奇(Scholovic)，在其权力如日中天的时候，他想到了波斯尼亚老家的亲人，任命一个兄弟为佩奇(Pec)地区的教长，任命一位堂兄弟为布达(Buda)的总督。这样的例子绝非个案。

帕夏也不能将自己的财富传给后代，因为就像前面说过的那样，总督也是奴隶，其遗产要回到苏丹手中。按照赖考特的说法，“所有的古老贵族就这样被压制”。虽然早期的总督任期通常比较长，有的长达二三十年，但是从 1574 年起，任期被减少到了 3 年，再后来仅为 1 年，但是他们常常可以连任。①

6. 政府职能

6.1 有限的职能

奥斯曼帝国将中央政府的职能仅限于战争、税收和司法，其他的只有一两个领域例外。其中之一就是“自从罗马帝国之后，没有一个欧洲国家(像奥斯曼帝国这样)如此重视道路系统的修护”。②君士坦丁堡有国家兵工厂和大型的海军造船厂。另外一个由国家控制的领域是学校，即米德雷色体系，这个体系由苏丹建立，主要用来培养乌勒玛。在其他领域，提供公共建设和便利设施的是私人或私人组织，而不是国家。这方面比较典型的例子就是城镇里一种被称为“伊玛雷特”(imaret)的综合性公共服务建筑。这种建筑由个人捐助者按照“瓦克夫律法”出资建设，自主经营，为公众服务。典型的伊玛雷特包括清真寺、伊斯兰学校、医院、水站、道路和桥梁。其他附属设施会集中在伊玛雷特周围，其中包括大型商场、小旅馆、大型商队客栈、浴室、染坊和屠宰场，等等。这些伊玛雷特实际上构成了城区的中心，人们就生活在其周围。作为慈善组织，这些中心在财政上是自治的，由专门的理事会自行管理，国家无权将其收为国有。每个伊玛雷特

---

① Rycaut,《英国领事在土耳其》,第 69—71 页;Gibb 和 Bowen,《伊斯兰社会和西方》,第 145 页。

② Inalcik,《奥斯曼帝国》,第 46 页。

任命自己的谢赫(Sheikh,即教长),由他控制地方警卫力量,并作为该城区的代表,和政府交涉。在交通要道沿线,由苏丹出资或通过私人捐赠,修建了很多路边旅舍和商队客栈、浴室、道路和桥梁。

[1196]但正如吉布和鲍文所说:

> 这种社会组织有点混乱,虽然自给自足,基本上自治,但是要受到世俗和宗教权威的双重制约,前者的代表是总督和警察,后者的代表是卡迪。这种组织的典型特征是集团性。不仅手工业者和商人构成行会,其他从事任何职业的人都是某一行会的成员,这些行会有自己的章程和首领。例如,有学生和老师构成的行会,有仆人构成的行会,也有运水工构成的行会,甚至还有乞丐行会、盗贼行会和娼妓行会。①

这就是臣民"公民权"的领域,很少受总督的干涉。这些行会和团体几乎总是附属于某一宗教教团,在整个奥斯曼帝国的穆斯林地区,到处都是这样的教团。行会维持着其成员的职业标准,作为一个友善的社团,它会照顾老弱病残,将去世者掩埋,还会接济穷困,帮扶孤寡。从统治者的角度来看,这些组织约束了其成员的行为,其首领可以作为中间人,既负责将税负在其成员之间进行分配,还要亲自负责完成纳税任务。②

6.2 战争

在前文的有关部分已经多次谈到战争,对于战争在奥斯曼帝国所起的作用,我们将在后面的评价部分做出阐述。

6.3 法律和司法

6.3.1 米勒特制度

伊斯兰教法只适用于穆斯林和涉及到穆斯林的案件,还有就是

① Gibb 和 Bowen,《伊斯兰社会和西方》,第 277 页。

② 同上,第 278 页。

同意按照伊斯兰教法接受审判的非穆斯林。这些不信仰伊斯兰教的人被称为“迪米人”(dhimmis)，意为“被保护者”。和之前的阿拉伯人一样，土耳其人也允许迪米人根据自己信仰的宗教来处理其内部关系。这种做法虽然不是奥斯曼人发明的，但是他们却将其系统化、规范化，使其成为帝国最为突出的特征之一。这些宗教社区被称为“米勒特”，每个米勒特都建立了其特有的社区机构，涵盖的范围包括教育、宗教、社会救助、慈善和司法。[1197]东正教徒的米勒特最大，同时也最为重要，他们被称为“被掳的大教会”。在被征服之前，这些东正教徒就已经被分为许多独立的主教统治区。奥斯曼人将这些统治区废除，将其教徒置于君士坦丁堡大教长的统一领导之下。大教长要经过苏丹的认可才可以就职，因此成为十分重要的人物。他拥有帕夏头衔，还拥有三只代表地位的马尾标。在君士坦丁堡的法纳尔(Phanar)区，他拥有自己的法庭和监狱，对教会成员拥有几乎不受限制的民事审判权。他甚至还负责在各个社区和个人之间分派税负，还要负责其征收和上缴工作。

在承认东正教米勒特的同时，犹太社区也得到了认可。“征服者”穆罕默德二世对犹太人很有好感，因此犹太人得到了尊重和宽容，这和他们在波希米亚、奥地利、波兰和1492年的西班牙所遭受的迫害和驱逐形成了鲜明的对比。于是所有这些国家的犹太人纷纷涌向土耳其，穆罕默德二世允许他们定居在伊斯坦布尔，由大拉比哈哈姆·巴希(Haham Bashi)①统一领导。大拉比对其教众的权力和东正教的教长对教徒的权力相类似，其地位甚至高于东正教的教长，仅次于乌勒玛的领袖。

第三个非穆斯林的米勒特由亚美尼亚人组成，成立于1461年。其教长的作用和权力与东正教教长和犹太人大拉比一样，但是其管辖范围不仅仅包括亚美尼亚基督徒，还包括其他分散的教派，如亚述人、叙利亚和埃及的一性论者(Monophysite)、波斯尼亚的保固米派(Bogomil)、黎巴嫩的玛洛尼派(Maronite)，还有匈牙利和克罗地亚的

---

① 他由教众选举产生，但是必须要经过苏丹的批准。

拉丁天主教徒。

6.3.2 奥斯曼帝国的法律

伊斯兰教法

早在哈里发帝国时期,伊斯兰教法和世俗生活之间就已经呈现出一种紧张关系,在奥斯曼帝国,这种紧张关系再次出现,但是形式有所不同,出现的方式也有所不同。按照古老的土耳其传统,统治者的统治权和皇家法典的建立是密不可分的。这个传统不得不以某种方式和神圣律法相适应,因为所有的穆斯林,无论是统治者还是被统治者,都要受到这种律法的约束。苏丹颁布的律令被称为“卡农”,根据法学理论,只要这种律令不违背伊斯兰教法公认的、通行的具体条款,它就具有法律效力。[1198]实际上很多卡农法和伊斯兰教法背道而驰,①但是在这种情况下,就会将伊斯兰教法进行“延伸”,以包容卡农法。此时,苏丹会从伊斯兰教长那里要求并获得教令,以此证实其律令符合教法。伊斯兰教长的势力和影响随着苏丹的权力和政治形势的变化而时有增减,他对苏丹的反抗发生在帝国衰落时期,而不是鼎盛时期。

卡农法

从传统上讲,伊斯兰教法在实践中仅限于家庭、宗教和民事案件,苏丹颁布的《法典汇编》通用于整个帝国。在穆斯林世界,这种大规模的法典编纂是史无前例的,实际上在当时的欧洲也没有发生过。这样的法典最早是由“征服者”穆罕默德二世颁布的。1453 年,攻陷君士坦丁堡之后不久,他制定了针对普通百姓的刑法,还规定了迪米人和穆斯林在财政上的义务。其中许多内容涉及到提马尔、土地清册和勘察、什一税和劳动报酬,等等。这些法律中有很多在成为成文法之前就已经是传统法。穆罕默德于 1476 年颁布的第二部法典涉及到主要官员,规定了他们的权力、职衔和薪水,等等。被欧洲人称为“大帝”的苏莱曼被其臣民称为“立法者”,因为他将这些法典加以改进,还重组了司法系统。苏莱曼颁布的法典对犯罪行为制定了新的惩罚,其范围从锯肢和

---

① R. Levy,《伊斯兰社会结构》(剑桥大学出版社,剑桥,1957 年),第 267—268 页。

罚款到死刑。关于提马尔骑士及其军事义务的条款被重新界定，整个财政系统也被系统化、制度化。通过禁止不经过适当法律程序就任意没收财产和滥施刑罚，苏莱曼努力让司法系统更加清廉。这里不妨补充一点，所有这些重要法典之所以能够得以实施，离不开伊斯兰教长埃布·苏德（Ebu's-Suud）的积极协助，是他通过一系列教令，协调了卡农法和伊斯兰教法之间的关系。①

6.3.3 执法者：乌勒玛，米德雷色和宗教等级

伊斯兰政权既需要宗教学校的教师和传道者，宣礼者和领祷者，还需要法学家和法官。在奥斯曼帝国，所有这些职业从原则上都是可以互换的，因为它们都属于智识阶层一部分，这个阶层就是乌勒玛。[1199]在阿拉伯国家，乌勒玛只是一些个体。奥斯曼人的一大革新就是将其组织成为一个正规的等级结构。要想获得上述职务中的任何一个，知识分子必须要有在米德雷色（即伊斯兰高级学校）里学习并教书的经历，只有这样才能获得从事这些职业的资格。位于布尔萨、亚德里亚堡（即埃迪尔内）和伊斯坦布尔的名望最高。要想获得任何一个重要职位，候选人必须要有在这些城市执教的经历。要想担任最高职务，则必须要有在伊斯坦布尔的米德雷色接受教育的经历。在苏莱曼一世统治时期，那些想要获得高级职位的乌勒玛必须要依次经过至少8个米德雷色的培训，整个过程可能要花费长达40年的时间。这使我们不由得要将其和中国的科举制度进行比较，和中国科举制度一样，奥斯曼帝国的智识阶层也被分为很多等级。重要的显贵构成权力金字塔的最高层，他们下面是大毛拉，大毛拉又被分成特定的等级，接着是小毛拉，然后依此类推一直到普通的卡迪，而卡迪下面则是其他各种知识分子，他们也许只能从事教学或宣礼之类的工作。

虽然法官是智识阶层的高级成员，他们本身也构成了一个正规的等级结构。最重要的职位是伊斯兰教长，其次是两位大法官，其后是三位大毛拉，他们担任伊斯坦布尔和其他两个圣城的卡迪，接着是其他大

---

① 肖，《奥斯曼帝国和现代土耳其史》，第103—104页。

毛拉,这些毛拉是一些大城市的卡迪,如布尔萨、埃迪尔内、开罗和耶路撒冷,再往下是较小的卡迪,最底层的是负责在行省各个卡达主持判决的普通卡迪。

在实际操作中,事情并非如此泾渭分明。在埃及和圣城根本就看不到这样的中规中矩。例如,在所有行省中最为独立的埃及,苏丹的直接干预和支配仅限于司法服务。在其他所有由智识阶层占据的领域,传统的机构、人员和方式依旧我行我素。

6.3.4 法律的执行

哈里发帝国有两套独立的司法系统,即伊斯兰教法和哈里发立法,分别体现于沙里亚法庭和马札里姆法庭。但是在奥斯曼帝国,卡迪法庭不仅执行伊斯兰教法,还执行苏丹的卡农法。①也许有人会认为,这样一来世俗权力和宗教机构之间的紧张关系可以有所缓解,但事实并非如此。[1200]地方军官或治安长官甚至小官吏都可以不经任何审判程序就实施惩罚,甚至是死刑。16 世纪的法典命令卡迪执行伊斯兰教法,但凡是涉及到社会治安、对臣民和首都的保护和对罪犯的严重体罚的案件,要求他们都要交给苏丹在当地的代表来审理,这些代表就是负责地方军务和严重刑事案件的总督。②作为贝拉贝伊和桑贾克贝伊,他们要根据伊斯兰教法判决上诉案件。实际上他们常常十分专断和残酷,③"在司法领域,剑士总是会越过其权威的界限,侵占本来属于卡迪的权威"。④

6.4 税收

阿拉伯人所在的行省会受到与众不同的对待,对穆斯林和非穆斯林的税收也有所不同。冒着过于简单化的风险,我们实际上可以不考虑阿拉伯人所在的地区,它们约为帝国的三分之一,因为这些地区保留

① U. Heyd,《奥斯曼帝国刑法研究》(Clarendon Press,牛津,1973 年),第 216—219 页。

② 同上,第 209 页。

③ 同上,第 211—212 页,有例为证。

④ 同上,第 220 页。

了其传统的税收方式，每个人都要缴纳土地税和什一税。迪米人要缴人头税，但是不用缴纳天课，穆斯林与其相反，要缴纳天课，但不用缴人头税。就像我们提到的那样，与哈里发帝国时期甚至更早相比，埃及的行政结构和人员都没有发生变化。

相比之下，对于被征服的各个欧洲行省，奥斯曼帝国完全改变了其原有的税收制度。这里原本实行的是和西欧类似的庄园制，依附在土地之上的农民每周为地主提供两三天的劳役。奥斯曼人将这一制度全部废除，以直接税取而代之。这样就使欧洲的行省和安纳托利亚的行省一致起来。由此形成的制度体现为两种赋税，一种是按照伊斯兰教法所要缴纳的税，另外一种是由于苏丹的特权所要缴纳的税。

前者涉及到各个阿拉伯行省，必须如此，因为这种赋税建立在穆斯林和非穆斯林之间区别的基础之上，这种区别是整个帝国范围的。对于后一种，这一时期最为重要的税种是基本的土地税，实际上它是对阿拉伯地区原有土地税的复制。这一税种适用于罗梅利亚和安纳托利亚地区的行省，被称为“西夫特”(chift)。“西夫特”是最基本的土地单位，是指两头牛一天所能耕的土地面积，和罗马的土地单位“轭”(iugum)意思一模一样。根据土壤肥力的不同，一个单位的面积在15至40英亩之间。[1201]另外一种税是户税，这一时期的税额并不高，只是不定期地每隔几年征收一次。起初向村庄征收这种税是为了支付士兵的军饷和接待来访官员所需的花费，还有就是用于战争支出和赈济遭受灾害的相邻地区。到了17世纪初，随着帝国长期陷入财政赤字，这种特别税注定要成为极其沉重的常规税种。

为了更好地进行税务评估和征收，这些行省被分成许多税区，这种税区被称为“穆卡塔雅”(mukata'a)，这个词和哈里发帝国后期的“伊克塔”同源，是指特定土地的使用权。税区被分为三种，一种是提马尔，土地的使用权属于提马尔骑士，是对其军事服务的报酬。另外一种被称为“委托地”(emanet)，这个名字源于负责税区的特派员的称呼“emin”，他们是领薪俸的官员，所得的税款全部上交国库。到17世纪初期，国库对货币税的需求日益增大，而不是劳役和实物税，具体原因从后文可以看出。从此之后,以前本来只在有些地方使用的包税制被普及开来。穆卡塔雅被作为包税区(iltizam)分配给包税人,他每年向国库缴纳一定数额的税金,剩下的部分作为个人所得。①这一制度必然会给农民带来灾难性的后果。

7. 评价

7.1 司法

苏莱曼大帝在位时的司法系统最为完善,但是主要的问题是总督、警察长官和军官在执法时过于专断。例如,法律要求如果需要进一步的证据,或者法学家有异议,就不能判决被告有罪,只有卡迪才能这样做,但是世俗权威很少遵循这一点。②总督会在不经任何审判的情况下,非法拘禁其辖下的百姓,并大肆罚款。有一位总督命令囚犯的父亲给他 400 块金币,否则就将其钉死。③苏莱曼为埃及制定的法典公开谴责了"凯什夫(kashif)④和阿拉伯的谢赫等人无缘无故地处死农民、夺其财产的残暴行径"。⑤的确,法律规定不经当地卡迪同意,凯什夫不准对农民施加惩罚,[1202]并由埃及总督负责调查违背这一规定的做法。虽然对此三令五申,但是无人知道这一规定生效了多长时间,可以肯定的是,它后来被废止了。

虽然存在上述种种缺陷,在当时,奥斯曼帝国的司法系统是值得赞赏的。苏丹让最小的行政单位和司法单位有同样的界限,将警察长官纳入自己的权威之下,还为学者和卡迪提供了一套统一的等级晋升体制,建立了正规的司法等级机构,制定了适用于整个帝国的法典。基于这些原因,施赫特坚定地宣称"即使仅仅从统一性这一点来考虑,16 世纪奥斯曼帝国的法律秩序要远远优越于同时代的欧洲"。⑥

---

① Gibb 和 Bowen,《伊斯兰社会和西方》,第 2 卷,第 21—24 页。
② Heyd,《奥斯曼帝国刑法研究》,第 211 页。
③ 同上,第 212 页。
④ 埃及的地方长官。
⑤ Gibb 和 Bowen,《伊斯兰社会和西方》,第 2 卷,第 129 页。
⑥ J. Schacht,《伊斯兰教法导论》(牛津大学出版社,牛津,1965 年),第 92 页。

7.2 社会秩序

奥斯曼帝国发生过很多叛乱和内战，虽然其领导者不同，所追求的目标也不同，但都表明了民间的极大不满。就安纳托利亚地区发生的很多民众起义而言，虽然其基本原因是社会的、经济的，但是和哈里发帝国时期的情况一样，常常会以异教徒宗教运动的形式出现。在这方面，1420 年著名的谢赫·贝德尔丁(Sheikh Bedreddin)起义就是一个很好的例子。作为一个有什叶派倾向的苏菲派教徒和神秘主义者，贝德尔丁对伊斯兰教的解读几乎是泛神论的。他声称自己就是救世主"马赫迪"。其他的民众起义名义上是为了支持某一位王位争夺者，实际上为成千上万心怀不满的人提供了一个参战的机会。1555 年，冒名的穆斯塔法在罗梅利亚地区发动的叛乱就是这方面的例子，成千上万的农民和许多乌勒玛纷纷响应。由于想要尽早发起针对基督教世界的圣战，一些提马尔骑士和边境部队的指挥官也迅速加入其中。在类似于贝德尔丁的民间神秘主义精神的鼓舞下，这些队伍很快就开始抢劫官府和国库，并将其所得平分。这次起义被镇压下去之后，千千万万人被处决。此外，在长达 200 年左右的时间里，安纳托利亚地区还不时受到杰拉里起义的影响。第一次杰拉里起义的领导人名叫杰拉里(Jelal)，他也自称是"马赫迪"。他的苏菲派信仰在心怀不满的土库曼部落民中间很受欢迎。虽然这次叛乱于 1519 年被镇压，上千人被处死，但此后土库曼人又发起了一场叛乱。这次叛乱和上次相类似，因此也被称为"杰拉里起义"，其起因是政府为了征税要勘测他们的土地。[1203]第三次杰拉里起义发生在 1605 至 1608 年之间，地点是安纳托利亚中部与西里西亚和叙利亚地区。

到了 16 世纪后期，不法行为更是到处肆虐。造成这一状况的有几个共存的原因：一个是人口过多，大批农民涌向城镇，让城镇无法应付；另一个是失业的辅助部队士兵，他们到处流浪，伺机劫掠财物；还有就是为了躲避突然大幅增加的赋税而逃离家园的农民。于是就发生了人们所说的"大逃亡"，以及由农民、以前的士兵和所谓的黎凡特人发起的群众运动，其实最好将这时的黎凡特人当作土匪来看待。正是为了应对这种局面,禁卫军被安排在各个大城市定期轮流驻守,后来贝拉贝伊也被允许征募自己的地方武装。

7.3 战争

战争是奥斯曼帝国的立国之本。在帝国的核心区域,统治有条有理,农民的税负也不重,这要归功于"对边境之外地区无情的、系统化的掠夺"。[1]过去和现在的许多帝国都是庞大的掠夺机器,但是"在这方面,很少有能够像奥斯曼帝国这样彻底,这样深思熟虑"。[2]我们已经列举了其无休止的战争,也描述了其军队,并且指出这个政体的设置是让军事机构为行政服务。

在苏莱曼一世统治时期,土耳其军队在技术和道德层面的优越性是毫无疑问的。无论以何种标准来衡量,它都是整个欧洲最为有效的战争机器。这从以下几个方面可以看出:禁卫军的专业性;专门的火炮手和工程兵队伍;不知疲倦的、高效率的军需部门。在战术方面,当地的贝拉贝伊掌握着指挥权,这是十分明智的,因为他们熟悉地形地貌。军官和将军都是曾经的无名小卒,他们完全靠其才能得以升迁。乔维奥[3]这样写道:"土耳其人在三个方面超过我们的士兵:首先,他们对指挥官绝对服从;其次,在战场上他们舍生忘死;最后,即使没有面包和酒,只要有大麦和水,他们就可以支撑很久。"[4]赖考特也曾评论过他们在行军过程中和安营扎寨时的严明军纪。虽然和土耳其人作战的士兵们声称,土耳其军队仅仅是靠人数上的优势取胜,[1204]但是在赖考特看来,"他们对基督教世界的征服无可辩驳地表明一点,即他们的严明军法弥补了在兵法知识方面的缺陷"。[5]

加图曾对罗马元老院说过,"必须以战养战"。奥斯曼人则更进一步,对他们来说,战争必须支持更多的战争。提马尔骑士想要为自己征

---

① Paul Coles,《奥斯曼帝国对欧洲的影响》(Thames Hudson,伦敦,1968 年),第 62 页。

② 同上,第 154 页。

③ Paolo Giovio(Paulus Jovius),佛罗伦萨历史学家(1483—1552)。

④ 引自 B. L. Montgomery,《战争史》(Collins,伦敦,1968 年),第 248 页。

⑤ Rycaut,《英国领事在土耳其》,第 205 页。

服更多的新领地，卡皮库鲁部队也想通过战争获得更多的战利品，掠夺更多财物。战争的循环只要停止，就会危及整个帝国政权的稳定。确定的边界带来的和平会终结提马尔骑士的游荡生活，而通常情况下他们离开提马尔的时间要多于留在那里的时间，很少长期定居一地。如果任其自由发展，他们就会在一个地方安居下来，很快就会变得和西方的地主和贵族阶层一样。对于卡皮库鲁士兵来说，如果掠夺的机会被剥夺，他们当然会想办法将现任苏丹废黜，另立可以让他们继续劫掠的苏丹。这方面苏莱曼一世也未能例外，1525 年，由于连续三年没有发生过战争，禁卫军踢翻做饭用的大锅，示意要造反。帝国政权的稳定需要有源源不断的战俘奴隶、战利品和土地。因此，用吉本的话说，土耳其人永远在寻找“新的敌人和新的臣服者”。

这一体制有三个缺陷。我们已经提到过，实际作战时间只有两个月左右。因此，奥斯曼帝国的扩张肯定会有一个极限。一旦达到这一极限，例如维也纳就是这样的一个极限，维持这个体制的奴隶、战利品和土地的供应就会被切断。

这就导致第二个缺陷。在本书的其他地方，我们已经阐述过“搜刮-强制循环”。[1]部队要搜刮税款、粮草或车马，只有这样他们才能生存下去。更多的部队意味着更多的搜刮，而更多的搜刮意味着需要更多的部队。奥斯曼帝国大肆掠夺背后的逻辑正是从外国人那里，而不是本国臣民那里强制搜刮。一旦这种对外掠夺受到抑制，它就要转而对内掠夺。换句话说，为了供养军队，它必须提高对普通百姓原本很低的税负，而当他们发起抵制时，就要施以威迫，并以更大规模的搜刮来维系这种行动。这正是苏莱曼一世去世之后几十年里所发生的情况。

第三个缺陷由于前两个缺陷的存在而更加严重，但是任何拥有常备军的政权都会有这一缺陷，那就是在政治上他们可能会不可靠。提马尔骑士大部分是土耳其人，他们嫉妒新兴起的、来自欧洲的德伍希尔迈队伍。[1205]实际情况不仅如此，对这一阶段甚至可以这样说，在一

---

① S. E. Finer，《欧洲的国家和民族建设：军事的作用》，载于 C. Tilly（编）的《西欧民族国家的形成》（普林斯顿大学出版社，Princeton，1975 年），第 96 页。又见本书第一卷“概念性序言”，第 19—20 页。

个土耳其人的帝国,如果你不幸生来就是土耳其人,那么你将永远没有机会在统治集团中获得高级职位。因此,各个行省的提马尔骑士很不安分,也不可靠,而驻扎在首都的卡皮库鲁部队有得天独厚的条件。一旦战事失利,或者薪饷被拖欠,他们就会发起叛乱,甚至将苏丹废黜。在这方面,他们和历史上每一个政权的雇佣军一样。

但是所有这些都是后来的事情,在我们所探讨的这一时期,奥斯曼帝国的陆军和海军继续将帝国的疆域向四面扩张。

7.4 财政和生活水平

正是由于军事上的这些胜利,战争所得在扣除花费之后仍有盈余,足以支付提马尔骑士、禁卫军和宫廷的开支。因此,农民的生活并不算艰难。在欧洲的行省,以前的封建税费和徭役被废除,再加上农民的土地租用权得到有效保障,大大减轻了农民的税务负担。在埃及,虽然税制没有发生变化,但很可能已不像过去那样残酷,因为这时的行政机构稳定而可靠。和很多帝国的财政体系不同,奥斯曼帝国既没有实行征兵制,也没有征收徭役。直到 16 世纪末和 17 世纪出现财政危机,农民才开始真正受苦,在"大逃亡"中纷纷离开田地。实际上要想证明这一时期人们生活水平的提高很简单,那就是无可争辩的人口剧增。在 16 世纪,农村人口增加了 40%,城市人口则增加了 80%。①

到 16 世纪 80 年代,奥斯曼帝国似乎已经达到了一种均衡状态。伊纳尔希克称其为一个"只感兴趣于维持现有秩序,而无心变革"的社会,接着他还罗列了帝国的很多优点:

> 作为帝国的统治阶级,军队和乌勒玛有稳定的、持久的、足够的收入来源,他们对奢侈品的消费增加了。苏丹和维齐尔自不用说,就连不太富裕的人也开始大兴土木,设立宗教基金。银币(即阿克切)和金币之间的兑换比率 70 年没有发生多少变化,由此可见经济和社会何其稳定。1510 年,一枚金币价值 54 个阿克切,到

① Inalcik,《奥斯曼帝国》,第 46 页。

了1580年，一枚金币价值60个阿克切。为政府服务的人成千上万，其中包括朝臣、士兵、宗教学校的教师、卡迪和各级官僚，他们定期领到薪水或提马尔的收入，有明确的晋升体系。[1206]这个社会对未来充满信心。生产者阶层准确地知道何时缴纳哪一种税，中央政府有效保护人们不受地方官吏的压榨。政府的名册登记着几个世纪以来每一个阶层的所有成员，国家严格控制着这种等级结构。与此同时，帝国的所有生活必需品都可以做到自给自足，需要进口的主要是奢侈品，如欧洲的羊毛制品，印度的纺织品和香料、俄罗斯的毛皮和波斯的丝绸。

接着他又补充说：

但是二三十年后，整个宏伟的帝国建筑遭受了一场触动帝国根基的大地震。在动荡和骚乱之中，出于对生计和未来的担心，统治阶级的成员开始反对苏丹的权威，无视法律，侵吞公款，掠夺毫无防御能力的百姓的财产。随着暴力、投机行为、贿赂和其他不端行为的大肆蔓延，内乱日增……。①

这一切是怎么发生的呢？它又对前面描述的帝国的特有制度有怎样的影响呢？

8. 奥斯曼帝国衰落之注解(直到1750年前后)

奥斯曼帝国衰落的根本原因是国家财政入不敷出。对此，主要有三个原因：一是人口过剩。对这个问题最典型的解决方案就是将无地农民安置在新征服的土地上。但是这样的土地是不够的，国家文献中越来越频繁地提到没有土地也没有职业的年轻人，他们就是前面提到过的黎凡特人，随之而来的则是盗匪活动日益猖獗。第二个原因更为

① Inalcik,《奥斯曼帝国》,第45—46页。

重要,那就是由于美洲白银大量流入所造成的通货膨胀。到18世纪末期,物价已经翻了四番。第三个原因是对外扩张的终结,这也意味着战利品来源被切断,因此国家财政收入减少。

这三个因素同时发生,引发了一场十分严重的财政危机,给传统的国家机构带来了很大的压力,而这只有最为坚决果断的领导者才能应付得了。但是苏莱曼以后的苏丹们长期在监禁环境中长大,除了一两个像穆拉德四世这样的例外,其余苏丹在体力和智力上都已大大退化。结果就出现了所谓的“女苏丹”时期和其后的“阿加苏丹”时期,军队发起叛乱,推翻无能的苏丹,因为苏丹不能率领他们征战沙场,只是隐居在后宫,对战事失利束手无策。[1]

[1207]奥斯曼帝国最为核心的制度就是德伍希尔迈制度和提马尔制度。到了1605年,对高加索地区和匈牙利的战争结束,这也标志着大规模征服战争的结束,军事上的重点已经发生了变化。提马尔骑士对火器的抵制使他们变得落伍,而后期战争的失利要求征募更多的步兵。这样一来,仅仅通过德伍希尔迈制度征募就不够了。随着以前的提马尔骑士及其扈从被大批编入步兵队伍,德伍希尔迈士兵和土耳其步兵之间的区别被打破。德伍希尔迈制度被废除,而土耳其人出身的禁卫军不断增加。我们甚至可以说,随着禁卫军中土耳其人越来越多,越来越多的东西被抛弃,其中包括严格的训练、严明的军纪、单身制和军人的专业化。

提马尔骑士的消失既有经济上的原因,也有军事上的原因。朝廷亟需大量现金,以支付人数日多的禁卫军和其他步兵队伍的薪饷。此时提马尔领地已经被废除,正在被转变为包税区。随着这种变化的蔓延,农村的社会结构发生了革命性的变化,因为它使富有的个体获得了大面积的地产,而农民则沦为其附庸。与此同时,提马尔骑士的消失也标志着地方行政和治安力量的消失。在帝国鼎盛时期,正是他们维持了农村的安定。他们在某种程度上是被驻守在大城市的禁卫军所取

---

① N. Barber的《金角领主:苏丹、其后宫和奥斯曼帝国的灭亡》(1973年)对此有十分生动的描述。

代，但是主要是被贝拉贝伊在当地招募的队伍所取代。能够征募队伍的权力使一部分贝伊积累了巨大的地方权力，几乎可以独立自主。这样的贝伊被称为“代雷贝伊”，他们的兴起说明权力正在被分散。这个过程十分缓慢，从苏莱曼去世一直延续到18世纪末。

在18世纪前半叶，土耳其人抵制住了来自欧洲的进攻，这既是由于其军事上的优势，同样也是由于欧洲当时正忙于三十年战争。三十年战争结束之后，奥地利不仅可以重新对奥斯曼帝国发起战争，而且还运用了在这场战争中所形成的新技术，尤其是机动的野战炮兵的使用。1664年，帝国的军队被蒙特库科利击败，这标志着土耳其人在战场上不再拥有技术优势。

[1208]财政危机比以前任何时候都更加突出，因而筹集资金的措施也更加孤注一掷，其损害也更加致命。政府将私有财产强制充公，①将提马尔和类似的产业转交给包税人，但是随着行政能力的削弱，却无法保护农民不受掠夺。结果是纳税人被大肆敲诈勒索，种种非法手段和欺诈行为我们在其他国家已经多次遇到过。②农民不得不离开土地，根据记录，早在17世纪早期，色雷斯的大部分地区已经人口大减，一片荒芜。财政危机的另外一个影响也很常见，那就是卖官鬻爵行为的泛滥。其结果就是我们曾在中国封建官僚中见到过的腐败的循环，也就是说买官者必然会通过收受贿赂收回买官所花的钱。“于是，司法公正被买卖，任何判决都被定价……也难怪腐败的官员会从事如此交易，他们既然花钱买了官职，当然要充分享受它所带来的好处。”③

就这样，奥斯曼帝国最典型、在行政上也最有效的制度灰飞烟灭，其中包括德伍希尔迈制度、卡皮库鲁部队、提马尔制度，以及提马尔骑士集行政与治安职责于一身的制度，还有的司法系统的公正性和对卡农法的执行。权力从中央政府落到了帕夏、代雷贝伊和其他地方巨头手中。

---

① Rycaut，《英国领事在土耳其》，第71页。

② Gibb和Bowen，《伊斯兰社会和西方》，第255—256页。

③ Rycaut，《英国领事在土耳其》，第76页。但是Gibb和Bowen认为这有点言过其实，总体说来，司法还是公正的。见《伊斯兰社会和西方》，第126—128页。

根据吉布和鲍文的说法,这一时期奥斯曼帝国行政体系最大的弱点如下:

> 对百姓的福祉毫不关心;逐渐失去在帝国早期曾经深受鼓舞的道德理想;行政人员在不知不觉中对其职能和责任采取了一种轻蔑的态度。他们的世界被分为"统治者"和"群氓"。按照天意,后者的存在就是为了服务前者。……到了18世纪初,任人唯亲和收受贿赂的行为十分嚣张,各种官职都被拍卖,无论是行政官、司法官,还是神职。同时被拍卖的还有土地和各种特许权。玩世不恭变得根深蒂固,它不再是不道德的,而是已经成为第二天性。要想严明军纪已经是不可能的了,因为军队卓越战斗力的天然基础已经不复存在。[1209]帕夏无法抑制违法乱纪行为,因为不法之徒知道,只要花钱,他们就可以逍遥法外。叛乱蔓延,愈演愈烈。但是土耳其的统治阶级有这样一种天赋,他们对自己的优越性有坚不可摧的信念,不仅他们自己如此,在其附属的心目中也是如此。因此,(除了禁卫军的骚乱)直到18世纪中叶,这个体制才开始真正受到挑战,并显示出让人忧虑的崩溃迹象。①

① Rycaut,《英国领事在土耳其》,第207页。

第四章　印度的经历和莫卧儿帝国(1526—1712 年)

1. 印度的经历

[1210]有的历史学家认为印度文明开始于公元前 2500 年前后的印度河文明摩亨佐-达罗和哈拉帕，也有的认为它始于公元前 1500 年前后的雅利安人入侵。无论按照哪一个说法，印度文明都已经有长达几千年的历史。不仅如此，印度教作为一种独具特色的、起着统一作用的宗教，是世界上最为古老、最具延续性的宗教传统。时至今日，印度教徒依然在吟唱公元前 1500 年前后出现的《梨俱吠陀》的一些诗歌。

在莫卧儿人主宰印度(1526 至 1739 年)之前的 3000 年里，印度没有一个政权可以和印度文明相对等。以公元前 321 年的孔雀王朝为首的各个所谓的帝国组织松散，存在时间很短，数量也不多，倒是出现了许多短命的小王国。除了下面会提到的一两个例外，这些小王国不值得我们花费笔墨，因为它们不符合本书所采用的四项选择标准中的任何一项。这里不妨将这四项标准重复一下，首先，这些小国家在持续时间、人口和国力方面并不突出。其次，其中没有一个具有典型性，因为没有一个可以作为其他国家的代表。第三，其中没有一个国家在统治领域有重大革新或发明。与此相反,它们代表了一种毫无新意的政体形式。除了一些零星出现的、存在时间相对较短的部落寡头政体,最常见的就是君主专制、甚至是君主独裁。最后,其中任何一个都称不上是我所说的一般专制主题的“生动变体”。但是对这一说法必须加以限定,因为的确有一些王国面积广袤,富有而强大,并且其时间跨度比我们此前所探讨的许多古老帝国都要长,朱罗王国和毗伽耶纳伽罗帝国就是这样的例子。[1211]在本章后面描述突厥人征服之前印度国家的特征时,我们会对其展开讨论。

但是这并非是本章的重点,本章主要关注的是莫卧儿帝国,有两个十分重要的原因。首先,和上述所有其他国家不同,它建立了稳定的行政结构。在长达150多年的时间里,它控制着南亚次大陆四分之三的地区。其次,对于我们今天传统上所认为的印度来说,其历史上第一次成功而持久的统一就是英属印度,而它就建立在莫卧儿帝国行政结构的废墟之上。莫卧儿人创立了一个帝国理想,英属印度对其加以继承,并使其更加完善。

实际上在莫卧儿帝国之前,印度都只是一个地理名词,它不同于文化单一、政治上基本统一的中国。研究莫卧儿帝国更像是研究欧洲,因为两者的语言、宗教和民族都很多样,并且都有很多国家,各国之间战争不断。今天的印度面积是美国的一半。从克什米尔到科莫兰海角的长度为两千英里,从巴鲁吉斯坦(Baluchistan)到阿萨姆(Assam)的东部边界长度为2200英里。83%的人口是印度教徒,只有11%是穆斯林,但是在印巴分治之前,穆斯林人口占到了25%。除此之外,还有数量可观的少数教派,如耆那教徒、佛教徒和基督徒。得到官方承认的语言不少于15种,但是根据乔治·格里尔森(George Grierson)爵士在1903至1928年之间的统计,如果算上方言,其数量不少于225种。虽然语言和种族的一致性并非成为国家的必要或充分条件,但是两者的确十分重要。

此外,除了语言和宗教上的分化,印度社会还有另外一种独一无二的等级分化,那就是种姓制度。莫卧儿帝国有多少大小种姓制度已经无从估算,根据猜测,可能要比今天少很多,因为种姓一直在不断增加,今天其数量已经超过3000。平均下来,每个种姓的人口在1500至5000之间,但是实际上有的种姓只有几百人,有的却多达几百万。这本身也许并不影响统一国家的形成,但对于国家的构成和统治方式肯定会有极其重大的影响。种姓不仅是普通百姓最为直接的关注,也是其最为核心的关注,它享有"在其他地方的国王、民族国家和城邦所享有的大部分忠诚"。①

如果说在莫卧儿人征服之前,南亚次大陆各个地区在政治上从来没有统一过,这将是错误的,更为准确的说法是为数不多的几次统一也是不完整的、短命的、不连续的。[1212]摩亨佐-达罗和哈拉帕发达的城市文明是高度地方化的,只发生在印度河沿岸地区。公元前2000年前后,由于不明原因,突然消失了。这是一个死胡同,在此后的几个世纪里究竟发生了什么,我们不得而知。相比之下,公元前321年至公元前185年之间的孔雀帝国面积更大,包括除最南端地区之外的整个次大陆。在仁慈的阿育王(公元前273—前232年在位)统治期间,孔雀帝国发展到了其巅峰。阿育王是印度传统上所认为的两位最伟大的帝王之一,而另外一位就是莫卧儿帝国的皇帝阿克巴。一般认为阿育王统治时期的孔雀帝国实行的是高度的中央集权制,帝国被分成四个很大的行省,由其子分别统治。领俸禄的皇家官员监督着农村和城镇的一切活动。皇家财政官员组成组织严密的财政网络和中央财政机构。良好的通讯系统和大批的密探为政府提供情报。总之,阿育王的帝国被认为是中央集权的、家产制的君主专制,皇帝通过大量的官员实行统治,这些官员由其任命,对其负责。由于各种原因,有些是不言自明的原因,事实并非如此,也不可能如此。我完全赞同斯坦利·坦拜雅(Stanley Tambiah)对此的批评意见。他本人更愿意称其为"银河帝国",印度人自己则称其为"曼荼罗"(mandala),意为由一个中心点向外放射的圆。

在其顶端,是众王之王,他从仪式上甚至财政上统摄着数量众

① A. L. Basham,《神奇的印度》,第三版(Sidgwick & Jackson,伦敦,1985年),第151页。

> 多的公国和地区联合体。阿育王及其祖上的天才之处在于他们将这样的帝国统一于一个中央政权之下，这一成就的具体表现就是皇帝送到偏远行省包括边境地区的官吏和特使。……这样一种政治结构与其说是官僚化的、中央集权的君主制，不如说是一种银河式的结构，低一级的政治结构是对中央结构的复制，它们以中央结构为中心，永远处于一种分裂或合并的过程。①

此后出现的是笈多帝国（公元 320—647 年，实际上终结于 480 年）。和孔雀帝国相比，笈多帝国面积更小，也更为松散。其核心区域基本上就是印度河-恒河平原，帝国的其他部分要么是附属王国，要么是笈多王朝的“势力影响”比较强大的地区。笈多王朝控制的所有区域加在一起，也只有英属印度面积的一半多一点。[1213]笈多帝国充分展示了在阿克巴之前印度概念里帝国的样子：帝国就是一个“曼荼罗”或一个“转轮”，皇帝就是一位“转轮王”，即众王之王。他以一种集权的方式治理其领地，在其领地四周是附属王国，与其类似，这些王国实行的也是集权制，但是享有完全的自治。这些王国的君主要为“转轮王”服务，向其进贡，但是他们的忠诚反复无常。②

德里苏丹国从名义上是从 1206 年至 1526 年，但实际上 1334 年之后就已经开始瓦解。即使在其面积最为广大的时期，向南也没有超过德干地区。1323 年，它将这一地区兼并，但 12 年后，德里苏丹国就开始崩溃。③

---

① S. J. Tambiah，《征服者和遁世者：泰国佛教和政体研究》，剑桥大学社会人类学研究系列丛书之十五（剑桥大学出版社，剑桥，1976 年），第 70 页。我拒绝使用传统的“中央集权”模式，原因如下：其面积相当于美国的一半，此时的通讯缓慢并且难以保障，在政治上，这里的人口从没有被统一过，省级以下的官员并非由中央任命，而是由当地人担任，并且中央职务本身也是世袭制，并且每次改朝换代，中央统治机构都会被解散并重组，还有就是缺少可靠的证据，无从知道帝国是怎样统治的。很遗憾，此处篇幅有限，无法就此深入探讨。

② N. K. Sinha，《孟加拉经济史》，第 3 卷（Firma K. L. Mukhopadhyaya，Calcutta，1962 年），第 206—216 页。

③ 对于本部《统治史》来说，德里苏丹国还有一个有趣的方面。它有一个世纪左右的时间是在所谓的“奴隶王朝”的统治下，这和马穆鲁克埃及相似。军官、各省总督和朝廷要人都来自土耳其的马穆鲁克奴隶。随着逃避蒙古人的土耳其贵族和士兵人数增加，他们开始受到排挤。1290 年，生而自由的突厥移民的领导者（即卡尔吉）掌握了政权，马穆鲁克的势力开始衰落，但是并没有消失。

德里苏丹国的重要性不在于其面积之广,恰恰相反,其面积并不广大,而在于一个革命性的事实,即它是由突厥人和阿富汗人建立的穆斯林国家,而土生土长的印度人则沦为"迪米人"。这标志着穆斯林势力支配印度的开始,这一支配地位一直延续到1707年奥朗则布去世和英属印度时期的到来。从此之后,印度就有了两个宗教,两种生活方式。一个兼收并蓄,有很强的适应性,另外一个则严格排外。两者之间在有些地方有时互相敌对,在其他地方则会共生并存。在有些地区,穆斯林统治者会迫害印度教臣民,洗劫其庙宇,但是绝大多数统治者鼓励对梵文经典的研究,还向印度教的庙宇进行捐赠。

总之,如果我们把孔雀王朝、笈多王朝和德里王朝算在一起,实际统一的时间总和也只不过是362年。这最为充分地表明一点,即在南亚次大陆,帝国只是昙花一现的例外。不仅如此,这些国家动荡不安,边界不定,从没有形成"国家体制",而是像战国时期的中国、古典时期的希腊、中世纪的意大利和现代欧洲一样,处于一种动态平衡。在后面这几种情况下,一旦某个国家实力大增,其敌对国家会马上联合起来,与其对抗。因此,作为政治实体,最主要的国家即使领土面积会有所削减,但总是可以延续下来。然而在印度,有的国家却可能会直接消失,事实上这样的事情常常发生。[1214]它们和邻邦之间展开无休无止的战争。每一个附属国的国王都想摆脱附属地位,自己成为"转轮王"。"征服四方"是每一位君主的职责。

在莫卧儿王朝之前,从政治上统一次大陆的政权并不多,即使有,持续的时间也不长,其领土面积也不够大。相比而言,莫卧儿帝国存在的时间很长,在其鼎盛时期,疆域比阿育王时期还要广大。但是和孔雀帝国不同,莫卧儿帝国不是"银河帝国"或"曼荼罗",而是真正意义上的统一国家,拥有在当时十分发达的行政体系。这种统一预示了英属印度时期的统一,而后者要更加完整,是它促成了真正意义上的印度国家的出现。

莫卧儿人是穆斯林。1526年巴布尔对德里苏丹国的征服保证了穆斯林统治地位的延续,但这种统治地位绝不意味着对以印度教徒为主的人口进行伊斯兰化。莫卧儿帝国的统治离不开大量封臣,其中既有穆斯林,也有印度教徒。不仅如此,在其南部还有一些强大的印度教国家,如毗伽耶纳伽罗,并且此后不久,在其他地方本土的印度教王朝就再次出现。奥朗则布之前的所有皇帝都和强大的拉齐普特人首领结成亲密同盟,对抗同为印度教徒的马拉塔人。事实上自治的拉齐普特首领有很多成为莫卧儿帝国的将军。

大 事 年 表

印度河文明

公元前 2500 年前后,哈拉帕文明

雅利安人的到来

公元前 1500 年前后,雅利安人迁入

公元前 800 年前后,铁器的使用,雅利安文明的扩散

孔雀王朝之前的国家

公元前 600 年前后,摩揭佗国(Magadha),首都在巴特那(Patna),霸权国家

公元前 519 年前后,波斯皇帝居鲁士征服印度西北部的部分地区

公元前 486 年,释迦牟尼逝世

公元前 486 年前后,耆那教创始人大雄(Mahavira,又译为马哈维亚)逝世

公元前 327—前 325 年,亚历山大大帝侵入印度西北部

孔雀帝国(公元前 321—前 185 年)

[1215]公元前 321 年,旃佗罗笈多(Chandragupta)建立孔雀帝国

公元前 268—前 231 年,阿育王统治时期

公元前 185 年,孔雀帝国崩溃

入侵的时代

公元前 90 年前后,沙卡人(Shakas)入侵印度西北部。分裂成许多国家

公元 25 年前后,贵霜人入侵印度西北部

笈多帝国(公元 320—540 年)

320 年,旃陀罗笈多一世

335年,萨姆佗罗笈多(Samudra Gupta)

375—415年,旃陀罗笈多二世

454年前后,匈奴人第二次入侵

540年前后,笈多王朝终结

606—647年,戒日王(Harsha)统治下出现短暂的复兴

712年,阿拉伯人占领信德地区。

穆斯林的到来(公元712—1206年)

647年之后,印度教国家的增加

997—1030年,伽色尼王朝的马哈茂德(Mahmud)侵入印度西北部,洗劫印度教庙宇,迫害印度教徒

1150—1151年,突厥人的廓尔王朝击败并取代伽色尼王朝

1179—1186年,廓尔人占领白沙瓦、锡亚尔科特和拉合尔

1186—1205年,廓尔人和拉齐普特人之间的持续战争。廓尔人在印度北部建立帝国

1206年,廓尔的穆罕默德(Muhammed)被暗杀。廓尔帝国瓦解

1206—1290年,"奴隶国王"(即马穆鲁克人)接管了帝国

1211年,沙姆斯·乌德·丁·伊尔图特米什(Shams-ud-din Ilutmish)即位

1229年,伊尔图特米什被哈里发授予苏丹称号

德里苏丹国

1236年,伊尔图特米什逝世

1236—1266年,社会动荡,马穆鲁克和非马穆鲁克之间以及马穆鲁克内部的斗争

1266—1286年,巴尔班(Balban)恢复统一

1290—1320年,卡尔吉(Khaji)王朝—生来自由的突厥人

1320—1413年,图格鲁克(Tughluk)王朝

1334年,德里苏丹国开始解体

1398年,帖木儿洗劫德里

1451—1489年,在洛迪王朝开创者巴鲁勒·洛迪(Bahlul Lodi)统治下出现一定程度的复兴

1504年,莫卧儿开国皇帝“老虎”巴布尔(1483—1530年)攻占喀布尔

[1216]1517—1526年,易卜拉欣·洛迪(Ibrahim Lodi)在位

1526年,巴布尔在帕尼帕特战役中取得对易卜拉欣的决定性胜利。攻占德里

1527年,巴布尔在坎瓦击败拉齐普特人。莫卧儿帝国开始(1526年至1857年,实际上至1739年,王朝的年表见后文)

2. 印度的政治传统

莫卧儿人征服的区域有两种不同的国家传统,一种属于伊斯兰教,另外一种属于印度教。作为穆斯林,莫卧儿人会怎样对待其信奉印度教的臣民呢?在此前的历史上,印度北部地区的一些穆斯林统治者曾经压迫过印度教徒,向他们征收人头税,大肆掠夺其庙宇,有时甚至将其关闭,这种做法可以上溯到伽色尼王朝的马哈茂德。然而也有些穆斯林统治者并不对印度教徒横加干涉。

这一切都取决于穆斯林统治者的人品和对宗教的狂热程度,还有就是他是否贪婪。例如对于刚刚提到的马哈茂德来说,印度教的庙宇是掠夺财物的理想去处。但是,从政治理念上看,印度的穆斯林统治者和我们遇到过的其他地方的统治者基本相同。通常情况下,他会在伊斯兰教法的框架之内行事,在执行教法时会听从毛拉们的建议。虽然阿拉乌德丁·卡尔吉(Alauddin Khalji)曾推翻伊斯兰教法作为国家基本法的地位,但这种做法在其他地方并不常见。就此而言,像阿拉乌德丁这样背信弃义、杀戮成性的暴君历史上也不常见。他曾经四处征伐,大肆掠夺,为达目的,不择手段。就像他所说的那样,“无论何事,只要我认为对政权有利,为形势所需,我就下令执行”。[1]至于毛拉的建议会在多大程度上得到采纳,则取决于苏丹本人对伊斯兰教的虔敬程度和

---

① R. C. Majumdar的《中世纪印度》(Tauris,伦敦,1951年),第二部分,第297—311页,尤其是引自al-Barani的段落,对此人的罪恶有精彩的讲述。

当时的实际情况,毕竟他们统治的是人数众多并且常常是武装起来的非穆斯林。就政府的指导原则来看,哈里发帝国和奥斯曼帝国与北印度穆斯林统治者建立的政权是一样的,实际上印度南部地区穆斯林统治者通过种种方式建立的政权也是如此。这里要重申一下,即这些统治者并没有将自己的王国伊斯兰化,这些穆斯林统治者不得不学会接受本地原有的治国传统,对于统治着众多强大的印度教封臣的莫卧儿人来说尤其如此。只要国家的大多数臣民是印度教徒,本土的治国传统就会对统治者的治国方式产生重大的影响,更不要说当统治者本人也是印度教徒的时候了。但是,印度教国家本身也会受到印度教社会结构的重大影响,甚至是约束。[1217]在政治权威面前,无论是伊斯兰教的,还是印度教的,它都几乎毫不妥协。由于这种社会结构是印度教的功能之一,在对传统的印度教国家进行有益的探讨之前,我们有必要先讲一下这个宗教。

2.1 印度教和社会结构

在传统的印度教政体,最为核心的因素是种姓制度,而这一制度本身就是印度教的全部。印度教在英语里通常被称为"Hinduism",但这一用法会导致一个严重的误解,因为"这个词语所涵盖的众多宗教现象不是一个整体,也不会成为一个整体……印度教并不是指一个实体,而是西方对一系列形形色色的事实的命名。只要使用这个词语,就不可避免地要将事情过度简单化"。①

印度教千变万化,根本无法准确描述。它承认上帝无所不知、无所不在。实际上从某种程度上讲,印度教所倡导的是一种泛神论。我们必须注意,通往"梵天"(Brahma,即最高实在)之路不只有一条,而是有很多,每一条都是有效的。

> 印度的宗教一直都是海纳百川、兼收并蓄的。因此,印度教对

① W. Cantwell Smith,《宗教的意义和终结》(Mentor Religious Classics,1964 年),引自 W. Foy 编著的《人类的宗教追求》(Croom Helm/Open University,伦敦,1978 年),第 49—50 页。

> 各种信仰和行为极为宽容,这种宽容甚至到了难以置信的程度。在印度教的社会结构内部,既有神秘主义哲学家,他们不相信人格化的神灵,又有多元论者,其中包括原始的、只对本地神灵(如土地神和森林之神)感兴趣的万物有灵论者,也有类似于古代希腊、罗马和埃及时期的多神论者。在这两个极端中间还有狂热的一神论者,他们笃信单一的人格化的神,从表面看来,这个神和许多基督徒心目中的上帝相类似。①

从表面上看来,就像一位印度的基督教徒向我埋怨的那样,印度教徒"什么都崇拜,什么人都崇拜"。他们会崇拜耸立在村社广场中央的林伽(lingam),即男性生殖器象征,还会崇拜一个或多个本村或当地的神灵。他们中有的信奉守护之神毗湿奴(Vishnu),有的信奉集毁灭与再生于一体的湿婆(Shiva),还有的信奉印度教的其他神灵,如罗克希米女神(Lakhsmi)和迦梨女神(Kali),还有广受爱戴的黑天神(Krishna)。他们还有的对所有这些神灵都避而远之,为了寻求最高实在,过着流浪的苦行者生活。印度教的兼容并包可以通过"化身"的概念得以解释。伊湿伐罗(isvara,即上帝)和毗湿奴都有很多化身,有的以人的形式出现,有的不是。[1218]奉行印度教的人相信"三位一体",也就是梵天、毗湿奴和湿婆三位大神。从很早的时候开始梵天就没能形成单独的崇拜,毗湿奴被看成是守护之神,而湿婆则被看成是至高神灵破坏性的一面。这些主神和许多其他神灵可以化身为人,例如在史诗《摩诃婆罗多》中,为英雄王子阿周那驾驭战车的人竟是黑天神。

在这些纷繁多样的背后,也有一些共同因素。印度教的教义包含在一系列的经文之中。几个世纪以来,这些经文不断发展,互为评注,可以一直上溯到《吠陀经》。婆罗门是这些吠陀经典的传承者,这一等级不但在精神上生来高贵,还被认为是宗教仪式上最为纯洁的人。印度教有自己的伟大史诗《摩诃婆罗多》和《罗摩衍那》,其中的片段会在

---

① A. C. Bouquet,引自 K. M. Sen 的《印度教》(Penguin, Harmondsworth, 1961 年),第 37 页,脚注 1。

村社的节日时演出，以传播其道德伦理，而学问高深的“知识阶层”梳理宗教文本，从宗教上对其进行深入解析。印度的造型艺术和建筑围绕着一个基本模型，而这一模型有十分明显的印度教色彩。一个共同的信条贯穿所有的宗教现象，这一信条对于印度教徒的政治观念和行为都起着十分关键的作用，它就是灵魂轮回说。

人的灵魂处于一种无休止的轮回状态。人死后，其灵魂会转移到另外一个实体，这个实体可能是十分低级的毛虫，也可能是清扫工、武士或学者。灵魂在某一特定时刻的居所取决于其在上一次化身时的行为是好还是坏，这就是“业力轮回”。存在之轮永无止息，于是灵魂就陷入无边的苦海，不断地以各种形式出现，这就是轮回。通过多行“功德”，灵魂就可以向更高级别转生。反之，如果多行恶事，灵魂就会向更低级别堕落。经过这样一次次的转世轮回，人的灵魂可以不断上升，直到最后从这种轮回中获得解脱，灵魂和最高存在化为一体。在此过程中有很多“解脱之道”，其中之一就是“大法”(又译作“达摩”)这一重要概念。

从本质上讲，大法就是事物的自然特性，如河流的大法是流动，石头的大法是下落，而人类的大法就是履行与其身体和灵魂之地位所相应的义务。从此意义上讲，大法就成为一种义务，这种义务源于一个人的人生境遇。[1219]作为义务的大法是康德式的，必须为了义务本身而履行之。①

显然这种教义本身就具有浓厚的等级秩序色彩：最下面是动物王国，往上是人类，在人类内部，又分出四个等级，②即种姓，而每个种姓内部又有很多亚种姓。种姓被称为瓦尔那，字面意义为“肤色”，亚种姓

---

① 源自史诗《摩柯婆罗多》的印度教经典《薄伽梵歌》(字面意思是“世尊之歌“)对此进行了阐述。通常认为该书成书于公元2世纪。争夺王位的两支大军互相对峙，准备决战，般度(Pandava)一方的首领阿周那想到战争会带来的生灵涂炭，心生退意。但是为他驾驭战车的黑天神对他说他不应该这样想，作为刹帝利，他的“大法”就是战斗，“如果你不打这场正义之战，你就无法履行自己的‘大法’，这是不光彩的，是一种罪过……不要在乎苦乐、得失和成败，准备好战斗吧！”(第2卷，第33和38页)，F. Edgerton译(哈佛大学出版社，剑桥，马萨诸塞州，1972年)。

② 严格意义上讲，“等级”也是“迦提”，但是我遵循的是传统用法，这样可以更加清晰明了。

被称为迦提。

种姓的历史可以追溯到吠陀时代。四个种姓中,地位最高的是学者祭司等级,即婆罗门,位居其后的是武士等级,即刹帝利,再往下是吠舍等级,包括商人和农民等。地位最低的等级的是首陀罗,即手工业者和贫民,但是他们还不是处于社会的最底层,最底层的是贱民,即被剥夺了种姓的人。他们从事社会上最为肮脏,从宗教上讲也最为不洁的工作。实际上,除了婆罗门和刹帝利这两个种姓之外,社会上最为活跃的因素不是这些种姓本身,而是每个种姓内部的亚种姓。婆罗门担任刹帝利国王的祭司。拉贾斯坦地区的拉齐普特人王公贵族之间征战不断,他们虽然是外来移民的后裔,但是却以刹帝利自居。

对于人类学家和社会学家来说,种姓制度一直是一个不解之谜,围绕其源头、本质和功能有很多争议。现在印度社会有近3000个种姓,这些种姓之间高低贵贱各不相同,由低向高逐级上升,直到地位最高的婆罗门等级。这种等级划分并不意味着社会阶梯上有3000个等级,在任何一个具体的地区,亚种姓的数量要少很多,并且其中很多具有平等的地位。种姓制度有如下主要特征:首先,它实行的是内婚制,也就是说婚姻关系必须发生在同一种姓之间。同一种姓的成员常常有一个共同的名字,有时源自同一个祖先。其次,同一种姓的成员固守同样的习俗,尤其是在宗教纯洁性方面。它决定着应该和谁一起吃饭,使用什么样的器皿,以及婚丧嫁娶之仪式。从很大程度上讲,这一特征是第一个特征的必然结果。[1220]最后,种姓决定着社会等级的划分,而这一等级划分的主要标准就是宗教纯洁性。因此,社会流动性很小。高级种姓的男性可以娶低级种姓的女性,虽然从名义上低级种姓的男性也可以娶高级种姓的女性,但是在现实中这种情况很少发生。

种姓的成员可以相信也可以不信任何的信条和学派,无论是宗教上的还是哲学上的,这都不会影响其种姓地位。如果一个人违背种姓关于大法的规定,不履行对种姓的义务,他就会丧失其种姓地位。除了被印度教信徒普遍接受的道德规范之外,每一个种姓都有属于它的大法,而这一共同的道德规范则被认为是人类的大法。印度教的共同大法对教徒有很多要求,其中包括对婆罗门的尊敬,对不同动物生命神圣性的不同程度的尊重,尤其是对牛要十分尊重。……种姓的每一个成员都要严格遵守该种姓的规定,同时也不能干涉其他种姓的成员遵守其种姓的规定。种姓成员的主要义务就是遵循种姓的习俗,尤其是在饮食和婚姻方面。①

这些种姓中有很多成员数量很小,往往仅限于某一个地域,并且仅限于某一种职业。村社是印度最为重要的政治单位,直到今天依然如此。如果我们到村社去看一看,会发现这些种姓会按照该种姓大法的要求对待其他的种姓,而其他的种姓也会按照各自大法的规定对待他们。村社里的种姓之间是有高低贵贱之分的,婆罗门如果拥有土地,显然是最高的种姓。在同一迦提内部,一个家庭会向其他家庭提供物品和服务,同样也会得到其他家庭的回赠,如特定数量的谷物。村社里这种礼尚往来的服务包括土地使用权的交换,互相提供祭司服务,尤其是在婚嫁之时,其他的服务如提水,扫地,清理垃圾,等等。每一个迦提的成员都为其他所有人提供某种服务,同时也接受其他成员的服务,我为人人,人人为我,形成了一种密切的、互相依赖的关系网络。种姓制度无所不在,影响到人们生活的方方面面。②

对于印度最为极端的社会保守性来说,种姓制度既是因,也是果。在穆斯林的统治之下,正是这一制度使印度教的生活方式得以保存,但是在政治上,这一制度也有十分重要的影响。在这样一个以村社为主要政治单位的国家,种姓与亚种姓和行会与村务委员会一起,提供了通常情况下应该由中央政府提供的大部分服务。对于村民来说,不同种姓之间的互动比王朝的更替要重要很多,这就是为什么印度教的王国如此不稳定。人民根本就没有国家的概念,他们只忠诚于自己所属的社会等级。相应地,对于统治者来说,一个十分核心的职责就是维持各种性之间的等级划分。[1221]因此,履行这一职责并在社会传统所允许的范围之内行事就成为对其权威的主要限制,也许是唯一的重要限制,下面我们就开始探讨这一方面的问题。

---

① R. Segal,《印度的危机》(Penguin,Harmondsworth,1965 年),第 35 页。

② 同上,第 35 页。

2.2 印度政体

在本部《统治史》关于古代希腊的部分,我们曾专门将希腊挑选出来,作为统治史上一个独特的、持久的创新的开端,这个创新就是共和制。我们曾说希腊是共和制政体在全球范围内最早出现的地方,其实并非完全如此。在古代印度,盛行一时的政体的确是君主制,但是那里也曾经出现过一些共和制政体,可能是到了笈多王朝时期,它们才消失。实际上佛陀正是在这样的一个共和国下定决心,远离红尘,出家修行,开创了一个新的宗教。这里的问题是我们对这些共和国的情况知之甚少。它们很可能是由桀骜不驯的刹帝利贵族建立的,他们不愿意屈居人下,受日益独裁的新生君主制政权的支配,于是他们跑到北部的山区,建立了属于自己的寡头政府。这种情况和那些逃到冰岛的挪威人十分相似,他们也是不愿意服从王权的支配而选择自我放逐。但实际情况也有可能与此相反,即由部落寡头政体发展成为君主制政体。无论是哪一种情况,似乎这些寡头政体都是由一些贵族家族构成的,由这些家族的首领组成一个议事会实行统治,这些首领由选举产生,轮流担任王(raja,和拉丁语里的"rex"同源),而实际上王相当于议事会的主席。在这种寡头政权统治之下,普通百姓拥有消极权利,但是却没有积极权利,即参与政治的权利。

最早的君主制政体由国王实行统治,辅佐他的有一个议事会,从成员构成上看,与共和政体的议事会相类似,但是到了公元前 900 年前后,议事会已经消失,取而代之的是朝廷重臣和皇亲国戚。①公元前 700 年以后,这部分人也退出了历史舞台,这时对王权的唯一制约就只有宗教了。在吠陀时代曾有一个阶段,婆罗门声称自己拥有和国王同等的神性和声望。婆罗门的宗教仪式过于繁琐,结果导致了教派的分裂,于是就出现了耆那教徒和佛教徒,还有了虔诚派运动的兴起,以及毗湿奴教派对人格化神灵的信仰。国王总是会有高级婆罗门祭司的辅助,在宗教事务方面,必须服从祭司的指挥。[1222]除此之外,在其他各个方

① Basham,《神奇的印度》,第 42 页。

面,国王都可以实行专制。于是,在处理一个诉讼时,“国王不问是非曲直,而是简单地说一句‘把他拉下去,钉到尖桩上’”。[①]根据《玛努法典》(Manu smrti[②] 或 Laws of Manu[③]),婆罗门祭司赋予国王以神性,但是就像巴沙姆颇具嘲讽意味地指出的那样,在一个连石头草木都会受到崇拜的国家,“古代印度的神性是很廉价的”。[④]高级祭司的地位和国王一样尊贵,[⑤]但是国王要更加强大,因为只有他有权使用丹丹尼提(dandaniti),即统治法或惩罚法,丹丹尼提大致相当于统治权。在各个大臣的协助之下,国王利用这种权力执行普通法和神圣法,其中前者就是当地的司法惯例。大臣的人数并不确定,有时是 8 位,有时则多达 30 位。

下面是印度各王国进入中世纪(公元 700 至 1200 年)时的基本情况。王权是世袭的,实行长子继承制,但是国王会在自己在世期间做出选择,如果继承人不合格,也会让家族其他成员继承王位,如家中的次子。王位的继承绝不是平稳和顺利的,很多情况下,叔侄之间会为了争夺王位而发生斗争。实际上,正是有了王室家族内部成员之间角逐王位的斗争,东印度公司才可能在建立之初乘虚而入,将自己支持的候选人推上宝座。前面我们已经提到过国王的神圣性,此时这种神圣性也受到了挑战。当然,国王的加冕典礼会十分隆重,充满了繁琐的仪式:宗教性的沐浴,火祭,象征性地以 12 种不同的土壤擦拭国王的身体,接着,在祭祀神灵之后,国王从婆罗门手里接过武器和华盖,正式登基。[⑥]

从道理上讲,国王不能随心所欲、专断行事,但是并没有任何形式的制度约束禁止他这样做。虽然如此,他依然要受到来自三个方面的

---

① Sinha,《孟加拉经济史》,第 88 页。

② “smrti”,意思是“记住”,是指一种宗教文学,其中包括律法,史诗和《往世书》(*Puranas*)。

③ 约成书于公元 200 年,共 12 章,其内容涵盖了司法、教法教规和家庭道德。书中还宣扬“因果”和“大法”思想,向人们展示地狱的惩罚。该书影响巨大,通过后人的各种注解,已经成为圣典。

④ Basham,《神奇的印度》,第 86 页。

⑤ Sinha,《孟加拉经济史》,第 170 页。

⑥ P. B. Udgaonkar,《中世纪印度北部的政治制度和行政》(Varanasi,Delhi and Patna,1969 年),第 39、47、58 页。后文将多次援引该书。

限制：首先，他必须要遵守神圣律法，即共同的大法，如《玛努法典》的规定。和高级祭祀与其他婆罗门发生争执是不明智的，因为他们是王权的监护人。其次，当地的风俗和传统，种姓的规定和工商业行会的规矩不但要遵守，必要时还要强制执行。[1223]最后，中央集权化的行政机构虽然复杂，但其功能最终不过是对内维护社会安定，对外抵御敌人入侵，与此同时还要筹集完成这两项任务所需要的资金。其他几乎所有的国家社会经济职能①都由非官方的村务委员会来履行。当时的印度人没有国家的概念，社会独立于国家，超越国家。他们心目中的“国家”只是国王个人的延伸，其唯一职能就是维持现有的社会结构，包括维护种姓制度和与其有关的传统，缉凶捕盗，维护当地的宗教信仰，防御外敌入侵。②有无抵制暴政的传统呢？一些现代的权威人士认为没有，③但是古典文本对此有不同的看法。例如，在《摩诃婆罗多》中，有一处支持人们揭竿而起，推翻懦弱无能或残暴无道的君主，“他应该像疯狗一样被杀掉”，但是在另外一个地方，它又认为无论什么样的君主也比没有君主强。④叛乱的确发生过，但是对此传统上又有不同的看法。在规定人们行为规范的《达摩律法》中，有些文字专门说明了在什么情况下的反抗是正义的，而国王则被认为是人民的“仆人”，人们将收入的六分之一用到他身上。作为仆人，如果他无法履行自己的义务，就要被辞退。但是也有一些文本认为普天之下，莫非王土，因此所有的农民都是其佃农，而他们缴纳的赋税不过是地租。持这一看法者占多数，当然这方面的证据并不缺乏。⑤

这样的中世纪王国的中央机构看似很强大，但是我们必须记住一点，那就是实际上执行这些决定的人是各个村社的头人和村务委员会，在城市聚落或城市，则是与其功能相当的领导人物和组织。⑥

当时的官僚机器可能十分复杂，因此下面我们只能最简单地描述

---

① 水利工程、庙宇和道路可能由朝廷有选择地进行修建。

② Basham，《神奇的印度》，第 88 页。

③ Udgaonkar，《中世纪印度北部的政治制度和行政》，第 65 页。

④ Basham，《神奇的印度》，第 87—88 页。

⑤ 同上，第 109—110 页。

⑥ 《剑桥印度经济史》，第 1 卷(1982 年)，第 448 页。后面将会更多地谈到对城市的治理。

一些大概情况。最主要的大臣包括前面提到过的高级祭司，国王的副手（pratinidhi），相当于宰相的帕丹（pradhana），从社会和宗教事务方面为国王提供建议的班智达（pandita），相当于财政部长的苏曼德拉（sumantra），相当于首席会计师的阿玛蒂亚（amatya）。我们知道这一制度是家产制的，这些大臣会在不同的职位之间来回调动，每一个大臣的决定都要向国王提出书面报告，以获得其批准。[1224]除了这些之外，我们对各个机构的情况不得而知，因为就像我们读到的那样，"对于这些部门是怎样组织、怎样运作的，我们很难说清"。虽然我们可以有一个长长的官员名单，但是"对于我们理解其权力和职能帮助并不大"。①

除了这些大臣之外，还有其他的高级官员，但是很难对他们进行概括，因此对我们现在所描述的都有很多例外情况。这里必须要提一下军队的总司令和其下属的三军司令员，这三军分别是步兵，骑兵和大象兵。在维护社会治安方面，军警不分。②在财政方面，首席会计师负责监督各项税费的征收工作，控制着土地的授予，还要负责国家粮库。被授予各位大臣和其他官员的领地被称为贾吉尔（jagir），是对其服务的报酬。财政部在行省和乡镇都有自己的官员。

王国被分成多个行省，每个行省负责征税、维护法律秩序、控制着更低一级的行政单位。对于乡镇和城市聚落的管理和东方和中东大部分地方的情况并没有多大差异，没有社团的或者市镇的机构、权利、"自由"或法人资格。进行统治的是"普拉帕蒂"（purapati），通常是士兵，但有时是由于在文字或管理方面的才能而被推选出来的人士。在一些要塞市镇，军队的指挥官负责驻守部队和堡垒，而普拉帕蒂则专门负责民事事务。从穆斯林德里苏丹时开始，被称为科特瓦尔（kotwal）的城市治安长官成为十分重要的官员，可以指挥一支队伍。由于政府只负责法律秩序、税收和其他一些经济事务，如市场法规的制定和执行，市镇内部生活的方方面面皆由公民中德高望重者负责。城市被分成不同的马哈拉（mahal 或 mahalla），即生活区，同一种姓或职业的人生活在

① Udgaonkar，《中世纪印度北部的政治制度和行政》，第92—101页，第107页。
② 同上，第121页。

同一个区域。很多情况下,这些生活区之间有高墙相隔,在夜间或动乱时期大门会关闭。在每一个生活区内部,人与人之间的争议由长老议事会出面解决。如果要上诉,可以到更高一级的中央政府的代表卡济那里,但是这种情况并不常见。

13 世纪前的几个世纪发生了一个重要的变化,使上述的政府结构变得更加复杂,[1225]这个变化源自上文提到的国王向臣下授予土地的做法。这些土地有的被授予带兵作战的大臣,有的被授予婆罗门,作为对其宗教活动的奖赏。因此,我们必须认识到两点:首先,这些王国之间的边界不但不固定,有时甚至会完全消失。其次,这些王国被分成一个个区域,各个等级的领主履行着重要的政府职能,尤其是财政职能。这是一种封建式的制度,但并不是真正意义上的封建制度,被授予的土地并不构成封地,而相当于是一种俸禄,实际上是一种财政手段。此外,这些被授予土地的大臣并不像西方封建制度下的封臣那样要供国王咨询,也没有组成一个议会。

国王通常会将多个村社授予大臣,有时 10 个,有时 12 个,有时 16 个,被授予者还可以将其继续分封下去。例如拉齐普特拉(rajaputra,意为王子,即军事封建主)向一位高级贵族申请获得封地,这可能是一个村社,他要负责征收赋税,而要想做到这一点,他还要把部分土地分给商人和会计。这些人并不是通常意义上的"包税人",而是拉齐普特拉的代理,他们要按照契约的要求完成征税任务。①受赠者不仅可以获得村社的收入,还拥有整个村社,有时被授予的还包括树林和矿藏等等。有时官员会被授予工匠甚至农民,这些工匠和农民已成为事实上的农奴。②实际上,我们可以看出,即使农民没有被明确转让给受赠者,很可能后者依然可以对他们行使支配权,他们要听命于他,向他缴纳各种赋税。③如果负担过于沉重,农民就会远走他乡,这是中世纪经济的一大特征。

---

① R. S. Sharma,《印度封建主义:从公元 300 年至 1200 年》(Calcutta,1965 年),第 200—202 页。上述内容全部依据的该书。

② 同上,第 226、228、234 页。

③ 同上,第 235 页。

无论是在某一个王国，还是在其继承国，无论边界有没有发生变化，无论是被分封下去，还是直接受国王管辖，这么多世纪以来有一个因素是固定不变的，那就是村社。有人把印度各个国家的政治史看成是为数众多的村社不断被融合、再融合的历史。由于军事力量的影响，国家之间的边界而总是在发生变化，但是村社及其功能却一直都很稳定，那就是维护村社的法律秩序，在发生内战或外敌入侵时自我防御，征收并上交赋税，解决村民之间的争端。村社事务由头人管理，头人通常是世袭的，负责本村的税务评估记录和土地簿册。[1226]对他的报酬是一片不用缴纳地租的土地，还有少量的金钱。头人并不一定非要出身婆罗门，他们更多的是刹帝利，有时甚至来自更低的等级。他们是当地的“大人物”，属于有钱人。他有自己的办公地点，可能还有一位会计帮忙，但是从有关南部和北部国家的记录来看，这方面的情况有所不同。①根据这些记录，头人受到村务委员会的协助，这一点很重要，因为村务委员会可以不受种姓地位的限制。对于印度北部地区村务委员会的形成细节我们知之不多，但是在南部是根据候选人的财产状况、教育程度和思想品德选举而出的。这个委员会代表的是村里有钱有势者的利益。②在泰米尔地区，村务委员会成立分会，负责维护水库、庙宇和道路，但是在北部没有这样。也许最为重要的是村务委员会作为原诉法庭的作用，只有当这里无法达成一致时，才会上诉到国王的法庭。③然而，实际情况比我们这里描述的要更加混乱。

在讨论莫卧儿帝国之前，我们不妨再指出一点，那就是即使一些最富有、最强大的印度王国，其边界也十分脆弱，组织十分松散。虽然边界很不稳定，同邻国不断发生战争，有些王国依然存在了很长时间。以朱罗王国为例，虽然经历了很多动荡起伏，但是却从10世纪早期一直延续到1257年才崩溃，而朱罗王朝直到1279年才消亡。这是一个十分富有的王国，其核心区域位于坦焦尔和特里奇诺波利。在其势力巅峰时期，卡佛里河之南的所有地区都在其支配之下，此外还拥有很多海

---

① Udgaonkar，《中世纪印度北部的政治制度和行政》，第164页。

② 来自西印度的证据表明在村务委员会中，各个种姓都有代表。

③ Udgaonkar，《中世纪印度北部的政治制度和行政》，第166—169页。

外领地,包括锡兰、尼科巴和马尔代夫群岛,还有马来西亚南部的部分地区。朱罗王朝的财富来自海上贸易,它有自己的港口,可以建造各种大小的船只,最大的能够承载 700 人。这些船只开展广泛的贸易活动,西到霍尔木兹海峡,东至中国,因此这个王国拥有繁荣的商业城市。

朱罗王国的国王和附属领地之间的关系并非建立在有效的行政或军事力量之上,而是其宗教上的神圣地位以及作为荣誉和合法性的源头这一事实。因此,它并不是"中央集权的君主制",①而是与此相反,中央行政机构并没有渗透下去。由于同样的原因,村社享有"相当"广泛的自治。②[1227]来自朝廷的官员与其说是行政管理者,不如说是参与者兼观察者。村务委员会可以分为三种,第一种是普通村社里的委员会,被称为"乌尔"(ur),名义上是由所有纳税人构成,但实际上是由富人构成的。在婆罗门村社里,村务委员会被称为"塞卜哈"(sabha),是通过抽签来决定的。在贸易城市里,相应的委员会被称为"纳加莱姆"(nagaram),大致相当于行会。这些委员会根据评估结果征收赋税,将属于国王的那部分上缴,留下供当地使用的部分。在村社里,庙宇是社会和经济生活的中心。

下面我们从朱罗王国转向一个继承国,毗奢耶那伽罗王国(Vijayanagara),一个强大的"战争国家"。这个国家是在 1343 年由一位名叫哈里哈拉(Harihara)的征服者建立的,以克里希纳河为界。同样,贸易也给这个王国带来了巨大的财富。和朱罗王国不同,其统治者并不是泰米尔人,而是来自北部的武士,他们征服了朱罗王国瓦解之后出现的众多酋邦。由于四面环敌,统治者需要大量的金钱作为守卫城堡的士兵和婆罗门城守的薪饷。和其前的朱罗王国一样,它也不是通过官僚机构征收所需的款项,而是由各地向中央定期上缴税款。从中央集权的程度来看,毗奢耶那伽罗王国并不比朱罗王国走得更远,实际上甚至还远不如朱罗王国。这方面的描述并不一致,看起来似乎有 200 位左

---

① B. Stein,《剑桥印度经济史》,第 1 卷,第 32—37 页。与其相反,在《印度史》(Penguin, Harmondsworth, 1960 年)第 1 卷中,R. Thapar 认为这里实行的是中央集权制,有高效的官僚机构。见该书第 200—211 页。

② Thapar,《印度史》,第 200 页。

右的武士酋长向中央纳贡，他们被称为是纳亚卡(nayaka)。对他们的身份也是有争议的，根据葡萄牙人费尔南·努内兹(Fernão Nuniz)① 的说法，他们仅仅是国王的"承租人"，"租金"则是要为其募集军队，还有一种说法是他们本身就是土地拥有者，只是有时参与王国的征伐。逐渐地，这些纳亚卡开始凌驾于村务委员会之上。到莫卧儿人入侵并征服这个王国的时候，这些纳亚卡的力量已经日渐衰落，甚至连出身婆罗门的纳亚卡也不例外。王国的残余部分一直延续到17世纪后期，但是其成员逐渐和印度人融为一体，这和诺曼人在英国的情况很类似。

3. 莫卧儿帝国

对于欧洲人来说，莫卧儿时期的印度是一个奇迹。印度意味着财富，而帝国则意味着强盛国力。对于印度人来说，在英国人统治这个国家之前，莫卧儿帝国代表了印度历史上的黄金时期。虽然如此，莫卧儿人却属于异邦人，并且是穆斯林。对于印度的音乐、绘画、尤其是建筑来说，这一时期的确是黄金时期。在这一时期，王宫里积聚着数不清的金银珠宝，穿不完的绫罗绸缎，贵族阶层穷奢极侈，大肆挥霍，[1228]这一切都让欧洲人看得目瞪口呆，感喟不已。

我们必须忽视所有这些奢侈腐化的外部标志，因为从统治史的角度来看，莫卧儿帝国能够值得我们注意的只有一点，即它是南亚次大陆历史上出现的第一个大一统的中央集权的国家，而不是传统意义上的曼荼罗帝国，这是一个很了不起的成就。不仅如此，在其鼎盛时期，帝国的疆域涵盖了整个后来的"英属"印度以及今天阿富汗的很大一部分地区。

但是对我们来说，莫卧儿帝国也仅此而已。它的政治体制缺少独创性，它是一个以不断劫掠别的国家为生的征服国家，完全是剥削性的，将广大农民和商人辛勤劳动所得占为己用，供极少数的统治者过着穷奢极欲的生活。对这个帝国的简单描述会显得其行政很高效，行政

① Thapar,《印度史》,第328—329页。

机构也整齐划一,但我完全不这么认为。这种整齐是人为造成的,在实践中并不存在。就像我们预料的那样,和到现在为止所遇到的农业帝国一样,政府的行政十分松散,混乱无章,组织紊乱,腐败盛行。在这方面,只有日本德川幕府时期的日本是一个例外。总之,在亚洲所有的大国之中,再没有像莫卧儿帝国这样反差如此显著的,即一方面是巨大的财富和发达的享乐文化,另一方面是腐败而松弛的行政。这将是后面的探讨所得出的结论,但是我们必须首先简要介绍一下帝国的建立和历史发展过程。

3.1 历史发展

莫卧儿帝国的开国君主是巴布尔,其子胡马雍(Humayun)先是丧失了帝国,后来又卷土重来,帝国失而复得,而胡马雍的儿子阿克巴使帝国更加巩固,成为一个真正统一的国家。后来发生了王子的叛乱和王子之间的继承权之争,出现了三位强大的专制者,他们是贾汗吉尔(Jahangir),沙·贾汗(Shah Jahan)和奥朗则布。他们中每一个都在一定程度上使帝国得以扩张,其中最后的一次扩张是奥朗则布对南部的戈尔康达(Golconda)和比加普尔(Bijapur)两个王国的征服,这样就只剩下次大陆东南部角落的一些本土王朝。在进行征服与扩张的同时,奥朗则布试图在西部的德干地区征服本土的马拉塔人酋长,结果无功而返。在其继承者巴哈杜尔·沙一世(Bahadur Shah)的短暂统治之后,内战加上君主昏庸无能使中央政府的权威遭到破坏,莫卧儿帝国从此土崩瓦解。

巴布尔生来就是一位王子,也是一位不折不扣的军事冒险家。[1229]他出身显赫,是帖木儿的直系五代孙,在母系一边则是成吉思汗的第13代。他说的是突厥语,因此应该被看成是突厥人,但是在中亚一带,突厥人和蒙古人互相杂居,印度人将其看作是蒙古人,因此就有了“莫卧儿”这一称号,意为“蒙古”。

巴布尔之父是费尔干纳的统治者,巴布尔早期的战争是为了收复沙马尔罕,最终却未能成功,但是他的确成功夺取了喀布尔和坎大哈。从此,他开始将注意力转向南部地区。德里苏丹国虽然已经瓦解,但是其核心区域落到了能干而好战的洛迪家族手中。洛迪家族内部爆发了继承权之争,争夺者之一邀请巴布尔前来助战。巴布尔曾四次发起突然袭击,但是都没能成功。到了1525年,在奥斯曼炮兵的援助之下,他发起第五次攻击,这些炮兵起到了关键性的作用,在德里之北80英里处的帕尼帕特,他率领12000人的队伍击败了易卜拉欣·洛迪已经落伍的10万大军。接着他占领首都德里,想要在此久留做皇帝的用心已经很明显,早在阿富汗之时他就已经取得了"帕迪沙"(padishah,即皇帝)的称号。于是,印度本土的拉齐普特人酋长联合起来对其发起挑战,虽然同样是敌众我寡,他再次以新的战术成功获胜,在阿格拉西部的坎瓦战役中击溃对手。在其后的几年里,他再次将时常入侵的阿富汗人向北驱赶,洛迪王朝最后一次集结军队也被歼灭。到1529年,他成为印度河恒河流域的主宰者。他已经建立了一个帝国,虽然他的辖下不过是一群争执不休的地方酋长。他所取得的一切在其子胡马雍手里又全部失去了,后者被一位名叫舍尔·沙(Sher Shah)的贵族从宝座上赶下来,逃亡到了波斯帝国。舍尔·沙建立的王朝并不长久,因为在1555年,胡马雍从波斯带着一支大军卷土重来,夺回了本来属于自己的王位,但是他这次在位的时间也不长久,因为他在6个月后的一次事故中丧生,就这样将王位留给了14岁的儿子阿克巴。宰相拜拉姆(Bairam)精心辅佐少主,局面得以维持,直到阿克巴20岁时开始亲政。

阿克巴是世界历史上最伟大的统治者之一。当然,莫卧儿帝国的开创者是巴布尔,但是其巩固和壮大却是阿克巴的业绩,其中包括三个方面:首先,他大大扩张了帝国,将拉贾斯坦(意为拉齐普特人的家乡)、孟加拉、奥里萨、信德、比哈尔、克什米尔和古吉拉特纳进帝国的版图。其次,他在所有这些地区实行了统一的行政和财政系统,而他本人则位于系统的最高处。第三,虽然阿克巴是一位穆斯林,但是在击败信仰印度教的各位拉齐普特土著王公之后,他将他们吸收到统治阶层,结束了前面几位统治者对印度教臣民在宗教和财政上的歧视、有时甚至是不折不扣的迫害。[1230]这样一来,印度教信徒第一次有了统治者和他们融为一体的感觉,由此产生的社会和政治上的团结一致是莫卧儿帝国成功的基石。到了强硬的、不妥协的奥朗则布那里，这种团结性遭到破坏，有史家认为这预示着帝国的灭亡，我们后面将对这一观点加以讨论。

大事年表

1526年，巴布尔建立莫卧儿帝国

1530—1539年，胡马雍在位。

1539—1555年，苏尔王朝四位皇帝

1555年，苏尔王朝灭亡，胡马雍重登帝位

1556年，胡马雍死于事故

1556—1605年，阿克巴大帝在位，14岁登基

1556—1660年，阿克巴的辅佐者拜拉姆主政；在帕尼帕特，决定性地击退阿富汗人的入侵

1560—1562年，后宫主政；攻占马尔瓦。

1562年，阿克巴亲政；和信奉印度教的拉齐普特人、安珀的公主联姻，后来为其生下贾汗吉尔

1564年，阿克巴废除对印度教徒的人头税

1568年，攻占拉齐普特人的要塞契图尔

1571—1573年，征服古吉拉特，打开了通向西海岸的道路

1576年，征服孟加拉

1601—1604年，王子萨利姆(Salim，即后来的皇帝贾汗吉尔)发起叛乱

1605—1627年，贾汗吉尔在位

1628—1657年，泰姬陵的建造者沙·贾汗在位(1666年去世)

1647—1653年，希瓦吉(Shivaji)建立马拉塔国家的核心

1658年，沙·贾汗四个儿子之间爆发内战，虔诚的穆斯林奥朗则布获胜

1658—1707年，奥朗则布在位；向南征服到卡纳提克一带

1665年，重新开始征收对印度教徒的人头税，并且选择性地迫害印度教徒

1669年，奥朗则布迫使希瓦吉签订和平条约

1670 年,希瓦吉再次掌握战争主动权

1674 年,希瓦吉自立为王

1679 年,拉齐普特人被疏远并被击败;马瓦尔被吞并

1680 年,希瓦吉去世

1681 年,王子阿克巴反叛,以失败告终

1681—1688 年,奥朗则布率军成功征服比加普尔(1686 年)和戈尔康达(1687 年)。希瓦吉之继承人桑巴吉(Sambhaji)被俘虏,饱受侮辱后被处死。马拉塔人发起反对奥朗则布的独立战争,战争延续了 20 年之久,马拉塔人依然没有放下武器

1707 年,奥朗则布去世

[1231]1707—1712 年,继承权之争引发内战,沙·阿拉姆(Shah Alam)获胜,以巴哈杜尔之名号称帝

4. 莫卧儿帝国的政府

4.1 莫卧儿帝国概述

在莫卧儿帝国鼎盛时期,包括 20 个“苏巴”(subah),即省,这些省又被进一步分成地区,最下面是村社。每个省有一位省督,代表皇帝实施统治。省督的活动受到一位被称为“迪万”(diwan)的财政官员的监督和制约。在直到村社的每一个行政层面,不同等级的官员履行着国家十分有限的职能,即军队、治安、司法、赋税的评估和征收。这些常任官员被称为“曼萨卜达尔”(mansabdar),在理论上文职和武职之间并无区别。在行政结构的最上层,即朝廷,文职和武职实际上是经常互换的。在更低层面上则存在着事实上的职能划分。至少是从阿克巴统治时期开始,高层官员被授予“贾吉尔”(jagir,即封地),相当于奥斯曼帝国的“提马尔”和后期阿拉伯国家和埃及的“伊克塔”。

国家的职能仅仅是结构性的,其功能仅限于战争、治安、刑事和民事司法、以及开展这些活动所必需的征税。①虽然有伊斯兰教法官,但

① 选择性的灌溉工程和道路在部分上是例外,对宗教和文化活动也有相当多的支持。

是莫卧儿帝国并没有形成任何像奥斯曼帝国的卡农法那样的成文法典。政府的渗透很不深入,官员的大部分活动都发生在城市,其中很多城市人口稠密,但最主要的活动发生在村社这一层面。在政府官员和普通百姓之间作为中间人的是当地的"大人物",即被称为"柴明达尔"(Zamindar)的贵族地主。

位于这种金字塔结构最顶端的是帕迪沙,即皇帝,他既是政策的推动力量,也是最高协调者。和奥斯曼帝国不同,莫卧儿帝国没有维齐尔这一职位。在到现在为止我们接触到的亚洲帝王中,莫卧儿帝国皇帝的权力最不受约束。生下来就是穆斯林,又在伊斯兰教的环境中长大,如果他愿意,完全可以像阿克巴所做的那样,对毛拉的意见置若罔闻。①[1232]在他所确立的源自外邦和本邦的各式服务贵族的环绕之下,皇帝本人是整个政权的最高权威,和中国、日本或奥斯曼帝国相比有过之而无不及。

4.2 中央政府:皇帝和宫廷

巴布尔及其后继者采用了"帕迪沙"的称号,在波斯语里是"大国王"的意思,因此也就是皇帝,但是他们称帝的合法性在哪里呢?在我看来寻找一个"政治公式"似乎是没有用的,德里苏丹国的君主比这些莫卧儿人更有资格称帝,因为他们的地位是由哈里发赋予的。对于奥斯曼帝国的苏丹来说,无论他们的出身如何,先是以伟大的信仰战士即加齐的名义,后来又成为各地穆斯林的象征和保护者,这才获得了合法性。作为成吉思汗和帖木儿的后人,巴布尔及其继承者的确可以炫耀其显赫的出身,但是这种出身可以给他们带来巨大的声望,并不赋予他们统治权。据说脱离了正统伊斯兰教的阿克巴曾声称其统治顺应天意,但究竟有多少人相信他就很难说了。②然而,是否真的有人需要一套政治理论才能认可莫卧儿皇帝的地位呢?这看起来更像是个人魅力

① 1579年,毛拉煽动了孟加拉和比哈尔的叛乱,宣布废黜阿克巴,后来被他轻松镇压。他曾至少两次解除主要宗教官员的职务,让听命于他的人选取而代之。参见 J. N. Sarkar,《莫卧儿政府》(Delhi,1984年),第70页。

② J. N. Sarkar 对此进行了探讨。第467—468页。

的问题,或者至少是英雄领导者的问题。我们应该寻求的是权力的"米兰达"(miranda,源自拉丁语,意为"值得崇敬的事物"),而不是"克里丹达"(credenda,源自拉丁语,意为"值得信赖的事物"),即情感依据而非理性依据。首先,由于一次次地被征服,统治者一个个你方唱罢我登场,更替频繁,对此无论是印度教徒还是穆斯林,都已经习以为常,他们模糊地认识到征服者理所当然地拥有统治权,有些阿拉伯民族至今依然是这样认为的。无论如何,不管是谁统治,即使周围的战斗如火如荼,村社里的普通百姓照样过着自己亘古不变的生活。但是另一方面,皇帝的确威风八面,他身着盛装,富有天下,在朝廷内外都掌握着生杀大权。作为例行公事,他每天清晨都会走到宫殿的露台之上,接受人们的瞻仰,这就是"加罗卡-伊-达山"(jharoka-i-darshan)仪式,即露台谒见仪式。从这里,他会走到"迪万-伊-阿姆"(diwan-i-am),即勤政殿,在这里帝国各个部门的头脑人物等候朝见。正是为了显示自己的威仪,沙·贾汗下令制造了美轮美奂的孔雀宝座①。在本部《统治史》的第一卷,我们曾经引用过帕斯卡的一段话,但是这里不妨再次提一下:"在4万禁卫军的重重保卫之下,大苏丹安坐在华丽的后宫,这让人的确很难等闲视之。"②

[1233]莫卧儿帝国既没有使其统治合法化的理论,也没有明确的继承法,因此,每一位皇帝都遭遇过至少一次来自儿子或兄弟的叛乱。如果一位皇帝莫名其妙地死掉,结果总是会引发内战。例如,1627年,贾汗吉尔去世,其子沙·贾汗和他的兄弟沙尔亚尔(Shahryar)展开了继承权之争。沙·贾汗获胜之后将所有的男性亲属全部处死。③实际上,即使是在老皇帝活着时,也会爆发这种内战,例如沙·贾汗的4个儿子就发动叛乱,每个人都声称自己是王位继承人。有其父必有其子,他们中间的胜利者奥朗则布以或公开或隐蔽的方式,将其兄弟一个个

① 这个宝座用了4年时间才建成,耗费1000万卢比。看起来像一个吊床,有4条腿,镶嵌各种宝石的华盖由12根翡翠石柱支撑,每根柱子上有两个孔雀,身上也镶满了各种宝石。

② 帕斯卡,《沉思录》(Dent,伦敦,1932年),第三卷,第82页;见本书第二部分,第一章,原书第294页。

③ 《牛津印度史》,第四版(牛津大学出版社,牛津,1981年),第376页。

处死,还将父皇囚禁在阿格拉堡,在这里,他又活了8年。

皇帝只受自己良心的约束。奥朗则布是一位虔诚的穆斯林,愿意听从毛拉的建议,很小心地在伊斯兰教法的范围之内行事,但是其前的皇帝却不愿接受这种制约,尤其是阿克巴,不受任何约束。在到现在为止我们所接触过的所有皇帝中,莫卧儿帝国的皇帝可能最为接近纯粹意义上的专制者。皇帝一时心血来潮就足以将一个人钉到尖桩上处死,也足以将一个人册封为贵族。根本没有成文的法典让皇帝作为参照,即使仅仅是从名义上如此。他对信仰印度教的臣民的态度至多算是一种谨慎之举。

皇帝是赋予莫卧儿帝国的政治体制以活力的唯一因素。和德川幕府时期的日本不同,它没有长老议事会这样的机构实施统治,也不像中国那样,有士人官僚集团对皇帝加以约束,也没有维齐尔和书记员行业公会,即使在苏丹无能时依然能够照常处理国事。莫卧儿帝国只有皇帝一个人,贵族阶层根本无法代替其个人统治,因为这个阶层大部分是外邦人,是皇帝封赐的,完全依附于皇帝,只要他愿意,随时可以剥夺其权力。

4.3 皇室

朝臣、官员、将军和印度教的土著王公频繁出入于皇宫,因为这里是莫卧儿帝国实施统治的中心,这方面的情况我们留到后面谈论主要官员和贵族时再进行讨论,现在我们抛开大象总管、帐篷总管、服饰总管和马匹总管这些官员,仅仅讨论皇室本身两个重要的组成部分,即后宫和皇家卫队。

[1234]后宫被称为是“玛哈尔”(mahal),据说在奥朗则布在位时,里面有佳丽两千。①每位嫔妃都有自己的房间,这些房间被分成很多不同的区,每一个区有一位女性“达罗加”(darogha,即总管)进行管理。和在中国后宫的情况相类似,这些嫔妃被分成不同的等级,最高等级的

① Sinha,《孟加拉经济史》,第537页。但是早些时候,在关于阿克巴的部分,作者认为其人数为5000人。见该书487页。

每月可以领到1028至1610卢比,而里面的婢女每月只能领到20至51卢比。如果大臣因急务必须要联系后宫里的皇帝,他们会写好书面报告,由地位最高的嫔妃读给皇帝听,然后再将其批复传达出来。有趣的是,莫卧儿皇帝的贴身卫士不是太监,而是英勇善战的女奴,"她们英勇无畏,十分擅长弓箭等兵器"。①后宫嫔妃和里面的女卫士有太监为其服务,而太监则有拉齐普特人卫兵提供保护。后宫里充斥着各种太监,根据曼努西的说法,人数有好几千。他们受太监总管的管辖,这个职位十分重要,责任重大,因为他要负责后宫这么多人的生活日用,其中包括日常开销、珠宝首饰和衣物等。要完成这一任务,就必须要从事艰苦而复杂的库存盘点工作。这里不妨补充一下,就这样一位日理万机的太监总管,还要负责宫廷附近和帝国其他地方的军用仓库和国家工厂。实际上,他的职责远不止我们简要描述的这些,还要负责工人的招募,账目的支付和审核,还要负责御膳房和牲畜草料的采购,还有各项与其有关的工作。这位太监总管的官方头衔是"米尔·萨曼"(mir saman)。②

皇家卫队由4000人组成,其中每一位都是从贵族世家精挑细选的精英,受"卫队长官"指挥。

4.4 政治过程

4.4.1 常规的政治过程

要想探讨这一问题,最好的方法就是简要叙述一下阿克巴一天的活动,后来的皇帝与其大同小异。阿克巴每天三次理政,第一次是日出时在皇宫的露台上供百姓瞻仰,即谒见仪式。[1235]到了奥朗则布时期,这一做法被废止,作为一位虔敬的穆斯林,他认为这种仪式相当于把人当作神来崇拜,是对神的不敬。实际上,对于为了一睹圣颜聚集而来的印度教百姓来说,他们很可能就是把阿克巴作为神灵来看待的。

皇帝第二次出现是在勤政殿举行早朝时,文武官员和其他有关

---

① 语出旅行者Manucci,引自Sinha的《孟加拉经济史》,第538页。

② 同上,第537—540页。

人员按照官阶站在两边,等候皇帝从后殿走出来并登上宝座。一周中会有一天专门用来处理司法事务,如提审犯人或呈交诉状。但是早朝的主要工作是任命官员,听取来自各个部门和各个省的汇报。一般情况下,部门长官会将与其部门有关的事务记录大声读出来,皇帝会相应做出指示。这些事务主要和财政收入、官员任免、封地的授予或俸禄有关。这些指示由宫廷文书做记录,并于次日呈交皇上,让他批准。朝见结束之后,皇帝会接着处理来自王公、省督和其他重要官员的诉状。

接着皇帝会回到其私人空间,但不是为了放松。显然,最重要的政策不能在公开的朝见时讨论。这一做法始于阿克巴,他会让几位心腹到其盥洗室附近的房间密谈国事,后来重要的官员和贵族也被纳入进来,于是就成为一项制度。由于这种商讨发生在盥洗室附近,这种集会被以此命名为"Ghusal Khana",意为盥洗室会议,但是沙·贾汗称其为"Khana-i-khas",意为"枢密殿"。奥朗则布使这个秘密议事会成为正式的国家机构。在沙·贾汗在位期间,对于最为重要、最为机密的国事来说,这一机构已经被认为不够保密。于是,沙·贾汗退回到一个更为秘密的房间,即"沙布尔吉"(Shah Burj),意为"皇塔"。

此时已经到了中午,皇帝在后宫进午餐。午餐过后,短暂地午休一下,开始处理官员通过后宫嫔妃呈交上来的事务,就像上文已经提到过的那样。到了下午三点左右,他要去清真寺做祷告,接着回到办公室继续处理政务,然后才能结束忙碌而疲劳的一天。吃过晚饭,他在十点钟之前上床准备休息,而这时会有人读书给他听。①

[1236]显然这样的一天会让人疲惫不堪,但是从阿克巴直到沙·阿拉姆去世,莫卧儿帝国之所以能够保持统一,一个主要原因就是其间所有的皇帝都能够按照这样的常规处理国事,但是沙·阿拉姆之后的皇帝没有做到这一点,于是帝国便失去了其原动力。

① 上述内容根据 I. Hasan《1657 年之前莫卧儿帝国的中央机构及其实际运作》(牛津大学出版社,伦敦,1936 年;Lahore,1967 年重印),第二章。又参见 U. N. Day《苏丹统治》(Kumar Publisher,New Delhi,1972 年),第 16—25 页和 B. Gascoigne,《伟大的莫卧儿人》(Cape,伦敦,1987 年),第 184—191 页。

4.4.2 政治过程的病态

在这一方面,莫卧儿帝国和亚洲其他的大部分帝国所发生的情况相类似:来自各个方面的阴谋和对皇权的威胁。但莫卧儿帝国有一点与众不同,那就是除了1560至1562年这一期间之外,帝国的皇帝从来没有受制于后宫派系之争,虽然贾汗吉尔和沙·贾汗都曾受到过皇后的很大影响。泰姬陵就是沙·贾汗为了其美貌的爱妃穆塔姬·马哈尔(Mumtaz Mahal)而建的。对君主的威胁主要来自常规的继承权之争,王子要么不满父皇的统治,要么急于早日登基,于是就会手足相残,甚至对父皇发起反叛。由于没有固定的继承法,朝廷贵族会结成朋党,支持各自认为有可能继承皇位的人。另外一个潜在的威胁来自于毛拉,他们对阿克巴十分憎恨,因为他越来越脱离伊斯兰教的正统,甚至创立了一个新的"神圣宗教"(Din Ilahi),以神圣自居,在这方面,他有点像古埃及国王埃赫纳吞。在毛拉们看来,这似乎对印度教更为有利。就像我们前面看到的那样,对他们来说,阿克巴过于强势。贾汗吉尔和沙·贾汗都更加尊崇伊斯兰教的正统,而到了奥朗则布那里,则完全推翻了阿克巴在位时的宗教宽容政策,不时地对印度教徒进行迫害。所有这些都不能证明乌勒玛公开挑战皇帝的权威,他们对皇帝施加的压力是沉默而持续性的,但是至于是否做出让步,则取决于皇帝个人。

4.5 官员和公共服务

4.5.1 曼萨卜和贾吉尔:官员的征募和报酬

在前面的章节我们通常是先描述主要的官员,然后再讨论其负责的部门,最后才是官僚的征募及其背景情况,但是在讨论莫卧儿王朝时,我们最好将这个顺序颠倒一下,从整个官僚结构开始说起。

首先我们就要理解两点:第一,印度所有的土地都被分成两种,分别是哈尔萨(khalsa)和贾吉尔,前者即公有土地或者说是皇室土地,只占土地总面积的一小部分,由朝廷官员直接管理,后者常常被说成是"封地"。[1237]实际上还有另外一种土地,我们可以称其为"柴明达尔土地",后面我们再对其进行解释。其次,每一个被称为曼萨卜达尔的人都要么是文职官员,要么是武官,但并不是所有的官员都是曼萨卜达尔,也就是说职位相对卑微的官员不是曼萨卜达尔。此外,曼萨卜达尔中有很大一部分人以贾吉尔的收益作为其俸禄,因此他们又被称为贾吉尔达尔。从这个意义上讲,贾吉尔和阿拉伯帝国的伊克塔相类似。虽然每一位贾吉尔达尔都是曼萨卜达尔,但并不是每一位曼萨卜达尔都是贾吉尔达尔,因为他领到的俸禄有可能是现金。

关于曼萨卜达尔的信息有很多,但是对于其数量的估计值得我们怀疑。根据一位受人尊重的权威的估计,在阿克巴执政期间,其数量为1650人,但是到了1637年和1690年,分别增加到了8000人和11456人,这部分上是因为在此期间帝国疆域大大膨胀,同时也是因为当地土王的领地也被从名义上看作是贾吉尔,但主要是因为官僚机构的膨胀。[①]可是根据后来又一位权威的估计,在1648年,曼萨卜达尔的数量为8000人,但是到了1690年,人数基本上没有发生变化。[②]和包括文员和会计在内的各种官员的总数相比,即使11456这个数字也不算大,因为其中大部分可能是武官。在所有有关莫卧儿帝国的文本中,文员和会计的人数似乎都在激增。我们不得不将其和中华帝国的情况做个对比,在中华帝国,常任的上层公务人员只占很小一部分,而他们下面是数量庞大的低级文员、会计、捕快和难以计数并且在不断增多的“差役”[③],他们不从中央政府领取薪酬,也不是正式的政府官员。

这样看来,似乎在每一个“帕尔加纳”(pargana,相当于“县”,详情见下文),那些由皇帝直接任命的“常任”职位仅限于五六位最为重要的官员。低级官员的任命似乎是由当地的高级官员来负责,很可能和中国的情况相类似,由省督来完成的。因此我们看到的是只到帕尔加纳这一层面为数不多的曼萨卜达尔,再往下官员的任命都是由地方上决定的,简而言之,这是所有这些农业帝国的常规做法。“常任”官员位于

---

① Sri Ram Sharma,《苏丹政府与行政》(Bombay,1951年),第110页。

② A. Ali,《奥朗则布统治下的莫卧儿贵族》(Asia Publishing House,1966年)。其中有一份1658年至1678年间和1679年至1701年之间大曼萨卜达尔的详细名单,所谓大曼萨卜达尔是指那些薪酬超过1000扎特者。但是这和Sharma提供的数字不符。该书的第一章详细探讨了曼萨卜达尔的数量,此处的数字摘自该书第1页。

③ 见本书第四部分第二章《清朝的黄金世纪》。

城镇，高度城市化，但是那些低级别的官员并不属于正规政府机构的一部分。他们在统治者和普通百姓之间起着一种联系人的作用，有时被称为“穆加达姆”（muqaddam）或“乔达里”（chaudhari），意为“头人”。①[1238]“muqaddam”这个词很能说明问题，因为它在阿拉伯语里有“首要的”之意，因此是“大人物”。他们只能算半个官员，因为既不是皇帝设立的职位、也不是由皇帝任命，但是却得到了他的认可。②

现在我们可以将注意力转到常任的职位，即曼萨卜达尔。千万不要以为这一职位仅限于我们所说的“高级官员”，恰恰相反，它可以指代任何受到皇帝恩宠的人，上到高贵的王公，下至卑贱的厨子。莫卧儿帝国的官制有一点很奇怪，那就是根本就没有文武官员之划分，而是行政制度军事化，即授予每一位官员一个军衔，例如，就像一位权威所说的那样，“印度的军医被授予军衔”。③这一做法并非独一无二，罗马帝国的戴克里先也这样做过，但是它依然很不寻常，在同一时代的其他任何地方都是不存在的。

阿克巴在位时，这些曼萨卜达尔中有70%是外邦人，最高等级的尤其如此，通常是蒙古人、突厥人、阿富汗人和波斯人。剩下的这部分中有22%是印度教徒，78%是穆斯林。④到了奥朗则布时期，外邦人的比例已经下降到了一半左右，剩下的大部分是印度教徒，如拉齐普特人和马拉塔人。

到现在为止，我们在谈论曼萨卜和曼萨卜达尔时都没有将两者进行区分，但实际上曼萨卜是一种职衔等级。对于研究莫卧儿帝国“曼萨卜达尔制度”的人来说，最感兴趣的正是职衔的等级划分和相应的职责分配。曼萨卜达尔实际上是指常任官员的总称，他们被分成33个等

---

① 这些头衔很容易让人困惑，在不同地方和不同时间有不同的叫法，往往有丰富的涵义。本文依据的是P. Saran，《莫卧儿行省统治，1526—1658年》，第二版（Asia Publishing House，伦敦，1972年），第70页，第421页；I. Habib，《莫卧儿帝国的农业制度，1605—1707年》（Asia Publishers，伦敦，1972年），第129页。

② 关于头人，见Habib的《莫卧儿帝国的农业制度》一书，第129—135页。

③ 源自和T. Raychaudhuri的私下交流。

④ 根据Ali的《奥朗则布统治下的莫卧儿贵族》一书，穆斯林占78%，印度教徒占22%，第35页。

级,按照规定,每个等级都要率领相应数量的骑兵上战场,而曼萨卜达尔的俸禄与之相挂钩。这 33 个等级又被大概分成三个不同的类型。那些能够征募 10 名至 400 多名骑兵的曼萨卜达尔是通常意义上的曼萨卜达尔;那些率领 500 至 2500 多名骑兵的曼萨卜达尔被称为是“埃米尔”(amir,在阿拉伯语里其复数形式为“omrah”);而那些能够带领超过 3000 人的骑兵分队的则被称为“埃米尔-伊-阿扎姆”(amir-i-azam 或 amir-i-kiba),即大贵族。[1239]带兵的上限的是 5000 人,但是后来有过一两次调整。现在我们已经看到在这种官制中,文武职衔是可以互相转换的,有些曼萨卜达尔,例如文书、画工或厨子履行的完全是民事职责。这没有什么关系,他们照样可以被授予职衔,而从原则上讲,这种职衔要受到十分重要的资格限制,其俸禄也和能够按照规定带领多少骑兵上战场有关。简而言之,俸禄是根据名义上应该率领的骑兵分队的大小而定的。

阿克巴在位时,曼萨卜达尔领到的俸禄是现金,但是其后继者发现这样一来政府的负担过于沉重,于是就让一部分人继续领取现金俸禄,而其他的则被授权从特定区域征税作为其俸禄,因为经过评估,这个区域的税费数额相当于该曼萨卜达尔的俸禄。简而言之,这是一种类似于伊克塔和提马尔的军事领地,但是被称为是“贾吉尔”。曼萨卜达尔的级别由不同的数字来表示,而其俸禄的数量和其级别相照应,这种俸禄被称为是“塔拉布”(talab)。如果俸禄不是现金,而是一定面积的贾吉尔,政府会对这块土地的可能收益进行评估,评估出来的结果被称为是“贾玛”(jama)。“绝大多数的土地都属于贾吉尔”。①在 1646 年,贾吉尔达尔的总数在 8000 人左右。②帝国的大部分贾玛落入一小部分人手中,其总量的将近 37%归 68 位王公贵族所有,而其他的 587 人只拥有 25%。为了征税,这些大贾吉尔达尔中有很多拥有自己的财政管理系统,而这种财政系统的背后有军事力量的支撑,因为他们有属于自己的队伍,因此在法庭上起诉他们是无用的。③

① 《剑桥印度经济史》,第 1 卷,第 241 页。
② 同上。
③ 同上,第 242 页。

这种曼萨卜达尔制度看似整齐划一,但是随着时间的推移,在实践中却变得越来越混乱,出现了一些十分复杂的问题。我们不妨将最为重要的问题指出来,虽然这样做有可能会过早地揭示后文的内容。例如,皇帝很快就发现贾吉尔达尔不能(也许是不愿意)募集数量和其俸禄相应的骑兵。结果,贾吉尔达尔的等级和他实际能够募集的人马之间就开始脱节,前者被称为是"扎特"(zat)等级,后者被称为是其"萨瓦尔"(sawar)。两者有时是一致的,但更多的时候并不一致。另外一个问题源自对贾吉尔实际产出价值的估算,因为实际上的产出常常会少于名义上的产出,即"贾玛",于是就必须要相应地做出调整,而这样就不得不对贾吉尔的面积也做出调整,牵一发而动全身,这意味着对其他的贾吉尔也要做出调整。同样,如果由于等级的升降,要对曼萨卜做出调整的时候,也会发生类似的情况,因为俸禄要跟着等级动,而贾吉尔的面积要跟着俸禄动。还有就是伴随着贾吉尔领地的轮流而产生的问题。贾吉尔的授予是以贾吉尔达尔的服务为条件的。[1240]为了防止贾吉尔达尔就地扎根,形成地方势力,因此按照政策,每 4 年左右就要调动一次。然而由于这些加吉尔领地大小不同,地形各异,要想将贾吉尔达尔安排到价值相当的新贾吉尔相当困难,就像玩一个巨大的拼图游戏。还有就是欺诈的问题,有些贾吉尔达尔募集的骑兵数量越来越少,但是他们所得俸禄的数额保持不变,还有的贾吉尔达尔在接受检阅时从朋友那里借兵,冒充是自己的队伍。要想应对上述所有这些问题,还有这里并没有列举的其他问题,都需要做出改变,而这些改变要受到相关规章的严格制约,这就需要"大量文书和会计"的服务。①

作为文人的曼萨卜达尔只能做文官,并不拥有"扎特"的职衔和与其相应的贾吉尔领地。他们有资格获得和特定面积的贾吉尔收益相当的俸禄,但领的是现金。

最后一个问题是他们在多大程度上独立自主,对此通常的回答是在 18 世纪贾吉尔往往变成世袭之前,他们没有任何独立性。他们的贾

---

① Habib,《莫卧儿帝国的农业制度》,第 258—270 页。该书有丰富的研究信息。

吉尔时刻都有可能被剥夺，还要从一个贾吉尔转移到另外一个贾吉尔。去世之后，他们的贾吉尔会被皇帝收回。他们之所以是贵族，完全是因为皇帝的意志，有时甚至是心血来潮，但是有一条相当重要的限制条件，就像我们提到过的那样，在击败印度教的拉齐普特人酋长之后，阿克巴让他们为自己服务，实际上他们构成了宫廷贵族很重要的一部分。然而这些酋长依然是酋长，他们有属于自己的领地，自古以来一直拥有当地人民的忠诚。他们之所以也被纳入贾吉尔达尔系统，只是为了整齐划一，但其实他们代表了真正意义上的、独立的贵族地主，而不像其他贵族那样，完全是皇帝封赐的。

4.5.2 中央部门

巴布尔和胡马雍都是遵循古老的传统，通过大维齐尔进行统治。在阿克巴接受拜拉姆辅政的时期，大维齐尔权力衰落，被称为“瓦基尔”(wakil)的首席大臣地位上升。但是在阿克巴亲政之后，瓦基尔成为有名无实的虚衔，而维齐尔这一职位干脆被取消。莫卧儿帝国中央政府的核心特征就是皇帝亲理朝政，而不是通过维齐尔。就像我们以前看到的那样，明太祖朱元璋也是这样做的，而这就给其秘书带来了大量的工作，最终这些大学士们组成内阁，实际上成为政府行政的中心。但是莫卧儿帝国并没有发生这种情况，这就是为什么当沙·阿拉姆之后的那些皇帝懦弱无能时，帝国的行政就会随之崩溃。

[1241]财政是大迪万负责的领域，“他监督着帝国每一位从贾吉尔领地获得薪俸的官员，除了财政方面的权力之外，他还控制着各个省和从省督到阿米勒(amil)和帕特瓦里(pattwari)的各级官员。作为财政部长，出入皇家金库的每一笔款项都要经过他的手”。[①]他有巨大的任免权，可以提名“苏巴达尔”(Subahdar)，即省督，他们的财政官员（各省的迪万）和被称为“法乌吉达尔”(faujdar)的总治安官，还有其他的低级官员。在省级以下，他可以指定官员作为被称为“穆什里夫”(mushrif)的征税官和被称为“艾闵”(amin)的估税官，还可以任命一些柴明达

① Hasan，《1657 年之前莫卧儿帝国的中央机构及其实际运作》，第 205—206 页。

尔。他有权自行处理大量的日常事务,例如任命的确定和下属官员的薪酬发放。因此,大部分的任命文书和命令都要由他签名才能生效。值得注意的是,这一部门的一个分支是档案部,所有的官方档案都存放在这里。①

"米尔·巴赫希"(mir bakhshi)是主计大臣兼军事大臣,他负责曼萨卜达尔的征募和登记,制定有关其俸禄的规定,还掌管着军队的所有账目。大迪万(diwan-i-kul)并不负责贾吉尔的授予和军事用途的支出,这些由米尔·巴赫希来处理。每当将要发生重大战争时,由他决定高级指挥官谁负责前卫,谁负责中锋和后卫,等等,有时则是他本人亲自指挥。②

"萨德尔-伊-苏杜尔"(sadr-i-sudur)曾经是伊斯兰教大法官,因此被认为是伊斯兰教法的捍卫者,也是所有伊斯兰教法官的行政首脑。喜欢自由行事的阿克巴不愿意忍受任何来自教士的督导,于是降低了其地位。他还采取严厉的措施,治理这个部门的腐败,就像后面我们会看到的那样,在伊斯兰教法官的法庭上,腐败问题似乎十分严重。

我们所要讨论的第四位也是最后一位高级官员是米尔·萨曼,最好将其说成是负责物资供应和经营事业的部长。[1242]在到现在为止所接触到的所有帝国中,包括罗马帝国和拜占庭帝国,几乎没有一个是市场经济。在所有这些帝国中,商人和金融家都是被人怀疑、被人鄙视的职业,都受到最为严格的控制。但莫卧儿帝国的情况并非如此,它是一个高度货币化的帝国,有很多繁荣的大城市,构成一个重要的商业共同体。帝国的皇帝对商人十分尊重,他们之间是一种互相依赖的关系。除了这些私营成分之外,皇帝拥有近百家仓库、工厂和兵工厂。显然,在财政和行政方面,货物的储存和盘点、以及平衡企业收支的责任十分重大。

---

① Day,《苏丹统治》,第44—47页。

② Sinha,《孟加拉经济史》,第481—482页,主要依据的是阿克巴的亲信Abu Fazl的《阿克巴治则》(Ain-i-Akbari),该书是一本关于政府行政的手册。参见Day的《苏丹统治》,第47—51页,Sarkar的《莫卧儿政府》,第111—114页,Hasan的《1657年之前莫卧儿帝国的中央机构及其实际运作》,第210—233页。

4.5.3 主要中央部门的地方办事机构

莫卧儿帝国行政的实质其实很简单,即财政、军事、司法和供给四个部门在行政区划的每一个层面进行复制,直到印度政府一个无所不管的基本单位,即村社。盖斯科恩的话一语中的,他说:“在每一个省,都有一套完整的行政等级结构,这个结构完全是对中央行政结构的重复,并且只对中央的相应部门负责。”①

省:苏巴

省督是省里最重要的官员,常被称为“苏巴达尔”,但实际上更正确的叫法应该是“西帕·萨拉尔”(sipah salar)。他会举行和皇帝一模一样的正式接见,即“杜尔巴尔”(durbar),只是从排场和气势上稍次于皇帝而已。他最重要的职权是可以支配省内数量众多的“大人物”,这些要人如阿米勒、级别较低的贾吉尔达尔和柴明达尔。这些人都要服从省督,对于那些胆敢挑战其权威或阻碍其执行公务的人,他可以进行惩罚。这里有一个很重要的例外,那就是当地的王公,他们和朝廷有直接的联系。②省内所有的军队都要服从省督的命令。对于伊斯兰教法之外的事务,他是首要的司法官,为了获得真相,可以采取任何他认为是必要的手段。作为惩罚,他甚至会将人截肢,但是他无权判处死刑。死刑必须要由皇帝本人定夺,但是对于发动叛乱者和土匪强盗是例外,省督可以毫不留情地将其处决,他们根本就没有上诉权。省督还要保障道路的安全,并且因此也指挥着当地的情报人员,这些情报人员十分重要,他们同时也是邮递员,这和我们接触过的其他帝国一样。③

[1243]由于距离遥远,和中央政府的通讯也很落后,这给了省督很大的自由裁量权,但是他们也要受到一些制度上的约束。他们被从一个地方调动到另外一个地方,在同一个地方任职的时间很短。很多来自朝廷的密探对他们的一言一行进行监视。有时皇帝在出巡的过程中

---

① Gascoigne,《伟大的莫卧儿人》,第105页。

② Day,《苏丹统治》,第74页。但这并不适用于本地的王(第73页)。

③ 同上,第72—75页。

会御驾亲临,有时则是钦差大臣前来检查。①

最后,省督无法支配当地的迪万,即财政官,后者直接受中央的任命,只对大迪万负责。他的工作是防止出于非正当理由而动用公款,确保下属人员不胡乱征收税费,控制各个部门的花销,保管和皇室土地与贾吉尔领地有关的财政记录。他手下可以有很多工作人员,有些由中央任命,其中比较重要的是“帕什卡尔”(peshkar),即个人助手,“达罗加”,即办公室负责人,还有首席办事员和财政官,但是他本人也拥有广泛的任免权。②

米尔·巴赫希也有类似数量的省级巴赫希为其服务,他们负责征募士兵,检查马匹和设备以确保其状况良好,同时也把自己的代表派到下级的行政单位,即萨尔卡尔(sarkar)和帕尔加纳,这些代表要定期向其汇报和其职责有关的情况。对于省一级的萨德尔和卡济(有时同一个人身兼两职)没有什么可以说的,只有一点,即他可以推荐地方上的卡济。

区:萨尔卡尔

在这一层面我们同样会看到负责法律秩序、财政和司法的官员。萨尔卡尔的领导者被称为“法乌吉达尔”,和省一级的苏巴达尔相对应。他的主要职责是维护法律秩序,我们无法确定他作为地方法官的权力到底有多大,但是在税收事务方面,他显然是原诉法庭。他手下有一支队伍作为武装警察。在税收时,他要帮助迪万在当地的代表,即阿米勒。不经主管官员的授权,他不能对位于皇室土地或贾吉尔领地上的村社发起攻击。随着时间的推移,仅靠武力解决这些问题变得越来越困难,于是就形成了一套操作规范,详细说明法乌吉达尔在自己队伍不够时,应该怎样应对桀骜不驯的柴明达尔。③

[1244]阿米勒是萨尔卡尔的财政官员,在省级迪万的直接监督下行事。他的主要职责首先是税额的评估,然后是从皇室土地上征税。

---

① P. Saran,《10世纪末印度王公和土耳其进攻的抵抗》(Punjabi University,Patiala,1967年),第184—188页。

② Day,《苏丹统治》,第75—79页。

③ 同上,第81—82页。

在各个贾吉尔,由贾吉尔达尔负责征税,他有时自己派人去征收,有时则由包税人或柴明达尔负责征收。阿米勒还要负责国库款项的出入,并且每个月向省里的迪万汇报当月的收支情况。此外,他每个月都要向朝廷发送情报,报告当地的物价和地租、百姓和贾吉尔达尔的情况,等等。阿米勒并非由地方上任命,而是由中央政府提名,但是要在苏巴达尔的监管之下行事,并且苏巴达尔有权将其撤职。①

萨尔卡尔之内的重要城镇由被称为"科特瓦尔"的长官进行管理,他实际上和区一级的法乌吉达尔相对应。科特瓦尔履行的职能很多,一方面相当于伊斯兰教负责管理市场和道德风纪的穆哈泰希卜,②另一方面又是所有刑事案件的法官,同时还履行着警长的职责。朝廷鼓励他蓄养一支密探队伍,探听百姓的一言一行和生活开支。对于刑事案件,科特瓦尔有简易审判权,实际上整个萨尔卡尔的刑事案件都由他负责,在这一方面,他直接听命于苏巴达尔。后面我们会对他有更多的讲解,但是这里不妨顺便提一点,即如果他没能抓到盗贼,就要自己掏腰包,补偿这个盗贼给人造成的经济损失,这自然会导致大量的诬告陷害。由于刑讯逼供是被允许的,要想定罪并不难。

前面已经提到过城镇被分成很多马哈拉,即生活区,科特瓦尔在每一个生活区指定一位头人,作为"米尔·马哈拉",每天向他汇报当天的人口出入情况。科特瓦尔还可以从收集垃圾的人那里获得更多的信息,因为他们每天都要挨家挨户去两次。他指挥着很大一支骑兵和步兵队伍,在每一个马哈拉派驻一名骑兵和23名步兵。和中国与日本的情况相类似,每一个生活区或胡同的两端都有大门,晚上和出现恐慌或骚动时,可以将大门紧闭。实际上这种做法一直延续到印度的反英暴动。晚上,整个城镇实施宵禁,任何人不准出入,成队的士兵在街头巡逻,每晚三次。③

县:帕尔加纳

[1245]每个萨尔卡尔被分成很多帕尔加纳,即县,由相邻的一些村

① Day,《苏丹统治》,第83—85页。
② 见第三部分,第二章,"哈里发帝国"。
③ Day,《苏丹统治》,第85—87页;Sarkar,《莫卧儿政府》,第222—230页。

社组成。在这里，中央、省和萨尔卡尔的主要行政职能再次被复制。萨尔卡尔的法乌吉达尔在这里的代表是“施克达尔”(shiqdar)，即行政和司法长官，负责当地的法律秩序。这里的阿米勒与其在萨尔卡尔的上司一样，主要也是负责税费的评估。对于阿米勒来说，被称为“比提克奇”(bitichki)的总会计师兼记录员十分重要。有关土地租期、税费评估和征收的所有记录都由一位被称为“夸奴恩格”(qanungo)的官员负责。

这样我们就到了官方和半官方、非正式的行政的交界处，这里是作为中间人的村社“大人物”的地盘，也是讨价还价和互相妥协的地方。

> 莫卧儿帝国的行政机构高度城市化……其影响仅限于首府城市，基本上没有渗透下去。统治集团的低层，如阿米勒、塔希尔达尔(tahsildar)或麦姆拉特达尔(mamlatdar)，可能大部分都不是穆斯林，他们在塔希尔(tahsil)或塔鲁克(taluk)作为当地的地主，不是正规官僚机构的一部分，而是作为地方行政的下属工作人员。这些从属性的低级官吏直接和村社打交道，他们的工作常常是承包来的。由于通讯的落后，他们往往会独立于常规的行政控制，常常会变得和私有地主、政府包税人和联合村社的主要所有者(负责当地所有农村事务)没有区别。地方官吏的权力会随着中央权威和地方势力之间的关系而不同，这种地方力量要么是村社，要么是个体的柴明达尔。①

下面我们开始讨论村社和神秘的柴明达尔。

村社和柴明达尔

> 莫卧儿帝国的统治是面向城市、以城市为中心的，包括皇帝、朝廷官员和中上阶层的莫卧儿人在本质上是城里人，他们忽视村社，甚至敌视村社。政府对村社的利益不管不问……而村社也不

① B. B. Misra，《印度行政史，1834—1947年》(牛津大学出版社，牛津，1970年)，第640页。

受政府的影响,对政府漠不关心。①

[1246]前面我们已经提到过村社的头人,即穆加达姆。他是村社里最重要的人物,因为宗教上的权威或财富而成为领导者。他从总体上监管着村社的事务,解决纠纷,维护法律秩序,最主要的是征收租税。这就需要另外一个村社官员的帮助,这个官员被称为是"帕特瓦里"(patwari),他负责保管和土地有关的记录,如谁拥有哪一块土地,上面种植什么,地租是多少,等等。这种记录被统治者认为是最真实的财政记录。

那么究竟什么是柴明达尔呢?这个词本来是一个法律专业词汇,而不是一个法律范畴,②它源自波斯语,意思是对土地的支配。③这样的一个表达本来可以用在印度的土著王公身上,他们除了要向帝国的军队提供队伍之外,在其他方面完全是自治的,实际上它也被这样用过。但是在那些由朝廷直接控制的地区,柴明达尔是指另外一个阶层的人,他们中有的在长期的历史演进过程中,和某一种姓有了十分密切的联系,有的不属于某一种姓,但是作为成功的拼搏者,他们为自己挣得了一片土地,拥有这片土地上的收益的一部分。柴明达尔拥有管辖权的这片土地被称为是"柴明达里"(zamindari),它可能包括几个村社,也有可能只有一个村社,有时甚至只是一个村社的一部分。柴明达尔的征税活动有两种可能:如果中央政府直接从农民那里收取土地税,柴明达尔就可以再向农民额外征收税费;如果柴明达尔是政府的包税人,他的收入就是所征租税中上缴皇家金库后剩下的那部分。有的柴明达里被从财政上分为两部分,一部分由柴明达尔作为包税人,另一部分由朝廷派专人征收土地税。

一个基本原则就是柴明达里的所有权是世袭的,因此可以在继承人之间进行分割,也可以买卖,一般被认为是"私有"产业。虽然如此,

---

① Sarkar,《莫卧儿政府》,第 161 页。

② 参见 W. H. Moreland,《穆斯林印度的农业制度》(剑桥,1929 年),第 8、178、225、279 页。Day,《苏丹统治》,第 137—143 页。

③ 《剑桥印度经济史》,第一卷,第 244 页。Habib《莫卧儿帝国的农业制度》,第 138—139 页。

朝廷依然可以将其没收,也可以将其赐予他人。柴明达里是一种私有权,这是一个普遍原则,这一原则之所以会遭到破坏,是因为它有两个特征:一方面,作为征税官,柴明达尔有可能无法完成朝廷的任务,另一方面,他们拥有不可小觑的武装力量,有可能会发动叛乱或抵抗。要想建立并保留柴明达里,第一个前提条件就是要拥有一支由骑兵和步兵构成的军队。[1247]根据记录,在整个帝国这样的骑兵不少于384558名,而步兵不少于4277057名,并不少于朝廷军队的总人数。据说柴明达尔的步兵大部分是被迫服役的农民,其核心力量是和柴明达尔属于同一种姓的扈从。但无论是什么情况,我都感到这两组数据大得让人难以置信。①

这些扈从被用来维护法律秩序,防备盗贼,帮助当地的艾闵评估税额,但也被用来镇压桀骜不驯的农民。很多村社将柴明达尔看成他们的主人,这不足为奇,而柴明达尔本人也憎恶朝廷的支配,甚至到了武装反抗的地步,这时他们就可以依赖其种姓的支持。②

5. 政府职能:描述和评估

5.1 军队

和奥斯曼帝国一样,莫卧儿帝国也是一个掠夺性的国家,是靠征服、贡奉和战利品才繁荣起来的。税收都被用到了军队身上,但其过剩的财政收入也来自于军队的征伐。军队的总人数包括20万左右的骑兵和4万火枪手与炮兵,③根据同时代的伯尼尔的说法,步兵的总数多达30万。④对于1亿人口来说,供养50万大军绝对不会不堪重负,要知道在罗马帝国时期,仅仅6000万左右的人口就供养了60万大军。除了这些队伍之外,我们还要加上帕尔加纳用于地方防御的民兵队伍,

① Habib,《莫卧儿帝国的农业制度》,第137—157页,第163—166页。

② Sarkar,《莫卧儿政府》,第307—313页;Day,《苏丹统治》,第137—143页。

③ 根据R. Mousnier,引自Braudel《文明和资本主义》,第3卷,第512页。

④ F. Bernier,《莫卧儿帝国行纪》,A. Constable编(Constable,伦敦,1891年),第219—220页。

其人数难以计数。

帝国的军队以骑兵为主,步兵虽然数量众多,但是就像我们马上会看到的那样,战斗力很差。和亚历山大时期一样,莫卧儿帝国也有一支大象队伍,这些大象主要是供土著王公或司令骑乘,这样部队的指挥官就可以看到他。这个办法不错,但是却会让他成为敌军的最佳射击目标。这些大象常常也披上盔甲,用来攻破城堡的大门,但是在战斗中,大象军并不构成主力。火枪手本来可以成为主力的,但是按照伯尼尔的说法,他们的武器太落后,同时他们自己也害怕这些武器,担心会爆炸。①[1248]被牛车拉着的轻型火炮部队让作为旅行者的伯尼尔赞赏有加,②但其重型火炮部队却很少有人赞扬。这种重型火炮在围攻敌人时使用,莫卧儿人喜欢制造炮筒很长并且很重的大炮,其中最大的能够发射重达40磅的炮弹。但是这种大炮极其笨重,需要20对公牛才能拉得动,每小时只能行进两英里。像这样的大炮奥朗则布有70门。这些大炮和野战炮往往是由外邦人操作。

骑兵是部队的基本力量,包括皇家兵团,王公兵团和曼萨卜达尔兵团。皇帝身边保留4000骑兵卫士,其中很多都是在他登基之前就追随他的人。此外,他还有一支人数和骑兵卫士差不多的阿哈迪志愿兵(ahadi)队伍,这部分人可以被看作是贵族骑兵。其他的队伍都被驻扎在各个战区,因此这里谈论的队伍应该是多支部队。在这些战区中,最为危险的是西北边境,这里传统上是入侵者的必经之路。在奥朗则布时期,大部分队伍被驻扎在德干地区,对新生的马拉塔同盟进行一场最终证明无法获胜的战争。

这些野战部队包括本地土王的队伍,如拉齐普特人王公,当然也包括曼萨卜达尔的队伍。对于部队的结构我们并不确定,例如他们是否被编组成团。似乎每一支队伍都在其直接上级指挥下作战,而后者则听命于阿米勒的指挥。这支大军真正可以说是"所向披靡",这种情况一直延续到奥朗则布统治的后半期,在和马拉塔人的战争中,双方难分

---

① F. Bernier,《莫卧儿帝国行纪》,A. Constable编(Constable,伦敦,1891年),第217页。
② 同上,第218页。

胜负。大军巩固了西北边境,攻占了克什米尔,向南扩大了帝国在印度河恒河平原的核心区域,只剩下一小块狭长地带依然是独立的,今天我们称其为卡纳提克。莫卧儿帝国的军队肯定是全印度最好的,但是它也有重大的问题,随着时间的推移,这些问题越来越严重。和全盛时期的突厥军队相比,它还有很大的差距。

首先,由于曼萨卜达尔的欺诈行为,供养这支大军的开支越来越大。下面的讲述会高度简化,但是事情的本质是这样的:曼萨卜达尔建立在贾吉尔基础之上的俸禄,应该和他能够募集的队伍大小相照应。显然,如果他募集的士兵少于定额,只要不被人发现,他就可以在花费更少的情况下,依然可以领到同样多的俸禄,这就是曼萨卜达尔的目的所在。一个明显的行骗方法就是从相邻的曼萨卜达尔那里借用马匹。[1249]为了杜绝这种做法,阿克巴曾尝试将所有的马匹打上烙印作为标记,但是这样做过于麻烦。骑兵的情况也是如此,也可以被互相借用。为了避免这种现象,在士兵名册上增加了其外貌描述。但是即使不考虑这种欺诈现象,因为无论怎样,在大部分前工业化时期的军队里,这种现象十分常见,还有通货膨胀的问题。这和理查一世和约翰王在位时期的英国很相似,①虽然具体情况有很大差异,因为英国的通货膨胀是由 16 世纪整个西欧的通货膨胀所推动的。②随着时间的推移,曼萨卜达尔所募集的骑兵越来越少于其配额。除非情况十分紧急,当局似乎容忍了这一现象。总而言之,到了沙·贾汗在位时期,平均说来,和他根据俸禄应该集结的队伍相比,曼萨卜达尔实际上能够集结的队伍少了一成。皇帝最终做了统一规定,每个曼萨卜达尔只要募集按照法律应该募集队伍的三分之一或四分之一,就可以继续领到全额的俸禄。③这对奥朗则布用来和马拉塔人作战的军队产生了极为严重的影响,因为就像一位同时代的作者所说的那样,莫卧儿帝国的指挥官们没能按照规定的要求保证军队的素质。结果,“不法之徒”一点也不害怕那些法乌吉达尔,因此曼萨卜达尔无法从他们的贾吉尔领地上获得

---

① 参见本书第三部分,第六章,原书第 911 页。

② Habib,《莫卧儿帝国的农业制度》,第 320 页。

③ Day 的《苏丹统治》对此有详细叙述,第 169—171 页。

收益。①

此外,从技术上看,莫卧儿帝国的军队也很落后。骑兵缺少训练,这也没有什么关系,因为他们在入伍之前已经学会了骑马和使用武器,但问题是入伍之后,他们从来没有接受过如何在战阵中作战的操练。至于步兵:

> 只是一群人集合到一起,根本没有军衔和队列之分,有的佩剑,有的用矛,不是武器太长,就是身体太弱,即使排列得整整齐齐,也没有多少战斗力。他们最大的用场就是晚上值班和劫掠手无寸铁的百姓。他们不过是一群半武装的乌合之众,要么是由低级的柴明达尔征募的服兵役者,要么就是曼萨卜达尔为了凑够定额而雇佣的。②

不仅如此,骑兵和步兵要自己想办法奔赴前线,物质供给也要自己负责。这对于骑兵来说没有什么,但是对于步兵来说却很困难。在战场上,除非能够及时得到军饷,否则就会连吃的也没有。[1250]军队走到哪里,随军流动以谋生的平民就跟到哪里,出售军队所需的食物和其他生活必需品,形成大型的商队旅馆。此外,皇帝、贵族以及他们的追随者都随着大军的移动而移动,其中包括乐师、杂耍者和女眷们。这样就形成了一支浩浩荡荡、绵延好几英里的队伍,他们像蜗牛一样缓慢前行,几乎是一个移动的城市。

5.2 税收

前面我们已经提到了主要的税收官员,从首都的大迪万一直到村社的头人和会计,即帕特瓦里。我们还将税费的评估和征收明确区分开来,大致说来,前者总是由政府官员来执行的,他们同时还负责皇室土地的税收工作。在贾吉尔领地,税收由贾吉尔达尔负责,通常是由一

① Habib,《莫卧儿帝国的农业制度》,第346页。
② Day,《苏丹统治》,第146页。

位包税人代其征收。就像前面提到过的那样,在其他地方,由柴明达尔负责征税。

我们这里重点要说的是税费的评估系统。在莫卧儿帝国,税费的名目繁多,包括通行税、关税和其他很多商业税和生产税,但是土地税比其他各种税费的总和还要多。就像我们在其他的农业国家所看到的那样,要想评估农作物的价值并不是一件容易的事情。

在莫卧儿帝国征服印度之前,传统的评估模式是官吏和农民之间作物共享;通过多种方式估计每一个土地单位的产量,这种评估被称为是“坎库特”(kankut);还有就是对土地进行严格的测量,并将每一块土地的产量固定下来。人们常常认为阿克巴制定了一套确定的税收系统,实际上在24年的时间里,他曾反复修改税收方法,直到1580年才找到自己的解决方法,但是还不到80年,到了奥朗则布统治时期,这一方法也被完全废止。

阿克巴最后确定的方法被称为是“札布提”(zabti)制度,即重新丈量全国土地,并对所有的土地进行登记注册,将这些土地大致分成三等:好的,中等的和不好的。在此基础之上,对每个土地单位的产量进行评估,然后再根据评估的结果确定税额。但是在1580年,阿克巴又形成了一个新的制度,我们不妨称其为“十年准则”,据说正是这一制度让他名声大震。仍然是根据上述的原则,官员对过去10年作物的平均价格进行记录(这方面的细节可以从每个帕尔加纳的夸奴恩格和阿米勒那里获得),然后对得出的数额求和,再除以十,纳税人所要缴纳的租税就是根据这个数字计算出来的,而不管当年农产品的价格如何。[1251]这一点很关键,但是同时代的莫卧儿历史学家阿布·法兹勒(Abu Fazl)却语焉不详。阿克巴将税额定在根据上述方法计算出来的产量的三分之一。莫卧儿统治者坚决要求人们缴纳货币税,虽然在一些地区,作物共享的做法依然延续下来,但是总的说来,以货币税为主,这使独立的农民开始衰落,因为他们通常缺少现金,不得不从村社的借贷者那里借钱。

这一制度并没有通用于整个印度,毕竟这个国家的情况太多样化了。随着时间的推移,这一原则本身开始被废止,主要是因为它给官员们带来了十分沉重的负担。在奥朗则布统治时期,被两种做法所取代,一种是艾冈根据收成最好的一年的产量和上一年的产量征税,如果农民反对这样做,则采取另外一种做法,即诉诸于测量。第一种方法被称为是"那萨克"(nasaq),实际上需要农民接受过去记录的准确性。这样做的结果是税额的确定不是通过测量和评估,而是通过讨价还价。由于奥朗则布把租税从阿克巴时期的三分之一提高到了土地产量的一半,这种讨价还价变得更加激烈。

> 如果没有强迫,印度人是不会乖乖缴税的。要想让他们把一半的收成交给皇室,就有必要把他们捆绑起来。农民总是习惯性地拒绝缴税,声称自己没钱。对拒绝缴税者的惩罚十分严峻,他们一次次地受到惩罚,也一点点地缴纳租税。在农民中间,这是一个很受人尊重的习惯,那就是不会轻易地把租税上缴。对他们来说,因拒绝缴税而遭受的惩罚不是耻辱,而是一种荣耀。①

和中国的情况一样,租税负担过于沉重的一个结果就是农民背井离乡,逃到其他地方,尤其是等待开发的处女地,因为当时的土地相对于人口来说还是有盈余的。皇帝们想出各种办法鼓励农民要么留下来耕种土地,要么到其他地方开垦荒地。

农民之所以会背井离乡,还有另外一个原因,那就是贾吉尔制度的影响,因为和马穆鲁克王朝时期的埃及一样,贾吉尔达尔们享有土地的使用收益权只有四五年,然后就被转移到其他地方。因此,和马穆鲁克们一样,他们有足够的动机不遗余力地剥削这里的土地和人民。这样一来,农民就会自问:我为什么要为这样的土皇帝卖命呢?说不定哪天他就会把我们的一切都据为己有。[1252]而根据伯尼尔的说法,贾吉尔达尔是这样回应的:

> 我们为什么要为土地的荒芜感到不安呢?我们为什么要花自

① 语出 Manucci,引自 Z. Faruki 的《奥朗则布及其时代》(Delhi,1972 年),第 462 页。

己的时间和金钱让其丰收呢?说不定什么时候它就会被从我们手里拿走,这样一来,我们所有的努力既不会给我们自己带来好处,也不会泽披后代。还是能搜刮多少就搜刮多少吧!虽然农民会饿死或逃亡,随他们去吧。当上面下令让我们离开时,这里将是一片荒芜和凄凉。①

5.3 公共秩序和国家安全

和罗马帝国、拜占庭帝国与哈里发帝国一样,莫卧儿帝国修筑道路并不仅仅是为了军事上的用途,还和邮递服务有关,这种服务又和情报和间谍活动有关,而这些又和对人民的镇压和公共秩序有关。就像奥朗则布所说的那样,“统治的关键就是要对国内发生的事情保持消息灵通”。②

遍布各地的官方“事件书写者”将关于每一支野战军、每一个大城市和每一个省的情况汇报上来。他们的汇报由省督阅读,是“公开的”,相当于现在所说的“非保密的”。此外还有两种人专门负责政治上的敏感问题,他们分别是“事件记录者”和“密信书写者”,前者的存在省督是知道的,而后者的存在谁也不知道,前者的汇报递交给省督,然后再呈交给皇帝,后者只汇报给皇帝一人。这两种人由一位负责邮政和情报的达罗加领导,他在邮政方面的职责就是通常的提供信差和驿马。除了这些情报官员之外,印度到处都是密探。根据估计,在1708年,皇帝拥有至少4000名这样的密探。不仅如此,每个大一点的省和阿米勒都有自己的密探队伍。③整个次大陆就是一个巨大的回音廊,人人自危。皇帝的情报服务并非总是可靠的,有时是因为玩忽职守,有时是因为有意为之,情报人员会传递虚假信息,或者不能将真实的信息汇报上来,如关于某些省督不端行为的信息。但是通过欧洲旅行者的描述,我们可以看出总的说来,这一系统可以让皇帝保持消息灵通。④

---

① Bernier,《莫卧儿帝国行纪》,第227页。
② 引自Sarkar《莫卧儿政府》,第243页。
③ 同上,第243—253页。
④ 同上,第254—258页。

[1253]对于发生在村社范围之内的轻微犯罪,村社集体负责,必须要补偿村民或旅行者所遭受的损失。为此,村社的头人组织一些人日夜防守。就像我们前面提到的那样,城镇的治安由一位身兼数职的科特瓦尔负责,他既是治安长官,也是军事长官和行政长官。但是在萨尔卡尔这一层面,我们可以发现治安机构、道路和镇压之间的密切联系。就像前面提到的那样,法乌吉达尔是省督的代表,对民事、刑事和军事等方面都有管辖权。他通过一系列的前哨基地对其辖区进行控制。法乌吉达尔和柴明达尔必须要护送携带重要信息的官员通过他们的辖区,直到将其安然无恙地送到下一个辖区,同时还要为其提供食宿。法乌吉达尔的职责包括维护当地治安,保证道路安全,驱散或拘捕土匪强盗,禁止私自制造火绳枪,协助贾吉尔达尔和皇室土地的税官从各个村社征收租税。拒绝缴纳租税被说成是“小规模叛乱”,[①]对其进行镇压乃其职责所在。

道路的安全状况很难判断。旅行的商队起初可能规模并不大,但是在其行进的过程中,人数会越来越多,常常会多达1700人,由300辆马车组成。[②]有些欧洲的旅行者说他们经过的乡下强盗“云集”,但是也有些独自旅行的人一路之上平安无事,例如泰瑞(Terry)旅行了4000英里,只遭遇到一次袭击。[③]在这里,欧洲商人因强盗劫掠所遭受的损失并不比在欧洲更多。[④]这些旅行者的说法之所以会有矛盾之处,部分上是因为莫卧儿帝国的疆域十分辽阔,就像在罗马帝国一样,有些地方的警戒更加严密,而有些地方却很便于土匪活动,例如,古吉拉特就很稳定、安全,而西海岸的海上航线则常常有海盗出没,在和马拉塔人战争期间,古吉拉特遭受了重大的破坏。拦路抢劫在印度中部和马尔瓦的丛林和山区尤其肆虐,这种行为的回报很丰厚,因为对于从沿海过来的商队来说,这里是必经之路。

对于更加严重的叛乱行为,中央政府会直接介入,有时会派指挥官

---

① 引自Sarkar的《莫卧儿政府》,第232页。

② 《剑桥印度经济史》,第1卷,第356—357页。

③ Sarkar,《莫卧儿政府》,第238页。

④ 《剑桥印度经济史》,第1卷,第357—358页。

亲自镇压。其中有一次,所有的叛乱者全部被杀掉。高高的塔楼上挂满了被砍掉的头颅,而一具具无头尸体则被钉在路边的尖桩上。① [1254]虽然通讯不便,地形复杂,但是通过这些方法,面积有半个美国之大的莫卧儿帝国基本上维持了一种和平局面。就像我们后面会提到的那样,地方性的农民起义和柴明达尔对中央政权的抵抗有很多次,但是除了经常发生的王子叛乱之外,大规模的地方叛乱直到奥朗则布统治时期才开始出现。迦特人(Jats)在 1669 年和 1685 年分别发动叛乱,赛特纳米斯人(Satnamis)和锡克人在 1672 年发动叛乱,紧随其后的是马拉塔人。虽然从严格意义上讲,马拉塔人的反抗并不构成叛乱,因为他们所在的区域并不属于莫卧儿帝国的一部分,但他们却是最难以对付的,皇帝根本就无法将其镇压下去。

5.4 司法系统

因为我们对其背景情况已经有所了解,这一部分将相当简短。莫卧儿帝国的法庭有四种:首先是皇帝的法庭,每周中有一天的早朝觐见专门用来处理司法事务。司法程序从诉状开始,阿克巴曾使用七名官员来处理这些诉状,但是到了后来几任皇帝,诉状的数量逐渐减少。沙·贾汗每次早朝只审理大约 20 个案子,于是他就问朝臣案子为什么这么少,他们说是因为下层司法公正,人们都很满意。事实上很少有人会把官司打到皇帝这里,这些递交诉状的人大部分来自首都附近。这个法庭既是上诉法庭,也是原诉法庭,但这就是上诉制度的全部。在每一个行政区域都有法庭,但是这些法庭之间在司法上是平等的。

第二种法庭是伊斯兰教法庭,其法官是伊斯兰教法官,即卡济,由朝廷的萨德尔提名。在贪污受贿方面,他们臭名昭著。②他们分布在每个省的省会城市,每个萨尔卡尔和帕尔加纳。起诉人可以向任何一个卡济提起申诉,但不能从帕尔加纳的法庭上诉到萨尔卡尔的法庭。这

---

① Sarkar,《莫卧儿政府》,第 236 页。

② Bernier,《莫卧儿帝国行纪》,第 237—238 页。

些法庭都是城市机构,75%的农村人口与其无关,皇帝让各个村社自行处理村社事务。这些卡济法庭当然是穆斯林法庭,而穆斯林只占人口的少数,但他们所使用的依然是伊斯兰教法的程序,只有一两位皇帝对其稍作调整,这个程序有很强的限制性。卡济只对穆斯林起诉人使用伊斯兰教法,[1255]对穆斯林和印度教徒使用皇帝颁布的卡农法,但是如果案件涉及到印度教徒的宗教法,他会咨询一位婆罗门潘迪特(pandit,即梵学家)的建议。对于占人口大多数的印度教徒来说,这就是最大的让步了。

有很多案件并不是由上述那些法庭来审理的,实际上在莫卧儿帝国,卡济这一职位并不受人尊重,薪酬也不丰厚。由卡济审理的刑事诉讼几乎没有一个是重大案件。对于各种各样的世俗性的刑事诉讼和刑事附带民事的诉讼,由省督或法乌吉达尔或科特瓦尔等主持的法庭负责,我们不妨称其为"治安法庭"。和在罗马帝国与中华帝国的情况一样,这些人行使着治安权、军权、行政权和司法权。他们不必遵循固定的法律程序,刑讯逼供也是允许的。这样,行政权和司法权在行政法庭被结合在一起,对刑事诉讼和民事诉讼的审理方式没有被区分开来,也没有区分案件的轻重。对这些法庭的一个主要限制是它们无权判处死刑,除非是针对公然反抗,就像前面提到的那样,死刑案件要由皇帝亲自审理。

在城市之外,那些不涉及到死刑或者监禁的案件常常由柴明达尔审理。在其他地方,这类案件由村社机构负责,其中包括头人、种姓委员会、行会和被称为"潘切亚特"(panchayet)的村务委员会。这些机构的惩罚方式是种姓级别的降低和社会排斥,这种惩罚是十分严峻的,会给被惩罚者造成很大的伤害,因为在封闭的社区里,每个种姓都有其独特的位置,也有属于自己的大法,个体的社会和经济生活全部都在这个背景之内发生。

在泰瑞这样的欧洲旅行者看来,和欧洲司法程序的漫长拖延相比,印度的司法效率很高。[1]在对德川幕府时期的日本的讲述中,我们

---

① 引自 Sarkar 的《莫卧儿政府》,第 216 页。

曾经提到过，坎弗尔也有类似的看法，他认为日本的司法比欧洲更加高效。[1]这应该引起我们的重视，很可能这种方法更加适合印度的国情。康沃利斯侯爵(Lord Cornwallis)曾于1786年至1793年间任印度总督，他对印度的民事司法系统加以改革，将所有的民事诉讼转移到地区法官那里，由法官按照复杂的程序规则行事，而这种规则建立在英国司法系统的模式之上。这种改革是一场灾难，司法程序变得过于复杂，诉讼人根本无法自行申诉，只能求助于律师，而这样一来，诉讼的代价就会高很多。[2]“此前，地方行政长官的财政官员以一种简易的方式，处理柴明达尔和佃农之间的权利和租税纠纷，如果这种粗糙但是已经确定下来的司法体制能够延续下来，农民可能会受到更好的保护。”[3][1256]这些调整所做的就是让农民的命运更加悲惨，而那些放债人的生活却更加惬意。但是康沃利斯的另外一项改革很值得肯定，那就是他“有价值的原则”：“所有的政府官员在任职期间的一切行为都应该对法庭负责。在财产权方面，如果政府本身成为诉讼一方，其权利应该由法庭根据现行的法律和规章进行决断。”[4]对于长期习惯于专制统治的印度人民来说，这一原则十分新颖，也很令人惊讶，但是最终受到人们的高度赞赏。

6. 莫卧儿帝国之评价

对于欧洲人来说，在本书所讲述的四个伟大的亚洲国家之中，莫卧儿帝国最为光彩夺目。最吸引他们的是其艺术、文学和建筑，丰富多彩的宫廷生活，还有宫殿、神庙和清真寺精美的镶嵌图案、格子细工和马赛克拼贴画，尤其是历代皇帝的迷人性格，他们的一言一行和生活起居都被记录在其私人日记里或宫廷史官的著作里。但是另一方面，一边是莫卧儿帝

---

① 参见本书第三部分第一章，“德川幕府时期的日本”，原书第1118页。

② P. Moon,《英国对印度的征服和统治》(Duckworth, 1989)，第240页。

③ 同上，第238页。

④ 同上，第242页。文中康沃利斯的话引自他于1793年对东印度公司董事会所做的报告，载于A. B. Keith,《印度政府演讲和记录，1750—1921年》(牛津大学出版社，伦敦，1922)，第1卷，第177页。

国华丽灿烂的艺术文化,一边是陈腐不堪的政治文化,两者之间的极大反差也是很少见的。在进行讲述的过程中,我们总是难以摆脱一种似曾相似的感觉。莫卧儿帝国的机构特征没有一个独创性的。所有的主要因素,如君主独裁,官员头衔的模棱两可,皇位继承之争,封地贵族,土地收益形式的薪酬,封建式的募集军队的方式,立法、司法和行政权力在一位官员身上的结合,等等,所有这些特征前面我们都多次遇到过。

莫卧儿帝国的弊病也是如此,那就是腐败横行,在宫廷尤其如此。统治和剥削阶级只占人口极小的一部分,但是 1 亿人口的国民生产总值有三分之一至一半集中在朝廷和大约 8000 名曼萨卜达尔手中,而其中的 61%集中在 655 名曼萨卜达尔手中。①这种程度的搜刮只有通过强制才能实现,这样我们就回到了已经熟悉的搜刮和强制的循环。在 1647 年,等级最高的 445 位曼萨卜达尔将其收入的 77.2%花在军队身上。②[1257]由于对资源的欲求是“永无止境的”,③统治精英只有不断地征服掠夺,对广大农民进行毫不留情地搜刮,加之以高压政策,征税官的非法行为和对商人财富的任意侵夺。④就这样,从劳动人民那里搜刮的财富被用来供养从他们手里掠夺财富的军队身上。⑤这已经是司空见惯的事情,在其他的政体我们已经多次遇到过相同的情况。此外,在此前遇到的政体,很少像莫卧儿帝国这样,政府行政的本质完全是结构性的。统治集团将扣除军费开支之后剩下的那部分,主要用来维持一种“骄奢淫逸的生活方式”,这种生活方式不仅体现在其宫殿和豪宅之类的宏伟建筑,还体现在其他很多方面,如仅皇家马厩的仆人就被分为 14 种之多。⑥花在基础设施上的钱很少,只是在有些道路边上种了树木,为路人提供阴凉,还修建了一些桥梁、灌溉渠和蓄水库。朝廷和贵族所建设的是宫殿、城堡和清真寺,主要集中在拉合尔、阿格拉和德里这三个城市。除了征税

---

① 《剑桥印度经济史》,第 1 卷,第 178—179 页。

② 同上。

③ 同上,第 173 页。

④ 同上,第 186 页,对此提供了广泛的例证。

⑤ 就像 Ernest Jones 的宪章主义颂歌所唱的那样:“刀枪寒光闪闪,维护既得利益,劳动者辛勤劳作,养活那些寄生的仇敌。”

⑥ 《剑桥印度经济史》,第 1 卷,第 180—181 页。

官和治安官,莫卧儿帝国的统治阶层高高在上,远离各个村社、行会和种姓的生活,而政府的日常管理就发生在这里和正在兴起的城镇。

虽然有诸多弊病,莫卧儿帝国的存在本身就值得我们赞赏,就像约翰逊博士说的那样,“后腿行走的狗,虽然走得不好,但是能够这样做本身就很让人惊讶”。莫卧儿帝国使印度实现了史无前例的政治统一,这是一个伟大的壮举。它把几乎整个次大陆统一在一位首脑和一个行政结构之下,在英国征服印度之前,是这里出现的最大的统一国家,并且这种统一延续了150年之久。①

但是莫卧儿帝国之弊病一个很重要的因素正在于其面积过于广大。在本章一开始,我们已经指出印度的多样性,它更像是一个大陆,而不是一个国家。莫卧儿人把这里的王国一个个征服,连接到一起,但是并没有将其同化。信仰印度教的马拉塔人和锡克人都起兵反抗奥朗则布,一位信奉伊斯兰原教旨主义的皇帝。

由阿米勒和贾吉尔达尔构成的统治阶级主要是外邦的冒险家和本土的王公,他们实际上是雇佣军。[1258]他们是为了来自贾吉尔领地的薪酬才为皇帝服务的,但是他们知道自己去世之后,这些领地就会被收回。为了避免他们形成地方势力,皇帝不断地让他们到处调动,使他们不得不完全靠皇帝的恩宠为生,完全听命于他。皇帝的目的达到了,“本来应该是国家中坚的贵族沦为一群自私自利的冒险家和投机者,只对维护自己的权力、地位和福利感兴趣,置百姓的生死于不顾。当领土的扩张达到极限时,叛乱、阴谋、暗杀皇帝和恶性的继承权之争变得司空见惯”。他们之间的争吵无休无止,被称为是“专业的寻衅滋事者”。②

1712年巴哈杜尔去世之后,帝国开始瓦解。奥朗则布给他留下的是一个烂摊子。在焦特普尔(Jodhpur)的继承问题上,奥朗则布态度骄横,飞扬跋扈,这就疏远了拉齐普特王公。在此后的奥朗则布和锡克人之间发生战争时,他们没有帮助他。在和马拉塔人没完没了的战争过程中,他耗竭了国家的财政资源。关于他的宗教政策,今天的历史学家

① 我是从阿克巴即位开始算起,到1712年巴哈杜尔去世结束。
② Sarkar,《莫卧儿政府》,第480页。

有很多争议,但是无论他是否有过拆除印度教庙宇这样的举动,有一点是毫无疑问的,那就是他重新对印度教徒强制征收人头税,这让他们十分愤怒。巴哈杜尔和拉齐普特的王公修好关系,和马拉塔人之间也达成某种妥协。直到他去世之后,莫卧儿帝国才开始土崩瓦解。

关于莫卧儿帝国的瓦解,有一个理论认为它和奥斯曼帝国一样,要么扩张,要么灭亡。这个理论至少要加以限定才能成立。直到奥朗则布统治时期,战争所需的花费的确来自于扩张。除此之外,作为战利品,帝国的皇帝和贵族们还从中获得了很多黄金和宝石。①但从本质上讲,这不过是积累的财富从先前的王公和国王那里转移到新的主人手中。因此,更精确的说法应该是:阿米勒和贾吉尔达尔这些贵族要想延续他们穷奢极欲的生活,就必须要不断对外扩张。的确,蜂拥到朝廷的大批冒险家渴望得到贾吉尔领地,而只有对外征服才能满足他们的需求。当然,在对马拉特人的战争期间,当国库已经空虚时,奥朗则布发现没有足够的土地可以作为新的贾吉尔封赏给曼萨卜达尔。②[1259]虽然如此,莫卧儿帝国并不像奥斯曼帝国那样,只有通过帝国扩张才能正常运行,因为印度要富裕得多,如果适当节约,来自农民的租税本来是完全足够花费的。毕竟,皇帝掠夺来的大量金银珠宝都来自于税收。

也许有人会认为对农民所征收的苛捐杂税导致了帝国的崩溃,如果加以充分的限定,这种认识是正确的。我们已经指出了两个限定因素,一个是贾吉尔制度,和埃及马穆鲁克王朝时期的伊克塔制度一样,这种制度让贾吉尔达尔竭尽全力从其领地搜刮财富,丝毫不考虑领地的将来,因为过不了几年他就会被调动到其他地方。第二个限定因素

---

① 例证见《剑桥印度经济史》,第1卷,第184—185页。根据估计,在阿克巴去世时,其财富多达5亿2240万弗罗林(价值为两先令的银币)。据说孟加拉的一个总督在任13年间,积累了3亿8000万卢比的财富。

② Sarkar,《莫卧儿政府》,第319页。为了获得政治上的支持,巴哈杜尔大量封赐贾吉尔,但是其继承者一个个沦为傀儡,统治短暂,导致整个制度的衰落。贾吉尔的授予越来越是出于政治上的动机,而不再是对军功的封赏。就像在日本德川幕府后期的情形一样,富有的商人和银行家也可以获得贾吉尔。很快,贾吉尔达尔不再是合格的曼萨卜达尔,也不能履行军事使命。为了拯救原有的制度,尝试了各种努力,皇帝不得不将王室领地分封出去,但是都于事无补。到了18世纪中叶,这一制度就已经名存实亡。参看奥斯曼帝国的提马尔采邑制。

是“对黄金的欲望”,而这种欲望既源自于对奢侈生活的渴望,也是为了供养大量的队伍,而只有这些队伍才能帮助他们实现对农民的盘剥。就这样,所要征收的租税越多,花到士兵身上的钱就越多,而这就要加强对农民的盘剥,如此一来就形成了一种恶性循环。税赋的确十分沉重,对于拒绝缴纳租税者的惩罚也很残暴:强制卖掉妻子、儿女和牲畜,殴打、饥饿和折磨。并不是所有的农民都如此悲惨,因为他们也有穷富之分,但是在有些地方,税赋之重让穷苦的农民根本无法生存下去。①一向习惯于逆来顺受的农民有的被逼上造反之路,更多的则投奔那些反抗贾吉尔达尔盘剥的柴明达尔,这些柴明达尔被称为是“zortalab”柴明达尔,意思是“叛乱的”或“拒绝缴税的”。②这样,逃亡的农民就和各地柴明达尔反抗朝廷的斗争发生了联系。在迦特人和赛特纳米人反对奥朗则布统治的叛乱时,还有其他很多小规模的叛乱中,他们都是十分重要的因素。③这些叛乱的柴明达尔最重要的贡献是帮助马拉塔人反抗奥朗则布,他们提供了马拉塔人的英雄首领希瓦吉所说的“衣不蔽体食不果腹的无赖之徒”,直到最后他都未能平息这场叛乱,“莫卧儿帝国就这样被毁灭”。④

[1260]但是莫卧儿帝国灭亡最直接的原因既不是扩张受到限制,也不是经济因素,而是一个简单的政治因素,那就是巴哈杜尔之后历任无能的、有名无实的皇帝,他们的统治短暂而糟糕。⑤和同时期亚洲的所有其他大帝国相比,莫卧儿帝国对皇帝个人性格的依赖是独一无二的。莫卧儿帝国没有维齐尔一职,无论他多么不称职,终

① Habib,《莫卧儿帝国的农业制度》,第322—323页。

② 同上,第173—174页,第283页,第331页。

③ 同上,第345—346页。

④ 同上,第351页。

⑤ 他们受制于以贵族赛义德(Sayyid)兄弟为首的宫廷派系,从他们死亡的时间和方式就可以看出端倪。贾汗达尔·沙(Jahandar Shah)在位时间为1711至1713年,被赛义德兄弟暗杀;法鲁赫西亚尔(Farrukhsiyar),在位时间是从1713至1719年,也是被赛义德兄弟暗杀;拉菲·乌德·杜拉特(Rafi-ud-Daulat),1719年在位,被废黜;沙·贾汗二世,1719年在位,同样被废黜;尼库斯亚尔(Nikusiyar),1719年在位,被废黜并暗杀;穆罕默德·沙(Muhammad Shah),1719至1720年在位,被废黜,是赛义德兄弟的傀儡。这些短命的皇帝无一例外都很软弱,只知道寻欢作乐,毫无骨气可言。

究可以代皇帝料理政事,至少可以协助皇帝。莫卧儿帝国有为数众多的会计和低级文书,但是却不像奥斯曼帝国那样,有固定的、训练有素的高级文官队伍。贵族对皇帝并非真正忠诚,他们关心的是自己能够得到多少好处。

莫卧儿帝国在瓦解的道路上越走越远,一发不可收拾。1722 年,首席大臣阿萨夫・贾(Asaf Jah)发现帝国的中央行政已经不可救药,就回到自己担任苏巴达尔的海德拉巴省,并于 1724 年宣告独立,建立了尼札姆(Nizam)王朝。[①]同年,萨达特・汗(Saadat Khan)成为奥德地区的统治者。阿里瓦迪・汗(Alivardi Khan)于 1740 至 1756 间任孟加拉的苏巴达尔,他只是偶尔向朝廷进贡,实际上已经不再承认皇帝的统治地位。与此同时,在已经从帝国独立出去的马拉塔联盟,政府内部也发生了变化,被称为"帕什瓦"(peshwa)的首席大臣和加洛林王朝的宫相一样,成为实际上的统治者,而王公则变成了摆设。

马拉塔人已经占据了古吉拉特、马尔瓦和本德尔坎德,这时波斯的冒险家纳迪尔・沙(Nadir Shah)忽然从西北关口闯了进来,他攻占了德里,大肆烧杀抢掠,拉走了孔雀宝座。这件事发生在 1739 年,虽然只是一场突然袭击,但莫卧儿帝国从此一蹶不振。从此之后,德里成为马拉塔人、普什图人(Pakhtun,即阿富汗人)和其他民族争夺和占领的对象,而在其四周,莫卧儿帝国正在土崩瓦解。皇帝变得越来越有名无实,苟延残喘,直到 1862 年被英国人彻底消灭。实际上早在 1739 年,即纳迪尔・沙入侵德里那一年,莫卧儿帝国就已经被宣告灭亡。

---

① 尼札姆在阿拉伯语里有"总督"之意。印度几位王公有此头衔。

欧洲国家的重建

第五章 “现代”国家

1. 背景和大事年表

[1261]16 世纪是欧洲政治发展史上的分水岭，并且经由欧洲，也成为世界政治发展史上的分水岭，因为欧洲是现代国家的诞生地。在很小的范围之内，这里出现了一些不同的新发展，而这些发展之间互相促进。

在描述这些新发展之前，我们不妨先回顾一下亚洲历史悠久的帝国结构的年表。对奥斯曼帝国来说，最重要的两个时间分别是 1453 年和 1566 年，前者是攻占君士坦丁堡的时间，后者是苏莱曼大帝去世的时间。此时中国正是明朝，不受外部干扰。在印度，巴布尔已经于 1525 年在帕尼帕特击败了洛迪苏丹，但是莫卧儿帝国还没有真正形成，这要等到 1556 年阿克巴即位。1712 年巴哈杜尔去世之后，莫卧儿帝国开始崩溃。

在这些事件发生期间，欧洲出现了一些重大的新发展。首先是两个支配性的机构开始失去人们的信任，一个是神圣罗马帝国帝国，另外一个是教廷。在这方面，教皇和霍亨斯陶芬王朝之间的冲突只是一个开头，进一步的发展是教皇博尼法斯八世不但无法让英国和法国的国王听命于他，最终还在法国士兵的手中惊吓而死。其后就是所谓的“巴比伦之囚”时期,从1305年一直延续到1378年,教廷被迁至阿维尼翁,受法王的控制。教廷真正的沦落发生在大分裂期间,先是两个教皇相对峙,最后是三皇鼎立。谁最能代表他们的利益,欧洲的统治者就支持谁,[1262]这样一来,教廷的普世性被打破。不仅如此,这些互相为敌的教皇腐败堕落。乌尔班六世残酷成性,滥施酷刑,而约翰二十三世曾是一名海盗首领。[①]与此同时,1356年颁布的“金玺诏书”(Golden Bull)实际上改变了神圣罗马帝国的本质,使其成为一个贵族联盟。[②]这两种新发展联合起来,为各国的国王创造了条件,他们因此声称不受皇帝和教廷制约,拥有我们现在所说的“主权独立”。法学家们常说“国王是自己王国之内的皇帝”,这种说法是有道理的,这两种新发展使国王们可以公然宣称自己的这种权力。

还有两个新发展让16世纪成为历史的转折点,那就是文艺复兴和宗教改革运动。前者将世俗化精神引入国家事务,加速了从教士到非宗教人士作为顾问的转变,这些非宗教人士通常是精通法律的人,这就成为我们现代意义上的官僚机构之开端。[③]对于这种世俗化和对中世纪自然法概念的抛弃,马基雅维利是其最佳倡导者。

> 对马基雅维利来说,国家应该是自为的,当然,这里的国家就是意大利。对于像他这样思想先进的人来说,自然法的约束似乎仅仅是荒唐的空谈。他以“国家理由”这样务实的概念取而代之,以此作为所有统治行为的根据,以“势力均衡”作为所有国家之间努力的目标……。[④]

---

① M. Gail,《大分裂时期的三位教皇》(Hale,伦敦,1969年),第105—107页。一些枢机主教企图废黜乌尔班,于是他将其中一个主教处以吊刑,将其余的囚禁起来,囚室面积很小,连躺下来的面积都没有。在被迫逃离诺卡拉(Nocera)时,他也不忘带上这些饱受折磨的主教们,把他们拴在骡马后面。在此过程中,年迈的阿奎拉(Aquila)主教被士兵乱脚踢死。约翰二十三世则是第一个大肆发行赎罪券的教皇。

② 见本书第三部分第六章。

③ Chabod,“有过文艺复兴国家吗?”,载于H. Lubasz编的《现代国家的发展》(Macmillan,纽约,1964年),作者认为这种官僚化是文艺复兴国家的一个识别特征。

④ J. N. Figgis,《现代国家的教会》(Longmans,伦敦,1931年),第75页。

从宗教改革运动也可以得出类似的结论，但是其路径是完全不同的。1517年，从马丁·路德将其“九十五条论纲”张贴于威登堡教堂大门上那一刻起，此前基督教长达1300年的统一被打破了。神圣罗马帝国统辖之下的大小国家有的支持一方，有的支持另一方，联合起来，结成同盟，如支持路德派的施马尔卡登同盟(Schmalkaldic League)，互相之间展开斗争，直到1555年才在奥格斯堡暂时达成和解。信奉新教的城市和国家赢得了信仰自由和进行宗教改革的权利，教随国定的原则得以确立，即臣民要以统治者的信仰为自己的信仰。这样一来，“大致说来，路德对政治世界所做的贡献就是：把此前主要是教会特权的神圣光环转移到了世俗统治者身上；[1263]把人们的敬意从圣徒的道德转移到公民的道德；把他们的理想从修道院生活转移到家庭生活”。①世俗君主对教会的胜利，即新教精神中的伊拉斯都主义(Erastianism，又译为“国家全能主义”，即政府控制教会)并非仅仅发生在新教国家。法国的弗朗西斯一世和西班牙的斐迪南与伊莎贝拉都设法确立了国家对教会的控制，虽然其教义依然是天主教的，但是其本质却是准国家教会。②由于“神圣光环转移到了世俗统治者身上”，“君权神授”的思想获得了新的动力和意义。摆脱了罗马教廷的干预，现在君主们声称他们的权威直接源自于上帝，他们是上帝在人间的代表，只对上帝负责。因此，任何抵制君主的行为都是犯罪：

> 君王是受神灵呵护的，
> 叛逆只能在一边蓄意窥伺。③

由此还可以推导出不可推翻的世袭继承原则，正是世袭继承赋予君权以合法性。随着对君权的抬高，对君主的称谓变得越来越冠冕堂皇，如“尊敬的陛下”，宫廷的花费也日益高涨。④

文艺复兴和宗教改革运动两者结合，形成一种爆炸性的力量。它

---

① J. N. Figgis，《现代国家的教会》(Longmans，伦敦，1931年)，第72页。

② 见原书第1282页和1294页有关法国和西班牙的内容。

③ 莎士比亚，《哈姆雷特》，第四幕，第五场。

④ 参见N. Elias，《宫廷社会》，Jephcott译(Blackwell，牛津，1983年)。

打破了在过去1300年里,传统的拉丁基督教对欧洲人的精神垄断,以一种反文化、反传统的姿态,对其发起挑战,以宗教上的特殊主义取代教会的普世主义,抛弃了天主教的超俗和神圣,转而追求此世今生、人文主义和希腊罗马时代充满肉欲的异教世界,还有像圣普拉西德教堂的主教所回顾的那样,"四肢如大理石一样光滑的情妇"。[1]从前面的章节可以看出,中国、日本、印度和伊斯兰世界的文化和宗教传统历史悠久,从来没有发生过与此类似的断裂。发生在欧洲的反传统的骚动推翻了人们所熟知的所有旧观念,为世俗思想的发展开辟了道路,尤其是为科学思想和新技术的发展创造了条件,而正是后者使欧洲人成为世界的主宰者。

伴随这种文化上的断裂,还有两个相关联的新发展共同改变了欧洲大陆的政治面貌,[1264]一个是军事封建制度的崩溃,另外一个是商业交换、货币经济、借贷公司和国际银行家的兴起。在前面的章节我们已经说过,[2]在英格兰国王爱德华一世统治时期,军事封建制度已经开始解体,在这方面,法国要滞后至少半个世纪。虽然军事封建制度正在解体,但是一种"变态封建主义"依然存在,对于国王的权威来说,它有可能更加危险。商业,以及新获得的对土地不可分割的权利,使贵族积累了广大的地产,实际上形成了一个个小国家,有能力并且有时也很愿意和中央权威分庭抗礼。此外,虽然他们不能继续要求佃农提供军事服务,但是为了报酬佃农会很积极地作他们的侍从。

随着货币和信贷的发展,这些趋势变得日益强大。要战争,就要有现金。历史上我们曾多次遇到这样的情况:为了筹集现金,中世纪的君主曾不得不以皇冠上的珠宝作为抵押。到了14和15世纪,借贷公司在意大利的卢卡、锡耶纳和比萨等城市随处可见,当然,其中最突出的还是佛罗伦萨。[3]到了16世纪,安特卫普的银行家赶超了意大利的借

---

① R. Browning,"圣普拉西德教堂的主教吩咐后事"(最早出现在《胡德杂志》(*Hood's Magazine*,1845年三月刊,原题为"圣普拉西德墓"),《勃朗宁诗歌作品选,1833—1874年》,I. Jack编(牛津大学出版社,伦敦,1970年),第432—435页。这首精彩的诗作生动地揭示了文艺复兴时期教皇及其教廷的世俗性。

② 参见本书第三部分,第六章。

③ 参见本书第三部分,第七章。

贷公司，在这里，货币交换已经很少，大部分交易都是以汇票的形式进行的。银行业的发展在1550年前后达到了顶峰，这是福格尔家族的光辉时代。

在这些新情况之下，边缘和中央、作为“王”的国王和作为“皇帝”的国王之间再次展开博弈，最后是作为“王”的国王获得胜利。在此过程中，国王的势力得到了极大的强化，于是就有了“新君主制”这个说法，用来指代西班牙、法国和英国这样的大西洋沿岸国家。

在此过程中，技术尤其是军事技术正在飞速向前发展，这样的速度在亚洲国家是闻所未闻的。①由于文化和宗教传统的延续从来没有被中断过，在亚洲国家出现了一种智力上的停滞状态，这种状态十分严重，我们只要看一个例子就可以知道：虽然中国比西方提前一个多世纪发明了望远镜和其他的天文仪器，但是却将这些完全忘到一边，还要等到耶稣会传教士为他们重新制造。而此时的欧洲正是哥白尼、第谷·布拉赫、开普勒和伽利略的时代。

这也是印刷术的时代，古登堡为欧洲发明了活版印刷术（中国早在9世纪就有了），不但在文化和宗教上影响深远，在政治上的影响也同样不可估量。[1265]古登堡印刷的《圣经》出现于1456年，在一代之内，印刷术就基本上蔓延到欧洲每一个国家。②起初，它针对的客户基本上是那些原来购买手抄本的人，专门印刷学校的识字读本和宗教类书籍。印刷出来的书籍如此廉价，人人可得，这种扩散让政府开始有点担心，就像担心人人都可以获得武器一样，于是就有了审查制度，在这方面，以天主教会为首，先是利奥十世提出禁止某些作品，大约40年之后，也就是1559年，出现了《禁书目录》。信仰新教的地区紧随其后，如加尔文所在的日内瓦。宗教战争既是刀剑之争，也是宣传册子之争。出版、宣称册子和宣传活动在革命和叛乱的过程中发挥着极其重要的作用，1562年至1598年之间的法国宗教战争是这方面最早的例子。

---

① 我将手枪和大炮排除在外。德川幕府时期的日本在三种进口的武器中复制了火绳枪，而征服者苏莱曼则在一位匈牙利神枪手的帮助下建造了强有力的攻城炮。

② 《新编剑桥近现代史》，14卷本（剑桥大学出版社，剑桥，1957—1959年），第2卷（1958年），第362页。

根据估计,从 1585 年至 1594 年,巴黎天主教联盟的印刷商出版了 1000 多部作品。①出版业开始创造出一种完全可以称为是“公共舆论”的东西。

这也是单层甲板帆船让位于装配齐全、有尾舵的远洋航船的时代。早在克雷西战役时火炮就开始投入使用,然而其作用并不明显,但是在 1453 年的卡斯提隆战役和弗米尼战役中,法国军队利用火炮将英国队伍驱逐出去。就在同一年,穆罕默德二世在一位匈牙利炮手长的帮助之下,利用火炮攻破了君士坦丁堡的城墙。到了 1509 年,威尼斯人掌握了在海上使用火炮的方法。英国海军之所以能够击败西班牙的无敌舰队,也完全是炮舰的功劳。

当然,带着欧洲人和他们的远洋船到达印度、东南亚和菲律宾的也是这样的炮舰,他们还到了中国和日本,但只是短暂停留,当时他们的目的只是为了进行勘察。早期这些武装航行最重要也不可逆转的结果并不在于其本身,而在于对美洲的发现,以及此后西班牙和葡萄牙在南美建立的帝国,还有欧洲人在北美建立的定居殖民地。此时的美洲还是一片完全不为人所知的大陆,不但对于欧洲人如此,对于亚洲的帝国来说也是如此。这是一片原始的土地,人烟稀少,但是资源丰富,对征服者充满了吸引力。利用这块肥沃的新大陆,②欧洲转移了它的一些经济和宗教问题,以及不稳定的因素,马上就要变得极其富有。

2. 欧洲国家的重建

[1266]从领土上讲,中世纪的国家是被分化的,相对而言,公共和私人领域的功能却统一在同一个职位或个人身上。现代国家与此恰恰相反,原本被分化的领土被连接在一起,其人口也被统一在一个共同的统治机构之下。与此同时,公共权责和私人权责之间的界限早已被明

① P. Zagorin,《反叛者和统治者,1500—1660 年》,2 卷本(剑桥大学出版社,剑桥,1982 年),第 2 卷,第 59 页。

② 在《欧洲奇迹》(剑桥大学出版社,剑桥,1981 年)一书中,Jones 称其为“鬼田”(ghost acreage),第 82—84 页。

确下来,同样,公职人员和私人个体之间的界限也得以确定。简而言之,可以表达如下:

	领　土	功　能
中世纪	分化	统一
现代	统一	分化

从统一的服务到分化的服务,从分化的领土到统一的领土,这两个过程同时发生,构成了“现代欧洲国家的发展过程”,这一过程于1450年左右从大西洋沿岸国家开始。它和领土面积的扩大、世俗官僚机构和军队的专业化都密切相关。具体细节我们将在后文展开讨论,这里需要指出一点,即统一的过程涉及到国王和权贵之间的竞争。这个过程并非单线发展,其结果也不是预先设定的。与此相反,在神圣罗马帝国和意大利,这个过程并没有完成。在很多情况下,这个统一的过程是一场竞争,竞争的一方是国王与其官僚机构和新式军队,另一方是一些权贵与其专业化的官吏和领薪饷的士兵。国王会努力扩张领土,使其连成一片,让境内的权贵承认自己的最高权威,而权贵本人也同样会为了相同的目的竭力扩张自己的领地。这是一场十分激烈的竞争,有时国王获胜,但常常是权贵们占上风。

君主的胜利在很大程度上受益于我所说的强制和搜刮的循环。由于新式军事技术的出现,即人们常说的“军事革命”,战争的花费变得极其高昂,这就需要大量的现金。就像我们提到的那样,国王可以借钱,但是这样做不利于增加王室的收入。沉重的税赋会激起百姓的抵制和反抗,军队要将其镇压下去。这样就形成一个循环,军队需要利用强制才能获取税收,而只有税收才能让军队继续利用强制。

[1267]总体说来,大西洋沿岸国家并没有发明新的税种,而是对中世纪的税种进行了调整,最重要的是对征税的方法加以改进。在英国,如果不算王室的封建性收入,国家收入仍然主要来自于土地税和关税。但是英国并不具有代表性,因为英国的本土防御用的是民兵,而不是常备军,即使需要用到现金,也是用于海防、船只和支付远征军的薪饷。

在调整古老的税种方面,法国是一个很好的例子。人头税是封建领主向其农奴征收的税,1439 年,国王垄断了这项税收,称其为"王室人头税",使其成为王室收入最重要的来源。商业税同样是中世纪的税种,在 14 世纪,它是指针对各种商品的间接税,但是到了 15 世纪,它被用来专门指代盐税。盐税的征收有不同的强度,有时由国王的代理人征收,有时由包税人征收。贩卖私盐者不断给盐税的征收造成损失。人头税和盐税占王室收入的 80%,到了 15 世纪末期,税收总额有了极大的提高,后文我们将对此展开探讨。

通过卡斯蒂利亚的情况也可以看出中世纪的一个税种是怎样被扩大,以满足战争无止境的需求的,这种税被称为"阿卡巴拉税"(alcabala),是在商品出售价格之上征收的间接税。1341 年,为了击败摩尔人,国王开始征收这种税,但是在整个 15 世纪它都一直被征收,根本不需要议会的同意。到了 15 世纪末,它已经占到了王室收入的 80% 至 90%,此时征税的成效更高,因为国王改进了其行政。①

战争的对现金的需求大大增加,这不仅仅是因为士兵是为了薪酬而参军,更是因为军事技术的变革和队伍的扩大。重骑兵的时代正在成为历史,15 世纪中叶开始了长枪和手铳的时代,同时也是用于围攻的重型火炮和战地使用的火枪的时代,这种枪支虽然重量有所减轻,但使用起来依然非常不方便。中世纪的城堡和城墙本来很高但很单薄,为了应对火炮的攻击,有的被重建,有的被加固,耗费巨资,使其变得更加低矮,但是更加厚重,这就是堡垒的先驱。

在 1503 年至 1538 年的意大利战争期间,法国和西班牙尝试了步兵方阵、火绳枪兵和重骑兵的各种组合方式。在不同的战役中,每一种组合方式都有其决定胜负的时刻,但是有一种队形是不可缺少的,那就是步兵方阵。[1268]最初的瑞士方阵现在已经演变成为由 6000 名士兵组成的方阵,他们配备 18 英尺的长枪和戟,后来还配备了滑膛枪。在发动进攻时,方阵以迅雷不及掩耳之势扑向敌军的步兵,比封建式的

---

① J. H. Elliott,《西班牙帝国,1496—1716 年》(Penguin, Harmondsworth, 1970 年),第 202 页。

骑兵更加迅猛。这种阵型在欧洲大陆变得最受欢迎，日耳曼的斯瓦比亚人模仿这种阵型，自称为“雇佣长枪兵”。在1479年的根盖特(Guinegate)战役之后的一个多世纪里，法国的步兵一直由两部分构成，一部分是瑞士雇佣兵或日耳曼的雇佣长枪兵，另一部分是法国本土的雇佣兵。根据自己在意大利战争期间和法国作战的经验，西班牙“大队长”贡萨洛·德·科尔多瓦(Gonzalo de Cordoba)发明了一种更加灵活的阵型，即只有3000人组成的步兵方阵。这种方阵的两翼是由火绳枪兵组成的纵队，后来更重的滑膛枪取代了火绳枪。这种阵型让西班牙的队伍所向披靡，这种情况一直延续到1643年的罗克罗瓦(Rocroi)战役，才被法国的孔代亲王击溃。

与此同时，雇佣军队伍也变得越来越庞大，其花费也越来越多。1498年入侵意大利的法国军队有6000人，但是到了1635年，在和西班牙作战时，军队的人数已经接近100000人，①到了1678年，则进一步增加到了279000人。

最终让世俗君主成为“自己王国的皇帝”的是他对教会的控制日益强化。我们必须回顾一下在此之前的教会是怎样的，它有自己的教会法，有自己的等级制度和教规，通过信徒的捐赠获得了大量的土地，这样我们就可以知道如果控制了教会，国王的势力会大大增强。就像已经指出的那样，在像法国和西班牙这样依然信奉天主教的国家，在获得这种控制权的同时并没有脱离天主教会和罗马教廷，但是在新教国家，这种控制的影响最为突出。对于路德在政治上的重大影响，菲吉斯是这样评价的：

> 牧师的特权事实上被废除；对好公民的理想取代了对圣人和修道士的理想；一国之内所有的权力和所有的强制权威都统一于世俗统治者身上；对世俗权威绝对服从的思想的灌输。路德的贡献(即使在政治上)并非仅限于此，但这些是整个宗教改革运动最为显著的特征，他的一生就是其精神的体现……如果没有路德，就

---

① 通常的数字是155000，但最新的研究对此做出了修改。

不会有路易十四。实际上,国家的宗教取代了教会的宗教,它最初的形式是君权神授……其主旨在于否定所有关于教会优越性的理论。①

3. 个案研究

[1269]在前面的章节我们讲述了王权的扩张和后来法兰克王国的统一,可以看出这个过程并非仅仅是通过不断地战争来完成的。战争当然是有的,例如通过战争,法国国王菲利普·奥古斯特从英国的约翰王手里夺取了安茹的领地,后来又占据了法国南部地区。购买也是很常见的方式,但是最主要的方式是通过联姻,就像简·奥斯汀小说里的情节那样。领地的扩大是通过将土地合并到一起来完成的,“就像有人曾如此评价美国早期的开拓者,‘他并非想要所有的土地,而只是想要与其相邻的土地’”。②由于早期的统一和后来的诺曼人征服,英格兰在这方面有点例外,③但是法国、西班牙、勃兰登堡-普鲁士、奥匈帝国和立陶宛-波兰都主要是通过王朝之间的联姻而形成的。这方面最好的例子是查理五世的神圣罗马帝国,就像一首拉丁诗歌里所说的那样,“幸运的奥地利,结婚吧!”当然我们还可以找到几个其他类似的例子。

从形成的方式上讲,这种通过遗嘱继承的方式而建立的统一领土国家,和包括俄国在内的亚洲国家构成鲜明的对比,本人想不到有哪一个东方的帝国是通过政治联姻而形成的。当然,我们也常常会遇到这样的情况,即通过婚姻上的承诺来寻求或确保另外一个国家的结盟或支持。例如,这种做法在拜占庭帝国就十分常见,中国也出现过这种形式的外交。在上一章,我们看到阿克巴通过和安珀的公主联姻赢得了拉齐普特人的支持,但这就是亚洲最高程度上的政治联姻了。从古埃及和美索不达米亚到中国、莫卧儿帝国和奥斯曼帝国,甚至还有罗马帝

① Figgis,《现代国家的教会》,第 62—63 页。

② 引自 N. Elias,《国家的形成和文明》(Blackwell,牛津,1982 年),第 160 页。

③ 英格兰如此,但是并非整个大不列颠都如此。和欧洲大陆的情况一样,从 1603 年至 1707 年,英国的形成是通过王室之间的联姻而实现的。

国，它们都是通过一种方式而建立的，那就是征服。[1]

3.1 英国

[1270]从原则上讲，英国不应该被看成是要追求领土统一的国家，因为在诺曼人征服之前，它就已经拥有了统一，但是它的确是这样的国家，因为在法国，王朝联姻和由此产生的领地转让和继承使各个侯国统一于王权之下，但是在英国，类似的联姻造成的结果是将王国进一步分化。20 多位富可敌国的伯爵和公爵，土地和势力的大规模集中，私人军队，大大刺激了他们在政治和经济上的野心。

最终，国王一方占了上风，他不但将王国重新统一起来，随着力量的增强，还更进一步。虽然都铎王朝的"新君主制"没有属于自己的职业化军队，对地方的统治权也掌握在贵族手中，但是他们不仅镇压了权贵的势力，解除了其武装，还控制了教会，加强了对威尔士和爱尔兰的控制，粉碎了苏格兰人的入侵，设立了特权法院，在普通法法院之外进行简易执法。

3.1.1 平定贵族

在 14 世纪后期，土地的转让更加简单，权贵之间互相联姻，有些家族变得极其富有，如兰开斯特家族和沃维克公爵内维尔(Neville)家族。[2]此外，国王的"合同"士兵通常是一次只签一年，但是很多权贵的仆人和士兵终生为其服务。这些人是权贵的"扈从"，越是富有的权贵，其扈从队伍就越大。1399 年，最富有也最强大的权贵兰开斯特篡夺了

---

① 我在其他地方还没有见到有人提出这一点。如果事实的确如此的话，有趣的问题是"为什么呢?"对此我只能提出一个貌似正确的猜测，仅此而已，那就是有两个因素阻止了东方帝国的王朝联姻，两者要么共同起作用，要么只居其一：首先，这些国家很少承认妇女的统治权。埃及的女法老哈特谢普苏特(Hatshepsut)和中国的武则天就是能够证明一般情况的例外。但是印度有些国家的确承认女王的统治权。第二个原因是在遗嘱继承方面，东方不同于西方。仅此一条就涵盖了所有的穆斯林国家，因为根据伊斯兰教法，女儿只能分到父亲财产的一小部分，并且任何穆斯林国家都不会接受一位女统治者的。再看看西班牙伊莎贝拉称号"*reina proprietaria*"，意思是"女王和主人"。

② V. H. H. Green,《金雀花王朝后期：1307 至 1485 年之间的英国历史》(Edward Arnold，伦敦，1955 年)，第 95 页。

王位。后来,他所建立的兰开斯特王朝受到约克家族的挑战,从世袭的角度来看,后者更有资格继承王位。于是在1455年爆发了玫瑰战争,这场战争历时30多年,但在此期间,实际上的战斗只有几周的时间。1485年,在波斯沃斯平原,兰开斯特家族的王位竞争者、默默无闻的亨利·都铎和约克家族的理查三世开战,并取得胜利,玫瑰战争到此结束。和其前的国王不同,亨利在王位上一直坐了下去,他就是亨利七世,于是就开始了伟大的都铎王朝时期。此后不久他就娶了约克家族的继承人伊丽莎白为妻,通过常见的家族联姻的方式,将两个家族联合到了一起。

[1271]此时权贵的数量已经大大减少,这部分上是因为战争,但更主要的是因为正常的父系一方后继无人,这个过程一直都在发生。根据劳伦斯·斯通的统计,在1487年,在57位世俗贵族中间只有20位权贵,其中包括公爵、伯爵和侯爵。此外,随着各个家族之间在斗争的过程中互有输赢,有的被剥夺贵族权利,有的被处决,这不仅减少了权贵的数量,而且使国王变得更加富有,更加强大,因为权贵死后,其领地会回到国王手中。通过这种方式,据说亨利七世的领地收益增加了一倍。国王在将更多的领地授予大家族或正在兴起的家族时,甚至在封赐爵位时,变得十分谨慎,从1572年之后,直到詹姆斯一世统治期间,一位公爵也没有册封,①国王更愿意依赖地位较低的新人。在爱德华六世的咨议会里,只有阿伦德尔(Arundel)是贵族后裔,其他有11人是乡绅之后,还有9位来自小乡绅。此时,在57家贵族中,只有26家是在1509年之前封爵的,而其中只有9家的爵位可以上溯到中世纪。②

此外,贵族的产业也缩小了,③但是危害最大的是他们作战能力的丧失。当然,他们依然拥有武装扈从队伍,无论是本土防御还是发起远征,这部分人依然是都铎王朝军队最主要的组成部分。军队的人数减

① L. Stone,《贵族的危机,1558—1641年》(Clarendon Press,牛津,1967年),第129页。据说这表明伊丽莎白一世除非万不得已一个人也不愿意擢升。

② W. K. Jordan,《年轻的爱德华六世和摄政萨默塞特公爵》(Allen &; Unwin,伦敦,1968年),第79页,第94页。

③ L. Stone,《贵族的危机》,第129页。

少了，被牢牢掌握在咨议会手中。从1521年之后，私人建筑城堡的活动就已经停止，到了1600年，私人军械库已经消失，武器都堆积在各个郡的军械库里。①最重要的是，由于和平日久，他们丧失了作战的经验和战斗的欲望。按照斯通的计算，在16世纪40年代，四分之三的贵族有过战斗经历，在1576年，只有四分之一的人有过作战经历，到了17世纪早期，这个数字降到了五分之一，而法国的情况则与此恰恰相反。

3.1.2 接管教会

英国人虽然很虔诚，但是对教会却十分反感，这是有充分原因的。不仅仅是英国，而是在整个欧洲，由于从事各种“边缘”活动，如教育和施舍，教会超支严重，以至于没有足够的钱支付教区牧师的薪酬，毕竟，他们要负责教会的核心功能，那就是抚慰人们的灵魂。[1272]教区牧师变得十分贫穷，他们有的擅离职守，有的同时身兼数职。英国教会的收入源源不断地以“彼得便士”(Peter's Pence，宗教改革之前英国每户每年缴纳给教廷的一便士税金)和岁贡(Annate)的形式流向罗马，对英国大众来说，教区牧师很不称职，根本就不配领受薪酬。教会边缘活动的过度延伸还造成其行政机构的臃肿，为了支付众多人员的薪酬，教会开始出售赎罪券和特许证，帮人逃避教会法的惩罚。这样一来，教会因为其“貌似很贪婪、只顾尽可能多地聚敛物质财富”②成为人们怨恨的对象。难怪英国人会认为教会统治集团玩忽职守，不务正业，认为修道院不过是靠收租生活的地主，而像出售赎罪券这样的胡作非为则激起了人们的憎恶，然而最让英国人憎恶的是这样一个事实，即整个英国的教会都受制于国外的势力，而这个势力的掌权者不过是意大利一个弹丸小国的王公贵族。

亨利八世“退回”到了宗教改革运动，促使他这样做的是一种完全

---

① 这就造成了大叛乱和以前叛乱的不同之处，即敌对双方不是带着人马和武器从城堡里冲出来，而是直奔郡军火库而去，看谁先到达那里。同上，第133—134页。

② E. Cameron，《欧洲宗教改革》(牛津大学出版社，牛津，1991年)，第36页。此处的分析简明扼要，但是作者在本应该使用“被认为”的地方过多使用了“貌似”一词，就像在引言部分那样。后者含义模棱两可，似乎暗示事实并非像人们所认为的那样。

世俗化的愿望,那就是为了得到男性继承人,而这就需要教皇宣布他和阿拉贡的凯瑟琳之间婚姻无效,这个要求遭到了拒绝,于是他转而召集议会,通过议会采取了一系列反对教皇的措施,将教廷的治外法权一个又一个地转移到了国王手中,因此1529至1536年之间的议会被称为宗教改革议会,我们这里只需要列举一下它所通过的法案就够了。1531年,根据古老的《王权侵害罪法令》,教职会议被迫承认亨利"在耶稣基督的律法所允许的范围内"是英国教会的最高首脑。接着,他又于1532年通过《岁贡法令》威胁罗马教廷,停止交纳岁贡,切断其财政收入的来源。为了避免他的离婚案被从英国转移到罗马,他通过了《禁止向罗马教廷上诉法令》。正是在这条法令中,他宣称:"英格兰是一个帝国"。既然上诉止于坎特伯雷大主教,就由他来裁决这桩离婚案,于是他宣布亨利八世和凯瑟琳的婚姻无效,这一点也不奇怪。1534年通过的《至尊法案》标志着亨利八世和罗马教廷的正式决裂,这个法案宣布亨利八世过去是、现在也是"英国教会的最高首脑"。这里有一点要注意,即先前的限定成分"在耶稣基督的律法所允许的范围内"已经消失了。

[1273]现在亨利八世决定从他的这些措施中大捞一笔,截止到1539年,所有的修道院都被解散,他们的土地回到了国王手中,按照当时的标准,其价值两百万英镑。国王并没有长期持有这些土地,其中的四分之三分散到了贵族地主手中。和罗马教廷决裂并没收修道院的土地让乡绅们获得了极大的好处,成为既得利益者,就连最热衷于复兴天主教的玛丽·都铎也没敢变动宗教改革的这一部分内容。

亨利八世曾经撰文攻击路德,并因此从教皇那里获得"信仰捍卫者"的称号。作为教会的最高首脑,现在该由他来阐述教会的教义了,但是他一直没能设计出前后一致的、可以取代天主教的宗教信条。早期颁布的法令有点路德教派的色彩,但是后期的法令却又有点天主教的味道,如1543年的《国王书》。国王告诉国民做什么国民就做什么,宗教教义上的大幅度摇摆从亨利八世的儿子爱德华六世统治时期开始,一直延续到1660年。

所有这些极大地强化了国王的势力和权威,这一点十分显然,无需证明。从一定程度上讲，国王已经成为一种人格化的、活着的偶像。他是国家教会的首脑，牢牢控制着教会的收益、教士的任免和教义教规。教会已经被移交给国家，以这种迂回曲折的方式，亨利八世变成了和德国那些充满宗教自觉性的新教诸侯一样的国家万能主义者。

3.1.3 国家领土的统一

在牛津大学万灵学院的老图书馆里，一副伊丽莎白时期的壁炉饰架上有一枚皇家盾形纹章，支撑这枚纹章的一边是传统的象征英格兰的狮子，另外一边是代表威尔士的红龙，而不是现在人们所熟悉的象征苏格兰的独角兽。它所体现的《联合法案》不是英格兰和其北部苏格兰王国的联合，而是英格兰和威尔士的联合。

在都铎王朝时期，英格兰最近的邻居首先是其宿敌苏格兰，由于苏格兰和法兰西王国之间的“老同盟”关系，因此就有了“英格兰是半个岛”的说法。与其隔海相望的是爱尔兰，从名义上讲是国王的领地之一，但是在很大程度上由敌对的盎格鲁-爱尔兰领导人实行统治，他们和爱尔兰的首领们是盟友关系。最后是威尔士，位于彻斯特以西。

都铎王朝和爱尔兰的关系很脆弱，在整个历史上，英国人一直无法确定爱尔兰到底是最远的行省还是最近的殖民地。亨利八世努力加强对这个岛屿的控制，在1536年镇压了一场严重的暴动，并于1540年采用了“爱尔兰国王”的头衔。[1274]但是爱尔兰对其后继者的统治进行了抵制，在伊丽莎白一世的最后几年里，为了制服爱尔兰人，连续多年耗费了大量的人力和财力，但是只取得部分上的成功。使事情更加棘手的是爱尔兰人依然忠诚于天主教会，而这种忠诚成为其民族凝聚力的源泉。直到1800年爱尔兰才真正成为联合王国的一部分，但是这种状态并没有持续多长时间。

从军事上讲，都铎王朝的力量要远胜过苏格兰人，但是早在1314年的班诺克本(Bannockburn)战役时，要合并苏格兰王国的念头就已经不复存在。由于和法国之间的盟约，苏格兰十分危险，对此，亨利七世的对策是王朝联姻。在后面我们谈论法国、尤其是西班牙时，会发现这种情况极其常见。他将女儿玛格丽特嫁给苏格兰国王詹姆斯，但是这并没能阻止后者在1513年为了支持法国而入侵英格兰,结果在弗洛登(Flodden)战役中,苏格兰军队被歼灭,10000人丧命。1542年苏格兰再次入侵英格兰,在索尔维摩斯(Solway Moss)战役中再次被击败。这一次,亨利八世的确考虑过要兼并苏格兰,但是却没有将这个想法贯彻下去。最后到了1603年,两国王室统一于詹姆斯一世一个人身上,直到1707年,两国才统一于同一个议会之下。

威尔士的情况与此不同,它很早以前就被爱德华一世征服。他在威尔士西部地区设立了一些郡,但是将这些地区和英格兰之间广阔的地带留在好战的边疆领主手中,他们掠夺成性,桀骜不驯,处于半独立的状态,兰开斯特王朝时期的大规模叛乱就发生在这一带。在亨利七世统治时期,这些地方受到威尔士咨议会的监管。通过1536年和1543年的《联合法案》,亨利八世将威尔士整个并入英格兰,并按照英格兰的方式将其分成不同的郡。此后,威尔士选出31位议员参加位于威斯敏斯特的议会。威尔士就这样被兼并,直至今日,“英格兰和威尔士”依然被看作是大不列颠的两个构成部分之一,另外一个是苏格兰。

3.1.4 强化王权

对于议会的角色、它和普通民众以及国王之间的关系,学者有很激烈的争议。

结论似乎如下:都铎王朝和议会的关系永久性地确立了成文法的最高权威,这就相当于确定了我们后来所说的“君临议会”这一制度的最高权威。亨利八世所新获得的广泛权力不是取决于君主本人的一时之念,而是依赖于议会制定的成文法,并且这种成文法通过法院予以执行。但是议会、尤其是下议院当时还不像今天我们所认为的这样,是一个独立的、可以自由思考的机构,[1275]毕竟,我们不能忘了严格的审查制度的存在。位于议会中心的是国王的仆人,而他们的核心是作为议会成员的枢密院议员。此外,亨利八世杰出的首席国务大臣托马斯·克伦威尔努力让可以信赖的人成为议会候选人,并以此为己任。不仅如此,他还不遗余力地起草法案,并使其得以通过。1529至1536

年之间的一系列宗教改革法案提高了国王的地位，但在参与通过法案的过程中，议会的地位也大大提高。

与这一过程同时进行的是中央行政部门的重组和官僚化。亨利七世是一位精明强干的君主，他依然使用中世纪的议事会作为个人实行统治的工具。到了亨利八世统治时期，像星室法院、北方咨议会和威尔士咨议会这样的特权法院继续存在，但是克伦威尔增加了新的法院，如增收法院，负责监督对没收的修道院土地进行处理。最后，中央的财政管理部门由 6 个专门化的法院构成，每个法院都有属于自己的官员。

亨利八世统治期间最重要的变化是国王的首席大臣取代了大法官成为国王的第一仆人，这个变化表明咨议会的地位提高了。通过咨议会，首席大臣控制了中央行政的各个方面，其中最重要的是税收、外交和宗教。1534 至 1536 年，克伦威尔组织了 19 位咨议会议员，组成了枢密院，拥有自己的秘书处。这是枢密院的时代，各个国家的统治者都是通过枢密院进行统治，但是英国的枢密院有点奇怪，有点与众不同，那就是"和法国以及西班牙的咨议会不同，它们只能提供建议，除非国王授权，它们无法自行采取行动，而英国的枢密院可以有所作为，拥有充分的执行权，可以利用自己的工具产生全国范围之内的行政效果，如由枢密院议员签字的信件，在西方其他的君主制国家里似乎是独一无二的。"①以前人们曾认为随着亨利八世强硬统治的结束，在其儿子然后是其女儿玛丽的短期统治期间，作为统治工具的枢密院基本上也瓦解了，但实际情况可以说是恰恰相反，在姐弟两个动荡不安的统治时期，正是因为有执行权力的枢密院的存在，这个国家才没有解体。②

[1276]都铎王朝的君主制是专制的吗？这是一个引起激烈争议的问题。赞同这一说法的根据是通过控制所有的任命，包括对教士的任命，君主拥有大量的追随者，使其享有巨大的自由裁决权。在外交政策方面，无论是宣战还是议和，都由他一个人决定。他拥有豁免权和搁置权，可以将成文法抛到一边。最主要的也许在于议会自认为是国王的

---

① G. Elton，"都铎政府……枢密院"，《英国皇家历史学会会报》(1975 年)，第 197 页。

② 我的观点受到 Elton 的很大影响，尤其是其 1972 年修订版的《都铎王朝统治时期的英国》。

代表,并照此行事,即和国王合作,“为国王服务”。但是也有人将都铎王朝和法国与西班牙的君主区别对待,视其为一特例,否认其专制性。判断“专制主义”的两个现代标准是国王个人的征税权和立法权。都铎王朝的所有君主都不能独自行动,而必须要征得议会的同意,就连亨利八世也不例外。即使假定议会顺从于国王,但它毕竟是一个独立的机构,君主必须要与其合作才能获得特别津贴和制定法律。如果君主能够任意征税,在和爱尔兰长期战争的过程中,伊丽莎白一世要想获得特别津贴就不会那么困难。

查戈林认为英国的君主制是专制的,对此他显然心有不安,于是在其书中有一次曾称其为“相对专制主义”,但是我们必须要问的是相对于什么?相对于谁呢?隔了几行之后,他甚至连这一说法也放弃了,而是说英国的君主“既专制又受到限制”。①我已经将专制君主定义为“一个被正规组织并授予的职位,其持有者在法律程序上不受约束,但是在重大问题上未必不受强大的传统认识的约束”。都铎王朝的君主制的确很强大,但是并不符合这个定义,因此并不是专制君主制。②

3.2 法国

和英国相比,法国王室在极大地扩张王权方面,至少提前了 50 至 80 年,这是两国之间一个基本的区别。但是另一方面,这个国家依然处于分裂状态,即使在其大部分重新统一于路易十一统治之下时,其行政依然是多样化的,具有浓厚的特殊主义色彩,因此最终的结果也没有像英国那样,形成统一在王权之下并且相对同质的政治共同体,③而是与此相反,形成了王权和众多地方共同体之间的双重关系网络。[1277]英国早在 10 世纪和 11 世纪时就已经融为一体,但是法国直到 12 世纪至 14 世纪之间依然不过是勉强拼凑到一起。结果是在法国一

---

① Zagorin,《反叛者和统治者》,第 1 卷,第 91—92 页。

② 参见 Elton,“都铎政府”,第 168—169 页。

③ 在《各省起义》(伦敦,1976 年)一书中,J. S. Morrill 将 17 世纪的英国描述为部分上独立的国家和社区的联盟,这就有点走极端了。对其批评见 Zagorin 的《反叛者和统治者》,第 2 卷,第 132—133 页。

直存在一些断裂地带，如布列塔尼、诺曼底和朗格多克，一旦发生紧张情况，大君主制就会分崩瓦解，如在宗教战争期间，在黎塞留掌权期间，最后是在投石党人叛乱期间。

3.2.1 君主过早集中权威

在百年战争期间，法国的王室几乎被英国人消灭掉，直到1429年在奥尔良战役中获胜才扭转战局，此后节节胜利，日益强大，最终于1453年将除了加莱地区之外的所有英国人驱赶出去，并毫不费力地成为整个欧洲最为强大的君主制国家。

法国的强大源自于这场战争时期的努力，战争发生在法国本土，而不是在英国，在法国宫廷和将军们看来，危急的情况需要采取非常之手段。至少在欧洲的历史上可以得出这样的结论，即在战争时期，需要在军事、行政和财政等领域采取大量的激进措施，然而在恢复和平之后，这些措施大部分被保留下来。在行政和财政方面，战争有一种棘轮效应。在法国，推动这个过程的还有这样一个事实，即战争时断时续，中间出现多次休战状态，因此在人们的脑海中，战火随时都可能会复燃。从没有一份正式的和平协议宣告这场战争的结束，因此为了以防万一，战时的紧急措施得以保留，当事实上的和平已经到来时，这些措施已经成为政治图景的一部分。

就像我们在前面的章节指出的那样，百年战争是一种内战，是大采邑主联合起来反抗王权集中的斗争。这些采邑包括阿基坦公国、勃艮第公国、半自治的布列塔尼和叛乱的弗兰德斯地区，其中阿基坦公国的公爵就是英格兰的国王。在战胜英国的过程中，法国的国王获得了阿基坦公国的所有财富和人力，但是布列塔尼、勃艮第公国和弗兰德斯地区的城镇依然在国王的管辖之外。此外，从地理上讲，这些地方本身就属于法国的一部分，因为它们大部分是按照惯例被分封给王族成员的，有了这些采邑，他们就可以继续过他们已经习惯了的奢华生活，而实际上，它们几乎是自治的。[1278]其他地区的大采邑归古老而强大的家族所有，如阿尔布莱希特家族和富瓦家族。可见，法兰西王国在行政上是高度分化的。

现在虽然这些封国暂时逃脱了国王的直接控制,但是国王已经获得了强大的权力,完全可以制服它们。[1279]首先是财政上的专制,在14世纪中期战争开始的时候,法国的财政制度十分混乱,国王花多少就收多少。法国不像英国那样有一个议会,可以为王室划拨特别津贴,并且被认为是主要常规税收的来源,但是法国没有这个优势。“无代表则不纳税”的原则不但流行于英国,也流行于法国,但是在法国,这句话还获得了新的意义,即只有在“明显必需”的情况下才纳税,而这种情况通常是指公开的战争,如果是休战时期,就不能征税。简而言之,税收被认为是不定期的、临时性的捐款。

到了1370年,有一点已经变得很明显,那就是即使在和平年代,也要征收直接税和间接税。直接税是炉灶税或者人头税,间接税是对原材料、金属、衣服等征收的交易税和商业税,其中最重要的是盐税。1383年之后,盐税成为常规的税种,虽然在此期间暴发了一次反抗盐税的起义,虽然它曾被短期废止过。

贵族不用缴纳人头税,他们声称既然这种税是为了支援战争,而他们本身就是在为国家冲锋陷阵,于是这种税全部落在普通百姓头上。通过和各个行省的等级会议协商并获其批准,查理七世试图征收人头税,但是在1429年法国开始掌握战争主动权之后,他开始先征税,然后再征求三级会议的意见。如果有必要,军事长官会强制征税。例如,在1425年,里什蒙的陆军司令在三级会议召开之前两个月就征收了12万里弗尔的人头税。

从这里到根本不用征求三级会议的意见只有一小步,但这样一来,就出现了一个政治问题。贵族领主自然会抵制国王对所有臣民普遍征收炉灶税的做法,因为如果国王从领主的佃农那里多征收一个苏,这也就意味着领主自己要相应地少征收一个苏。1439年,查理七世禁止贵族反对他征税,并且还禁止他们在不经自己许可的情况下保留或征收任何赋税。总之,国王对税收实行垄断。为此贵族发动叛乱,但是依然没有动摇这一点。1422年,贵族召开会议,要求国王只有在三级会议同意的情况下才能征收人头税。对此,查理七世采取了十分强硬的立场,他声称根据法律自己有权对所有的臣民征收人头税,“不需要召集三个等级开会，朕就能直接征税”。对于全国各地的贫穷公民来说，选送代表长途跋涉来参加三级会议代价高昂，“他们宁愿让中央委派钦差审计官直接执行国王的命令”。于是从 1451 年起，他开始私自征收人头税和商业税。到了 1500 年，引用洛特和法乌贴的说法，“国王已经成功地开始对所有臣民征税，并且还垄断税收。对于公共权威的重构来说，这是一个很重要的事实。[1280]在王权走向专制主义的道路上，这是一个具有决定意义的转折点，虽然在一开始它有点犹豫不决。”①

这个过程为什么会如此简单并且不可逆转呢？这是通过战时的紧迫需要所实现的，在战场上，部队的指挥官会强制征税，在其背后，有这样一种认识，即在恢复和平之后，这种税收就会停止。但是由于直到最后都没有和平协议宣告战争的结束，税收也一直没有停止。就这样，在没有任何个人有意识地决定的情况下，迫于外部事件，税收被永久化。

促成这个结果的是法国和与其同时代的英国之间的两个主要差异。第一个是法国三级会议的本质，虽然它经常被用来和英国的议会作比较，但是实际上两者大相径庭。疆域大小和语言差异上的障碍本来都是可以克服的，②关键的区别在于三级会议的代表对召集会议并不感兴趣，这是因为他们的地方主义意识。“即使参加会议，他们考虑的也只是地方利益，当地所要缴纳的税额依然必须要经过当地议会同意并做适当调整，并且当地议会依然会征收显然并没有经全国会议批准的税。”③

法兰西王国既是根据区域水平划分的，也是根据社会阶层垂直划分的。在 15 世纪，法国的贵族曾经几乎是完全免税的，于是他们失去了反抗君主最强烈的动机。因此，即使召开会议，三级会议的社会基础也极为狭窄，当然这并不经常，而是时断时续。它不能依赖宫廷，因为宫廷对它是厌恶的，也不能依赖贵族，因为此时贵族更倾向于武力反抗，而不是诉诸法律途径，也不能依赖巴黎的百姓，在 1357 至 1358 年，

① F. Lot 和 R. Fawtier,《中世纪法国制度史》，二卷本（巴黎，1957 年），第 2 卷，第 265—266 页。

② P. S. Lewis,《15 世纪法国的复苏》(Macmillan，伦敦，1971 年)，第 302 页。

③ 同上，第 302 页。

他们曾沦为暴民。它能依赖的只有第三等级,但是法律上一条不可逾越的鸿沟将其与即使是最低级的贵族分割开来。

法国没有像英国的议会那样的机构,也没有各个郡的士绅帮忙对地方实行统治,而是有了越来越多的领薪酬的专业行政人员。在此过程中,古老的、全能的行政官"总管"被新的、专业化人员所取代,例如收税官、水政和森林主管、税务长和税务专员。财政制度的复杂程度此时已经超过了英国,[1281]包括两个机构,一个机构负责王室的"经常性"收入,另外一个负责其"非经常性"收入,前者大致是指来自领地的、古老的封建收入,每年征收四次,每次都由"常任征税官"和"财务监督官"向上对王家财务总监汇报工作,向下对每个"巴里治"(baillage,辖区单位)的小官吏负责。税务的征收很少由国家官吏来完成,大部分被承包给包税人。

另外一个机构负责管理正在迅速膨胀的税收领域本身。地方税务的评估由国王任命的钦差审计官负责。两位钦差审计官负责一个税区,1380 年,这样的税区有 31 个,到了 1500 年,增加到了 85 个。这些钦差审计有"人头税征收官"和"商业税征收官"为其服务。盐税的征收由专门人员负责,他们被称为"盐仓长官",工作地点是盐仓,人们必须从这里购买食盐。关税的征收也有专门的人员。在 1449 年,这些税务机构由四位地方上的"财税总监"领导,他们联合办公,组成财税总监委员会。和负责王室领地收入的税务官员一起,这两个机构可以确定粗略的预算。

强化法国王权的第二个大因素是常备军。我们必须认识到这样一点,即财政上的专制既是由常备军的出现造成的,同时也使常备军得以延续下去。我们不愿意称其为对权力的军事垄断,因为在王室领地之外,地方军队的指挥权在封建领主手中,正是他们将法国分割得四分五裂。从原则上讲,他们只是国王任命的指挥官,但实际上他们常常利用名义上是国王的军队来和国王对抗。

虽然如此,这种对军权的半垄断状态显然极为重要,而造成这种垄断的也是百年战争最后 30 年战火的时断时续。此时战争已经专业化,作战的是雇佣军队伍,虽然他们在军事上非常有效,但是只有薪饷才能保证他们的忠诚。否则,他们就会对本来需要他们保护的普通百姓烧杀抢掠,无恶不作,例如,即使在1435年的阿拉斯条约之后,被称为“剥皮者”的匪徒依然在勃艮第大肆劫掠。每当一场战役结束时或者是在休战期间,总是会发生这样的事情,因为他们只有在发生战争时才会被雇佣,战争一结束,马上就被遣散。

1445年,虽然无仗可打,但是查理七世认识到放纵这些暴徒是一件十分危险的事情,于是就向他们发放“失业救济”。这样做的费用十分高昂,这就是为什么以前的国王从来没有用过这个简单的解决方法,虽然不这样就一定会发生骚乱。[1282]通过征收人头税,筹措了所需的花费,本来以为这只是1445年的权宜之计,但是年复一年,这种税收得到了认可,被保留下来,于是查理七世再也不用解散这只雇佣军了。就这样,仅仅由于事情的惰性,他们成为永久性的、专业化的常备军。他们被称为“敕令军团”,是罗马灭亡之后西欧历史上第一支常备军。军团的人数被固定在20个连队,包括12000名骑兵和8000名弓箭手,按照当时的标准,这是一支很庞大的队伍,例如在1450年的弗米尼战役中,英国的队伍只有4000人左右。一旦有了这样一支大军,强制和搜刮的循环就被制度化,这些连队强制人们缴纳赋税,而正是这些赋税供养着他们,引用俄罗斯的一句谚语,这是“一只手洗另一只手”。

除了财政专制和常备军之外,法国国王还获得了第三个大权,那就是对教会任命权和财富的控制。对于法国的国王来说,掠夺教会并不是什么新鲜事,例如“美男子”腓力四世对圣殿骑士团的毁灭。按照传统,法国王室有权对法国的教士征税并对其实行控制,而1431年至1449年的巴塞尔宗教会议期间,一种非常强大的神学思潮想让罗马教皇服从教会会议的权威,两者联合起来,在法国出现了这样一种理论,如果用一种简单概括但是却不太精确的描述,即教会应该被作为一个区域单位,由自己的宗教会议在主教的指导下根据当地的传统进行管理。这样,教皇就会失去所有的管辖权,在授予圣职时,也不用向教廷缴纳什一税、岁贡或其他任何形式的贡奉。因此,在1438年,查理七世单方面地颁布了“布尔日国事诏书”,基本上按照上述理论建立了一个“自由的教会”。我们不妨直接跳到事件的结局,即1516年弗朗西斯一世和教皇签署友好协定，法国承认教皇凌驾于教会普世主教会议之上，作为回报，弗朗西斯一世获得了禁止教会地方分会和宗教社区选举修道院院长和主教的权力，而是由他本人向教皇推荐候选人。①这样，弗朗西斯一世一下子就获得了620个教会职务的任命权，以此来奖励他的政治盟友。②这份协定大大提高了国王的权威，因为它将教会选举、会议和认可的权力转让给了国王。同时，这种安排也强化了天赋王权的理论。法国的这种情况不像英国那样激进，但是从政治上却很有效，几乎和财政上一样有效，并且也要巧妙很多。

[1283]虽然法国的国王已经获得了强大的新权力，但是实际上却只能在他能够直接控制的领域内行使这些权力，而这样的领域并不广泛。王权是强大的，但是并不广泛，不能涵盖整个法兰西王国。从领土上讲，法国依然是一个勉强拼凑起来的国家。要成为一个现代欧洲国家，它必须要再实现领土的统一。这个任务落到了查理七世之子“蜘蛛国王”路易十一的身上。

3.2.2 统一领土

看一下法国在1453年的地图就可以知道国王直接统治的区域其实很小，但即使是这张地图也夸大了国王领地的面积，因为它包括新收回的阿基坦地区，如果看1450年的地图，就会发现国王的领地比这还要小很多。

大封建主和王族拥有大量的领地，如果加在一起，他们的财政和军事实力不逊于国王。国王已经对其领地的行政进行了集中，使之更加合理，但是这些大领主也做了同样的事情，因此当国王开始保留永久性或半永久性的军队时，大领主们也是如此，如勃艮第公国和布列塔尼公国的公爵。我们所看到的是又一场国王和各个富有而强大的侯国之间的竞争。安茹、奥尔良、波旁和勃艮第等都可以算是常规意义上的国家，由众多地区联合而成的勃艮第公国尤其如此。他们和国王一样，有

---

① 只要主教教区职位空缺，国王就可以掌握该教区的收入。

② 《新编剑桥近现代史》，第2卷，第211页。

自己的行政机构和官员，也有自己的咨议员、大法官和行政总管。诸侯常常有自己的等级会议，在和等级会议协商的情况下，自行征税。有的会要求并获得“援助馈赠”，国王在其领地之上所征税款的三分之一甚至一半归他们所有，而勃艮第公国和弗兰德斯地区根本就不向国王纳税。①

为了抵制国王实现中央集权的努力，这些侯国甚至会起兵反叛。例如在1440年的布拉格叛乱中，虽然每个领导者都有自己的个人原因，但是他们都对查理七世的两项集权措施极为不满。其中一项是将人头税据为己有，另外一个是除了国王其他人禁止征兵和持有军队的法令。虽然查理七世击败了反叛者，其中包括王储路易，但是他最终未能控制布列塔尼公国和勃艮第公国的活动，对他的太子也无能无力，太子在其领地多菲内铸造钱币，拥有五个连的重骑兵和弓箭手，实际上还执行自己的外交政策。②

[1284]1465年成立的公益同盟和此前的布拉格叛乱一样，也是以王位的假定继承人为首，但是先前的王储此时已经有了路易十一的名号。这次叛乱比布拉格叛乱更加难以对付，因为其中既有布列塔尼公国的公爵，又有勃艮第公国的继承人。虽然国王此时拥有20个连队组成的兵团，但依然未能平息这场叛乱。这是为什么呢？国王有很多属于自己的队伍，他们主要来自萨伏伊和诺曼底，还有就是兵团的大部分，③但是他并不能支配所有这些队伍。国王的军事垄断更多是名义上的，而不是事实上的。布列塔尼公国的公爵有6000士兵，其中包括500至800名领队，还有的是从国王的连队离开的士兵，因为公爵是他们的领主。④其他的大领主也利用国王的连队中听从他们指挥的那部分来和国王作斗争，如阿玛尼亚克和阿尔布莱希特。⑤事实上虽然敕令

---

① E. Perroy,《百年战争》(Capricorn Books,纽约,1965年),第221页。

② E. Champion,《1789年档案中的法国》(第5版,巴黎,1921年;英译本,1929年),第1卷,第192、194、196页。

③ P. de Commynes,《回忆录:路易十一的统治,1416—1483年》,M. Jones译(Penguin,Harmondsworth,1972年),第69页,第91页。

④ 同上,第67页,第81页。

⑤ 同上,第63页。

军团归国王所有,但是其指挥权却在大贵族领主手中。这种情况一直延续到1625年平定投石党人的叛乱,基本上没有发生大的变化。

面对如此强大的敌人,古老的王权是怎样被重组的呢?看来肯定不是靠武力,因为在王权和部队基层中间还隔着贵族领主。

法兰西王国之所以能够重新集中到一起,正是通过对造成王国分裂的因素进行逆转而实现的。这个因素就是瓦卢瓦王朝将大面积的领地分封给王族成员的做法,而这些领地成为几乎自治的小国。与此同时任何领地都要服从一个完全无可争辩的封建法规,那就是领主死后,其领地要回到国王手中。王国的重新集中和当初的被分解都是出于同一个原因,那就是瓦卢瓦王朝的家族政策。这种逆转的速度是很惊人的,在路易十一统治之初,法国只有四分之一属于王室的领地,而到了其统治末期,只有布列塔尼和弗兰德斯地区不属于王室领地。

在法兰西王国实现重组的过程中,路易十一"最忠诚的同盟就是死神",[1]这个过程十分迅速。路易十一的弟弟贝里公爵从公益同盟中获益,得到了诺曼底,但是1472年他去世之后,他的所有领地都回到了国王手中。[1285]次年,犯有乱伦之罪的阿玛尼亚克伯爵被击败并处死,其领地落到了路易的女儿安妮手中。1477年真是一个不同寻常之年,可怕的对手勃艮第公爵大胆查理在围攻南锡时兵败并阵亡。路易无权获得勃艮第郡,但是勃艮第公国就不同了,它是国王的属地,因此和皮卡迪与布隆乃依一起回到了国王手里。在1475年,安茹的广大封地已经成为王室领地。1480年安茹伯爵勒内去世之后没有直接继承人,其他属于安茹家族的行省落到了一位外甥手中,其中包括曼恩和普鲁旺斯,但是这位外甥第二年就去世了,于是他所继承的所有领地也都回到了王室。

这种领土集中的过程一直延续到路易十一去世之后。通过其女继承人和后来的法王之间的个人联姻,布列塔尼公国回到了法国国王手里,到了1532年,双方签署联合条约,布列塔尼正式成为法国一部分,但是条约里有很多重要条款保证其地方自治权。1531年,波旁奈依地

① P. Wiriath,"法国历史"(部分),《大英百科全书》,第11版(1910年),第10卷,第825页。

区也被合并。这样,除了弗兰德斯地区之外,古老的王国实现了地域上的完整。

但是地域上的完整并不意味着法国已经成为一个同质的、融合的政治共同体,恰恰相反,这些行省虽然回到了国王手里,但是并没有统一的行政。事实上,即使在王室领地的中心地带巴黎大区,也不存在统一的行政。诺曼底保留了其著名的1315年宪章,这一宪章保证了其古老的等级会议、行政系统和风俗传统。朗格多克保留了其地方法律和高等法院,对其应提供的税收和军事服务也做了限制,其等级会议也被保留,它控制着当地的税收。多菲内保留了自己的等级会议和审计法院。此外,还有勃艮第、普鲁旺斯和布列塔尼,我们可以就这样将各地与众不同之处继续罗列下去。所有这些行省都保留了其等级会议,其中大部分保留了或者是初次拥有了自己的最高法院,即高等法院。法国之所以是一个中央集权国家,是因为各个行省的臣民都承认国王的权威,但是这并不意味着它们的统治方式、法律和行政部门是一致的。法国各地仍然是权威林立,互相之间大相径庭,在不同的领域拥有各自的豁免权。这种中央集权建立在大量契约的基础之上,一方是政治上公认的上级,即国王,另一方是行省的等级会议、拥有特权的自治市镇、商业行会和教会机构。总之,这种政权是一个由双重关系构成的网络结构。

这种人为的结构十分脆弱,16世纪末期之后又过了三代,整个系统再次解体。但是在此过程中,法国依然被认为是欧洲最为强大的君主专制国家。

3.3 西班牙

[1286]西班牙的情况表明王朝联姻和结盟也是有局限的,它们只是统一某些地区的必要条件,但绝对不是充分条件。“西班牙”和“伊斯帕尼亚”(Ispania)这样的名字只是地理上的概念,如果构成复数形式的“西班牙”的这些政治实体当时并不忠诚于同一个王朝,它们就永远不可能被统一,而如果它们没有被统一,今天被我们称为是西班牙的这个地方就永远不会成为一个国家。从1474年到1714年,这两个过程

之间相隔长达两个半世纪。只有在1714年过后,各个不同的政治单位才开始统一于同一个行政体系之下,由一位专制君主实行集中统治。在行政和地域的统一方面,西班牙起步较晚,现在这一点以强烈的地方主义色彩表现出来,而在维斯卡亚和加泰罗尼亚地区甚至成为分裂主义。

虽然如此,对于当时构成西班牙的各个王国,其中包括纳瓦拉、卡斯蒂利亚、阿拉贡和摩尔人的格拉纳达,天主教双王斐迪南和伊莎贝拉及其孙弗兰德斯的查理所取得的绝非仅仅是支配权。1492年,卡斯蒂利亚和阿拉贡的两位国王征服并兼并了格拉纳达。1515年,纳瓦拉被并入卡斯蒂利亚。这样就只剩下卡斯蒂利亚和阿拉贡两个王国,其中卡斯蒂利亚的面积要大很多,更加富有,也更加富有活力。斐迪南和伊莎贝拉将无政府状态的后封建政体转变为一个"新君主制",成为伊比利亚半岛上最为重要的国家,并且通过其领导地位,成为某种政治统一体。

此时现在我们所称的"西班牙"还不存在,对于它究竟在多大程度上可以算作是"新君主制",这是有争议的。对这一时期研究最为卓越的历史学家埃利奥特反对这一称呼①,但是其他学者似乎持赞同态度,如巴蒂斯塔·伊·罗卡(Batista i Roca)。②两种看法都有一定道理,完全取决于看问题的角度。如果只是从整体上看,它就是一个通过偶然性的王朝继承而组成的集合,并且每一个构成部分都保留了其各自的特征、公民资格和行政机构。"把所有这些王国联合在一起的君主是每一个王国的元首,而不是所有王国的国王。"③但是如果从另外一个角度来看,可以看到两种截然不同的政体被包容在同一个地理范围之内,一个是居于领导地位的卡斯蒂利亚,它拥有"新君主制"所有与众不同的特征,[1287]另外一个处于次要地位,正在衰退,仍然保留着中世纪"组合国家"的所有特征。

在前面的章节,我们已经对英国和法国进行了广泛的探讨,但是到

---

① Elliott,《西班牙帝国》,第77—78页。

② 他所使用的是"文艺复兴国家"这个说法,见《新编剑桥近现代史》,第1卷,第328页。

③ 语出Solzano Pereira。同上,第322页。

现在为止，西班牙还一次也没有被提到过，因此这里似乎需要给出一份简单的大事年表。

大事年表

456年，西班牙的西哥特王国。

711—718年，来自北非的穆斯林征服了除阿斯图里亚斯(Asturias)和纳瓦拉之外的整个西班牙，这个地方此时被称为阿尔-安达卢斯(al-Andalus)，即汪达尔人之地。

756年，阿尔-安达卢斯成为独立的酋长国。

801年，查理曼大帝之子路易占领加泰罗尼亚的城市巴塞罗那，使其摆脱了穆斯林的统治。

914年，基督徒在坎塔布里亚人南部定居下来，以里昂为首都。

928年，阿卜杜拉-拉赫曼(Abd-al-Rahman)宣布阿尔-安达卢斯为哈里发王国。

950年前后，南部的卡斯蒂利亚从里昂王国分裂出去，定都布尔格斯(Burgos)。

987年，加泰罗尼亚从法兰克帝国独立出去。

1031年，哈里发王国解体，分裂成30多个小公国，它们被称为“泰法”(taifa)王国。

1035年，纳瓦拉的桑乔大帝(Sancho the Great)去世，卡斯蒂利亚和阿拉贡成为独立的君主国。

1118年，阿拉贡的阿方索一世(Alfonso I)占领萨拉戈萨。

1143年，里昂和卡斯蒂利亚承认葡萄牙王国的主权独立。

1146年，阿尔莫哈德(Almohide)摩尔人从非洲入侵。

1156—1166年，为了应对摩尔人的入侵，卡拉特拉瓦(Calatrava)，圣地亚哥和阿坎塔拉(Alcantara)建立了骑士团。

1162年，阿拉贡和加泰罗尼亚之间的王朝联姻。

1179年，卡斯蒂利亚和阿拉贡之间签订条约，确定了在“收复失地运动”中各自的利益，瓦伦西亚归阿拉贡所有。

1212年，基督教联军在托洛萨战役中获得决定性胜利。

1236—1248年,重新夺取科尔多瓦、塞维利亚和瓦伦西亚。

1230年,里昂和卡斯蒂利亚合并。

1267年,卡斯蒂利亚将阿尔加维(Algarve)让给葡萄牙,葡萄牙完成了领土的统一。

1385年,在阿尔儒巴罗塔(Aljubarotta)战役中,葡萄牙战胜卡斯蒂利亚,确保了长达两百年的独立。

1469年,卡斯蒂利亚的伊莎贝拉嫁给阿拉贡的斐迪南。

1474年,伊莎贝拉继承卡斯蒂利亚王位。

1478年,卡斯蒂利亚开始设立宗教裁判所(阿拉贡是在1485年)。

1479年,斐迪南继承阿拉贡的王位。

1487—1494年,国王获得了三个骑士团的领导权,成为其"大团长"。

[1288]1492年,占领格拉纳达,标志着收复失地运动的完成。犹太人被从卡斯蒂利亚和阿拉贡驱逐出去。哥伦布发现新世界。

1494年,托尔德西里亚斯条约,教皇将新世界在西葡两国之间进行瓜分。教皇亚历山大六世授予斐迪南和伊莎贝拉"天主教双王"称号。

1502年,卡斯蒂利亚的穆斯林面临两个选择,要么改宗,要么被驱逐。

1512年,斐迪南将纳瓦拉并入卡斯蒂利亚,此前这个地区从1234年开始就一直接受法国国王的统治。

1513年,巴尔沃尔(Balboa)发现太平洋。

1516年,阿拉贡的斐迪南之外孙查理即位,集卡斯蒂利亚和阿拉贡的统治权于一身,同时还统治着尼德兰和奥地利哈布斯堡王朝的土地。

1519年,查理五世被选为神圣罗马帝国皇帝。

1519—1522年,科尔蒂斯征服墨西哥,将其置于卡斯蒂利亚国王统治之下。

1520—1521年,自治公社起义和日耳曼尼亚民兵起义。

1527年,查理的军队洗劫罗马。

1531—1534年,皮萨罗征服秘鲁的印加帝国。

1545年,在波多西发现银矿。

1555—1558年,查理退位,将尼德兰和意大利的附属国割让给西班牙国王,将德国的领土给了他的弟弟。

3.3.1 两个王国

卡斯蒂利亚比阿拉贡面积更大,人口约450万,而阿拉贡的人口只有80万。[①]卡斯蒂利亚人大多以农耕或游牧为生,但无论是从经济上还是从政治上,羊毛都比粮食重要很多,于是卡斯蒂利亚成为一个重要的羊毛出口国和粮食进口国,其羊毛主要出口到弗兰德斯。通过被称为"麦斯达"(Mesta)的行会,牧主在政治和经济上拥有强大的势力,禁止将牧场转变为耕地。阿拉贡一直就是伟大的商业王国,是一个不折不扣的海权国家,其君主统治着马略卡岛,撒丁岛和那不勒斯。这就是为什么和卡斯蒂利亚相比,城市在政治上对阿拉贡要重要很多。加泰罗尼亚曾长期作为这种商业活动的中心,但是1347年至1351年间爆发了黑死病,后来瘟疫多次复发,直到15世纪,使这里的经济遭受重创。到了1497年,其人口只相当于1356年的一半左右。[②]于是经济中心转移到了瓦伦西亚,这里是富裕的农业地区。就这样,当卡斯蒂利亚的经济正要展翅高飞之时,加泰罗尼亚的经济却已经日薄西山。

两个王国的社会构成也不相同。在收复失地运动的过程的,征服者很自然地会获得从摩尔人那里夺取的土地,在安达卢西亚被重新占领之后,情况尤其如此。[1289]这样就出现了一批卡斯蒂利亚贵族,他们拥有广大的庄园,但是却不用纳税,他们被称为是"ricos hombres",即大贵族。这些大贵族之间总是争执不休,和国王也是一种斗争关系,到了1474年,他们已经大大削弱了王权。对于阿拉贡的国王来说,情况更加复杂。加泰罗尼亚的农民有三分之一是依附于土地之上的农

① 语出 Solzano Pereira,第316页。
② Elliott,《西班牙帝国》,第37页。

奴,他们受制于所谓的"六大坏俗"。他们长期反对当地和王国其他地方的地主。与此同时,城市贵族也受到小商人和手工业者的挑战。①1458年货币贬值,加剧了这些还有其他的社会冲突,挑起了地主和靠股息生活的人与商人之间的矛盾。由此产生的一个结果就是1462至1472年的加泰罗尼亚革命,其领导者主要是商人。直到1479年斐迪南即位,阿拉贡的王权依然处于一种自我分裂的混乱状态。两个王国的经济和社会状况不同,在政治体制上的反映也大相径庭。

15世纪的卡斯蒂利亚已经和摩尔人战争了700年,这里的人们主要是牧民和佃农,他们更喜欢战争,而不是贸易。在这里,对王权最强有力的制约就是强大的贵族发动的叛乱。和当时欧洲大部分国家一样,卡斯蒂利亚王国的确拥有自己的议会,②但是和阿拉贡的议会相比,其权力受到很大限制。就像和英国的情况一样,国王不必定期召集会议。它也没有立法创制权,立法创制权掌握在国王手中,这一点也和英国一样。但是两国之间的差异比这些类似之处更加重要。首先,任何人都不能以个人名义参加议会,大贵族和教士也不例外。其次,贵族和教会在很大程度上是免税的,因此他们几乎从来不参加议会。实际上议会由来自18个享有特权的城市代表组成,每个城市两名。

阿拉贡的情况与此大相径庭,组成阿拉贡的三个公国都拥有自己的代表议会,它们对王权进行广泛的制约,几乎可以压倒国王的权威。在这方面,这些公国非常早熟,加泰罗尼亚的议会可以上溯到1218年,阿拉贡的可以上溯到1274年,在征服瓦伦西亚之后,这两个公国又在1283年为其建立了议会。当然,后面这两个时间和英国爱德华一世时议会出现的时间基本重合,但是这些议会的权力要远远大于英国的议会。

每一个议会都召开自己的会议,虽然有时它们也会被召集到一起,举行联席会议。[1290]阿拉贡的议会由四个议院组成,而不是通常的三个,它们分别是教会议院、城市议院和两个贵族议院,一个是大贵族

---

① Elliott,《西班牙帝国》,第38—41页。

② 见本书第三部分,第八章,"代表会议"。

议院,一个是骑士议院。至少在理论上要求每个议院全体达成一致。这些议会全部定期召开,①审议并表决对国王的津贴,并且拥有立法创制权。阿拉贡还有一位官员是其他两个州所没有的,那就是总检察长,其职责是确保每一个人,无论其地位高低,不要违反法律或者是侵犯他人的自由。

加泰罗尼亚的议会被分成通常的三个等级,也有权投票或者否决对国王的津贴,但是一个特有的机构使其职能得以延伸,这个机构就是"议会委员会"(Generalitat 或 Diputacit)。在 14 世纪后半期,这个机构被固定下来,成为议会的常设机构。它由三位代表和三位审计官组成,每个等级各一位。他们每次的任期为三年,主要负责财政,还要根据议会所定的数额向国王发放津贴。但是他们的权力不仅限于财政,也是法律执行情况的监督者,同时还是加泰罗尼亚人民的代言人。埃利奥特评价说有时这个机构"除了名字之外,在各方面都是这个公国的政府"。②瓦伦西亚基本上借用了加泰罗尼亚的做法。所有这些完全属于中世纪的机构对王权构成强有力的约束,要想获得津贴,国王要征求的不仅仅是一个议会的意见,而是所有三个议会,并且很有可能会被拒绝。

此时,阿拉贡这个中世纪王国和即将成为"现代"王国的卡斯蒂利亚被连接到了一起,一个是中世纪的君主制,另外一个则是新君主制。在不到半个世纪的时间里,卡斯蒂利亚的政体经历了一个重大的现代化的过程,而阿拉贡的中世纪结构却几乎没有发生任何变化,直到 1714 年才被波旁王朝的腓力五世强行废除。

3.3.2 两位君主的联姻

1469 年,卡斯蒂利亚的伊莎贝拉嫁给了阿拉贡的斐迪南,前者直到 1474 年才即位成为卡斯蒂利亚的女王,而后者直到 1479 年才继承阿拉贡的王位。[1291]虽然如此,根据二人婚约的规定,在伊莎贝拉即

---

① 英国在 1641 年和 1694 年分别颁布《三年法案》之后才做到了这一点。

② Elliott,《西班牙帝国》,第 29 页,第 30 页。

位那一刻起,她就和斐迪南分别成为卡斯蒂利亚的女王和国王。

婚约规定斐迪南必须和伊莎贝拉一起在卡斯蒂利亚生活,不经后者许可,不能擅自离开,也不能把孩子们带出去。所有的信函和契约必须要由两人联署。卡斯蒂利亚的城市和城堡只对伊莎贝拉一人效忠。没有女王的建议和准许,国王不能宣战,也不能议和。在此条件之下,两个王国保留各自的政治制度、法律、法院、财政系统和货币。两国没有共同的公民权。两国之间贸易往来要征收关税。印度群岛归卡斯蒂利亚所有,那里的所有"贸易和交通"都仅仅对卡斯蒂利亚人开放,阿拉贡人被完全排除在外。从这里就可以看出,此时的西班牙只是一个松散的联盟,而将两个王国连接在一起的仅仅是两位君主之间的联姻。

3.3.3 重塑卡斯蒂利亚

为了获得津贴,两位国王不得不而和各个议会讨价还价,即便如此,有时得到的津贴也很少,对此伊莎贝拉有时会很生气,[①]虽然如此,两位君主对阿拉贡的统治机构并没有进行重大的调整。实际上,在1480年至1481年间,斐迪南接受了加泰罗尼亚议会的传统角色和程序,颁布了"Observanca",明确承认了对王权的限制,还制定了一旦国王违背规定议会委员会所应遵循的程序。就这样,阿拉贡延续了由来已久的、中世纪的做法,但是两位君主将卡斯蒂利亚转变成为一个新君主制国家。

为了完成这一转变,他们所使用的方法和英法两国的国王相类似,那就是聚敛财富,扩大自己的恩庇网络,抑制大贵族的势力,约束并控制城市,还将圣俸和圣职的推荐权据为己有。但是除此之外,他们还引入了一个与众不同的新武器,那就是势力遍及整个西班牙的宗教裁判所。

增加王室收入

通过1480年的议会,国王收回了无功受禄的贵族所享受的赏赐,

---

① 据说伊莎贝拉曾经这样说过:"阿拉贡是我们的,我们必须去将其征服。"引自《新编剑桥近现代史》,第1卷,第325页。她还在1498年宣称:"与其忍受阿拉贡议会的傲慢,不如武力将其镇压。"引自 Elliott,《西班牙帝国》,第80页。

大大增加了王室的财富，仅这一项王室就收入了 8 万杜卡特（ducat，当时使用的金币），而根据估计，贵族的总收入要高达 140 万杜卡特。[1292]伊莎贝拉去世之后，根据其遗嘱，额外的钱款被退回。

王室收入的另外一个新来源是对三个骑士团的接管。这三个骑士团是仿效圣殿骑士团而建立的，卡拉特拉瓦骑士团成立于 1158 年，本来是为了防御卡拉特拉瓦城免受摩尔人入侵而组织起来的，由修道士和普通信徒组成，后来这支队伍被固定下来，修道士从中退出，教众宣誓加入。卡拉特拉瓦骑士团得到了罗马教廷的认可，此后不久，圣地亚哥骑士团和阿坎塔拉骑士团分别成立。虽然这些骑士团非同寻常，在 1485 年包围并攻占隆达的过程中起到了十分重要的作用，但是随着收复失地运动的胜利，它们在军事上的重要性开始下降。但此时骑士团已经成为高级贵族的附属物，“大团长”拥有众多官职的任命权，他所指挥的队伍事实上归他私人所有。与此同时，他还控制着骑士团巨大的财政资源，三个骑士团拥有大量的土地，每年的地租收入几乎是国王所收回土地的两倍。此外，三位大团长还握有 1500 个重要职位的任命权，管辖着 100 多万人口。①

1476 年，圣地亚哥骑士团的大团长去世，伊萨贝拉迫使骑士团将大团长的职位交给斐迪南，虽然他起初拒绝，但是后来还是接受了。在 1487 年和 1489 年，他又分别接过了卡拉特拉瓦和阿坎塔拉两个骑士团的大团长职位。1523 年，教皇将三个骑士团全部交给国王领导，使这种支配关系制度化。

遏制高级贵族的势力

在两位国王即位之时，卡斯蒂利亚土匪众多，暴力横行。通常情况下，这时君主会依赖地方贵族的力量，但是他们却命令所有的贵族将凡是对国家安全关系不大的城堡拆掉，通过重组中世纪的“神圣兄弟会”，将贵族抛在一边。在中世纪时，各个城市曾组织民兵或神圣兄弟会，保护城市所享有的特权，维持地方治安。1476 年，经上述 18 个特权城市

① Elliott，《西班牙帝国》，第 88—89 页。D. Seward，《战争修道士：宗教骑士团》（Paladin，St Albans，1974 年），第 139—186 页。

的代表所构成的议会批准,国王对这些兄弟会进行重组,将其置于一个中央机构的领导之下,而这个机构只对国王负责。这种新型的兄弟会集维持治安的职能和司法职能于一身,这一点和亚洲帝国的地方行政官十分类似。兄弟会的工作就是镇压盗匪,维护道路安全。[1293]对于暴力犯罪,如抢劫、纵火、入室盗窃、强奸、杀人和叛乱,兄弟会的法庭有专属审判权。兄弟会由来自每一个市镇的小分队组成。除了兄弟会之外,还有一支由大约两千人组成的常备部队,由斐迪南的弟弟负责指挥。这种应对坏人和叛乱者的方式虽然比较粗放,但是却十分有效,更不要说其残酷的惩罚。1498 年,在其建立短短 22 年之后,这个中央机构就被废除,兄弟会重新回到原来的角色,成为城市武装。

两位国王从很早就不再将大贵族视为自己的"天然顾问"和行政管理者。改革发生在 1480 年,王政会议被设立,其职责是在官员的任命问题上为国王提供建议,还要作为最高法院,同时监督地方政府的活动,但它并非由贵族构成,而是由训练有素的律师组成。有趣的是在这方面中世纪式的阿拉贡要远远走在卡斯蒂利亚之前,从 14 世纪开始,其行政就开始掌握在训练有素的秘书机构手中。①顺便提一下,"近水楼台"的原则在这里也适用,国王的秘书接触国王的机会自然要多于其王政会议的议员,因此和国王的关系也更加密切。无论如何,准备王政会议议事日程的就是他们。因此,16 世纪这些秘书的地位上升,他们本身成为重要的政治人物。

控制城市

卡斯蒂利亚是一个个由城墙包围的小城市组成的国家,在收复失地运动的过程中,大量这样的城市被建立,其中很多被授予广泛的特权和大面积的公共用地。通常情况下,这种制度有点类似于意大利早期的城邦,由各个家族的首领组成议会,负责选举城市的官员。这样产生的司法官员是市长,行政官员是市议员,人数在 8 至 36 位之间,他们实际上构成了城市的政府。在他们下面是各种低级的行政人员,如警长。这些小城市越来越受到当地大贵族的影响甚至控制,像小型的"城市共

---

① Elliott,《西班牙帝国》,第 90 页。

和国”一样，城市内部总是处于你争我斗的状态。

国王控制这些城市的第一步是向每个城市委派一位监督官，他像省长一样集司法权与行政权于一身。[1294]在理论上，其任期只有两年，但是实际上要更长，并且他不能是所管辖地区的本地人。1500 年，这些监督官的职责被以法律的形式确定下来，到腓力二世在位时，其人数有 66 位，但是他们并没有取代由市议员组成的议会，这些市议员仍然很有影响力，虽然主持会议的是监督官。另一方面，以前通过自由选举产生的市长现在常常由国王任命，即使由地方上独立选举产生，他们的民事和刑事司法权也很多被国王委派的监督官取而代之。与此类似，对于保留下来的广泛的封建司法权，在封建领主的法庭进行审判时，国王会设定非常高的司法标准，如果达不到标准，国王会进行干预。就这样，到了 1600 年，监督官的影响已经无所不在。

压榨教会

斐迪南和伊莎贝拉被教皇授予“天主教双王”的称号，两人的确都是热情的天主教徒，伊莎贝拉甚至可以被看作是一位宗教狂热分子，但是这一切并没能阻止两人染指教会的物质资源。两人的兴趣在于削减教会享受的特权，利用教会的财富。卡斯蒂利亚主教辖区和四个大主教辖区的总收入大约 40 万杜卡特，整个教会每年的总收入则高达 600 万杜卡特，而贵族的总收入却只有 140 万杜卡特。[1]教会享受的特权包括免税权和对教会领地的世俗管辖权。除此之外，教会还拥有自己的军队和城堡。

因此，教会太强大了，虽然已经迫使其将城堡交给国王委派的堡主，仍然无法对其发起正面挑战。虽然教会在卡斯蒂利亚内部十分强大，可是在卡斯蒂利亚之外，控制教会的罗马教廷却十分脆弱。教皇西克斯图斯四世(Sixtus IV，1471—1484 年在位)是第一位为了延续并扩张教皇国而不惜一切代价的“政治教皇”，其行事方式也和意大利其他小国的统治者一样。只要这些教皇一遇到麻烦，他们马上就会寻求卡斯蒂利亚的武力支持。教皇的麻烦事很多，而这种支持是有代价的。

① Elliott，《西班牙帝国》，第 99 页。

卡斯蒂利亚的国王实际上直到1523年才被授予主教任命权,而此后过了很长时间,国王和教廷之间依然有争议,但是在1486年,国王的确获得了被征服的格拉纳达的主教任命权。最为重要的是,在1493年,国王完全控制了在新世界教会职务的任命权,并且垄断了在那里传教的权力,不难想象这是多么巨大的政治恩赐的资本。就在同一年,来自西班牙博尔吉亚家族的教皇亚历山大六世颁布两道训谕,[1295]将新世界在西班牙和葡萄牙之间进行了瓜分。[①]1494年之后,亚历山大六世授予国王改革西班牙宗教共同体的全权,这样一来国王对教会的控制更加严格。

这些特权的授予不仅让国王从一定程度上控制了教会的统治集团,还控制了教会的金钱。还有另外两个措施也强化了国王对教会财富的控制。1482年和格拉纳达之间的战争刚刚开始的时候,教皇西克斯图斯四世认为这是一场捍卫基督教的战争,允许通过出售赎罪券为战争筹款。1520年,教廷将买卖赎罪券的做法固定下来。据估计,仅此一项,国王每年就收入45万杜卡特。此外,在1494年,顺从的亚历山大六世规定教会什一税的三分之一将永远归国王所有。国王对教会最大的、在政治上最重要的控制是西班牙设立宗教裁判所在。

宗教裁判所

宗教裁判所的存在由来已久,早在13世纪初期,就开始对阿比尔派(Albigensian)的异教徒进行宗教审判。1231年,这一做法被系统化、合法化,到了1233年,狂热的多明我派(Dominican)修士正式组成审判团,由于“Dominican”和“domini canes”的谐音,他们就获得了“主之猎犬”的称号,这的确是名副其实的。作为审判官,他们的任务就是找出异端,对被控为异端者进行审判,给他们机会改变信仰,否则就将其交给世俗权威进行惩罚,最为严峻的惩罚就是活活烧死。这种审判使用的是纠问式诉讼程序,只要有证人作证,就对被告进行审讯。1252年,保罗四世批

---

① 据说“把不属于教皇的土地进行捐赠,这样的说法是愚蠢的”,言外之意是说所有的土地都属于教皇。这里的“捐赠”仅仅是指以名正言顺的方式已经赢得的。训谕中包括一份赠与书,但这是两个国家和欧洲其他王国之间的调整,而不是将新世界及其居民进行瓜分。Louis Duchesne,“教皇”(至1087年),《大英百科全书》,第11版,第20卷,第687—691页。

准了刑讯逼供。这种做法并不限于宗教审判所，在使用纠问式程序的世俗法庭，刑讯逼供的现象也很普遍，他们这样做的原因也和宗教裁判所相同，即只有当被告招供的情况下，他们才能判决其有罪。

宗教裁判所在很多国家都曾设立，如英国、法国和意大利，当然还有西班牙。在天主教双王统治之前，西班牙的君主一直采取宗教宽容政策。卡斯蒂利亚是一个多文化、多宗教、多种族的社会，除了基督徒之外，这里还有巨大的、富有的犹太人社区，此外还有摩尔人。但是即使统治者是宽容的，普通百姓却并不宽容，[1296]狂热的基督教传道者很容易煽动起人们对犹太人的仇恨和可怕的集体迫害，尤其是在1391年。为了活下去，很多犹太教徒被迫改信基督教，他们被称为是"改宗者"，这些改宗者中有很多人飞黄腾达，出入于大贵族之间，在经济上有很大的影响力。

称其是虔诚的天主教徒也好，狂热分子也罢，伊莎贝拉想要建立一个服从"一个国王，一个信仰，一个法律"的政治共同体。[①]她和许多其他人一样，想知道哪些是真正的基督徒，而哪些是秘密的犹太教徒，于是就有了"老基督徒"和"改宗者"的划分。要想消灭秘密的犹太教信仰，就要进行审查，如果情况属实，就要施以可怕的惩罚。如果皈依之后再背教，就会被处以死刑，即使这种皈依是以强制性的洗礼来完成的。

伊莎贝拉请求教皇批准她在西班牙建立一个宗教裁判所，这个裁判所和其他地方有一个重大的不同，其他地方的裁判所必须要服从主教的权威，但是她想让西班牙的宗教裁判所只服从国王。正在为意大利的事务而忙得焦头烂额的教皇西克斯图斯四世批准了她的请求，于是在1478年，宗教裁判所被建立。但是在听说宗教裁判所的残酷之后，西克斯图斯四世收回了国王对宗教裁判所的控制权，重新由教会进行管理。盛怒之下，斐迪南回应说宗教裁判所的建立"在朕的国家，应该由朕来定夺"。[②]到了1483年，意大利再次强迫教皇成为附庸，于是教皇不得不屈服，就这样，宗教裁判所被引入卡斯蒂利亚。阿拉贡不愿

---

① W. H. Atkinson,《西班牙和葡萄牙史》(Penguin, Harmondsworth, 1960年)，第110页。
② 引自《新编剑桥近现代史》，第1卷，第336页。

意接受宗教裁判所的存在,事实上在 1485 年,大审判长竟然在萨拉戈萨大教堂被杀害。但是由于罗马教廷的反对和斐迪南的坚持,三个议会最终让步,就这样宗教裁判所的势力遍及到整个西班牙。①

作为一个法庭,这个“新宗教裁判所”有一个最高委员会(Consejo),主持这个委员会的是大审判长,在每个较大的城市都有其下级裁判所。宗教裁判所的诉讼程序鼓励告密和刑讯逼供,不仅被用于宗教目的,也同样被用于政治目的,因为它可以对任何等级的任何人发起攻击,甚至仅仅通过威胁就可以达到震慑的效果。裁判所管辖的范围不仅限于宗教异端,还涵盖了背教、巫术、重婚、高利贷和亵渎神灵,所有这些都有可能会遭致可怕的折磨。它还被某些个人用来消灭自己的敌人,[1297]例如在 1498 年,第一位大审判长托尔克马达(Torquemada)对卡拉霍拉(Calahorra)的主教采取行动,而就连最高级的贵族也被处于密切监视之下。被宣判有罪者常常会被罚款或者被没收财产,而仅仅在托尔克马达任大审判长期间,就有两千多人被活活烧死。

现在我们开始讨论所谓的改宗者,他们是宗教裁判所之所以存在的最初原因,如果秘密的犹太教徒是邪恶的,会不会所有的犹太教徒都是邪恶的呢? 1492 年攻占格拉纳达标志着基督教在西班牙境内的最终胜利,两位天主教国王欣喜若狂,决定采取一种一劳永逸的解决方案,让所有公开身份的犹太人有 4 个月的时间离开这个国家。格拉纳达的摩尔人也遭受了同样的命运。本来两位国王承诺如果守军投降,摩尔人可以自由信仰自己的宗教,这样大大减少了军队是伤亡,但是他们马上就违背承诺,强迫摩尔人改变自己的信仰。1499 年,摩尔人发起一场绝望的叛乱,被给予两个选择,要么改变信仰,要么被驱逐。

对这种宗教政策的一种定论是它服务了高级的政治目标,即通过共同的宗教信仰,实现了多样性的统一。“至少在斐迪南和伊莎贝拉看来”,对格拉纳达的征服和对犹太人的驱逐有助于“实现一种超越行政、语言和文化障碍的统一,将各个种族的西班牙人团结到了一起,共同追

① 宗教裁判所被引入卡斯蒂利亚或阿拉贡的所有附属区域,如西西里,撒丁尼亚和印度群岛。

求一个神圣的使命。”埃利奥特这样写道，表明自己未必赞同这种观点。在同一个地方，他还说：“这为统一的国家奠定了基础”，[①]但是西班牙的国王在伊比利亚半岛上的领地根本就不构成一个统一的国家。阿拉贡的国王依然保留了其古老的机构和制度，当查理五世和其后继者为了向四面发动战争而要求获得津贴时，这些敌对国家包括法国、荷兰、英国和土耳其，阿拉贡坚决予以抵制。巨额的财富从新世界流向卡斯蒂利亚，但是这还远远不够，这个王国不得不负担越来越多的战争费用。在 1623 年至 1643 年间任首席大臣的奥利瓦雷斯(Olivares)给国王腓力四世写道：“你不应该仅仅满足于作葡萄牙、阿拉贡和瓦伦西亚的国王以及巴塞罗那的伯爵，而应该全心致力于统一这些领地的行政和法律体制。”[②]这并没有实现，1640 年，葡萄牙分裂出去，[③]加泰罗尼亚发动叛乱，宣布效忠法国国王，直到 1652 年才被重新征服。此后直到 1713 年才有一位波旁家族的王子在西班牙继承战争中获胜，以征服者的身份登上王位，他废除了阿拉贡国王的特权，将法国式的中央集权引入整个西班牙的行政系统。

4. 现代国家

[1298]就这样，在长达 1000 多年的分裂、混乱和封建主义之后，欧洲人对国家进行了一次“重新发明”。在很多方面，这种国家都不同于以前以及同时代世界上其他地方的国家，其重要性怎样强调也不为过，因为这种国家形式是当今世界范围内政治事务的基本单位。它的独特性主要体现在三个方面。

4.1 法律至上

在这种国家：第一，法律有一种独特的、至高无上的神圣性。习惯

---

① Elliott，《西班牙帝国》，第 110 页。

② 引自 J. Read，《加泰罗尼亚人》(Faber and Faber，伦敦，1978 年)，第 130 页。

③ 在 1578 年对摩尔人的阿卡萨奎维尔(Alcazarquivir)战役中，葡萄牙国王阵亡。1580 年，在阿尔坎塔拉战役中，西班牙国王菲利普二世派军队击败了反对他兼任葡萄牙国王的人。从此，他成为西班牙和葡萄牙的国王。

法被逐渐吸纳到一个法律大全,它既涵盖了私人之间的民事诉讼,也包括国家的刑事和行政诉讼。个人和公共权威之间的权力关系全部建立在法律条文和规范之上,受其约束,而这些法律条文和规范是通过某种既定的司法程序而预先制定的。第二,个人不是微不足道的臣民,而是如下意义上的公民。雅典的公民有积极而直接地参与公共决策和行政的权利,而罗马的公民有选举行政官的积极权利。这些形式的公民权就是法国的革命者所说的"积极"公民权,但是在1500年左右新出现的这些欧洲国家,只有很少的人享有这种积极公民权,而所有的自由人都享有某些传统上所固有的权利,其中包括生命权和自由权,最为重要的是财产权。从这个意义上讲,他们不仅仅是被管理者,但却是消极公民。第三,罪责是个人化的,也就是说对于罪过的惩罚只能针对罪犯本人,而不是其家庭和村社,也不是像英国那样"十户区"。①除了诺曼人的短暂统治时期之外,英国曾长期实行这种十户区制度。第四,私有财产的原则受到特别的尊重。在"无代表则不纳税"的封建口号之下,正是这种对私有财产的尊重长期抵制着统治者实行财政专制的野心。第五,法律的约束、对私有财产的尊重和消极公民权都意味着统治权在某种程度上是受到限制的。有两个法律上的特征强化了对统治权的这种限制,它们分别是:[1299]第六,公法和私法之间、私有权和国家权力之间被划清界限,这种区分在君主个人和国家之间的关系上也有体现,后者被认为是抽象的、匿名的法治政府。罗马帝国和拜占庭帝国的情况可以很好地说明这种区分,皇帝的私库和皇帝本人是完全不同的两回事,即使不能起诉皇帝,对前者却可以提起诉讼。②随着罗马法在欧洲的复兴,罗马帝国的这种区分也被引入欧洲大陆。英国对民法比较反感,对作为自然人的国王和作为抽象物的王权做出了普通法上的区分。因为民法和普通法有一个共同的基础,那就是和自然人格相对的法律人格这一概念,而这一区分在其他任何地方都是不存在的。第七,因此一个必然的结果就是:个人或团体可以像控告一个自然人那样,控告抽

① 见 J. E. A. Jolliffe,《中世纪英国政制史》(A. &C. Black,伦敦,1937年),第59—61页。

② 在 Weber 的《经济与社会》一书中提到了这一点,第2卷,第710—713页,对这一部分的评论和文献说明在该书第747—749页。

象的“王权”或“国家”的代理人，也就是说以当事人之间诉讼的形式对其提出指控。这种指控国家公务人员不法行为的权利也是其他任何地方都没有过的，它再次证实了自由个体作为公民而不是臣民的地位，虽然这种公民权是消极的。①第八，除了五六个城市共和国和瑞士的州之外，1500 年左右的所有这些国家都是君主国，其中包括各个公国，它们的统治者都在不遗余力地要实行专制统治。到了 1660 年，其中大部分都成为君主专制国家。②虽然这些君主们不懈努力，要废除对他们的限制，[1300]但是他们离不开大量的法人实体的支持。由于中央政府的

---

① 参见前注。在英国，这样做要比 Roth 和 Wittich 所认为的更加困难，虽然也并非完全不可能。君主会设置种种障碍，阻止人们这样做。在 18 世纪的法国，这类针对国家的诉讼通常是通过 13 个“高等法院”中的一个来进行，这些法院君主是无法撤销的，因为法官的职务都是买来的，孟德斯鸠就是其中之一。对此，君主的对策就是设立各种专门的法院，将诉讼从那些法院转移掉，并且诉诸各种欺诈手段，互相串通，以保护自己的利益。在《旧制度与大革命》（牛津大学出版社，牛津，1957 年）一书中，托克维尔对此进行了栩栩如生的描绘，见该书第 60—65 页“行政公正”部分内容。尽管如此，有一点很显然，那就是这些措施的用意是为了阻挠惯常的做法。但是就像在上述所有国家所发生的那样，在君主的法庭，臣民要想对君主提起诉讼，只能依赖于恩典，而不是凭借权利，例如英国的《权力请愿书》要经过国王的批准。参见 W. Holdsworth 爵士的《英国法律史》（伦敦，1922 年），第 10 卷（1938 年），第六章，第 3—44 页。

② 有些历史学家，如穆尼埃（Mousnier）和辛顿（Hinton），还有马克思主义历史学家，如克里斯多佛·希尔（Christopher Hill），都通过不同的方式得出了同一个结论，即在 16 世纪和 17 世纪早期，英国的王权和法国或卡斯蒂利亚一样专制。本书的观点是由于议会权力的存在以及议会和普通法律师的联合，英国的宪政之路与众不同，确立了一种议会制传统，和法国、西班牙、普鲁士、丹麦与很多其他国家大相径庭。在前面第 1274 至 1276 页作者已经陈述了这一观点。穆尼埃等人的看法已经被深入探究并遭到驳斥，见 J. P. Cooper 的“17 世纪早期英国政府和欧洲大陆政府的差异”，载于 J. S. Bromley 和 E. H. Kossman（编）的《英国和荷兰》（伦敦，1960 年），第 62—90 页。如果真正“不受法律约束”，君主们可以废除或者忽视上述的各种权利。在大叛乱和 1688 年革命中，英国议会的胜利显然表明这些权利在英国得以保留。在欧洲大陆，尤其是到了 18 世纪，这些权利是怎样历尽艰辛被保留下来的呢？这才是真正的问题所在。答案取决于“专制”一词在西欧的独特背景中所获得的具体涵义。就像博丹和卢瓦瑟所说的那样，专制并不意味着君主可以不受任何约束地任意而为，这是一种特殊意义上的绝对权力，即虽然他在法律上至高无上，依然要受到神圣法和“自然法”的限制，前者的解释权掌握在教会手中，而后者明确地赋予生命、自由和私有财产不可侵犯的权利，最后他还要受到国家传统基本法的约束。见 R. C. Mousnier，《专制君主制时期的法国制度，1598—1789 年：社会和国家》，B. Pearce 译（芝加哥大学出版社，伦敦，1979 年），第 659—665 页。书中包括源自博丹和卢瓦瑟的相关章节。关于对此时专制主义的意义和统治权的真知灼见，参看 B. de Jouvenal 的《统治权：对政治之善的探究》，J. F. Huntington 译（剑桥大学出版社，剑桥，1957 年），第二章。

软弱甚至是缺失,社会上形成了很多这样的法人实体,如行会、社团、等级会议,等等,更不要说天主教会这个等级森严的威权主义结构了,它无所不在,拥有巨额的财富,十分复杂的司法和统治手段,牢牢控制着普通人的希望和恐惧。

这里有必要声明一点,即这些原则在任何地方都没有被完全或充分地执行,其中很多与其说是被遵守,更多的是被违背。这些国家还不构成法治国家或君主立宪制,它们不是构成这种国家形式的充分条件,但可能是其必要条件。虽然其中有些特征在这一时期的其他国家也可以找到,但是在世界上其他任何地方都无法找到所有这些特征的全部。

例如,无论是中国还是日本都没有将法律视为由法律原则构成的精密的系统,在这个系统之中,每一个司法判决都来自于抽象原则在具体案例中的应用。这两个国家也没有将法律视为一套严格制定的法律条文,无论是习惯法还是成文法,这些条文可预测地、不可避免地支配着与其相应的具体情况。在这两个国家,司法被认为是调解或调和诉讼双方利益的一种努力,除非其中一方是国家,这时就需要对其无保留的、完全的服从。①这两个国家也不像伊斯兰国家那样拥有民法和商法,[1301]这方面的案件属于地方传统的管理范围,由地方贵族或神职人员进行裁决。事实上统治者会努力将提起私人诉讼的人从其法庭上赶走。在中国的清朝,就连帮助别人起草诉状都构成违法,更不要说帮人申诉了。②的确,对不动产的消极权利几乎每个地方都有,当这种权利建立在传统和地方调解基础之上时,也许会更加安全,但是动产会更加不安全,例如,在哈里发帝国、中国和日本,商人的资金随时都有被没收的危险。除了对财产的威胁之外,所有这些国家的刑律都很严酷,行

---

① 关于清朝,见 Bodde 和 Morris,《中华帝国的法律》一书,尤其是"引言"部分。对于更早的时期,见 Johnson 的《唐律》;A. F. P. Hulsewé,《汉律遗文》,第 1 卷(Brill,Leiden,1955)。关于日本,见 D. F. Henderson,"德川时期法律的演进",载于 J. W. Hall 和 M. B. Jansen(编)《近世日本制度史研究》,第 1 卷(普林斯顿大学出版社,Princeton,1968 年),第 203—329 页;I. Henderson,《调解和日本法》(亚洲研究学会,华盛顿大学出版社,Seattle,1965 年)。

② 1692 年,康熙帝下令要求各级官员务必让百姓对法庭望而生畏,不敢打官司。见 van der Sprinkel,《法律制度》,第 76—77 页。帮人打官司会招来罪名,见 Bodde 和 Morris,《中华帝国的法律》,第 413—417 页。

政长官享有广泛的程序裁量权,对每一个人的生命和自由构成威胁。在刑事案件中,承受罪责的不仅仅是个人,还有集体,在这种情况下,犯罪意图的概念似乎根本就不存在。例如,在中国和日本,家庭以十户为单位,被从法律上连接在一起,互为担保,如果一个人有违法或逃匿行为,十户共同承受惩罚,如果有一户无法按期缴纳赋税,则由其他九户共同承担,①更加过分的是,常常是一人犯法,株连九族。

在限制统治者的专制方面,无论是中国还是日本都只有极为模糊并且充满道德意味的概念。②与其形成鲜明对照的是穆斯林国家,这些国家明确主张限制君主的权威,但是其方式和欧洲国家大相径庭。哈里发或苏丹绝不会干涉教法官在家庭、宗教和民事事务方面的司法权。此时他们遵循的是伊斯兰教法复杂的程序性和实质性规定,但是在伊斯兰教法名义上的限制之内,他们有权诉诸"西雅赛"(siyasa,意为"必需")教义。对于所有我们认为和"政治"有关的事务,如税收、治安、征兵等,这个教义赋予其在马札里姆法庭不受任何限制的权力,由此延伸,在此过程中,他们可以支配人们的身家性命和财产。③[1302]于是就有了逊尼派的消极服从教义,即"任何穆斯林统治者,无论他是谁,不管他是怎样掌权的,只要能够保护伊斯兰的领土,维护内部和平,就有权获得服从。对这样的统治者的服从是一种宗教上的义务,无论他是坏蛋还是疯子。"④可见,西方国家统治者的权威受到限制,而穆斯林统治者的权威则被分解,但是在他管辖的范围之内,即公共政策领域,他就是一个不受任何限制的专制者,可以随心所欲。

只要法律人格的概念的还没有形成,统治者的权力就可以得以强化,对于所有的亚洲国家来说都是如此,统治者个人和国家并没有被区

① 在中国,这些制度被称为里甲和保甲制。在日本,治安单位是五人组。关于一人犯法,惩罚全家的株连之罪,见前引著作各处。

② 被朝中大臣和各级官员所倡导的儒家道德有时会起到一种约束作用,有时会使皇帝在政治上处于消极被动的地位。儒家经典一再强调皇帝应该无为而治,只要选好大臣就行了。清朝的皇帝也信奉儒家思想,但是他们在政治上很活跃,不愿意受到这种约束。

③ 参见 Schacht,《伊斯兰教法导论》,第 54 页,第 86 页脚注 1,第 187 页。

④ E. Kedourie,"现代伊斯兰的危机和革命",泰晤士报文学增刊(1989 年 5 月 19—25 日)。伊斯兰教法学家 Al-Mawardi(1058 年卒于巴格达)是最为重要的倡导者之一,著有《朝廷法规》。

分开来。和抽象的法治政府的概念相比,统治权在本质上是个人化的。国家法律人格概念的缺失使个人控告统治者和其代理人的想法更难出现,虽然这并非是不可能的,但是真正使个人无法控告政府和其代理人的是上文所描述的一系列因素,即公民权利概念的缺失(在哈里发帝国[①]、中国和日本都没有和这一概念相对应的词语),个体仅仅是被管理者或臣民这一概念,由此而产生的法律是上级强加于下级的概念,以及欧洲法学思想中盛行的契约概念的缺失,而正是有了契约概念,在个人控告政府代理人时才能利用私法中当事人之间诉讼的做法。[②]因此很显然,亚洲的"专制主义"概念不包括对统治者权利的约束,他可以侵犯其臣民的自由和财产,而正如博丹和卢瓦瑟所说的那样,这一点恰恰是使其不同于"暴政专制主义"(despotic absolutism)之处。统治者通常凭借征服和暴政实行暴政专制主义,而这里的"暴政"一词本身就意味着同样的暴政专制,统治者置传统、惯例、自然法和神圣法于不顾,独断专行。[③]

[1303]政府和个人之间的关系必须建立在法律基础之上,个人拥有某些固有的权利,因此只有通过适当的程序,才能对这些权利进行剥夺,这一思想标志着这些新生的欧洲国家和亚洲国家之间的本质差异。如果因此认为后者处于一种无法可依的状态,那就大错特错了,事实绝非如此,这些国家实际上有十分严格的法规,只是其立法是刑法和行政法。如果将其全部定义为暴政,统治者可以随心所欲地剥夺臣民的生命、自由和财产,这也是错误的,但有些的确就是如此。如果说所有这些国家的统治者都不受任何惯例的约束,这也是错误的,例如中国的皇帝肯定要在儒家思想的框架之内行事。如果说这些国家

① 关于伊斯兰,见 W. M. Watt,《伊斯兰政治思想》(爱丁堡大学出版社,Edinburgh,1968年),第96—97页。

② J. R. Strayer 坚持这一观点,强调德川时期日本几乎没有法庭,当权者实行专制统治,见 Hall 和 Jansen(编)的《近代早期日本制度史研究文集》,第7—8页。注意他对欧洲中世纪"建立在法律基础之上的权威"和日本的专制主义所做的对比,他说:"无论是从宗教和道德,还是从政治理论和思维习惯,日本人都找不到反抗权威的理由",而在欧洲,"权威的象征就是进行法庭审判的权利"。

③ 博丹称前者为"领主君主制",后者为"专制君主制"。

的治理要逊于欧洲国家，这也是错误，因为有些国家得到了更好的治理，如德川幕府时期的日本，和 18 世纪欧洲的大部分欧洲国家相比，都要更胜一筹。但是欧洲对专制统治的法律约束在亚洲几乎是不存在的，而实际上的约束即使存在，也少得可怜。这里没有天然的贵族，没有起制衡作用的教会，没有自治的行会、团体和城市，等等，简而言之，没有中间机构，而在欧洲，正是这样的中间机构抵制了统治者的专制要求。此外，亚洲的地方传统也和这种专制主义相一致，欧洲新生的专制统治者经过长期艰苦的努力才确立其在财政上的专制，但是对于亚洲的普通百姓，我们完全可以这样说，2000 年的封建历史让他们成为了"天生的纳税者"。

4.2 变动不居

现在人们很喜欢嘲讽丁尼生"欧洲 50 年，胜过中国千百年"的说法，汉学家们正确指出事实上中国也在不断发生相当大的变化。虽然如此，一边是 2000 年来虽然不断丰富但是基本维持不变的帝王统治模式，另一边是欧洲国家从蛮族人的日耳曼王国到封建主义、新君主制、专制主义，再到议会制、民主和代议制政府的快速变化，两者之间根本就没有可比性。

当社会结构、政治结构和盛行的信仰系统互相强化时，社会就会趋于稳定，[1304]但是如果其中有一个或几个因素和其他因素脱节，社会就会发生变革。14 世纪时的伊斯兰国家和 15 世纪时的中国都达到了这种稳定、更确切地说是静止的状态。从此以后，它们的信仰系统、不平等的、威权主义的社会结构和专制君主制之间互相支持，致使社会几乎完全停滞，甚至开始失去活力。

原因就在于和欧洲不同，它们的文化是持续性的，从来没有出现过中断。伊斯兰教和儒家思想都是"封闭的"系统，它们的传统是完整的，是不断自我强化的，中间没有被打断过。在各自的影响范围之内，正是这两个伟大的信仰系统支撑着互相强化的社会和政治制度。但是就在亚洲大国陷入沉睡的时候，欧洲却发生了一场轰轰烈烈的、革命性的反文化运动，这次运动的对象是当时的拉丁基督教，它和中世纪欧洲的社会结构与政治制度之间有一种密切的共生关系,这一点已经毋庸赘言。①基督教的信仰系统同时受到来自两个方面的挑战,一个是各种形式的新教教义,它们所指向的政治结构和天主教所维护的大相径庭,尤其是会众制,通过一种强有力的类推作用,导向民众对政府的某种控制。②另外一个是对希腊罗马文化的发掘,于是就有了文艺复兴。乔治·艾略特的《罗慕拉》虽然算不上是一部成功的小说,现在很少有人阅读,但是却很好地传达了文艺复兴时期的世俗化、人本主义和对此生与肉体享受的追求。③在小说中,文艺复兴有十分浓厚的异教色彩,它和拉丁基督教所宣扬和代表的一起都背道而驰,就像小说所表明的那样,这就是萨沃纳罗拉(Savonarola)和教会的反应的意义所在。这里的问题是文艺复兴并不代表"欧洲重新发现自己的源头",而是代表了一种全新的、完全违背传统的思维和生活方式。

这两个反文化运动破坏了曾支撑中世纪政治和社会机构的信仰系统的统一,同样重要的是,这种破坏为对于国家的全新思维模式开辟了道路,也把自然科学从宗教和成见的枷锁中解放出来。随着新的国家形式和新技术的出现,为西方思想、制度和社会结构的巨变廓清了道路,这些巨变从那时开始,一直延续到今天。

4.3 多国家系统

[1305]在亚洲,传统的国家形式是帝国,虽然在帝国瓦解之后,也出现了很多国家,但是它们或早或晚都要被帝国重新兼并。最接近于"势力均衡"状态的情况出现在中国和希腊。在中国,整个春秋和此后的战国时期(公元前 722—前 221 年)都处于这种状态。第二次出现这种状态是在 4 世纪汉帝国解体后的三国时期。这两个分裂时期出现的很多继承国最终都被其中之一吞并,重新回到帝国的状态。在希腊,这

① 我不知道还有其他什么著作能够像 Southern 的《中世纪的西方社会和教会》这本小书那样简练、明晰和权威。

② 举一个明显的例子,如法国的胡格诺派。见 J. E. Neale,《凯瑟琳·德·美第奇时代和伊丽莎白时期历史散文》(Cape,伦敦,1943 年;平装版,1963 年),第 11—29 页。

③ 勃朗宁的"圣普拉西德教堂的主教吩咐后事"也是如此,见原书第 1263 页脚注。

种势力均衡先是出现在各个城市共和国之间，然后是在各个军事同盟之间，马其顿的亚历山大终结了这种均衡状态，此后是罗马人的征服。

欧洲的情况与此不同，罗马帝国解体之后出现的是由蛮族人建立的“早期国家”，这些国家很短暂，最终被纳入封建体系。此时欧洲的封建主义是跨地域的，①不受“国家”边界的束缚，因为政治上的效忠存在于封臣与领主之间，和领主在哪个国家无关。同样，顾名思义，天主教会是普遍的，普世的，以前没有受过“国家”边界的约束，此时也不愿受这种约束，虽然国家的概念此时已经存在。因此，欧洲并不像希腊人和罗马人曾经的那样认为自己是“欧洲”（一个地域上的概念），而是自认为是“基督教世界”，一个以教皇和神圣罗马帝国的皇帝为最高权威的统一的“天下”。

但是和先前所有的国家一样，欧洲这些被重塑的国家建立在领土概念之上。每一个国家的统治者都想成为（用他们自己的话说）“自己王国之内的皇帝”，因此这样形成的国家是一个“主权”国家，对于领土之内的所有人民，统治者拥有完全的控制权。为了获得其他国家统治者对这种控制权的承认，他愿意承认他们的类似权力，这样就出现了大量互相竞争的独立主权国家。

但是就像下文将要表明的那样，由此而形成的多国家系统继续存在并发展成为互相竞争的国家之一，这一过程是亚洲所没有发生过的，事实上也不可能发生。在阿拉伯世界，直至今日，作为穆斯林“乌玛”（umma，即伊斯兰共同体）一部分的思想依然对领土权的概念构成致命危害。[1306]中国的清朝控制着广大的领土，但除此之外，只不过是一些小型的早期国家。1600 年，德川家康成为盟主，打破了日本的多国家系统。在此后的两个半世纪里，德川家族的统治没有被动摇过。在印度次大陆，无论是印度教还是伊斯兰教都没能像基督教在欧洲那样，成为特殊主义的区域性效忠的语言和宗教基础，而是两种信仰系统互相竞争。

---

① 在日本，一个人不能同时为两位领主服务，同样，一个人的领主也不能作另一个人的领主的封臣，但是在欧洲，两者不仅是可以的，而且还很盛行，于是就有了跨地域性。

欧洲国家是一个拥有主权的、地域上被划定界限的政治单位,在面对其他类似单位时,每个国家都会力图称霸,但是永远不会取得成功,因为它们迅速掌握了一个互相联合的技巧,即由意大利的城邦国家在14和15世纪所发明的"势力均衡"。这一技巧粉碎了某些国家称霸的企图,和战国时期典型的合纵连横策略十分相似。①

① 这方面的经典之作是中国的《战国策》,J. I. Crump译(第二修订版,中国资料中心,旧金山,1979年)。见R. L. Walker,《古代中国的方国系统》(Shoe String Press,Hamden,康涅狄格州,1953年)。在这方面,Ching Ping和Dennis Bloodworth的《中国的马基雅维利》(Secker & Warburg,1976年)也很有趣。

第六章　两个传统：专制君主制和议会君主制

1. 两个传统

[1307]有的历史学家认为“现代国家”发源于17世纪后半叶，而不是16世纪，这就将其产生和其形式的完善混为一谈了。由于在此之前几乎所有的欧洲国家都实行君主制，在国际上有重要影响力的共和国只有荷兰和威尼斯，因此本章将对前者进行探讨。到了1715年，君主制已经分为两支，即无限君主制和有限君主制，按照欧洲的说法，分别是专制君主制和议会君主制，此时欧洲几乎所有的国家都属于前者，其中以法国最为典型。议会君主制的范畴之内包括波兰、瑞典（有一段时期）、少数日耳曼人国家，但是以英国最具代表性。

根据博丹和卢瓦瑟的说法，[①]法国的君主制之所以是君主专制，就在于君主凌驾于法律之上这一事实。虽然如此，君主的活动要受到很多限制，并不是无拘无束，与此相反，在政治舞台上还有很多中世纪遗留下来的角色，其中包括等级会议、议会、自治市、行会、高等法院和其他各种法庭、行政人员，等等，文艺复兴时期几乎所有的欧洲国家都

---

① 见第五章，原书第1300页。

是如此。就像其定义所表明的那样,专制君主的确可以克服这些因素,但是可能要为此付出长期不懈的努力。之所以将欧洲的统治传统划分为无限和有限两个主要范畴,其依据就是刚刚强大起来的文艺复兴式君主们是否能够克服这些阻碍,还是不得不接受其存在并做出适应。在西欧,法国和英国之间的比较可以很好地表明这种差异,在东欧,则分别是普鲁士和波兰。在详细阐述英法两国的情况之前,必须先解决一个历史遗留问题。[1308]在上一章,我持这样的观点,即虽然法国和卡斯蒂利亚可以被看作是君主专制,英国却不可以,但是博丹却将它们混为一谈,现代的历史学家似乎也同样,如查戈林。①在一篇比较英法两国历史经历的文章中,就连 J. P. 库珀②也仅仅是勉强得出这样的结论:英国的确和法国不同。可见,英法两国的文艺复兴式君主制有一些重要的共同特征,这一点人们已经达成共识。但是到了 1714 年,两者之间的差异变得如此悬殊,我们甚至可以说它们是互相对立的。这里有一个很大的悖论,虽然两个国家君主制的功能是对等的,但是在法国,统治权掌握在国王一人手里,而在英国,却是"君临议会"这个由三个机构组成的集体,整个政治过程就在于让三个机构互相合作,而之所以说其统治是"有限的",就是因为三个机构之间的相互制衡。在法国,统治权完全集中在国王一个人身上,其有限性体现在众多外部因素的制衡作用,其中包括各个地方、自治市、社团、派系和司法组织,它们共同组成了法国这个大马赛克。一边是一个自我分裂但是很少甚至没有外部阻碍的专制机构,另一边是一个总是要面对并克服各种外部力量的统一的君主专制,和"同一时期欧洲其他几乎所有的君主制国家"相比,"一个显著的事实是法国对王权的限制更加有效"。③

那么,这两个不无相似的文艺复兴式君主制是怎样在 17 世纪变得如此不同,甚至截然对立的呢?

---

① Zagorin,《反叛者和统治者》,第 1 卷,第 89—93 页。

② J. P. Cooper,"17 世纪早期英国政府和欧洲大陆政府的差异",载于 J. S. Bromley 和 E. H. Kossman(编)的《英国和荷兰》(Chatto & Windus,伦敦,1960 年),第 62—90 页。

③ A. Cobban,《法国大革命面面观》(Paladin,伦敦,1971 年),第 68 页。

2. 法国专制之路

2.1 君主制的阻碍和讨价还价的政治

在上一章，法国已经被重新统一起来，国王拥有财政上的专制，是所有新法律的源头，有一支常备军和众多的官僚为其服务。他的王国十分富有，是欧洲人口最多的国家。强大的弗朗西斯一世十分自信，敢于和西班牙的查理五世争夺神圣罗马帝国皇帝的头衔，为了控制意大利，不断和西班牙发生战争，而其继承者亨利二世也同样。[1309]但是在 1559 年的卡托-康布雷齐和约之后，整个国家再次瓦解。从此直到 1661 年路易十四开始其漫长的个人统治，其间法国大部分时间处于战乱状态，时分时合。显然，这个君主专制政体肯定有缺陷，致使法国虽然外表辉煌壮观，但其实十分脆弱。那么，是什么样的缺陷呢？

首先，作为税收的主要来源，三级会议没能起到作用。在法国四分之一的地区，大部分是王国的边缘地带，各省的议会被延续下来，国王不得不一个一个地与其谈判。也许更为重要的是，“就像英国议会早期的历史所表明的那样，(在法国)如果只有一个代议机构，王权巩固和国家统一的进程完全可能会大大加快”。①

第二个因素就是我们所谓的永久性的行政部门，尤其是在地方，其中包括负责评估和征收税赋的司库、钦差审计官和收税官，还包括所有专业化的官员，他们负责森林、河流和道路等。1515 年，为国家服务的人员有 8000 名，其中包括文书和各种办事员，②到了 1665 年，其数量增加到了 80000 人。如此庞大的官僚机构本应成为专制主义的基石，但是反而成为其累赘和束缚。首先，他们极其腐败，尤其是在地方财政部门。此外，他们墨守成规，办事拖沓，效率低下。他们本来仅仅负责征收并支付和平时期的税收，然而由于他们的拖沓迟缓，根本无法满足战争时期的迫切需要，可是战争很快就成为一种常态。在 1515 年至

① D. Parker，《法国专制主义的形成》(Edward Arnold，伦敦，1983 年)，第 15 页。
② A. Jouanna，《反抗的义务》(Fayard，巴黎，1989 年)，第 80 页。

1598年之间,法国有30年都在打仗,其中有16年是宗教战争。在1600年至1713年之间,战争的时间不少于65年,其中投石党人运动占了5年。①

但这些都不是最糟糕的,最糟糕的是国王不能解雇失职的官员,除非能够证明他们有刑事犯罪,因为他们拥有这些职位。这些职位是他们从国王那里买来的,国王要想免除他们的职务,只能再从他们手里赎回来,而这是国王负担不起的。卖官鬻爵的做法的确由来已久,但是为了资助其争夺意大利控制权的斗争,弗朗西斯一世竟然仅仅为了出售官职而创造了很多新的职位。据估计,到17世纪中叶,官员的数量多达四五万。通过购买官职,购买者不但可以享有税赋豁免权,这是成为贵族不可或缺的一个因素,还可以得到职位所带来的薪酬。[1310]总之,买官是一种投资。到了16世纪末期,有一个政府部门专门负责这些职位的买卖,并收取10%至25%的税金,这个部门被称为"额外收入管理署"。将职位遗赠给后代的做法十分常见,很快就变得很普遍,1604年,通过建立"职位转让税"(Paulette)制度,这一做法被系统化。这一制度对职位的转让设置了一定的税率,每9年就对职位转让的条件进行一次评估,并可以对其做出改动。职位的这种世代相传对于高等法院来说具有尤其重要的意义,作为王国之内的"最高法院",其法官构成了一个富有而高度保守的寡头集团,他们蓄意阻挠改革,而国王对其只能威胁,不能革职。

对于国王来说,高等法院构成另外一个障碍。有一些省有自己的高等法院,但是巴黎高等法院最为重要,其管辖范围涵盖了几乎整个王国的一半。高等法院是国家机构极其重要的组成部分,它们拥有普遍的民事和刑事审判权,是王国之内所有低级法院的上诉法院,对于有些种类的犯罪来说,也是原诉法庭。不仅如此,在一个政府行政常常是以司法形式由司法机关来执行的年代,事实上就像英国的情况那样,高等法院颁布的"法律法规"使它自己的司法决定和政府法令成为详细的行政法规。对当前的话题来说,重要的是其在政治上的作用。从14世纪

① 源自Luard,《国际社会中的战争》,第3页。

开始，高等法院就已经习惯于“登记”国王颁布的、与古代法和王国的传统相一致的敕令，但是这是否意味着高等法院有不登记国王敕令的权力呢？在这种情况下，国王的敕令还有法律地位吗？宗教战争时期的弗朗索瓦·霍特曼（François Hotman）和投石党人叛乱时期的克劳德·乔利（Claude Joly）都宣称巴黎高等法院是国王法庭的基本核心，因此可以审查并修改所有的国王敕令。对于改动古代惯例、程序和判例的做法，巴黎高等法院总是充满敌意，因此在司法、内政和外交政策、甚至税收等领域，一直在和国王相对抗。在战争时期，就像前面看到的那样，也就是大部分时间，所有这些领域互相交叉，国王大概对所有事务都拥有最高权威。这时巴黎和外省的各个高等法院会通过“谏诤”来表达自己的观点，在不得已的情况下，还可能会不顾国王的愤怒，拒绝登记其敕令。国王有一些办法可以合法地推翻高等法院的做法，他可以通过“敕令书”（lettres de jussion）命令高等法院立即登记，也可以召开在法律上凌驾于高等法院之上的御前会议。如果实在没有其他办法，他还可以将桀骜不驯的高等法院成员流放，这并不是一个严重的惩罚，如果他够大胆的话，还可以解散高等法院。[1311]1771 年，路易十五的一个首相就这样做了，但是于事无补，因为到 1774 年，高等法院就被恢复。高等法院是一个累赘，尤其是在战争时期。路易十三曾两次严格限制其谏诤国王敕令、阻碍敕令执行的权力，第一次是在 1629 年，和西班牙的战争刚刚开始，第二次是在 1641 年，正是战争如火如荼的时候。

随着时间的推移，高级职位的世袭持有者可以被册封为贵族，如高等法院的成员，这样产生的贵族被称为“穿袍贵族”。到了 18 世纪，他们逐渐接受了“佩剑贵族”所有的礼仪和传统。至于他们是否像有些人所说的那样，成为“贵族卷土重来反抗王权”①的先锋，还是有争议的。

支配专制主义早期政治过程并赋予其与众不同的基本特征的，是古老的佩剑贵族和君主制之间的关系。这个政治过程由追随关系和恩

① F. L. Ford，《袍与剑：路易十四之后法国贵族的重组》（Harper & Row，纽约，1965 年）。比较 J. H. Shennan 的《巴黎高等法院》（Eyre & Spottiswoode，伦敦，1968 年）

庇网络组成,国王利用两者"管理"自己的封臣。这种文艺复兴式的专制并不是一个单体结构,而是一种由依附关系组成的蜂窝状结构。大贵族并没有随着"新君主制"的到来而消失,而是采取了这样一种策略,即"如果不能打败他们,就加入他们"。

2.2 1624年之前的佩剑贵族

并不是所有的大贵族都是省长,但是所有的省长肯定都是大贵族。由于他们拥有大面积的土地,如蒙特莫伦西(Montmorency)拥有的庄园多达600个,高级贵族对其领地之上的小贵族、佃农、市民和所有依附于他的人具有支配性的影响。法国是一个等级森严的社会,因此也是一个由追随者组成的社会。与此同时,就像我们不得不多次强调的那样,它还是一个由各种各样的强大社团和根深蒂固的、强大的地方主义势力构成的国家,虽然这三个因素有时会重合,有时会交叉,但其政治体制正是通过利用这些力量而运作的。为了取悦贵族,国王将荣誉、土地、津贴和职位赐予他们,而这些贵族又可以像黑手党中的众多"教父"一样,将低一级的职位和其他的赏赐授予自己的追随者,就这样由高到低逐级下去,以此确保对国王的效忠和服务。

追随关系首先存在于家庭内部,如王室有侍从4000名,安茹公爵有侍从1000名①。[1312]其次是军事上的追随关系,军官全部都是贵族。②敕令军团的队长不仅仅是贵族,还是王国之内地位最为显赫的人物,其中包括王族和国王的高级官员,还有元帅。元帅将其任务交给副手来完成,但这些副手本身也是高级贵族。③当然,军队的总司令、元帅和团长也都是最高级的贵族。团长这一职务尤其值得注意,因为它可以表明追随关系是怎样渗透到军队内部的。每当要组建一支队伍时,国王会委任一位贵族作为团长,然后再由团长任命队长,负责征募士兵,还要负责其武器、制服和供应,费用由国王支付。从这个意义上讲,这支队伍是"属于"团长的。这一制度使士兵与队长和团长之间的关系

---

① Jouanna,《反抗的义务》,第37页。

② D. Bitton,《危机中的法国贵族》(斯坦福大学出版社,斯坦福,1969年),第31页。

③ R. Doucet,《路易十六时期法国的制度》,二卷本(巴黎,1948年),第623页。

比他们任何一方与国王的关系都要密切，这实际上就使追随和效忠关系由社会领域进入到了军事领域。

第三类追随者是那些从大贵族那里获得职位、荣誉、津贴或好婚事的人，这要么是因为大贵族在法庭上站在他们一边，要么是因为大贵族出资帮其购买职位或者购置嫁女所需的嫁妆。如果王室的土地被转让给大贵族，他就可以支配所有的职位，如在王子的领地。①

国王离不开这些大贵族，因为没有他们的合作，他就会缺少官员帮其实施统治。作为回报，他赐予他们职位、荣誉和金钱。国王完全是可以这样做的，因为他是王国之内最为富有的人。两者之间有一种微妙的平衡关系，一方面，国王离不开高级贵族的追随，而另一方面，如果国王不给这些贵族财富和职位之类的赏赐，他们就会不再效忠。

这些贵族中在政治上最为重要的是省长，这一职位初次被证实是在 1330 年，但是直到 1561 年整个国家才被划分为"省"，②其来源"多样而复杂"，管辖范围也有很大的差异，有些权力被详细规定，有些则被明确禁止，[1313]但问题的核心是省长代表了国王在各个省的权威，他们的一般使命就是"在各省一切事务中代表我本人，采取所有你们认为必要的措施，为了各省的安全和稳定更好地为我服务"。③从原则上讲，省长这一职位属于"办事人员"，而不是"官员"，但是逐渐地省长被允许将其职位遗赠给后代，真正向鬻官制的转变发生在 1584 年，亨利三世要求所有的省长都要为其职位缴纳钱款。这样一来，虽然省长职位未必是不能解除的，就像我们后面会看到的那样，黎塞留就罢免了几位省长，但是通常的做法是由国王将职位赎回来，或者是将其调动到不太重要的省。在 1515 年至 1650 之间，省长的平均任期大约有 11 年，其中有 28%的职位在同一家族内部世代相传。④

省长在政治上举足轻重，尤其是那些住在所管辖地的省长（有许多

---

① Jouanna，《反抗的义务》，第 38 页。

② R. R. Harding，《权力精英的剖析：近代早期法国的省长》（耶鲁大学出版社，纽黑文，康涅狄格州，1978 年），第 8 页。

③ 同上，第 14 页。

④ R. R. Harding，《权力精英的剖析：近代早期法国的省长》，第 121 页，图表。

并不住在所管辖的省)。他们控制着军事,“对于地方官员的任命起着重要的、常常是决定性的作用,这些官员包括地方行政人员、要塞司令和市政府官员。在军事上的权力和追随者队伍让省长拥有强大的权威……”。[①]如果君主精明强干,很有政治手腕,就可以平衡各个省长之间的关系,但事情并非总是如此简单,尤其是当国王年幼又无权威人物来支配这些职位的分配和轮流时,就会出现权力真空状态,各个大家族之间就会展开激烈的角逐,如洛林家族、蒙特莫伦西家族和波旁家族。所有这些角逐者在一个问题上达成了一致,那就是任何个人和家族都不能垄断在宫廷上分配赏赐的权力。在这样的情况下,有些省长会转身成为国王的强大敌人。

1559 年,一个外来因素刺激了君主专制的所有敌人,其中包括地方等级会议、省长、自治市、高等法院和各种社团,使他们超越了传统上要求维护并扩大自己特权的有限目标。利益上的冲突可以互让妥协,但是对不同宗教的狂热却水火不容。路德宗早在 16 世纪 20 年代就进入法国,从此就一直受到无情的迫害。1548 年,巴黎高等法院设立了“燃烧法庭”(Chambre Ardente)。此时路德宗已经让位于加尔文宗,到了 1561 年,加尔文宗已经有了大量的信徒。[②][1314]这个教派在大贵族成员那里取得了很大的发展,在小贵族中间取得了更大的发展。这种经过改革的教义对城市居民也很有吸引力,在受到政府威胁时,他们就会将自己置于地方领主的保护之下,这样就形成了一个新的宗教和军事机器,即胡格诺派。每一个会众都有自己的宗教议会,由牧师和世俗长老组成。每一个地区的宗教议会组成“教务议会”,而每个省的教务议会组成“省级议会”,全国的省级议会共同组成全国议会。加尔文教派的贵族承认自己原有的社会等级结构,但是从 1562 年起,他们被迫接受教会的等级结构,以孔代亲王为“法国教会的总保护人”,[③]由此而出现的宗教

---

① R. J. Bonney,《黎塞留和马萨林时期法国的政治变化,1624—1661 年》(牛津,1978 年),第 286 页。

② 根据《新编剑桥近现代史》,第 2 卷,第 224 页,其人数为 2150,但是现在认为是加尔文宗为了宣传的需要而故意夸大了。

③ L. Romier,“内战前夕的法国新教徒”,《历史杂志》,1917 年,第 129 期,第 254—263 页。

和军事结构形成了一个真正意义上的国中之国。

到1559年为止，国王已经在不冒犯所有大家族的情况下，对贵族之间的势力进行了必要的平衡，而这是国王古老的“贵族管理”使命。1559年的卡托-康布雷齐和约之后，这种平衡被打破，构成法国骑兵队伍的小贵族成了失业者，心怀不满。就在这一年，新国王亨利二世在一次比武竞赛中意外身亡，将国家的统治权留给了三位年幼的孩子，由王后美第奇家族的凯瑟琳摄政。三位王子中最为年长的弗朗西斯二世15岁即位，娶了苏格兰女王玛丽为妻。玛丽是狂热的天主教徒吉斯家族的外甥女，此后吉斯家族垄断了宫廷职位的任命权，其他家族马上对其发起挑战。年轻的弗朗西斯二世即位不到一年就去世了，实权仍然掌握在其母凯瑟琳手中，因为新国王查理九世此时只有10岁。

此后就是敌对贵族世家之间长达30年的斗争，这场战争已经不是传统意义上的封建战争，而是成为敌对教派之间的宗教战争，每一个教派都充满宗教上的愤慨，要把对手除之而后快。在吉斯家族统治之下受到不公正待遇的家族和家族分支与胡格诺派联合起来，各种追随者也团结在他们周围，其中比较突出的是大部分失业的法国小贵族。等级会议出现分裂，像蒙特莫伦西这样的家族也出现了内讧，每个自治市都选择自己支持的一方。这是第一场出版、宣传册子和政治宣传起到关键作用的革命。胡格诺派的作家往往会强调对王权的限制，甚至为抵制王权的行为进行辩护。[1315]霍特曼于1573年发表《法兰西-高卢》，声称君主专制是一种新现象，从历史的角度是站不住脚的，因为一直以来就是国王和三级会议一起实行统治。杜·普莱西斯·莫耐(Du Plessis Mornay)在1579年发表的《为反对暴君的自由而辩护》，主张王权应该建立在契约基础之上，在特定情况之下，反抗王权不仅仅是一种权利，还是一种义务。天主教的作家则更进一步，例如耶稣会的会士贝拉明(Bellarmine)为诛杀暴君的行为进行辩护。在这些极端主义者中间的是政治派，他们对内战所带来的破坏感到震惊，企图通过政治手段解决当时的问题。在政治派的著作中，最著名的是让·博丹1576年发表的《共和六书》，呼吁君主专制应该尊重上帝的律令，尊重臣民的财产和自由权。

开始于1562年的宗教战争将法国带入一个纷争和分裂的年代，这种状态延续了100年，直到1661年路易十四开始实行其长达54年的个人统治时才结束。本章不需要讲述这长达一个世纪的动荡不安，一言以蔽之，整个阶段就是贵族叛乱与君主讨价还价之间的辩证互动。在1624年至1642年枢机主教黎塞留任首相期间，国王抛弃了这种讨价还价的做法，而是对贵族叛乱进行镇压，但这种情况只发生了这一次，并且是很有保留的。[1]1629年，黎塞留战胜胡格诺派，1630年至1632年之间又镇压了各省的叛乱，这些都可以被看作是王权扩张的开端，这一过程势不可挡，虽然中间曾发生投石党人运动(1648—1653年)这样的事件，但是到1680年左右，在路易十四统治之下，王权的势力已经达到了鼎盛。

是什么促使贵族加入这场战争呢？绝对不仅仅是宗教信仰，它只是给已经存在的敌对状态披上了宗教矛盾的外衣。除此之外，我们还可以发现其他因素在起作用，如家族自豪感和个人荣誉的敏感问题，还有就是为了获得国王的恩宠并因此维持大量的追随者。一个共同的主题就是传统上对于所谓的“公共福利”的关注，它被理解为国王、贵族和三级会议之间对统治权的划分。简而言之，激发贵族加入宗教战争的有两种动机，一种是为了自己的利益，另外一种则是为了“祖国”。一位当代的历史学家评价说：“这样看来，叛乱似乎是政治抵抗的一种表达方式，这是一种以暴力和与外人结盟为特征的古老方式，但是由于缺少进行政治抵抗的制度手段，这又是一种‘正常的’方式。”[2]

由于失去了传统意义上的“仲裁者”，即一位成年的、有政治手腕的国王，这种情绪转变成为对抗。[1316]由于最高层出现的权力真空，各个贵族世家之间围绕官员任命权的问题展开斗争，而这种斗争又因为宗教狂热的因素而变得十分残酷。用乔安娜的话说，这是“贵族战略的宗教化”。在胡格诺派和天主教的名义之下，人们做出了很多可怕的事情。有一张版画上是这样一幕：一个人仰卧在地，被开膛破肚，里面填

① 黎塞留建立了自己的追随者队伍，见原书第1317页。
② Jouanna，《反抗的义务》，第9—10页。

满了燕麦，一匹马正在其内脏间觅食。战争时断时续，一直延续到1598年，其间有过各种"和解"的状态。

问题是战争为什么会结束。在一定程度上，对于这些战争的描述也适用于亨利四世和其子路易十三的统治、以及黎塞留任首相期间(1610—1624年)，直到1642年黎塞留去世之后，依然是这种情况，直到1661年，路易十四宣布实施个人统治。要想发动战争，叛乱贵族必须要征募军队，为了维持这支军队，他们要依靠外援，如英国和西班牙，还要依靠自己的财富，最重要的是通过"夺取国王在叛乱各省的税收"。①他们侵占了财政局和所有受他们控制的财政区里国王的财富。随着他们变得越来越强大，国王的势力却被削弱。通过赦免贵族及其追随者的所有不法行为，尤其是其侵占王室财富的行为，国王和他们达成和解。国王任命这些贵族担任省长和其他各级官员，还授予他们津贴，以此收买他们。就连纳瓦拉的亨利四世也对和解做出这样的结论，他对朝臣萨利说法国已经"售出，收不回来了"。仅赏赐给贵族的津贴就多达2400万里弗尔。②虽然如此，我们依然有足够的理由相信在经济上，这些贵族叛乱根本就无利可图，它们所带来的收入至多只能支付战争所需的花费。③

亨利四世被刺死之后，王后玛丽·德·美第奇成为摄政，她努力遵循亨利四世的建议，即"要满足大贵族和军官的要求"，但是两位朝臣孔契尼(Concini)和吕伊纳(Luynes)先后成为"宠臣"，他们垄断了国王的任命权。这样做的结果是在此后的14年里，贵族5次起兵反叛，也许更准确地说应该是武装示威。和以前一样，叛乱的贵族被赦免，其要求得到了满足，以此作为他们停止叛乱的条件。这些大贵族并非王权的反对者，事实与此相反。正如农民发出要求国王取消盐税的呼声，贵族则要求国王除掉身边的宠臣。④叛乱的大贵族并不是要削弱王权，而是

① Jouanna,《反抗的义务》,第388页。

② J. B. Wolf,《路易十四》,Panther版(Norton,伦敦,1970年),第218—220页。E. Lavisse,《路易十四：一段伟大统治的历史,1643—1715年》(R. Laffont,巴黎,1989年);Parker,《法国专制主义的形成》,第47页。

③ Jouanna,《反抗的义务》,第389页。

④ 同上,第232—237页。

要与其分享统治权。这里一定要意识到大贵族和小贵族是不同的,这一点很重要。

2.3 黎塞留统治时期的佩剑贵族

[1317]在此背景之下,黎塞留担任首相时期是一段非典型的插曲。1624年,黎塞留成为路易十三的首相。上任之初,他就下定决心,用他自己的话说,要"粉碎胡格诺派,打击大贵族的嚣张气焰,让所有的臣民安于本分"。①最终,这些任务他都完成了。他击败了胡格诺派,接管了他们的城堡,但是允许他们保留信仰自由。这样一来,胡格诺派就成为宗教上的少数派。此外,他的确迫使每一个人都"安于本分",必要时甚至会诉诸武力。就像我们马上可以看到的那样,他也的确打击了贵族的气焰。

黎塞留对贵族所采取的措施既有创新之处,也延续了以前的做法。和其前的孔契尼和吕伊纳一样,他自己也成为国王身边的"宠臣",因此引发了很多针对他的阴谋,如1626年的夏莱阴谋,1630年的愚人日事件,还有1632年奥尔良公爵加斯东(Gaston d'Orleans)的叛乱。在这次叛乱中,加斯东的同盟蒙特莫伦西公爵被击败,沦为俘虏并被处死。1636年,苏瓦松伯爵(Count of Soissons)企图谋害黎塞留,结果他本人在拉马尔菲(La Marfée)神秘死亡。最后一次是辛-马尔斯(Cinq-Mars)侯爵企图刺杀黎塞留的阴谋。对上述所有这些贵族叛乱,黎塞留不是讨价还价,而是精心组织了毫不留情的镇压,有的贵族被处死,如夏莱伯爵、蒙特莫伦西公爵、马里亚克元帅(Marshall Marillac)和辛-马尔斯,还有的被囚禁或被放逐。在其 Succincte Narration 中,黎塞留罗列了他的受害者,贝勒加德(Bellegarde)公爵、阿尔布夫(Elbeuf)公爵和吉斯公爵被免去省长职务,皮洛朗(Puylaurens)、多南诺元帅(Marshall d'Ornano)、国王的两位异母兄弟、旺多姆(Vendômes)公爵和新堡侯爵(Marquis of Chateauneuf)等被囚禁,此外还有11位省长被解除职务。

---

① A. J. du Plessis,"枢机主教黎塞留",《政治遗嘱》(André,巴黎,1947年),第95页。

正是这种对大贵族的毫不留情使黎塞留的统治“非典型”，但是他取代这些贵族势力的方式却是很典型的。在这些贵族所留下的空缺里，他建立了自己的追随者队伍。从这个意义上讲，他沿袭了讨价还价的传统，但此时在孔代亲王的帮助之下，他自己成为恩主。他任命自己的一些亲戚担任省长，并以其雄厚的财力，通过赏赐津贴、礼品和政府职位等，在每一个重要的省笼络追随者。和孔代亲王的联合使他获得了波旁家族的广泛支持。有人说过国务秘书之所以会服从黎塞留，“不是因为他作为首相职位更高，而是因为他的追随者队伍”。①

[1318]黎塞留正是以首相的身份，通过建立一支办事员（不是官员）队伍和省长合作，使王权得以扩张和强化。1635 年，法国和西班牙之间突然爆发战争，这场战争一直持续到 1659 年。战争需要大量的金钱，因为和上个世纪相比，军队已经是原来的三倍，人数多达 15 万。为了让广大百姓接受君主的权威，有时会动用可怕的武力，桀骜不驯者被关进监狱，他们的财产被没收，专门的队伍被派到村庄，迫使村民缴纳钱款。黎塞留的统治被称为是“战争独裁”，一切都要为凑集军费服务。17 世纪之初战争的花费每年不到 500 万里弗尔，到了 20 年代，平均每年要 1600 万里弗尔，到了 1635 年，则需要 3300 万里弗尔，1640 年之后则增加到了每年 3800 万里弗尔。②

正是这一需求让黎塞留发展了原有的“监察官”这一职位，由国王直接任命，并且随时可以将其撤职。从 16 世纪中期就有了类似监察官的职位，但是黎塞留对其职责进行了扩充。从 1628 年开始，其权力范围涵盖了“司法、治安和财政”。在三十年战争开始之后，他们又逐渐掌握了军权。

就像黎塞留所计划的那样，监察官逐渐控制了地方财政。财政局的司库将政府所要求的税款总额在各个税区之间进行分配，然后让钦差审计官对所在的地区进行评估。由此可见，司库是省里的重要官员。

在战争时期，这种财政系统被证明过于耗费时间。1637 年，监察

① Parker，《法国专制主义的形成》，第 86 页。

② 同上，第 64 页。

官被授权强制从城市借贷，1638 年，他们开始征收军役税，1639 年开始征收富人税，1641 年开始征收商业税，到了 1642 年，他们又开始征收最为重要、也最为基本的税种，即人头税。他们主持财政局的事务，视察各个税区，对税区进行评估。总之，由享受特权并且不可撤职的财政官员所管理的整个财政机构此时要对国王委派的专员负责。

与此同时，军队的事务也需要更多的关注。在有队伍驻扎的村庄，人们整天提心吊胆，这些士兵像土匪流氓一样，奸淫妇女，烧杀抢掠，无恶不作，为了免受骚扰，村民只好交钱给他们。此外，队伍军纪涣散，缺少训练，因为他们的军饷和物质供应总是被拖欠。大量的军官从事通常的腐败做法，如在士兵名册上动手脚，中饱私囊。此外还有怎样为军队提供军需品的问题。[1319]正是为了应对上述这些问题，国王向军队委派监察官，其主要职责就是“维持军队的法纪，向战争委员会的军事指挥官提供建议”。在征收部队所要求的“军役税”时，他们要维持一定程度的公正，并且逐渐获得了征募士兵和监督军队冬季支出的权力。①

这些创新激怒了财政官员、等级会议和巴黎以及其他很多地方的高等法院，这完全是可以理解的。他们的职位是花钱买来的，已经成为一种财产，因此监察官的控制权不但降低了他们的地位，而且影响了他们的收入。这部分人都是“穿袍贵族”，其中很多被授予贵族头衔，对于自己在国家的位置，他们都有强烈的意识，但是黎塞留将他们全部推翻。地方等级会议可以被镇压，至少可以被改组，就像在多菲内和普鲁旺斯那样。1641 年，越来越不满、总是阻挠改革的巴黎高等法院被禁止“干预国事”，并被告知如果其谏诤没有被国王接受，它必须立即登记国王的敕令。

总之，当这位枢机主教于 1642 年去世时，君主不再软弱而缺乏自信，一心想要收买叛乱者服从自己的权威，此时的国王专横跋扈，全面出击，扫除阻碍自己权威的势力，其主要方式是流放、驱逐、囚禁和死刑，而主要的工具则是宣传、秘密警察、军队监察官、司法监察官、治安

① Bonney，《黎塞留和马萨林时期法国的政治变化》，第十二章，各处。

司法官和财政监察官。

以前人们曾认为国王设置监察官的目的是为了遏制省长，因为根据这种说法省长是国王的一大竞争者，①但是现在看来，事实似乎与此相反。省长在军事上的追随者队伍依然很庞大，因为是他委任团长，然后由团长任命队长。省长还会参与市长和市议员的选择。在法庭上，他们可以作为中间人代表其追随者的利益。此外，国王对官员的任命需要由他们提名，否则国王怎么能知道什么人适合担任什么职务呢？②

但是在一些不易觉察的方面，他们的追随者队伍已经减少了。这在一定程度上是因为三十年战争和战争本质的变化。黎塞留将法国内部没有战略重要性的堡垒全部夷为平地。③重骑兵和由省长指挥的敕令军团此时已经过时，正在悄然退出历史舞台。[1320]和西班牙之间的战争开始之后，高级贵族已经不可能再召集小贵族，因为后者全部都在战场上。对于省长来说，巴黎是一个充满吸引力的核心，他们在这里谈婚论嫁，在这里获得贷款，在这里法律诉讼可以得到最好的裁决，当然在这里他们可以为自己和自己的追随者申请津贴。在1627年至1650年之间任命的所有省长中，有三分之二是在巴黎去世的。④

监察官真的是国王设置来监督省长的吗？这些监察官绝不是仅仅靠自己努力而成功的人，黎塞留和马萨林任命的所有监察官都是贵族出身，他们的父辈大部分是审查官(maîtres de requêtes)，有的是财政官，还有越来越多的是高等法院的成员。实际上其中大部分属于人数正在急剧膨胀的穿袍贵族。监察官对于政府的价值在于这样一个事实，即他们中大多数接受过统一的法律训练。⑤

就像前面提到过的那样，省长的平均任期为10年，而通常情况下，监察官的任期只有3年。他们中很少人会效忠于省长，但是很多和省长的关系由来已久。⑥另一方面，省长也很希望由自己提名的人担任监

① 参见 Doucet,《路易十六时期法国的制度》,第1卷,第231页,第233页。
② Parker,《法国专制主义的形成》,第26—27页。
③ 同上,第105页。
④ Parker,《法国专制主义的形成》。
⑤ Bonney,《黎塞留和马萨林时期法国的政治变化》,第82—91页。
⑥ Harding,《权力精英的剖析:近代早期法国的省长》,第80—82页。

察官并且视其为对自己有利的合作者，而实际上他们就是如此。①作为回报，省长会为监察官提供军事上的保护，而他们也常常需要这种保护。手握最高司法权的监察官会设法帮助省长取代桀骜不驯的地方法庭，而这是省长本人所不敢做的。此外，监察官还帮助省长严明军纪，因为目无法纪的队伍对每一位省长都会构成威胁。他们既是军事法庭的法官，也比任何一位省长都更加彻底地对营房展开巡查。随着战时财政需求的增长，越来越贪婪的省长很乐意让外来者执行强制没收或强征借款，而不是自己亲自动手。

2.4 马萨林和投石党人

1643 年，黎塞留和国王都已经去世。狡猾的意大利人枢机主教马萨林取代了前者，而继承王位的是 5 岁的路易十四，统治权实际上掌握在枢机主教和太后奥地利的安妮手中。两人之间的关系十分密切，有的历史学家通过马萨林感人的信件来判断，认为两人曾秘密结婚。

马萨林延续了其前任的风格，但是不像他那样咄咄逼人。[1321]和黎塞留一样，他也积聚了巨额的财富，还凭借和太后之间的亲密关系，垄断了宫廷职位的任命权。以这些为资本，他兴致勃勃地推行和贵族讨价还价的政策，但是只过了 5 年，一场政治风暴将他推翻，法国再次陷入内战状态。

造成这次危机的有三个因素，这三个因素都和战时的财政有关。为了进行战争而征收的苛捐杂税激起了大范围的叛乱，最后这些叛乱被监察官与其率领的特别部队镇压下去。投石党人运动就是在这种动荡不安的情况下发生的。

在黎塞留统治时期，鬻官制和对职位的转让进行征税的做法曾给政府带来巨大的收入，例如在 1630 年至 1634 年间，这部分收入占王室总收入的几乎 40%。到了 1645 和 1649 年间，这个比例降到了 8.1%，但依然多达 5000 万里弗尔，而租税所带来的收入也不过 1 亿 2500 万。虽然如此，鬻官制的延续和职位转让税的增加激怒了众多职位持有者，

① Bonney，《黎塞留和马萨林时期法国的政治变化》，第 300 页。

因为政府设立的职位越多，他们自己的职位就越不值钱，与此同时，他们也对要从属于监察官这一事实越来越心怀怨恨。①

第三个因素是大贵族阶层的怨恨情绪，他们丧失了宫廷职位的任命权，并且取而代之的还是一位意大利人。沉重的税务负担让巴黎街头的下层民众和普通百姓也痛恨马萨林。

两个事件让法国王室陷入一种孤立无援的状态，这种状态可能比英国的查理一世在1640年的情况更加严重。第一个事件是西班牙人和尼德兰联合省签署了和平协议，这样它就腾出手来以更多的兵力继续和法国对抗。第二个是1648年公共财政的困境，债权人不愿意继续向外借贷，整个国家事实上已经破产。

在法语里，"fronde"一词本来是"投石器"的意思，投石党人运动之所以得名，就是因为巴黎的民众朝马萨林住所的窗户投掷石头的行为。传统上说有三次投石党人运动，第一次是高等法院投石党人运动，1648年爆发，1649年签订的吕埃耶和约(Peace of Rueil)宣告其结束。然后是第一次亲王投石党人运动，始于1650年，1651年就被击败了。第三次是以孔代亲王为首的投石党人运动，始于1651年，在1652年至1653年之间被国王的军队击败。在每次投石党人运动中，不同的参与者有不同的考虑。

第一次投石党人运动始于高等法院和国王之间围绕钱款而产生的激烈争执，由于国王处理不当，引发了高等法院对专制王权的攻击。[1322]受英国议会击败查理一世的鼓舞，高等法院起草宪章，要求实行改革，将法国变成君主立宪制国家。他们要求废除监察官制度，这一要求代表了大约3000位财政官的利益，他们已经成为监察官的下属人员。第二个要求也是出于自己利益的考虑，即国王不能继续设置新职位。但是真正对王权专制构成打击的是第三和第四个要求，即不经高等法院的同意国王不能征税，不经法庭审判，对任何个人不能拘禁24小时以上。

---

① R. J. Bonney，《国王的债务：法国的财政与政治，1586—1661年》(牛津，1981年)，第313页，图表V. B。

国王不得不接受这个宪章,这就是投石党人运动的"议会"阶段或者说是宪政阶段,它从 1648 年 8 月持续到 1649 年 3 月。这次运动并没有发生什么流血事件,但是后来演化成为国王和各个大贵族之间的战争。第一次亲王投石党人运动的爆发是因为孔代亲王对军事和政治权力的非分要求,显然他想主宰王室事务。马萨林逮捕了孔代亲王和其他两位贵族,但是当正在东部前线的军队司令杜伦尼(Turenne)站到他们一方时,马萨林只好把他们释放。1651 年,这次投石党人运动结束。此时杜伦尼占到了国王的一边,但是孔代亲王在西班牙的援助之下,企图报仇雪恨,因此第三次投石党人运动其实是他个人的斗争。被杜伦尼和国王的军队击败之后,他投奔西班牙,为西班牙国王效力。1653 年 2 月,马萨林重新掌权。

关于这场战争,我们的第一点思考就是它暴露了法国作为一个国家的不成熟,这就是拉维斯(Lavisse)所说的"法国的不成熟",这个国家只有在国王能够"管理"这些大贵族时才能正常运行。这种不成熟体现在大贵族行为的随意性上,几乎每一个人都只顾自己狭窄并且常常很琐碎的利益。使同盟关系不断发生变化的既有个人之间的恩怨,还有一群贵妇人的虚荣和野心,如隆格维尔(Longueville)公爵夫人和谢弗勒兹(Chevreuse)公爵夫人之流。她们在大贵族之间交换情人,让他们宣战、议和,让他们改变阵营,难怪这些战争被称为是"夜壶之战"。

另外一点思考和监察官各种敌人之间的内讧有关。巴黎高等法院要求国王终止鬻官制,因此将各种反对力量团结到了一起,但是国王刚刚就此做出让步,他们之间就开始出现内讧。外省的高等法院不肯加入巴黎高等法院从政治上和国王分庭抗礼,他们不愿意从属于它。巴黎高等法院本身也无法和其他的法院达成共识,如税务法院。在外省,刚刚从监察官的支配之下解脱出来的司库和钦差审计官之间也开始出现矛盾。①[1323]事实上监察官的确又回来了,但是已经改头换面,例如国王会派审查官下来。②1652 年的一份国王宣言

① Bonney,《黎塞留和马萨林时期法国的政治变化》,第 196 页。
② 同上,第 61 页。

实际上宣告高等法院1648年的提议无效，虽然从没有正式将其废除。从1654年起，监察官再次成为永久性的行政人员，首先是负责征税，其次要维护国王的权威，最后是镇压各地的抗税叛乱。农民们以为巴黎高等法院的活动是要废除捐税，因此当重新开始征税的时候，他们十分愤怒地揭竿而起。①在1654年之后，监察官支配了钦差审计官，在财政上引起了一次"重大的政治变革"，从此财政的方方面面都由监察官负责。②

第三点思考是虽然在表面上投石党人运动和以前的贵族叛乱相类似，但实际上是有差异的。追随关系不再是一种军事资源，一方面，这是因为大贵族和小贵族之间的巨大鸿沟，前者有的富可敌国，而后者有很多生计都成问题。由于大贵族们都聚集到了宫廷，小贵族将他们和政府的税收以及其他不良行为联系起来。另一方面，没有这些大贵族在宫廷的斡旋，这些小贵族就无从向上攀登，这让他们更加心怀怨恨。由于被宫廷所抛弃，他们认为大贵族抛弃了"公共福利"的古老理想，而在过去，正是这一理想将他们团结在一起。小贵族被边缘化，虽然还没有到揭竿而起的程度，但实际上有时他们会站在农民一边。③既然我们这里在谈论追随关系，不妨插一句，此时城市里的贵族阶层也不再愿意支持大贵族实现其野心。④

和以前的贵族叛乱相比，另外一个差异在于战争的模式发生了变化。如果贵族没有其追随者的支持，他们的队伍来自哪里呢？有两个渠道，其中第一个实际上依然是军事追随者，就像我们已经讲到的那样，大贵族在国王的命令之下用国王提供的经费建立军队，他先任命团长，再由团长任命队长。和遥不可及的国王相比，这些指挥官和队伍之间的关系要密切得多，因此王国内部的很多战争都发生在这些不同队伍之间，如杜伦尼指挥的队伍或孔代指挥的队伍。另外一个渠道是外国的雇佣兵，例如，洛林公爵就靠这些雇佣兵获得大量财物，过着锦衣

① Bonney，《黎塞留和马萨林时期法国的政治变化》，第224页，第228页。
② 同上，第201—203页。
③ Jouanna，《反抗的义务》，第235、245、247、252—255页。
④ Parker，《法国专制主义的形成》，第103页。

玉食的生活,还有曾经两次逃亡的马萨林,也是率领雇佣兵回到法国的。

[1324]这些队伍的薪饷来自哪里呢？有的来自国外援助,如西班牙的黄金,剩下的那部分则是地方大贵族从政府在各省的金库里挪用的。类似的情况以前经常发生,最终在叛乱平息之后,国王会赦免那些被招安贵族的不法行为,对其花费进行补偿。

第四点思考和巴黎高等法院和外省各高等法院的角色有关。除了维护自己的利益之外,他们还会捍卫所在省的传统,尤其是财政传统。他们依然享有谏诤权,围绕同一个问题或者相关问题可以多次进行谏诤。他们从来没有正式放弃拒绝登记国王敕令的权力。虽然国王暂时取得了胜利,但是谏诤权并没有被废除,而仅仅是被中止。在路易十四统治的最后几年,谏诤权被恢复,成为对其继承者专制权力的最大限制。

最后一点思考有关英法两国之间的差异。在英国,议会获胜,但是在法国,获胜的是国王。但这仅仅是实现君主专制的必要条件,而不是充分条件,路易十四的人格力量和其长期统治弥补了这一缺陷,他所建立的王权专制模式一直延续到 1789 年。

2.5 路易十四实现专制

2.5.1 “太阳王”—神话?

半个世纪的黑暗和动荡之后,上帝派来了“太阳王”,法国的政治天空马上云开雾散。他实行个人统治,推翻了君主专制的所有障碍,通过强化监察官这一职位加强了对各省的控制,他所驯化的巨大而现代的常备军让欧洲各国胆战心惊。他的权力横扫一切,他的命令可以推翻一切障碍。就这样,他为自己建立了一种宫廷式的政体,决策源自他本人和他的宫廷,这种政体成为整个欧洲大陆争相效仿的经典范例。①直到最近,上述这些都是已经被人们所接受的说法,但实际情况却与此大

① 见 Perry Anderson 的《专制主义国家谱系》(新左派丛书,伦敦,1974 年,重印,Verso,1979 年)中关于法国的部分,第 100—102 页。该书文笔优美,言简意赅。

相径庭。

[1325]毫无疑问，路易十四在谈到其“个人统治”时，他的意思就是由他个人实施统治。从一开始他就企图告诉每一个人，他就是统辖一切的王。他的雄才大略的确使他战胜了以前所有曾经对王权构成限制的势力，这也是事实。还有一个事实是他的确大大延伸了监察官的职责范围，对这些势力有了更好的监督和控制。此外，他不仅扩充了军队，使其更加现代化，而且还将其完全置于文官的控制之下。这些并不是通过取代大贵族或者是与其对抗而取得的，这一点正是现代的解释和以前的不同之处。他会听取一些显赫贵族的建议，对于整个贵族阶层，他的策略是协调各个家族之间的利益，让他们互相制约，在贵族内部和贵族与他本人之间创造一种平衡状态。他这样是在扮演古老的、受人尊重和欢迎的“仲裁者”的角色，这是对过去的延续，而不是决裂。

路易十四之所以能够摆脱曾和其前任分庭抗礼的机构和团体的限制，与其说是因为其命令之专横，不如说是因为他那让人无法抵抗的神秘个性以及种种劝诱、奉承和压力。这样的机构和团体他一个也没有废除，结果，他刚一去世，他们的势力马上复兴，成为其继承者实行统治的肉中钉，这就像《麦克白》第三幕第二场中所说的，“我们不过刺伤了蛇身，却没有把它杀死，它的伤口会慢慢愈合，再用它原来的毒牙，向我们的暴行复仇。”

路易十四的专制是其压倒一切的个性之产物，而不是设置新机构的结果，在实践中其法律地位是受到很大限制的。路易十四作为无所不能的太阳王这一说法为什么会产生？他的专制统治为什么会成为欧洲君主专制的典范呢？我们下面就尝试解开这个谜。

2.5.2 路易十四的个人统治

从一开始，路易十四就明确表达了他要大权独揽的想法，这就是1661年马萨林去世之后他对时局的看法：

> 到处骚乱盛行……贵族已经习惯于和首相做交易，而首相对

此也并不反感,对他来说这有时甚至是必需的。对于凡是他们认为不适当的事情,贵族总是会发明出虚构的权利。要塞司令没有一个好管理的。[1326]没有一个要求不混杂着某种对过去的责备,或者暗含着某种对将来可以预见并为之担心的不满。对恩惠强求强占,而不是耐心等待。一件事总是会引起另一件事,结果是实际上没有一个人感到有责任和义务。①

路易十六正式对掌玺大臣说:"过去我一直把国家托付给已故的马萨林主教管理,现在是我独自行使王权的时候了。"②路易十四毫不留情地将才华横溢的财政大臣富凯免职并投入监狱,这一举动突出了其大权独揽的决心。他还说:"我决定绝不设置首相这一职位,只要我是国王,就不会让任何人代替我履行国王的职能。恰恰相反,我希望让几个人共同执行我的命令,这样我才能集所有权威于一身。"在谈到对高级贵族的不信任时,他说:"我相信寻求地位很高的人来辅助我会对我不利,因为我最需要的就是要建立个人威望。要让公众通过我所利用的人的官衔认识到我无意和他们分享我的权威,这一点很重要。"③

2.5.3 路易十四的所作所为

第二次投石党人运动刚刚结束,只有 14 岁的路易十四就召集巴黎高等法院,要和其算清旧账。通过御前会议,他宣布废除高等法院的所有法令。高等法院的 10 名成员被放逐,其他的人也被禁止和波福特(Beaufort)与罗昂(Rohan)这样的贵族有任何交往,不能接受他们的金钱,因为他们曾怂恿高等法院篡夺权力。巴黎高等法院被明令禁止干预王国的事务,不能干预财政和行政人员的活动。他写道:"我相信通过这条严厉的法令,正好可以开始我的个人统治……果然,此前总是不愿意

① 路易十四本人的《回忆录》,2 卷本(J. L. M. de Gain Montagnac,巴黎,1806 年),第 2 卷,第 375—376 页。
② Wolf,《路易十四》,第 180 页。
③ 路易十四《回忆录》,第 2 卷,第 385—386 页。

服从国务会议判决的高等法院，这次毕恭毕敬地接受了判决，而这个判决的内容就是禁止他们继续和我分庭抗礼。”①1661 年，路易十四颁布了一条著名的敕令，规定国务会议制定的律令凌驾于高等法院的律令之上。1667 年，他命令巴黎高等法院不用谏诤，马上登记几条敕令，有几位法官要求召开全体会议，对此进行商议，路易十四怒不可遏，放逐了其中几位法官，命令其中三位辞职。1673 年，他颁布了最重要的一条敕令，要求高等法院必须当场登记其敕令。[1327]他们可以对此进行谏诤，但是必须要等到登记之后。此外，如果路易十四拒绝其谏诤，高等法院只能到此罢休，不能继续谏诤。和巴黎的高等法院相比，外省的高等法院更不愿意合作，但即便是更加遥远的法院，对政府的公开挑战也减少了。②

外省的三级会议更为棘手，对于其构成情况，根本无法概括，只能说它包括三个等级，分别是教士、贵族和第三等级。第二和第三个等级的构成是有变化的，但有一点可以肯定，即无论在什么地方，都是高级教士和贵族居于主导地位，例如在勃艮第省(布列塔尼也是如此)，每一个上溯四代都是贵族的人皆有资格参加会议。第三等级由城市的行政长官或其他代表构成。在这些刚刚依附于国王的新省，他们任命自己的官吏，表达的是地方的诉求，维护的是当地的法律、传统和特权，国王对他们既无法镇压，也不能命令。在讲述罗马和东方的农业帝国时，我们曾经很透彻地表达过一点，即中央政府派驻到地方的官员人数相对较少，他们对农村的渗透只有这么深，因此在执行政府命令时，只能依赖当地贵族的合作。在这一方面，这些省就是很好的例子。

在此情况之下，国王不得不与外省的三级会议讨价还价，就连路易十四也不例外。虽然如此，他还是从各省获得了大量的钱财，例如在其即位之初，路易十四要求朗格多克向中央缴纳 200 万里弗尔，结果只得到 100 万里弗尔，但是到了 1676 年，他让他们乖乖地上缴 300 万里弗尔。③

路易十四用来驯服大贵族、强化“宫廷社会”的另外一系列措施和

---

① 路易十四《回忆录》，第 2 卷，第 399—400 页。

② R. Mettam，《路易十四时期法国的权力和派系》(Blackwell，牛津，1988 年)，第 209 页。作者对 1661 年敕令嗤之以鼻，见该书第 208 页。

③ Parker，《法国专制主义的形成》，第 121 页。

省长有关。路易十四写道:“从此(即1661年),我开始收回边界地区的省长在过去很长时间里过多行使的权力……过去,在税收和征募军队的问题上,他们享有过多的自由,这让他们变得拥兵自重,我决定不动声色地收回这两种权力。于是,我每天都会派遣我的亲信部队到最为重要的城市[1328]……这一过程没有大张旗鼓,但是毫不费力,而几年之前,即使提出这样的想法都是很危险的事情,更不要说执行了。”①

监察官的职权范围被扩大,尤其是在1683年柯尔贝尔(Colbert)去世之后。在此之前,柯尔贝尔一直在努力遏制监察官的权力扩张。下面我们将叙述监察官的权力是怎样膨胀的。

城市也在国王的密切控制之下,虽然这也许是出于财政上而不是政治上的原因。监察官对其日益增加的债务进行调查,新的规定被颁布,禁止他们继续举债。根据1673年的一条法令,额外支出必须要经过当地居民开会商讨并授权,而这种会议要经过监察官的许可。1691年,监察官被要求审核城市的账目。1692年的一条敕令结束了市长选举制,实行鬻官制,此后不久,本来选举产生的市议员职位也经历了同样的命运。1699年的一条敕令将城市对工商业、医院和监狱的立法权转让给治安官或检查官,而两者都对监察官负责。以前曾经享有自治权的一些城市被草率处理,以马赛为例,1660年,路易十四最早的行动就是向马赛进军,废止其古老的制度。与此同时,埃克斯(Aix)和阿尔勒(Arles)的制度也被修改。②

路易十四和教会有着错综复杂的联系,这并不奇怪,这既是因为他本人就是一位狂热的教徒,在其生命的最后几年,变得更加虔诚,还因为教会等级机构向下一直延伸到村庄的神父(curés)和牧师,政府虽然有监察官,但是也做不到这一点。还有另外一个原因就是教会是一个相当重要的财政来源。教会内部分出很多教派,他们之间要么联合,要么斗争,③

---

① 路易十四,《回忆录》,第2卷,第401页。

② Parker,《法国专制主义的形成》,第122页。

③ Mettam,《路易十四时期法国的权力和派系》,第245—248页,第252—256页。R. Briggs,《近代早期的法国,1560—1715年》(牛津大学出版社,牛津,1977年),第166—211页。

而国王对宗教思潮的态度过于多变，这里甚至无法述其梗概。但是在财政方面，教会和我们前面讨论的机构一样，并不构成障碍。教务会议每五年召开一次，已经习惯于就“无条件馈赠”的数量和国王讨价还价。在投石党人运动期间，甚至一次也没有向国王缴纳过，即使到了1655年，虽然经过几个月劳心费神的谈判，也只是捐赠了60万里弗尔。但是10年之后，它向国王缴纳了240万里弗尔，不仅如此，还将这一做法变为一种惯例。

[1329]下面还有三点需要考察，分别是行政机器，即监察官，军队，还有路易十四个人统治之下大贵族的地位，而后者和前两者之间有着千丝万缕的联系。

监察官一职被完全恢复，其权限基本上是相同的，“逐渐涵盖了各种赋税分配的每一个阶段；人口之间财富的分配；道路、河流和桥梁的监管；地方税费的征收；军工产业和奢侈品产业的管理；军队的安置和物质供应；对道德问题的监督以及对胡格诺派的镇压；地方官员的行为操守；还有政府希望能够统一的很多地方做法和传统。”①

因此，监察官开始任命下属工作人员帮助他们，这些人员通常来自当地。

虽然野战军的指挥权几乎全部掌握在大贵族指挥官（常常是省长）手里，因为是他们任命团长，再由团长任命队长，但是路易十四控制了军官的任命权（后文我们将解释他是怎样做到的），在很短的时间之内，就将军队变成为他自己和其军事大臣的工具，对他们唯命是从。这样一来，军队不但被驯化，同时还被置于文官的控制之下，听从中央的指挥。

监察官权力扩大，全部由大贵族构成的军事指挥官对君主个人权威俯首听命，乍一看来，大贵族似乎已经风光不再，这样一个众所周知的事实更让人们相信这一点，即路易十四希望他们能够出席他的宫廷活动，以此切断他们和地方势力及其追随者之间的联系，但事实并非如此。的确，国王早期的举动之一就是禁止王室家族成员参加他的“最高委员会”，而是依赖那些根本就不是佩剑贵族的国务大臣。但是正如大

① Mettam，《路易十四时期法国的权力和派系》，第213页。

贵族要依靠路易十四,路易十四也要依靠大贵族。要想让地方贵族、三级会议的成员、高等法院和城市配合执行他命令的官员,他离不开大贵族的合作。作为回报,大贵族需要或者渴望得到津贴、封地和荣誉,而这些只能从国王这里才能获得。高级贵族依然存在,依然强大,路易十四本人就是其成员之一,并且是其首领。有一小部分贵族和国王通婚,为国王提供建议,其中有些在历史上留下了名字,有些没有,但是其存在是可以被证实的。①

[1330]包括国务大臣在内的宫廷是政府的核心,国策都是在此决定的,这实际上是一种欧洲式的宫廷政体。

2.5.4 路易十四的风格

路易十四的风格彬彬有礼,但是却专横独断,不容反抗。在他的面前,官员和朝臣个个都会心惊胆战。必要时,他会大发雷霆,例如在1657年和巴黎高等法院的冲突中,但是如果因此就认为我们上文所描述的所有变化都是通过他的个人权威而实现的,这就大错特错了。实际上这些变化主要是通过压力、劝诱、奉承和奖赏等方式而实现的,在此过程中,有很多互相妥协和让步。

饥荒和苛捐杂税引发的人民起义和叛乱年年都有发生,小贵族变得日益贫穷。国外势力的煽动加剧了国内的叛乱,如新教的卡米撒派(Camisard),为了实施镇压,国王不得不像所有以前的君主那样,通过恩赐对大贵族进行控制。和以前的国王相比,一大区别就是现在一切都要经过他本人。除了他之外,其他任何人都不能做出这样的恩赐,并且这些恩赐必须要经过请求才能获得。通常人们认为路易十四坚持要让大贵族参加他的宫廷活动,事实并非如此。就像我们看到的那样,一段时间以来,高级贵族一直在向宫廷靠拢。那些从不在宫廷出现的贵族什么也别想得到。当有人让路易十四赏赐一个很少朝见他的人时,他会回答说:“我从来没有见过他……要想得到恩惠,就要亲自请求。”②

---

① Mettam,《路易十四时期法国的权力和派系》,第86—96页。
② Lavisse,《路易十四》,第1卷,第128—129页。

同样，让高等法院如此异乎寻常地俯首听命的并不仅仅是国王的强制命令。在巴黎高等法院，贿赂和恩惠大行其道。在各个省，监察官监督高等法院的活动，向国王汇报其成员的情况。如果他们愿意，监察官可以主持高等法院的下级法院，还可以将特殊案件直接移交到国王的国务会议。

各省的三级会议也是如此，虽然常常更加棘手。三级会议是一个十分重要的财政来源，其管辖范围占全国的四分之一。这里是无休止的讨价还价，还有压力、恩惠、贿赂和种种劝诱活动，直到最后达成一致。在三级会议，监察官处于劣势，[1331]和其中一些贵族与教会成员相比，其地位相对较低。实际上是省长在进行旷日持久的谈判。①

从路易十四改革军队并将其置于自己直接控制下的做法，可以看出他是怎样处理敏感政治问题的。如前所述，在他刚一开始实行个人统治之时，就开始让自己的队伍渗透到省长的部队。此时，他想方设法要控制军官的任命权。“我不辞辛劳地亲自承担所有步兵和骑兵军官的任命工作，即使是最低级的职务，这是我的前任们所没有做过的，他们总是依赖于‘大军官’，而任命军官的权力已经成为大军官个人权威的象征。”这些“大军官”是指步兵和骑兵的上将和炮兵的指挥。在1661年至1669年之间，路易十四把这些职位全部赎回。

掌握了军官的任命权之后，路易十四将自己的亲信渗透到整个军队。他在1666年写道：“在过程很长的时间里，我一直在努力训练禁卫军，新组建军队的军官几乎全部来自这里。”②

路易十四不得不保留原来的团长和队长，因为这些人的职务是买来的，但是他有两位能干的军务大臣勒泰利埃（Le Tellier）和卢瓦（Louois），他们可以设置中级职务，如中校、少校和中尉，这些职务不用购买，而是由国王任命。

勒泰利埃和卢瓦把军队完全置于文官机构的监督和控制之下。这一机构最顶端是总监察官，他们下面是军队监察官，最下面的是军务专

---

① Mettam的《路易十四时期法国的权力和派系》中提供了很多例子。

② 路易十四，《回忆录》，第2卷，第237—238页。

员和特派司库。除了别的事情,这个机构还负责确认征募的士兵是否达到了特定人数,提防军官在官兵花名册上动手脚,禁止军官擅自离开岗位,等等,但是它最重要的职责是将整个军队的活动置于这个文官机构的管理之下。这一职责先是由勒泰利埃负责,然后是卢瓦,从1691年起,由国王亲自负责。战争的最高指挥权掌握在军务大臣和军需总司令手里。这些军务大臣本人并非士兵,他们的经验是通过担任国务顾问、审查官或监察官来积累的。在其回忆录中,路易十四让人以为战争机器的运作如同钟表一样精确,而他则是其原动力。①[1332]当然,军务部会精心组织每一场战役的供给和与其相关的各项活动,有时路易十四会在战争进行中亲自干预。②但是总的说来,他和军务大臣会将具体的战术问题留给战地指挥官负责,他们则主要负责目标和战略的制定,向指挥官提供一个总的"意图"。这样一来,战地指挥官别无选择,只好听命,因为军务部会根据具体军事任务分配士兵和供给。也有与此相反的例子,如路易十四无法让旺多姆公爵派兵翻过阿尔卑斯山增援在意大利的军队。在路易十四的回忆录中,一切都似乎井井有条,但是一位历史学家却说其对军队的干预"杂乱无章",并且还补充说他的确大权独揽,但是却很少使用。③

2.5.5 效果如何?

"君主专制"是这样一种情况:在法律上,君主是最高立法者。司法是国王的司法,最后他可以从普通法院"召回"诉讼。正如他可以凌驾于高等法院之上,他还可以利用其"保留裁决权"否决普通法院的判决。军队是国王的军队,国王本人是军队总司令。他是高卢天主教会的首脑,也是最高决策者。为了履行这一使命,他指挥着由办事员、监察官组成的行政网络和常备军。于是就会产生这样一种概念,作为一位大权独揽的君主,他的意志就是法律。

事实并非如此。首先考虑一下对国王活动的种种制约,马上可以

---

① 路易十四,《回忆录》,第2卷,第277页。

② 例子见Wolf的《路易十四》,第548、555、560、561和566—567页。

③ 同上,第645页。

想到的就是大约六万名下级官吏，这些人不能被免职，他们主要是在低层工作，实际上独立于国王。除此之外，还有高等法院、地方三级会议和高级贵族。

有人认为通过监察官这一职位，国王已经摆脱了这些制约，但事实并非如此。当然，监察官的确可以监督下级官僚的活动，并在一定程度上限制腐败，使其更加合理，但是他们必须要和另外两种强大的势力密切合作，那就是地方贵族和三级会议。以省长的身份，高级贵族在两者都起着十分重要的作用。虽然我们一直对监察官这一职位十分关注，但省长终究是一省之长，实际上宏观控制着省内发生的一切。就像我们看到的那样，监察官往往是省长面前的红人，他们和省长之间与其说是一种监督关系，不如说是合作关系。由此可以看出，省长至少可以像监察官那样不受约束地行事，毕竟他们来自贵族阶层等级最高的那部分，而与其相比，监察官仅仅是中等贵族。[1333]省长这一职位未必是闲职，与此相反，很多省长对省内的经济和社会状态十分关心。对于同一事件，省长代表的是地方的观点，但是监察官所代表的是中央的观点。在拥有三级会议的省份会发生一种三角关系，三者分别是由大贵族担任的省长、监察官和三级会议，而三级会议内部又有野心勃勃的高级教士和贵族，以监察官的社会地位，实在没有和两者讨教还价的资本，于是这一任务就落到了本身也是高级贵族的省长身上。在关于三级会议应该向中央缴纳多少税款的问题上，是他们作为中间人从中协调。

现在我们开始讨论高等法院，有一点需要注意，即他们并没有丧失其谏诤权，这种权力只是被削减了，因此无论愿意无否，国王的命令都会凌驾于其上。虽然如此，对于某些特定的行为和活动，国王依然时常要借助于巴黎高等法院在司法上的支持，而对于极力反对的问题，有时巴黎高等法院也会大胆抵制。1713 年，两者之间围绕教皇《唯一圣子诏书》而产生的冲突就很好地说明了这一点。这一事件的背景既有政治上的因素，也有神学上的因素。至于前者，巴黎高等法院对于高卢天主教会在法国的地位是坚定不移的，有时甚至会支持路易十四抵制罗马教廷。但是在高卢天主教会内部又有很多不同的教派，从冉森教派一直到耶稣会,有的极力主张在教义问题上从教皇独立,有的则将教皇所说奉为圭臬,如教皇绝对权力主义者。老年的路易十四变得越来越虔诚,当然也可以说是越来越顽固。1705 年,他让教皇颁布诏书谴责冉森教派,这一做法十分不得民心。1713 年,他再次提出这个问题,让教皇在很不情愿的情况下再次颁布诏书,谴责一系列教条和做法,声称它们属于冉森教派。无数虔诚的天主教徒十分震惊,他们发现自己一直认为是正统的信念和做法竟成为冉森教派的了。巴黎高等法院认为国王请教皇制定教规并予以执行,这已经背叛了要求限制教皇权力的高卢主义,于是从 1673 年后第一次要求使用谏诤权,此后就是一系列的谏诤和御前会议,有几位高等法院的成员被流放。最终,高等法院做出让步,但是在此之前,要求教皇诏书只有在不违背法国教会自由权的情况下才能被接受。

[1334]路易十四在一个方面的确取得了成功,那就是军队,他在排除一个强大障碍的同时,还将其转变成为一个强有力的执政工具。在其后继者统治期间,虽然有很多政策被废除,但是军队依然是专业的常备军,依然在文官机构的控制之下。

和路易十四所做的事情相比,更加突出、可能也更加重要的是他所未做的事情。从根本上讲,他所做的就是创造了税收、军事、国内秩序和经济发展的手段,其中最后一点是我们还没有提到过的。但是在他去世时,法国的司法、经济和社会状况依然和他即位时一样,处于一种分裂状态。

以司法领域为例,除了教会法规之外,法国南部地区还受到罗马成文法的约束,而北方所遵循的却是各种混杂的地方传统和习俗。这种宽泛的划分将问题极大地简单化,因为在不同的地区,领主的法令、国王的立法、领主和城市法庭的判决都已经对法律做出改变。此外,这种划分还没有将法庭的多样性考虑进来。仅领主法庭就有 8 万个,这些法庭虽然从名义上是低级法庭,诉讼人可以向国王法庭提出上诉,但是作为原诉法庭,可以审理各种民事和刑事诉讼。有些领主甚至拥有"高级司法权",有权判处死刑。此外还有各个政府行政部门,如仓库管理官、河道和森林管理官、海军部、海关和皇家造币厂等等,这些部门都有属于自己的法庭审理诉讼。①

在政治上，法国也不是一个统一的单位，而是有几个独立的飞地，如教皇领阿维尼翁、牟罗兹（Mulhouse）和奥兰治等。财政区、高等法院、教区和 39 个省之间的管辖权都互不相同。

法国的财政系统同样支离破碎。从大盐税区到赎买地区，不同地方的盐税是不同的，因此盐的价格也有天壤之别。海关系统也同样支离破碎，到处都要征收税费，到处都是关卡，很多法国人发现对外贸易比在国内很多地区的贸易还要自由。②

总之，在法国所声称的司法专制和实际的司法实践之间有很大的差距。不仅如此，在路易十四后继者统治时期，很多专制措施都被废除。当然，监察官和常备军都被保留下来，但是高等法院凭借谏诤权重新掌握了延迟国王立法通过的权力，这在 18 世纪产生了深远的影响。[1335]与此同时，三级会议也开始越来越自作主张。就像柯班所说的那样："和同时期欧洲其他几乎所有的君主制政体相比，18 世纪法国的君主制有一个惊人的特点，那就是在法国，对国王权力的限制更加有效。"③

但是这个政权却被当作欧洲专制主义的典范，这是为什么呢？一个原因就是法国的面积、财富和军事力量，有时几乎可以称霸欧陆。当时法国有 2000 万人口，是欧洲大陆上人口最多的统一国家。另外一个原因就是路易十四所营造的盛世辉煌景象，例如普鲁士国王腓特烈二世的无忧宫就是模仿凡尔赛宫而建造的，这绝非偶然。路易十四有大量的崇拜者和宣传者为其歌功颂德，其中有廷臣，也有像伏尔泰这样的历史学家，他专门为其写作了《路易十四时代》。

虽然已经说了这么多，我还是要强调一个事实，即法国的君主制虽然受到种种约束，要面对多重障碍，但这并不动摇其作为专制君主制的地位。就像在本书前面我们已经指出的那样，欧洲所有的专制君主都要在各自的传统法律和习俗框架之内行事，在这方面，东方的大部分专

---

① Parker，《法国专制主义的形成》，第 22—23 页。

② 《新编剑桥近现代史》，第 12 卷，第 215—216 页。

③ Cobban，《法国大革命面面观》，第 68 页。

制君主也不例外。如果路易十四没有这些障碍要克服,如果他仅仅是靠简单的强制命令实施统治,那么按照我们的定义,他就不再是一位专制君主,而成为一位暴君。实际上在其生命的最后几年,很多作家和知识分子就是这样叫他的,但他们都错了,路易十四不是暴君,而是一位专制君主。

和法国以及欧洲所有效仿法国的专制政体不同,在英国产生了一种有限的、议会形式的政府,出现了互相竞争的政治党派的雏形,由此就产生了一种和专制主义潮流完全对立的政治传统。

3. 英国的选择

3.1 行进路线

在如下几个方面,英国的君主制和法国背道而驰。两个国家的君主都享有十分广泛的个人自由裁量权,但是和英国的都铎王朝相比,法国的国王享有财政上的专制,可以随意立法,还拥有一支专业化的官僚队伍和一支常备军。因此,在这些方面,法国国王的确是有优势的。[1336]虽然如此,英国国王的自由裁量权依然不可小觑,他被尊称为是"陛下",君权神授,他是英国教会之首。虽然不经议会同意,他不能制定法律或征收直接税,但是很多情况下,他根本就不需要议会的同意,因为议会就是国王的议会,只有在他召集时才能集会,并且会期的长短也由他决定。两次议会之间的间隔有时长达数年之久。议会是为国王服务的,没有立法创制权。①国王之所以可以长期不召集议会,因为他可以通过个人特权获得某些收入,如新的关税、恩税和强制性公债。同样,凭借个人特权,他还可以发布公告,即涵盖范围很广的行政命令。他甚至可以在很大程度上凌驾于现有的成文法之上,这部分上是通过使用豁免权或延搁权,即规定那些被授予特许状的个人或团体享有豁免于政府法律的特权,部分上是通过任命法官或撤除法官职务的权力。此外,在古老的普通法法庭之外,他还有枢密院和星室法院,它们实行

① 在这些方面可以和阿拉贡的各个议会进行比较,见原书第1289—1290页。

的是简易的、纠问式的司法程序，可以实施罚款，有时还会执行"非常惩罚"，以此控制以郡长和治安法官为代表的地方行政，而两者皆由国王任免。这些法律、特权和法庭全部联合起来，通过强制信仰同一个宗教，通过审查制度和叛国罪，限制公民的自由。叛国罪的定义有很大的伸缩性，其范围已经超出了公然的叛乱活动，而被延伸到连煽动性的言论也被包括在内。

就像我们曾经说过的那样，法国和英国的君主制都有很多中世纪的遗留因素，在法国是三级会议和高等法院等，在英国则是议会和中世纪式的民兵队伍等。在17世纪的法国，其趋势是权力从这些障碍性的机构向国王个人手里集中，但是英国的情况却正好与此相反。在英国，至少有两个时期国王似乎能够并且也愿意仿效法国的范例，通过中止或者废除议会，将所有的立法权和征税权掌握在自己手中，但事实上这种情况并没有发生。与此相反，英国的总体趋势是对集中在都铎王朝手中的权力进行分割，将其分给几个互相独立并且在很大程度上自治的机构。例如，在1603年权力还集中在国王一人身上，到了1714年，这种集中已经结束，取而代之的是一个灵活而复杂的"制衡"机制。从一个近似专制的君主制国家，英国成为一个贵族君主制共和国。

3.2 1603至1714年之间的事件进展：一种终极论式的指南

[1337]这个指南很明显是终极论式的，它必须如此，因为其出发点就是要强调一些事件和发展，以现在的眼光来看，这些重要的事件和发展在朝着一个我想要描述的终极靠近。这个终极就是1714年所谓的"均衡政体"，也有的历史学家将时间放在1727年。我并不是说这个世纪的历史人物受到某种明确或者模糊的意图的驱动，想要建立这种政体，也不是说这些发展是必需的，而只是说这就是这些发展碰巧导向的终极。

和法国的情况一样，对于英国我们必须先说明一下斯图亚特王朝行政机器的社会构成。这里不妨再次回顾一下法国君主专制和英国相对有限的君主制之间的四点不同，那就是前者可以随意征税和立法，还拥有一支常备军和专业化的、领薪酬的官僚队伍。

据估计，此时法国地方政府有官员两万名左右，但是在英国，除了为数不多的、领薪酬的教区执事和济贫官之外,几乎没有什么地方官员。[①]郡长、治安法官、地方税务专员、从各郡征募而来并且不领薪饷的队伍的军官,这些人都来自于一个有限的阶层,那就是贵族和乡绅,他们是非专业化的行政人员。即便如此,其中很大一部分人都学习过法律,实际上大约有四分之一的治安法官获得了律师资格。此外,季审法庭也要求有一定数量的律师参与,并且律师要比其他成员更加经常地参与法庭事务。[②]他们由国王任免,但是却只是荣誉职衔。在每一个郡有来自大约 80 个家族的人担任治安法官或者税务专员,而郡长、副郡长和下院议员则来自其中二三十个最有影响力的家族。这些家族之间通过联姻而结合在一起,他们在季审法庭和巡回法庭经常会面,互相交往。他们支配着下议院,此时下议院已经成为他们"特别机构",可以说是其全国总部。就这样,议会阶层控制着作为国家发薪机构的议会,还担任着其所在地方的估税员和各郡士兵的军官。

[1338]如前所述,此时法国的国王已经"驯服"了大贵族,他可以直接指挥军队和领薪酬的地方官员,不会受到任何阻碍。简而言之,他拥有了统治机器。而英国的国王根本就离不开乡绅,如果没有他们,他就要直接面对其臣民,没有地方服务机构,也没有军队。

> 乡绅所执行并理解的法律,还有英国的地方行政,已经让这个国家的日常生活时时处处都依赖于他们,而几乎一点也不依赖于国王,这是一个简单的事实。如果没有国王,法庭、教区、济贫法、城市和乡村等整个国家机器都可以正常运行,但是没有乡绅,它就根本无法运行。换句话说,对于国王的权力来说,乡绅是不可或缺的,但是对于乡绅来说,国王却是可有可无的。[③]

---

① "大部分的低级官员是有薪酬的,即使他们只是部分时间从事公职,这些当然不像治安法官那样的荣誉性职务。"W. Fischer 和 P. Lundgren,"行政和技术人员的招募和训练",载于 C. Tilly(编)的《西欧民主国家的形成》(普林斯顿大学出版社,Princeton,1975 年),第 479 页。

② 同上,第 478 页。

③ C. V. Wedgwood,《大叛乱:国王和平,1637—1641 年》(Collins,伦敦,1956 年),第 367 页。

那么国王为什么不像法国的国王那样，建立一支领薪酬的军队和官僚队伍呢？答案很显然：他所拥有的资源根本就不可能让他这样做，因为资源掌握在下议院即乡绅手里。国王不能迫使他们向他提供资源，因为他没有训练有素的常备军，而之所以会没有常备军，正是因为议会拒绝向他提供金钱。在17世纪初，要想解释后面所要发生的一切，乡绅是一个关键因素。

3.2.1 走向专制的第一步：1629年至1640年

我们这里并非要说明内战的原因，这一直是一个聚讼不休的问题。只要说明一点就够了，即在很多问题上，下议院和国王查理一世之间是有争执的，其中包括外交政策、商业政策、税收和公民自由等。其中有一个问题十分突出，对17世纪下半叶的历史进程起着决定性的作用，这个问题就是宗教。查理一世是一名十足的高教会派信徒，因此引发了这样一种恐惧心理，即这仅仅是罗马天主教的前奏，而这个国家和占下议院很大一部分的清教徒对天主教持极力反对的态度。

由于和下议院的争执越来越激烈，查理一世决定解散议会，凭借其特权实行个人统治。一切都出人意料地成功，他实行和平政策，削减了支出，通过征收议会管辖之外的特权税增加了收入。这些征税项目包括古老的封建税费（如监护费）、恩税和强制性公债，尤其是在制度“灰色区域”之内的吨税（进口酒类关税）和磅税（出口羊毛关税）。[1339] 1634年，他对沿海各郡强征造船税，这是又一项不容置疑的超出议会管辖之外的特权税，其历史相当古老，可以上溯到盎格鲁-撒克逊时代。1635年开始对所有的郡征收这种税，而不仅限于沿海各郡，议会阶层认识到这将会成为一种永久性的税收。汉普登（Hampden）从法律上对国王征收造船税的行为发起挑战，但是法官们做出了对国王有利的判决。

与此同时，查理一世要求治安法官们做得更多更好。通过枢密院和星室法院，他强化了他们对济贫法和其他社会措施的执行。为了改进民兵队伍，建立一支所谓的“完美的”国民军，他让乡绅军官们加强对队伍的训练和检阅。高等宗教事务法院也采取强硬措施，执行的是被人们深恶痛绝的亚米纽斯教会政策。似乎一切都在向查理一世所希望的方向发展,那就是将议会安乐死。

1638 年,他企图迫使苏格兰的长老会教众采用英国国教的祈祷书,不可避免的后果发生了,苏格兰人民发动起义。在对其进行镇压的过程中,由于军费不足,军队无心作战,讨伐未能成功。1639 年,他发起了第二次讨伐,但是军队依然无心作战,实际上还同情苏格兰人的宗教观点。他们很快占领了北方 6 个郡,然后向查理一世索要每天 860 英镑的占领费,一直到他签署停战协议为止。国王别无选择,只好向议会求助,这就是 1640 年的"短期议会",这次议会没有达成任何一致,很快就被解散。同一年的 11 月,查理一世又重新召集议会,这就是"长期议会"。在这次议会上,下议院一致要求废除星室法院、地方咨议会和高等宗教事务法院,将司法权全部交给普通法法庭。《三年法案》规定议会必须每 3 年召开一次,这样,议会就被固定下来,而不再是间歇性地召开。此外,他们还规定不经议会允许,国王不能征收任何形式的特权税。

1641 年 11 月,爱尔兰人发动叛乱,屠杀定居在此的新教徒。国王要求议会出资组建一支军队,但是下议院拒绝了他的要求,还在 1642 年起草法案将国民军的控制权从国王那里转移到议会手里。这一做法遭到查理一世的反对,议会内部出现分裂,在不经国王同意的情况下,议会以微弱多数通过法案,要建立一支由议会掌控的军队。查理一世决定对议会发起讨伐,内战就此爆发。乡绅中大约一半站在国王一边,他们被称为保王党人。查理一世被彻底打败之后,于 1648 年和苏格兰的长老会教徒联合起来,重新发动战争,但是再次被击败。[1340]1649 年,长期议会做出判决,将查理一世公开处决。英国宣布成为议会制共和国,即英格兰联邦。

3.2.2 英格兰联邦和护国公时期

直到 1653 年,英国都是由议会建立的一系列委员会进行统治的,但是这些委员会并不能有效实施统治,取而代之的是奥利弗·克伦威尔的护国公统治,这是一种代理君主制。在整个王位中断时期,真正的政治力量是克伦威尔所指挥的“新模范军”。凭借这支军队，政府的赋税收入比查理一世在位时多了五倍，其中大部分被用来扩大海军和新模范军。这很显著地体现了专制主义的基本特征，即利用常备军执行高税收，同时利用高税收所得来维持这支常备军，这就是前面多次提到过的“强制-搜刮的循环”。1655 年，克伦威尔将英国分为 11 个军管区，每个军管区由一位少将负责，和法国的监察官不无相似之处，此时这一特征更加明显。但是这个专制政府缺少一个基本特征，那就是合法性。在外国看来，它是不折不扣的暴政，在英国国内也有越来越多的人持这一看法。因此，在克伦威尔去世之后，这种合法性的缺失使其土崩瓦解。新模范军中的支配力量邀请查理二世回国重掌大权，1660 年，他成功即位，斯图亚特王朝复辟。从 1641 年开始，王位中断时期通过的所有法律被宣告无效并从成文法中消失。

3.2.3 复辟:1660 年至 1685 年

修正主义的历史学家认为在宪制方面，这场内战是不彻底的，因为 1660 年的复辟又恢复了 1641 年的现状，他们这种认识是错误的。事实并非如此，例如特权法庭就没有被恢复，其中包括星室法院、高等宗教事务法院和地方咨议会。禁止国王在不经议会允许的情况下擅自征税和立法的法律被延续下来。其次，对于天主教的仇恨已经到了狂热的程度，这和法国的专制是有联系的，这种联系体现在伦敦民众“不要教皇，不要木鞋”的口号中。其次，王位中断时期的这段经历使民众和乡绅的一些态度更加强化，其中包括对和平时期常备军的憎恨，对清教主义和不信奉国教者的憎恶，对英国国教的极度虔诚和对保皇主义的狂热，而这种狂热将君权神授、英国国教和绝对服从这些概念融为一体。

不仅如此，以前的政治活动以宫廷为中心，现在则是以议会为中心。通过偷偷从路易十四那里获得津贴，查理二世企图摆脱议会的制约。[1341]1679 年以后，随着英国商业活动的兴起，关税和货物税的收入也大大提高，他开始中止议会，利用特权实行个人统治。未来的国王信奉天主教的可能引发了一场激烈的争议，因为国王的法定继承人、其弟弟约克公爵詹姆斯公开宣称自己是天主教徒,这场争议使议会的力量更加不可阻挡。议会阶层被分成两个阵营,一个阵营想通过法案,禁止詹姆斯继承王位,因此他们被称为是排斥主义者,另外一个是宫廷派,坚决维护君权神授和绝对服从的教条。前者以沙夫茨伯里伯爵(Lord Shaftesbury)为首,一再努力想让议会通过《排斥法案》,但总是遭到查理二世的阻挠。这个排斥危机中的两个阵营在选举过程中勾心斗角,不择手段,完全可以被看作是现代政党的原型。虽然他们的组织形式还很原始,他们的追随者也很少能够超出地方思维的局限,但是他们被同一个"呼声"团结到一起,迫使候选人为了获得他们的选票听从他们的"指示"。虽然还处于萌芽时期,但是在选举竞争的过程中,他们已经起到了组织的作用。选举竞争变得越来越频繁,因为选区变得越来越大,人们也越来越意识到通往财富、荣誉和职位的唯一道路就是议会。在选举过程中不惜采用贿赂和篡改选民名册等手段,结果是宫廷派和排斥主义派轮流控制下议院,这时后者自称是辉格党。每一个党派都努力要击垮对方,实行一党统治,为了达到这一目的,每当其中之一成为多数派,它就会对官员进行一次大规模的整肃,排除异己,空缺出来的职位则成为获胜政党的战利品。

3.2.4 走向专制的第二次努力:詹姆斯二世

詹姆斯二世是一个坚定的天主教徒,他对天主教的忠诚是不可动摇的。他究竟是为了实行专制才在英国推行天主教,还是为了在英国推行天主教而实行专制,或者是像一些辩护者所断言的那样,他两者都不是,而仅仅是为了实行宗教宽容政策,这些都很难说,并且关系也不大。不容改变的历史事实是很多高层人士认为他努力要在英国推行天主教,为了达到自己的目的(无论是什么样的目的),他使用了一些笨拙而十分可疑的方法,如果不加以限制,就像很多人担心的那样,会使其像克伦威尔一样专制,但是他会更加危险,因为和克伦威尔不同,詹姆斯二世是合法的。

詹姆斯二世之所以会对新生的议会制度构成威胁,是因为和其前任统治者不同,他有足够的金钱供养一支常备军,而一旦到了这一地步，国王就可以以金钱扩大常备军，以常备军获得更多的金钱，如此继续下去，就像后面对普鲁士的个案分析所表明的那样。[1342]此时詹姆斯二世的钱财来自于吨税和磅税，按照惯例，从国王即位之日起，就可以终生享有这种征税权。由于英国商业活动的发展，这两种税收给国王带来了丰厚的收入。因此，詹姆斯二世不再依靠议会获得金钱供应了。有了这项超出议会管辖之外的收入，他可以供养并扩大常备军。1660 年议会批准查理二世建立的这支常备军人数很少，只有三四千人的卫戍部队和贴身侍卫。1661 年，由于害怕第五王国派温纳的叛乱，又将正在被解散的新模范军的两个团纳入其中。1663 年，查理二世的军队中有卫戍部队 4878 名，来自各团的士兵 3574 名。①

詹姆斯二世本来想在身边安插信仰天主教的官员和大臣，这样就会打破英国国教徒对公职的垄断，而这就意味着要撤销议会在 1673 年通过的《宣誓法》。根据这项法令，只有按照英国国家仪式领取圣餐的人才能担任公职。议会拒绝撤销这条法令，于是詹姆斯二世下令议会闭会。因此，在其统治期间，议会再也没有召开过。为了避免被议会拒绝，他凭借自己不容置疑的特权，开始任命天主教徒担任职务，因为根据这个特权，他可以在某些情况下不受法律的约束。于是他精心挑选了一群法官，在他们的主持之下进行了一场串通诉讼，以此决定他的行为是否合法。可想而知，这些法官做出了有利于他的判决，这就是 1686 年的戈登诉黑尔斯案。此后，詹姆斯二世马上解除了大量英国国教徒的治安法官职务，让大量的天主教徒和不信奉国教者取而代之，让一些十分可疑的天主教大臣进入枢密院，还任命天主教徒泰孔内尔(Tyrconnel)统治爱尔兰。在这里，为了撤销《定居法案》，将土地归还给原来的爱尔兰主人，詹姆斯二世继续推翻新教的优势。许多新教徒将他的这些举动看作是有意要建立天主教的支配地位。此后，还有很多类似的举动。他命令伦敦主教撤除一位有争议的牧师的教职，在遭到拒绝之后，他重新召集高等宗教事务法院，利用其特权惩罚

① C. Barnett，《英国及其军队，1509—1970 年》(Penguin，Harmondsworth，1974 年)，第 113—115 页。新模范军有 4 万人之众。

这位主教,接着又利用这个法院惩罚攻击罗马教廷的言行。此外,他还利用这个法院打破英国国教徒对大学的垄断。1687年,他发布第一号《信仰自由宣言》,授予天主教徒和不信仰英国国教者宗教信仰自由。1688年,他又发布第二号《信仰自由宣言》,命令所有的教士做礼拜时在步道坛上朗读。7位主教联合上书要求废除第二号《信仰自由宣言》,詹姆斯二世以煽动性诽谤的罪名对他们进行审判。这次审判的核心问题是国王的豁免权是仅仅适用于某些个体,还是可以中止一整套成文法。[1343]陪审团做出了对国王不利的判决,这一结果不仅让广大百姓欢欣鼓舞,就连士兵也很高兴,对于詹姆斯二世来说,这是一个不祥之兆。

普拉姆曾说过詹姆斯二世之所以会引起众怒,不仅仅是因为上述的一个个措施,还因为"他对政治权力基础的大肆攻击,如果这种攻击获得成功,会使斯图亚特王朝的统治和法国与西班牙一样专制"。①随着一位男性继承者的降生,这意味着詹姆斯二世推行天主教政策后继有人,戏剧性的结果出现了。由于此时詹姆斯二世拥兵三万,再加上三年前他镇压蒙茅斯公爵叛乱时的残忍一幕,让其政治对手想起来就心惊胆战,因此他们根本无法正面发起抵抗,只好借助外援。最后,少数辉格党贵族求助于詹姆斯二世的女婿、荷兰奥兰治亲王威廉和其妻子玛丽,威廉率军登陆英国,詹姆斯二世的一些重要军官倒戈到了威廉那里,与此同时,北方也发生了叛乱。惊慌失措的詹姆斯二世只好出走国外,由一个新的议会决定如何应对这个非同寻常的局面。

3.2.5 1688年革命至1701年

议会宣布詹姆斯二世已经退位,承认威廉和玛丽作为国王和王后的地位,同时通过《权利法案》。和《人权宣言》相比,《权利法案》的要求已经大打折扣。虽然如此,它还是规定不经议会同意,国王不能行使法

---

① J. H. Plumb,《英国政治稳定的发展,1675—1725年》(Macmillan,伦敦,1967年),第62页。

律豁免权和延搁权，也不能在和平时期维持常备军。对于有些修正主义的历史学家来说，这些似乎是无关紧要的结果。①事实上，就像我们后面将看到的那样，1688 年革命和《权利法案》为一系列法案的通过扫清了道路，而这些法案大大改善了公民自由，同时也明确地将议会变成宪政永久性的核心机构。另外一个更为深远的结果是 1707 年的《联合法案》，它解散了英格兰和苏格兰的两个议会，取而代之以一个统一的、能够代表两个王国的大不列颠议会。这样一来，两个截然不同的王国不再仅仅是靠王朝联姻而联合在一起，而是成为一个统一的宪政单位。

[1344]这一阶段的政党斗争十分激烈，其频率之高和强度之大都是从 1714 年至 1830 年之间从来没有出现过的。辉格党代表的是宫廷、不信奉英国国教者、有产阶级、金融界和支持英国参加欧洲大陆战争的人，尤其是旷日持久的西班牙王位继承战争。托利党代表的是乡村士绅、英国国教徒、地主和反对战争者。在两党之间频繁的选举斗争中，弄虚作假的现象十分常见，他们会为了自己党派的利益擅改选区，实行的是一种政党分赃制。在选举中两个党轮流获得多数席位，为了维持自己的政策，国王不得不在两个党派之间见风使舵，相机行事。此时的议会无视国王的权威，因此正是在这一时期，议会可以通过控制对国王的供应，对行政部门的活动进行调查和监督，影响国王在战争和外交问题上的特权。因此，这也是它最接近美国 1787 年宪法的时期。

3.2.6 贵族君主制共和国：1701 年至 1714 年

1701 年议会通过《王位继承法》，不准詹姆斯二世的后代继承王位，而将继承权授予汉诺威选帝侯夫人索菲娅及其信仰新教的后裔，虽然她从血脉上更为遥远。这一倡议出自威廉三世，但是法案却是由托利党控制的下议院起草的，他们大部分反对威廉三世。因此，法案的条款对国王在外交事务上的自由进行限制（法案第三部分），确定了枢密院的地位，并且和以前的很多法案一样，限制在任官员担任议会议员的

① 这些人真是有趣！他们先是认为从宪政角度来看，内战并非是决定性的，因为 1660 年一切又回复到战前的状态。现在他们又声称《权利法案》也无足轻重。如果这两个说法都成立，也就意味着 1689 年的情况和 17 世纪 30 年代一模一样，而这显然是很荒谬的。

权力。所有这些条文都几乎毫不掩饰地表达了对威廉三世的谴责。有关法官和弹劾权的条文我们将在后面展开探讨。

并非所有的托利党人都满意于汉诺威家族对王权的继承,他们认为世袭的原则不可违背,但是他们也意识到如果严格按照世袭继承顺序,就必定会导致信仰天主教的斯图亚特家族觊觎王位者即位。有些人反对这种选择,他们被称为是詹姆斯党人,但也有少数人支持。1714年,就在女王安妮行将就木之时,根据1701年的《王位继承法》,应该由已去世的索菲娅的儿子乔治即位,就在这一年,他以和平的方式顺利继承王位。乔治的摄政委员会几乎全部由辉格党的贵族组成,这并不奇怪,因为根据1713年的《乌得勒支条约》,当时有托利党控制的英国政府退出了在欧洲大陆针对法国的战争,而乔治本人也是这场战争的参加者,他强烈反对这个和约,因此对托利党怀恨在心。辉格党人将托利党说成是拥护斯图亚特王朝复辟的詹姆斯党人,再加上一些托利党普通成员的鲁莽举动,竟然被卷入1715年詹姆斯党人的叛乱。[1345]辉格党利用1715年选举的机会,将托利党的官员撤职,以一种史无前例的规模将其职位交给辉格党人。在此后的半个世纪,辉格党一直在议会占多数席位,正是这种情况之下,罗伯特·沃波尔才得以在1721年组建第一个“清一色”的内阁。内阁首相的角色就是作为国王和下议院之间的中间人,国王依然拥有任免首相和执行外交政策的特权,而下议院却不容置疑地垄断着财政和立法权。官员任命权掌握在国王手里,他可以利用任命众多官员的权力来支持其首相,而首相则可以以此对选举和下议院施加影响。就这样,行政部门和立法部门在长达一个世纪的时间里第一次开始和睦相处,在此后很长一段时期,这种结构一直都很稳定。

3.3 1603年政制的解体

3.3.1 地方政府和中央政府的分离

地方政府的基本单位是教区、郡和市自治体,后者都是通过特许状而组织起来的。此时城市的支配权大部分掌握在特定的少数人手中,他们有权推选议员。由于每一届政府都想方设法要控制下议院,而五分之四的议员来自于自治市，这一趋势更加强化。于是自治市的数量大幅增加，其特许状也不断被修改，选举权也经常被重新分配。所有这些使道德败坏，腐败盛行。政党的干预也使不同自治市之间的选举权差别悬殊。

除了自治市之外，教区已经成为一个无所不包的行政单位。1601年伊丽莎白女王颁布《济贫法》，由教区选举“济贫官”，他们负责征收“济贫税”，并将其分发给需要救助的穷人。此后，道路维护、治安防卫和其他各种各样的社会服务都落到了他们头上。济贫官、道路勘测员、治安员和他们召集的民兵队成员都是义务服务，不领薪酬。起初，这些教区是开放的，也就是说，教会当局和前面提到的文职官员由整个教区的居民选举产生，但是后来的立法将这一权力仅限于少数人，这部分人构成封闭的教区委员会。

[1346]教区的总体控制权掌握在治安法官手里，有些领域完全由一位治安法官负责。他不用出门，就可以下达命令对说脏话、酗酒或盗猎的人进行惩罚。如果教区的官员有挪用公款的嫌疑，治安法官可以要求其提供担保。此外，治安法官还可以下令对未婚母亲和流浪汉进行惩罚。由两位治安法官主持的简易法庭任命济贫官和道路勘察员，设定贫民救济税的数额，并对教区的账目进行审核。季审法庭由全体治安法官参加，其权力很大，仅次于由王室法官主持的巡回法庭。他们下令征收诸如维护桥梁和监狱之类活动所需的花费，负责设定工资待遇，颁发营业执照，还是简易法庭的上诉法庭。完全属于行政领域的职能要由司法官员来履行，这一做法肯定是中世纪的遗留。它以其独特的方式反驳了孟德斯鸠的观点，即英国的行政和司法是完全分离的。

截止1641年，这些治安法官们做到了恪尽职守，枢密院、尤其是星室法院对其控制也越来越严格。如果他们违抗命令或者玩忽职守，这些法院可以对其进行简易审判。随着两者于1641年被废除，中央完全失去了对行政的控制。此时起作用的只有普通法法庭，其司法程序极其繁琐，①很少有针对治安法官的诉讼。就像巴兹尔·威

---

① Holdsworth，《英国法律史》，第10卷，第156—157页。

廉姆斯所说的那样,"治安法官的主要功能不是作为一个近乎专制的政府的代理人,而是作为地方寡头势力获得了事实上的独立"。①就像他正确指出的那样,这些治安法官就是当地的"土皇帝"。②

就这样,和欧洲大陆的专制主义完全背道而驰,英国的整个地方行政都和中央政府分离开来。一方面,除了邮政这样的服务之外,中央政府的管辖范围仅限于防御、司法和税收。另一方面,和人们日常生活相关的一切活动都是由地方权威来完成的。记住了这两点,我们就可以理解这种分离有多么重大的影响。

3.3.2 司法机构从行政和立法机构的分离

[1347]司法机构还要和中央政府的主要机构相分离,这是通过两种方式来实现的。首先是普通法法庭对特权法庭的胜利。在处理诸如阴谋之类的案件时,特权法庭的法官常常会从国家政策的角度进行思考,而普通法的法官会将重点放在个体的私人权利,尤其是其财产权。出于对国家安危的一片热忱,星室法院会传唤被告,不但要其回答针对他的诉状中明确指出的问题,还要回答其他没有提到的问题,而在普通法法庭,被告只需要对诉状中提到的指控做出回答。此外,和普通法法庭不同,星室法院不使用陪审团。在17世纪30年代,为了抵制星室法院对普通法保护个体权利的司法程序的侵犯,这些普通法的法官和下议院站到了一起。普通法法庭和立法机构的这种联合与法国的情况形成鲜明的对比,在法国,高等法院是制约国王立法权的主要力量。因此,司法和行政分离的第一种方式是1641年通过法案废除所有的特权法庭。从此以后,所有的诉讼全部由一系列统一的法庭进行审理,这些法庭坚决维护个体的财产权。

司法机构和行政机构的分离还有另外一种方式。在斯图亚特王朝统治早期,国王可以撤除法官的职务,例如首席大法官柯克(Coke)就是这样被免职的。王朝复辟之后,法官依然要服从于国王,在1686

---

① B. Williams,《辉格党掌权时期,1714—1760年》,《牛津英国史》(Clarendon Press,牛津,1962年),第51页。

② 同上,第52页。

年的戈登诉黑尔斯一案中，詹姆斯二世的豁免权之所以能够得到维护，就是因为那些法官是他精心挑选的。《权利法案》中并没有关于法官独立性的内容，直到1701年的《王位继承法》才明确规定“法官只要品行良好便可终身任职，其收入固定，但是根据议会两院的要求，可以将其免职。”这一条款只被使用过一次：1830年一位酗酒成性的爱尔兰法官被免职。

从此以后，司法系统就是完全独立的，它只受成文法的约束。司法机构从行政和立法机构的这种分离在整个欧洲都是独一无二的，因此作为一名律师和波尔多高等法院的成员，孟德斯鸠将这种独立看成是英国宪法的核心特征，这并不奇怪。

[1348]司法系统的另外一次分离发生在1670年，在此之前，陪审团必须要服从审判法官的指示，否则就会被罚款。在布舍尔(Bushell)一案中，陪审团违背法官指示，宣判两位贵格会教徒威廉·佩恩(William Penn)和威廉·米德(William Mead)无罪，因此被罚款，作为陪审员之一，布舍尔因拒绝缴纳罚款而被关进监狱。法官的理由是他们的行为“无视昭然若揭的证据，违背法庭的法律指令”，后来大法官宣告这个理由完全无法成立。从此以后，陪审团就可以根据实际情况，自由决定是否应该宣判有罪。这里必须说明一点，即此时在欧洲大陆，由陪审团进行审判的概念几乎还不存在。陪审团审判是对公民权利十分重要的保障，在1688年对7位主教所进行的审判中，陪审团宣告他们无罪，这个案例很好地证明了这一点。在19世纪中期自由党人革命的过程中，陪审团审判成为所有革命者的核心要求。选择陪审团审判在法律上的表达就是“把自己完全交给国家来裁决”，对于所有的制度来说，这都是一个十分重要的因素。

3.3.3　公民和国家的分离

如果没有公民权利可以维护，确保法庭和陪审团的独立是没有意义的，但是司法独立和公民权利相结合，就可以在公民周围创造一个保护网，将其从国家分离出来。

1670年后得以确立的那么多公民权利不是国王的免费施与，也并非源自于议会某种根深蒂固的对“自由”的不懈追求。实际上,大部分公民权利的确立都是因为不那么光明正大的党派之争。

只有在和欧洲大陆大部分国家相比较时,英国的宗教宽容才显得略胜一筹,如在1685年南特敕令被废除之后的法国,根本就没有任何宗教宽容。在荷兰共和国,法律对某些新教教派有严重的歧视,尤其是对天主教徒,他们被剥夺一切公民权,并且只有在缴纳罚款的情况下,才能举行宗教仪式,但这些法律并没有得以实施,这个国家被认为是欧洲最宽容的国家。[1]在这方面,荷兰和英国并非一点相似之处也没有,即宗教上的歧视和迫害在法律上比在实践中严重很多。[2]

虽然如此,天主教徒依然受到十分恶劣的待遇,根据伊丽莎白时期的法律,如果他们做弥撒,不服从英国国教,或者是在学校教书,都要被罚款和惩罚。[1349]复辟之后的法律禁止他们参加议会或任何市自治体的活动,也不能担任任何公职。

其他不信奉英国国教者所受的待遇稍微好一点,但是《自治体法案》和《宣誓法案》迫使所有的官员按照英国国教的仪式领取圣餐。1689年颁布的《宽容法案》允许他们举行宗教集会,以自己的方式进行崇拜,但是在安妮女王在位期间,托利党人部分上取消了这些让步,事实上直到汉诺威家族即位,情况才有所好转。1728年,首相沃波尔以每年颁布《赦免法案》的方式,赦免那些没有根据要求宣誓信奉英国国教或按照其仪式领圣餐的人。总之,这些法律没有被废除,但是那些没有遵守法律的人被赦免,这事实上就是宗教宽容。但是,废除《宣誓法案》和《自治体法案》的努力彻底失败了,两条法案一直延续到1828年,而对罗马天主教的限制一直延续到1829年的《天主教解放法案》。

除了这段不公正的历史之外,在其他很多重要的方面,臣民已经从国家分离开来,逮捕羁押就是这样一个方面。1679年颁布的《人身保护法》限制了行政当局无限期地羁押臣民的权力。根据这条法令,法庭要求任何不经法律程序而被逮捕或羁押的个人必须被带到法庭,接受

① 见《新编剑桥近现代史》,第5卷,第142—143页。

② B. Williams,《辉格党掌权时期》,第74—75页。

审讯。这条法令不仅适用于个人，如绑架者，还适用于国王的官员。就像克拉克评价的那样，“这和法国的秘密逮捕令形成了极其鲜明的对比”。①

《人身保护法》并不适用于叛国罪和重罪犯，对于这两种罪行，可以将嫌疑犯马上拘捕归案，几乎没有什么程序上的保护，这种情况一直延续到光荣革命。1689 年的《权利法案》在某种程度上使《叛国法》更加开明，因为它规定叛国罪的指控必须要有两位证人，起诉状必须要给被告一份，并且在审判时，被告可以求助于律师。此外，被告还会在审判两天前被告知所有陪审员的姓名，他可以对其人选提出异议。因此，虽然《人身保护法》并不适用于叛国罪，但这些重要的让步已使其更加温和。

[1350]对于出版物的审查常常和叛国罪有关，例如，作者或出版商有可能会被指控犯有煽动性诽谤罪。这种审查是通过将出版印刷仅限于三家机构来实现的，分别是牛津和剑桥的两个出版社以及伦敦出版公司。规定这种出版垄断的法令于 1695 年就要到期，上议院当然想要延长其有效期，但是这样做很不得人心，原因很可笑，因为两位审查官一位是辉格党成员，另外一位是托利党成员，他们互不相让，互相拒绝禁止出版让政治对手很不安的作品。此外，下议院也不喜欢伦敦出版公司的商业垄断，因此拒绝延长这条法令的期限。由于两院无法达成一致，这条法令也就不了了之。

正是通过这一系列奇怪的、有意无意的、看似微不足道的事件，臣民的自由得到了保护：国家不能对其随意羁押，必须要让其接受审判；不能随意指控其犯有叛国罪；也不能实行预先制止令。此外，普通法关于非法侵入的内容还保护了公民的第四种自由，即居住自由。这四者结合起来，构成了人身、居住和言论三大自由，在这方面，除了荷兰共和国之外，也许欧洲其他所有国家都无法望其项背。

---

① G. N. Clark，《斯图亚特王朝后期》，《牛津英国史》(Clarendon Press，牛津，1934 年)，第 95 页。又见 J. R. Western，《君主制和革命：17 世纪 80 年代的英国》(Blandford，伦敦，1972 年)，第 64—65 页，作者认为至少在这一时期，这条法令所起的作用不大。他似乎认为“法律对政治犯罪的定义下得如此广泛，几乎不需要什么任意拘捕权”。但是在 1688 年之后，随着文中提到的对叛国法的修订，这一说法也就不再适用。

3.3.4 行政机构和立法机构的分离

这是不是听起来有点奇怪:行政机构和立法机构的分离?毕竟,两者之间通过国王在议会的首相有着千丝万缕的联系,这是一个基本的事实。实际上这种联系被认为是英国政制最与众不同的特征之一。在这种密切相关的、甚至是合为一体的两头政体中,国王和议会之间的博弈是18世纪英国政制的核心问题。我们必须一步一步来,也就是说必须先对行政和立法进行区分。

国王

英国的行政机构是国王,在今天则是女王,但并不是指国王或女王的"自然人",这一点就是汉诺威王朝和法国波旁王朝之间的第一个区别,后者以自然人的身份进行统治,而前者在不经议会同意的情况下本人能做的很少。克拉克认为1660年之后,英国君主的权力有所扩张,①但这是因为他没能将国王个人和其职务区分开来。[1351]此时君主可能的确更加强大了,但是这只是因为他必须要通过议会行使其权力,而议会本身更加强大了。作为个人,君主自己所能做比以前任何时候都少很多。到了1701年,他已经不能再以个人身份随意征税、立法、颁布法令,不能行使豁免权或延搁权,也不能将法官免职。②事实上还有其他更加个人化的限制,如他必须信奉英国国教,不经议会允许不能离开国家,等等。

这位最高行政首脑很有效,其秘密就在于他是独立的,不能被免职。在很多国家,最高行政首脑是选举产生的,可以被立法机构免职,但是英国的君主是终身制,除非发生革命,否则不能将其免职。对于政府行政来说,这种世袭君主制使英国的政体十分稳定,这和法国与普鲁士强大的君主制起到了同样的作用。③可以与其形成对比的是波兰,就

① J. C. D. Clark,《革命与叛乱:17和18世纪英国国家和社会》(剑桥大学出版社,剑桥,1986),第70页。

② 比较前面几页有关路易十四个人权力的内容。

③ 见R. Pares,《乔治三世和政客》(Clarendon Press,牛津,1953年)和《18世纪英国的有限君主制》(Routledge & Kegan Paul,伦敦,1957年)

像我们在后文所说明的那样，其选举君主制使其政府十分脆弱。

毋庸置疑，英国的“政府”是国王的政府：大臣是国王的大臣，军队是陛下的军队，海军是皇家海军，等等。实际上重要官员的薪酬依然是由国王支付的，这就是一个很好的证明。这部分支出出自“王室费用”。高级公务人员在执行职务的过程中可以获得部分收入，但是其常规薪酬从王室费用中支付。王室费用是议会每年向君主提供的款项，不仅是为了满足王室的各项花费，更重要的是为了支付法官、驻外使节和大臣的薪酬和养老金，这种情况一直延续到现在。对于君主来说，王室费用的数量是终身固定的。虽然王室常常会负债累累，议会必须要帮其渡过难关，但这些行政人员的薪酬由国王负责，和议会无关。此外，国王的大臣任命自己的下属，他们的薪水有时部分上也出自王室费用，但是绝大部分来自执行职务过程中所获得的收入。在这方面，议会没有发言权。①

[1352]由此可以看出，英国行政机构的运行和议会没有什么关系，除非有时出现大的丑闻，议会可能会设立一个专门委员会进行调查。这种情况在斯图亚特王朝统治后期经常发生，但是在 1714 年之后几乎从来没有过，这是因为首相终于“控制”了立法机构，两者之间达成了一致。

除了担任最高行政首脑之外，君主还保留了一些十分重要的特权。外交方针的制定依然由他负责，包括宣战，首相要由他任命，而这些首相可以让议会多数从立法和财政上支持国王政策的实行。虽然国王可以在没有议会参与的真空状态下制定外交政策，但是这些政策会永远处于真空状态。首先，君主已经再也离不开议会和议会选举。1694 年议会通过了决定性的《三年法案》，议会不再是国王在陷入窘迫状态时的临时附属物，他再也不能随意召集或解散议会，议会已经和君主本人一样，成为永久性的一个宪政机构。

虽然君主有宣战的特权，但是根据《权利法案》，不经议会同意，他不能在和平时期维持常备军。1689 年通过的《兵变法案》规定发动兵

① 议会直到 1816 年才获得发言权。在 1780 年伯克发表经济改革演讲之后，行政领域发生了很多变化。为了更加公平地付给官员薪水，每个部门的各种费用被纳入“包税权”。1816 年，议会着手弥补包税权的不足，因此开始掌握对公职薪水的发放。

变者要被判处死刑,这样不但保证了军纪的严明,实际上还保证了英国军队在国内外的延续。如果没有这一条法案,士兵就可以随意拒绝服从或者擅离职守。由于这条法案的有效期限为一年,因此必须每年都要更新一次,这也就意味着君主每年必须至少一次召集议会。

立法机构

国王和议会之间的关系经历了三个发展阶段。在第一个阶段,就像已经描述过的那样,议会是君主的附属物。第二个阶段是对抗阶段,从1689年一直延续到1714年汉诺威王朝开始统治英国。在这一阶段,两个互相敌对的党派轮流占据下议院多数席位。从1689年至1697年和1701年至1713年之间,英国两次介入欧洲大陆的战争,为了从议会获得战争所需的巨额军费,国王不得不见风使舵,随机应变。选民的人数比较多,并且还在增加。据估计,在威廉三世时期,其人数有20万左右,占全国总人口的三十分之一,①其绝对数和19世纪初不相上下。[1353]在排斥危机中出现的两个政党虽然还很原始,但是已经满足了政党最基本的定义,即和其他一个或多个政党之间互相竞争,推荐候选人参加立法机构的选举,并且动员选民支持自己的候选人。"1689年至1715年之间的大选和选举竞争比18世纪的其他所有时间都要多。实际上,1688年至1714年之间的大选次数比议会历史上除了中世纪之外,任何同样时间段都要多。"②

辉格党和托利党不仅围绕意识形态问题产生冲突,还会为了选区之内的权力而你争我夺。③两者之间争夺市自治体的控制权,因为一旦控制了市自治体,也就控制了官员的任命权和财产。在威廉三世统治时期,意识形态问题扩大。托利党代表的是和平、英国国教的垄断地位和地主阶级的利益,而辉格党对战争大力支持,对不信奉国教者更加宽容,代表着伦敦金融界和有产阶级的利益。

因此,普拉姆评论说:

---

① Plumb,《英国政治稳定的发展》,第29页。

② 同上,前言部分,第15页。

③ 同上,第64页。

> 制服议会的每一个策略都失败了，下议院在1689年所享有的自由和独立是1641年之后从来没有过的。除了自由之外，他们还在政府中有了某种永久性的位置，每年都必须要召集会议，他们知道这一点。查理一世已被处决，詹姆斯二世已经逃亡，从此最高权力究竟在哪里已经不再是问题……想控制议会是不可能的，它似乎可以骚扰君主，推翻首相，切断供给，拒绝纳税，干涉宣战和议和，为了保护自己，可以对宪法做出必要的改动。总之，它凌驾于行政机构之上。①

第三个阶段始于1714年，也有人认为应该从1727年算起，一直延续到1830年，这一阶段是和谐共处时期，只是偶尔发生一些小摩擦。这种情况是怎样出现的呢？在这种合作关系中，国王和议会谁处于支配地位呢？

第一个问题的答案比第二个更加明确。和此前的一个世纪相比，这一时期的政治和宗教氛围更加有利于国内的和谐。这一方面是因为1715年至1739年之间是和平年代，另一方面是因为理性主义已经开始进入宗教领域，英国国教和非国教信徒之间的敌对情绪远不如以前那么强烈。第三，由于几位成员被卷入詹姆斯党人的叛乱，作为上个世纪两股敌对势力之一的托利党丧失了其政治资格。这样就出现了一种"一党制"的情况，但是我们必须记住一点，即辉格党只是一个准政党，是一些大家族的松散联合。[1354]不仅如此，辉格党的大家族对其所在郡的佃农实行家长式的统治，可以在"腐败选区"随意提名议会议员。无论是乔治一世还是乔治二世都依赖于辉格党人，因为正是在他们的操纵之下，汉诺威家族才得以继承王位，而托利党人对他们却没有任何帮助。

正是在此背景之下，被分离的国王和议会又被重新连接到一起，这一过程后来被称为是王权的"腐败"或"影响"。国王一人任命首相和其他高级官员，被任命之后，他们又可以任命与其职位有关的下属人员，尤其是

① Plumb，《英国政治稳定的发展》，第64—65页。

财政部，控制着如海关及税务局和邮政局这样的部门，手里掌握着几千份工作。海军部也有几百份造船工人的工作，并且还握有几十份合同。就这样，影响力的大门被打开，国王选择首相来执行自己的政策，首相利用自己的影响力操纵选举，事实上从 1715 年直到 1830 年，没有一位掌权的首相在竞选中失利。

虽然如此，赢得议会多数席位只是政治稳定的必要条件，而不是充分条件。政党只不过是一种松散的"关系"，因此议员虽然会自称是某一党派的成员，如辉格党人，但他们依然是一个个互不相同的个体。由 500 个这样的个体构成的议会，如果没有某种机制对其进行组织，无论是在议事日程还是在活动过程方面，都会相当混乱。从此直到 19 世纪 50 年代，这个机制就是首相的影响力和任命权，影响力可以体现在荣誉和奖赏的赐予，而任命权可以是这样一种权力，如首相委派议员提名某个选民担任邮政局长。

就像我们前面看到的那样，在斯图亚特王朝统治后期，辉格党和托利党轮流掌权，每个党派都会利用掌权时期不仅要设法赢得下一届的选举，而且要完全消灭敌对党派的势力，但一直没有成功过。这种情况一直延续到汉诺威家族统治时期，托利党作为一股政治势力被消灭。每届议会中依然有大约 150 名托利党人，但是他们的政治影响已经微不足道。总之，1715 年之后出现了由一个党派独揽大权的局面。从此，辉格党人组成的内阁可以依靠国王，而国王会选择自己满意的首相，因为他有把握，在下一届的选举中，忠实于他的宫廷党依然会获得议会多数席位，而这对于执行其政策是有利的。[1355]1715 年通过的《七年法案》使这种制度更加确定下来，这条法案在詹姆斯党人叛乱所引发的恐慌状态下得以通过，其借口是这样做更有利于政治稳定。这就意味着首相和其议会多数党最长可以连续执政 7 年，而不是仅仅 3 年。

既然此时行政机构和立法机构已经被重新连接到一起，那么是谁控制谁呢？两者之间的关系十分微妙，但有一点是确定的，那就是国王和议会协同合作，而不像在整个 17 世纪那样，总是处于一种对抗状态。

英国的君主制是有限君主制，但是就像理查德·帕里斯精辟地指出的那样，“很难说究竟有什么样的限制”。①这有点像《仲夏夜之梦》中织工波顿的梦，“我做了一个梦，但没人说出那是怎样一个梦。”虽然有大约200名议员的“薪水票”和150名左右的“乡村党”议员，下议院绝对不是一个俯首帖耳、唯命是从的机构。所谓薪水票，是指担任政府公职的执政党议员如果投票反对政府，就会被免职，从而失去薪水。对于自己认为不可接受的立法，下议院会投票将其否决，例如1719年的《贵族法案》，因为这条法案实际上要将贵族头衔仅限于现有的几家贵族。同样，下议院否决了《消费税法案》，并且赞同就詹金斯被割耳朵事件对西班牙发动战争。此外，下议院还会投票反对不受欢迎的首相，如在1742年，他们违背国王的意志，迫使沃波尔辞职。同样，那些自信拥有下议员支持的大臣还可以坚持要求国王接受他本人并不喜欢的首相，如1757年围绕老皮特的去留而引发的危机，在这次危机中，首相纽卡斯尔公爵实际上告诉国王如果他不让步，整个内阁就会辞职。

由此可以得出什么样的结论呢？纽卡斯尔公爵佩勒姆(Pelham)曾经这样说过，如果议会反对他，他可以借助国王的支持，如果国王反对他，他有时可以依靠议会的支持，但是如果国王和议会联合起来，他就必须要做出让步。②1780年，通常被认为是乔治三世盲目追随者的诺斯勋爵(Lord North)曾对国王说：“陛下您知道，在这个国家，如果君王足够谨慎的话，是不能反对经下议院仔细研究通过的决议的。”③

由此我们可以得出的第一个结论就是行政机构和立法机构处于一种平衡状态，甚至可以说是一种对位状态，即议会肯定可以阻止国王为所欲为，但是却不能迫使他听命于议会。第二个结论更加全面，即毫无疑问，这是一种有限君主制，和法国的波旁王朝是截然相反的。

3.4 政制的统一

[1356]到现在为止，我们所描述的英国政制似乎只不过是一些散

---

① Pares，《18世纪英国的有限君主制》，第8页。

② Williams，《辉格党掌权时期》，第21页。

③ 引自P. Langford，《礼貌的商人：英国，1727—1783年》，《新编牛津英国史》(Clarendon Press，牛津，1989年)，第687页。

乱的零碎片段,引用边沁对普通法的评价,是"一堆散乱的零零碎碎"。地方政府和中央政府是分离的,其活动范围很广泛,管理着普通百姓的日常生活,照顾着其平日的需求。在中央政府的层面,司法机构完全独立于立法和行政机构。在上述法庭的保护之下,公民可以拥有居住、财产和言论自由,还享有很大程度的宗教宽容。在法律保护之下,这些自由使他们和行政机构保持一定距离。就连行政机构和立法机构也截然不同,两者之间大部分情况下和谐共处,但偶尔也会发生对抗,两个机构之间有几位大臣作为联系人。最后这些机构形成了一个和谐的统一体,其稳定性赢得了整个欧洲的赞叹和钦佩。

这些机构是怎样合为一体的呢?这个统一体为什么会如此稳定呢?在我看来,这是因为拥有、支配并操纵这个统一体的是同一个社会阶层的成员,即议会里的大贵族和乡下的贵族地主。

斯图亚特王朝统治后期发生了一次极其重大也很让人不解的社会转型,那就是富有的贵族地主的兴起。在斯图亚特王朝统治早期,在政治上处于支配地位的是乡绅,而此时是贵族,对于出现这种情况的原因,人们并不确定。有人认为这部分上是因为土地法有了有利的变化,更多的贵族家族得以延续下来,还有就是他们在 1688 年革命中的领导角色。这次革命是贵族的"光荣时刻",在此后的 150 年里,他们一直都沐浴在这种荣光之中,使他们得以获得并长期牢牢把持着国家的最高职位。①无论怎样,在选举竞争的过程中,这些富有的贵族将越来越多的小乡绅排挤出去。斯图亚特王朝后期的选举变得十分频繁,竞争也十分激烈,竞选的代价也大大提高。通过广施恩惠,如金钱赏赐和授予选民狩猎权或做教士的资格,这些贵族在竞争中占据优势。随着 1715 年《七年法案》的颁布,竞选的代价骤然升高,因为一旦当选为议员,就可以有 7 年的时间利用这一职位谋取私利,而不是 3 年。这就是为什么到了 18 世纪晚期,选举竞争的次数会越来越少。

[1357]贵族将小乡绅从议会排挤出来,使乡绅只能担任治安法官,而他们自己则垄断了议会。下议院在很大程度上只是上议院的附属。

① J. Cannon,《议会改革》(剑桥大学出版社,剑桥,1982 年),第 431—454 页。

1690年，议员中有英格兰贵族子弟32名，到了1754年，这个数字增加到了77名。此外，还有17名爱尔兰贵族，6名爱尔兰贵族子弟，13名苏格兰贵族子弟，45名贵族的孙子，等等。①这还不算为数众多的那些由于被某些贵族推荐才成为议员的平民，如埃德蒙·伯克。

政府的其他部门也同样被这一阶层的成员所占据。上议院是英国的最高法院。军官虽然由国王任命，但是其职位是花钱买来的，他们通常是贵族的长子，而教会里的高级职位则由贵族的次子担任。大臣几乎全部都是贵族。

总之，司法、立和制行政三个机构，还有各个郡，全部都掌握在同一个社会阶层手中。这一事实使英国的政制有了很强的统一性。所有的争执都变成了家族内部争执。在当时那个习惯于顺从的农业社会，这个由大乡绅和大贵族组成的地主阶层成为英国人民的天然领导者。

在其1748年出版的、著名的《论英国的政制》中，孟德斯鸠先是断言英国的司法、行政和立法三种权力掌握在不同的人手中，然后说人们可能会认为三者会陷入一种静止不动的状态，但是“由于事件的发展迫使它们随之发生运动，它们不得不协同运动。”但是他错了，因为它们很有可能会让政府活动陷入停顿状态，看一下斯图亚特王朝后期的政治动荡就可以明白这一点。而实际上三者之所以能够协同作用，和事件的迫使无关，而是因为整个统治阶层的统一性所带来的政治凝聚力。

我们应该怎样理解“平衡政制”和“混合政制”这样的描述呢？它们的确可以说明一些问题，但是关键的一点是这种政府形式的多元性和合议性本质。它不像法国那样，集中在一个人身上，而是分散到很多人身上，实际上是很多政府机构身上。就像在前面一个章节曾经看到的那样，这种合议制政府包含很多种制衡关系，完全可以被称为是“共和国”。在此情况之下，由于行政权掌握在君主手中，因此可以称其为“君主制共和国”。[1358]由于选民选举贵族作为他们的代表，这又是一种贵族共和国。因此，对于1714年之后的英国，最佳的描述就是“贵族君

① J. Cannon，《议会改革》(剑桥大学出版社，剑桥，1982年)，完整的列表在第447页。

主制共和国”。

4. 君主专制和有限君主制在东欧的两个变体:普鲁士和波兰

在关于“代表议会”的章节,①我们讲述了议会和其他形式的代表会议是怎样在欧洲如雨后春笋般出现的,其影响范围向东一直延伸到俄国,其中有些权力很大,甚至可以控制君主。在1650年前后,勃兰登堡选侯各个领地的议会和波兰议会大致相当,两者都比斯图亚特王朝统治早期的英国议会强大很多,但是一个世纪之后,前者的专制主义比法国还要彻底,而波兰的议会制度已经过于发达,致使中央政府的行政机构遭到侵蚀,结果沦为其掠夺性的专制邻邦的牺牲品。

4.1 勃兰登堡-普鲁士

要想讲述普鲁士走上专制之路并不容易,因为其政制的发展有三个主要过程,即议会被淘汰,专业化的常备军和侵入式的官僚机构的建立,这三个过程互相交织,和一个过程有关的事件往往也和其他的过程有关,因此在讲述时,我们将不可避免地要在三者之间来回穿梭。

4.1.1 对议会的破坏

在1619年,作为国家的普鲁士还不存在,仅仅是一些互不相同的地区,也可以称其为小国,由于世袭继承的偶然性原因,它们全部都落到霍亨索伦家族的乔治·威廉手中。这些地区的社会和经济状况大相径庭,但是它们有一个共同点,即议会都很强大。在莱茵河下游是信仰天主教的克列夫兹和马尔克,这里相对比较繁荣,由自由农和贵族组成,但是这里的贵族与其他地方不同,他们不享有税务豁免权。议会几乎完全控制了财政、行政和军队。由此向东700英里,在维斯杜拉河(Vistula)和波罗的海沿岸,是普鲁士公国,柯尼斯堡是其最大的城市和港口。[1359]在14世纪,普鲁士被条顿骑士团征服。这是一个人烟

① 本书第三部分第八章。

稀少、贫穷落后的农业地区，向西出口啤酒、粮食和木材。这里的经济还很原始，还没有货币化。容克贵族支配着这里的乡村，也支配着议会。他们完全控制着税收，所有的外交事务都要与他们商议，甚至连征兵也在其管辖范围之内。在以柏林为中心的核心区域，是古老的勃兰登堡马尔克领地，居民有 15000 人，这里的公侯是神圣罗马帝国的选侯。他们将领地的收入挥霍殆尽，境况窘迫，这时由贵族支配的议会帮助他们走出困境，但是代价是议会完全控制财政，在外交政策方面必须要和他们协商，他们和选侯共同组成一个委员会，这个委员会拥有征兵的行政权力。

普鲁士的专制主义道路始于三十年战争和 1640 年大选侯腓特烈·威廉一世即位。瑞典的军队曾长期占据这个地区，征收剥削性的重税。1648 年，三十年战争结束，此时大选侯只有不到 1300 名士兵，连作守备部队都不够。1650 年，腓特烈·威廉召集勃兰登堡议会，要求获得更多经费以扩充军队。此时的常规税收是被称为“军事税”的土地税，在人数占总人口 80%的农业地区，这项税收由当地的贵族负责征收。在每一个区，他们任命一位贵族作为区长，负责在各个庄园之间分配税额，由于贵族不用缴税，税负就落到了农民身上。在城市，这种税按照传统的标准税率进行征收。大选侯想让贵族废除土地税，引入荷兰人新发明的税种，即消费税，遭到贵族的拒绝，因为消费税意味着他们也要和平民一样缴纳。

1653 年，大选侯和贵族达成协议，他得到了税赋和一些金钱，而贵族则控制了农村。议会批准他在此后 6 年里从农民和城市居民那里征收 50 万泰勒的税款，作为回报，贵族的土地所有权得到保护，不能落到非贵族的手中。与农民地位有关的法律也被改变。在此之前，证明农民依附身份的责任在贵族，现在，农民要想证明自己是自由的，必须要自己提供证据，但是有多少农民会有证明自己自由身份的记录呢？于是这实际上使大批农民遭受被奴役的命运。正是这一点使普鲁士的专制比法国还要影响深远，因为从此之后，庄园上的农民就要一辈子在容克贵族的控制之下。[1360]他对他们进行审判，任命村庄的教师，还可以推荐担任圣职的人选，并且一旦某人被宣告成为农奴，他可以任意向其征收各种税费。这就是《1653 年协定》的内容。

由于有了这项新收入,大选侯将雇佣军队伍扩充到了四千人,但是在 1655 年,瑞典和波兰之间爆发了北方战争,威胁到普鲁士公国的利益。议会拒绝给他更多的钱征募更多的队伍,这是可以理解的,对于勃兰登堡的贵族来说,大选侯在普鲁士的野心和他们无关。虽然如此,他还是利用为数不多的队伍从农民那里征收到了税款。在战争最为激烈的时期,他维持着一支由 22000 人组成的队伍。北方战争结束之后,他像法国的路易七世那样,保留了部分队伍,在和平时期,军队的规模为 10000 人。

1660 年,他再次尝试让议会批准他征收消费税,虽然没能成功,但是议会让其保留了以前的土地税,并且还允许他在城市征收消费税。1680 年,他让消费税成为强制性的税种,并任命专门的、领薪酬官员负责征收,这些官员被称为"税务委员"。此后勃兰登堡广泛的官僚机构就是在此基础之上建立的,对此我们将在后文进行说明。由于消费税可以无限期地征收下去,大选侯就再也没有兴趣召集议会了。有了足够的收入,城市里也有了自己的官员,还有一支被扩充的军队,就这样,大选侯成为一位专制统治者。

但这种情况只存在于勃兰登堡马尔克,而克列夫兹和马尔克的议会拒绝向大选侯提供更多的金钱。大选侯动用武力,他们只好答应他的要求,向他提供大量拨款,而大选侯也承认了议会的特权。就这样,议会一直活跃到 18 世纪,①但是从政治上讲,这些议会已经被大大削弱,不再对大选侯的专制统治构成障碍。

现在只剩下普鲁士公国,和克列夫兹的情况一样,大选侯派 2000 士兵来到这里,在承诺会在 6 年之后重新召集议会之后,得到了他所想要的金钱。这里的反对势力在近邻波兰的支持之下发起反抗,大选侯俘虏了其主要领导者,并将其处死。普鲁士的议会就此瓦解,实际上在 1715 年之后,只有在仪式性的场合才进行集会。

---

① 但是政府在征税方面一直有困难,因为克列夫兹的居民痛恨普鲁士人。H. C. Johnson,《腓特烈大帝与其官员》(耶鲁大学出版社,伦敦和纽黑文,1975 年),第 23 页,脚注 30。

此时大选侯不但获得了财政上的专制，对于其外交政策和其对军队的控制和部署，这些议会没有一个敢干涉的。

4.1.2 对常备军的控制

[1361]如此广泛的税收工作只有一个目标，那就是扩充并维持一支永久性、专业化的军队。在三十年战争期间，选侯们依照的当时盛行的做法，自己出钱，委任团长征募士兵，为其提供装备，任命下级军官。这些团长和选侯之间缔结"唯一效忠协议"，选侯委派官员检查协议的执行情况，这些官员被称为"军事专员"。从《1653 年协定》直到 1688 年大选侯去世，军队已经成为永久性的机构，并且已经扩充到了 30000 人，因此军事专员也成为永久性的职务。在其整个统治期间，大选侯不断更改和团长之间的协议，例如有时会否决低级军官的任命。每一个区有一位军事专员，他们要受到省级"总军事专员"的监督，每个省只有一位总军事专员。军事专员还要负责军需工作，如粮草、营房、交通和其他物质的供应，在一个非货币化的农业经济体，所有这些问题都很突出。因此，军事专员越来越多地影响着所在地区得到经济生活。

就这样，每个省都有自己的总军事专员，他们控制着辖区之内各个区的军事专员。为了应对 1655 年至 1660 年之间和 1679 年的战争，大选侯任命一位陆军元帅统帅其领地之上的所有军队，还建立了一个最高委员会控制并协调各省的总军事专员，这个委员会被称为"军事总署"。

大选侯的儿子并不好战，但是他在 1701 年成功获得了"国王"的头衔。其继承者腓特烈·威廉一世（1713 年至 1740 年在位）却是一位狂热的军国主义者，他把军队从 30000 人扩充到 80000 人，结果造成了极为严重的人力短缺。此外他还废除了唯一效忠制度，所有的军官都由他本人亲自征募并任命。

这些军官来自何处呢？此时的容克贵族并不像后来人们所了解的那样，他们生性平和，喜欢喝酒，也喜欢酿酒，他们是大庄园主、农奴主、企业家和商人。对于庄园里的佃农和农奴，他们可以行使领主司法权。同时，他们还是当地的治安长官、检察官和法官。他们把国王看作自己的敌人,因为国王削减了他们的权力。[1362]他们对行军作战不感兴趣,但是威廉一世迫使他们将除长子之外的儿子送进他于1722年建立的军校,如果他们抵制,则让警察把他们硬拉过去。与此同时,他还赋予士兵生涯前所未有的荣耀和魅力,如在品位次序表中的优先位置,稳定的职业,丰厚的薪酬。到了其统治末期的1740年,容克贵族踊跃参军,因此获得了传统上为人们所知的名声。此时,十分之九的容克军官是贵族后裔。

这里还要记住一点,即前面提到的区长同样来自这些贵族,他们负责在各个区的容克贵族之间分配土地税。此时,由于议会已经被废止,区长通常也是军事专员,负责组织农村地区的军队后勤工作。

由于军队急剧扩充,出现了人力短缺的问题,解决这一问题的任务落到了这些官员头上。在当时很少有自由人愿意主动参军,于是威廉派出军官四处搜索,征募新兵,甚至还到邻国的土地上或求或借,有时甚至会偷"志愿者",但还是不够。1732年,他将国家分成很多个被称为州的征兵单位,每一个州供应一个团的步兵或骑兵,供应步兵的州有5000户人家,供应骑兵的州有1200户人家。从此之后,各地的容克贵族开始配合政府,让自己庄园上的农民为国服务。每一个县驻扎一位负责征兵的军官,每当有男婴出生,当地的牧师就会向他汇报。当这些男孩长到十岁时,他会登门进行检查,如果检查通过,就会让他们带上红色的领带,表明他们长大之后必须要参军。城市居民几乎全部被免除兵役,因此,兵役的负担几乎全都落到农民的头上。就这样,身为军官的容克贵族带领自己的农奴奔赴战场,对他们进行训练,控制着他们的活动。但与此同时,又不能任由田地荒芜,于是在被贵族地主拉入军队并接受为期两年的训练之后,农奴可以回到庄园,继续为贵族工作,每年有10个月的时间要为其服务。来年春天,他将不得不穿上军服,被贵族带领着参加春季的操练。只有在战争时期和春天的这两个月,普鲁士的士兵才全部上阵,在腓特烈大帝统治期间,军队多达15万人。

现在我们可以看一下命令是怎样逐级传达的,位于最高处的是军事总署,它控制着每个省的总军事专员,而总军事专员则支配着辖区之内农村地区的军事专员(此时被称为Landräte,即地方议员)和城市里的税务委员。

[1363]就这样，普鲁士的国王完全并且直接控制着一支巨大的军队，其核心是训练有素的专业队伍，此外还有为数众多的征募来的士兵。在英法两国，军官的职位是购买而来的，因此政府不可免除其职务，但是普鲁士的情况并非如此，整个军队都在国王一人控制之下。这就是专制主义的第二个特征，即对军队的完全支配。

4.1.3 建立军事化的官僚机构

专制主义的第三个构成要素是训练有素的、驯服的官僚队伍，但是在普鲁士，官僚机构还有另外一个作用。由于普鲁士是由三个不同的部分构成的，这就需要有一个共同的官僚机构将它们统一起来，成为一个政治单位。在这个贫穷而松散的国家，这个官僚机构的基础就是军队。在这一方面，军队和官僚机构之间的转换和德川幕府时期的日本十分相似。

要想理解这个共同的行政官僚机构是怎样形成的，首先必须要了解一点，即很长时期以来，普鲁士并非只有一套行政机构，而是有三套并行不悖，并且三者直到1740年才在中央和地方的层面融为一体。第一套行政机构管理的是王室领地，这十分重要，因为它提供了将近一半的财政总收入。第二套机构是各个区和省的军事行政机构，第三套是城市里的消费税管理机构，即税务委员的管辖范围和职责所在。

起初税务委员的职责很简单，仅仅是对当地和消费税有关的争执进行判决，但由于消费税无所不包，政府不断扩大税基，税务委员必须要对度量衡和关卡等进行监督。在这一职位出现还不到20年的时间里，税务委员已经掌握了城市长官的任命权，市议员已经不再存在，税务委员集多种职权于一身。1684年和1689年的法令很能说明问题，此后这一职位的权力达到了其巅峰。凡是法庭常规程序之外的诉讼都由税务委员进行审判。他还控制着粮食的价格，对度量衡进行检查，举报欺诈和贪污行为。此外，他还获得了治安权，负责维护城市的平安，因此房屋的建设、火灾的预防、街道和河流的管理都由他负责。[1364]在这些原始的地方，这一职位并不是只负责一个村庄的小官，而是要负责大约12个村庄。如此众多的任务需要有专门的工作人员为其服务,如文员、出纳、会计、征税官、城门的守卫,还有对磨坊、酿酒厂和桥梁进行管理的治安力量。在整个官僚等级机构,这可能是最为重要的职位。

王室的领地由行政委员会负责管理,行政委员会对高级委员会负责,而高级委员会是枢密院的一部分。

现在我们开始讨论第三个行政机构,即前面已经提到过的军事行政机构。到了1688年,这个行政机构已经涵盖并控制了农村和城市地区的税收和其他职能。每一个省的总军事专员为位于柏林的军事总署服务,而总军事专员则有每个区的军事专员为其服务。设置军事总署和这些从属职位的目的是为了给军队提供后勤支持。如前所述,区长和军事专员常常由同一个人担任,不再是由容克贵族选举产生,而是由政府任命。

1713年开始实行强制兵役制之后,地方议员负责征兵工作。这样一来,农村地区的行政部门由省级的军事专员进行管辖,而省级的军事专员又要对位于首都的军事总署负责。

与此同时,税务委员还是军事官员,他们由政府派出,不但负责处理和消费税有关的一切问题,还要组织军队的后勤工作。因此,这些官员也要对省级的军事专员负责。简而言之,到了1688年,柏林就只有一个军事总署,这个军事总署有各省的军事委员会为其服务,而这些军事委员会则有农村地区的容克贵族和城市的税务委员为其服务。就征兵而言,早在1732和1733年就已经如此了。在此过程中,位于柏林的最高军事委员会本来只负责军队的后勤工作,后来也开始负责农村和城市的财政,然后是征兵,最后开始负责总体的行政工作。

随着1732年之后军队的大规模扩充,政府需要征收的赋税比以前多很多,于是就出现了搜刮-强制的循环,行政机构也就此完成。战争总署由三个部门组成,分别负责军队,税收和一般的行政工作,其地方官员总是会和王室领地的行政委员会发生冲突。他们之间不断发生争执,尤其是在国王的法庭上。[1365]腓特烈·威廉一世决定将中央和地方层面的两个财政机构合并起来,于是行政委员会和税务委员合而为一,成为战争与领地委员会,而军事总署则更名为战争和领地最高总理事务院，简称总理事务院。根据一位值得信任的权威人士的看法，到1740年腓特烈·威廉去世时，普鲁士的建国工作已经完成。

总理事务院被分成4个部门，分别负责不同的地区，每一个部门由一位大臣负责。除了其辖区范围内的职责之外，这些大臣还是某一行政领域的专家，如邮政和铸币，军队的供应，土地的利用和国家疆界的划分。

和法国将地方的治理工作交给监察官个人不同，普鲁士无论是在中央，还是在省级和农村都是通过委员会进行统治的。这些委员会由中央政府的大臣主持工作，实行集体决策。1740年，腓特烈大帝即位之后，决策的制定通常由他首先提出。值得注意的是，此时他的王宫位于波茨坦，而这些大臣们则在柏林，因此他们之间通常并不见面，而是以公文的形式进行联系。他收到来自大臣们的汇报，然后对其发出指令。腓特烈大帝也是一位工作狂皇帝，他和路易十四一样，总想事必躬亲。他精力超人，每天只睡五六个小时，早上很早就起床。在早饭之前，他要阅读来自使节、大臣和贵族的所有报告。在中午饭之前，他已经对所有这些报告和诉状做出批复。为了让自己的影响无处不在，他还会和地方官员进行直接联系，以确保其报告的真实性。此外，他还会派人秘密监视官员的举动，每年定期向其汇报。由于他本人会在王国各地巡游，也会亲自进行实地考察。①

就这样，本来仅仅负责军事的军事总署此时承担了国家所有的行政职能。此外，国王将自己的管辖权从普鲁士延伸到勃兰登堡，并且在经过一些改变之后，也延伸到了莱茵河附近地区。就这样，虽然这些地区在地理上是分离的，但是它们都统一于一个共同的统治者和行政机构。

行政部门的人数比以前人们曾经以为的要少很多，根据最为接近事实的估计，在18世纪中叶，普鲁士的官员在2100人至3100人之间，②相当于每800个臣民有一个官员。考虑到政府活动的范围之广，

---

① 《新编剑桥近现代史》，第12卷，第309页，第311—312页。

② Johnson，《腓特烈大帝与其官员》，第283—288页。

这个比例有点出人意料,[1366]毕竟,政府的活动涵盖了邮政、财政、海关和税务各个领域,此外还有各个管理委员会分别负责森林、盐业和采矿,并且学校①和教会也需要大量官员进行管理。

这个行政机构的最高层为贵族所支配,越是向下,贵族就越少。在1740年,所有的大臣都是贵族。在1754年,11位省级军事委员会主席中有10位是贵族。但是在军事和领地委员会,贵族只占四分之一,其他的都是平民。这些机构的下级军官都是平民,几乎无一例外。在地方政府,地方议员当然都是贵族,就像我们前面强调过的那样,他们都是容克贵族阶层,但是市长全部都是平民。②一个值得注意的特征是,许多我们所谓的中层管理职位是由退役的下级军官担任的,作为行政人员,他们的才能十分平庸,③而更低一级的职位则由伤残的军士和普通士兵担任。④

国王十分重视官员的品行,负责监督官员行为的委员会派出密探,对他们的活动进行汇报。官员的作息时间和任职条件都被严格设置,如果违背就要被重罚,并且很多预算之外的花费都要由官员自掏腰包。对于上司,他们要绝对服从。

到了1713年,大部分高级法官都要经过竞争激烈的口试和书面考试才能任职,对于非司法性的职务,以前的行政经验被认为比正式的训练还要重要,但是到了1740年,候选人必须要有这方面的证明,如对统计学的问题做出书面解答,或者是设计一份模拟预算。⑤总的说来,对于普通行政职务的要求远没有司法职务那么严格,要想担任司法职务,必须要接受过大学教育。⑥

现在人们对这个官僚机构的质量和效果持质疑态度。直到不久之

---

① 所给数字中不包括教师,也许应该把他们也算进来,如在今天的法国,教师就属于公务员。如果算上他们,总人数会大大增加,也许会翻一番。

② Johnson,《腓特烈大帝与其官员》,第288页。

③ 同上,第57页,这是一种修正主义观点。

④ Fischer 和 Lundgren,“行政和技术人员的招募和训练”,载于 C. Tilly(编)的《西欧民主国家的形成》(普林斯顿大学出版社,Princeton,1975年),第520页。

⑤ H. Finer,《现代政府的理论与实践》,2卷本(Methuen,伦敦,1932),第2卷,第198—201页。

⑥ 见原书第1367页的评论。

前，施穆勒于1898年发表的观点还十分盛行。①[1367]对于普鲁士的官僚队伍，人们的印象是其人数众多，训练有素，完全专业化，在严格的检查、监督和评估之下，他们必须长时间工作，丝毫不敢懈怠，他们尽职尽责，忠于职守，上司让做什么就做什么。一提到普鲁士人，不要说其他的欧洲人，就连德国人也会想到严肃、精确、缺少灵活性，这种认识的源头就来自于此。他们的薪酬并不高，而是相当微薄，法语里至今还有这样一个表达，当说某人为了一点点报酬而拼命劳动时，就会说他是在“为普鲁士国王服务”。

在实践中，普鲁士的行政系统似乎墨守成规，毫无新意。除了由容克贵族担任的地方议员之外，腓特烈二世对其他几乎每一个部门都很厌恶。②在他看来，总理事务院的人都是傻瓜，省级军事和领地委员会的人都是“傻瓜”“懒虫”“马大哈”，而税务委员则“懒惰无能”。这些看法也许只能表明这位雷厉风行的皇帝是多么不耐烦，他有点偏执地认为总理事务院和省级委员会的人在联合起来反对他。各个层面的高级官员似乎只有一个主要的缺点，那就是琐务缠身，遇事不敢采取主动，缺乏想象力。对于国王来说，省级委员会可以起到一种消极的制衡作用，因为他们可以阻止或延缓报告的上交，也可以篡改报告的内容，但是他们根本无法行驶积极领导权，领导权完全掌握在腓特烈手中。③对于他所继承的这个行政机构，他基本上没有做出改动，仅仅是褫夺了总理事务院的某些权力，其中比较突出的是对消费税的管理权。虽然在1740年至1786年之间他的确将41位委员会主席中的至少11位撤职，但是他利用密探制度刺激总理事务院的努力并没有成功。④

前面我们曾经提到过行政人员缺少训练，每一个省级委员会各行其是，但根据约翰逊的说法，这些委员的来源十分多样。在86位委员中，有18位是以前的军需官，51位是以前的税务官、领地承包人、商

---

① G. Schmoller，Das Brandenburgisch-preussiche Innungswesen von 1640—1896：Hauptsachlich die Reform unter Friedrich Wilhelm(Berlin，1898年)。

② Johnson，《腓特烈大帝与其官员》，第61—62页。

③ 同上，第39页，第43—45页。

④ 同上，第45—48页。

人、监督官和外交使团的成员,只有17位是实习行政人员,他们被称为“auscultatoren”,相当于今天的“平步青云者”或“政治新秀”。他们只要在此实习一年,如果表现良好,就可以被提升到更高的职位,而其表现好坏由其所服务的委员会来决定。其中职位最高的是那些在总理事务院服务的人,由于这段实习经历十分重要,并且属于一种稀缺资源,因此推荐人选担任这些职务的权力掌握在贵族手中,被他们用来作为对其追随者的赏赐。

[1368]总而言之,对这一行政体制的主要指责是其官僚的惰性和平庸。虽然如此,欧洲其他国家依然无法与其相比。贿赂行为当然存在,大部分发生在税务官身上,但是当时在整个欧洲这些现象都很流行,和其他的国家相比,普鲁士的情况似乎要好很多。

4.1.4 普鲁士专制的特征

虽然有了这么多的限制条件,在我看来,似乎普鲁士的专制不仅和作为这种君主制典范的法国有实质性不同,而且完全是有过之而无不及。希利(Seeley)有点夸大其词,但是如果我们以比较的视角来考察普鲁士,就会发现军队是其核心问题。

首先我们可以将腓特烈·威廉一世的军队和欧洲大陆上其他国家的军队做一个比较。它和奥地利的军队几乎同样大,而奥地利的人口是普鲁士人口的6倍。它是法国军队的一半,但是法国的人口是其9倍。如果我们想要正确评估这支大军对国家的影响,我们必须将几个事实考虑进来。我们会发现无论是从对政府绝对权力的强化,还是对人民构成的负担,这支大军都比从其相对数量所能推断的还要可怕很多。因为其中有三分之一是外国的雇佣兵,剩下的这部分普通士兵绝非来自受过教育的阶层,他们根本就不管什么自由,对于专制权威也没有任何的戒备,他们来自农奴,即使在自己家里,也像在军营一样,完全处于别人的支配之下。此外,虽然这支巨大而愚昧的常备军即使对今天的政府来说也十分强大,但是现在每一个国家都存在对其形成制衡的势力,如某种形式的议会,或者是某种程度的出版自由,但是在普鲁士,各地的地方议会都已经无足轻重,这里没有《兵变法案》,在腓特烈·威廉统治时期，也没有出版自由。没有什么力量可以和这支粗暴的农奴部队相抗衡，队伍实行的是铁的纪律，担任军官的是他们世袭的主人，即容克贵族，而这些贵族则是其国王和总司令的奴仆，因为根据《军事条例》，军官必须无条件服从，"即使违背自己的荣誉"。如果我们仔细考虑一下所有这些，就会认识到一点，即腓特烈·威廉所建立的这支军队在政治上和在军事上同样重要。他不仅创造了一个新型的欧洲强国，还创造了一种新型的政府，这种政府完全建立在军队之上，并通过军队获得无限的权力，从此意义上讲，他建立了一种新型的君主制。[1369]从此以后的普鲁士不像路易十四统治之下的法国，而是成为现代军事官僚制度的先行者，为拿破仑提供了一个榜样。①

4.2 波兰

面积广大的波兰与立陶宛联邦和普鲁士接壤，实际上在 1701 年之前，曾长期对普鲁士的公爵行使宗主权。从 1572 年开始，波兰政府的历史进程和普鲁士恰恰相反，从这个意义上讲，也和法国的相反。和英国一样，波兰实行的是议会制，但是两者之间一个典型的区别在于从 1572 年开始，波兰已经开始实行选举君主制，无论是在名义上还是在事实上都是如此，英国那种作为国家支柱的、固定的独立行政机构在波兰是不存在的。和英国的情况不同，波兰的国王先是屈从于议会，然后成为其傀儡，最后为外来势力所支配，短命而尴尬。

在本书前面的章节②我们已经讲过波兰议会在 16 世纪以前的历史，在 1493 年，波兰有一个高度组织化的政治结构，有中央议会、省级议会和地方议会组成。这样的地方议会在波兰有 37 个，立陶宛有 12

---

① J. R. Seeley，《施泰因的人生和时代：拿破仑时代的德国和普鲁士》，3 卷本（剑桥大学出版社，剑桥，1878 年），第 172 页。O. Hufton，《欧洲：特权和抗议，1730—1789 年》（Fontana 欧洲史，伦敦，1980 年），第 219 页。Hufton 坚持修正主义观点，在她看来，这一"可怕的专制""有其名无其实"。不可否认，普鲁士是一个统一国家，但是"这里充满了社会特权、地方主义和社会偏见，这些挫败了政府在宗教宽容和教育改革方面的努力……控制是很不彻底的，对大局的掌控仅仅是因为腓特烈大帝从来不敢得罪他真正的支持者，即普鲁士贵族。"对于当时甚至直到 20 世纪俄罗斯和德国出现极权主义政权之前的每一个国家来说，这种局限性都是存在的。我们可以同意她的批评，但是这并不否定 Seeley 的判断。

② 本书第三部分，第八章，"代议制"。

个,其主要任务是选举领薪酬的议会代表,而这些代表要严格按照提前发放的议事日程开展活动。这些代表在6个省级议会进行集会,为中央议会制定统一的政策。省级议会散会之后,这些代表向各自的地方议会进行汇报,由地方议会采取必要的行政措施,如批准一项税收或安排其征收工作。

在1569年的《卢布林统一法案》之前,全国性的议会实际上有两个,波兰和立陶宛各一个。统一之后的议会由上下两院构成,上院即参议院,直接源自以前的枢密院,由天主教高级教士、各省的总督、城守、元帅、大法官、副大法官和财务大臣组成。[1370]1529年,参议员人数为87人,在1569年统一之后,增加到140人。所有这些参议员都是权贵和要人。下院即众议院,除了当时的首都克拉科夫和统一之后维尔纳的代表之外,所有的众议员也都是贵族。非贵族众议员没有投票权,但并不能因此就以为城市没有发言权,对于和税收有关的事务,国王会与其分别进行商议。从原则上讲,15万贵族中的每一个人都有资格参加众议院,虽然其中很多已经和农民一样贫穷。事实上之所以会采取选举制,正是因为这些贵族没有时间和金钱参加会议。根据估计,波兰贵族占总人口的8%至12%之间,这个比例比英法两国都要高很多,这两个国家的贵族只占总人口的2%或3%左右。实际上,波兰贵族构成的统治阶层十分广泛,和佛罗伦萨的积极公民大致相当,但是比威尼斯的贵族阶层要广泛很多。①

此时被称为“施拉赤塔”的贵族已经完全掌握了立法权,他们马上开始抑制城市的势力,并使农民成为其农奴。到了1600年,议会里已经没有了城市的代表,城市已经丧失了其自治权。作为城市居民,从1496年开始,他们被禁止获取土地。这样一来,在城市之外的所有土地都落到了贵族手中。

这些措施让贵族在16世纪变得极其富有,这种新获得的财富为波兰辉煌灿烂的文艺复兴奠定了基础。农奴让大土地所有者可以从事商品农业,而波兰的粮食和其他农产品在西方有十分广阔的市场。此时

---

① 见本书第三部分第七章,“共和的选择:佛罗伦萨和威尼斯”。

波兰已经成为欧洲第二大国，人口约800万，是东欧最为富有的国家。这一时期是波兰的黄金时代。

1505年议会通过宪法，规定不经议会同意，国王不能颁布任何法律，进一步确定了贵族的特权，并且确立了这样一条原则，即只有议会才能制定新法律。1538年，西吉斯蒙德一世承诺永远不会违犯已有的法律，也不会擅自颁布新的法律。此时，大家已经形成共识，即政府由国王、参议院和众议院共同管理，而后两者全部由贵族构成。事实上，在1569年的《卢布林统一法案》中，由波兰和立陶宛所构成的这个统一国家就被正式称为波兰共和国。要知道，威尼斯是此时存在的唯一一个大型共和国。无论当时人们是否认识到这一点，波兰贵族对国王所取得的权力和威尼斯贵族对总督所取得的权力之间有惊人的类似。

[1371]随着亚盖洛王朝于1572年因后继无人而终结，波兰开始实行选举君主制，贵族开始掌握政权，从此，波兰完全处于议会的统治之下。王位的候选人来自很多个国家。1573年，4万名贵族聚到一起，选举安茹的亨利为新的国王，但是这位缺乏统治经验的年轻人仅仅在位几个月，就抛弃了这个新王国，转而继承法国的王位，成为亨利三世。在离开波兰之前，他颁布法案，将波兰的行政权交给了贵族，这些法案确立了选举君主制的原则，从此以后，每一次选举都成为一种拍卖行为，贵族总是能够让君主做出更多的让步。国王不准免除官员的职务，当然所有这些官员都是贵族。他不能扩充军队，而实际上这支队伍仅仅由3000人构成。他每两年必须召集一次议会，所有重大决策必须要经过议会同意。国王甚至无法凭借自己的领地来和大贵族进行抗衡，因为很多大贵族的领地和他的一样大，尤其是在乌克兰，并且这些贵族也拥有自己的军队，其人数并不比国王的军队少。事实上，这个王国已经成为一个贵族共和国，国王只是名义上的首脑。此后再也没有一个王朝统治过这个王国，而是由一个又一个的国王实行统治，这些国王来自欧洲很多个国家，有时来自波兰本土，但仅仅是有时而已。

17世纪中期，波兰的国势开始逐渐衰落，接着又遭遇了一次大灾难，它同时被俄国人、瑞典人、普鲁士人和哥萨克人侵占，而就在此时，农民也揭竿而起,发起反对贵族地主的斗争。这场灾难使全国三分之一的人口丧生,但正是在这一时期,在 1652 年,贵族做出了最后一个政治自杀行为,即自由否决权。所有的贵族在法律上都是平等的,通过对这一概念进行延伸,这就意味着一项决策要想通过,必须获得每一位议员的同意。换句话说,只要有一位贵族说一声"我反对",就不仅可以否决一项立法使其无法通过,还可以取消现有的法律。从此以后,这种自由否决权经常被使用。一个小贵族的权力就足以让整个国家的事务陷于瘫痪,当然这种做法的结果是自取其败。大贵族是不会让自己精心谋划的计划因此而流产的,于是他们开始在乡绅中间培养自己的追随者,很快整个国家就处在大约 30 个大贵族世家的支配之下。与此同时,外国的势力也意识到一点,即要想干预波兰新国王的选举或者改变其外交政策已经变得轻而易举。[1372]从此,否决权就像商品一样被买卖了。

东有俄国,西靠普鲁士,南邻奥地利,就这样,在这些强大的邻邦面前,波兰变得毫无防御能力,这一点也不让人吃惊。1772 年,这三个强邻协同行动,对这个软弱可欺的君主制共和国进行了瓜分。波兰人这才觉醒起来,议会任命 36 人组成一个委员会,向国王提供建议,但是这一举措对于恢复中央行政机构的权威没有起到多大作用。直到 1791 年,即法国革命两年之后,由于担心会继续遭受侵略,由爱国者组成的政党和国王一起说服议会最终接受世袭君主制,让国王拥有强大的行政权,贵族放弃了其特权,自由否决权被取消。关于这些,有趣之处在于除了法国贵族享有特权之外,英法两国从一开始就是如此。①

有一种除草剂的原理就是让野草疯长,让它最终因过于繁茂而死掉,波兰的议会原则不受任何约束,肆意发展,最终导致了波兰的灭亡,两件事背后的道理是完全一样的。

5. 再谈两个传统

到了 1715 年,普鲁士的君主无论是在理论上还是在实践中都是专

① 这一决定来得太晚,因此没有能够起到效果。1793 年,波兰第二次被瓜分,第三次被瓜分是在 1795 年,这次波兰灭亡。

制的，而在波兰，由两院组成的立法机构拥有绝对权威，君主由议会选举产生并且依赖于议会，议会成员全部是贵族。对于普鲁士和波兰我们不需要更多讲述，只要知道这些就够了。

1715年英法两国之间的对比要更加复杂，一个显著的差异和中央与地方的关系有关。在法国，地方由大量领薪酬的文职官员进行管理，这些官员受到国王委派的32位监察官的监督。在英国，地方行政人员、治安法官和郡长等由国王任免，但中央对地方的控制仅此而已。他们在执行议会法案时，完全独立于中央。和法国的地方官员不同，他们是提供荣誉性服务的地方要人，并且他们所支配的教区工作人员大部分也是不领薪酬的非专职官员，这些官员负责与道路维护、地方治安和济贫法有关的工作。

第二个大的差异是法国的终审法官是国王本人或其国务委员会，因此国王可以不经过任何法律程序颁布秘密逮捕令。[1373]当然，高等法院和各个地方法院的权力也很大，但是国王可以否决其判决或者将案子从它们那里转移到自己手中。在英国，法庭是古老的普通法法庭，审判过程实行的是辩护式诉讼制度，由陪审团做出裁决，陪审团独立于法官，而法官本人则完全独立于国王和立法机构。有些人也许会认为这一差异比第一个差异更为重要。

第三个差异在于法国国王在一切事务上都拥有无限的个人权威，他是享有财政专制的最高行政首脑、军队总指挥、最高法官和独特的立法者。与其相比，英国国王的权力要受到各种限制，虽然他本人依然拥有重要的特权，但是要行使这些特权，必须要经过议会同意。这里真正的问题是国王和议会之间究竟谁占上风。人们曾经一致认为议会凌驾于国王之上，现在人们开始认识到在汉诺威王朝时期，国王可以通过其“影响力”控制选举和议员，因此有些修正主义者认为国王依然和以前一样拥有至高无上的权力。[1]有一点肯定是很显然的，那就是这种最高权力是通过支配议会议员才实现的，这本身就和法国的情况完全不同，因为法国的国王可以随心所欲，任意而为。在1715年，英法两国的政

---

① 如Clark，《革命和叛乱》，第80页。

治体制几乎在每一个重要的方面都有不同。

6. 代议制原则的命运

直到18世纪，波兰是唯一一个行政机构完全对立法机构负责的国家。在英国，独立的行政机构受到立法机构的制衡，这个立法机构由选举产生的代表组成。美国1787年宪法也体现了这一原则，总统和国会议员是以完全不同的选举方式而产生的，国会不能免除总统的职位，除非对其提出弹劾。

到了17世纪，欧洲大部分重要国家的议会都已经消失，因此一些以英国为中心的历史学家认为此时只剩下英国议会，还在传递着代议制原则的薪火。但事实上欧洲很多地方的议会依然存在，我们已经了解波兰的情况，其实匈牙利、许多日耳曼小国（尤其是在南部）和瑞典也是如此，并非只有英国。[1374]18世纪和19世纪早期代表大会出现了一次总复兴。但是以英国为中心的观点也的确有其正确的一面，因为这次复兴不是通过瑞典、巴伐利亚或沃腾堡而发生的，更不是通过波兰而发生的，而是借鉴英国的范例，直接或间接地建立在英国的模式之上。

其他国家对英国宪政体制的接受和改变各具特色，除了拉丁美洲从来没有采用这种模式之外，代议制政府原则由英国传播到欧洲大陆，又从欧洲传播到整个世界，并在此过程中被做出调整。在这一方面，认为英国是“议会之母”的英国中心主义是很有道理的。但是英国的议会制度之所以会有如此光辉的未来，并不是因为中世纪的英国议会比其他国家的议会更加先进或明智。无论是其独特的构成和延续，还是其对行政机构的支配地位，这些都不是预先注定的，同样，它之所以能够扩散到北美13个殖民地，这也完全是历史的偶然。

第七章　欧洲国家模式的移植

1. 地理大发现(1480—1607 年)

[1375]前两章所讲述的事件有一个重要的历史背景,被大西洋所环绕的欧洲发现了一个全新的大陆,通过征服和殖民活动,把欧洲的一切在此复制。亚当·斯密惊叹道:“美洲大陆和经好望角通往东印度群岛的航路,是人类有记载的历史上最伟大、最重要的两个发现。”①这个说法本身是不成立的,但是如果将其中的历史改为统治史,这个论断就成立了。

上一章止于 1715 年,因此要想讲述这些大发现,我们必须向前上溯。美洲最早的殖民地绝大多数都是西班牙人建立的,它们代表了西班牙的斐迪南和伊莎贝拉、查理五世和腓力二世,是西班牙黄金时代的反映,而英国在北美大陆的殖民地是斯图亚特王朝统治的反映。这两个国家的传统是完全对立的。

被称为地理大发现的重要航行发生在 15 世纪末,此时利润丰厚的

---

① 亚当·斯密,《国富论》(大英百科全书版,芝加哥和伦敦,1952 年),第四部分,第七章,第 271 页。

香料贸易为阿拉伯人、埃及人和威尼斯人所垄断。葡萄牙航海家亨利王子（1394—1460 年）想知道如果绕过红海，沿着非洲大陆南下，能否到达印度洋。葡萄牙人已经探索了非洲大陆的海岸线，并且已经发现了大西洋上的岛屿。1447 年和 1448 年，巴托罗缪·迪亚士沿着非洲海岸向南航行，绕过好望角。他们有足够的理由相信自己的预感是正确的。当时人们普遍认为这条通往印度的航道路途极其遥远，事实证明的确如此。

[1376]1482 年，一位名叫哥伦布的热那亚水手在经过深思熟虑之后，①来到位于里斯本的宫廷毛遂自荐，他的提议很简单，但很有说服力，用亚当·斯密的话说："哥伦布的推理很正确，向东航行的路程越长，意味着向西的路程越短。因此他提议向西航行，因为这样距离最短，也最可靠。"②但是葡萄牙人支持的是向东航行的路线，直到 1492 年，哥伦布才得到卡斯蒂利亚女王伊莎贝拉的资助，率领三艘船只向西航行，开始其寻找亚洲之旅。1492 年 10 月 12 日，哥伦布在圣萨尔瓦多岛登陆，这个岛屿又称华特灵岛，他还发现了古巴，以为到达了成吉思汗的帝国，最后他到了圣多明各，后来这个地方被称为伊斯帕尼奥拉岛，包括今天的多米尼加共和国和海地。在此后的三次航行中，哥伦布发现了更多的岛屿，到了奥里诺科河附近的南美大陆，最后到达洪都拉斯。直到 1506 年去世，哥伦布一直坚信他所发现的是亚洲的边远地区。

而此时葡萄牙人开辟的东部航线已经十分繁忙，每年都有远洋船

---

① 他尤其参考了一些圣经文本和预言。

② 亚当·斯密，《国富论》（大英百科全书版，芝加哥和伦敦，1952 年），第四部分，第七章，第 240 页。哥伦布和葡萄牙航海家理论背后的原则是基本一致的，就像路易斯·卡罗尔在"龙虾四组舞"里精彩总结的那样：

> 它的有鳞的朋友回答：
> 扔得远又有什么相干？
> 你要知道，在大海那边，
> 还有另一个海岸。
> 如果你更远地离开英格兰，
> 就会更加接近法兰西。

队把香料运进来。在哥伦布发现美洲 5 年之后，瓦斯科·达伽马已经绕过好望角，到达莫桑比克，并最终到达印度西南部的卡利卡特。此后，葡萄牙人在从波斯湾的霍尔木兹到澳门之间精心设立了一连串的据点和贸易站。从 1557 年起，葡萄牙人被允许在澳门定居。

卡斯蒂利亚朝廷只能寄希望于哥伦布所发现的地方就是东印度群岛，但是在 1499 年至 1500 年间，亚美利哥·韦斯普奇沿着南美的海岸线进行了航行。1513 年，西班牙航海家努涅斯·德·巴尔沃亚站在达里恩地峡，"凝视太平洋"。这两个事实使真相大白于天下：这块新大陆不是东印度群岛，而是通往那里的障碍。那么有没有可以穿过这个障碍的通道呢？麦哲伦发现了一条这样的通道，但是这条通道位于美洲大陆的南端，即以其名字命名的麦哲伦海峡。事实证明美洲是隔在欧洲和印度群岛之间的一块巨大的大陆架，但是此时的西班牙朝廷对此并不介意，因为在 1520 年，科尔蒂斯已经发现并征服了墨西哥。

英国不敢在西班牙人的海上对其发起挑战，而是尝试寻找从东北或西北方向通往印度群岛的航线。1497 年，卡博特受英国派遣，重新发现了纽芬兰岛，他也认为自己已经到达了成吉思汗的帝国。1567 年，"莫斯科公司"寻找东北方向航道的尝试失败。[1377]1576 年，弗罗比舍尝试向西北方向航行，但是他只是发现了哈德逊海峡、巴芬岛和弗罗比舍湾。

与此同时，西班牙和葡萄牙也正在完成对中美洲和南美洲的探索。葡萄牙已经在巴西登陆，除了那里的木材之外，这个地方并没有受到重视。1494 年，在教皇亚历山大六世的促成之下，西葡两国签署了托德西利亚斯条约，从南极到北极划出一条分界线，将整个世界在两国之间进行瓜分。

西班牙人四面出击，到处进行探险。从 1519 年至 1521 年，他们占领了墨西哥。从 1525 年开始，他们又对今天秘鲁、厄瓜多尔和智利所在的地区进行探索。从 1529 年至 1535 年，皮萨罗完成了对印加帝国的征服。1532 年，今日巴拿马和委内瑞拉所在的地区被占领。1535 年和 1536 年，西班牙人分别在拉普拉塔和哥伦比亚地区建立了殖民地。在智利，瓦尔迪维亚建立了圣地亚哥，其足迹一直延伸到麦哲伦海峡。与此同时,为了寻找传说中的希波拉七城,为数众多的远征队伍从墨西哥出发,一路向北,进入了今天的美国。就这样,这些征服者到达了佛罗里达、奥克拉荷马、德克萨斯和加利福尼亚,而传教士也随之而至。

北美洲的其他地区则无人光顾,那里的沿海地区不适宜居住,唯一的吸引力似乎是其丰富的鳕鱼资源和皮毛贸易。对于西班牙、法国和英国来说,鳕鱼捕捞的确十分重要。直到 17 世纪,新来的法国人和英国人才开始对内陆地区展开探索。到了 1673 年,法国人已经沿着圣劳伦斯河到达安大略湖地区。1682 年,拉萨尔宣布整个密西西比河流域的广大地区都归法国所有。1607 年,英国人在弗吉尼亚成功建立了其第一个殖民地,后来在 1620 年,清教徒们在新英格兰的普利茅斯建立了第二个殖民地。

这些欧洲人声称所到之处为自己所有,但其中有很多地方他们并没有占领,大量的定居点因为饥饿或印第安人的攻击而消失。虽然如此,到 17 世纪时,美洲出现了五个大面积的成功殖民区域。北美洲最北边的圣劳伦斯河流域是法属殖民地,包括“阿卡迪亚”,即新斯科舍省。法国人的据点沿着密西西比河一直延伸到入海口,在这里他们于 1711 年建立了莫比尔,又于 1717 年建立了新奥尔良。从阿卡迪亚直到佐治亚的东部沿海地区归英国人所有。荷兰人除了海军力量比较强大之外,别无所长,只好在英法两国殖民地的间隙、在曼哈顿和布鲁克林建立自己的据点。他们还从葡萄人手中夺得库拉索岛,使其成为一个极其重要的贸易中转站。此外,他们还占据了苏里南。17 世纪后期,英国人又从荷兰人手中夺得曼哈顿和布鲁克林,即新阿姆斯特丹,并改称其为纽约。

[1378]在加勒比海地区,西班牙在一些较大的岛屿牢牢站稳脚跟,这些岛屿如古巴、牙买加和圣多明各,后者即伊斯帕尼奥拉岛,但是在 17 世纪,随着其军事力量的衰弱,英法两国马上乘虚而入,抢占这一地区。西班牙人忽视了小安的列斯群岛,于是法国人占领了瓜德罗普岛、托尔图加岛和马提尼克岛,而英国人则占据了巴巴多斯、百慕大和巴哈马群岛,还于 1665 年夺取了牙买加。由于这些地区属于亚热带气候,

它们被称为“糖岛”。对于英法两国来说，这些岛屿比他们在北美大陆上的殖民地还要重要得多。

英法两国在北美洲的殖民地以南，除了英属圭亚那、法属圭亚那和荷属圭亚那（即苏里南）之外，巴西归葡萄牙人所有，南美洲的其他地方归西班牙人所有。西班牙的殖民地从南美洲一直延伸到中美洲和墨西哥，再到今天的新墨西哥、德克萨斯和加利福尼亚。他们占据着佛罗里达，并且从中美洲和秘鲁出发，在阿根廷建立了布宜诺斯艾利斯。

2. 殖民地

2.1 形式多样

美洲的殖民地可以分为五种：①首先是定居殖民地，如来到加拿大的英国人和法国人，他们在这里建立社区，开荒种地。第二种也是定居殖民地，但是和前者有一点不同，那就是虽然这些殖民者来到新大陆的目的是为了生活和工作，但却不是作为耕种者，而是作为土地所有者和统治者。菲尔德豪斯称这种殖民地为“混合”定居殖民地，但更好是称其为“定居支配殖民地”。西班牙人和葡萄牙人建立的殖民地就属于这一类。第三种也是“支配殖民地”，但是和第二种相比有一点不同，那就是殖民者只占当地人口的极少数，他们高高在上，监督着奴隶们在种植园劳动。这种殖民地就是种植园殖民地，如加勒比海地区和墨西哥湾地区种植蔗糖和烟草的岛屿。第四种殖民地是贸易站殖民地，其意义不言自明。荷兰人占领的库拉索岛和新阿姆斯特丹就属于这一种。第五种也是最后一种，这种殖民地的功能类似于罗马帝国时期的边境的堡垒和美国式的“边疆”，没有明确固定的界线标明哪些是你的，哪些是我的。建立这种殖民地的目的是为了对内陆地区进行巡查和监督。[1379]葡萄牙人在安哥拉和莫桑比克建立的定居点属于这一类，菲尔

---

① 这里我依据的是 D. K. Fieldhouse 的《18 世纪以来殖民帝国的比较研究》（Macmillan，Hongkong，1982 年），第 11—13 页，部分术语有所改动。

德豪斯称其为占领殖民地，但我们同样可以使用如“监控殖民地”这样的表达。

2.2 殖民：西班牙模式和英国模式

虽然法国人和荷兰人甚至连瑞典人也曾一度在美洲大陆建立殖民地，但是到了18世纪，他们已经要么被淘汰，要么被其他的殖民地所吞并。北美洲的殖民地除了魁北克之外都是说英语，中美洲和除巴西之外的南美洲都说西班牙语。①

移民美洲的西班牙人和英国人都是为了在这块新大陆生活和工作，他们都在此建立家园，生儿育女，但是在其他几乎各个方面，两者都互不相同。

2.2.1 心理上的差异

西班牙殖民者和英国殖民者有不同的动机，后者有的是为了逃避宗教或政治迫害，有的是仅仅是为了改变自己的命运，也有的兼具两种动机。对他们来说，实现这些动机的方法就是在新大陆开垦土地，用约翰·洛克的话说，就是“辛勤耕作”。从1500年至1550年，西班牙的下级贵族以“征服者”的身份来到新大陆，这部分人包括因为不是长子而丧失继承权的贵族，也有士兵和官吏。②在西班牙王室的授权之下，这些冒险家赌上了他们的身家性命，有时王室还会给他们颁发津贴，前提是他们的冒险所得都要有王室的一半。被称为“阿德兰塔多”(adelantado，又译为“先遣官”)的西班牙贵族是其先行者，他们用的是收复失地运动中所采用的方式。他们心中结合了“对黄金、土地和奴隶的贪

① 为什么巴西是例外呢？今天的巴西领土面积几乎占南美大陆的一半，在整个拉丁美洲，有三个说西班牙语的人，就有两个说葡萄牙语的人。这里我们的答案是对巴西的殖民活动起步较晚，始于1530年至1532年之间，并且不太有效。巴西和宗主国之间的关系直到16世纪后半叶才得以明确下来，最初其范围被限定在1494年的托德西利亚斯条约所规定的区域之内。条约规定的分界线以西的广大区域是通过逐渐侵占而吞并的，这一过程主要发生在1580年至1640年之间，因为葡萄牙被西班牙合并，因此这样的侵占行为似乎无关紧要。

② A. D. Ortiz，“西班牙的黄金时代，1516—1659年”，J. Casey译，载于J. Parry和H. Thomas(编)的《西班牙史》(Weidenfeld & Nicholson，伦敦，1971年)，第288页。

婪，摧毁异教徒、让更多的人皈依基督教的热切渴望，还有就是对丰功伟绩本身的热爱，这种热爱虽然更加微妙，但同样十分强大。”①“年轻的赫尔南·科尔蒂斯在刚登陆古巴时曾这样说过：‘我来此的目的是为了获得黄金，而不是像农民那样耕种土地。’西班牙人想要获得的不仅仅是黄金，还有土地，[1380]因为土地意味着权力、声望和新家园……但是他们是不愿意辛勤劳作的，因为他们大多数以绅士自居……而西班牙的绅士是不会让泥土弄脏双手的。”②

亚当·斯密是这样说的：“在哥伦布之后，西班牙人在新大陆所从事的所有活动，似乎都是由同样的动机所驱动的。正是在这一神圣的渴望驱使之下，奥赫达、尼古萨和瓦斯科·努涅斯·德·巴尔沃亚到了达里恩地峡，科尔蒂斯到了墨西哥，阿尔马格罗和皮萨罗到了智利和秘鲁。每当这些探险家到达一个未知的海岸时，他们的第一个问题总是那里能否找到金子，根据对这一具体问题的回答，他们再决定是在此落脚，还是转身离去。”③

西班牙人和英国人对美洲土著人的态度也大相径庭。起初，西班牙人和西印度群岛上的土著人发生了一些冲突，他们奴役了这些土著人，但是由于他们的虐待和从欧洲带来的疾病的影响，这些土著人全部消失了，因为他们对这些疾病根本就没有免疫力。从此以后，在墨西哥和秘鲁的西班牙人开始努力保护土著人。上千万的土著人丧生，据说墨西哥的土著人口由原来的 3000 万减少到 300 万左右，④后来才有所增长。对于西班牙人来说，这既值得悲哀，也应该密切关注，因为他们

---

① J. H. Parry，《新编剑桥近现代史》，第 1 卷，第 440 页。

② A. Herring，《拉丁美洲史》(Knopf，纽约，1965 年)，第 188—189 页。这一时期弗吉尼亚的“大庄园主统治”根本无法与此进行类比。总的说来，这里是由小农场主组成的殖民地，直到 18 世纪才形成“大庄园主统治”。

③ 亚当·斯密，《国富论》，第四部分，第七章，第 242 页。斯密有时非常幽默，例如他对圣多明各嘲弄式的描述，还有他对哥伦布第一次航海归来后对所获物品进行展示的描述，读来令人捧腹。见该书第 58—59 页。

④ W. H. McNeill，《瘟疫与人》(Penguin，Harmondsworth，1979 年)，第 189 页。作者指出对美洲印第安人人口的早期估计(在 800 万与 1400 万之间)已经被大副修改，因此，此时的人口已经多达 1 亿。我所请教的人口学家认为这个数字过分夸大，至多有 4000 万。

需要这些劳动力耕种他们所获得的土地。此外，他们还需要土著妇女，因为移民人口中只有三分之一是女性。①如果像亚当·斯密那样，忽视西班牙人主动对印第安人传播基督教的活动，这是不正确的。在他们建立的新城市里，这些下级贵族不但让土著人听命于他们，还将西班牙人的生活方式强加给土著人。在偏远的乡村地区，让广大印第安人接受西班牙生活方式的，是富有自我牺牲精神的众多修士，他们在自己所生活的各个村庄进行传教活动。当然，印第安人是被迫才从属于西班牙人的，但是在此之前，他们同样要从属于阿兹提克帝国和印加帝国的君主，此时的情况只是西班牙人取而代之而已。

[1381]西班牙人的种族意识不像英国人那样强烈，种族之间互相通婚的现象很常见。②事实上，总督奥赫达曾于1503年颁布法令，鼓励跨种族婚姻。英国人（现在习惯上称其为盎格鲁-撒克逊人）对北美印第安人的态度完全与此不同。③很少有人努力向他们传播基督教。对于英国人来说，他们过于野蛮，过于危险，无法成为驯服的劳动者。两者之间的通婚是不可想象的事情，事实上的结合也很少，而这种结合所产生的后代被称为“混血儿”，带有蔑视和贬义的色彩。北美洲的大部分印第安人要么感染白种人带来的疾病而死，要么被屠杀殆尽，剩下的那些则被赶到最南部和西部的印第安人居留地。

西班牙人和英国人对待权威的态度也不同。英国的殖民地对所有希望移民的人开放，尤其是新英格兰地区，吸引了大批宗教和政治上的持异议者，他们对于宗主国只有怨恨和不满。西班牙人则只允许伊比利亚人的后裔移民，并且想方设法把那些有可能会惹是生非的人淘汰出去。虽然英国移民已经将其基本的公民自由的概念进行内化，但西班牙移民则更加尊重权威。

即使在殖民的方式上，两者之间也有差异。西班牙的殖民地先从

① J. H. Elliott，《西班牙及其世界》（耶鲁大学出版社，伦敦和纽黑文，1989年），第11页。

② 例如，1988年，混血人口占墨西哥总人口的55%，印第安人占29%，纯种白人占15%。在秘鲁，纯种白人只占总人口的12%，混血人口占32%，剩下的是印第安人。在哥伦比亚，混血人口占到了58%，白人只有20%。智利有92%是混血人口。根据《大英百科全书》（1989年版）。

③ 见原书第1394页。

建立城市开始，和古罗马时期的城市一样，将其周围地区的乡村也包括进来。征服者和大地主们的豪华住宅就位于这样的城市里。最初，这些城市的主要功能是行政和军事上的，而不是经济上的。相比之下，英国的殖民者一开始生活在各自的农场上，只有在一个地方的人口足够多时，才会逐渐发展成为一个城市。

2.2.2 当地的情况

中美洲和南美洲大部分地区的土著人口是温顺的印第安人，他们已经习惯于为其政治上的主人辛勤劳动，随着西班牙人取代了原来的主人，他们也顺从地接受了和以前相同的地位。对于征服者来说，靠着印第安人的劳动，他们可以轻松惬意地过上渴望已久的贵族式生活。但是并非所有的印第安人都很驯服，并且并非所有的地方都有大量的印第安人居住。生活在智利境内的阿劳坎印第安人强悍好战，十分顽强，他们和西班牙人之间的斗争一直延续到19世纪80年代。[1382]生活在阿根廷境内的印第安人很少，在19世纪的三四十年代就要么被驱赶出去，要么被屠杀殆尽。温暖宜人的气候，肥沃的土地，吸引了大批如饥似渴的移民，尤其是意大利人和加利西亚人。北美洲的印第安人和新西班牙与秘鲁的印第安人截然不同，他们不习惯也不愿意长时间在殖民者的农场上从事繁重的体力劳动。在这些地方，如以经营烟草和蔗糖种植园为主的弗吉尼亚和卡莱罗纳地区，土著印第安人劳动力缺乏的问题是通过从非洲引进黑奴来解决的。除了在委内瑞拉和秘鲁的沿海地区之外，西班牙人基本上不需要这样进口劳动力。但另一方面，巴西的西班牙人却引进了大批的非洲黑奴，让他们在位于累西腓和巴伊亚的蔗糖种植园劳动。除了种植园之外，英国的殖民地主要由对土地享有永久所有权的中小型农场主构成，而典型的西班牙殖民地已经是或者马上就要成为大土地所有者的地盘，由土著的印第安人在其庄园里劳动。

与此相应，英国殖民地和西班牙殖民地之间在经济上的潜力也有差异。英国的殖民地以农业为主，但西班牙殖民地的经济主要以采掘业为主，如位于萨卡特卡斯、瓜纳华托和玻利维亚境内圣路易斯波多西的大银矿，当时是世界上规模最大的。在智利和拉普拉塔地区，虽然没有这样的矿藏，但是殖民者发现这里很适宜养牛，于是他们就成为大牧场主。他们养牛的目的不是为了牛肉，而是为了牛皮，因为牛皮可以有很多用场，既可以用来做士兵的甲胄，又可以用来制造蜡烛。

两种殖民地的社会结构也反映了经济方式上的这些差异。虽然两种殖民地都是定居殖民地，但是西班牙的移民大部分是精挑细选出来的冒险家、士兵和官吏，简而言之，他们都是统治阶层，而在占领新大陆的土地之后，他们承担的正是这种角色。与此形成对比的是，英国和此后欧洲其他国家的移民大部分是以整个社区的形式移民的，各个社会层次的人都有，他们谋生的技能也多种多样，其中很大一部分人是契约佣人甚至是囚犯，这样一个事实在其社会构成方面也不容忽视。

2.2.3 殖民的时机

人们很容易忘记这样一个事实，即英国最早在美洲建立殖民地是在 1607 年和 1620 年，这比西班牙人晚了 100 多年。这并不是要说明当英国的殖民者还在筚路蓝缕的时候，西班牙人建立的殖民地已经十分完善而稳固，而是说这两种殖民地反映了两个国家在不同殖民时期相应的政治状况。事实上，两种殖民地的整个历史一直都反映着两个国家的政治形势。[1383]我们必须记住一点，即这两种殖民地一直都和各自的宗主国保持着千丝万缕的联系。西班牙的殖民地反映了斐迪南与伊莎贝拉新君主制时期的政治状况和诉求：卡斯蒂利亚式的专制主义，对高级贵族的抑制，宗教上的一致性，简而言之，这是一种威权主义和传教式的风格。此外，在法律上，新世界受到和西班牙其他各个王国同样的待遇，和它们是平等的，只从属于西班牙王室。殖民地的所有居民，无论是印第安人、混血儿还是白人，都是西班牙国王的臣民，受到西班牙法律的保护。相比之下，英国的殖民地则反映了国王和议会之间的紧张关系，并且更加倾向于议会一方。当然，英国的殖民地也处于国王的统治之下，但是每一个殖民地都有自己的立法机构，其最基本的功能就是设定税率。不仅如此，这些殖民地从一开始就是并且一直是互相独立的实体。它们有的是根据不同的特许状建立起来的，还有的是从其他的殖民地分裂出来的,其政治地位受到英国国王的认可。

这样我们就到了所要探讨的核心问题,即两种殖民地的不同传统,一种是威权主义、注重整体的,另外一种则是自由主义的,半自治的,并且在政治上是分裂的,但这两者都是欧洲式的,体现了欧洲大陆上的两种传统。1776 年,亚当·斯密在其《国富论》一书中是这样说的:"除了在对外贸易方面之外,英国殖民者完全享有以自己的方式处理其事务的自由……与其相反,西班牙、葡萄牙和法国的专制统治却恰恰发生在它们各自的殖民地。"①

3. 西班牙在美洲建立的帝国

3.1　显著特征

在世界历史上,西班牙的美洲帝国是一个全新的事物,这并非是因为其面积之广袤,因为在这方面波斯帝国、罗马帝国和阿拉伯帝国也并不逊色,也不是因为它是由被征服的国家所构成的,因为罗马帝国、波斯帝国和其他很多帝国都是如此,甚至也不是因为其宗主国在千里之外,因为蒙古人建立的帝国也属于这种情况。这个帝国的全新之处不仅仅是其宗主国之遥远,还在于和其前所有的帝国不同,其间无法经由陆路相通。[1384]西班牙的帝国和宗主国之间远隔至少 70 天的航程,②因此,它是第一个海上帝国。③

虽然西班牙和美洲大陆之间距离遥远,航程充满危险,但西班牙王室依然全面控制着这片新领地。和历史上的任何陆上帝国一样,西班牙的帝国是不折不扣的,是稳固而坚实的。这个帝国的中心是新西班牙(墨西哥),在这个行省的北部,西班牙还占有新墨西哥、加利福尼亚和佛罗里达,但是除了加利福尼亚之外,其他地方只有为数不多的官吏和传教士。在新西班牙以南,帝国的中心是位于秘鲁的

---

① 斯密,《国富论》,第四部分,第七章,第 252—253 页。

② 在第一次航行,哥伦布在 1492 年 8 月 3 日离开西班牙,一帆风顺,于当年 10 月 12 日发现圣多明各。1620 年,清教徒搭乘"五月花号"抵达普利茅斯,用时 66 天。

③ 它由大片的陆地组成,而不是像 16 世纪葡萄牙的海上帝国那样由一系列的贸易站组成。

原印加帝国,这里人口比较集中。此外,西班牙还拥有加勒比海上的大部分岛屿,其中包括古巴、伊斯帕尼奥拉、波多黎各和特立尼达。西班牙帝国的政治制度组织匀称,注重整体。这个制度等级分明,在政治上是威权主义的,命令原则上源自国王。与此同时,这个帝国又是高度遵守法律制约的,有人甚至会认为其过于拘泥于法律条文,有很多复杂的、制度上的制衡机制。从社会结构上看,这个帝国也是威权主义的,大约25万纯种白人构成统治阶级,支配着900万当地居民。①在宗教上,帝国也是威权主义的,所有人必须服从罗马天主教会。最后一个特征是其经济要和宗主国的利益相一致,当时整个欧洲的传统都是如此。

3.2 1600年之前政治结构的演进

帝国的构建花了大约50年的时间才得已完成,墨西哥及其附近地区发展比较快,它们共同构成新西班牙,而南部的秘鲁要到1542年才有了第一位副王。此时,在马德里成立了专门负责殖民地事务的事务院,由它派出的代表有很多种称呼,但是我们这里可以暂时称他们为总督,他们有的受事务院派遣,有的是就地接受任命,代替那些桀骜不驯的冒险家和征服者进行统治。1535年,西班牙王室任命门多萨为副王,负责管理新西班牙,这标志着新西班牙统治结构的完成,而门多萨的统治是十分成功的。

[1385]和在新西班牙时相比,到了秘鲁之后征服者们更加桀骜不驯。皮萨罗获得国王的许可,以阿德兰塔多、总督和上将的身份来到尚未被征服的秘鲁,但是在征服秘鲁之后,他很快就卷入激烈的内部斗争,而对手就是其副手,两者之间的斗争持续了10年之久。1542年,国王任命了一位副王,但是却于事无补,直到1551年,副王才算真正掌握了统治权,完备的行政制度才得以确立。

征服者有三个突出特征,首先,他们通常的做法是先占为己有,然后再寻求合法性;其次,他们藐视王室派来的官员;最后一个特征是他

① C. McEvedy 和 R. Jones,《世界人口史地图册》(Allen Lane,伦敦,1978年),第275页。

们之间互相斗争。如果允许其自由发展,他们也许会形成封建式的公国,就像此前西班牙曾经出现过的那样,国王能够从他们这里得到的只有空头支票,口惠而实不至。此时的国王已经有效压制了大贵族的势力,后来又通过镇压自治公社起义(1520—1521 年),牢牢控制了城市,因此他不愿意听之任之,但是通过任命总督对这些征服者进行约束的努力常常不起作用。虽然如此,国王依然建立了进行中央控制的机构,其中包括早在 1503 年设立的"贸易署"和 1524 年设立的"印度等地事务院",前者相当于一种负责贸易和航运的商会,后者则是西班牙整个美洲帝国的最高权力机构,直接隶属于国王。

3.3 统治机构

对西属美洲的统治要服从位于西班牙的印度等地事务院和贸易署的指令。在美洲,权力的等级划分也被确定下来。这里地位最高的是副王,最早也最重要的副王辖区是新西班牙和秘鲁,但是到了 18 世纪,秘鲁副王辖区又被进一步划分为新格拉纳达和拉普拉塔。副王辖区又被分为更小的统治单位,由检审法庭的庭长负责,因此被称为检审法庭辖区。最底部的统治机构是市镇议会,其建立模式与目标都和西班牙的市镇议会一样。议会要受到王室派遣的监督官的监督,监督官享有很大的权力。后来又设立了印第安监督官一职,其最初目的是为了维护当地印第安人的利益,他们的辖区通常是偏远的农村地区,因此,这种辖区也是一种基本的统治单位。

上文的概述似乎给人这样一种印象,认为西属美洲实行的是不折不扣的专制,但事实并非如此。制约专制的最重要的一个机构是检审法庭,最后这样的检审法庭有 10 个。检审法庭是一种具有行政职责的常规法庭,当时这种法庭在整个欧洲都很常见,后面我们会对其展开详细描述。[1386]这些检审法庭对所有行政机构的活动加以限制,对副王尤其如此。检审法庭可以直接和位于马德里的印度等地事务院取得联系,因此对于副王的权力形成强大的制衡。不仅如此,这种专制并不是不负责任的随心所欲,而是与此相反,严格按照法律行事。这并不是说西属美洲不存在反复无常、任意而为的统治,实际上这种现象有很多,但这只是对法律的滥用,而不是法律所导致的结果。

3.4 宗主国议会

按照当时的观点,殖民地就是为了宗主国的利益而存在的,最好的情况是双方互利共赢。为了确保这一目标的实现,宗主国对殖民地的商业进行垄断,对殖民地的经济进行调控,简而言之,实行的是一种"重商主义"。而这又是通过以下几种措施来实现的:不允许任何外国人在其殖民地从事贸易活动;规定所有的贸易都要经由卡斯蒂利亚的一个港口来进行;殖民地的经济必须要和西班牙的经济形成互补。正是为了实现这一目的,西班牙在卡斯蒂利亚建立了第一个管理机构。1503年建立的贸易署很快就获得了如下职能:为船只颁发许可证,规定船只在海上的活动,保障王室财宝的运输安全。同时,作为最高法庭,贸易署还负责审理和美洲贸易有关的所有诉讼。此外,它还负责和地图、航海图、航行日志和航海知识有关的档案工作。

贸易署是印度等地事务院的代理机构,而印度等地事务院是从原来的皇家咨议会分支出来的,于1524年成为一个独立的机构,因为此时印度群岛显然需要拥有自己的中央指导机构。和围绕西班牙国王的其他议事会一样,印度等地事务院也是顾问式的,并且由训练有素的律师构成,这一点也和其他议事会一样。事务院是帝国的最高法院,同时控制着其财政和贸易,还要制定法律,颁布政令。上文我们已经提到过西班牙殖民统治的法律制约性,在这方面,它遵从的是西班牙本土的传统。长期以来,西班牙贵族一直埋怨天主教双王将司法和公共事务交到了律师们的手中。根据一位贵族的计算,在大学里学习法律的学生多达7万。[1]事务院为印度群岛制定了名目繁多的法律和规定,到了1635年,其数量多达40万条。经过艰苦的努力,在1681年编制《印度等地法律汇编》时,将其浓缩为6400条。[2]

---

① F. Braudel,《菲利普二世时期的地中海和地中海世界》,S. Reynolds 译,2卷本,第2版(Collins,伦敦,1973年),第2卷,第682页。

② Herring,《拉丁美洲史》,第157页。

3.5 副王辖区

[1387]在法律上,副王辖区是国王的海外王国,和卡斯蒂利亚、阿拉贡、弗兰德斯和位于意大利境内的领地是平等的。

前面我们已经注意到一点,即西班牙的殖民地是从建立城市开始的。市镇议会是地方行政的基础。市镇由以合法形式吸收的住户构成,从这些住户中选出十多位市议员,共同构成市议会,再由议会选出两位市长作为市政最高长官。没过多久,西班牙王室就开始以对待本土市议会的方式对待这些市议会,解除了其征收当地赋税的权力。事实上,市议会的大部分收入都来自地产,如对公共牧场和市场的使用所征收的税费,这种收入连城市基本的需求都很少能够满足。在墨西哥,市议员已经习惯于选举其继承者,但是国王开始任命终身议员。到1528年时,所有的议员都成为终身议员,除了两位市长还需要选举产生之外,其他的连选举也没有了。后来国王将市议员的职位进行出售,这些职位常常可以传给后代。

通过从西班牙引入监督官这一职位,城市事务的处理也为中央政府的利益服务。1500年,这一职位就已经在西班牙本土得以推广,这里需要重复一下前面的章节已经提到的内容。①这种监督官是国王任命到每一个城市的,通常是训练有素的律师,其任期为两到三年。实际上,监督官集司法和行政职能于一身,他要监督城市事务,维持公共秩序,是最重要的地方司法长官,其地位在市长之上。②如果将市议会作为西属美洲民众政府的一个证据,那就错了,因为"作为人民自由权之所在和民主制度之训练所,市议会起不到任何作用"。③

副王辖区的统治基础就说到这里,辖区里地位最高的是副王,作为国王的代理人,他所到之处,前呼后拥,气势非凡,受到王侯一样的隆重欢迎。副王是所辖区域的行政首脑,同时也是最高法院即检审法庭的庭长,后面我们会对检审法庭进行描述,但是总的来说,他在当地享有

---

① 见原书第1293—1294页。

② 见原书第1293和1385页。

③ Herring,《拉丁美洲史》,第159页。

的任免权是有限的,可以支配的军队也是有限的。不提前经国王的允许,他不能动用殖民地的财政收入。就像后文会表明的那样,他名义上拥有的权力在现实中受到很大的限制。当然,如果国王的目的是想让副王不可能独立,这种安排是完全成功的。①

[1388]虽然后来的副王辖区是从新西班牙和秘鲁分裂出来的,但两者依然是最大的副王辖区,其面积依然十分广大,因此在最高处的副王和最基层的市议员之间,必须要有其他级别的官员上传下达,这部分官员包括检审法庭庭长和上将,他们享有很大的自主决策权。不像人们所认为的那样,他们并不听命于副王,而是直接听命于国王。国王对他们拥有任免权,他们向国王汇报,因此他们的行为常常无视副王的存在。印第安监督官的级别在他们之下,但是和城市的监督官平起平坐,可以说是帝国最重要的一级官员,我们在后面探讨印第安人问题时再对其进行描述。

所有这些职位和它们之间的等级关系都发生在一张复杂的制衡网络之内,例如几乎所有高级官员的任命都源自国王,而不是副王,其中很多人有权越过副王,直接向国王汇报,当然,实际上是对印度群岛等地事务院汇报。就像我们已经注意到的那样,总督和上将都由国王直接任命,因此他们也可以直接向国王汇报。除此之外,国王还可以随时派遣巡视员调查副王的治理情况。和大部分高级官员一样,在其任期结束时,副王必须要接受严格而漫长的审查,这个过程被称为"驻节审查"。但是对副王、总督和上将的权力最大的制约源自于检审法庭,这个法庭对印度群岛等地事务院汇报,如果不服他们的决定,可以到事务院进行上诉。1511 年,第一个检审法庭设立于圣多明各,到了 16 世纪末,其数量增加到了 10 个。这些法庭既是上诉法庭,同时也是拥有政治和行政权力的内阁议会。它们是完全独立的。除了国王之外,它们的决定拥有最高权威,因此,它们有时像是立法机构。检审法庭还对下级行政官员的行为进行指导,要定期集会,审查其行政并提出建议。此

① J. H. Parry,《西班牙海上帝国》,《人类社会史》系列丛书(Hutchinson,伦敦,1966 年),第 202—205 页。

外，它们还尤其要对印第安事务进行监督。

在新西班牙和秘鲁，副王是检审法庭的庭长，但是却没有投票权。对于所有重大决策，他都要咨询检审法庭的意见。如果副王长期外出或者副王出现空缺，检审法庭临时行使副王所有的权力。它可以审理针对副王的申诉，并向印度群岛等地事务院汇报。[1389]另一方面，副王本人也可以对检审法庭的决定做出上诉，还可以对任何检审法官的行为提起控诉。这里有一点需要注意，即和新世界的所有高级官员一样，其办事人员全部都是来自西班牙的"半岛人"。①

因此，虽然副王制度表面上看起来等级分明，事实上绝非如此。这是一个绝佳的例子，它说明西班牙这个新生的欧洲现代国家具有强烈的律法主义色彩，这一点我们已经一再强调过，但是这种律法主义未必有效率，对此人们是有共识的，帕里简明扼要地表达了这一共识：

> 繁琐的制衡体制可能会促进公正和对法律的尊重，最少是对法律形式的尊重，但是它绝对不会促进行政的效率和诉讼的速度。②所有的重大决策甚至很多不太重要的决定都要由宗主国制定。在西印度群岛，没有一条决定是不可以被推翻的，没有一种司法权是不受到限制的。上诉和抗诉的过程有时长达数年，而必要的行动会因此被耽误，直到诉讼的理由被人们忘记。"服从但是不执行"③成为帝国行政的口号，而在很多方面，这个帝国的立法和基本政策都是那一时代开明的典型。④

3.6 社会分层和扭曲的统治

和常见的情况一样，在实践中，严格的法律条文常常被扭曲，以维

---

① J. H. Parry，《西班牙海上帝国》，《人类社会史》系列丛书（Hutchinson，伦敦，1966 年），第 197—199 页。

② Elliott 的《西班牙及其世界》，第 15 页提到这样一个例子，对秘鲁副王的驻节审查从 1590 年开始启动，耗费纸张 49,553 页，直到 1603 年这位副王去世还没有完成。

③ 我们一再遇到殖民地当局违抗命令的事例，例如他们会争论说某条法令行不通，或者可能会引起叛乱，如 1542 年的《印度群岛新法》，等等。此外，在宗主国和新世界之间信息的往返至少需要两个月的时间。

④ J. H. Parry，《欧洲和世界，1415—1715 年》（Hutchinson，伦敦，1949 年），第 71 页。

护占主导地位的政治等级的利益。从一开始,在美洲被征服之后没过几年,这里就成为一个高度层次化的阶级社会。等级最高的是半岛人,即来自宗主国的西班牙人,他们占据了所有最高级的职位,例如,从1535年到1813年之间,一共有170位副王,但其中只有4位生于美洲。总督、上将和主教的比例也与此相类似。①第二个等级是"克里奥尔人"(creoles),他们在社会和经济上占主导地位。这个单词源自西班牙语里的"criollos",在美国南部地区,有时被用来指代那些混血儿,常常带有贬义,但是在西属美洲,其涵义恰恰相反,指的是那些有西班牙血统但是生在美洲的人。[1390]那些身上既有西班牙血统又有印第安血统的人构成第三等级,他们被称为"梅斯蒂索人"(mestizos),即混血儿。印第安人构成第四个等级,而位于社会最底层的是那些来自非洲的物化奴隶。

对法律的扭曲涉及到三个等级,分别是克里奥尔人,印第安人和教会。前两个等级的利益发生冲突,对此教会积极进行干预。对于克里奥尔人这一等级的本质,我们这里必须要多说一点,然后再探讨土著印第安人的问题,到现在为止,我们几乎还没有讨论过这个问题。在这两个等级之间,存在着一种被称为委托监护制的经济制度,这一制度实际上授权殖民者从印第安人那里获得贡品和劳役。从原则上,委托监护制还涉及到教会的传教工作,因此也必须要对教会进行探讨。

克里奥尔人中没有农民,几乎没有体力劳动者,作为征服者的后代,他们有的是监护主,有的是牧场主和矿主,其中有些很快就变得非常富有。虽然相对于广大印第安人口来说,传教士只占很小的比例,但是其绝对数量并不少。此外还有很多克里奥尔人担任诸如官吏、律师和办事人员之类的工作。在一些较大的城市里,他们很多从事商业和手工业。在1600年,半岛人和克里奥尔人合起来有25万人,而印第安人口为900万。②

---

① Herring,《拉丁美洲史》,第187页,注1。

② C. McEvedy和R. Jones,《世界人口史地图册》(Allen Lane,伦敦,1978年),第275页。Herring在《拉丁美洲史》一书中提供的数字要小,在1574年,克里奥尔人和西班牙人只有16万。

并不是所有的克里奥尔人都很富有，根据赫林的估计，他们中只有四千人拥有委托监护权，剩下的那部分从事上述更加卑微的工作。①监护主常常同时也是牧场主和矿主，他们生活在远离收入来源的地方，把收入花在首府所在城市里，而这些地方实际上在他们掌控之下，因为他们控制着市议会。市议会的议员虽然没有薪酬，但是却掌握着广泛的任免权，其中很多是为自己的利益服务的。例如，殖民者需要土地，而他们作为议员，负责土地的分配；城市需要肉类，而他们作为牧场主，是肉类的生产者，能够以议员的名义确定其价格。虽然可以在法庭上对他们提起控诉，但是市长就是由他们选举出来的。最后，作为市议员，他们影响或者积极履行着对委托监护制度下印第安人劳动力的管理。因此，下面有必要讨论一下印第安人和劳动力的问题。

这个问题之所以会产生，是因为殖民者的人数不足以耕作如此广大的土地，但是根据法律，印第安人作为国王的臣民是自由的，因此他们拥有行动自由，可以改变住所、职业和雇主，可以拥有财产，可以参与诉讼，想上法庭很容易。[1391]在最早征服西印度群岛时，殖民者解决劳动力短缺问题的办法是劳役摊派制，即征服者将伊斯帕尼奥拉岛上的土著印第安人分配给自己的追随者，实际上是作为奴隶。由此形成了一种折中安排，一边是印第安人的自由，一边是殖民者的经济需求，同时还可以完成向印第安人传教的任务，而这是虔诚地信奉天主教的西班牙国王所坚持的。委托监护制就这样开始了，一方面，监护主有权从印第安人的村庄获得贡品和劳役，另一方面，他要向印第安人提供保护，与此同时还要促进并协助当地的传教工作。

在此过程中，教会扮演着重要的角色。我们已经提到过征服和征服者，但是在更深的意义上，西属美洲是被教会所殖民的。士兵不愿意去的偏远村庄和地区也会有传教士的身影，在很短的时间之内，教会就牢牢支配了印第安人，其原因至今依然令人费解。传教士视保护印第安人为己任，他们是不会袖手旁观，看着印第安人受压迫的。因此，他们成为委托监护制的谴责者。传教士和殖民者之间的对立因为对劳动

---

① Herring，《拉丁美洲史》，第188页，注2。

力的竞争而更加激烈,因为前者也需要劳动力建设他们的传教站,还有就是要从事农业生产以维持传教活动的进行。第一波大规模的传教活动发生于1524年至1525年之间,大批的圣方济会修道士和多名我会修道士来到殖民地,其后是耶稣会传教士。他们是教会精挑细选出来的,受过严格的训练,对于人的自由持有激进的看法。早在1511年就开始有教会人士向国王控诉印第安人遭受的不公正待遇。事实上,在1512年①,弗雷·蒙特西诺斯(Fray Montesinos)曾成功说服国王颁布了布尔戈斯法,这是欧洲颁布的有关殖民者行为的第一套系统性法规。

这些法规明确了三条原则:首先,印第安人是自由人,不是奴隶;其次,要以劝说的形式让他们皈依天主教,而不是使用强制(他们不接受宗教裁判所的审判);最后,要让他们劳动。另一方面,监护主对印第安人的勒索受到限制,还有一些规定专门禁止虐待印第安人。至于这些法规的执行情况,现实中并无监督。在那些抗议虐待印第安人的传教士中,最为著名的是拉斯·卡萨斯(Las Casas),他写作的《印第安人毁灭述略》被翻译成欧洲很多国家的语言,有很多版本,尤其是新教徒的版本,成为西班牙在新世界的压迫活动即所谓的"黑色传说"的坚实根据。1542年,经常到西班牙宫廷的拉斯·卡萨斯,最终说服国王查理一世(即神圣罗马帝国皇帝查理五世)颁布《印度群岛新法》。[1392]如果这些法律得以执行,本可以在相对短的时间内终止监护制度,但是殖民者对此发起反抗,尤其是在秘鲁,因此不得不对其做出修改:监护主可以从印第安人那里要求实物形式的贡品,尤其是食品,但是不可以要求他们为其劳动。因此,从此之后,进贡的数量开始由检审法庭进行控制。检审法庭最后将进贡的数量固定下来,但是由于通货膨胀的原因,这一数量变得越来越少,因此到了1600年,委托监护制已经基本上消失了。

但是印第安人依然要劳动,在萨卡特卡斯和波托西发现的银矿亟需劳动力。由于法律已经不允许私人强制印第安人劳动,于是国王授权当局征用劳动力,这实际上是一种徭役。每一个印第安村庄都要按

① [译注]原文为1494年。

照特定比例送人轮流去服徭役，一去就是好几周的时间，全年不间断。然后，当地的行政官员把他们分配到不同的工作，如修路架桥，建设公共建筑等。但是银矿的劳动也属于这类“公共”劳动的范畴，有时种植蔗糖也被纳入这一范畴。报酬的确是有的，当然非常低。这一制度在新西班牙被称为劳役摊派制，在秘鲁被称为是“米塔制”。印第安人受到十分严重的虐待，这里唯一正确的做法是指出一点，即他们的确有一个寻求公正的方法，并且这个方法常常是有效的。在新西班牙，有一个名为“印第安普通法庭”的专门法庭进行简易审判，评估每个村庄应该提供多少劳动力。但不幸的是在秘鲁没有类似的法庭，起诉者只能向检审法庭进行控诉，而其程序缓慢而繁琐。

但是随着委托监护制的解体，又出现了一种新的官吏，他们控制着印第安人，确保他们服徭役，这些官吏就是印第安监督官。他们成为统治集团中的关键等级，一位权威专家认为他们是“殖民地政府的基础”。[①]虽然由宗主国任命，这部分官吏常常是克里奥尔人，其任期不长，但是可以连任。他们集司法权与行政权于一身，但是对其行为的制约的确很少，甚至没有。在理论上，他们的统治是一种剥削和镇压，虽然在实践中他们常常并不行使其权力。印第安监督官是征税官、治安官和行政官三位一体。只要能够征收得到，他想征收多少税就征收多少税，想私吞多少就可以私吞多少；他可以召集印第安人从事“公共”劳动，然后将其出租给私人；在从印第安人那里购买东西时，价格他自己说了算，同时他还可以自定价格强迫印第安人从他这里购买。[1393]他甚至可以把印第安人的土地据为己有，把印第安人的水权欺骗到自己手中。更加恶劣的是市长，其职能和监督官基本上差不多，但其地位更为次要。他们被分配到一些小的社区，常常是没有薪酬的，在这种情况下，他们更加腐败。

为了公平，我们似乎只能指出一点作为比较，即作为英国王室的臣民，北美洲的印第安人没有任何权力，他们要么被屠杀，要么被赶进居留地，并且即使在居留地，其印第安人代理也常常和西班牙的监督官一

① Fieldhouse,《18世纪以来殖民帝国的比较研究》，第19页。

样残暴。为了公平,我们还可以将注意力转向同时期东欧农民的处境,如普鲁士、丹麦、波兰、奥地利和俄罗斯的农奴,他们没有任何行动自由,没有权利选择自己的职业,面对地主的压榨和剥削,却无处可以控诉。

3.7 总结

新世界的殖民地被当作相互独立的王国来对待,它们只臣属于卡斯蒂利亚的王室。与此相应,它们是作为协调一致、等级分明的实体组织起来的。在其最有代表性的机构中,有很多是从卡斯蒂利亚引入的。和卡斯蒂利亚一样,这里实行的是严格意义上的专制统治,即使存在一些自治的或代议制的机构,也要么掌握在少数富有的寡头统治者手中,要么职权十分有限。等级化的机构设置含有复杂的制衡因素,这一方面使反叛甚至自治都成为不可能,另一方面也导致了无限期的拖延,而和宗主国之间的距离也使这种拖延更加严重。

第二个主要特征是其高度的律法主义,法律和政令潮涌而至,似乎法律程序可以解决所有的问题。但这一特征和第三个主要特征是互相矛盾的,那就是其独特的社会结构,900 万印第安人受制于大约 25 万克里奥尔人的统治,其中大约有 4000 位非常富有的监护主、牧场主和矿主,他们控制着城市,还有监督官,他们有时在农村利用印第安人为自己服务。这种两极分化现象将大部分法律上的保障化为乌有。与此同时,这些新王国被彻底地天主教化,和宗主国一样全民信奉同一种宗教。加上教会建筑利用了印第安工匠这一点,这种彻底的基督教化对于“殖民”土著人口的贡献也许比军事征服还要大,因为印第安人因此接受了一种信仰,一种哲学和一种新语言。[1394]在几乎所有这些方面,西属美洲的这些王国都和北美大陆上的英国殖民地不同。

4. 英国的殖民地

4.1 殖民、殖民地和殖民者

在 1680 年的《印度等地法律汇编》中,对于西班牙王室至少从腓力二世时以来的一贯政策有如下表述：

> 只要卡斯蒂利亚王国和西印度群岛的王国在一个国王的统治之下，两者的法律和统治方式应该尽可能互相一致。皇家咨议会在制定西印度群岛的法律和统治制度时，必须在地理和民族上的差异所允许的范围内，确保这些王国是以和卡斯蒂利亚与里昂同样的形式进行治理的。①

这一目标在很大程度上得以实现。同样，英国也把自己法律和统治传统传播到其美洲的殖民地，但这一过程并非有意为之，而是以一种累积的方式自然发生的。

4.1.1 殖民

在17世纪早期，西班牙人过于强大，无法将其从中美洲和南美洲驱赶出去，于是英国人不得不将目光转向还没有被占据的加勒比海上岛屿和北美大陆，前者主要是小安地列斯群岛，和法国之间进行了瓜分。这些岛屿盛产蔗糖和烟草，两者都是利润丰厚的经济作物。来自非洲的黑奴在种植园里劳动，因此，这种殖民地被称为“种植园殖民地”。北美大陆上与其模式最为接近的是弗吉尼亚和卡罗来纳。在美洲所有的殖民地中，英国王室最喜欢的是这些“糖岛”，然后是大陆最南端的这些殖民地。实际上，殖民地越向北，就越不受英国王室的喜欢，对于最北端的新英格兰，王室感到的只有厌恶。

我们这里要探讨的就是北美大陆上的殖民地。西属佛罗里达以北的地区被以英国王室的名义占领，而这并不意味着其他人不能将其据为己有，因为法国人和荷兰人一定也可以在此自由定居，而是说任何英国人要想来此定居，必须要有英国王室的某种明确授权。

[1395]英国在美洲最早的永久定居点位于詹姆斯敦，它是新成立的“伦敦公司”于1607年建立的，其目的是进行殖民和传播基督教。这

① 引自Parry，《西班牙海上帝国》，第197—198页。

个殖民地的总督和议事会由英格兰的董事们任命,而这些董事是由股东选举产生的,受股东们的控制。第二个永久定居点于1620年在普利茅斯建立,据今天的波士顿不远。这个定居点主要由宗教异议者构成,他们的殖民权也是从伦敦公司获得的。因此,英国对北美大陆的殖民是从最北端和最南端开始的。从此之后,新生的殖民地在两者之间见缝插针,最后沿着整个海岸线形成狭长的殖民带,从缅因一直延伸到乔治亚。

4.1.2 殖民地的三种构成形式

英国的美洲帝国并不是一位总督统治之下的统一政治体,而是由13个不同的政府组成的,每个政府都有自己的货币和贸易法规,并且对待宗教的态度也常常是不同的。它们在政治上的联系只有一点,那就是都臣属于英国政府。此外,它们在构成方式上也是多样化的。虽然每一个殖民地的建立都要经过王室授权,但是这种授权可以有不同的形式,如王室可以将土地作为礼物赠给特定的某个人或某些人,他们就成为土地的业主。进行殖民的人也有可能是一个从国王那里获得特许状的股份公司。我们要注意一点,即无论是哪一种情况,其发起者都不是政府,而是来自私人,这和西班牙、葡萄牙和法国都是不同的,因为对于这三个国家来说,殖民活动是政府的行为。

殖民地从一开始就出现了三种构成形式,第一种我们可以称其为"公司殖民地"或者是"特许殖民地",新英格兰地区的殖民地就属于这一种;第二种是"业主殖民地",还可以将其翻译为"私有殖民地";第三种是"皇家殖民地"。

公司殖民地沿用的是马萨诸塞湾公司在1629年的做法,这本来是一种股份式的殖民地,但是在1629年,通过利用法律条文上的疏漏,殖民者获得许可,买下了持反对意见的英国股东的所有股份。这样一来,该公司就实际上成为一个设在美国并且在美国管理的公司,其总部也随之从英国搬到了美国。就这样,这个股份公司的规章制度就成为这个殖民地的章程,它由一位总督和18位"助理"进行管理,任期为一年,全部由股东或者自由民选出,后者是指那些不一定持有公司股份的人。这里重要的并不是章程的细节,因为这些细节发生了很大的变化,而是殖民地和英国王室的关系所出现的猜疑。通过把公司整个搬迁到马萨诸塞，这些殖民者是否实际上已经独立于英国王室呢？[1396]当然，他们有时候声称如此，尤其是在英国内战期间。马萨诸塞湾殖民地完全控制着其成员的宗教信仰，持异议者在这里遭到迫害，于是他们离开这里，到康涅狄格和罗得岛建立了自己的小政府。作为马萨诸塞湾殖民地的分支，他们和英国王室的关系也很复杂。除此之外，这些公司殖民地或者说特许殖民地还有另外一个与众不同的特征，那就是其官员没有一个是王室任命的，并且他们在英国没有自己的代表，也没有向英国派出过代表。

业主殖民地的章程很古老，形成于在达勒姆还有一个巴拉丁领地的时期，巴拉丁是指在领地内享有王权的封建贵族，而这一章程将这种权威转移到某一个体或组织手中。1632 年，马里兰被从弗吉尼亚殖民地分割出来，国王查理一世将其授予乔治·卡尔弗特，他就是后来的巴尔的摩勋爵。勋爵本人和其继承人以及受让人成为这个地区“真正的、绝对的领主和所有人”。作为回报，他们要将这里发现的金银的五分之一上缴王室，此外还要献上两只“印第安燧石箭头”。作为这一地区的所有人，卡尔弗特成为军队的总司令，掌握着所有官员的任命，无论是教会职务还是世俗职务。他有权任命封臣并授予其领地，但是殖民地的法律必须要受到自由民或其代表的认可。新泽西和卡莱罗纳也是业主殖民地。这种殖民地中最突出的是面积广大的宾夕法尼亚，1681 年查理二世将其授予贵格派教徒威廉·佩恩，佩恩想把这个殖民地变成备受迫害的贵格派教徒的避难所，因此这个殖民地最主要的特征就是完全的宗教宽容。1701 年(译者注：原文为 1689 年)颁布的《特权宪章》是一个权威性的章程，它规定殖民地的总督和议事会由业主选举产生，每个郡派 4 位代表参加地方议会，此时这种设置已经成为一种常规。

任命总督和高级官员的是作为土地所有者和政府首脑的业主，这就是业主殖民地和皇家殖民地之间的最大差异。在业主殖民地，国王和殖民者的中间还有业主，而皇家殖民地的典型特征是这里官员由国王亲自任命。第一个这样的殖民地是弗吉尼亚，就像我们已经说过的那样，它最初是由伦敦公司管理的。由于管理不善，这个殖民地几乎破产，1624

年,詹姆斯二世命令将其解散。从此以后,其总督和议事会就由国王任命,直接听命于国王,但是地方议会、法庭和地方统治机构保持原样。这一模式被很多殖民地所沿用,在 1685 年只有两个殖民地是皇家殖民地,但是到了 1763 年,只有马里兰和宾夕法尼亚是业主殖民地,只有康涅狄格和罗得岛是公司殖民地,剩下的全都是皇家殖民地。①

4.1.3 殖民者

[1397]1660 年,英国殖民地的欧洲人口只有 7 万,其中大部分来自英国,在整个法属加拿大,也只有 3000 法国人,但是到了 1700 年,殖民地人口增加到了 25 万人,到了 1763 年,包括黑人在内,人口不少于 250 万,这相当于当时全英国人口的大约三分之一。②和精心挑选的西班牙下级贵族不同,英国移民的目的不是为了统治和剥削被征服的民族。虽然最早于 1607 年来到詹姆斯敦的殖民者是"绅士",他们没有任何技术,是为了寻找传说中的遍地黄金而来。在最早来到美洲的两船移民中,几乎没有体力劳动者和手工业者,而这正是在殖民地的前五年很多人丧生的原因。但是殖民者很快就吸取教训,不再一心寻找黄金,而是转而种植烟草。那些朝圣者和在清教徒"大迁徙"时期(从 1630 年左右到 1640 年)来到新英格兰的清教徒与他们不同,为了逃离宗教迫害,或者是为了逃离对他们来说无法忍受的暴政,这些人带着全家,在这里建立了自己的教堂。马里兰就是为遭受迫害的天主教徒建立的,前面我们已经提到过宾夕法尼亚的贵格派渊源,但是这两个殖民地很快就确立了宗教宽容的原则,因此胡格诺教徒和在德国遭受迫害的教派也被吸引过来,随之而来的还有苏格兰人和爱尔兰人。就这样,和西属美洲不同,英国的殖民地对所有的新来者开放,因此吸引了大批的持异议者。

---

① 皇家殖民地的增多并非总是因为王室想直接行使权威,而是为了殖民地的自身利益,对于卡莱罗纳(1725 年)和乔治亚(1752 年)来说尤其如此。

② R. C. Simmons,《美洲殖民地,从定居到独立》(1976 年),第 74 页;J. Miller,《美国革命的源头》(Faber,伦敦,1945 年),第 43 页。根据 McEvedy 和 Jones 的《世界人口史地图册》,在 1700 年,整个拉丁美洲的白人有 100 万,在北美洲,只有 30 万(第 279 页)。

另外一个不同在于：在西班牙，大批穷困潦倒的下级贵族踊跃移民，但是英国的贵族来到美洲的很少，英国移民主要是英国社会的中间阶层和手工业者，以契约仆佣和囚犯的身份来到美洲的就更不要说了。英国的殖民地不存在"封建制度"，一方面是丰富的土地资源，另一方面是劳动力的短缺，使这一制度不可能出现。①殖民地的社会结构由下面几个阶层构成，首先是社会和政治上的支配等级，然后是自由持有农阶层，其次是自由手工业者和自由劳动者。契约仆佣的地位在他们之下，在履行完契约规定的义务之前，他们实际上是奴隶。[1398]黑奴处于社会的最底层。虽然所有的殖民地都有这样的社会分层，但是不同阶层的构成有很大的差异。例如在新英格兰，处于支配地位的是富有的商人及其依附者，他们高高在上，和普通的农民、手工业者和那些没有自由的人截然不同。但是在波托马克河以南的地区，上等阶层是拥有大量土地的贵族，遵循的是限制继承权的法律和长子继承制，他们鄙视商人和商业活动。在户外举行的选举活动中，这些拥有奴隶的大财主们对自由持有农进行恐吓，甚至自称为"保王党人"，但是他们并不像英国的贵族那样是一个封闭的世袭等级。一个自耕农也可以通过辛勤劳动成为大地主并加入这一等级。在中部的殖民地，统治阶层中既有地主，也有商人，如纽约那些荷兰人后裔。

在所有的殖民地，统治等级都要求人们的服从和尊重，他们也得到了这种服从和尊重。例如，在教堂里，"会众根据年龄、社会地位和财产的多少就坐"。②在东北部和中部殖民地的绝大多数人口是自由持有农，他们很勤劳但是居住条件很差，他们野心勃勃但是常常目不识丁。虽然如此，他们拥有选举权，一旦民众政党或平民主义政党出现，这部分人就会构成其群众基础。由手工业者和体力劳动者构成的第三等级没有选举权，除非他们能够满足参与选举的财产要求，而这一要求在所有的殖民地都存在，只是其形式有所不同而已。

由此可见，这些殖民地根本就谈不上什么"民主"，事实上它们实行

---

① C. A. Beard 和 M. R. Beard,《美国文明的兴起》，一卷本(Cape，伦敦，1930 年)，第 52—55 页。

② C. A. Beard 和 M. R. Beard,《美国文明的兴起》，单卷本(Cape，伦敦，1930 年)，第 129 页。

的是一种高度的寡头统治。虽然如此,殖民者还是把普通法和英国的议会传统带到了新大陆。

4.2 帝国的框架

在1776年美国革命之前大约10年的时间里,有些殖民地的宣传者已经开始质疑英国君临议会的统治权,至少是对其统治的范围进行了质疑。直到此时,殖民地在法律上的地位大致如下:与爱尔兰和马恩岛一样,殖民地是“自治领”,是英王室的属地,而不像西属美洲的副王辖区一样和其他王国平起平坐。殖民地有自己的政治机构,国王要想对其征税或为其立法,必须要通过这些机构。另一方面,君临议会的权力是不受限制的,它一直主张拥有约束王室自治领的权力,可以为其立法,可以对其征税。

[1399]在实践中,君临议会主要利用这种统治权控制美洲殖民地的贸易事务,虽然在特殊情况下它有时也会进行干预,改变殖民地的特许状,如1726年就曾对马萨诸塞的特许状做出改变。对于殖民地的内部事务有这样一种认识,即有效的权威是由国王而非君临议会所行使的。如果殖民地的特许状必须要被废除或者改变,这一任务要由国王来完成。通过对其任命的总督或必须要经其认可的业主总督发号施令,国王应该控制殖民地的活动。作为国王的代理人,这些总督应该促成殖民地的立法机构接受国王的法律,或者是否决和国王的法律相违背的地方法律。此外,国王本人也可以通过枢密院驳回这样的地方法律,例如针对宗教少数派的歧视性立法。另一方面,限制奴隶贸易的法律也被驳回。①

在实践中,事实证明总督是一个很薄弱的连接纽带,其原因后文马上就会探讨,罗得岛和康涅狄格的总督实际上是殖民者自己选举出来的。总体说来,英国对殖民地内部事务的干预很少,只有在一个领域例外,那就是贸易和工业。

---

① S. E. Morison, H. S. 康马杰, W. E. Leuchtenberg,《美利坚共和国的成长》(牛津大学出版社,牛津,1969年),第1卷,第84页。

英国的政府部门没有一个可以独立负责帝国政策，从原则上讲，这是枢密院的职权范围，但是这逐渐成为一种荣誉性的行为，在此过程中，枢密院开始越来越依赖于贸易和种植园委员会的专业性建议。这个委员会的权力范围使其可以审查殖民地的立法，建议驳回那些和帝国贸易政策背道而驰的殖民地法律，推荐总督的人选，起草对总督的指令，提出有关殖民地和议会或枢密院关系的法律，还要审理殖民地的控诉。虽然如此，这个委员会完全是顾问式的机构，从来没有过内阁大臣担当其领导者，因此缺少任何行政或立法上的权力。

简而言之，英国政府只不过是将殖民地看成是一种贸易协会，即使对殖民地的活动进行干预，也几乎完全是有关这个贸易协会完整性的领域。这种干预是通过两项政策来实现的，首先是《航海条例》)，它规定所有来往于殖民地的贸易都必须要由英国人所有和操作的船只进行运输；所有的商品，无论其原产地为何处，都必须要经过英国的港口进行转运；某些指定的殖民地产品必须要直接运到英国的港口。［1400］第二项政策的目的是为了确保殖民地不会和宗主国形成竞争。有些殖民地产品遭到禁止或者限制，如羊毛、羊毛纱线和布匹等。有时一个产业会受到抑制，而另一个产业则会受到鼓励，例如，1750年颁布的《铁制品法》禁止殖民地建立新的轧钢厂或者是生产钢，但是鼓励他们为英国生产条形铁和生铁。

一直以来，围绕这些“旧殖民政策”的影响有很多争议。亚当·斯密在其《国富论》中指出其损失并不仅仅限于某一方。烟草和大米种植者遭受了损失，因为他们只能卖给英国，不能直接卖到欧洲大陆，但是有些商品的生产者则受益于对英国出口所得到奖金，这些商品如靛青、木材和蔗糖等。总体说来，似乎殖民地遭受的损失更大，根据一个估计，在18世纪70年代早期，其损失在50万英镑至150万英镑之间。但是从另一方面来看，英国要承担殖民地防御的花费。①英国政府既想让殖民地为其防御做贡献，又想执行这种重商主义政策。一定就是这种权衡关系激起了各个殖民地的不满，并最终引起了他们的反抗。

---

① Fieldhouse，《18世纪以来殖民帝国的比较研究》，第68页。

4.3 殖民地政府

虽然各个殖民地的构成和源头有所差异，但是在它们中间出现了一个类似的统治模式，即都有总督、议事会和一个选举出来的立法机构。选举产生的立法机构的普遍存在是很值得注意的一点，它实际上在1620年清教徒移民美洲以前就已经出现了。在弗吉尼亚还归伦敦公司所有时，在该公司的指导之下建立了一个由代表组成的地方议会，负责制定地方法律，但是这些法律要经过公司的同意。因此，在1619年，每个定居点选出两位代表，共22位“议员”和总督的议事会举行会议。到了1624年，詹姆斯一世将弗吉尼亚变成皇家殖民地，这就意味着总督及其议事会要由国王任命。虽然如此，国王依然允许殖民者选举地方议会，制定法律，并对税收进行投票。就像我们看到的那样，马萨诸塞最初的章程就是伦敦公司的宪章，只不过是将其移植到了美国而已，它规定总督和他的18位助手要由股东和自由民选举产生，任期一年，并且这些股东要每个季度集会一次，进行选举并通过法律法规。马里兰本应该由其所有人巴尔的摩勋爵进行统治的，但是在1642年，这里也产生了由自由持有农组成的地方议会。英国的内战和清教徒的胜利推动了殖民地议会的发展，从1660年起，可以说王室已经把地方议会当成了理所当然的存在。[1401]这里有一个很大的例外，它从相反的角度证实了一般规律，这个例外就是皇家的“新英格兰领地”。在詹姆斯二世统治时期，全部由清教徒构成的新英格兰、纽约和新泽西被合并成为一个“新英格兰领地”，由一位总督和议事会进行治理，但是并没有代议制的地方议会。当然，这和詹姆士二世的专制和他对议会的反感是相一致的。1689年，当殖民者听说他已经丢下王位仓皇出逃时，他们发动起义，囚禁了国王任命的总督，恢复了殖民地原来的宪章，这次尝试也就此结束。

现在让我们将目光转向殖民地政府的三个构成要素，即总督、议事会和地方议会。

总督的任命是以大英国玺的名义颁布的，是国王意志的最高表达。作为首要行政官，总督有权授予土地，可以征收关税，还可以实施贸易法规。与此同时,他还是地方军队的总司令和海军中将,对于后者要有专门的任命。他负责任命低级法官、地方治安官和其他低级官员。虽然是国王在殖民地的代表,但是他对地方议会的权力要比国王对议会的权力要大,因为根据国王的命令,他要积极行使召集、解散和中止地方议会的权力,还有重新分配选区、确定会址的权力,尤其是否决立法的权力。

和总督密切相关的是由十多个人组成的议事会,他们要扮演很多角色,例如要作为地方议会的上议院。和总督一起,他们构成殖民地的最高法庭。在许多行政事务上,如土地的授予、下级官员的任命和地方议会的召集,他们都要和总督保持一致。在有些殖民地,这个议事会可以对总督的权力形成某种制约,但是由于其成员是由总督提名的,并且总督可以因为其反对而将其停职,他们在很大程度上都是很顺从的。

在英国人的眼里,总督是王室的代表,他要否决和王室意志相违的立法,并让地方议会通过国王想要的法律,但实际情况并非如此,而是与此恰恰相反。这是因为在和行政机构的权力对比方面,虽然根据推测殖民地的地方议会应该逊于英国的议会,但是在大部分情况下,前者要强大得多。地方议会对总督的权力越来越强大,这是殖民地政府最为显著的一个特征,而这一过程最终导致1776年的革命。我们前面说过殖民者将英国的制度移植到了新大陆,但是随着时间的推移,他们青出于蓝而胜于蓝。

[1402]总体说来,各个殖民地的选民基础还是很广泛的。选举资格建立在财产多少的基础之上,在新英格兰,其最低要求是拥有价值40先令的不动产,因此还是非常大方的。资格要求最高的是纽约和南卡莱罗纳,其中前者要求拥有大约40英镑的不动产,而后者的要求在1745年之后变得越来越高,到了1759年这一要求提高到了拥有100英亩的土地或者每年上缴10个先令的税。[1]就像前面提到的那样,至少在新英格兰,这样的资格限制可以允许殖民者中50%至80%的成年

① Simmons,《美洲殖民地》,第247—248页。

男性白种人参加选举。但是这一点并没有在地方议会的构成中反映出来,这些议会主要由有财产有地位的人构成。

地方议会对总督的权力稳步上升,这一点是通过利用他们对公共财政的控制权而实现的,而这个权力即使在王室看来,也是他们最基本的权力,不可削减。在弗吉尼亚和马里兰,总督的薪酬不受地方议会的控制,因为它来自对烟草出口的税收,但是在其他所有地方,总督的薪酬都是由地方议会拨款,这同时也就意味着他们可以拒绝发放。王室不遗余力地坚持要求他们定期发放,但是却无法强制执行。

地方议会常常会走得更远,在这方面他们和十五六世纪德国的等级代表会议很相似,当诸侯已经将其收入挥霍殆尽的时候,国会获得了为某一事项拨款的权力,甚至还建立了自己的委员会对账目进行审核,而在弗吉尼亚,地方议会逐渐完全控制了各项支出和公务人员的薪水。与此同时,他们还完全控制着新城镇的设置和议会代表的分配,而就像后面会看到的那样,这个权力的政治重要性是不言而喻的。虽然如此,在弗吉尼亚,总督和地方议会之间的冲突并不常常发生,因为在这个殖民地,总督在社会上是和那些构成议会的绅士阶层相认同的。①南卡莱罗纳所发生的情况与此恰恰相反,这里的下议院掌握着弗吉尼亚地方议会所掌握的政治权力,他们也建立了自己的委员会,负责当地的公共建设工程,但是这个殖民地的新任总督努力要摆脱下议院的约束,这样就导致了尖锐的冲突。

无论是在南卡莱罗纳,还是在北卡莱罗纳,地方议会都对总督想要影响选举结果的努力进行抵制,例如在 1762 年,南卡莱罗纳的总督布恩企图挑战选举的有效性,但是却未能成功。这个议会还进行了长期不懈的努力,阻止总督重新分割选区的企图。②[1403]在弗吉尼亚北部的马萨诸塞,议会控制了总督薪水的发放,在新泽西和纽约也是如此。在纽约,议会还控制了财政拨款和账目的审核。对于像罗得岛和康涅狄格这样的公司殖民地,就像前面提到的那样,议会实

① Simmons,《美洲殖民地》,第 249 页。
② 同上,第 248—249 页。

际上获得了选举总督的权力，并且其总督不受英国命令的约束。因此，也难怪新泽西的总督贝尔切(Belcher)曾发出这样的感叹："我不得不步步留神，时时在意……一边要取悦国内国王的大臣们，一边又不能得罪这群敏感易怒的人，我左右为难，又要左右周旋。"纽约的总督丁威迪(Dinwiddie)也曾以同样的腔调指责议会是"顽固不化、自以为是的一群人"。①

这种情况是怎样产生的呢？为什么这些地方议会可以凌驾于总督之上，而在英国，下议院却要让国王的大臣们牢牢掌握着统治权呢？下议院很少发起反抗，即使反抗，也是在十分紧迫的情况下。对这个问题的答案，也正是在18世纪英国国王能够通过下议院进行统治的原因，这个原因我们在前面的章节已经讲述过。正是通过利用国王广泛的、无所不在的"影响"，即其任免权，这些大臣们才能够控制选区，决定选举的结果，并对下议院进行"管理"。

而这些也正是殖民地的总督所缺少的权力，前面的段落已经说明了议会是怎样阻止他们任意划分选区的。此外，他们不拥有任免权，这使他们无法影响选民。他们之所以没有任免权，这一方面是因为英国王室的政策，一方面是因为地方议会，因为后者在很多情况下掌握了低级官员的任命权，而高级官员又是由英国的首相任命的。②

这些殖民地的议员们意识到了行政干预自由选举的后果，并且知道如何防止这种干预，这并非偶然，也并非不断摸索的结果，而是因为他们对英国所发生的一切有深切的体会，这一点我们必须要铭记于心，即殖民地和英国连续不断的、藕断丝连的联系，英国政制对他们对宪政秩序的认识产生了巨大的影响。殖民者接受了英国的模式，但是在此过程中，他们开始将他们的议会看作是对英国议会的复制，并由此推论他们的权力也应该是同样的，[1404]而实际上他们知道总督可以行使并且也行使着英国国王已经丧失的权力，如否决权，任意召集和中止议会的权力，甚至还有罢免法官的权力。博林布鲁克(Bolingbroke)曾这

① C. A. Beard和M. R. Beard，《美国文明的兴起》，第117页。

② Simmons，《美洲殖民地》，第246页。

样说过,沃波尔就是通过操纵"荣誉、头衔和晋升机会……并利用所谓的养老金作为贿赂"等方法,从而对议会进行控制的。①殖民者认识到了这一点,在所有的13个殖民地,持这一观点的小册子作者们的作品被一版再版,无论他们是来自英国还是来自殖民地。②

殖民地之所以对普通法的精妙之处越来越情有独钟,正是因为和宗主国之间连续不断的联系和英国思想与制度的巨大影响。根据首席大法官柯克的解释,普通法可以对议会本身构成制约,这一观点被与他同时代的其他法官所拒绝。我们之所以要提到这一点,是因为人们广泛认为这是清教徒先辈们带到美洲的普通法原则之一,今天对美国宪法进行司法审查的做法就源于此。事实上,那些先驱者们带到美洲的"普通法"只不过是各种各样的一些原则,这些原则虽然粗糙,但是极其强大,其中包括有陪审团审判的原则,通过适当程序保护财产的原则,基本的人身保护权的原则,还有任何人都不能被强迫自证其罪的原则。起初,这就是"普通法"所包括的全部内容,其古老的、需要专业律师的司法程序,甚至其实质性的法律条文都不适合殖民地的情况,实际上和开拓这些广袤的处女地的过程中所遇到的问题很遥远。事实上有些殖民地并不喜欢普通法,因为正是在这种法律之下,他们才受到迫害,被迫背井离乡。③

事实上,英国的普通法并没有被真正理解,当局所使用的法律可能是原始的。在没有律师解释法律的情况下,有些殖民地允许诉讼当事人自行辩护,例如马萨诸塞的《自由典则》就是这样规定的。但是随着这里的社会变得日益复杂,需要有更加完备的、复杂的法律体系,因此也需要更好地理解这些法律,而这就意味着需要有经过训练的律师。公众对普通法的兴趣越来越大,一方面,它被认为能够保护公民自由权不受专制行政权力的侵犯,另一方面,它被看作是英国特色的区别性特征,有别于虎视眈眈的法国。④[1405]英国的法学论著得到广泛的出

---

① 引自Simmons,《美洲殖民地》,第258页。

② 同上。

③ R. David和J. E. Brierley,《当代世界主要法律体系:比较法研究导论》(Stevens and Sons,伦敦,1985年)第399—400页。

④ 同上。

版，美国公共生活中律师的数量激增：

> 1690年在纽约召开第一次殖民地会议时，7位成员中有两位是律师；在1754年参加奥尔巴尼会议的24位成员中有13位法律从业者；在发起独立革命的第一次大陆会议上，45位与会代表中有24位律师；在宣告美国独立的第二次大陆会议上，56位代表中26位是律师；在制定联邦宪法的会议上，55位成员中有33位律师。[①]

4.4 英国模式在海外

就像一位评论者[②]所说的那样，这就是英国议会模式的强化版："在18世纪，没有一个外国的殖民地拥有的立法权可以与其相比"，但是他又接着补充说："实际上殖民地要远比宗主国所希望的更加自治"，其原因我们已经探讨过。以与此类似的方式，那些研究并实践普通法的律师成为殖民地人民的民意领袖，取代了此前传教士作为信众领导者的地位。随着殖民地人口的增长，议会制的有限政府和法律制约这两个强大的概念也得以扩展。到了1760年，殖民地的人口已经达到英国的三分之一。此后美利坚合众国独立并上升成为世界大国，这也代表了议会制和法律制约在世界范围内的上升，这两点已经成为自由民主国家的基本构成要素。

5. 俄罗斯的西化(1682—1796年)

在大西洋沿岸国家以东很远的地方有一个虽在欧洲但并不是其一部分的国家，这个国家的人民称其为"罗斯人之地"(Lands of Rus)，西欧国家则称其为"莫斯科公国"(Muscovy)。除了很少的一些接触之外，如15世纪晚期和罗马与维也纳以及16世纪和英国之间的外交谈

① Beard，《美国文明的兴起》，第101页。
② Fieldhouse，《18世纪以来殖民帝国的比较研究》，第62页。

判,后来在17世纪和波兰、瑞典和奥地利的接触逐渐频繁起来,在彼得一世即彼得大帝之前,它和西欧在事实上是隔绝的。即使到了1796年叶卡捷琳娜大帝去世,其西化的程度依然十分有限,仅仅是按照西欧的模式对贵族等级进行了改造,[1406]在为数不多的一些城市里,贵族的角色受到很大的限制,而俄罗斯社会的大部分基本上原封未动,其社会重组要等到19世纪后半期。

5.1 俄罗斯的政治传统

对于西欧国家来说,俄罗斯是一个遥远而边缘化的地方,欧洲和亚洲在这里交汇。从蒙古人征服时期开始直到18世纪,称其为欧洲国家只是出于某种礼貌。它自行其道,与欧洲大陆的西部相隔绝。所有那些创造了新型欧洲国家的伟大运动和经历都与其擦肩而过。直到987年,它才被基督教化,并且其程度是肤浅的,这比法兰克人晚了500年,即便是在此时,其东正教信仰依然使其和欧洲的天主教主流相割裂,1054年之后,两个教派处于一种分裂状态,这种分裂更加剧了这种割裂状态。从1237年开始,俄罗斯开始被鞑靼人(蒙古人)征服,在此后的两个世纪里,它变得几乎完全与世隔绝。俄罗斯欧洲部分的西部地区被异教徒的立陶宛人所分割,而这些地区直到1387年才被基督教化,由于他们是天主教徒,这使情况更加糟糕,因为是信奉东正教还是信奉天主教,这提供了是自认为俄罗斯人还是波兰-立陶宛人的主要情感依据,实际上它甚至可以说是唯一的一种情感依据。

因此,在被蒙古人征服之后,俄罗斯的历史演进走上了与西欧国家截然不同的路径。一开始,它几乎还不是一个领土国家,因为其边界是开放的、有争议的、不确定的。乌克兰和顿河流域落到了立陶宛手里;南部是桀骜不驯、逃离压迫和奴役的哥萨克人;继续向南是鞑靼人,从1350年至1400年之间,他们被分成三个汗国;东部直到太平洋是一望无际、无边无垠的西伯利亚大草原。

在知识和宗教上俄罗斯所接受的影响主要来自拜占庭,但是希腊语并没有得到广泛的使用,因为祈祷文已经被翻译成古时教堂使用的斯拉夫语。这个国家从来没有使用过拉丁语,从来没有产生过像西欧那样的经院哲学，也从来没有经历过新教改革、文艺复兴和本土的启蒙运动。与此相反，每当围绕教会和国家之间的关系产生争议时，如17世纪东正教和旧礼仪派之间的分裂，这种争议不是精心推理的神学思想之间的冲突，而是源于神学上的蒙昧主义，它催生了千禧年派和唯信仰论派，但是从来就不是沿着宗教改革的理性路线所进行的，也没有像新教不同教派那样产生导向共和主义的神学思想。[1407]我们必须记住一点，即作为拜占庭帝国的官方宗教，东正教会一直都自愿从属于世俗权力，实际上还为其提供了国家高于教会的专制主义意识形态。

无论怎样，这个国家也不可能会经历西欧那样的宗教改革和文艺复兴，因为其国民不识字。有些教士十分无知，以至于会相信基督教的三位一体有4个人物，多出来的这一位是圣尼古拉斯，当然他们也会这样教育信徒，还有的教士甚至连主祷文都背不出来。这里几乎没有学校。西欧从11和12世纪就已经有大学了，而俄罗斯的第一所大学直到1755年才被建立。

俄罗斯和欧洲其他国家之间最突出、也最重要的不同之处就是它没有我们所说的“法律制约性”。罗马法（即拜占庭帝国的法律）是有的，但是被纳入俄罗斯本土法律的内容很少，并且是通过教会法规才成为俄罗斯法律的。最早的法律和西欧蛮族的法律如《萨利克法》和《弗里西亚法》相类似。由于没有封建制度，也没能将契约性引入到统治者和被统治者之间的关系中。在12和13世纪，西欧蛮族的法典经历了革命性的发展和变化，但是这种情况在俄罗斯并没有发生，因为这一时期它正处于蒙古人的统治之下。其原始的法律一直延续到1497年和1550年的《法庭指南》，最后直到1649年更加全面的法律的出现。通过一个简单的事实就可以判断这一时期法制的状况：这里既没有系统的私法体系，也没有任何受过训练的法官和律师。不管怎样，新的法令不断涌现，根本来不及将其编入法典，从1649年至1815年，这样的法令多达3万条。在1700年至1815年之间，至少成立了10个委员会，专门负责法典的编纂工作，虽然一些部分性的章程得以起草，如《陆海军条例》和民政方面的《总章程》，但是没有一个能够成功将这些法令全部编制成文。直到1832年俄罗斯才拥有了一部完整的法令大全，而第一部法典直到1833年才得以颁布。虽然这部法典的内容是俄罗斯的法令,但是从法律的定义到分类都是遵循的《拿破仑法典》。①实际上在19世纪中期之前,俄罗斯一直就没有系统化的法律,没有律师这一行业,也没有西欧国家的本质特征,即法律约束性。

[1408]有些历史学家认为俄罗斯的法律理论和实践受到的是蒙古人②的启发,而这和西欧国家是截然不同的。也有的历史学家强烈反对这一观点。前者的观点建立在这样一种基础之上,即从12世纪中期开始,俄罗斯由一些互相独立的公国组成,虽然这些公国的统治者属于同一家族,所有俄罗斯人所承认的第一位无可争辩的霸主是蒙古的可汗,而他所行使的专制权威是俄罗斯政治传统中的主要因素。

蒙古人并没有占领这里,也没有在此定居,而是保留了原有的王公,并且只要求他们进贡。在这些属国的王公掌权之前,必须要亲自觐见可汗,从他那里委任状,而可汗就可以利用这些王公之间的矛盾,优先考虑那些能够提供最多贡奉的人。这样一来,他们实际上成为蒙古人的征税官。因此,这些历史学家认为当1547年伊凡雷帝宣称自己为整个俄罗斯的沙皇时,他所模仿的不是早已灰飞烟灭的拜占庭帝国的皇帝,而是鞑靼人的可汗,因为在俄语里,可汗也称自己为沙皇。他们认为俄罗斯的王公所必须面对的最早的中央权威就是可汗,这些王公正是从可汗那里学会了专制统治、无条件服从和征收户籍税,也学会了如何处理外交关系,如何应付桀骜不驯的臣民。③伊凡认为西欧选举产生的君主权力有限,或者说是契约性的,而他本人是至高无上的统治者。只有两种君主符合他们对人身和财产拥有无条件权威的标准,那就是俄罗斯的沙皇和土耳其的苏丹。④英国伊丽莎白女王时期的观察者贾尔斯·弗莱切也持这一观点,他说:"俄罗斯的统治方式和土耳其很接近……其统治的状况和形式十分暴虐,一切都要服从于君主的利

① 上述内容根据的是 H. J. Berman,《俄罗斯的司法》(哈佛大学俄罗斯研究中心研究丛书,哈佛大学出版社,剑桥,马萨诸塞州,1950年),第122—159页(第六章,俄罗斯法律的精神)。

② 又称为"鞑靼人",俄罗斯就是这样称呼蒙古人的,因此,文中这两个称呼可以互换。

③ R. Pipes,《旧制度之下的俄罗斯》(Weidenfeld & Nicholsn,伦敦,1974年),第74—75页。

④ 同上,第77页。

益,其统治方式十分野蛮。”①

也有些历史学家强烈反对这一看法,他们认为伊凡三世和伊凡四世所仿效的肯定是拜占庭和神圣罗马帝国的皇帝,而不是蒙古的可汗。他们从拜占庭和罗马教廷的谈判和使节那里学会了如何处理外交关系,从君士坦丁堡所任命的希腊大主教那里学会了政治。

这里的问题是如何理解“政治”一词,[1409]统治者们很难从这些大主教和主教那里学到行政和为官之道、税收和军事组织。②当然,教会引入了教会法规,但是世俗法律表现出“很少拜占庭影响的迹象”,“纵观俄罗斯在君士坦丁堡陷落之后一个半世纪的历史,很难看出中世纪之后的俄罗斯沿袭了拜占庭的政治传统”。③但是另一方面,沙皇的确从拜占庭学到了神权政治的概念,即君权是神圣的,要保护教会并与其和谐相处。不仅如此,他们的独裁政体也仿效了拜占庭。在我看来,俄罗斯的统治者似乎从蒙古人那里学会了从事政治活动的技巧,从拜占庭那里获得了宏大的意识形态和神圣专制的政治模式,正是利用这一模式,他们牢牢统治着这个疆域辽阔的统一国家。

5.2 闭关锁国阶段:伊凡雷帝(1533—1584年)

伊凡即位时年仅3岁,因此在朝廷上受制于特权贵族,常常有生命之虞。在13岁时,他开始收回本来属于自己的权力,逮捕并杀害了这些贵族派系的头目。对于其人格,众说纷纭,但是在我看来,他似乎是一位精神病患者:反复无常,残忍成性,杀人不眨眼,但与此同时又生性懦弱,对东正教虔诚到了迷信的程度。在一阵狂怒之中,他杀害了自己的儿子和继承人。他对诺夫哥罗德的人民实施大屠杀。我们知道有一份长达3000人的贵族名单,他把这些人送到修道院为他们的灵魂祈祷,却命人把他们全部处决。

---

① G. Fletcher,《俄罗斯联邦》(1591年),E. A. Bond(编)(Hakluyt Society,伦敦,1846年),第26页。

② Berman,《俄罗斯的司法》,第129页;E. L. Keenan,“苏维埃社会主义共和国联盟:俄罗斯和苏联史:从起源到1700年前后”,《大英百科全书》,第15版(1989年),第28卷,第968—978页。

③ Obolensky,《拜占庭联邦》,第411、413、468页。

之所以要花时间谈论他的人格,是因为在其统治之下,俄罗斯成为本部《统治史》中最专横、最反复无常的专制政权,但这一说法未必适用于瓦西里三世、伊凡三世和其后君主的统治。现代欧洲国家的典型特征在其统治之下的俄罗斯很少可以找到。俄罗斯的边境是不稳定的,其源头是受制于鞑靼人统治的莫斯科公国,面积很小,但是随着时间的推移,它逐渐征服或兼并了相邻的其他俄罗斯公国。从 1552 年至 1556 年,伊凡四世征服了鞑靼人的喀山汗国和阿斯特拉罕汗国,然后开始进入西伯利亚,就这样俄罗斯成为世界上面积最大的国家。在两个多世纪的时间里,其南部的边境一直是不确定的,由立陶宛人或鞑靼人或哥萨克人占据。

[1410]当然,和西欧的专制政权一样,沙皇的专制权力不受法律的约束,但是此时却受到一些制度之外的因素的限制,这种限制源于当时贵族的身份,这些贵族由王公和特权贵族构成,前者要么是留里克王朝的后裔,要么是立陶宛的王公,或者是鞑靼的可汗。后来,沙皇的军事随从也加入贵族之列,沙皇给这些随从分配土地,以回报他们的军事服务。特权贵族本来是王公的家臣,但是他们也拥有自主地,也就是说这些土地完全归他们所有,不附带服务的义务。作为自有土地,这种领地是可以世袭的。在莫斯科公国的大公们兼并其他公国的过程中,他们将这些公国的世袭贵族也一并接收过来。但是作为世袭土地的所有者,这些贵族有权终止对原王公的服务,转而效忠于其他的王公。在 15 世纪 20 年代,这种行为开始被认为构成叛逆,并最终遭到伊凡三世的禁止。随着莫斯科公国的大公对其他所有公国的兼并,这条禁令变得多余,因为这些贵族已经没有其他正统的王公可以投奔。

贵族构成因素的不同造成了一种紧张关系,为了调节这种关系,后来出现了品级次序表,这是莫斯科公国统治的一个重要因素。品级次序表的存在,加上特权贵族不可世袭这一事实,使俄罗斯的贵族没能像在西欧那样形成一个等级。后来,彼得大帝颁布了一个《官职等级表》,而品级次序表就是其祖先。

如果沙皇年幼或者智力欠缺,特权贵族的权力就会膨胀。根据传统，沙皇在实施统治时要听从贵族议会(即杜马)的建议，议会的成员由他亲自选拔，什么时候召集议会也由他决定，但是伊凡四世在召集议会之前就主意已定。议会成员的构成并不固定。1711 年，这个议会完全消失，彼得大帝以一个他称为是元老院的机构取而代之。1598 年，一个新的机构被建立，这个机构就是“缙绅会议”，这个会议由杜马成员、高级教士和城市代表组成，但是既没有选举程序，也没有规定各个等级的配额。缙绅会议的黄金时代是 1598 年至 1613 年之间，这一时期被恰如其分称为是“混乱时期”，因为一方面是源自波兰-立陶宛(即罗马天主教)的外患，一方面是争夺王权的内忧，先后有两位觊觎王位者以去世的季米特里的名义发动内战。季米特里是伊凡四世之子，据说是被杀身亡。1613 年，缙绅会议选举米哈伊尔·罗曼诺夫(Michael Romanov)为沙皇。这次缙绅会议由各种自由人构成，不仅包括贵族和教会的掌权者，还有市民甚至是农民的代表。①随着王权专制的巩固，缙绅会议的重要性大大降低，[1411]后来无疾而终，最后一次可以被证实的会议是在 1653 年。

虽然如此，我们也不能过分夸大特权贵族的影响，他们没有形成一个集团，也没有作为一个集团为维护其特权而斗争，而仅仅是作为家族或部族而存在。

东正教对沙皇的权力构成第二个约束，但是和西欧的天主教会相比，这种约束力要小很多。和罗马天主教不同，东正教有 5 位牧首领导，教义问题通过宗教会议来决定。至少到了这一时期，在信奉东正教的几个国家，教会是自治的，也就是由其自己的大主教领导。在 1589 年的俄罗斯，这一领导权到了莫斯科牧首的手中。教义方面的问题由教会统治集团全权负责，但是教会的管理工作则由君主负责，这和拜占庭的传统是完全一致的。虽然如此，依然有些教士对沙皇的权力形成很大的限制，但这种情况的出现仅仅是由于人物个性所致，而非一种制度化的关系。伊凡四世的大主教马卡利(Makary)可以对其进行告诫

---

① R. O. Crummey,《莫斯科公国的形成，1304—1613 年》(Longman，伦敦，1987 年)，第 149 页、165 页、230—231 页。

和约束,而他的继承者菲利普·克里切夫(Philipp Kolichev)大主教虽然同样是由伊凡四世任命的,却由于和沙皇发生矛盾,被审判、判刑并被流放到一个偏远的修道院,后来又被沙皇派人杀掉。

由此可见,和西欧的贵族地主和天主教会不同,俄罗斯的特权贵族和教会统治集团都无法对沙皇的权力形成制约,并且这里也没有自治市、行会和自治团体。

西欧的专制主义还受到另外一种更为有效的约束,那就是对生命、自由和财产的尊重,这种尊重是其本身固有的,被广泛接受。在俄罗斯,私人所有制的概念被接受。不仅仅是贵族,就连自由持有农对其土地也持有绝对所有权,而不是作为对其服务的回报而获得的、有期限的使用权。但实际上贵族所拥有的财产权并不安全,伊凡四世会以各种借口对其进行判决,并将其大量财产没收。他夺取了贵族在莫斯科地区的土地,并将偏远地区的土地送给他们作为补偿,而即便是这种土地也常常被附加一些服务的义务。实际上,伊凡四世的"革命"主要就是为了推进瓦西里三世和伊凡四世的政策,给所有的土地都附加上服务的义务,无论这些土地是自主地,还是作为对服务的回报而授予的封地。

至于自由,直到15世纪90年代,特权贵族和自由持有农都可以自由更换领主,搬迁到别处,但是15世纪末、16世纪早期和17世纪早期的战争和饥荒引发了一场危机:[1412]只有在有足够的劳动力耕作土地的情况下,附加有服务义务的土地才能够在供养其所有者全家的同时,按照配额完成提供士兵、马匹和装备的任务。因此在15世纪90年代,政府规定农民只有在圣乔治纪念日前后两周的时间之内才能离开领主的庄园,而1649年的法典使农民完全沦为农奴。这部法典对领主的权力不设限制,将农奴视为动产奴隶,除了事关国家安全的情况,不允许他们控告领主,还剥夺了他们在民事案件中出庭作证的权力。[①]可见,正在农奴制在西欧被废除的时候,俄罗斯的农奴制反而得以巩固。这一过程不过是完成了奴役制度的普及,因为所有的行业和职业都是

① Pipes,《旧制度之下的俄罗斯》,第104—105页。

世袭的，商人和手工业者被拴在所居住的地方；通过颁发通行证，旅行也受到限制，边境则被牢牢封闭起来。

这里没有正当法律程序，案件由毫无法律资质的地方行政官进行审理。这里也没有私法体系，16 世纪的司法程序依然极其原始：在没有证人的情况下，地方法官会选择诉讼中的某一方亲吻十字架，而这样做的一方就算是赢得了官司。[①]要知道，这一时期法国和西班牙的法庭是穿袍贵族和律师的舞台，而英国的四所法律学院正在培养像大法官柯克这样的普通法律师。到了 17 世纪，俄罗斯的司法程序逐渐有所改善，但是仍然远远落后于西欧极其复杂的司法体系。

5.3 向西方开放：彼得大帝(1682—1725 年)

“据说在彼得统治时，俄罗斯学到了西方的技术，在伊丽莎白统治时期[②]，俄罗斯学到了西方的礼仪，在叶卡捷琳娜[③]统治时，俄罗斯学到了西方的道德。”[④]事实上，彼得大帝引入俄罗斯的除了技术之外还有其他一些东西：他努力让其臣民采用西欧的礼仪，尤其是在其朝廷上。他统治期间的一些惊人举动就是这种努力的一部分，如他亲自动手剪掉朝臣的长胡子，强制俄罗斯的百姓抛弃古老的长袍，改穿西式的服饰，还让朝廷上的贵妇人与其男伴们参加宫廷舞会，以此让她们摘下面纱，等等。他之所以如此重视新首都圣彼得堡的建设，就是想将其作为向西方开放的窗口。在礼仪上所强加的这些变化是极其肤浅的，仅得其形，未入其神。

[1413]他还从西欧引入工业技术，[⑤]以加速这个黑暗落后的国家的工业化进程，这方面的努力更加重要，影响也更加深远。即使将每个居民人口超过 1000 的定居点都看作是“城市”，俄罗斯的城市人口也还不占总人口的二十分之一，仅有的两个大城市是圣彼得堡和莫斯科，即

① Fletcher，《俄罗斯联邦》，第 66—67 页。
② 1741 年至 1762 年在位。
③ 1762 年至 1796 年在位。
④ 引自 Pipes，《旧制度之下的俄罗斯》，第 132 页。
⑤ 在 17 世纪，俄罗斯向英国和荷兰出口的是木材、油脂和碳酸钾，政府积极推进贸易和商业的发展。在冶金领域尤其如此，到 1700 年，俄罗斯已经成为欧洲最大的生铁生产者。

使按照西欧的标准，这两个城市也的确很大，人口在15万至20万之间。①他亲手选派人员到荷兰一件一件地学习造船技术，②仿佛这几个人就可以扭转整个俄罗斯一潭死水般的局面：到处是木屋、森林和荒野，到处是迷信和蒙昧无知。他的这种做法有点可怕，也有点可怜。他鼓励外国商人在俄罗斯定居，还提供很好的优惠条件，吸引人们开办工厂，其中有外国人，也有本国人。这些优惠条件包括补贴和无息贷款，还有劳动力的供应，尤其是对国有工厂，大量的劳动力被强迫在工厂里劳动，这一点是西欧国家所没有的。到了其统治末期，俄罗斯的出口产品中有一半多是帆布和铁。③

在彼得统治之前，除了三十年战争之后留下来的众多外国士兵和军官之外，俄罗斯基本上处于一种与世隔绝的状态，而彼得则决定性地结束了这种状态。外国的商人在莫斯科的郊区定居下来。他让俄罗斯登上了欧洲外交的舞台。与外国宫廷、外国人、尤其是外国军队的接触增多，这种接触促使俄罗斯不可逆转地走上了西化之路，而这一过程的结果是累积式的。这一趋势背后的推动力相当简单，那就是战争。彼得首先是一位战士，他野心勃勃，一方面要把瑞典从波罗的海沿岸驱赶出去，向西为俄罗斯打通出海口，另一方面要突破克里米亚鞑靼人与其土耳其盟军的顽强抵抗，打通黑海的入海口，而此时的黑海还是土耳其的内湖。要达到这两个目标，都需要有强大的陆军和海军，而海军的建立要从零开始。在陆军方面，虽然前几任沙皇也曾作出努力，要模仿西欧的军队，但这种模仿并不彻底。到了1686年，虽然俄罗斯已经取代波兰，拥有东欧最为强大的军队，并且彼得对军队进行了重组，使其更加西化，但是在1700年第一次围攻纳尔瓦的战役中，还是在人数占很大优势的情况下败给了瑞典。彼得整个统治期间总是在南征北战，只有一年没有发生战争。在和瑞典之间旷日持久的战争中，不可避免地把波兰、丹麦和普鲁士这些北方的波罗的海国家卷入进来。[1414]从此以后，俄罗斯成为范围日

---

① M. S. Anderson，《彼得大帝》(Thames & Hudson，伦敦，1978年)，第12—13页。
② R. K. Massie，《彼得大帝：生平和世界》(Cardinal，伦敦，1989年)，第165—186页。
③ 同上，第100—103页。

益广泛的欧洲强权政治的一部分。

但是在内政的调整方面，彼得并没有追随西方，这方面的调整很多，影响也很深远。一个例外就是他按照瑞典的模式对中央的行政结构进行了重组，并且改进了俄罗斯的行政区划。他丝毫没有废除对个人自由的种种约束，反而强化了这种约束，使其更加系统化。

从理论上讲，彼得的专制不亚于其前的任何一位沙皇，在实践中，他享有更多的专制权威，他也是如此声称的。1716 年颁布的《陆军条例》规定："陛下乃至高无上的君主，其行为无需对世上任何人负责。作为一位基督教国王，他可以根据自己的意志和判断治理国家。"①此外，他的专制不受任何法律之外的约束。特权贵族和教会曾经对伊凡四世的权力形成约束，虽然这种约束很无力，但是现在这点约束也没有了。无论是在理论上，还是在实践中，这种专制都达到了登峰造极的地步。

原有的贵族杜马刚刚瓦解。彼得根本就不召集杜马会议，结果其人数越来越少，最终名存实亡。此时出现了两种新的情况。伊凡四世在分封土地时要求受封贵族为其提供军事上的服务，他和其继承者建立了自己的军事仆从队伍，这支队伍被称为"禁卫军"。没有土地的贵族子弟构成这支队伍的补充力量。通过封地的赐予，沙皇让这些贵族为自己服务。到彼得在位时，私有土地和封地之间的区别正在消失，两者都可以被继承，但是贵族骑兵制被逐渐废除，代之以征兵制。无论是自主地还是封地的拥有者都要为君主服务。

在 1722 年颁布的《官职等级表》中，彼得对官员的职位进行了重组。这份等级表建立在国外的模式之上，将陆军、海军和文职官员平行地分成十四个等级，最高等级为一等，最低等级为十四等，不同部门的同一等级之间有一种照应关系。每个职位的持有者可以拥有与其职位相应的等级，例如，连的指挥官会拥有上尉的级别。[1415]彼得想让每一位贵族青年都从最低等级即十四等级开始，然后根据能力逐步升迁，

① G. Vernadsky,《俄罗斯历史资料，从早期到 1917 年》，第二卷：《从彼得大帝到尼古拉一世》（耶鲁大学出版社，伦敦，1972 年），第 365 页。书中指出这一说法是直接引自瑞典法律关于国王权力的规定，其实这似乎无关宏旨。在将其写入《陆军条例》的过程中，这句话已经成为彼得大帝本人的了，和他亲口所言是一样的。

因此在他的禁卫军中,每个人都要从普通士兵开始做起。文官队伍里的办事员和出身平民的士兵并不被看作是贵族,但是如果他们能够上升到军队里的十四等级或文官队伍里的第八等级,就会成为世袭贵族。这些等级所拥有的社会地位和特权以及持有土地和农奴的权利,让全国上下都沉迷对等级的追逐,①虽然那些没有等级的贵族并不会因此而失去其贵族地位。结果,有少数平民加入到了《官职等级表》中的下层:在 1730 年,四个最高等级的官员中有 93%来自曾经在莫斯科公国担任过高官的家族,但是在军队和省级行政的十四等级和第十等级之间,有为数众多的平民荣登贵族之列。②

这一制度对贵族地主有很多限制。所有贵族子弟都要登记在册,10 岁以后就要定期接受检查,到 16 岁时就必须要学习基础数学,然后终生为国家服务。贵族想方设法要逃避这种义务,但是总的说来,他们只能服从。《官职等级表》被称为是“俄罗斯专制统治的基石”,③这是名副其实的。彼得统治期间的律令很少有像《官职等级表》这样经过了深思熟虑的,它不仅借鉴了瑞典、丹麦和普鲁士的经验,还借鉴了威尼斯、奥地利、西班牙、波兰和法国的做法,甚至还参考了英国女王安妮的官职等级表。④

此时的土地所有者被完全置于沙皇的意志之下,从伊凡四世到彼得时期曾经对沙皇的约束已经荡然无存。

虽然以前的沙皇对大主教或牧首粗暴无礼,但是作为一个组织,17 世纪的教会仍然享有很多自治权:自我管理,自行征税,可以对和家庭、遗嘱与遗产有关的诉讼、还有神职人员和俗人之间的诉讼行使审判权。教会十分富有,拥有 557 个修道院,14000 名僧侣和 10000 名修女⑤。桀骜不驯、思想自由、一心要西化的彼得忍受了大主教亚德里安(Adrian)的敌意和喋喋不休的抱怨,在 1700 年亚德里安去世之后,教会丧失

---

① Pipes,《旧制度之下的俄罗斯》,第 125 页。
② 同上。
③ P. Dukes,《俄罗斯专制主义的形成,1613—1801 年》(Longman,伦敦,1982 年),第 79 页。
④ 普鲁士的经验最为重要。关于其出处,见同上,第 82—83 页。
⑤ Massie,《彼得大帝》,第 788 页。

了其自治权。彼得没有任命新的大主教，而是将修道院的管理工作交给了一个新的国家机构，即宗教事务管理局，专门负责对修道院进行改革，并管理修道院的所有财产和土地。

[1416]虽然1721年，这些土地被归还给教会，但是同一年颁布的《宗教事务管理条例》使1700年修道院的命运降临到整个教会头上。大主教一位被废除，取而代之的是仿照世俗行政部门而建立的"神圣管理议会"，其主要职责是监督教会的管理，调解纠纷，应对诸如擅离职守之类的问题。虽然这个机构由教会人士组成，但是其领导者首席督察官却通常是俗人，往往是军官。就这样，教会变成了另一个国家机构。和俄罗斯的贵族一样，它是专制君主的仆人，而不是其监督者。

还有没有其他力量可以对沙皇的权威构成制约或阻碍呢？显然不是发育不良的城市。各地的农民起义此起彼伏，如1598年至1613年的哥萨克人起义，还有1672年具有传奇色彩的斯塔卡·拉真（Stenka Razin）起义。1701年，哥萨克人再次起义，所到之处，应者云集，广大农民纷纷参与。起义以星火燎原之势，很快蔓延到了60个区。从1703年到1710年，那些被征募到国家工厂劳动的农民也发动了很多次小规模的起义。在18世纪20年代，成群的逃亡者发动叛乱，对贵族地主发起攻击。①有时一些旧礼仪派也会参与这些起义，这部分人本来已经遁入山林，远离世俗权威。在他们看来，沙皇是一位反基督者。这些起义很分散，互相之间缺少联系，因此从来没有对沙皇的统治构成真正的威胁。

在1700年之前，一些宫廷贵族和火枪队曾数次合谋要废黜彼得，扶持其他一些似乎有资格做沙皇的人，如已经被禁锢在女修道院的原摄政、彼得同父异母的姐姐索菲亚。这只由火枪手组成的禁卫军部队组建于16世纪中期，是一支专业化的常备部队。到了彼得在位时，他们成为世袭的军事阶层，在莫斯科有专门的居住区。和同一时期的土耳其苏丹的禁卫军一样，在服役之外的时间，他们从事贸易和其他行业。1698年，彼得外出，他们发动兵变。彼得匆匆赶回，发现兵变已经

① Dukes,《俄罗斯专制主义的形成》，第85—87页。

被镇压下去，但是由于怀疑其幕后主使是想要重掌大权的索菲亚，他对兵变者大肆折磨，使其招供，最后将成百上千的火枪兵要么处死，要么驱逐。1700年，这支部队被解散，彼得亲手建立的两个军团取而代之，分别叫普列奥布拉任斯基(Preobrazhenskii)军团和赛门诺夫斯基(Semenovskii)军团。[1417]这并没有消除军队干预朝政的威胁，事实与此相反，正是借助这些戍守部队，彼得的寡妇叶卡捷琳娜及其继承者伊丽莎白、安妮和叶卡捷琳娜二世才当上女沙皇的。

宫廷阴谋未必总是会涉及到军队。懒惰、虔诚、与世无争的儿子亚历克谢让彼得十分失望。他虽然已经声明放弃继承沙皇之位，后来却忽然逃亡到了奥地利。把儿子弄回来之后，彼得对他毫不留情地严加审讯，对于可能牵涉其中的人员也一并进行拷问。最后得出证据，似乎表明亚历克谢依然觊觎沙皇之位。在经过一顿鞭笞之后，他接受了一个专门成立的民事和宗教法庭的审判和判决，先是被囚禁起来，后来神秘地死去。

可见，沙皇不受任何形式的外来约束：贵族地主和教会都受制于皇权，城市的力量无足轻重，人民起义也从没有构成真正的威胁。没有法律或制度之外的制约，彼得的专制权力是否像西欧的专制主义那样有其固有的制约因素呢？如对臣民生命、自由和财产的尊重和正当的法律程序。彼得并不是对所有不喜欢的臣民都滥开杀戒的人。他的确专门设立了一个警察机构，但这个机构的工作是通过谴责和告发来完成的，而不是通过强制。就像前面提到的那样，对于阴谋和叛乱，他进行了毫不留情的镇压，但是所有这些都是和针对叛国罪的严刑峻法相一致的。就像我们常常提到的那样，在这一方面，法律对个人的保护总是十分薄弱的，毕竟国家安全高于一切。

彼得并没有废除土地私有制，而是对其进行了强化。1714年，他开始给官员发放薪酬，此时土地还掌握在原主人的手中，无论是私有土地还是封地，都是如此。贵族地主当然有义务为沙皇服务，但这种服务不是作为对持有土地的回报，而是身为贵族应尽的义务。农民的私有土地不再存在。有人也许会认为这样对贵族地主阶级更加安全，但是这种安全是一种囹圄之内的安全。

在自由方面，情况完全是负面的。耕作土地所需的农民纷纷逃往南方的黑土地区，尤其是随着俄罗斯的疆域向黑海扩展，更多的黑土地得到开垦。为了控制这种人口迁徙，农民离开村庄的权利受到越来越多的限制。[1418]在传统上，俄罗斯的领主对其土地上的人有生杀予夺的权力。事实上，农民在被奴役之前就要服从贵族领主的司法。领主如何处置其土地上的农民是他的私人问题，这一点是人们所公认的。除此之外，1649 年的法典明确规定农民隶属于领主，这样一来，农民完全沦为领主的奴隶。在彼得统治期间，领主对农民拥有更大的支配权，因为他们不但要从农民那里征收人头税，自从 1699 年彼得引入征兵制之后，还要负责组织征募工作。为了将人们牢牢拴在一个地方，人头税是唯一的，也是最有力的办法。显然，如果个体可以到处迁移，他们就会逃税，让村里的其他人为其缴纳。村庄和城镇的每一个人都要登记在册，每一个人都要对应一个地点，当地的税务人员会对其进行监督，而这些税务人员可能是地主，也可能是村中的长者或市镇官员。城镇居民即使是为了做生意也不能离开所在地，除非他可以证明自己已经纳税。贵族和士兵不用缴纳人头税，因为这些税就是为了供养他们而征收的。

对农民来说，征兵制也许是最为残酷的负担。每 20 个家庭就要出一位士兵，并且一旦入伍就要整个青壮年都在军中度过。即使有机会能够回到故土，也已经老迈不堪，谁也不会记得他，也没有他的土地。被征入伍的新兵在离家服役时所唱的哀歌，其悲伤程度不亚于葬礼上的挽歌。①

不仅如此，由于前文已经提到的原因，私有土地上的农民（即严格意义上的农奴）不能离开其所在的土地。除了农奴之外，还有一种耕种国家土地的农民，他们享有一定程度的行动自由，可以走出所在的村庄，但是必须要有官方颁发的通行证。除了缴纳租税之外，国家农民还要提供义务劳动，换句话说，就是要服徭役，但是这种徭役并不限于当地某种特定的用途，如修路架桥之类的活动，大批的国家农民被赶进国

① Pipes，《旧制度之下的俄罗斯》，第 122 页。

家工厂,为其提供劳动,而据说圣彼得堡就建在成千上万农民的累累白骨之上。对于作为私有财产的农奴,其主人有权将其转卖给其他的地主。1721年颁布的一条法令禁止在出售农奴时将家庭拆散,这实际上是默认了买卖农奴的合法性。根据这条法令,既然这种买卖不可完全禁止,那么买卖必须要以农奴全家为单位。[①]最后,农奴无权对地主发起控诉。

[1419]法治有了一点进步,因为彼得颁布了一系列和某些特定部门有关的法典,如《陆军条例》、《海军条例》和《总章程》。虽然主持国家法庭的法官是行政官员,但是控告式诉讼和纠问式诉讼都被引入审判过程。系统的民法和商法法典还没有形成,也没有专门的法学家和律师。正是因为没有专业化的司法队伍,特别是没有什么机构可以整治弊政,彼得设立了督察署。总督察官由元老院大臣担任,负责督察署的活动。总督察官下面有一支督察队伍为其服务,负责监察各地行政活动的合法性。这个行政部门的设置是为了监督所有其他的行政部门,这证明了一点,即针对行政官员的、独立的"司法辩护"是不可能的。它和前文提到过的中国的监察御史一职完全类似,后者的设置也是出于完全相同的原因。

因此我们可以断定,彼得的专制绝对不是欧洲式的专制。前面第五章结论部分提到的那些特征它几乎一个也没有。与此相反,它把16世纪所存在的各种形式的约束和奴役融为一体,并对其进行强化,使之成为一个连贯的、也更加有效得多的系统。在这个系统中,奴役无所不在,并且这种奴役不受任何内在的、建立在神圣法或自然法基础之上的约束。

对于1762年叶卡捷琳娜二世统治之初的俄国,马达里亚加有如下的描述:

> 各种形式的奴役遍布整个俄罗斯社会,每个个体都注定要为

① Vernadsky,《俄罗斯历史资料,从早期到1917年》,第二卷:《从彼得大帝到尼古拉一世》,第354页。

他人或国家服务。他被固定在一个特定的社区,没有相应权威的允许不能擅自离开。通过一种集体责任的制度,他和所属社区里的其他成员牢牢捆绑在一起……就这样,在俄国社会,任何活动都不是取决于个体的自由意愿,而是取决于政府的许可。每个人都被划分到某个特定的法律范畴或社会等级,他只能从事和其等级相应的活动,或者享有这个等级特有的特权……唯一享有行动自由的等级是贵族。①

5.4 和西方融合之始:叶卡捷琳娜大帝(1762—1796年)

[1420]叶卡捷琳娜是无能的醉鬼沙皇彼得三世的德国妻子,其情夫奥尔洛夫(Orlov)兄弟五个都是普列奥布拉任斯基军团的军官,在奥尔洛夫的策划之下,军团发动宫廷政变,将其扶上皇位。此后不久,彼得三世就神秘地死去。

由于其浪漫的爱情生活,叶卡捷琳娜成为通俗历史学家和历史小说家最喜欢的人物之一。此外,她还是法国启蒙思想家心目中的女中豪杰,此时的启蒙运动正进行得如火如荼。她和启蒙思想家们通信,盛情款待他们,而他们则对她赞誉有加,称颂她为"北方的塞米勒米斯②"毫无疑问,她使俄罗斯的朝廷,并且通过朝廷又使俄罗斯的贵族社会加入到了欧洲启蒙运动的潮流之中。在这方面,我们可以举出几个例子来说明。她鼓励剧院的发展,大力支持将外文书籍翻译成俄语,还专门成立一个学会,以资助这项工作。她不仅容忍而且支持讽刺作品的出版,如诺维科夫的杂志。她取消了贵族不准出国的古老禁令,而在其统治后期,那些出国归来的贵族所带回的印象和观点比宫廷的影响还要重要。我们甚至可以说俄罗斯的知识分子就诞生于这一时期。出版业的兴盛和外来思想的激荡大大促进了对西方政治制度的效仿,同时也让西欧的思想家和政治家将俄罗斯人(实际上是俄罗斯贵族)看作是欧洲知识界的一部分。

---

① Isebel de Madariaga,《叶卡捷琳娜大帝时期的俄罗斯》(Weidenfield & Nicolson,伦敦,1981年),第79页。

② [译注]传说中的亚述女王,以美貌和智慧著称。

而实际情况并非如此,即使到了叶卡捷琳娜统治末期,除了后文将会提到的一些微小的例外,俄罗斯的政体依然是旧有的政体,只有一个等级的境遇发生了变化,那就是贵族。

首先,政府依然和以前一样不受法律和制度的约束。元老院名不副实,根本不能和古罗马的元老院相提并论。彼得将为数众多的政府部门分成几个院,专门成立一个机构负责各个院之间的协调工作,他称这个机构为元老院,严格听命于他本人。叶卡捷琳娜对大部分院进行重组,将其分成6个院,每个院分别负责几个行政领域,由总督察官负责协调各院之间的工作,严格听命于她。可以说此时的政府比以前任何时候都要强大,因为它可以更有效地执行其政令。叶卡捷琳娜还对地方政府的设置进行了重组。彼得将俄罗斯分为几个省,每个省由总督进行统治,但是在总督之下,仅有很少的基干人员负责政策的执行,例如没有治安队伍,只有遍布全国的告密者和密探网络。

[1421]在叶卡捷琳娜统治之下,政府特工人员对百姓生活进行渗透的能力大大提高。她把彼得时期的省分成更小的单位,即县,每个县有两三万男性公民。1775年,她取消了原来的省、区、县三级管理体制,代之以省、县两级管理体制。每个省有一位总督,还有一位副总督负责财政。总督本人并不发号施令,按照当时的常规做法,一个由总督主持的委员会负责发布命令,这个委员会由总督本人、副总督和两位任命的议员组成。新式的法庭体系也在这个委员会的管理之下。在这个体系中,元老院是民事和刑事诉讼的最高上诉法庭,下面是农村和城市的各个地方法院。在农村,下级土地法院集司法与行政功能于一身,法院的事务由土地委员主持。土地委员是贵族,由其他的贵族选举产生,是领薪酬的国家工作人员。这一点很明显是借鉴了普鲁士和奥地利的做法。[①]下级土地法院负责公共秩序、消防、道路和桥梁。虽然执行权在土地委员手中,但是惩罚要由法院全体成员来决定。[②]在城市,和土

① 见本书第四部分,第六章。

② de Madariaga,《叶卡捷琳娜大帝时期的俄罗斯》,第283页。

地委员这一职位相对应的是市长，他也不是法官，而是一位警长，有一支武装小分队供其指挥。市长由元老院直接任命，通常位列第八等级，即能够成为贵族的那个等级。这里有一个创新之处需要强调，那就是在地方政府，选举起着相当重要的作用。辅助总督管理一省事务的官员，在农村是从贵族和国家农民中选举而出的，在城市则是从城市贵族中选举而出的。他们负责日常的治安、执法和征税工作。贵族还选举代表为他们的集体利益服务，就像下文会提到的那样，贵族、市民和国家农民还选举官员管理像学校和孤儿院这样的机构。这些做法涉及的范围很广，但实际上执行得并不深入。

市长的作用必须要从维持社会治安的大背景中来考虑。彼得让圣彼得堡的治安长官负责整个帝国的治安。叶卡捷琳娜将这种权力下放，把维持治安的任务重新交给各省的总督。地方议会对总督负责，而地方议会的活动则由市长主持。1782 年颁布的《治安条例》将城市划分为由 200 到 700 个家庭组成的区，每个区都有专门任命的行政长官。[1422]这些区的治安官由地方选举产生，每 3 年选举一次。这种地方治安力量职责很广泛，总体负责对地方的监管和控制，对于轻微的犯罪行为可以行使简易审判权。

遗憾的是，对于这个《治安条例》在实践中是如何操作的，我们一无所知，①但是关于地方政府，总体上我们完全可以这样说：官吏的人数大大增加了。在 1773 年，中央和地方官员的总数为 16500 名，到了下一年，仅地方政府就有官员 12712 名。在 1781 年，这个数字增加到了 22000 名，据估计，到了 1796 年，其人数增加到了 27000。与此相照应，地方行政支出的数额也大幅上升。在 1774 年为 1712465 卢布，在 1785 年为 5618957 卢布，在叶卡捷琳娜统治末期的 1796 年，增加到了 10921388 卢布。②即使地方行政人员的数量、花销和他们所从事活动的增加之间并无一一照应的关系，有一点很显然，即这种增加是必然的，并且可能是大幅度的增加。

---

① de Madariaga，《叶卡捷琳娜大帝时期的俄罗斯》，第 295 页。

② 同上，第 290 页。

这样一来,政府的力量被大大强化。那么对它还有什么约束呢?叶卡捷琳娜是她那个世纪在位时间最长的统治者。总的说来,在其统治期间基本上没有发生军事政变或宫廷阴谋,而其前的统治者则没有这么幸运。由于没有固定的继承法,再加上其丈夫彼得三世死得很蹊跷,她也受到了好几位觊觎皇位者的挑战。在"混乱时期",曾有两位觊觎皇位者冒名季米特里对其发起挑战,而类似的叛乱还有多次。由于百姓有很多不满情绪,觊觎皇位者一呼百应。著名的俄罗斯历史学家克柳切夫斯基(Klyuchevsky)一针见血地指出:"当俄罗斯人怨声载道时,觊觎皇位者就可以大行其道。"①在叶卡捷琳娜统治期间,至少有17个人要和其争夺沙皇之位。②这些人的说法荒唐可笑,对于任何有所见识的人来说,他们的故事都完全难以置信,③但可惜当时的俄罗斯农民缺少的就是见识。他们所看到的只是好的沙皇总算回来取代冒名顶替的暴君了。这些争夺皇位者并没有对叶卡捷琳娜构成挑战,但其中有一位是例外,他就是普加乔夫。一位曾经当过兵的哥萨克人,普加乔夫声称自己是彼得三世,要夺回本属于自己的皇位。这次叛乱以燎原之势蔓延到了很多地区,而这些地区的居民多达450万,由此可见其范围之广。普加乔夫的武装力量曾一度多达3万人,他们一路北上,直奔喀山。一路之上,烧杀抢掠,对地主阶层家庭大肆折磨和屠杀。[1423]只有在和土耳其签署和平协议,把正规部队从土耳其战场上抽调回来之后,才最终将其镇压下去。

除了这些人民起义之外,就像我们已经提到的那样,对独裁统治的约束只能到城市、教会和地主阶级那里去寻找。对于城市是否像很多人认为的那样严格听命于市长,这是必须存疑的,因为既没有证据表明情况如此,也没有证据表明不如此。1785年叶卡捷琳娜颁布《城市权力和利益诏书》,允许市民建立自己的杜马议会。以前人们认为这份诏书形同虚设,只是一纸空文,但是最近的研究表明有些城市议会十分活

① 引自Hufton,《欧洲:特权和抗议》,第238页。
② 同上,第238—239页。
③ 例如其中一位争夺者是卡拉卡诺娃(Tarakanova),注意她是怎样被抓并被杀害的,见Troyat,《一号囚犯》(Flammarion,巴黎,1978年),第209—210页。

跃，城市自治要想充分实现，还要等到1864年颁布的法令。①对于教会，叶卡捷琳娜减少了修道院的数量，并给所有的教士发放薪水，这样做既尊重了俄罗斯历史的逻辑，又符合她最喜爱的百科全书派的自然神论和世俗化的世界观。教会和修道院的土地由沙皇派人管理，从1764年开始，教会土地上的农民成为国家农民。在这个交易过程中，沙皇获得了700万卢布，但仅仅支出了40万卢布。对于贵族地主阶级来说，他们不像西欧的贵族那样，可以作为一个集体对王权构成制约。他们中的大部分之所以为沙皇效力，仅仅是因为他们需要金钱。各省的贵族拒绝追随首都的大贵族。他们从叶卡捷琳娜那里获得的个人自由，与他们在经济和社会上的特权有关，而和政治权利无关，对于这些自由，我们将在下文展开探讨，但有一点是例外，那就是在1785年颁布的诏书中，1775年已经授予的设立地方议会的权利得以延续。这些议会中有些并非形同虚设，而是起到了一定作用，他们选举代表，向元老院甚至到沙皇那里表达当地的诉求。

现在还有一个问题，那就是俄罗斯的君主制是否和欧洲的专制概念一样，受到另外一种固有的约束，即对于其臣民生命、自由和财产的尊重。

就像我们前面提到的那样，在彼得统治期间，贵族要终生为国效力，他们从10岁开始接受检查，16岁开始服役。彼得之后，贵族逐渐从这种义务中解放出来，这使他们和欧洲的贵族越来越接近。彼得曾颁布敕令，规定贵族地主只能将土地传给一位继承人，这条敕令很不得人心，于1730年被废除。1731年，女沙皇安娜建立了一个少年军校，贵族子弟优先。1736年，贵族子弟必须入伍的法定年龄从16岁抬高到了20岁，并且服役的最高年限为25年，而不再是终生服役。[1424]此外，如果一个家庭有几个儿子，可以留一个在家料理家务。

这样做的深层次原因是此时的俄罗斯处于和平时期，既不需要也供养不起如此庞大的军队。1762年，彼得三世颁布《贵族自由令》，废

① 法令原文见Vernadsky，《俄罗斯历史资料，从早期到1917年》，第二卷：《从彼得大帝到尼古拉一世》，第415—418页。

除了贵族的服役义务。叶卡捷琳娜事实上沿袭了彼得三世的诏令，她于1785年颁布《贵族自由和特权诏书》，这标志着俄罗斯贵族的大解放，从此，他们可以和欧洲的贵族平起平坐了。他们最大的愿望得以实现，尤其是不用再终生服役了，但这里要注意一点，这些愿望都是物质上的，而不是政治上的。根据1762年的敕令，正在服役的贵族可以继续服役，也可以选择离开军队，可以出国并且在外国服役，但是希望他们能够在沙皇需要时马上集结起来，响应“专制权力的召唤”。

与此形成互补的是，他们的“私人所有权得到确认，这种所有权不仅针对他们所拥有的土地”，还包括土地上的矿藏和水资源。他们有权购买村庄，可以在他们的领地上从事贸易和制造业。他们完全受到正当的法律程序的保护，不经由贵族构成的陪审团的审判，就不能剥夺他们的爵位、职衔、财产和生命，也不能对其进行体罚。最后，他们还不用缴纳人头税，也不用承担为军队提供住宿的义务。①这样一来，农奴为贵族服务、贵族为沙皇提供军事服务的古老原则结束了。从此，贵族不用再为国家服务，但是他们却依然有农奴为其服务，对此农奴深感不满。

同样于1785年颁布的《城市权力和利益诏书》重申了贵族的上述特权，尤其是授予商人和市民阶层由同等地位的人进行审判的权利，保证其财产的安全，贵族还享有免受体罚的权利。虽然俄罗斯贵族融入了欧洲社会的主流，在维也纳会议上丝毫不逊色于欧洲最尊贵、历史最悠久的贵族，但是俄罗斯农奴却变得比以前任何时候都更加不自由。

虽然如此，俄罗斯的大部分农民并不是农奴，实际上，俄罗斯农奴所占总人口的比例比普鲁士和丹麦都要低。根据1858年至1859年的人口调查，在全国2250万人口中，只有37.7%是私有农奴，即作为封建主私有财产的农奴。[1425]的确，还有数量众多的国家农奴，他们和私有农奴一样，被束缚在地上，但在其他方面，他们可以自由选择自己的生活。随着时间的推移，这些数字和比例也发生了相当大的变化。

---

① 法令原文见Vernadsky，《俄罗斯历史资料，从早期到1917年》，第二卷：《从彼得大帝到尼古拉一世》，第413—415页。

在 18 世纪末期，两者的数量大致相当，但是在 19 世纪，农奴的比例有所降低。

农奴要缴纳两种税，一种是免役税，主要是在土地贫瘠的东北地区。在土壤肥沃的黑土行省，实行的是劳役税。两者之间并没有明确的划分，有时在同一村庄或庄园，两种方式并存。在叶卡捷琳娜统治时期，很多贪婪的地主以各种形式盘剥农奴，让他们从事高强度的劳动。

但是根据 19 世纪 20 年代一位英国旅行者的说法，在英国人口拥挤的城镇和最为贫穷的农村，人们的生活比农奴还要差很多。他们如此悲惨，与他们相比，“俄罗斯穷人的生活也是一种奢侈”。在苏格兰的部分地区，有些人的住处如此简陋，“俄罗斯的农民会认为作牛圈都太差”。①但是这并不意味着俄罗斯农奴的命运，“总体上要比像我们这样的自由国家的农民更让人羡慕，两者之间有天壤之别，但是一言以蔽之，英国的农民是有权利的，可是俄罗斯的农奴却一点权利都没有。”②私有农奴完全处于地主的支配之下，而地主则身兼数职，既负责征兵和征税，还是法官和陪审团。

在所有这些方面，国家农民的境遇都要好一些。在他们背后，有公社的支持，在执行村庄普通法方面，选举产生的公社长老比地方官员起着更为重要的作用。例如，农民公社有权将不受欢迎的公社成员放逐到西伯利亚，根本不需要咨询地方官员。还有，只要国家农民缴纳了各种税费和村庄以及城镇的人头税，他就可以搬到城镇，成为城镇居民。而且，国家农民不能被买卖。

很多大地主自己制定法律，③这些地主是叶卡捷琳娜大帝解放贵族政策的最大受益者，但是另一方面，私有农奴则成为其政策的最大受害者。1767 年颁布的敕令规定：“私有农奴要顺从地主的意志，根据古老法律的规定，在一切方面绝对服从地主。”[1426]违背法律者要被带到最近的政府部门接受“毫不留情的”审判。这条敕令接着引用 1649

---

① Pipes，《旧制度之下的俄罗斯》，第 149—152 页。

② 同上，第 154 页。

③ Vernadsky，《俄罗斯历史资料，从早期到 1917 年》，第二卷：《从彼得大帝到尼古拉一世》，第 441—449 页。

年法典,说如果他们“竟敢非法针对其地主提出上诉,尤其是向女皇陛下本人提出申诉”,诉状的发起人和起草者都要受到鞭笞,并且要被判处终生苦役。①

的确,除了农奴制之外,叶卡捷琳娜的确使俄国的司法制度更加合理,使其和西欧国家更加接近。在最低层面建立了处理民事和刑事案件的简易法庭体系。在这一层面之上,给每一个等级设立了专门的法庭。此外,还有一个高等法院,负责处理各个等级的民事和刑事诉讼。民事和刑事案件的界限得到认可,但是依然没有全面的民法体系,当然,如前文所述,也没有民事和刑事法典。1785 年颁布的《贵族自由和特权诏书》和《城市权力和利益诏书》,分别授予贵族和城镇居民很多特权。此外,臣民不能以任何形式对国家部门提起诉讼,因此设立了督察署作为司法程序的捍卫者。但是,如果我们意识到大部分地方职务是由军人担任的,他们在职衔上要低于总督,而军人既有服从上司的传统,又要受到军纪的严格约束,其局限性不难想象。最多我们只能说地方官员的数量增加了,随着时间的推移,他们开始比以前更多地对上司提出控诉,②尤其是自从叶卡捷琳娜将他们置于强大的总督察官的控制下之后。虽然如此,在制约弊政方面,其作用和自由媒体、公开审讯以及通过专业律师,在训练有素的专业法官面前,对政府的代理人作为诉讼当事人进行控告的权利是绝对无法相提并论的。

总而言之,在行政和司法体制方面,叶卡捷琳娜统治之下的俄罗斯有了很大的进步,已经基本上接近欧洲的通常做法,但是还没有达到欧洲的程度。在服饰和礼仪方面,此时的贵族和宫廷已经彻底西化,并且也和自由职业者一样,享有接受同等地位的人审判的自由、拥有财产的自由和到处旅行的自由,而这些自由在西欧已经有长达几个世纪的历史。1785 年的《城市权力和利益诏书》赋予城镇居民出国旅行和拥有动产和不动产的权利。[1427]农奴几乎被排除在公法之外,被完全掌控在地主手中,但是就连他们也受益于 1775 年的敕令,这条敕令规定

---

① Vernadsky,《俄罗斯历史资料,从早期到 1917 年》,第二卷:《从彼得大帝到尼古拉一世》,第 453 页。

② de Madariaga,《叶卡捷琳娜大帝时期的俄罗斯》,第 57—59 页。

所有的人，无论属于哪一个社会等级，都可以创业。有些庄园上的农奴的确创办了企业，变得十分富有，甚至拥有了自己的农奴，当然这些农奴要算在地主的名下。就像前面提到的那样，国家农民并非完全控制在其管理者手中，因为公社的力量很强大。虽然每个省的贵族有权召集议事会，但我们无法对其作出评判，因为这方面的研究一个也没有。因此，如果把这种可能性排除在外，我们可以肯定一点，这样的贵族并不能对王权构成政治上的约束。这种专制和任何时期一样彻底，也将是整个欧洲延续时间最长的。将现有法令编成法典的活动从 1649 年就开始了，但是直到 1833 年，这些法典才得以公布；农奴直到 1861 年才被解放；地方自治制度、陪审团制度、新式法庭和俄罗斯律师协会直到 1864 年才被建立；直到 1883 年，农民才通过购买成为其土地的主人。只有当这些条件都具备时，俄罗斯才真正算是走上了西化之路，而叶卡捷琳娜时期仅仅是朝这一方向起步。

第八章　专制君主制的巅峰：欧洲，1770—1780 年

1. 旧制度

[1428]到了 18 世纪七八十年代，欧洲自认为已经成年了，也许它的确已经到了"不惑之年"。斯威夫特在《书的战争》中所描写的"古代"和"现代"之争已经结束，"现代"大获全胜。和古代的希腊罗马世界相比，欧洲即使不感到更优越，也感到与其不相上下。这一时期有四个伟大的、互相联系的新发展，这些发展似乎将从 16 世纪开始的专制君主制推上顶峰。

第一个发展就是整个欧洲独立自主的领土国家的完成。1762 年，俄罗斯的叶卡捷琳娜二世宣告"俄罗斯是一个欧洲国家"，①它横跨 165 个经度，纵跨 32 个纬度。这样一来，整个欧洲的地域范围得以确定：从俄罗斯到大西洋，从挪威到西西里岛。在其范围之内，分布着大大小小的众多国家，这些国家至少拥有了成为现代国家的第一个也是最基本

① 引自叶卡捷琳娜的"制定一部新法典的圣谕"，收于 T. G. Barnes 和 G. D. Feldman(编)的《理性主义与革命，1660—1815 年，近现代欧洲历史文献》(Little，Brown，and Co.，1972 年)，第 56 页。

的前提条件，那就是此时它们都是领土国家，其中除了两三个微不足道的例外（如瑞士）中央权威建立在专业化的官僚机构和常备军之上。回顾一下前面关于罗马帝国灭亡之后的欧洲政体的章节，就会发现这些章节从西欧开始，然后是中间带状地区的城市国家，其后到了第六章才开始涉及普鲁士和波兰这两个东欧国家。现在，我们还必须要对奥地利和俄罗斯展开探讨，这样就涵盖了整个欧洲。

第二个重要的发展和贵族有关。在中世纪的封建王国，国王和贵族作为统治阶级是不可分割的，如果不通过贵族，国王根本无法实施统治。[1429]虽然他们的政治关系已经发生了很大的变化，国王和贵族依然是18世纪君主政体的统治精英，虽然一方可能会驯服另一方，但两者都离不开对方。他们之间是一种共生的关系，但与此同时，他们又是互相对立的。这种关系在有些方面有时就像是婚姻关系，双方在一起会有矛盾，但是分开了又不行。18世纪贵族在政治和社会领域的支配地位是不容置疑的。除了在少数国家之外，大地主、大臣、高级教士和军官都是由贵族构成的，他们手里掌握着与其地位相应的所有任命权。从16世纪开始，王权为实现专制所做的努力，主要是控制和约束君主和普通百姓之间的所有中间机构，但并不是要将其清除。这些中间机构主要是由贵族构成的，他们的阵地是地方议会和领主法庭，但是我们必须记住并注意一点，那就是除了贵族之外，还有教会、城市特权阶层、行会和其他团体，并且在更大的规模上，在历史悠久的地区，还有一些地方主义的机构，尤其是在所谓的“复合国家”，如哈布斯堡王朝的领地，在这里，大相径庭的一批政治单位接受同一个王朝的统治。就像17世纪法国的历史所表明的那样，如果不加约束，这些机构会对皇权构成极大的障碍。但是，如果加以控制，他们可以作为地方官员和广大百姓之间的中介，对于君主来说，这不可或缺，因为地方官员的数量永远都是不够的。教会的力量一直渗透到每一个村庄的布道坛，实际上已经渗透到了每一个家庭。城市议会、行会和其他组织分别负责各自的事务。由贵族、高级教士甚至城市特权阶层组成的地方议会在整个省或独立王国都有很大的影响。孟德斯鸠称其为“中间机构”，但与此同时，套用现代一个常用的表达，它们还是君主的“有效对话者”。它们和罗马的市议员、中国的士绅以及伊斯兰国家的贤达相类似。

在18世纪，西欧国家对这些中间机构的打击有所减弱，或者已经完全停止。相对而言，在欧洲最东面的俄罗斯、普鲁士和奥地利，这种打击却十分活跃，在某种程度上，意大利的一两个小国，如托斯卡纳也是如此。这些国家的边界确定得比较晚，中央政权也出现得比较晚。甚至直到17世纪后期，才开始加强中央集权。此外，除了托斯卡纳之外，它们的国界并没有划定，也没有常备军，官僚队伍也小得可怜。[1430]总之，它们起步较晚，这就突出了这些地区君主专制的重要性。与其相比，英国和法国的最高权力机构，无论是议会还是国王，都对改革毫无热情。在制度方面，这些国家原地踏步。作为最早拥有常备军和专业化文官队伍的、受法律约束的主权领土国家，其统治者已经不再需要像东欧国家的统治者那样还要从事建国工作。在1714年之后的半个世纪里，英国议会通过的法律比此后和此前的任何时候都要少，选举活动和选区的变动也是如此。在法国，路易十四曾大力进行改革，在其统治期间，用索雷尔的话说，“君主制发展到了巅峰”，但随之而来的是“混乱无序的暴政、无所适从的极权和中央集权的无政府状态”。①此后法国就一直在走下坡路。

这一时期第三个值得注意的发展是启蒙观念和世界观的革命，在很多人看来，这是最重大的一个发展，因此这个世纪又被称为是“启蒙的世纪”。后文我们会详细探讨这一伟大的思想潮流，这里只要注意以下这些就够了：这是一个所谓的“理性时代”，无论这里的“理性”究竟指代什么，我们要利用它来评判所有的制度。对于精心灌输的“君权神授”观念来说，这构成一种无声的、有时甚至是明确的挑战。这一观念依然被宣扬，但是它在多大程度上被人们所信服呢？在启蒙思想家甚至一些君主如托斯卡纳的利奥波德看来，君主的威权植根于理性和自然，依赖于统治者和其臣民之间不成文的契约。如果这样的话，“君权神授”的观念还可以在多大程度上为人们所接受呢？

不仅如此，虽然启蒙思想家的观点常常大相径庭，但是依然可以归

① A. Sorel 译，《欧洲和法国革命—旧制度的政治传统》（Fontana Library；Collins and Fontana Press，伦敦，1969年），A. Cobban 和 J. W. Hunt 编，第230—233页。

结为一些核心的改革计划，任何有自尊的“开明”君主都会执行这些计划的。在很大程度上，启蒙思想家的计划和国家建设的过程是相吻合的，因此君主的改革看起来就像是在有意识地采用启蒙思想家所设计的蓝图。事实上，这些改革中有很多直接延续了从16世纪开始的改革。这些改革是用启蒙的语言所表达的，但是并不受其指导，如反对教会至上，抑制贵族势力，将等级会议排除在外，国内自由贸易等。但是作为一股独立的力量，启蒙思想的很多内容似乎是不容否认的。[1431]它虽然没有支配但是却影响了那些改革的君主，这就是为什么他们会在宗教上采取宽容的态度，会减轻刑罚，普及教育。所有这些没有一个是和不受约束的专制相违背的，但是严格意义上讲也没有一个是其所必需的。①

启蒙思想绝对不是民主的，它倡导为人民谋福利，但是却并不相信人民可以自谋其福。卢梭的《社会契约论》中曾有强迫一个人自由的说法，但是这种意识是很普遍的。巴登大公查理·腓特烈坚决要让其臣民成为“自由、富裕、守法的公民，无论他们愿意与否”。②“杜尔阁渴望通过5年的专制，让民众获得自由。”③那些不指望民众自己解放自己的启蒙思想家也不会寄希望于古老的“中间机构”。贵族、教士、等级会议、城市自治体和行会是保守主义的顽固堡垒，实际上正是他们束缚了民众的自由。要想有所行动，就要诉诸于君主，但是要想解放民众，就必须要确保君主是开明的，而这就是启蒙思想家的任务。因此，君主越活跃、越专制，启蒙思想家实现蓝图的机会就越大。因此，他们倡导最为极端的专制，即“合法专制”或“开明专制”。④于是，他们把实施其计划的最大希望放在那些似

---

① 围绕这一问题，历史学家曾展开激烈的争论，有些坚持“蓝图”说，将启蒙思想视作一整套支配统治者行为的信念，还有的坚持“国家大义”说，认为推动改革的不是启蒙思想，而是“国家大义”。就像本书所表明的那样，作者本人认为这两个观点都过于极端。见H. M. Scott，《开明专制》（密歇根大学出版社，Ann Arbor，1990年），第1—4页。

② 引自H. S. 康马杰，《理性帝国：欧洲是如何想象启蒙运动而美国如何使之实现》（Weidenfeld & Nicolson，伦敦，1978年），第114页。

③ L. Gershoy，《从专制到革命，1763—1789年：现代欧洲的兴起》（Harper & Row，纽约，1944年），第49页。

④ F. Venturi（编），《意大利和启蒙运动：国际化世纪研究文集》，S. Woolf引言，S. Corsi译（Longman，伦敦，1972年），第44页。这些术语的演变，见Scott，《开明专制》，第4—10页，作者本人赞同“开明专制”的说法，这和我对专制的定义是一致的。

乎最为专制的君主身上,如俄罗斯、奥地利和普鲁士的统治者。

2. 欧洲主要国家

旧制度时期欧洲的政治地图很难概括,这一时期又被称为"专制年代"或"开明专制年代",但是这些表达是误导的。当然,这些国家大部分都实行君主制,其中也包括公国,但是也有一些是共和国,[1432]即使在那些君主制国家中,相当一部分君主的权力无论在法律上还是在实践中都是"有限的"。

2.1 共和国

在瑞士的一些州,还可以找到一点民主的痕迹,但是其他的地区都是由特权阶层所统治,作为上等阶级,他们之间通常互相通婚,并且也是世袭的,但是他们和普通意义上的贵族有所区别,因为后者在服饰和财政等方面的特权他们是没有的。意大利的三个共和国和这一描述相符,它们分别是热那亚、卢卡和威尼斯。此时的热那亚由一位总督和两位顾问统治,卢卡由特权阶层和贵族实行寡头统治,而威尼斯的政治结构和在第三部分第七章时并没有两样。①所有这些共和国中,最有活力也最为重要的毫无疑问是尼德兰联合省,即荷兰共和国,但是其权力也掌握在少数几个富有家族的手中。

2.2 有限君主制

其余的欧洲国家实行的都是君主制,但它们并非全部都是君主专制。德国还不存在,主要以说德语为主的神圣罗马帝国由多达 294 个小国和 2303 个地区或辖区组成,②要想把它们全部进行分类是不必要的,也将是很为难的。此时,其中稍大一点的国家大部分都是君主专制,但是在有些国家,如乌腾堡、萨克森和巴伐利亚,等级会议依然保留

① Y. Durand,《君主制共和国》(法国大学出版社,1973 年),第 119—120 页。R. R. 帕默尔,《民主革命时代》,2 卷本(普林斯顿大学出版社,Princeton,1959 年),第 35—37 页。

② Hufton,《欧洲:特权和抗议》,第 143 页。

着自己的权力，虽然在巴伐利亚，这种权力已经大大削弱。①

就像我们前文看到的那样，波兰所实行的不止是有限君主制，其君主的权力如此有限，有些学者甚至将其归入共和国这一范畴。英国当然也是有限君主制，但是其选民中民众的力量不可小觑。瑞典在1722年之前君主的力量十分强大，但是在1722年之后，君主沦为装饰品，然而到了1772年，古斯塔夫三世重新掌握大权。虽然如此，其议会依然延续下来，并且拥有相当大的权力，国王和立法机构的关系和英国相似。简而言之，瑞典一直就是有限君主制，但是在1722年和1772年之间，情况尤其如此。[1433]最后就是大部分历史学家所谓的“哈布斯堡领地”，为了方便起见，我们在后文将称其为奥地利或奥地利帝国。由于约瑟夫二世在1780年至1790年之间的努力，这里有时被认为实行的是专制君主制，但是这种认识大错特错。皇帝处处都会受到各种机构的约束，而这些机构主要是由贵族组成的。

2.3 专制君主制

专制君主制国家包括像法国、普鲁士、俄罗斯、西班牙、葡萄牙和丹麦(此时包括挪威在内)这样比较大的国家，有德国境内的一些小国，如黑森、汉诺威、巴拉丁领地，还有意大利境内的一些公国，如摩德纳、教皇国、帕尔马、托斯卡纳、皮埃蒙特王国和两西西里王国，包括萨伏伊和那不勒斯。这些国家又可以分为三类，而它们恰好突出了本章的主要论点。在第一类，君主精力旺盛，努力和古老的法律、习俗和传统的社会机构如贵族和罗马教廷作斗争。他们所孜孜以求的绝不仅仅是改革，因为“改革”只是指简单的改进，而他们所从事的是建国活动，也就是建立现代领土国家，并在17世纪已有条件的基础之上建立官僚和军事机构。他们实际上正在追赶西欧那些已经完成建国任务的国家。我们前面已经讨论过俄罗斯和普鲁士，而奥地利是第三个这类国家。

与其相比，第二类国家可以说是裹足不前。在这里，过去的既得利益集团不但没有被扫除，事实上，他们的力量反而有所增强，法国高等

① F. L. Carsten,《15至18世纪德国的君主和议会》(Clarendon Press，牛津，1959年)。

法院的复兴就是这方面最佳的一个例子。随着时间的推移,这些静态的国家结构越来越无法适应日趋复杂的社会现实。在这方面,法国再次成为最佳的例子。作为一个有限君主制国家,英国的国家结构中有民众的因素,并且民众的力量有可能变得更加强大。英国虽然没有止步不前,但是到了这个世纪末期,在很多方面,如宗教上的宽容和刑法上的开明,依然远远落后于欧洲大陆那些"开明"国家。

最后一类国家数量不多,它们得开明专制之新风,但是在较短的时间之内就又倒退到了原来的状态。在1759至1788年查理三世在位期间,西班牙经历了一段改革的高潮时期,两西西里王国也是如此,查理三世在成为西班牙国王之前曾是这里的国王。奥地利国王约瑟夫二世的弟弟、托斯卡纳大公彼得·利奥波德进行了广泛的改革,他的努力在其继承者手中得到延续,但是瑞典的古斯塔夫三世就没有这么幸运了,他在1772年后所做的努力因他在一次假面舞会上被暗杀而付诸东流,[1434]正是受了这次暗杀的触动,威尔第创作了《假面舞会》这一歌剧。与此相类似,葡萄牙首相蓬巴尔1750至1777年之间所进行改革也随着他的下台而灰飞烟灭。

3. 启蒙"计划"

"开明"君主和传统机构之间既有斗争又有合作,在很大程度上,这种关系从这些君主所进行的改革就可以看出端倪。这些传统机构既包括贵族和罗马教会,还包括各种特权机构,如行会、市镇自治机构和司法界。不需要详述其哲学基础,我们就可以很轻松地罗列出这些君主所要引入的变化,因为虽然启蒙思想家属于不同的学派,但是他们在这方面的观点是高度一致的,因为这些观点源自于启蒙哲学的基本信条。在阐述这些观点的同时,我们不能贬低这些"开明"君主的功劳,①可以

① 参见康马杰,《理性帝国》,第115—117页,就是这样一个例子。该书的副标题"欧洲是如何想象启蒙运动而美国如何使之实现"很好地概括了作者的论点。该书是一部杰作,文笔优美,充满激情,但是为了表明其主旨,即实现启蒙理想的不是欧洲,而是美国,作者不得不贬低那些开明君主的功绩。

说他们居功甚伟。他们中有些把分散的地区联合起来，建立国家，例如在普鲁士和奥地利的中心地区。他们制定了更加合理、更加人性化的政策，改进了行政的效率。虽然他们有贵族的偏见，但是却并没有让百姓的日子更加难过，恰恰相反，他们改善了百姓的生活，虽然这种改善有时只是一点点。倡导法律面前人人平等，奴役性服务减少，酷刑被废除，这些举措都受到民众的欢迎。

法国的启蒙哲学是浅薄的，在很大程度上对洛克的思想亦步亦趋。在长达一个世纪的时间里，洛克的思想风行整个欧洲大陆。追随洛克的这些启蒙思想家还称不上是哲学家，而是宣传家，我们马上可以想到这些名字：伏尔泰、霍尔巴赫、爱尔维修、达朗贝尔和狄德罗等。不难发现，他们全都是法国人，这并非偶然。虽然启蒙哲学植根于英国，但是由于法国的语言和文学对整个欧洲文学和文化的巨大影响无所不在，因此一旦洛克的思想在欧洲生根发芽，将主要借助法国作家和思想家之口得以传播。[1435]但是这并不意味着启蒙运动完全是法国的现象，也不意味着启蒙运动是以法国为中心向欧洲其他地方扩散的，因为在其他地方也独立出现了与其类似的思想。苏格兰就是启蒙思想的另外一个主要阵地，比较突出的人物如大卫·休谟、弗格森、米勒和亚当·斯密。德国的启蒙思想涵盖的范围很广，一端极其理性，另一端则接近浪漫主义。前者以康德为杰出代表，这里还有必要提一下普芬道夫，虽然他是上一个世纪的产物，但是经过约翰·洛克和卢梭的宣传，他的思想在德国和奥地利十分盛行。普芬道夫提出了一套自然法的理论，在德国北部国家和苏格兰的一些新教高等教育机构，这一理论成为标准的教材。另外一个极端是歌德、席勒和莱辛的多愁善感。①

启蒙运动另外一个十分重要的中心是意大利，这个中心几乎是完全独立的。在这里，通过探讨穆拉托里、贝卡利亚和一大批二流甚至是三流思想家的观念，温图瑞开辟了一个新的研究领域。②

在不同的地方，所有这些思想家的影响力也是不同的，例如普芬道

---

① 关于歌德、席勒和莱辛等人典型的多愁善感，见 Sorel，《欧洲和法国革命》，第 132—135 页。

② 参见 Venturi，《意大利和启蒙运动》。

夫的自然法理论在德国部分地区和奥地利有很大的影响。我不认为重商主义是启蒙思想的一部分,虽然很多"启蒙"历史学家愿意这么认为,因为虽然这一观念源自17世纪的德国,但是在德国境内的小国、普鲁士和奥地利依然有很大的影响。

洛克在其《人类理解论》和《政府论》中所倡导、并为启蒙思想家所宣传的思想,建立在两个概念之上,即自然和理性。在《人类理解论》一书中,洛克否认了一切"固有观念"的存在,认为人的大脑是一块白板,可以在上面任意书写,这就突出了启蒙思想家所进行的教育的重要性。人们书写在大脑的应该是理性的产物。对于开明之士来说,理性就是对常识的一种提炼和强化,其作用方式对每一个人都是基本一样的。中世纪的陋习已经使理性堕落,这些陋习一直被延续到18世纪,通过教会、社会和经济上的等级、偏见和类似的障碍被制度化,而罗马教会被认为是其中最具腐蚀性的影响力量。

[1436]自然和理性的概念紧密相连。自然的运行遵循一定的原则或法则,这些原则或法则是可知的,但是却被无知、迷信和宗教等层层掩盖,并被扭曲。只有诉诸理性才能揭示自然本来的真实面目。既然有自然,就有自然法,它和人造法是相对的,人造法可能会是压迫性的、邪恶的。理性可以确定这些自然法的本质。这样一来,《政府论》中的论点就可以对政治产生极为重要的作用。理性告诉我们什么是自然法,这样我们就可以将其和人造法进行比较,并要求政府在制定人造法时一定要遵循自然法,否则就会失去人们的忠诚,这就是著名的"社会契约"的概念。这一概念消解了"君权神授"和"普天之下莫非王土"的古老观念。于是就有了腓特烈大帝的名言:"国王是国家的第一公仆",而托斯卡纳的利奥波德大公的政治宣言则是:"统治者(即使是世袭的统治者)只是一个代表,是人民的公仆,必须以人民之疾苦为自己之疾苦。"①

为了利用理性把人类从迷信的枷锁中解放出来,启蒙思想家提出了一份"菜单",这既不是一份"分类菜单",也不是"定餐菜单",如果改

① 引自Scott,《开明专制》,第19页。

变一下比喻，他们提出的是启蒙思想的一张“容貌拼图”。有的思想家对某些方面比较重视，有的则省略了一些方面，还有的可能会增加一些新内容。因此，下面的清单是不完整的，但是基本上可以涵盖大部分启蒙思想家所提出的大部分改革。

首先是一系列反对天主教会的措施。①教会被认为是对人类最具腐蚀性的机构。有些启蒙思想家不仅仅抨击教会，还支持自然神论，如伏尔泰，有的甚至拥护无神论，如霍尔巴赫和拉美特里，但是他们都主张要减少修道院的数量，对教会征收重税，甚至主张没收教会的财产。他们提倡通过政教协定加强国家对教会活动和教职任命的控制，还积极支持针对耶稣会的镇压活动，在1759至1761年之间葡萄牙的蓬巴尔最先采取行动，法国在1764至1767年之间也积极参与，最后是1773年教皇下令解散这一教派。这样做的借口各种各样，但是主要的原因是耶稣会作为狂热的教皇绝对权力主义者，对君主独立行使最高权威构成了挑战。

[1437]文艺复兴时期的君主如果足够强大，本来也可以并且可能也愿意采取这些措施的。但是对于针对教会的其他措施来说，肯定就不是这样了。在宗教改革运动、反宗教改革运动和三十年战争期间，又有几位君主曾经考虑过宗教宽容的问题呢？在这方面，有些开明国家（普鲁士尤其突出）远远超过了英国和荷兰共和国这些宗教宽容的典范。他们还主张废除审查制度，倡导思想自由，在这方面普鲁士同样十分突出。这两项措施都是为了将自然和自然法从无知的束缚中解脱出来，因为这种束缚是宗教和审查制度所强加的。

第二种措施和司法与法律有关，这些措施的重要性不仅仅在于它们在建国过程中所起的作用，还因为就像在前面的章节②所表明的那样，正是这些措施让欧洲国家成为不同于亚洲国家的、真正意义上的法治国家。如果没有法律面前人人平等的观念，没有关于土地的普通法，

① 例如，玛丽娅·特蕾西娅常常被看作是一位“开明君主”，因为毫无疑问，她实施了广泛的、从本质上属于启蒙性质的改革，但是她仇恨启蒙运动，是一位狂热的天主教徒，是宗教宽容的敌人。

② 本书第四部分第五章。

如果法律缺少合理的一致性，到处是私人司法的飞地，法治国家的理想就无法实现。这是充分发展的现代欧洲国家的一些特征，因此在和当时依然困扰司法过程的、残余的封建法律分道扬镳的过程中，启蒙思想家的提议标志着一个十分重要的阶段。在很多国家，当然在所有依然存在农奴制的国家，也就是说在丹麦和三个东欧大国，贵族地主依然对其农奴行使领主司法权。启蒙运动要求废除领主司法权，取而代之以普遍适用的、全国性的法律。我们不妨说这些要求是长期以来为了实现君主专制所做努力的合理延伸，但是其他和司法有关的方面未必如此，其中之一就是对酷刑的废除。在《哲学辞典》一书中，伏尔泰对酷刑之弊端的嘲讽入木三分。超越这一具体改革的是对合乎理性的刑律的需要，这样的刑律会以尽可能人性化的方式量刑定罪。这种思想源自贝卡利亚 1764 年出版的《犯罪与惩罚》，在这本书中，贝卡利亚对严刑峻法、没收财产和死刑进行谴责，提倡通过教育预防犯罪。该书对开明君主产生了十分重大的影响，实际上我们可以不夸张地说在所有比较大的国家中，只有止步不前的法国和英国的法律没有受其影响。

[1438]我们这里所见证的是人道主义的诞生。残酷的惩罚，对人类和动物所受苦难的冷漠，在到现在为止所有的伟大帝国，这样的情况我们已经司空见惯。这种人道主义的冲动远不仅限于我们刚才提到过的内容，慈善家和虔诚的基督徒这些和启蒙思想家所迥异的个体将把这一精神传承下去。反对奴隶制的运动和废除农奴制的努力都和这种精神有关。在这些改革者看来，农奴制是对人人生而平等这一原则的否定，是对生命、自由和财产这些自然权利的否定。

作为所有人类活动的唯一衡量标准，理性即使不能保证带来幸福，也是幸福的唯一来源，启蒙思想家要求进行改革，提倡通过全国性的学校体系并在大学建立新的院系来普及教育。

但是在经济方面，这些宣传家们基本上无法达成一致。大概说来，他们可以分为两个阵营，两者对大部分经济问题的观点是截然对立的。重农主义者认为财富的唯一来源是土地上的劳动，因此倡导在国内自由行动、自由生产，主张让市场的力量决定商品的价格，这就是“自由放任政策”。另外一个学派是重商主义，英语里有多个表达，有时是“Mercantilism”，有时是“Cameralism”，还有一种叫法得名于法国首席大臣柯尔贝尔，即柯尔贝尔主义(Colbertism)。这一学派认为国家必须利用关税手段保护本国经济，国家要对经济进行干预，加强基础设施建设，如道路和运河，组建商业船队，开办工厂，调控物价，控制工匠的活动自由，支持公司开展对外贸易和殖民活动。可能只有在关税壁垒方面两个学派的经济学家是一致的。由此我们可以看出在各种实行开明君主制的国家，启蒙改革的一揽子计划和对国内经济的态度是有关系的，要么是放任自流，要么是像普鲁士那样进行积极干预。

4. 开明君主制

这里我们不打算讨论法国和英国，就像前文提到的那样，它们裹足不前，但是无论如何，我们将在本书第五部分第二章谈到18世纪中期英国的宪法对美国的影响，还将在第三章探讨法国大革命时对18世纪法国的发展进行阐述。[1439]这里我们重点关注除俄罗斯之外实行开明君主制的主要国家，因为俄罗斯的情况在前面的章节我们已经讨论过。

下面的清单上是受启蒙思想影响较大的君主和国家：

奥地利	玛丽娅·特蕾西娅	1740—1780年
	约瑟夫二世	1780—1790年
	利奥波德二世(1765年至1790年任托斯卡纳大公)	1790—1792年
那不勒斯	查理三世	1735—1759年
葡萄牙	约瑟夫一世(通过蓬巴尔)	1750—1777年
普鲁士	腓特烈二世(大帝)	1740—1786年
俄罗斯	叶卡捷琳娜二世(大帝)	1762—1796年
西班牙	查理三世(原那不勒斯国王)	1759—1788年
托斯卡纳	利奥波德一世(1790年至1792年任神圣罗马帝国皇帝)	1765—1790年

瑞典	古斯塔夫三世	1771—1792 年

对于较小的王国和公国我们这里只是一掠而过,重点讨论普鲁士和奥地利。

首先,我们把那不勒斯和西班牙放到一起讨论,因为前者的国王又成为后者的国王。1735 年,那不勒斯王国依然是我们所谓的不完善的或者说是未完成的领土国家。虽然 1642 年之后其议会已经不再集会,使其在理论上成为一个专制国家,但是在 2000 多个公社中只有 384 个直接受国王管辖,剩下的都依附于贵族。在西西里,议会依然很活跃,因此君主一点也不专制,而是受到议会的约束。议会被教会和贵族所支配,而两者都是启蒙运动的首要攻击目标。查理三世曾努力要将那不勒斯的法律编制成法典,但是并没有成功,鉴于他所面对的是近 1300 个封建法庭,这是可以谅解的。他对教会的打击更加成功,根据 1741 年和罗马教皇签署的协定,他可以对教会的财产征税,限制教会的审判权和教士的人数。他禁止宗教裁判所的活动,甚至试图允许犹太人在那不勒斯定居,但是这一举动因遭到民众的抵制而没能成功。①1759 年,查理离开那不勒斯,成为西班牙的国王。[1440]1767 年,查理无知而轻率的儿子费迪南四世已经成年,查理改革的设计者坦努西(Tanucci)勇敢地试图打击领主的司法权,但是此时已经得不到任何支持。针对教会的措施取得了一定的成功,在 18 世纪 80 年代,他做到了将从耶稣会那里没收的土地的一半分给农民。后来权力落到了王后玛丽娅·卡罗丽娜(Maria Carolina)手中,她是奥地利的玛丽娅·特蕾西娅的女儿,这个无知而顽固的女人于 1776 年免除了坦努西的职务。虽然如此,改革的某些内容依然得以延续。18 世纪 80 年代,行会的特权也受到打击。西西里也取得了一些进步,虽然农奴制的最后残余直到 1789 年才被废除。总的说来,教会的力量依然十分强大,并且作为落后势力的另外一个堡垒,贵族几乎没有受到任何触动。

---

① S. Andrews,《18 世纪的欧洲:从 17 世纪 80 年代到 1815 年》(Longman,伦敦,1965 年),第 155 页。

上次谈到西班牙以波旁家族的腓力五世（1700—1746 年）登基结束，他所模仿的是路易十四统治之下的法国。为了向法国学习，他废除了阿拉贡所享有的特权，这样就扫除了实行专制统治所面对的最后一个法律上的障碍。他把整个王国分成多个郡，每个郡由军事总督进行统治。他还重申一点，即只有他有权任命法官和监督官。①他大力支持教会的发展，因此西班牙到处都是教士，此时多达 16 万人。菲利普鼓励宗教裁判所的活动，在他统治期间，所谓的“信仰审判”不下 700 起。整个国家都掌握在教会和贵族手中，他们控制着国家高级官员和地方官员的任命权，控制着高级教职的任命权，还控制着国家的土地和财富，此外，手中还拥有领主司法权。虽然如此，查理在这里的改革要比在意大利更加成功，部分上是因为他有能干而开明的大臣相辅佐，如坎波马内斯（Campomanes）、阿兰达（Aranda）和佛罗里达布兰卡（Floridablanca）。

西班牙的启蒙运动并不以教会为敌，西班牙所遵奉的是和法国的“高卢主义”相类似的“王权至上论”，查理改革教会就是为了实现这一目标。1753 年和罗马教皇之间签署的宗教协定就已经开始削弱教会的特权，这份协定除了其他内容之外，允许国王对教会的土地征税。查理在这条道路上走得更远，1761 年，他宣告教皇诏书必须获得他的允许才能在西班牙生效。耶稣会和宗教裁判所是教会的两大支柱。查理对于耶稣会的厌恶有几个原因，其中之一就是他们所信奉的教皇绝对权力主义，这当然是和王权至上论相冲突的。[1441]葡萄牙和法国分别于 1759 年和 1764 年对耶稣会进行驱逐，查理于 1767 年仿效了两国的做法。②他发现要想废除宗教裁判所，在政治上是不可能的。据说他曾经这样说过：“西班牙人想要这样，我不妨顺其自然。”③虽然如此，宗教裁判所的审判权被削减，审判的程序也更加公正。任命的审判官不

① 见菲利普五世 1711 年改革的文本，引自 Barnes 和 Feldman 的《理性主义和革命》，第 30—31 页。

② Herr，“西班牙的王权至上论和詹森主义”，载于 S. Andrews 的《开明专制读本》（Longman，伦敦，1967 年），第 42—49 页。

③ 引自 M. McKendrick，《西班牙简史》（Cassell，伦敦，1972 年），第 145 页。

再那么狂热,这使酷刑和火刑的使用有所减少。最后一次动用火刑是在1780年,受害者是一位老妇女。

为了改进教育,查理做出了很大努力,他建立中学,使高等教育恢复了活力。他试图要修订大学的课程,希望大学能够教授科学和经济学,但是必须承认,这种尝试并不太成功。他打破了"大学院"的垄断地位,大学院本来是接纳贫穷学生的寄宿点,但是此时已经变成了狭隘而排外的俱乐部。这种机构本质上就极其保守,在查理看来,他们最大的不法行为就是互相勾结,总是把政府的肥差留给自己的校友。他们的成功也催生了一股与其对立的力量,那些被他们排斥在外的学生们组成了另一个团体,例如坎波马内斯就是其中一员。1771年,查理开始对大学院进行大清洗,例如把他们中高级职务的候选人降职,还减少了他们在卡斯蒂利亚议会的人数。

所有这些,还有佛罗里达布兰卡禁止酷刑和简化司法程序的努力,都是启蒙运动整套计划的常规部分,但是在经济政策方面,却存在很多争议。第一任负责经济的大臣是不幸的埃斯基拉切(Esquilace),他随查理从意大利来到西班牙,作为一个重农主义者,他试图对所有的土地统一征税。这一政策激怒了教士和贵族,因为这样一来,他们就会丧失免税权。为了鼓励自由贸易,他试图剥夺五大行会对纺织品、珠宝和香料价格的垄断权,这一政策同样让他树敌众多。他制定法案废除国家对粮食价格的控制,让市场力量决定粮食价格,但是这种控制由来已久,并且很受人们欢迎,结果导致了臭名昭著的马德里大暴动,这次暴动一直蔓延到萨拉戈萨、匡卡、巴塞罗那、毕尔巴鄂和加的斯。埃斯基拉切被迫下台,政府恢复了对价格的控制。其他的大臣都积极主张国家对经济进行干预。

1788年,查理三世去世,查理四世继承王位。虽然为了改革曾做出了很大的努力,但是这些改革只是触及到表面。[1442]虽然有些大臣执行的是柯尔贝尔主义或者说是重商主义,西班牙的经济并没有像期待的那样取得飞跃。王权至上论并没有彻底实现,到了18世纪90年代,教会势力重新抬头。虽然有诸多其他改革,但是西班牙依然是一个落后的国家。法国大革命让佛罗里达布兰卡和查理四世变得极其保守，所有的改革戛然而止。

利奥波德是神圣罗马帝国皇帝约瑟夫二世的弟弟，他在1765年和1790年之间是托斯卡纳大公，和约瑟夫二世一样，他也致力于启蒙运动。他所进行的改革广泛而深入，我们完全可以说他实现了托斯卡纳成为中央集权的领土国家的转变，因为在他即位之时，托斯卡纳实际上是佛罗伦萨和锡耶纳之间建立在个人关系之上的联盟，两者都有各自的“堂区”，此外还包括其他几个自治市。利奥波德建立了统一的国家机构，作为专制君主，他利用自己的权力，制定了大部分重农主义的启蒙政策。他的改革曾被说成是“最激进、最持久也最自觉的改革”。[①]在这方面，他的一个重要举措就是1779年命令大臣詹尼(Gianni)起草一部宪法，这部宪法完成于1782年。这是十分具有开创性的，要知道美国的宪法直到1787年才出现。

永久产业权和限定继承权被宣告非法；1770年行会被废除；废除国内运输税；逐渐开始粮食的自由贸易；建立新的财政制度，在一定程度上确保所有等级平等缴税。利奥波德仰慕贝卡利亚，遵循其教导，废除了酷刑和死刑，禁止没收犯罪人的财产。他使司法制度更加合理，1749年允许诉讼人到他本人主持的法庭上诉，这对领主司法权是一个致命的打击。1776年，他颁布了适用于整个公国的刑法。

利奥波德还对教会发起攻击，约束了宗教裁判所的权力，减少了圣日的数量，限制了圣堂的权利，削弱了教会的审判权，废除了什一税。最后，他开始走极端，变得越来越专断，全国到处都是密探和警察。他成为一位冉森派教徒，重新规定了礼拜仪式，但是却遭到民众的强烈抗议。1787年，一些主教召开会议，反对继续执行他的措施。1790年他离开托斯卡纳成为神圣罗马帝国的皇帝，公国落到了教会反动力量的手中。

[1443]从利奥波德1790年写给妹妹玛丽·克里斯蒂娜(Marie Christine)的信中，也许可以看到他政治理论中最有趣的观点。在这封信中，他宣称君主，即使是世袭的君主，依然仅仅是“人民的代表和仆

① Scott，《开明专制》，第65页。

人”;君主和人民之间的关系是一种契约关系,如果君主不能履行自己的契约义务,他就会因此丧失其权力;他的职责是提出新法律并让其获得民众的同意;他不能任意征税;最后,“君主必须通过法律进行统治”。①

虽然此时的米兰是奥地利的一个省,但是从1759年至1782年,总督费尔米安伯爵(Count Firmian)在这里进行和托斯卡纳相类似的改革。这里的经济既受重农主义的影响,又受重商主义的影响,因此修建了新的道路和运河,行会被废除,教会的永久产业权受到限制,根据地籍调查,对财政制度进行了改革,将税负转移到了财产和土地之上,减少了贸易税和人头税。经过一番艰难的努力,包税制被废除,间接税由公务人员负责征收。和在托斯卡纳一样,国内的行政得到巩固。米兰被分成很多省和公社,为了赢得地主阶层的支持,地方行政由代表委员会负责,这些代表必须是缴纳土地税的个体。正如我们预料的那样,在这里教会也是攻击的目标。在这里教育是一个很有争议的问题。宗教法庭被禁止,很多修道院学校和耶稣会主办的学校被关闭,耶稣会本身也被解散。这些举措毫无疑问是开明的,但是这个专制政府依然不会容忍任何形式的民众反抗,到处都是密探和特工,而在大约50年之后,正是这种人构成了臭名昭著的“梅特涅制度”的基础。

在这些意大利国家改革形势一片大好的时候,葡萄牙作为一个专制君主制国家却正“全神贯注于宗教仪式和波特酒的生产”,②从1697年开始其议会就再没有被召集过。虽然葡萄牙没有什么产业,粮食生产勉强能够自给自足,酒类贸易也掌握在英国人手中,但是来自巴西的黄金让这个国家十分富有,而这让国王有足够的收入,可以完全独立于议会。议会之所以会无疾而终,国王之所以能够实行专制,都是因为这个原因。农民的境况十分悲惨。葡萄牙是整个欧洲教士最多的国家。“据说葡萄牙有宗教场所近900处,教会不仅在人数上占全国人口近一半,还拥有全国近三分之二的土地。”③

---

① 全文见Sorel《欧洲和法国革命》,第147—148页。全文要比上面的摘要更加有趣,因为它强有力地提到人与生俱来的、不可分割的权利,这让人不由想起杰斐逊起草的《独立宣言》。

② J. O. Lindsay,“西地中海和意大利”,《新编剑桥近现代史》,第7卷,第288页。

③ 同上,第289页。

[1444]所有这些都是约瑟夫一世的首席大臣卡瓦略·梅默所攻击的对象，他就是后来的蓬巴尔侯爵，他最深恶痛绝的就是贵族和教会。精力旺盛，性格中有几分残忍和专横，但是也有极大的勇气，蓬巴尔禁止宗教裁判所在没有官方允许的情况下做出任何审判，还没收了耶稣会的财产并将其驱逐。他这样做的借口是他们卷入了一场贵族阴谋，这一招一箭双雕，既打击了耶稣会，又打击了贵族反动势力，因为参与阴谋的贵族被判罪并处决。对耶稣会的打击因大规模的宣传活动而深入人心，一份抨击耶稣会的小册子痛陈他们对巴拉圭印第安人的剥削，其印数多达20000份，以5种语言出版。

就这样打倒了两位主要对手之后，蓬巴尔可以大显身手，施行启蒙计划中他所感兴趣的内容了。他的经济政策是彻底的重商主义，他对经济进行干预，孜孜不倦地建立国有企业。此外，他还废除对国内贸易的限制，并且建立了葡萄牙和其美洲殖民地之间的自由贸易。为了继续打击贵族和教会，他采取了多种措施，其中包括限制教会的永久产业权，打破贵族对公共职务的垄断，引入考绩制，将学校世俗化，还对科英布拉大学的课程进行调整，使其更加现代化。颇有趣味的是，作为一位真正的启蒙主义者，他还将公民权授予犹太人，要知道此时的葡萄牙也许是整个欧洲最为反犹的国家。

宗教裁判所的权力被削弱；葡萄牙的奴隶制被废除；军队被现代化；在一定程度上，中央行政也被现代化。蓬巴尔建立了统一的皇家财政部，由首席大臣领导。为了达到这一目标，蓬巴尔依靠的是国王的权威，秘密警察的保护和大规模的监禁。一位历史学家称其任期之内充满了“恐怖、无谓的暴行、屠杀和酷刑”，还有一位历史学家称这一时期为不折不扣的暴政。①

蓬巴尔做出了一个重大的贡献，那就是当1755年的大地震将里斯本的三分之一摧毁时，正是在他的领导之下，这个城市在两年之内得以重建，而且建得非常漂亮。但是他的改革却无果而终。1777年，国王约瑟夫一世去世，他被撤除职务，而他本人亦于1782年去世。

① Hufton,《欧洲：特权和抗议》，第272页；Gershoy,《从专制到革命》，第152页。

此后不久,葡萄牙就退回到改革之前的停滞状态,整个国家再次落到教士和贵族手中。

[1445]古斯塔夫三世的专制权是从傲慢而强大的议会手中夺取的,和蓬巴尔的改革有一点相似,那就是两者都是来也匆匆,去也匆匆。从1771年到1792年,他的作用主要是促进了文学、歌剧和戏剧的大繁荣,这次大繁荣是名副其实的"瑞典启蒙运动"。此外,他还从事了一些冒险的、不成功的军事行动。在政治领域,他的成就更多和瑞典的法律与制度有关,而不是启蒙思想家所宣传的一揽子启蒙计划。

他在制度上的革新是为了实现专制而服务的。在1771年的瑞典,国王根本就无法实行专制,在由贵族支配的议会体系中,他只不过扮演一种主持人的角色。他也曾尝试和议会及其行政机构一起共同实行统治,但是一年过去,徒劳无功,于是他就秘密策划,打破了1722年的机构设置,让议会宣誓服从他本人制定的宪法,这部宪法由57项条款组成,是所有主权国家中第一部成文宪法。但是如果认为这样一来他就可以实行专制,未免有点可笑。事实上,新的宪法和英国的宪法相类似。国王是国家的行政首脑,只有他才能够提议立法,但是要想通过新法律或者废除旧法律,都需要获得议会的许可,并且只有议会能够征税和控制预算。

和蓬巴尔或利奥波德或查理三世的改革相比,古斯塔夫的国内改革还相差很远。他的主要措施包括货币改革和对国家财政的调整,而这些和启蒙原则没有什么关系。和启蒙思想关系更密切是下面几项举措,其中包括废除酷刑,人们可以对高等法院的徇私舞弊行为提出控诉,对整个司法体系进行调整,出版自由,宗教平等,国内贸易自由,还有就是建立了国家对白兰地生产的垄断,①这显然和柯尔贝尔主义是一致的。在所有这些受欢迎的改革措施中,出版自由于1778年被废除,国家造酒厂耗资巨大,结果却血本无归,引发了农民的强烈抗议,动用军队才镇压下去,于是这项措施也被废除。②

① R. N. Bain,《古斯塔夫三世及其同时代人》,2卷本(Kegan Paul,伦敦;Trench,Trübner and Co.,1894年),第1卷,第161、163、173页。

② 同上,第1卷,第192—193页。

实际上，在古斯塔夫的所有改革措施中，和启蒙主义的政治理想关系最密切的是他制定的第二部宪法，即《联盟和安全法》，这个宪法明白无误地站在了非特权阶层的一边，挑战了贵族的利益。[1446]这部宪法更加详细地重申了国王的特权，但是却根本没有明确议会的权力。这样，他就在走向君主专制的道路上又前进了一步，但是新宪法的有些条款具有浓厚的启蒙思想的色彩，因为它宣称“所有的臣民享有同样的权利”，并且要在同样的法庭接受审判。只有国家的最高职位是保留给贵族的，其他所有职位“对所有臣民开放，无论其何种等级和境况”。有一点应该注意，即这部宪法比法国的《人权宣言》早了 6 个月。在瑞典，这个宪法受到除了贵族之外所有等级的欢迎，因为它将贵族的特权几乎全部废除。①于是就有了 1792 年臭名昭著的贵族阴谋，国王在一个假面舞会上被枪击，身受重伤，并于两周后去世，整个国家陷入一片混乱。

对于到现在为止我们所提到的所有这些君主来说，可能最好的描述就是他们都是改进者，也许托斯卡纳的利奥波德和费尔米安侯爵部分上是例外，但是对于这一时期普鲁士和奥地利的统治者来说，更好的称呼则是建国者。他们最主要的作用就是把分散的领土统一起来，实现中央集权，强化行政结构并使其更加合理，促进经济发展。即使没有启蒙运动，他们也会做这些事情，因为两国之间有激烈的竞争，两者之间的两次大规模战争促使两国政府增加税收，改进中央行政和国防，使其更加现代化。他们的努力和启蒙运动未必是同步进行的。例如，奥地利的腓特烈大帝和玛丽娅·特蕾西娅都从事了建国工作，但是虽然腓特烈被认为是启蒙思想的化身，作为虔诚的天主教徒和极端的反犹主义者，玛丽娅·特蕾西娅却对启蒙主义十分憎恶。

在前面的章节，我们把腓特烈当成了一位工作狂，一位不折不扣的独裁者，一位偏向贵族、保护贵族的国王，他鄙视其大臣，通过位于波茨坦的内阁和他们进行远距离书面联系，他还把总理事务院的职能分散给几个新成立的部门，使其性质发生了改变。但是无论是其性格还是

① 该文件文本见帕默尔的《民主革命时代》，第 1 卷，第 512—513 页。

其行为,腓特烈都充满矛盾。他被广泛认为是开明专制的楷模,但是虽然对于前面第六章对于普鲁士专制的描述,我们这里一句也不需要收回,他作为启蒙运动英雄的身份是很成问题的。年轻时,他的兴趣在于文学、音乐和艺术。对于粗鲁而笨拙的父亲腓特烈·威廉一世,他既鄙视又厌恶。[1447]他曾试图逃离宫廷,但是却被抓了回来,并且亲眼目睹和自己一起出逃的朋友被处决。作为皇太子,他于 1736 年就开始和伏尔泰通信,这种联系持续了长达 20 年。作为国王,伏尔泰和达朗贝尔都曾是他宫廷的座上宾。稍有空闲,他也喜欢吟诗作赋,虽然文采平平。他酷爱音乐,尤喜长笛。此外,他还忙里偷闲从事写作,并且著述颇丰。他的散文"活泼风趣,入木三分"。①他的《反马基雅维利主义》并不被人们看好,但是和他的其他众多作品一起,和与他同时代的人相比,或者是和今日大量书籍鱼龙混杂潮涌而至的现状相比,不仅在数量上难能可贵,有时在质量上也可圈可点。②在他看来,只有法国人才是文明开化的。他在波茨坦的"无忧宫"就是模仿凡尔赛宫而建的。他用法语和人交谈,用法语写作,他的德语反而很差。达朗贝尔称其为"哲人王",③伏尔泰则将其比作恺撒、奥古斯都、马克·奥勒留、维吉尔、普林尼和柏拉图等。④

1740 年他刚登上皇位就无端对奥地利发起猛烈的攻击,他的目标是要夺取西里西亚,这场战争一直延续到 1748 年才结束。1756 年,他又发起了"七年战争",最后虽然获得了西里西亚,但是代价也很高昂,普鲁士损失了十分之一的人口。1772 年,他从孤立无助的波兰手中夺过了西普鲁士。可见,他虽然是一位启蒙主义者,但同时也是一位不折不扣的好战主义者。他所采取的很多措施和启蒙哲学没有任何关系。按照皮特·盖伊的说法,启蒙思想家先是感到沮丧,后来又因为他不采纳他们的建议而很愤怒。不仅如此,他们:

---

① Scott,《开明专制》,第 273 页。

② 其著作多达 33 卷。

③ P. Gay,《启蒙运动》,第 2 卷,《自由之科学》(Weidenfeld & Nicolson,1970 年),第 483 页。

④ 同上,第 483—484 页。

> 很快就发现他们心目中的北方雅典不过是残酷无情的斯巴达而已，他们的哲人王与其说是一位和平主义的哲学家，不如说是一位穷兵黩武的国王。对西里西亚的入侵，对同盟的背信弃义，重新实行审查制度，还有从1752年开始当他和伏尔泰之间的友谊沦为憎恶之后，他对伏尔泰卑鄙而冷酷的待遇(无论伏尔泰怎么得罪于他)，此外，他还没有对法律作出修订，也没有使军队更加人性化……在这些事实面前，他所大肆炫耀的对法国知识分子的热情、对宗教的漠视、还有他的勤奋都黯然失色。①

这还不算，有些修正主义者也对其大肆抨击。他们声称腓特烈的改革即使不全部继承自其父腓特烈·威廉一世，也大部分是如此。[1448]他们认为在宗教宽容、司法改革、重商主义和义务教育方面，事实就是如此。②在司法改革方面，柯克采伊(Cocceji)是其父在位时的代表人物，而重商主义传统在普鲁士本来就由来已久。但是这并不是说他不是一位“开明专制者”，实际上这对我们所要探讨的内容来说无关紧要。哪里有说国王必须要推翻祖业、另起炉灶才能算得上是开明专制者呢？一位国王既可以完全摒弃其父在位时的做法，也可以将其延续下来。腓特烈选择了后者，他经过不懈努力，励精图治，巩固了父辈开创的改革大业，使其更加深入，更加广泛。

此外，从细节上看，我认为对他的负面评价在某些具体方面过于苛刻。首先，腓特烈确认并相信“朕乃国家第一公仆”的原则，并且他也是按照这一原则行事的。他是一位自由思想者，一位自然神论者，因此对他来说，要想采取宽容的宗教政策并不太难。他比父亲更进一步：“所有的宗教都必须被容许，政府的职责就是注意不要让一个宗教侵犯另外一个宗教，因为在这里，必须允许每一个人选择其自己的救赎之路。”③异

---

① P. Gay，《启蒙运动》，第2卷，《自由之科学》(Weidenfeld & Nicolson，1970)，第484—485页。

② Scott，《开明专制》，第266页。

③ W. Hubatsch，《腓特烈大帝：专制与行政》，P. Doran译(Thames & Hudson，伦敦，1973年)，第41页。

教徒、自然神论者、不可知论者、甚至耶稣会教徒都被容许。犹太人虽然从来没有融入德国社会,但是他们不但没有受到迫害,甚至还得到了一定程度的法律保护。腓特烈减轻了刑罚,废除了酷刑和对盗窃罪的死刑。要知道,英国直到1815年之后还有300种犯罪行为是死刑。此外,他还废除了很多"残忍的、非常规的惩罚",如断肢。在其统治之初,他废除了对报纸的审查,可是后来又将其恢复,但这里的问题是:这又有什么关系呢?在莱辛看来,当时的报纸空洞无物,在另外一个地方,他拿维也纳的自由和"法国化的柏林"相比较,"不要给我谈你们思想和写作的自由,那只不过是人们随心所欲地就宗教问题互相辱骂的自由而已……(普鲁士)是欧洲最不自由的国家"。① 摩西·门德尔松(Moses Mendelssohn)在普鲁士生活了一辈子,他谈到"思想的自由如此广泛,它(对艺术和科学)的影响传播到了最底层的人中间。"这里的出版和言论自由给英国的旅行者约翰·摩尔留下了很深的印象。但是对于莱辛的观点最具说服力的反驳者也许是伊曼纽尔·康德,他是这样说的:"我们的时代是启蒙的时代,是腓特烈的世纪。"②

[1449]虽然如此,很多被看作是启蒙运动一部分的内容同样可以被看作是建国活动。宗教宽容本身就可以这样来看,它避免了不同社区之间的冲突,尤其是维护了团结和军队的团体精神。③司法改革同样可以这样看,它和其他两项政策一起,构成了他要将普鲁士建设成为一个强大、高效的现代国家的雄心的一部分。

第一项政策就是领土扩张,腓特烈先是夺取了西里西亚,后来在1772年又得到了西普鲁士。他对西里西亚的占领在法律上是没有任何依据的,但是他觊觎的是那里丰富的工业潜力。西普鲁士极其重要,因为它将勃兰登堡和东普鲁士连接起来,曾经是"波兰走廊",占据了西普鲁士,也就将普鲁士整个北部地区连成一片。在其统治之初,普鲁士的人口为250万,到他统治末期,普鲁士的人口翻了一番,多达500万。

他的第二项政策是坚持不懈地大力推行重商主义。一方面,保护

---

① Scott,《开明专制》,第197—200页。
② 同上,第287—288页。Hubatsch,《腓特烈大帝》,第197—200页。
③ Hubatsch,《腓特烈大帝》,第197—200页。

主义的关税壁垒被设立，另一方面，国内贸易税则被废除。腓特烈建立了国家对瓷器、烟草、丝绸和其他产品的垄断。他在斯德丁开办造船厂，鼓励对西里西亚矿产资源的开采，还建立了中央银行。与此同时，他也丝毫没有忽视农业，建立了广泛的排水系统，开挖运河，吸引外来移民在王国很多荒芜的地区定居。因此，国家的财政收入在1740年只有700万泰勒，但是到了其统治末期，上升到了每年1900万泰勒，国家的储备金也从800万增加到了5100万泰勒。

他的第三项伟大的政策是使司法系统和法律更加系统化、合理化。在他即位时，司法权还很大程度上掌握在领主法庭和自治市法庭手中。腓特烈的首相柯克采伊的目标是取而代之以统一的、中央集权的司法系统，由受过训练的、全职的专业法官执行全国统一的法典。对于普通法和法官在建立统一国家过程中的重要性，这里我们没有必要展开详述，只要看一看在安茹王朝时期的英格兰普通法的早期发展就可以了。此外，虽然腓特烈毫无疑问是一位独裁者，他坚信自己对国民最主要的职责就是确保公民之间的诉讼、甚至官员和公民之间的诉讼都可以严格公正地依法审理，并且后者尤其重要。1772年，当普鲁士的法律体系被引入曾经属于波兰的西普鲁士时，公告是这样说的："我们本人或我们的国家机关所做的决策不具有司法上的效力。"[1450]1774年，腓特烈通告各省议会，大意是说他认为百姓的权利没有得到充分的保护，人们在抱怨"没人愿意倾听他们的诉求，也没有人向他们提供帮助，而官员则总是受到包庇"。正是因为相信这一点，他才会亲自干预阿诺德一案，在这个案件中，一位磨坊主因为地方长官）的不公正判决而向他提出申诉，寻求保护。①他本来想要将各省的法律编成法典，却没能成功，但是至少每个省都只剩下一个中央法庭，法官的待遇提高了，并且要通过资格考试，贵族的领主法庭必须要由受过专门训练的法官来主持。最重要的是，制定统一法典的工作还在继续，但可惜国王没能等到它完成的那一天，因为这一工作直到1794年才完成。这部法典就是普鲁士的"邦法"，直到1900年还在生效。作为一位独裁者，腓特烈是不

① Hubatsch，《腓特烈大帝》，第216—217页。

合格的,但是他依法治国,普鲁士正在走向"法治国家"的路上。

"作为自己的行动指南,腓特烈与其说是受到启蒙思想的影响,不如说是受到以一种开明方式所理解的国家利益的影响。他对启蒙原则作出调整,使其更加适应自己国家的具体情况。"[①]对于这样的论断,我们没有理由表示异议。

普鲁士由几个分散的地区所组成,是总理事务院和各个省的议会把这些地区连到了一起,各省的议会要对总理事务院负责。与其类似,奥地利也是由几个分散的地区组成的,但是这些地区都效忠于哈布斯堡王朝。几乎所有这些地区都有自己的等级会议或议会,再往下则是各个级别的领主分别对各自的农奴行使司法权。这个联合体甚至没有一个正式的名字,它通常被称为是"哈布斯堡领地",是整个欧洲最典型的通过王朝之间联姻和联盟而组成的帝国,是建立在个人关系之上的同盟的最佳范例,是"不同地区的联合"。首先是匈牙利,这里绅士和贵族无所不在,议会很强大,我们不妨将其看作是奥地利国王的"阿拉贡",由斯拉夫人组成的克罗地亚和斯洛文尼亚,还有特兰西瓦尼亚和布克维纳都是其附庸。然后是通过1620年的白山战役而征服的波西米亚。两者之间是说德语的中心地区,包括奥地利大公国本身和斯蒂利亚、卡尼奥拉和卡林西亚。至少所有这些地区都是相连接的,但是除此之外,这个王朝还统治着比利时和意大利的米兰。就像索雷尔说的那样,这个国家"只有边缘,没有中心","既没有奥地利这个国家,也没有组成国家的条件……要将这些不同的人口融为一体或统一治理同样是不可能的……奥地利完全是建立在契约和遗产法的基础之上。"[②][1451]组成这个国家的各个地区互不相同,统治者与其臣民之间的关系也多种多样,这些差异从对皇帝的称号中就可以看出:"奥地利皇帝,匈牙利、波希米亚、达尔马提亚、克罗地亚、斯洛文尼亚、加利西亚、洛多梅里亚和伊利里亚的国王,耶路撒冷等地的国王,奥地利大公,托斯卡纳和克拉科夫的大公,洛塔林基亚、萨尔斯堡、斯蒂利亚、卡林西亚和卡

① Hubatsch,《腓特烈大帝》,第43页。
② Sorel,《欧洲和法国革命》,第471—475页。

尼奥拉的公爵”等等。

每一个地区的君主都有一位副手，但是必须要和地方议会进行合作，所有的司法和财政官员都要对议会负责。权力掌握在议会手中，而议会被地方贵族所支配，他们维护的是地方的特权，尤其是自己对农奴任意征税的权力。君主从农民那里得到的越多，意味着领主能够得到的就越少，因此两者之间有一场看不见的斗争。事实上这些地区实行的是一种双头政治，一方是君主，另外一方是议会。由于君主不能自行征税，而必须要和议会协商，一旦税额确定下来，征税的是议会而不是君主。此外，这些议会还保留了各自的法律和法律体系，但“18世纪欧洲最为激进的从上而下的改革”就发生在这样一个帝国。①法国的启蒙思想是无法解释这一事实的，虽然少数贵族和有些官员受到了其影响。奥地利所受的影响来自其北方的德国和南方的意大利。这种影响主要是在两个方面，即重商主义和自然法的概念。改革的根本原因或推动力量是军事上的失败：18世纪30年代败于土耳其人手下，到了40年代又更加耻辱地败于普鲁士人手下。这次改革可以分为两个截然不同的阶段，分别是玛丽娅·特蕾西娅统治时期和约瑟夫二世时期。就像我们看到的那样，前者是启蒙运动的反对者，而后者曾有几年和前者共同执政，是一位彻头彻尾的教条主义者。

1740年，腓特烈二世入侵西里西亚，而玛丽娅·特蕾西娅正是在这一年即位。募集军队并筹集军费的需求促使政府做出努力，要让整个帝国的行政更加统一，也更加合理。但这种努力从一开始就遭遇重重困难，在腓特烈的猛烈攻击之下，奥地利军队只好全线撤退，年轻的女皇不得不眼含泪水恳求匈牙利议会团结起来支持她。他们答应了，募集了40000士兵和6个骑兵团，但是作为回报，他们也得到了大量的特许权。这个议会和波兰议会一样，完全由显贵组成，上议院有300人，下议院在名义上有25000人，[1452]这些领主牢牢把握他们在税收、农奴制和领主司法等方面的古老权利，不肯放手。

玛丽娅·特蕾西娅先后有两位既忠诚又才华横溢的大臣相辅佐，

---

① Scott，《开明专制》，第146页。

分别是豪格维茨(Haugwitz)和考尼茨(Kaunitz)亲王,两人为了将权力集中到她身上,采取了很多措施。豪格维茨是一位坚定的重商主义者,是地方议会的敌人。他把奥地利和波希米亚的财政部门合并起来,组成一个财政署,还将两地最高法院的权力集中到一个宫廷议政会。他不但统一了财政和司法,还对军务署进行了重组。这些改革并不适用于匈牙利、米兰和比利时。为了控制所有这些新的部门,豪格维茨又设立了一个"公共与宫廷事务总署"。

这些措施成效一般,教会没有被触及。最让豪格维茨失望的是,和腓特烈之间的七年战争对奥地利十分不利,需要大笔的金钱,而这是豪格维茨的改革所远远不能满足的。他于1760年辞职,由考尼茨取而代之。

考尼茨解散了总署,取而代之以一个国务会议作为咨议机构,由他本人领导。哈布斯堡领地的中心地区被分成几个省,每个省有专门负责征募军队的行政委员会,但是后来其功能增加,既可以控制价格,又可以保护农奴不受其领主的欺压。每个省又被分成几个区,每个区由一位区长负责,其辅助人员起初是当地的地主,后来是专业的公务人员。他们变得和普鲁士的税务委员一样,职能越来越广泛,治安、道路、学校、医院等都在其管辖范围之内。这些官员既要对议会负责,又要对女皇负责,但随着时间的推移,他们对于后者的责任占了上风。一位著名的权威这样说:"玛丽娅·特蕾西娅被看作是统一的奥地利的创立者,这不是没有原因的。"①

虽然她是一位虔诚的基督徒,但这并没有妨碍她侵占教会的财产,驱使她这样做的不是启蒙思想,而是金钱,因为这里的教会是整个欧洲最富有的。她颁布法令,限制教会的永久产业权,加强对修道院的控制。出于类似的财政上的考虑,她努力限制领主对农民征税的权利,将农奴对其领主的劳役限制在每周三天,并承诺农奴可以拥有一定面积的土地供自己使用。政府还做出很大的努力,促进农业生产,引入块根植物,鼓励马和羊的养殖,大力开发森林。[1453]玛丽娅·特蕾西娅对

① O. Jaszi,《哈布斯堡王朝的解体》(芝加哥大学出版社,芝加哥,1961年),第62页。

教育真心感兴趣，这种兴趣是很有建设性的，1774 年制定的《普通教育条例》是一份全面的中小学教育规划，其中包括有关师范学校的内容。到了她统治末期，在她所世袭的领地上有 15 所师范学校，83 所中学，47 所女子学校，3848 所小学，入校学生超过 20 万。①

这是不是"启蒙运动"呢？绝对不是，这是国家利益至上原则。她的审查官将伏尔泰、帕斯卡、孟德斯鸠、甚至吉本的著作和歌德的《少年维特之烦恼》都列为禁书。埃格尔（Eger）的主教主动焚书 4000 册。②虽然她真心想要改进普通百姓的福利，但是却不希望他们有任何非分之想。她坚信贵族的优越性，据说她曾这样说过："生来就穿草鞋的人不要奢望去穿皮鞋。"可见，如果把玛丽娅·特蕾西娅描述成启蒙人物会受到广泛的质疑，这并不奇怪。

但是对于他的儿子和共同执政者（从 1765 年起）我们就不能这么说了。如果说有哪一位统治者被启蒙思想弄昏了头脑，或者说有哪一位统治者将其生搬硬套，这个人就是约瑟夫二世。在长达 15 年的时间里，他对共同摄政的母亲越来越不耐烦，而这让他更加变本加厉。当他开始独立执政时，马上不遗余力地采取行动。作为一位彻头彻尾的专制者，他对议会深恶痛绝，在军队里实行残酷的惩罚，努力要实现统一并完成中央集权，大力宣扬德语至上，并且还要废除封建制。此外，他还坚持国家要独立于教会，提倡言论自由和宗教宽容，这和启蒙传统是完全一致的。约瑟夫并没有废除农奴制本身，但是他限制了农奴要为领主劳动的时间，还有就是授予农奴在迁徙、婚姻、上学和职业选择等方面的自由，而无需获得领主的允许。他试图引入重农学派的土地税，这就要求包括贵族在内的所有臣民都要纳税，虽然不同等级的人纳税的比例有所不同，但是这一措施遭到太多的反对，根本无法执行。在行政领域，他进一步强化了其母在位时建立的中央集权。他试图削减议会的权力，把德语作为全国的官方正式用语。在最容易滋生不满情绪的匈牙利，他建立了 10 个地方政府单位，每个单位由一位中央官员负

① E. N. Williams，《欧洲的旧制度》（Penguin，Harmondsworth，1970 年），第 447 页。
② Jaszi，《哈布斯堡王朝的解体》，第 64 页。

责所有地方官员的任命,这样就打破了地方贵族的堡垒,即省级议会。[1454]中央集权的努力也延伸到了法律领域。他废除了匈牙利的领主法庭,而其他地方的领主法庭虽然保留了审理民事诉讼的权力,但是诉讼人却可以向高一级的法院提出上诉。1787 年,他颁布了一部《刑法》,1788 年,他又颁布了一部《刑事诉讼法》,这些法典确认了法律面前人人平等的原则,扩大了向高等法院上诉的机会,限制了死刑的适用范围。他的《民法》大部分是在他去世之后的 1790 年才公布于众,这部法典直到 1811 年才完成,从此之后,它和普鲁士的"邦法"一样持久,一直被沿用到 1918 年。

在其母亲统治时期教会曾享受过种种优待,但是到了他统治时期,教会也遭受了巨大的损失。他认为教会仅仅是国家管理部门的一部分。他把宗教自由授予新教徒和东正教教徒,甚至延伸到了犹太人。另一方面,他也对自然神论者进行迫害。他规定教皇的诏书在公布于众之前,必须要先获得他的认可。他还将大约 700 个修道院关闭,剩下的由国家管理。婚姻成为一种民事上的契约。学校被世俗化。审查制度虽然没有被废除,但是已经很宽松。

一切都以失败收场,没有一件成功的。一方面,传统的经济关系经常被打乱。例如,如果一所修道院被关闭,所有那些为其工作的人都会失业。在其他地方,人们对约瑟夫干预天主教礼拜仪式的行为十分憎恶。约瑟夫是一位冉森教徒,至少和冉森教徒很接近,也就是说他们的观点源自于穆拉托里关于基督徒的虔诚的大作。他那苦行僧式的、和冉森教派相似的宗教观引起了普通百姓的厌恶,他们喜欢的是多彩的行进队伍和繁复的礼拜仪式。匈牙利贵族更是对其深恶痛绝,这既是因为他们的领主特权受到侵犯,更是因为他所提出的土地税。因此,1789 年,约瑟夫被迫召集议会,废除了所有的行政改革。但是在比利时这并没有起到作用,这里的各个等级出于不同的动机团结到了一起,有人是为了反对关闭修道院,有的是为了抗议对议会的约束,而对于普通百姓来说,他们反对的是对他们传统礼拜方式的干涉。所有这些因素组合在一起,先是零星的叛乱,然后是和奥地利军队的武装冲突,最后军队被叛乱者打败。就在这次叛乱爆发的同时,曾经大力加强军队建设的约瑟夫二世败在了土耳其人的手里。这就是“不听劝告的”约瑟夫。他明智的弟弟、托斯卡纳的利奥波德这样评价他：“他容不得任何不同意见，身上充满了专断、冷酷的原则和最为严重、残暴的专制思想，蔑视任何不同见解。”①

[1455]这段话暴露了专制主义的致命缺陷，那就是像拿破仑所说的那样，“事必躬亲”。在下面这些方面，这种活跃的、改进中的专制主义和东方的君主制政体是一样的，即两者都依赖于君主的个人精力；官僚机构的影响无所不在；宫廷阴谋；无法做到面面俱到。当它发展到巅峰时，其局限性也就暴露出来了。

5. 欧洲专制主义的局限性

5.1 宫廷式政体模式的反复性

在前面的章节，我们已经描述了亚洲的一系列专制政体，即“宫廷式政体”。在本章，我们探讨了处于巅峰时期的欧洲专制政体。它在两个主要方面和亚洲的专制政体不同，一个是欧洲专制政体的守法性，另外一个是所谓的中间机构的顽强活力，有时甚至会出现复兴，它们抵制君主对其权利的侵犯，虽然这种抵制有时是消极的。除此之外，在其他方面，欧洲专制政体的局限性和其所受的限制与亚洲专制国家一样。要想有效运作，需要英明而能干的统治者，最好是能够长期执政的统治者。如果不能满足这一条件，君主至少要能够做到知人善任，选好大臣。如果两个条件都不具备，政体就会沦为没有灵魂的、机械的官僚机构的例行公事，或者成为宫廷阴谋的牺牲品，政策频繁地被推翻，或者让垂死的中间机构复苏，而他们的抵制会进一步削弱君主的权力。

5.2 个人统治：事必躬亲

在前面的章节我们已经看到东方的统治者是怎样废寝忘食、日理

① 引自 T. C. Blanning，《约瑟夫二世和开明专制》(Longman，伦敦，1970 年)，第 43 页。

万机的，如秦始皇、曼苏尔、苏莱曼二世和阿克巴大帝等。结果，他们的国家变得欣欣向荣。我们还看到当这些勤勉的皇帝把皇位传给软弱无能的继承者时，国家马上就走上下坡路。在欧洲，同样兢兢业业的君主也不少，如西班牙的腓力二世、神圣罗马帝国皇帝查理五世，法国的路易十四和普鲁士的腓特烈大帝。他们殚精竭虑，真正把国家的事务当成自己的事情来对待。我们已经谈论过路易十四的观点和方法。[1456]从下文他们的言论中，我们可以看出18世纪晚期一些开明君主的态度。

这里是路易十四在教育其晚辈、西班牙的腓力五世："不要被人支配，要当家作主，不要过分宠幸某些人，也不要设首相，可以向议会咨询，倾听他们的意见，但是决策还是自己来做。"①

下面是腓特烈二世经常被人引用的话：

> 运行良好的政府必须像哲学体系一样有个一以贯之的系统，这样，财政、治安和军队才会协调一致地朝着同一目标努力，这个目标就是国家的巩固和国力的强盛。这样的系统只能源自同一个大脑，那就是君主。君王如果愚昧无知，总是无所事事，寻欢作乐，他就无法完成为人民谋福利的神圣使命。君主是国家的第一公仆。②

下面再看看一个穷途末路的皇帝令人心酸的呼号，眼看着所有的努力灰飞烟灭，约瑟夫二世说："朕已尽全力，没有人可以指责我疏于国事。无论是在管理方面，还是在细节方面，都没有人助我一臂之力。"③

有些君主不知疲倦地亲自治理国家，如腓特烈·威廉一世、腓特烈二世、玛丽娅·特蕾西娅、约瑟夫二世、奥地利的利奥波德和俄罗斯的叶卡捷琳娜大帝。还有些君主懒得亲自动手，他们选择优秀的大臣为其效劳，如葡萄牙的约瑟夫选择了蓬巴尔，查理三世在任那不勒斯国王

---

① 路易十四对西班牙菲利普五世的教导，引自 Barnes 和 Feldman，《理性主义和革命》，第29页。

② 引自 Andrews，《18世纪的欧洲》，第119页。

③ 引自 Gershoy，《从专制到革命》，第116页。

时选择了坦努西，成为西班牙国王之后又选择了阿兰达、坎波马内斯和佛罗里达布兰卡。但是如果统治被过早中断，无论是君主还是良臣的努力都会付诸东流。路易十四之所以能够彻底转变法国的情况，正是因为他的积极统治延续了长达半个多世纪。腓特烈二世的统治从1740年延续到1786年，玛丽娅·特蕾西娅的统治则从1740年持续到1780年。另一方面，再看看瑞典的古斯塔夫三世短命的统治，不幸的他大业未竟就遭到刺杀。

如果像腓特烈二世这样伟大的君主有一位软弱无能的继承者，或者一位能干而精力充沛的大臣因为宫廷阴谋而遭到罢免，这时宫廷式政体的局限性就会变得和在东方专制国家一样明显。在有些情况下，宫廷阴谋会造成朝中无能人的局面，朝廷上下群龙无首，其结局往往是由不思进取的官僚机构例行公事一样的统治。如果已经存在一个组织良好的官僚机构，这种情况最容易出现，就像在中国和奥斯曼帝国那样。[1457]我们已经看到中国的皇帝和高级官僚之间的明争暗斗，有时他们会转而利用太监执行个人的政策，软弱的皇帝要么屈从于高级官僚，要么屈从于太监，要么则夹在中间，两头受气。

在当前的语境中，普鲁士的情况与此相类似。前面说过腓特烈大帝鄙视其大臣，从来不接见他们，仅仅是和他们进行信件往来，发布命令也是如此。通过内阁，他完全实行个人统治。①他的继承者也是通过内阁实行统治，但是他们是些无能之辈。斯泰因一针见血地指出：腓特烈·威廉二世（1786—1797年在位）的统治“深受男女宠臣的影响，这些人阻断了皇帝和正规顾问之间的交流。”②除了两次和身份较低的人通婚之外，他还是“一位愚蠢的唯灵论者，身边都是些迷信的人，尤其是那些既迷信又邪恶的人。”③与其相比，腓特烈·威廉三世（1797—1780年在位）是“普鲁士统治者中最值得尊敬、同时也最为平庸的一位”。④一边是大臣与其属下的公务人员，一边是反复无常

① 关于内阁的运作情况，见 Hubatsch，《腓特烈大帝》，第220—225页。

② Seeley，《施泰因的生平及其时代》，第1卷，第268页。

③ 同上，第191页。

④ 同上，第195页。

的皇帝的个人内阁,两者之间展开了长期的斗争。1806年,拿破仑在耶拿和阿尔斯泰特大败普鲁士军队,整个国家几乎崩溃。此时,大臣和内阁之间的斗争变得公开化。在此后的备忘录中,斯泰因认为要完全彻底、毫不妥协地废除内阁,只有这样政府才能回到君主和正规的官僚队伍手中。他写道,这些内阁成员颐指气使,"伤害了高级官员的自尊,他们对于自己的职务感到羞耻,因为他们虽然身在其位,但是手无其权,权力本身已经成为下属势力的囊中之物。"①这和中国曾经发生的情况何其相似!

于是从此就开始了斯泰因和哈登堡(Hardenburg)的"改革时期",这一时期虽然很短,1806年开始,1812年就结束了,但是意义十分重大,因为通过这次改革,官僚统治取代了个人统治,"官僚专制体制更加非人格化,最终形成开明的官僚专制,并且兼顾到了特权阶级的意志"。②普鲁士政治家奥托·康普豪森(Otto Camphausen)在一封私人信件中,对其进行了这样的描述:

> [1458]这是普鲁士所特有的专业官僚统治制度,国王似乎是最高公务员,他总是从国家的知识精英中选择助手,这些精英之所以成为精英,因为他们要经过十分严格或者据说是十分严格的考试。国王授予他们很大的独立权,以此认可他们共同执政的地位,并因此承认了一种专家贵族的存在,而他们才是公共利益的真正代表。③

软弱或懒惰的君主如果不是被官僚所支配,就很可能会被朝廷宠臣所控制。这些宠臣可能会是严肃认真的政治家,如葡萄牙的蓬巴尔,那不勒斯的坦努西,西班牙的阿兰达、坎波马内斯和佛罗里达布兰卡,

① Seeley,《施泰因的生平及其时代》,第1卷,第269页。这一备忘录的全文载于该书第267至273页。

② H. Rosenberg,《官僚统治,贵族统治和独裁统治:1600至1815年间的普鲁士》(哈佛大学出版社,剑桥,马萨诸塞州,1958年),第208页。

③ 同上。

甚至还包括丹麦短命的斯特伦西(Struensee)。但是他们的政治生涯有可能会被中断，就像发生在蓬巴尔和斯特伦西的身上的一样，要么是因为其保护者去世，要么是因为皇太后的干预。最糟糕的局面就是这些宠臣要么邪恶，要么愚蠢，要么腐败，或者三者兼具，如前面提到的腓特烈·威廉二世的朝廷。在这些情况下，政策就会缺少连贯性，会出现朝令夕改的现象。宫廷阴谋与中国、拜占庭和哈里发的宫廷相类似，这里毋庸赘述。在路易十五和路易十六在位时期的法国，大臣像走马灯一样你方唱罢我登场，在任职之后马上推翻前任的政策。只要看看这一事实，就可以理解为什么如果君主在智力上不如路易十四，又不像他那样勤于政事，就会让国家陷入混乱，最终甚至导致革命，就像在法国所发生的那样。

君主个人权力的削弱创造了第三种可能性，即本来已经被像路易十四那样强大的君主甩到一边的保守势力重新抬头，例如，在路易十五和路易十六统治时期，实行君主专制的三个障碍重新恢复了活力，它们是高等法院，地方议会和贵族。

关于东方和欧洲的宫廷式政体之间的类似之处我们就说到这里，但是就像前文提到过的那样，两者之间的差异首先在于欧洲专制君主的守法性，这一特征在前面的章节已经讨论过。这是欧洲中世纪君主制的一个特征，这一传统一直被延续到文艺复兴时期的新君主制。启蒙运动将这一理念向前推进了一大步，因为启蒙思想家相信自然的一致性和理性的逻辑性，与此相应的是要将法律编成法典并使其更加合乎理性、更加系统化的需求。这样就有了普鲁士和奥地利的伟大法典，并且就像我们已经注意到的那样，在俄罗斯，也有了这样的法典的概要。这些法典将守法性推到了一个新的高度。[1459]通过规定百姓能够从法律那里获得什么样的保护，它们明确表达了政府和百姓之间接近契约式的法律关系。虽然这些宫廷式政体是极端的威权主义，不承认任何形式的“民主”，但是它们依然标志着“法治国家”的开始。

两者之间的第二点差异在于和亚洲相比，欧洲的中间机构十分强大。在亚洲，贵族是服务贵族，其荣辱存亡完全取决于统治者的心情。城市是皇家卫戍部队的所在地。行会也有很多，但是它们在政府的控制之下运作。像基督教会那样高度组织化的教会是不存在的。与其相比,在欧洲,直到 18 世纪,中世纪的色彩依然很浓厚。法国革命者之所以想要抹掉这一“哥特”时代的所有痕迹,在新的理性原则之上建立一个新社会,这就是原因之一,也许是一个主要的原因。他们甚至想要废除一周 7 天的星期制,改为采用以 10 日为一个单位的新历法,还要废除月份的古老叫法,转而根据每个月的气候特征重新为每个月份命名,还根据测量出来的地球周长(后来发现这种测量是不精确的),制定新的公制计量单位取代古老的计量方法,如此等等,不一而足。在欧洲,路易十四可以支配这种中世纪的中间机构,腓特烈大帝可以和他的容克贵族达成和解,但是玛丽娅·特蕾西娅和约瑟夫二世则没有这么幸运,前者不得不讨好她的贵族,尤其是匈牙利的贵族,后者则因为藐视贵族而遭到他们的公开反抗。

欧洲这些君主在努力实行专制的过程中遇到三种障碍。首先是罗马天主教会。这个世纪是天主教会的困难时期。冉森主义吸引了很多天主教君主的注意,如约瑟夫二世和西班牙的查理三世。耶稣会因为相信教皇绝对权力主义而冒犯了他们。和很多常规的集团一样,教会统治集团的高层要么懈怠,要么腐败。虽然如此,教会依然是一个高度组织化的机构,通过讲道坛,拥有属于自己的调动群众和与其交流的手段。在那个时代,讲道坛是一个十分宝贵的工具,当时全国性的报纸还没有出现,更不要说广播了。此外,教会还拥有大量的产业,很多人的生计都依赖于其地产和机构。因此教会可以强有力地影响事情的结局。它甚至可以通过支持一位开明的君主做到这一点,前提是他要是虔诚的天主教徒。就这样,也正因为这个原因,教会全心全意地支持虔诚的、事实上是偏执的玛丽娅·特蕾西娅。同样的道理,它也可以挑动教众发起叛乱,如当君主是像约瑟夫二世和查理三世那样的冉森教徒时。

[1460]第二个大的障碍是贵族。我们已经看到,从罗马崩溃之后欧洲刚刚开始进行政体重组时算起,欧洲的建国过程全部是围绕君主和贵族展开的。两者互相依存,无法分开,但哪一方应该占据支配地位的问题从来就没有得到解决。俗话说,一山难容二虎。到了 18 世纪,

贵族早就停止以武力对抗君主了。虽然他们放下了武器，这并不意味着他们愿意放弃自己的特权。这些特权包括免税权，领主法庭，拥有农奴的权利和维持地方治安的权利。开明君主想要削减或全部废除这些特权，这让他们十分愤怒。

第三个障碍是很多国家是复合国家这一事实。这种国家全部是通过合并更小的政治单位而建立的，例如奥地利由 20 来个这样的单位组成。起初，君主及其数量不多的官僚只是起到结构性的作用。我们甚至可以说法国也属于这一范畴，因为其行省、尤其是拥有三级会议的省份依然很活跃。要想实现专制，就要把这些迥然不同的单位聚集起来，组成“更加完美的联盟”。法国实现了这一目标，但这是通过极其激烈的民众革命才完成的，并且随之而来的是近 15 年的军事独裁。19 世纪德国和意大利实现了统一，而奥地利却没有，这都表明了实现统一是多么困难的事情。

最后是普通百姓。启蒙君主所做的一切都是为了普通百姓，但是有时百姓并不领情。对礼拜仪式的更改让他们深恶痛绝。由于关闭修道院而造成的失业让很多人的生活很困难。食品的自由贸易可能意味着盛宴，但也可能意味着饥馑，他们更愿意国家限定物价。由于基本相同的原因，废除行会的做法也不得人心。启蒙运动不是一场民主运动，同样，它也不是一场民众运动。从那不勒斯的街头到西班牙的田野，到处都是反对启蒙运动的反动暴民。

在亚洲的帝国，所有这些障碍一个也不存在，至少不像在欧洲那样根深蒂固，那样顽强，那样自信。作为孟德斯鸠所说的“中间机构”，它们削弱、限制、有时甚至抵消了法律专制主义在实践中的执行。

参考文献

ALDERSON, D., *The Structure of the Ottoman Dynasty* (Clarendon Press, Oxford, 1956).

ALI, A., *The Mughal Nobility under Aurungzeb* (Asia Publishing House, London, 1966).

ANDERSON, M. S., *Peter the Great* (Thames & Hudson, London, 1978).

ANDERSON, P., *Lineages of the Absolutist Stare* (NLB, London, 1974; repr. Verso, 1979).

ANDREWS, S., *Eighteenth-Century Europe: The 1680s to 1815* (Longman, London, 1965).

——(ed.), *Enlightened Despotism: Readings* (Longman, London, 1967).

ATKINSON, W. H., *A History of Spain and Portugal* (Penguin, Harmondsworth, 1960).

BAIN, R. N., *Gustavus III and his Contemporaries*, 2 vols. (Kegan Paul, London; Trench, Trübner and Co., 1894).

BARBER, N., *Lords of the Golden Horn: From Suleiman the Magnificent to Kamul Ataturk* (Macmillan, London, 1973).

BARNES, T G., and FELDMAN, G. D. (eds.), *Rationalism and Revolution*, 1660—1815: *Readings. A Documentary History of Modern Europe* (Little, Brown, and Co., 1972).

BARNETT, C., *Britain and her Army* 1509—1970 (Penguin, Harmondsworth, 1974).

BASHAM, A. L., *The Wonder that was India*, 3rd edn. (Sidgwick & Jackson, London, 1985).

BEARD, C. A. and M. R., *The Rise of American Civilization* (1—volume edn., Cape, London, 1930).

BEFU, H., 'Village Autonomy and Articulation with the State', in Hall and Jansen (eds.), *Studies in the Institutional History*, 301—14.

BERMAN, H. J., *Justice in Russia* (Harvard Russian Research Centre Studies, Harvard UP, Cambridge, Mass., 1950).

BERNIER, F., *Travels in the Moghul Empire*, ed. A. Constable (A. Constable & Co., London, 1891).

BITTON, D., *The French Nobility in Crisis* (Stanford UP, Stanford, 1969).

Bhagavad-gita (The Lord's Song); translated and interpreted by Franklin Edgerton, (Harvard UP, Cambridge, Mass., 1972).

BLACK, C. E., *Comparative Modernization: A Reader* (Macmillan, London, 1976).

BLANNING, T. C. W., *Joseph II and Enlightened Despotism: Readings* (Longman, London, 1970).

BLOCH, M., *Feudal Society*, trans. L. Manyon, 2 vols. (Routledge & Kegan Paul, London, 1962; paperback edn. 1965).

BODDE, D., and MORRIS, C. (eds.), *Law in Imperial China: Exemplified by* 190 *Ch'ing Dynasty Cases* (trans. from the 'Hsing-an hui-lan'), with historical, social, and juridical commentaries by D. Bodde and C. Morris (Harvard UP, Cambridge, Mass., 1967).

BODIN, J. H., *Les Six Livres de la Republique de Jean Bodin Angevin* (Etienne Gamonet, Geneva, 1629).

——and LOYSEAU, C. (eds.), *Traité des Seigneuries*, in *Les Oeuvres de M Charles Loyseau* (Paris, 1701).

BONNEY, R. J., *Political Change in France under Richelieu and Mazarin*, 1624—1661 (OUP, Oxford, 1978).

——*The King's Debts: Finance and Politics in France*, 1589—1661 (Oxford, 1981).

BRAUDEL, F., *The Mediterranean and the Mediterranean World in the Age of Philip II*, trans. S. Reynolds, 2 vols. (2nd edn., Collins, London, 1973).

——*Civilisation and Capitalism: Fifteenth-Eighteenth Centuries*, 3 vols. (Collins, London, 1981—4).

BRIGGS, R., *Early Modern France*, 1560—1715 (OUP, Oxford, 1977).

BROWNING, R., *Poetical Works* 1832—1864, ed. I. Jack (OUP, London, 1970).

BULL, H., and WATSON, A. (eds.), *The Expansion of International Society* (Clarendon Press, Oxford, 1984).

Cambridge Economic History of India, vol. I, ed. T. Raychaudry, I. Habib, D.

Kumar, and M. Desai (CUP, Cambridge, 1982).

Cambridge Modern History, *The New*, 14 vols. (CUP, Cambridge, 1957—9).

CAMERON, E., *The European Reformation* (OUP, Oxford, 1991).

CANNON, J., *Parliamentary Reform* (CUP, Cambridge, 1982).

CARROLL, L., *Alice in Wonderland*, in *The Complete Illustrated Works of Lewis Carroll* (Chancellor Press, London, 1982).

CARSTEN, F. L., *Princes and Parliaments in Germany from the Fifteenth to the Eighteenth Centuries* (Clarendon Press, Oxford, 1959).

CHABOD, F., 'Was there a Renaissance State?', in H. Lubasz (ed.), *The Development of the Modern State*, 26—42.

CHAMPION, E., *La France d'après les cahiers de* 1789, 5th edn. (A. Colin, Paris, 1921; English trans. 1929).

CHESNEAUX, J. (ed.), *Popular Movements and Secret Societies in China*, 1840—1950 (Stan-ford UP, Stanford, 1972).

CHÜ, T-T, *Local Government in China under the Ch'ing* (Harvard UP, Cambridge, Mass., 1962).

CIPOLLA, C., *Literacy and Development in the West* (Penguin, Harmondsworth, 1969).

——*European Culture and Overseas Expansion* (Penguin, Harmondsworth, 1970).

CLARK, G. N., *The Later Stuarts*, ed. C. H. Stuart, 'The Oxford History of England' (Clarendon Press, Oxford, 1934).

CLARK, J. C. D., *Revolution and Rebellion: State and Society in England in the Seventeenth and Eighteenth Centuries* (CUP, Cambridge, 1986).

CLAVELL, J., *Shogun: A Novel of Japan* (Atheneum, New York, 1975).

COBBAN, A., *Aspects of the French Revolution* (Paladin, London, 1971).

COLES, P., *The Ottoman Impact in Europe* (Thames and Hudson, London, 1968).

COMMAGER, H. S., *The Empire of Reason: How Europe Imagined and America Realized the Enlightenment* (Weidenfeld & Nicolson, London, 1978).

COOPER, J. P., 'Differences betweeen English and Continental Governments in the Early Seventeenth Century', in J. S. Bromley and E. H. Kossman (eds.), *Britain and the Netherlands*, Proceedings of the 1959 Oxford-Netherlands Historical Conference, 1959 (Chatto & Windus, London, 1960), 62—90.

CRUMMEY, R. O., *The Formation of Muscovy*, 1304—1613 (Longman, London, 1987).

DAVID, R., and BRIERLEY, J. E., *Major Legal Systems in the World Today: An Introduction to the Comparative Study of Law* (Stevens & Sons, London, 1985).

DAVIS, F. L., *Primitive Revolutionaries of China* (Heinemann, London, 1977).

DAY, U. N., *The Government of the Sultanate* (Kumar Publishers, New Delhi, 1972).

DE COMMYNES, P., *Memoirs: The Reign of Louis XI*, 1416—1483, trans., M. Jones (Penguin, Harmondsworth, 1972).

DE JOUVENAL, B., *Sovereignty: An Inquiry into the Political Good*, trans. J. F. Huntington (CUP, Cambridge, 1957).

DE LONGRAIS, F. J., *L'Est et l'ouest* (Institut de Recherches d'Histoire Française, Paris, 1958).

DE MADARIAGA, I., *Russia in the Age of Catherine the Great* (Weidenfield & Nicolson, London, 1981).

DE TOCQUEVILLE, A., *L'Ancien régime* (OUP, Oxford, 1957).

DORE, R., *Education in Tokugawa Japan* (Routledge & Kegan Paul, London, 1965).

DOUCET, R., *Les Institutions de la France au XVIe siècle*, 2 vols. (A. et J. Picard, Paris, 1948).

DUCHESNE, L., s. v. 'Papacy' (to 1087), *Encyclopaedia Britannica*, 11th edn. (1911), xx. 687—91.

DUKES, P., *The Making of Russian Absolutism*, 1613—1801 (Longman, London, 1982).

DUNN, C. J., *Everyday Life in Traditional Japan* (Batsford, London, 1969).

DU PLESSIS, A. J. (Cardinal Duc de Richelieu), *Testament politique* (Éditions André, Paris, 1947).

DURAND, Y., *Les Républiques au temps des monarchies* (Collection SUP; Presses Uni versitaires de France, 1973).

ELIAS, N., *State Formation and Civilisation* (Blackwell, Oxford, 1982).

—— *The Court Society*, trans. E. Jephcott (Blackwell, Oxford, 1983).

ELLIOTT, J. H., *Imperial Spain*, 1469—1716 (Penguin, Harmondsworth, 1970).

—— *Spain and its World: Essays* (Yale UP, London and New Haven, 1989).

ELTON, G. R., *England under the Tudors*, 2nd edn. (Methuen, London, 1974).

—— Presidential Address: 'Tudor Government: The Points of Contact: II. The Council', *Transactions of the Royal Historical Society* (1975), 195—211.

FAIRBANK, J. K., *Chinese Thought and Institutions* (University of Chicago Press, 1987).

—— and TÊNG, S.-Y., *Ch'ing Administration*, *Three studies*, Harvard Yenching Institute Studies, 19 (Cambridge, Mass., 1960).

FARUKI, Z., *Aurungzeb and His Times* (D. B. Taraporevala & Sons, Delhi, 1972).

FEUERWERKER, A., *State and Society in Eighteenth-Century China: The Ch'ing Empire in its Glory*, Michigan Papers in Chinese Studies, 29 (Ann Arbor, 1976).

FEUERWERKER, A., *The Foreign Establishment in China in the Early Twentieth Century* (Centre for Chinese Studies, Univ. of Michigan, Ann Arbor, 1976).

FIELDHOUSE, D. K., *The Colonial Empires: A Comparative Survey from the Eighteenth Century*, 2nd edn. (Macmillan, Hong Kong, 1982).

FIGGIS, J. N., *Churches in the Modern State* (Longman, London, 1931).

FINER, H., *The Theory and Practice of Modern Government*, 2 vols. (Methuen, London, 1932).

FINER, S. E., 'State and Nation Building in Europe: The Role of the Military', in Tilly (ed.), *The Formation of National States in Western Europe*, 84—163.

FISCHER, W., and LUNDGREN, P., 'The Recruitment and Training of Adminis trative and Technical Personnel', in Tilly (ed.), *Formation of National States in Western Europe*, 456—561.

FLETCHER, G., *Of the Russe Commonwealth* (1591), ed. E. A. Bond (Hakluyt Society, London, 1846).

FORD, F. L., *Robe and Sword: The Regrouping of the French Aristocracy after Louis XIV* (Harper & Row, New York, 1965).

FOY, W. (ed.), *Man's Religious Quest: A Reader* (Croom Helm/Open University, London, 1978).

GAIL, M., *The Three Popes: An Account of the Schism—When Rival Popes in Rome, Avignon and Pisa Vied for the Rule of Christendom* (Hale, London, 1972).

GASCOIGNE, B., *The Great Moghuls* (Cape, London, 1987).

GAY, P., *The Enlightenment: An Interpretation*, Vol. 2, *The Science of Freedom* (Weidenfeld and Nicolson, London, 1970).

GERNET, J., *History of Chinese Civilization*, trans. R. J. Foster (CUP, Cambridge, 1982).

GERSHOY, L., *From Despotism to Revolution*, 1763—1789: *The Rise of Modern Europe* (Harper & Row, New York, 1944).

GIBB, H., and BOWEN, H., *Islamic Society and the West*, vol. 1, pts. 1 and 2 (Royal Institute of International Affairs, London, 1950 and 1957).

GREEN, V. H. H., *The Later Plantagenets: A Survey of English History between* 1307 and 1485 (Edward Arnold, London, 1955).

GROUSSET, R., *L'Asie orientale des origines au XVᵉ siècle* (Presses Universitaires, Paris, 1941).

HABIB, I., *The Agrarian System of the Mughal Empire*, 1605—1707 (Asia Publishers, London, 1972).

HALE, J. R., *Renaissance Europe*, 1480—1520 (Fontana, London, 1971).

—— *War and Society in Renaissance Europe*, 1450—1620 (Fontana, London,

1985).

HALL, J. A., *Powers and Liberties* (Blackwell, Oxford, 1985).

HALL, J. W., *Government and Local Power in Japan*, 500—1700: *A Study Based on Bizen Province* (Princeton UP, Princeton, 1966).

—— 'Feudalism in Japan: A Reassessment', in Hall and Jansen (eds.), *Studies in the Institutional History*, 15—55.

—— and JANSEN, M. B., *Studies in the Institutional History of Early Modern Japan* (Princeton UP, Princeton, 1968).

HARDING, R. R., *Anatomy of a Power Elite: The Provincial Governors of Early Modern France* (Yale UP, New Haven, Conn., 1978).

HASAN, I., *The Central Structure of the Mughal Empire and its Practical Working up to* 1657 (OUP, Oxford, 1936; repr. Lahore, 1967).

HENDERSON, D. F., 'The Evolution of Tokugawa Law', in Hall and Jansen (eds.), *Studies in the Institutional History of Early Modern Japan*, 203—29.

HENDERSON, I., *Conciliation and Japanese Law* (Association for Asian Studies, Uni versity of Washington Press, Seattle, 1965).

HERR, R., 'Regalism and Jansenism in Spain', in S. Andrews, *Enlightened Despotism*, 42—9.

HERRING, *A.*, *A History of Latin America* (Knopf, New York, 1965).

HEYD, U., *Studies in Old Ottoman Criminal Law* (Clarendon Press, Oxford, 1973).

HINTZE, O., *The Historical Essays of Otto Hintze* (OUP, Oxford, 1975).

HODGES, R., Dark Age Economics (Duckworth, London, 1982).

HOLDSWORTH, Sir W., *A History of English Law* (Methuen, London, 1923).

HOOK, B., (ed.) *The Cambridge Encyclopaedia of China* (CUP, Cambridge, 1982).

HOWARD, M., 'The Military Factor in European Expansion', in Bull and Watson (eds.), *The Expansion of International Society*, 33—42.

HSIEH, P. C., *The Government of China*, 1644—1911 (Johns Hopkins Press, Baltimore, 1925; repr. Frank Cass & Co., 1966).

HSU, I. C. Y., *The Rise of Modern China*, 3rd edn. (OUP, London, 1983).

HUBATSCH, W., *Frederick the Great: Absolutism and Administration*, *trans.* P. Doran (Thames and Hudson, London, 1973).

HUFTON, O., *Europe: Privilege and Protest*, 1730—1789 (Fontana History of Europe, London, 1980).

HULSEWÉ, A. F. P., *Remnants of Han Law*, vol. I (Brill, Leiden, 1955).

INALCIK, H., *The Ottoman Empire: The Classical Age*, 1300—1600 (Weidenfeld & Nicolson, London, 1973).

JANSEN, M. B., and STONE, L., 'Education and Modernization in Japan and England', in Black, *Comparative Modernization*, 214—37.

JASZI, O., *The Dissolution of the Hapsburg Monarchy* (University of Chicago Press, Chicago, 1961).

JOHNSON, H. C., *Frederick the Great and His Officials* (Yale UP, London and New Haven, 1975).

JOHNSON, W., *The T'ang Code*, vol. I, *General Principles* (Princeton UP, Princeton, 1979).

JOLLIFFE, J. E. A., *The Constitutional History of Medieval England* (A. & C. Black, London, 1937).

JONES, E. L., *The European Miracle* (CUP, Cambridge, 1981).

JORDAN, W. K., *Edward VI, The Young King: The Protectorship of the Duke of Somerset* (Allen & Unwin, London, 1968).

JOUANNA, A., *Le Devoir de révolte* (Fayard, Paris, 1989).

KAEMPFER, E., *The History of Japan* (J. Maclehose & Sons, Glasgow, 1906).

KEDOURIE, E., 'Crisis and Revolution in Modern Islam', *Times Literary Supplement* (19—25 May 1989).

KEENAN, E. L., 'Union of Soviet Socialist Republics; History of Russia and the Soviet Union; From the Beginning to *c.* 1700', *Encyclopaedia Britannica*, 15th edn. (1989), xxviii. 968—78.

KEITH, A. B., *Speeches and Documents on Indian Policy* 1750—1921 (OUP, Oxford, 1922).

LANGFORD, P., *A Polite and Commercial People: England*, 1727—1783, 'The New Oxford History of England' (Clarendon Press, Oxford, 1989).

LAVISSE, E., *Louis XIV: histoire d'un grand règne*, 1643—1715 (R. Laffont, Paris, 1989).

LEHMANN, J.-P., *The Roots of Modern Japan* (Macmillan, London, 1982).

LEVY, R., *The Social Structure of Islam* (CUP, Cambridge, 1957).

LEWIS, P. S., *The Recovery of France in the Fifteenth Century* (Macmillan, London, 1971).

LINDSAY, J. O. (ed.), 'The Western Mediterranean and Italy', in *CMH*, vol. 7, *The Old Regime*, 1713—1763 (CUP, Cambridge, 1957).

LIU HSIANG (attributed to), *Chan-kuo-tse or The Ways of the Warring States*; trans. J. I. Crump, 2nd. edn. revised (Chinese Materials Centre, San Francisco, 1979).

LOT, F., and FAWTIER, R., *Histoire des institutions françaises au moyen-âge*, 2 vols. (Paris, 1957).

LOUIS XIV, King of France, *Mémoires de Louis XIV écrit par lui-meme*, 2 vols. (J. L. M. de Gain-Montagnac, Paris, 1806).

LUARD, E., *War in International Society* (Tauris, London, 1986).

Lubasz, H. (ed.), *The Development of the Modern State: Readings* (Collier-Macmillan, London, 1964).

McEvedy, C., and Jones, R., *Atlas of World Population History* (Allen Lane, London, 1978).

McKendrick, M., *A Concise History of Spain* (Cassell, London, 1972).

McNeill, W. H., *The Rise of the West* (University of Chicago Press, Chicago, 1963).

—— *Plagues and Peoples* (Penguin, Harmondsworth, 1979).

—— *The Pursuit of Power: Technology, Armed Force, and Society since* A. D. 1000 (Blackwell, Oxford, 1982).

Majumdar, R. C., *Medieval India* (Tauris, London, 1951).

Mann, M., *The Sources of Social Power* (CUP, Cambridge, 1986).

Massie, R. K., *Peter the Great: His Life and World* (Cardinal, London, 1989).

Mettam, R., *Power and Faction in Louis XIV's France* (Blackwell, Oxford, 1988).

Miller, J., *Origins of the American Revolution* (Faber, London, 1945).

Mishra, B. B., *The Administrative History of India*, 1834—1947 (OUP, Oxford, 1970).

Montgomery, B. L., *A History of Warfare* (Collins, London, 1968).

Moon, P., *The British Conquest and Dominion of India* (Duckworth, London, 1989).

Moreland, W. H., *The Agrarian System of Muslim India* (Cambridge, 1929).

Morison, S. E., Commager, H. S., and Leuchtenberg, W. E., *The Growth of the American Republic* (OUP, Oxford, 1969).

Morrill, J. S., *The Revolt of the Provinces* (London, 1976).

Mousnier, R. C., *The Institutions of France under the Absolute Monarchy*, 1598—1789: *Society and the State*, trans. B. Pearce (University of Chicago Press, London, 1979).

Naquin, S., and Rawski, E., *Chinese Society in the Eighteenth Century* (Yale UP, New Haven, 1987).

Neale, J. E., *The Age of Catherine de Medici and Essays in Elizabethan History* (Cape, London, 1943; paperback edn., 1963).

The New Cambridge Modern History, 14 vols. (CUP, Cambridge, 1957—59), vol. 2 (1958).

Obolensky, D., *The Byzantine Commonwealth* (Weidenfeld & Nicolson, London, 1971; Cardinal edn., 1974).

Ortiz, A. D., 'The Golden Age of Spain, 1516—1659', trans. J. Casey, in J. Parry and H. Thomas (eds.), *The History of Spain* (Weidenfeld & Nicolson, London, 1971).

PALMER, R. R., *The Age of the Democratic Revolution*, 2 vols. (Princeton UP, Princeton, 1959).

PARES, R., *King George III and the Politicians* (Clarendon Press, Oxford, 1953).

—— *Limited Monarchy in Great Britain in the Eighteenth Century* (Routledge & Kegan Paul, London, 1957).

PARKER, D., *The Making of French Absolutism* (Edward Arnold, London, 1983).

PARRY, J. H., *Europe and a Wider World*, 1415—1715 (Hutchinson, London, 1949).

—— *The Spanish Seaborne Empire*, 'The History of Human Society' series (Hutch inson, London, 1966).

—— and THOMAS, H. (eds.), *The History of Spain* (Weidenfeld and Nicolson, London, 1971).

PASCAL, B., *Pensées* (Dent, London, 1932).

PENZER, N. M., *The Harem: An Account of the Institution as it Existed in the Palace of the Turkish Sultan, with a History of the Grand Seraglio from its Foundations to Modern Times* (Spring Books, London, 1965).

PERRIN, N., *Japan's Revolution with the Sword*, 1543—1879 (Godine, Boston, 1979).

PERROY, E., *The Hundred Years War* (Capricorn Books, New York, 1965).

PING, C., and BLOODWORTH, D., *The Chinese Machiavelli* (Secker & Warburg, 1976).

PIPES, R., *Russia under the Old Regime* (Weidenfeld & Nicolson, London, 1974).

PLUMB, J. H., *The Growth of Political Stability in England*, 1675—1725 (Macmillan London, 1967).

RAWSKI, E. S., 'Literacy', in B. Hook (ed.) *Encyclopaedia of China* (CUP, Cambridge, 1982).

READ, J., *The Catalans* (Faber & Faber, London, 1978).

REISCHAUER, E. O., *The Japanese* (Harvard UP, Cambridge, Mass., 1977).

—— *Ennin's Diary: The Records of a Pilgrimage to China in Search of the Law* (Ronald Press, New York, 1955).

—— and FAIRBANK, J. K., *East Asia, the Great Tradition*, vol. 1 (Modern Asia edn., Houghton Mifflin, Boston, Mass., 1960).

ROMIER, L., 'Les Protestants français à la veille des Guerres civiles', *Revue Historique*, 124 (1917), 254—63.

ROSENBERG, H., *Bureaucracy, Aristocracy and Autocracy: The Prussian Experience*, 1600—1815 (Harvard UP, Cambridge, Mass., 1958).

RYCAUT, P., *An English Consul in Turkey: Paul Rycaut at Smyrna*, 1667—1678 (Clarendon Press, Oxford, 1972).

SALMON, J. H. M., (ed.) *The French Wars of Religion: How Important Were Religious Factors?* (D. C. Heath and Co., Boston, 1967).

SANSOM, G., *A History of Japan*, vol. 1, *to* 1334 (1958), vol. 2, 1334—1615 (1961), vol. 3, 1615—1867 (1963) (Dawson, Folkestone, Kent, 1958, repr. 1978).

—— *Japan: A Short Cultural History* (1st edn., 1931; Century Hutchinson, London, 1987).

SARAN, P., *Resistance of Indian Princes to Turkish Offensive: End of Tenth Century* A.D. (Punjabi University, Patiala, 1967).

—— *The Provincial Government of the Mughals*, 1526—1658, 2nd edn. (Asia Publishing House, London, 1972).

SARKAR, J. N., *The Mughal Polity* (Idarah-i Adabiyat-i-Delli, Delhi, 1984).

SCHACHT, J., *An Introduction to Islamic Law* (OUP, Oxford, 1965).

SCHMOLLER, G., *Das Brandenburgisch-preussiche Innungswesen von* 1640—1896: *Haupt sachlich die Reform unter Friedrich Wilhelm* I (Berlin, 1898).

SCHURMANN, H. F., and SCHELL, O., *China Readings*, 3 vols. (Penguin, Harmonds worth, 1967—71), vol. 1: *Imperial China* (1967).

SCOTT, H. M., *Enlightened Absolutism* (University of Michigan Press, Ann Arbor, 1990).

SEELEY, J. R., *The Life and Times of Stein, or Germany and Prussia in the Napoleonic Age*, 3 vols. (CUP, Cambridge, 1878).

SEGAL, R., *The Crisis of India* (Penguin, Harmondsworth, 1965).

SEN, K. M., *Hinduism* (Penguin, Harmondsworth, 1961).

SEWARD, D., *The Marks of War: The Military Religious Orders* (Paladin, St Albans, 1974).

SHARMA, R. S., *Indian Feudalism: C.* 300—1200 (Calcutta, 1965).

SHARMA, SRI RAM, *Government of the Sultanate and Administration* (Bombay, 1951).

SHAW, S. J., *History of the Ottoman Empire and Modern Turkey*, vol. 1 (CUP, Cambridge, 1976).

SHENNAN, J. H., *The Parlement of Paris* (Eyre & Spottiswoode, London, 1968).

SIMMONS, R. C., *American Colonies from Settlement to Independence* (Longman, London, 1976).

SINHA, N. K., *Economic History of Bengal*, vol. 3 (Firma K. L. Mukhopadhyaya, Calcutta, 1962).

SMITH, A., *An Inquiry into the Nature and Causes of the Wealth of Nations* (Encyclopaedia Britannica Inc., Chicago and London 1952).

SMITH, T C., 'The Land Tax in the Tokugawa Period', in Hall and Jansen, *Studies in the Institutional History*, 283—312.

—— *The Agrarian Origins of Modern Japan* (Harvard UP, Cambridge, Mass., 1959).

SMITH, V A, *The Oxford History of India*, 4th edn. (Clarendon Press, Oxford, 1981).

SMITH, W. CANTWELL, *The Meaning and End of Religion* (SPCK, London, 1978).

SOREL, A., *Europe and the French Revolution—The Political Traditions of the Old Régime*, ed. A. Cobban and J. W. Hunt, trans. A. Sorel (Fontana Library; Collins and Fontana Press, London, 1969).

SOUTHERN, R. W., *Western Society and the Church in the Middle Ages* (Penguin, Har mondsworth, 1970).

SPENCE, J. D., *Emperor of China: Self-Portrait of K'ang-shi* (Jonathan Cape, London, 1974).

STONE, L., *The Crisis of the Aristocracy* 1558—1641 (Clarendon Press, Oxford, 1967).

STRAYER, J. R., 'The Tokogawa Period and Japanese Feudalism', in Hall and Jansen, *Studies in the Institutional History of Early Modern Japan*, 3—14.

SUMNER, W. G., '*Folkways*' (Mentor edn; New York, 1960).

TAMBIAH, S. J., *World Conqueror and World Renouncer: A Study of Buddhism and Polity in Thailand*, Cambridge Studies in Social Anthropology, 15 (CUP, Cambridge, 1976).

THAPAR, R., *A History of India*, vol. 1 (Penguin, Harmondsworth, 1966).

TILLY, C. (ed.), *The Formation of National States in Western Europe* (Princeton UP, Princeton, 1975).

TORBERT, P. M., *The Ch'ing Imperial Household Department: A Study of its Organisation and Principal Functions* (Harvard UP, Cambridge, Mass., 1977).

TOTMAN, C. D., *Politics in the Tokugawa Bakufu*: 1600—1843 (Harvard UP, Cambridge, Mass. 1967).

TROYAT, H., *Le Prisonnier no.* 1: *roman* (*Flammarion, Paris*, 1978).

TURNBULL, S. R., *The Samurai: A Military History* (Osprey, London, 1977).

—— *Battles of the Samurai* (Arms and Armour, London, 1987).

UDGAONKAR, P. B., *The Political Institutions and Administration of Northern India during Medieval Times* (Varanasi, Delhi, and Patna, 1969).

VAN DER SPRINKEI, S., *Legal Institutions in Manchu China* (1962).

VENTURI, F., *Italy and the Enlightenment: Studies in a Cosmopolitan Century: Selected Essays*, ed. and with an introduction by S. Woolf, trans. S. Corsi (Longman, London, 1972).

VERNADSKY, G., *A Source Book for Russian History from Early Times to* 1917, vol. 2: *From Peter the Great to Nicholas I* (Yale UP, London, 1972).

WALKER, R. L., *The Multi-State System of Ancient China* (Shoe String Press, Hamden, Conn., 1953).

WATT, W. M., *Islamic Political Thought* (Edinburgh UP, Edinburgh, 1968).

WEBER, M., *Economy and Society: An Outline of Interpretive Sociology*, ed. by G. Roth and C. Wittich (University of California Press, Berkeley and London, 1978).

WEDGWOOD, C. V., *The King's Peace*, 1637—1641 (Collins, London, 1956).

WESTERN, J. R., *Monarchy and Revolution: The English State in the 1680s* ('*Problems of History*' *Paperbacks*, *Blandford*, *London*, 1972).

WILLIAMS, B., *The Whig Supremacy*, 1714—1760, 'Oxford History of England' (OUP, Oxford, 2nd. edn., 1962).

WILLIAMS, E. N., *The Ancien Régime in Europe* (Penguin, Harmondsworth, 1970).

WIRIATH, P., 'France; History of' (in part), in *Encyclopaedia Britannica*, 11th edn. (1910), x. 801—73.

WOLF, J. B., *Louis XIV* (Panther edn.; Norton, London, 1970).

WU, CHING-TZU, *The Scholars* (Foreign Languages Press, Beijing, 1973).

ZAGORIN, P., *Rebels and Rulers*, 1500—1660, 2 vols. (CUP, Cambridge, 1982).

第五部分　通向现代国家之路

第一章　概　　述

[1473]我们从 1776 年开始说起，此时亚洲的伟大文明国家裹足不前，甚至开始衰退。它们已经发展到了一种相当自我满足的状态，不愿意做出改变。实际上，这些国家的政府竭力抵制任何他们认为会打破其宝贵的平衡状态的影响。中国人依然认为自己的国家是世界的中心，即“中国”，拒绝任何外来势力（如英国）的打扰。德川幕府统治下的日本选择了自我封闭，与世隔绝。奥斯曼帝国陷入沉睡状态，实际上所有的伊斯兰国家都是如此。莫卧儿帝国已经不复存在，印度次大陆陷入一片混乱和衰败。如果说这里也有什么进步的话，那就是军事技术，即火器的使用，但这也是从西方引入的。

欧洲的情况与其恰恰相反。自从西罗马帝国灭亡之后，欧洲的突出特征就是它从来没有停止前进的步伐，它总是躁动不安，总是跃跃欲试。在我们上个章节所讨论的基础之上，这个大陆上的政体继续向前发展。欧洲大陆仿佛在全力追求什么，但是这种追求永无止境，追求之路没有特定的终点，而是有几个终点可以选择。终点或者说是“目的”（用美国人的表达）是 19 世纪欧洲反复出现的主题，似乎成为欧洲人难以摆脱的情结。学者们纷纷提出各自的“体系”，用来表明世界历史的终点阶段马上就要到来，历史即将和他们一起终结。根据孔德主义的预测,人类社会的最终阶段是实证主义时代,而在马克思看来,社会发展的最后阶段是无产阶级的胜利,此后推动人类社会前进的辩证关系就会停止。赫伯特·斯宾塞表明所有的物质,无论是有机的,无机的,还是社会的,都要经历从同质的整体发展到具有极大差异的个体的过程,而这种演进的最后阶段即将到来。欧洲并不是在寻找某一个"圣杯",而是有几个这样的"圣杯"要去寻找。欧洲一直在路上,从来没有到达,它从来没有到达一种平衡状态,一种可以安心休息的状态。

在欧洲,不但政府的模式在继续发展,其技术也在不断发展。以一种诗意的表达,我们不妨说"政府始于昨日"。我们现在所认识的"政府"总是在侵入人们的生活,对人们进行支配和控制,这种入侵无可避免,永无休止。[1474]这种政府出现于大约一个世纪之前,它是伴随着工业革命和其后的技术革命而到来的。渗透和监控技术,信息技术,出人意料的能源大发展,还有因此而产生的巨大社会盈余,这些都始于世纪之交。英国的工业革命极其早熟,而在欧洲大陆和美国,工业革命直到 1870 年左右才成为常规。工业化绝不仅仅是政治发展的一个重要因素,事实上它还是世界历史的分水岭。从古老的美索不达米亚和埃及就开始的农业社会延续了几千年,到此戛然而止,一个拥有无限可能的、全新的时代开始了。

正是沿着这一路径,我们到了本概述的主题,即所谓的现代国家。随着 1945 年后欧洲帝国的瓦解,政治学家以极大的同情心考察了一百多个西方之外的继承国家,非常认真地想要理解它们,启发它们,但最重要的是要帮助它们"发展"或者说是"现代化"。虽然召开了很多学术会议,学者们对这两个概念依然无法达成共识。关于"现代化"的特征,虽然人们也有分歧,但是最终这些特征和西方国家或西化国家的特征是难以区分的,而这些政治学家都来自这些国家。在坚持文化相对主义的学者看来,这是一种居高临下的侮辱,他们宣称所有的社会形态都拥有同等的价值。

西方的政治学家认为他们自己的国家是"现代的",这并不是文化帝国主义,也并非是自以为高人一等,而是呼应了非西方学者对于西方政体与众不同之处、同时也是让人羡慕之处的看法。在每一个时代,都会有一些国家被认为比其他国家更加“现代”。这样说来，毫无疑问，英格兰的艾尔弗雷德国王会认为和自己破旧的王国相比，拜占庭帝国显然是“现代的”。同样，很多新生的继承国家选择将苏联看成是“世界上最为先进的社会形态”，比西方国家更加现代，以为通过复制其特征，它们也会迅速成为“现代国家”。

如今，自以为“落后”的国家认为它们必须向它们心目中的“现代”国家学习，它们认为这些国家主要有六个特征值得效仿。

首先是作为疆域组织基础的民族性原则，与其相对的是传统上疆域组织的基础，即王朝、亲属关系或世系，还有就是宗教共同体。第二个是作为所有政治权威合法化基础的人民主权原则，与其相对的是传统的合法化的基础，即神权政治、君权神授、高贵的出身或种姓制度。第三个是世俗原则，即政治过程和宗教上的等级、活动和价值的分离。[1475]第四个原则是社会的目的性，“作为一件工艺品的国家”，与其相对的是传统上对已有权威不假思索的尊重，无论这种权威是文化上的、宗教上的、还是政治上的。第五个是经济独立原则，这并不是说要自给自足，而是指要建立独立的、全国性的健康、财富和权力基础，而这意味着广泛的工业化，与传统的农业经济相对。第六个是公民权的概念，它不仅意味着公民权和政治权的保障，还意味着经济和社会权利的保障，如受教育的权利，工作的权利和分享社会福利的权利。

现代国家的所有这些特征都源自于西方，无一例外。具体说来，它们源自三个大事件，分别是 1776 至 1787 年的美国革命，1789 年的法国大革命和工业技术革命。

1. 民族和民族主义

民族主义意味着每个自认为是一个国家的族群（或者宗教群体?）都有权独立存在，在自己的疆域之内，由自己的国民按照自己的法律进行统治。在法国大革命之前，这一概念还从来没有被这样以一种毫不妥协的、普适性的形式提出过。法国大革命以后，这一概念一直鼓舞着全世界的革命力量,成为帝国的掘墓者。它不但激发了拉丁美洲人民对西班牙和葡萄牙的反抗,巴尔干人对土耳其的反抗,还有亚洲和非洲人民对英国、法国、比利时和荷兰的反抗,还使这种反抗合法化。作为一种新的政治原则,它促使被殖民者对殖民统治者揭竿而起。在19世纪,它就这样粉碎了奥地利和土耳其的帝国,这两个帝国曾经各自拥有几十个不同的附属国。出于同样的道理,如果同一文化、并且自我认为是同一个民族的人们被分成了几个国家,这一概念也会成为巨大的统一力量,创造出更大的新生国家,如德国和意大利。

2. 人民主权

在英语里,这一概念有很多不同的说法,最常见的说法和普芬道夫、卢梭和法国大革命有关,即“人民主权”和“主权在民”。帕尔默在其《民主革命的时代》一书中称其为“作为制宪权力的人民”,他这样说的目的是为了强调一个论点,即制定人们赖以生存的法规的权力掌握在人民手中,而不是国王、上帝或其他什么力量的手中。[1476]① 亨利·梅因爵士选择称其为“民众政府”。②

这一原则认为如果一个政府不能向其民众表明其权力是民众所授予的,那么这个政府就是不合法的,因此不值得民众的服从。这里必须注意,这一信条是中立的,即它没有预设某一种具体形式的政体,它可以适用于自由民主政体、专制政体和寡头政体,甚至还适用于极权主义政体,只要掌权者能够让公众相信他们的权力是由民众授权的就可以了,无论这种授权到底是什么,也不管这种授权是怎样获得的。在拿破仑即位之前,欧洲大陆的君主们自称他们的统治权是上帝授予的。自从拿破仑即位之后,这个古老的政治原则就开始处于防御状态,因为现在似乎随便什么人都可以站出来掌握国家大权,只要他做出足够的努力能够让人们以为他这样做是响应民众的

① Palmer,《民主革命的时代》,第1卷。
② H. Maine,《民众政府》(John Murray,London,1885年)。

呼声。

这样一来，这个原则就导致了不止一种，而是两种主要的政体，就像下面马上要讨论的那样，它们分别是广场式或者说是共和式政体和宫廷/广场式或者说是宫廷式政体。前者是英国宪法和此后的美国革命的成果。这次革命的目标是为民权提供法律上的保障，这些民权的大部分内容都早已在英国得到认可和执行，但是通过这次革命，这些权利完全按照欧洲启蒙运动的传统得以阐明和扩充，例如宗教自由和禁止酷刑。

共和式政体的主要原则如下：政府可以说是民享的，但是并非直接民治的。如果政府由人民直接管理，那么它就成为一种民主政体，同样是让人无法容忍的，因为这意味着直接民主，即政府要征求每一位公民的意见，这样政府就要简单地服从他们的意志。在美国的共和制政体，统治权是通过自由选举产生的人民代表来实施的，这些代表的任期不长，一个任期结束之后，必须要在新的选举中再次和选民见面。因此他们是有代表性的，也是要对选民负责的。在其他方面，设定了种种约束机制来保护个体公民不受政府的侵犯。第一种这样的约束就是一部成文的宪法，它把权力分成三种，分别是行政、立法和司法，由三个不同的部门分别负责，这是权力制衡原则的一种表现形式，而就像我们以前看到的那样，从古典时代开始，这一原则就是共和主义的判断标准。其他的约束包括在宪法里面，尤其是“最初十条修正案”，被称为是“权利法案”，是民权的保障。[1477]具有这些主要特征的政体分别被称作是代议制政体、有限政体和立宪政体，或者是自由民主政体，这个名称我们今后将经常用到，支撑这一政体的哲学或者说意识形态是自由主义。在 1917 年的俄罗斯革命之前，这种形式的政体被所有的非西方国家认为是“现代的”。

就像我们已经提到的那样，民众政体还会认可另外一种于此大相径庭的、实际上是相对立的政体形式，即广场/宫廷式政体，它是希腊僭主政治的更高级形式。和自由主义所倡导的有限政府截然不同，它认为人民主权永远不能也不应该被删减。当然这是卢梭的主要观点，也是他鄙视代议制政府的原因。作为整体的民众是权威的唯一合法来源。在西耶斯的著作中,对这一原则有很清楚的描述。在他看来,国家和人民是同一事物,他说:"国家先于一切,是一切之源,人民的意志总是合法的,实际上它就是法律本身。"①他还说:"所有的公共权威毫无例外都源自于公众的意志,一切来自人民,也就说一切来自国家。"②法国1793年宪法第25条对其进行了具体的阐述:"主权掌握在人民手中,它是不可分割、不可限制,不可剥夺的。"因此,任何个体,无论他多么粗鲁,都可以通过民众投票的方式被选举出来担任职务,或者他也可以暴力夺权,然后再通过民众投票使权力合法权。这样他就会身兼立法、行政和司法这三种权力,这样一来,民权和其他任何权利就得不到保障,除非他本人愿意提供这些保障。因此他可以想在位多长时间就在位多长时间,直到时机成熟,可以进行新一轮的民众选举,以证明其权力的有效性。拿破仑走的就是这条路,在20世纪,希特勒和墨索里尼也是这样做的。③这些统治者制定法律,即使他们设置立法机构,这些机构也会要么对他们言听计从,要么就没有什么权力。[1478]一旦当选,他们不再对自己的日常行为负责任,新的选举也会被操纵。他们所承认的任何宪法和权利法案都要为其权力最大化服务,确保他们不受约束,三权不再分离,而是集中在他们个人身上。只要他们体现了"民众的声音",所有这些都是完全正当的,因为再次引用西耶斯的话:"人民的意志总是合法的,实际上它就是法律本身。"沿着这条道路一直走下去,就会导致塔尔蒙(Talmon)所说的"极权主义民主"。

---

① 西耶斯,《第三等级是什么?》,S. E. Finer编(Pall Mall Press, London, 1963年),第124页。

② 同上,第17页。

③ 我之所以没有把斯大林及其继任者包括进来,是因为有自由主义的宪法使他们的统治合法化,其中包括1936年的斯大林宪法和1977年的勃列日涅夫宪法。他们的专制权是通过曲解或无视宪法中于己不利的条款而获得的。事实上这是很多实行自由民主制度的新生国家的常见模式,其中包括已有百年历史的拉美国家,斯大林等人不过是其中最为极端的例子而已。这些国家都是"表象民主制",实际上是独裁者个人或者寡头实行统治。我也没有把克伦威尔包括进来,虽然拿破仑的专制被同时代人谴责为"克伦威尔式的"。克伦威尔是借着新模范军的力量上台的,无论他怎样努力,议会也不会授予他绝对权力,他干脆直接夺取这种权力。

3. 民族国家

民族主义和人民主权两个原则很难截然分开，实际上，既然西耶斯将人民和国家等同看待，两者之间的融合还是很显然的，它们都是指在国家疆域之内的整个社会。两个原则是互相支持的。“民族国家”是指由居住于同一地域之内的同一民族构成的国家，或者至少这个国家的绝大多数人口属于某一个民族。这样的国家和王朝国家或复合国家是不同的。民族国家和“国民国家”不同，而是更进一步，认为这个国民国家不属于某一个王朝或其他什么机构，而是属于国民，即这个国家的人民。这一原则和王朝统治与教会统治相对立，宣告了教会和贵族作为统治者的终结，这样就把可能出现的政体的数量减少到了只有两种，即广场式政体和宫廷式政体，后者又可以分为传统的君主制和希腊意义上的宫廷/广场式僭主政治。教会和贵族并没有消亡，而是降格成为强大的、大部分情况是极其强大的“压力集团”。他们可以影响统治者，但是不再像以前那样直接进行统治。

4. 世俗主义和现代国家的意识性和目的性

民族主义和人民主权这两个原则带有某些极其重要的负面含义。无论“人民主权”在现实中会以什么面目出现，例如希特勒的专制就属于其中一种，它和有些事物肯定是无法兼容的。首先，它和神权政治是无法兼容的。神权政治不但在很长时间里将奥斯曼帝国凝聚在一起，并且还为非穆斯林国家的政体提供了合法化的依据和统治的方法。其次，它和世袭的专制君主制是无法兼容的。西班牙和葡萄牙的君主对拉丁美洲人民的支配之所以显得合法，正是因为这种世袭的专制君主制。最后，它和传统的效忠概念是无法兼容的。[1479]中东地区和非洲的酋长统治就是通过这一概念而实现合法化的。上述这几种政体形式都是“传统的”，正是因为人民主权的原则和它们每一个都相对立，所以这一原则才构成“现代性”特征的一部分。这还不算，人民主权的含义就是在事关政治未来的问题上,应该咨询人民的意见,由人民来决定,实际上这也是人民主权原则的目的所在。简而言之,它暗示一点,即公共政策的制定应该是一种有意识、有目的的活动。这和所有“传统的”政体形式所暗含的对已有权威不假思索的顺从形成鲜明的对比。

同样的道理,在战胜宗教成为政权合法化原则的过程中,民族国家的概念有世俗化的含义,并且这种含义通常是明白无误的。这一概念关注的是此生,是现世,在自由民主国家这一点尤其明显。“自由国家,自由教会”是自由主义的核心理念。同样,在人民专制政体,世俗主义也会得到促进。但是神权政治老而不死,欧洲是世俗化思想的发源地,世俗主义在欧洲的历史表明神权政治的消亡并不是一件容易的事情。这里没有必要详述这种世俗化过程的每一个阶段,在讲到18世纪启蒙运动时我们已经对其展开过探讨。在整个19世纪,欧洲的政治都受到关于教会和国家之争的影响(在这一方面,美国是个例外,我们后面再对其进行讨论)。英国也是如此,直到这个世纪的最后20多年,“自由思想”除了遭到迫害和抵制之外,在民间和政治领域甚至遭到封杀。在欧洲大陆的天主教国家,社会围绕教权主义的问题而出现分裂,如德国政府与罗马天主教会之间的“文化斗争”,意大利则围绕梵蒂冈和国家之间的关系而产生争议。法国被分成右派和左派,而这种划分主要是反映了世俗主义和神权政治之间的斗争。在1918年之后新建立的世俗国家,自我造成的伤害痕迹犹存。意大利仍然围绕教权主义问题出现两极分化,而德国的两个主要政党则分别代表了基督教的价值观和社会民主制。

5. 工业化:对经济独立和社会福利主义的追求

工业化是新石器时代之后世界历史的真正转折点,是现代世界之肇始,其意义十分重大,后面我们将有整整一章的内容对其展开探讨,这里我们简要讲述一下它所造成的一系列直接影响。

5.1 社会影响

[1480]工业化的发展产生了两个新的等级,即资本家和“无产

者”,两者围绕经济和政治支配权而展开的角逐成为国家演变的潜在主题,对于马克思主义者来说,是其唯一主题和驱动力量。因此,在19世纪六七十年代,发生了各种有类似倾向的政治运动,这些可以总体上被称为是“社会主义”运动。它们很快就开始蔓延到整个欧洲大陆,但是却没有到蔓延到美国。作为概述,此处我们没必要罗列其发展和变迁,而是仅仅提出三点。首先,所有这些运动都建立在社会日益加剧的两极分化之上,一边是极少数的资本家,另一边是广大受剥削、受压迫的产业工人。其次,作为改进产业工人命运的前提条件,这些运动都要求政府广泛地干预自由市场机制,事实上要求将生产、分配和交换的所有工具完全国有。第三,由于所有的产业工人在和资本家作斗争方面有共同的利益,而不是听命于资本家,互相之间进行所谓的“资本主义”战争,所有这些运动都倡导国际主义。总之,欧洲的社会主义以各种方式反对自由主义的市场经济和民族主义。1917年,社会主义政党发生了一次决定性的分裂,一方主张通过代议制政府走上社会主义之路,另一方是后来改名为共产主义者的布尔什维克,他们主张以强制手段夺取并掌握政权,促进无产阶级的社会主义利益,而不考虑无产阶级自身的感受。根据这种思路,1917年俄罗斯建立了一种新政体,这一政体迅速发展壮大,成为苏联。虽然有一部看似自由主义的宪法,但它实际上是最为极端的宫廷/广场式政体。它公开宣称实行专制统治,和1793年雅各宾派的统治相类似,但是和后者相比其压迫性不知要强多少。

5.2 政治影响

这种专制政体之所以会更加具有压迫性,正是因为工业化的另外一个影响。政府的渗透能力大大加强,信息可以迅速得到传输,最后达到了同步传输。对人口的监控可以具体到每一个人。国家代理人可以在最基层保证命令得以服从。无论是速度还是数量方面,全国范围之内货物和人员的运输都是以前不敢想象的,而这就使“治安力量”可以迅速抵达动乱的中心,即使是在最偏远的地区。[1481]在以前的农业社会,国家的职能很大程度上是结构性的,主要局限于防御、司法、治安和税收等领域。并且就像我们已经看到的那样,即使这些活动也只能通过中间机构即地方显贵的密切合作才能执行。现在不再需要他们了,由于工业化带来的巨大财富,国家可以养得起大量的公务人员,而此前,公务人员的数量一直都太少了。

6. 财富和福利主义

在整个 18 世纪,因面包价格过高而产生的骚乱持续不断,广大农民依然生活在温饱线上。工业化先是使财富跟上了快速增长的人口的需要,后来又超过了人口的增长速度,产生了越来越多的社会盈余。人们的生活水平提高了,面对来自民众的压力,国家开始越来越多地解决公民在某些物质方面可能遇到的问题。但是"福利"的概念并不止于此,国家采取措施,克服个体作为社会参与者即公民所遇到的不利条件。正是这一点使今天的福利不同于古老的"济贫法"。济贫法是将物质上的救济给予特定的穷苦者,而不是作为权利授予所有的公民。福利的概念包括公民接受教育的权利,结成保护性团体的权利,因年老、疾病和失业等情况而获得补助的权利。这样,福利成为现代性这一概念的第六个因素。①

7. 现代国家模式的出口

也许我们还应该在上述特征的基础上再给现代性增加另外一个特征,那就是军事力量。工业化大大强化了军事力量,正是凭借其现代设备,欧洲列强和美国才得以任意支配世界上其他任何地方。用一句古老的说法就是:

---

① 我很清楚,在美国,"福利"一词的含义有很大差异,相当于欧洲所说的"公共救助",即作为最后手段并经过资产调查的公共援助,可能还要附带某些义务,这就是美国词汇里的"工作福利制"。这个词具有浓厚的贬义色彩,因此其意义和欧洲背景之下的福利是完全相反的。

[1482]无论发生什么，
我们格特林枪拿在手，
他们却没有。

欧洲国家之所以能够创造了巨大的海外帝国，不是因为其人力，也不是因为其财富，而是因为其自信、勇气、火器和战舰。在18世纪，欧洲和拉丁美洲或印度之间在财富上的差异根本就没有那么悬殊。在19世纪，英国、美国和法国明显变得更加富有，技术上也更加先进。在整个拉丁美洲和后来的巴尔干半岛，建立国家的原则也是民族性、民众统治和世俗化，这些原则在自由民主制度中得以体现，由此可见，它们是国家富有和强大的前提条件，而并非仅仅是因为其本身就值得拥有。到了19世纪最后20多年，由于德国与日本和原来的工业强国一起兴起，这一结论似乎变得不可避免，因为它们也是建立在现代化的原则之上，并且也采用了自由民主的宪法。因此，随着19世纪80年代法国大革命的原则开始传播到英属印度，甚至促进了1905年的伊朗革命，土耳其和中国也分别在1908年和1911年爆发革命，这些原则和议会制度一起，被认为是实现富裕和强盛的手段。

这并非世界上其他国家接受现代国家制度的唯一道路。西欧模式出口的一种方式和1776年之前发生在英属北美殖民地的情况几乎一样，并且也是因为同样的原因：英国在加拿大、澳大利亚、新西兰和南非建立的定居殖民地。英国旗帜所到之处，政治制度也随之而至。所有这些国家都拥有某种形式的、和当地情况相适应的英式议会政府，如加拿大和澳大利亚实行的既是联邦制，又是议会制。但是这种传播方式并不具有普遍性，更常见、也更广泛的是建立在财富和武力优势基础之上的几种方式。

首先，通过和装备更优良、进攻性十足的欧洲人接触，有些非西方国家开始质疑他们自己的传统价值。在印度、土耳其和中国这样的文明古国，这一点尤其明显。在中国，到了19世纪中叶，儒家思想开始受到破坏。对传统价值的破坏削弱了这些政体的精神支柱，使其对变化持更加开放的态度，无论这种变化是自愿的，还是外来强加的。

其次,西方国家的军事力量和侵略让有些国家开始警醒,为了自保,他们马上开始采用西方的方法,并对其进行调整,使其适应自己的国情,[1483]可以说他们用威胁自己的病毒对自己进行了免疫接种,我们不妨称其为"预防性反殖民主义"。毫无疑问,这样的国家中最成功的是日本。经过坦志麦特改革和青年土耳其运动,土耳其也取得了一定的成绩,但是却没能避免在一战之后被瓜分的命运,而当时土耳其已经失去了在阿拉伯和欧洲的附庸国,凯末尔主义使这个国家坚决地走上的现代化之路。泰国和埃及是这一范畴里的另外两个国家,为了实现现代化,它们也做出了很大的努力,但是后者的努力并没有成功。

最后是帝国主义和随之而起的反殖民运动的影响。欧洲列强将整个世界进行了瓜分,到了1900年,欧洲各个帝国吞并了地球上五分之一的陆地和十分之一的人口。这些征服者并没有将他们的整个现代国家制度移植过来,而是在殖民地建立了官僚和军队的统治,将原有的众多部落政府组织成领土国家,为其划定边界,当然这种边界常常是很随意的。这里没有由本地人组成代表议会,虽然可能会有一些咨询机构。另一方面,他们也没有带来西方的法律体系。他们的出现和存在为当地人提供了实施统治的榜样,同样也让当地人因为无法自己管理自己的国家而感到憎恶和沮丧。

1914年至1918年的第一次世界大战导致了德国、奥地利和奥斯曼三个帝国的瓦解,并由此产生了一系列的继承国家,它们采用了自由民主政体,但是这种政体没过多久就被地方军阀或独裁者的统治所取代。这次战争对中东地区也造成了影响,这里的阿拉伯国家从土耳其的统治之下解放出来,在"托管"制度之下,先是成为半殖民地,此后不久就开始努力摆脱半殖民地身份,追求完全的独立。在这里,它们的目标依然是要成为像西方那样的现代国家,但是这些继承国家的尝试并没有成功。1939年至1945年的第二次世界大战瓦解了英国、法国、荷兰和比利时的帝国,就像已经提到的那样,出现了100多个新生的继承国家,其中大部分在亚洲和非洲。这些国家中有的选择了苏联所提供的共产主义模式,苏联是一贯地反对殖民制度的,它声称可以提供迅速实现工业化的捷径。这样选择的国家相对比较少,因为西方列强在离开殖民地之际赋予其宪法,以此将自己的代议制自由民主制度奉为神圣。这些继承国家大部分是多民族的,即使对于最为成熟的自由民主国家来说,这也是一个很头疼的问题,就在本人写作此书时,这一问题还没有得到解决,如在北爱尔兰、比利时和加拿大。[1484]对于这些新生国家来说,这是又一个需要跨越的障碍。在几乎所有这些国家,所谓的"威斯敏斯特模式"都没能发挥作用。它们的命运就是沦为军事独裁政治,虽然间或也会出现短暂的议会政治,但常常是腐败的、被操纵的。

8. 插曲

现在本卷后面所要涵盖的话题应该已经很明显了,它们是:民族国家的创建及其两种主要的政体形式;欧洲完善自由民主政体的努力;工业化的影响。在欧洲出现的那些国家以及美国都是这些因素的结果,世界上其他国家和地区将它们看作是现代国家的范例。因此,首先我们必须回顾一下美国革命及其在政府方面的杰出发明,这些发明本身就大大充实了现代国家的范式,使其更加完整。后面就是对于法国大革命及其影响的探讨,尤其是专制民主和民族主义的潘多拉之盒。第三章将讨论欧洲大陆在自由民主政治之路上痛苦摸索的过程中,保守派和现代派之间的斗争,前者是指和启蒙思想相对立的意识形态。只有这时我们才可以对工业化展开探讨,这既是因为工业化在欧洲和美国充分展开的时间和自由民主政治成为欧洲常规的时间大体一致,也是为了重新强调一点,即美国和法国的革命以及其影响发生在工业化之前,而不是像许多庸俗观点似乎认为的那样,说两国的革命是工业化所导致的结果。随着政治上的革命和工业上的革命相结合,欧洲和美国开始向非西方世界扩张,伴随这种扩张,典型的现代国家模式开始向这些地区出口。最后一章首先讨论技术革命对政治生活巨大的、依然在延续的影响,然后追溯民众政府两种主要形式在欧洲和其他地方的发展轨迹,一直到独裁统治模式的崩溃,这一过程先是发生在其中心地带，然后扩展到世界其他国家。由此可以看出，和福山(Fukuyama)所认为的相反，这不是“历史的终结”，而仅仅是广场式政体和宫廷式政体之间新一轮冲突的开始。*

---

* 编辑注：作者有生之年未能完成最后两章的写作。

第二章　美 国 革 命

1. 美国革命的重要性

[1485]美国革命最重要的一点就是它体现了西欧政体被我们称为是“守法性”的特征。这种政体的权力源自于一个根本大法，即宪法，它只能在宪法框架允许的范围之内行事，而宪法本身的解释权掌握在国家普通法院的法官手中。守法性还能比这走得更远吗？还能得到比这更充分的肯定吗？

同样值得注意的是，虽然这种政体是通过广泛的民众选举而产生的，但是错综复杂的政治制度大大削弱了其采取行动的权力，影响了其行动的速度。①这个制度中著名的权力制衡原则没有废除民众意志的自由表达，而是对其进行约束。这样，美国就成为一直以来我们所说的“自由民主政体”的典范。

在此过程中，美国做出了至少六个政治发明，所有这些发明都在世

---

① 阿姆河蜿蜒流淌，
穿过芳草萋萋的绿洲，
流过贫瘠干涸的沙床。
像一个道路坎坷曲折的行者，
忘记了在帕米尔高原群山环抱中，
一泻千里的速度和力量。（M. 阿诺德，“邵莱布和罗斯托”，又译为“沙场寻父行”）

界范围内被采用。它们分别是:通过民众会议精心制定政府的新框架;成文宪法;包括在宪法之内的权利法案;由司法审查所保障的权利法案作为最高法律的地位;根据职能所进行的权力分割;联邦政府和各个州政府之间的权力分割,即我们现在所谓的"联邦主义"。

2. 几个特征

2.1 对欧洲的直接影响

[1486]美国革命对于阿尔卑斯山和比利牛斯山以南的国家影响不大,除了意大利可能是个例外,在这里,本杰明·富兰克林被誉为是斯巴达的莱库古再世。[①]在英国,它导致一些敌意,但是仅此而已,但是在爱尔兰,格拉顿(Grattan)坚称爱尔兰人民敬佩美国,并建立了"自由之子"。在德国和法国,尤其是在法国,用帕尔默的话说就是美国革命导致了"极其热烈的讨论、猜测、赞美和争议,人们陶醉在美国梦之中"。[②]在1760至1790年之间,有26本讨论美国的书至少以三种语言面世。此外,期刊上关于美国的内容也大大增加。在各个沙龙、读书俱乐部和共济会的会所,美国的理想和理念受到人们的深入讨论。以本杰明·富兰克林为代表的美国人精心策划,表现出了一种本能的自我宣传的天赋。[③]德国和法国对美国大唱赞歌,到了无以复加的程度,只有读了才能相信这种赞颂是何其荒谬可笑。[④]歌德和席勒抗议英国征用德国的队伍镇压美国革命,但与此同时我们还要知道,也有一些人,如舒策(Schlutzer)和斯普林格(Sprengel)积极为英国的行为辩护,他们认为美国人是一群忘恩负义之徒。[⑤]在法国,美国革命时期的美国精神包括了自由、德行、繁荣和启蒙的思想,[⑥]

---

① C. W. Toth,《自由,平等,博爱:美国革命及其在欧洲的反响》(Whitston, New York, 1989年),第5页。

② 帕尔默,《民主革命时代》,第1卷,第242页。

③ 同上,第242—253页。

④ 同上,第256—257页,举了一些例子。

⑤ E. Douglas,"狂飙突进运动:德国知识分子和美国革命",载于Toth的《自由,平等,博爱:美国革命及其在欧洲的反响》,第51页,第54—55页。

⑥ D. Echeverria,"西方的幻影:法国哲学家重新发现美洲",载于Toth的《自由,平等,博爱:美国革命及其在欧洲的反响》,第411页。

但是与此同时,法国人也对美国新的宪政体系进行了严肃而冷静的审查。给法国人印象最深的是制宪会议这一概念本身,即制宪会议可以起草一部体现理性和人民意愿的宪法。在其他方面,有些人看到了新的美国宪法对英国古老宪法的延续,而有些人则没有,他们不赞同对权力进行分割,两方之间展开了激烈的论战。①1789 年,法国大革命爆发,美国成为他们的榜样。这从他们对“国民大会”一词的自由使用就可以看出,这一事实看似无足轻重,实际上意义深远。最初,美国革命的本质被认为是下层为了新的开始而对“合法权威”发起的反抗。

2.2 跨大西洋的启蒙

[1487]德国和法国是启蒙之火燃烧得最为璀璨的地方,而美国革命则体现了最为纯粹的启蒙精神。毫无疑问,这是欧洲人所梦寐以求的,但是由于一方面是世袭贵族,一方面是根深蒂固、富可敌国的教会,这种精神在欧洲不可能实现。美国却没有这种历史包袱,在这里,自然权利、社会契约、自由平等、言论和信仰自由等观念在付诸实践的过程中遇到的阻力比较小。美国有自己的智识阶层,他们充分吸收了欧洲启蒙思想的精华,尤其是约翰·洛克的哲学。康马杰教授是美国历史学家中爱国主义学派的老前辈,他有一本书的名字就叫《理性帝国:欧洲是如何想象启蒙运动而美国如何使之实现》。②虽然康马杰总是要么为美国大唱赞歌,要么对欧洲进行讽刺,他的主要论点肯定是成立的,那就是启蒙思想在美洲比在欧洲得到更为充分的实现。这并不仅仅是因为美洲没有世袭贵族和教会势力,还因为“美洲托利党”(他们自称为“联合帝国忠诚者”)被从美国驱赶到了加拿大的荒蛮之地,再也没有回来发起反攻。总之,美国革命将欧洲启蒙思想的光辉反射到了其欧洲的源头,在整个 19 世纪,它鼓舞着欧洲的革命事业。

2.3 英国的示范作用

在前面的章节,③我们对比了欧洲政体的两种传统,分别是欧洲大

---

① 帕尔默,《民主革命时代》,第 1 卷,第 266 页,脚注。
② 康马杰,《理性帝国》。
③ 本书第四部分,第六章。

陆的专制君主制和英国的议会君主制,后者显然属于少数派。美国革命对后面这一传统产生了极大的推动作用,不仅实现了两个传统之间的平衡,而且还和其榜样英国一起,对欧洲大陆的专制主义形成竞争,对其进行侵蚀,并最终占据上风。美国1787年成立的新政府公开承认英国公民根据普通法所享有的权利,并且对其进行了补充。它所建立的制衡机制比英国要强大得多,事实上也比世界上其他任何国家都要强大得多。[1488]它以受宪法制约的统治权取代了君临议会的专制统治,与此同时,它不但将政府的主要职能分割成三个独立的部门,还进一步将统治权在联邦政府和州政府之间进行了分割,这样一来,统治权受到了更大的约束。

美国的开国元勋们谁也不会否认他们受到了英国宪政的影响。汉密尔顿十分强调地表达了这一观点。塞缪尔·亚当斯在1759年宣称"这是人类所能创造的最完美的统治模式",①就连印花法案大会的成员也以"生在最完美的政体形式之下"而感到骄傲。在1775年之前,将"爱国者"团结在一起的,用弗吉尼亚的乔治·梅森的话说,是"我们别无所求,只要享受和英国同胞同等的自由和特权,就像我们依然在英国本土一样"。②但是到了1775年,原来的景仰之情已经被蔑视所取代。英国对其进行干预的企图让他们变得更加激进,与此同时,他们正在从英国辉格派对英国宪政的激进观点中汲取营养,这些激进作家如哈林顿、弥尔顿、西德尼和理查德·普莱斯。③到了1775年,他们认为英国的政制"被贿赂和腐败所支配,已经彻底腐朽"。就像有人评价的那样,这是一种"惊人的转变"。④现在他们声称"他们是英国宪政的真正捍卫者",比英国人自己所享有的宪政"更加纯粹、更加完美"。⑤

与此同时,这些爱国者中很多人对英国议会的反对建立在更加抽象的层面之上,那就是自然法和自然权利的概念。这一观点的主

---

① G. S. Wood,《美利坚共和国的创建,1776—1787年》(北卡莱罗纳大学出版社,教堂山,1969年),第11页。
② Miller,《美国革命的源头》,第122—123页。
③ Wood,《美利坚共和国的创建》,第16页。
④ 同上,第12页。
⑤ 同上,第12—13页。

要理论家当然是约翰·洛克。自然赋予人类某些自然权利，政府存在的目的完全是为了保护这些权利。因此，政府必须遵守它和人民之间的社会契约。显然，政府的行动必须要服从这一契约的约束。如果做不到这一点，就构成对契约的违背，人民可以收回对该政府的忠诚，并通过新的政府重新确立自己的权利。这一理论实际上就是光荣革命的哲学依据。自然法则之一就是任何政府都不能在不经臣民同意的情况下剥夺其财产。在洛克看来，这样做"颠覆了政府存在的目的"。从洛克的理论中，美国的爱国者不但找到了具体理由，用来说明为什么不经其公开同意就不应该对其征税，[1489]还找到了这样的说法，即"议会之母"并不像布莱克斯通(Blackstone)所说的那样拥有明确的最高权力，而是像大法官柯克在斯图亚特王朝时期想要的那样，受到法律的约束。简而言之，也就是其权力是受到限制的，而不是至高无上的。在此意义上，我们不妨这样认为：美国的政治思想清除了英国宪政原有的弊端，使其回到偏离正道之前的状态，即就连拥有最高权力的议会也要受自然法的约束。但是无论是否做出这样的调整，英国的宪政都是美洲殖民者所仿效的对象。

3. 走向独立

"除了《圣经》之外，世界上任何文献都没有像美国宪法那样受到如此众多的注解和阐释。"①我不知道霍恩威尔是怎样得出这一结论的，但是却发现他这句话的主旨极具吸引力。这些评论者的观点常常大相径庭，让我们不禁想起吉卜林的话：

> 创作部落歌谣的方法六十有九，
> 每一个都是正确的。②

---

① H. W. Hornwill,《美国宪法之用》(Kennikat Press，华盛顿港，1925年)，第22页。

② R. Kipling,"在新石器时代"。

下面是我的个人观点,从此,更多出现的是介入式的第一人称“我”,而不是编辑式的“我们”。

3.1 1763年:转折点

在前面的章节我们提到过,[①]在长达一个半世纪的时间里,美洲的13个殖民地一直按照英国的政策实行自治,但是这里有更加民主的选举权,社会的流动性也更大,收入分配两极分化的情况没有那么严重,并且这里也没有国教和世袭贵族。这也许是一种土生土长的政体,但是它深深植根于当地的情况,满足了当地人民的需要,而这些人中大部分来自英格兰,虽然在这个世纪的后半叶,大量的苏格兰人和仇恨英格兰的爱尔兰人也来到这里。还有一点值得注意,那就是虽然此时在文学和艺术方面,美国的受教育阶层远远落后于欧洲,但是这里有很多生活优裕的人,他们虽然不是从业律师,但是却了解普通法,还对欧洲政治思想的经典著作十分熟悉,他们的兴趣所在,除了发财之外,就是从政。

[1490]这些殖民地受到来自多方面的威胁,如佛罗里达地区的西班牙人,加拿大的法国人,在密西西比河沿岸直到港口城市新奥尔良,则是印第安人。殖民地居民很高兴能够得到英国的保护。1763年《巴黎和约》签订之后,来自法国的威胁被排除。英国从这次战争的胜利中受益匪浅。法国割让了阿卡迪亚、加拿大、不列颠海角和密西西比河以东路易斯安那除了新奥尔良岛之外的所有地区。来自印第安人的威胁依然存在,庞蒂亚克(Pontiac)酋长发起的叛乱使这一威胁更加突出,他曾攻占英国在西部地区的大部分堡垒,直到1765年才被镇压下去。对殖民地居民来说,七年战争是一场“法国和印第安战争”,这一点十分重要。

战争胜利之后,英国重新划定了边界。1763年英国政府发布《皇室公告》,确定了魁北克、东佛罗里达、西佛罗里达和格林纳达这些省份的边界。与此同时,还关闭了路易斯安那位于阿勒格尼山脉以西的地区,禁止继续在此拓殖,这一界限以西直到密西西比河之间的区域被用

---

① 第四部分,第七章。

作印第安人的保留地，这让殖民地人民十分愤怒。英国的决定性胜利使其成为美洲大陆上的霸主，但是没过多久，这种形势就急转直下，变得一发不可收拾。

3.2 钱！钱！钱！

人们常说钱乃万恶之源，当然，很多叛乱和革命都是因它而起，最少在西方的历史上是如此。在英国，大宪章、贵族战争和1642年的内战；在法国，16世纪的贵族叛乱、投石党叛乱，最后是1789年的大革命；在西班牙，荷兰人、加泰罗尼亚人和葡萄牙人的叛乱，所有这些都是例证。美国革命也不例外，它是以反对征税开始的。

七年战争让英国的国债翻了一番，从原来的7500万英镑增加到了1亿4700万英镑。①在北美击败法国人所耗费的金钱几乎全部由英国承担。②不仅如此，殖民地的商人虽然生意兴隆，但是他们逃避《航海条例》所规定的各种税收，还在西印度群岛从事走私活动，从中获利丰厚。对于英国国库来说，这是又一个重大损失。虽然如此，“在美洲的英国人税务负担比西方世界任何国家(除波兰之外)的人民都要轻”。[1491]根据估计，美洲殖民地居民每人只要缴纳一个先令，而在爱尔兰，每人要缴纳6先令8便士，在不列颠，每人至少要缴纳26个先令。③

在此后的13年里，英国多次做出努力，想要加强殖民地的经济法规，要对殖民地居民征税，以筹集军费，保护西部边界不受印第安人的攻击。英国的政策让殖民地的走私商人遭受重大损失，另一方面，由于西部的土地不允许继续殖民，那些打算在此投机的人也很恼火，他们鼓动殖民地居民发起抵制。英国尝试一个措施，遭到抵制，于是便将其废除，转而尝试另外一个措施，以此类推，这样做的结果是殖民地居民对母国越来越憎恶，变得越来越激进，而这也让他们团结了起来。在这方面，英国的大臣手段极其拙劣，根本没有考虑到殖民地居民的感受，而

---

① 帕尔默，《民主革命时代》，第1卷，第153页。

② B. B. Nye 和 J. E. Murpurgo，《美国的诞生》(Penguin, Harmondsworth, 1964年)，第128—129页。

③ 帕尔默，《民主革命时代》，第1卷，第153—155页。

煽动叛乱者和革命者正是利用他们的这些错误,在殖民地居民中进行宣传鼓动。这些人包括帕特里克·亨利、塞缪尔·亚当斯和詹姆斯·奥提斯(James Otis),他们在马萨诸塞建立了多个"通讯协会",互相联络,其他各州很快也群起而效仿之。事件被大肆渲染,读一下杰斐逊起草的《独立宣言》后半部分,从那致"公正的世界"的一连串控诉中,不难看出其中有一半是子虚乌有,还有一半则被大肆夸大。以1774年的《魁北克法案》为例,虽然这一法案将魁北克省交给国王委派的总督及其议事会进行管理,但是从其他各个方面来看,这一法案都是开明的,甚至可以说是高尚的。它恢复了魁北克居民的公民权,并承诺容许他们信仰罗马天主教。但是英国的这一做法受到指责,说对天主教徒实行宗教宽容,就是为了利用他们来限制殖民地居民的自由。

实际上,要想从殖民地居民手中获得金钱,有四个办法。英国政府可以分别向13个殖民地提出诉求,但是这样不会筹集足够的人力和财力。或者可以采取亚当·斯密的解决方案,即让殖民地派代表参加议会,但是没有一个残民地会赞同这一做法。第三个是富兰克林的建议,即殖民地之间联合起来,共同防御,但是问题是殖民地同样不愿意这样做。最后的办法就是通过议会对殖民地征税。正是因为英国议会多次企图这样做,最终导致殖民地先是不合作,接着是发动叛乱,最后发展成为武装斗争。1775年,英国的一系列强制措施先是引发了莱克星顿和康科德的小规模冲突,然后是邦克山战役,再接着是美国殖民者入侵加拿大。在这种群情激奋的情况之下,13个殖民地召开了第二次大陆会议,[1492]通过了要求独立的《弗吉尼亚决议案》。1776年7月4日,举世闻名的《独立宣言》面世。

《独立宣言》第一部分精彩绝伦地总结了约翰·洛克关于自然法和社会契约的理论,纯粹而简洁。第二部分对母国提出一系列控诉,以此来证明寻求独立的正当性,对于这些控诉,前面我已经表达了我的怀疑。

我们很难将美国独立战争说成是一场内战,因为联合帝国忠诚者势单力薄,缺少有系统的组织。他们很容易成为爱国暴徒的受害者,后者毁坏他们的房屋,偷窃他们的财产,还将他们全身涂上柏油并粘上羽毛,大肆折磨。对此,他们无可奈何,只能保持低调,直到英国的军队占据这一区域。虽然如此,根据估计,殖民地居民中大约有三分之一是倾向于英国的,真正意义上的"爱国者"也占到三分之一左右,剩下的人属于中立者。①此外,我们也不应该像大西洋两边很多温和的"权威说法"那样,低估这场战争的掠夺性。法国革命者所没收的财产的确是美国爱国者的12倍,但是不要忘了,法国的人口是殖民地人口的10倍。还有,在法国革命的过程中,每1000人中只有5位流亡者,但是在美国独立战争期间,每1000人中有25位流亡者。②这些不幸的联合帝国忠诚者只好逃到加拿大。的确,在1783年的《凡尔赛和约》中,胜利的美国人承诺要对他们被没收的财产做出赔偿,但是这一承诺一直没有兑现。最后是英国政府收拾残局,为此支出了大约350万英镑。

英国因其傲慢自大而失去了这场战争。最终虽然美国人没有赢得一场决定性的战役,英国同样也没有。1778年,法国站到美国人一边,到战争快要结束时,英国所面对的是法国、西班牙和荷兰的海军。最后,由于美国和法国的陆上封锁和法国实际上的海上封锁,英国在约克镇投降,这才是结束战争的关键。对于英国来说,无论是在军事上,还是在外交上,这场战争都是不光彩的。

4. 战争年代的政治机构(1776—1787年)

[1493]根据伍德的说法,美国人"对权力有一种妄想狂症",③他们相信统治欲一定会腐蚀"身居高位者"。他们厌恶个人专制和少数人统治,只相信人民自己当家作主的政府,④并且即便是后者,也要有种种限制条件。这是自由与暴政之间的选择。⑤因此,就像约翰·亚当斯所说的那样,"我们的地方立法机构是殖民地的唯一最高权威"。⑥在共和派这边,很少有词语像"暴政"这样被随意使用。的确,在很大程度上,

① 见约翰·亚当斯的估计,引自Nye和Murpurgo,《美国的诞生》,第195页。
② 帕尔默,《民主革命时代》,第1卷,第188页。
③ Wood,《美利坚共和国的创建》,第17页。
④ 同上,第22页。
⑤ 同上,第23页。
⑥ 同上,第351页。

这个词现在被用作“专制”的同义词,[1]但是两者之间的区别还是很大的,和“暴政”相比,如果说人们受到的是专制统治,应该说是一种幸运。战争一开始,英王任命的总督就逃跑了,于是每个州的立法机构就成为政府,而不像以前那样仅仅对行政权力起到限制作用。这本身就是革命性的,因为“几个世纪以来,政府一直被等同为行政机构或君主”。“立法被认为是特殊情况,是一种纠偏行为,只和公共福利有关。”[2]这些立法机构中有很多制定了《权利法案》,在这方面弗吉尼亚就是一个很突出的例子。[3]所有这些州都在口头上服从权力分割的原则,但是在几乎所有这些州,总督的职位已经名存实亡。有 8 个州的总督由立法机构选举产生,有 10 个州将总督的任期限定为一年。在卡罗莱纳,总督没有否决权。弗吉尼亚总督伦道夫(Randolf)自称是“行政机构之一成员”。在弗吉尼亚,杰斐逊总结说:“政府之一切权力,无论是立法权、行政权还是司法权,都归于立法机构”。[4]1775 年,几乎每一个殖民地居民都还在表达对英国国王的忠心,但几乎是一夜之间,他们就兴致勃勃地转向共和主义,一种被和某种想象中的“公共德行”所认同的政府形式。杰斐逊和约翰·亚当斯一样,也注意到这种转变的速度之快,即使在今天,“这依然是一个很大的谜”。[5]

根据 1777 年大陆会议通过的《邦联和永久联合条例》,13 个州在战争中各自保留了其独立主权。[1494]这些条例中最为重要的内容如下:每个州在邦联议会只有一票表决权;建立一个共同的国库,其收入由各个州根据境内土地价值的比例进行分摊;如果一个州组建了陆军,所有上校军衔以下的军官都要由这个州的立法机构任命;在有 9 个州一致同意的情况下,邦联议会有权处理各州之间的争议,有权宣战和缔约,可以发行货币和债券,可以拨款,还可以规定军队的大小;在邦联议会休会期间,“诸州委员会”可以代其理事。简而言之,军队的征募和军费的支出

---

① 见本书第四部分,第八章。

② 同上。

③ 为了表明它和 1789 年法国《人权和公民权宣言》的相似性,帕尔默在《民主革命时代》中对其进行了摘抄。

④ M. Cunliffe,《美国总统和总统职位》(Eyre & Spottiswoode,伦敦,1969),第 28—89 页。

⑤ Wood,《美利坚共和国的创建》,第 91 和 93 页。

和征集均由各个州自己负责。的确，在有大多数即九个州同意的情况下可以通过决议案，但是这些条例并没有说明如何执行这些决议案。

当13个州在面对共同命运的时候，这些条例勉强满足了这一“光荣事业”的需求，但是战争刚一结束，这些条例就遭遇情感上的耗竭和失望。和平年代的问题和战时不同，潘多拉的盒子就此打开，各个州之间围绕很多问题发生争执，如西部地区的将来，商业政策，奴隶贸易，各州和联邦债卷的偿付，还有通货膨胀。州政府并没有为联邦政府的创建提供新的框架模式，而仅仅提供了一些前车之鉴。几乎每一位重要的政治家都憎恶州立法机构的专权。这些立法机构任意没收人们的财产，疯狂发行纸币，随意废除债务，这些做法让他们很震惊。早在1776年，约翰·亚当斯就称其为“民主的暴政”。麦迪逊说这些立法机构制定了太多的法律，其中很多是不公正的，所有的权力都集中到了立法机构手中，无论是司法权和行政权，还是立法权。①杰斐逊写道：“把这些权力集中在同一些人的手中，这正是专制政体的定义……173个暴君肯定和一个暴君同样具有压迫性。”②

这些州都喜欢独立自主。1782年，邦联议会有整整六个月都几乎无法召集到法定人数，那些参加会议的代表也是共和主义和各州权力的强烈拥护者。一个“国家主义”组织要求在费城召集国民大会，重新考虑《邦联和永久联合条例》的内容，但是此事被一再拖延，直到大约300名贫苦农民揭竿而起，[1495]这就是被夸大其词的“谢司起义”，虽然这次起义被很轻松地镇压下去，但是它却让邦联议会深感恐慌，于是在1787年的7月14日，这次大会才被正式召集起来。

5. 1787年宪法的制定

5.1 倒着读历史：《联邦党人文集》的诱惑

《联邦党人文集》是汉密尔顿、麦迪逊和杰伊三人于1787年写作的

① Wood，《美利坚共和国的创建》，第407页。

② R. Middlekauf，《光荣的事业：美国革命，1763—1789年》（牛津大学出版社，牛津，1982年），第610页。

一系列论文集，其目的是为了说服纽约的立法机构批准宪法草案。要知道，这一文集真正是政治科学的伟大经典作品，但自相矛盾的是，正是它理所当然的巨大威望和权威阻碍了人们真正理解美国的宪法—它是怎样产生的，同时代人尤其是那些杰出的制定者是怎样看待他们亲手签署的这一文件的。这是因为几十年以来，如果不是整个世纪，甚至更久，一批又一批历史学家和他们的众多学生都是通过联邦党人的眼睛来看美国宪法的。

《联邦党人文集》每一篇都有专门的诉求，其目的是为宪法草案的每一个条款进行辩护。他们的辩护十分具有说服力，有很强的逻辑性和一致性，以至于会让人以为宪法的制定者胸有成竹，在起草宪法时脑海中已经有一个完整的、连贯的、合理的计划，但事实根本就不是这样。这部宪法的形成是争吵和妥协的结果，即便在其被完成之后，依然是一系列仿佛并不协调的提案不得已而拼凑在一起。宪法的制定者中有很多就是这样认为的。通过联邦党人的视角来研究宪法的评论者和历史学家们知道一点，即这部宪法已经成功经历了两个多世纪的考验，并且在此期间，它灵活地适应了从农业社会到工业社会的转变。他们是用今天的眼光来看待宪法的起草的，就像有些幼稚的学生，以为1338年英国部队在向法国进军的途中，嘴里喊着“好哇！我们要去打百年战争了！”两者之间不无类似之处。实际情况是，这些立国者步履蹒跚，充满困惑，虽然有美好的希望，但是却根本不知道他们的作品会有什么样的命运。有些美国的历史学家已经开始意识到这一点。

[1496]约翰·罗什教授比我还要严厉，在他看来，汉密尔顿和麦迪逊是“灵感十足的宣传鼓动家，回顾性整齐的天才”，[①]选举总统的选举团“仅仅是为了应急而临时成立的，只是后来才被赋予很高的理论内涵”，[②]而完成了的宪法草案不过是一个“权宜之计”。他否定了美国宪法是“宪政主义典范”和“体系建构天才之作”的观点。他认为这部宪法

① J. R. Roche，“开国元勋：行动中的自由党改革派系”，载于J. P. Greene，《1763—1789年美国革命的重新解读》(Harpers & Row，纽约，1968年)，第447页。

② 同上，第459页。

是“迫于当时情况的压力而临时拼凑的结果”。①最后，他对《联邦党人文集》做出了和我们前文同样的指控，即“这部著作对宪法在后代人心目中的形象有巨大的影响，对于生性偏爱理论整齐的历史学家和政治学家来说尤其如此”。②

5.2 费城会议的关注焦点

费城会议的核心问题是什么呢？是要建立一个全国性的政府？还是让两派力量之间展开角逐？角逐的一方想让各州拥有最大的独立，而另一方则想要一个统一的政府，州的权力所剩无几。对此，历史学家有不同的看法。③除了这些之外，与会代表还要考虑许多其他问题。他们来参加这次会议是有共识的，即三种权力应该被分割开来，但是他们看到某些州的立法机构的行为即使没有废除这一原则，也已经将其大大削弱了。虽然如此，他们依然想象着这种分割基本上应该在行政机构和立法机构之间。他们很少注意到第三种权力(即司法权)对其他两种权力的独立制衡作用。他们依然对权力很多疑，担心州立法机构的权力会受到侵犯，但他们无论是偏向立法机构，还是行政机构，都不可避免地会跳出油锅又掉进火坑。这让他们想到任何新政府都应该在不违背民主原则的情况下，尽可能不受民众的直接影响。他们决定在各个机构实行间接选举，认为这就是代议制政府和共和制，不同于由民众直接选举的民主制，而这种民主制曾经是希腊城邦的祸根。他们根本就不喜欢这种民主。[1497]州立法机构的专制行为，以及它对行政权与司法权的垄断，被归因于民众在选举立法机构时有太多的发言权。贬低民众的观点十分盛行，康涅狄格州的谢尔曼(Sherman)以前本来是个鞋匠，他认为“民众应该尽可能少参与政府事务，他们需要信息，并且常常很容易被误导”。马萨诸塞州的格里(Gerry)则认为“我们所经

---

① J. R. Roche，“开国元勋：行动中的自由党改革派系”，载于 J. P. Greene，《1763—1789 年美国革命的重新解读》(Harpers & Row，纽约，1968 年)，第 462 页。

② 同上，第 468 页。

③ 对于第一种观点，见 F. McDonald，《美利坚共和国的形成，1776—1790 年》(Penguin，Harmondsworth，1967 年)，前言部分。关于后一种观点，见 Roche，“开国元勋：行动中的自由党改革派系”一文。

历的祸害源自民主的泛滥……最邪恶的人进了立法机构”。[①]在提出“弗吉尼亚方案”时,伦道夫肯定地说:“我们的主要危险源自于我们宪章中的民主因素……民众所行使的政府权力吞并了其他的机构。所有这些宪章都没有对民主进行足够的限制。”[②]

5.3 宪法的制定

我的看法和罗什教授一致,[③]即费城会议所要面对的问题并非是否应该有一个全国性的政府。与会各方都希望能够有一个中央政府,但是在一些结构性的问题上,大家存在分歧:这个政府应该怎样组织;它和各个州之间应该是一种什么样的关系。州权主义者认为一切事务必须要通过州政府才能进行,他们不喜欢这次制宪会议。

会议面对的问题很大,与会代表从事的是一项前无古人的事业。实际上,我想不到还有哪一个民族像他们这样白手起家,从零开始,建立一个新政府。他们很钦羡英国的宪法,但是美洲的情况让他们无法将其照搬过来。这里没有神圣不可侵犯的、世袭的国王,必须要找到能够代替国王的行政首脑。这里也没有世袭的贵族,因此无法形成像英国那样的上议院。但是这里有主权在握的各个州,州和中央政府之间应该是一种什么样的关系呢?这种情况是英国所没有的,在英国,地方当局要服从于君临议会的权威。

要想讲述美国的宪法是怎样拼凑到一起的,最简单的方法也许是从两个伟大但却互相对立的“方案”谈起,它们一个被称为是弗吉尼亚方案或者说是“大州方案”,另外一个是新泽西方案,又被称为“小州方案”。

弗吉尼亚方案由伦道夫提出,但是得到了詹姆斯·麦迪逊的大力支持,这一方案提倡完全的国家至上,各州保留的权力所剩无几。

---

① F. Lundberg,《宪法中的漏洞》(普林斯顿大学出版社,普林斯顿,1980年)。该书华而不实,作者是一位记者,其目的是要解开光荣宪法的神秘面纱,在这一方面,作者并不成功,但是文中大量引用开国元勋的话,并且在脚注中注明出处。我参考该书仅仅是为了这些引言。

② McDonald,《美利坚共和国的形成》,第166页。

③ Roche,“开国元勋:行动中的自由党改革派系”,第437—469页。

[1498]立法机构包括两个议院，下议院的议员由民众直接选举产生，各州代表的人数根据其人口来确定。上议院的议员由下议院从各州立法机构所推荐的候选人中选举产生。行政首脑和法官由两个议院选举产生。如果说这个两院制的立法机构还受到什么制约的话，那就是它要受到审查委员会的约束，而这个委员会由行政首脑和一些法官组成，拥有延宕性否决权。中央政府的管辖范围无所不包，不仅拥有已经授予国会的所有权力，还完全有权从事各个州没有能力完成的所有活动，或者是"如果让各个州负责有可能会破坏美利坚合众国和睦"①的活动。尤其重要的是，中央政府可以对桀骜不驯的州采用武力。

与会代表似乎过了一段时间才意识到根据这一计划，马萨诸塞、弗吉尼亚和宾夕法尼亚会在事实上控制立法机构，于是较小的州转向新泽西方案。

这一方案和以前一样，口头上遵循三权分立的原则。立法机构只包括一个院，行政首脑和法官皆由其任命，这和弗吉尼亚方案是一致的，但是根据这一方案，没有审查委员会。立法机构的权力被具体地罗列出来，它所行使的除了这些权力之外，别无其他。它所制定的法律凌驾于各州法律之上。最重要的是，和弗吉尼亚方案不同，每个州在这一立法机构的代表同样多，和人口数量无关。

这一方案遭到拒绝，注意力重新回到弗吉尼亚方案。马上做出的一个变动就是上议院应该由各州立法机构选举产生，而不是由下议院选举产生。接着有人提出上议院应该代表各州的利益，而下议院应该代表全体人民。但是各个小州依然坚持他们在上下议院的代表应该和大州同样多。于是又提出了一个折中的方案，即在上议院，各州有同等名额的代表，而在下议院代表的人数根据各州的人口多少来确定。经过长时间让人厌烦的辩论，这一建议被勉强接受。这就是所谓的"伟大的妥协"。

---

① 引自 Roche，"开国元勋：行动中的自由党改革派系"，第 448 页。1991 年的马斯特里赫特条约将与此十分类似的权力授予未经选举产生的欧盟委员会，这一条约被英国的首相和外交大臣称赞为"从中央集权的后退"。这种后退我见过，与其相比，这一条约更像是一种轻率的前进。

但是行政首脑的问题依然没有解决,并且在一定程度上,司法机构的问题也没有解决。[1499]有些拥有"共和"倾向的代表不信任行政首脑这一职位,因此他们提议由三人担任行政首脑,但是这一提议没有得到通过。行政首脑必须由一个人来担任。他是否应该由全国人民选举产生呢?美国辽阔的疆域意味着让大量人口为一位候选人投票是不可能的。实际上,在这个地广人稀的国家,如果让人们记住某位候选人的面孔或者是其政策,即使不是不可能,也是非常困难的。由州立法机构选举行政首脑的提议被拒绝,因为此时很多人担心他们"变化无常"。那么,是否应该像以前提议的那样,让国会来任命呢?如果这样,其任期应该多长呢?任期太短会使其受制于立法机构,任期过长可能会很危险,除非他没有连任资格。

逐渐地,行政首脑的权力被确定下来。其任期为4年,可以连任。他将是军队的总司令。经过参议院同意,他可以任命所有的主要官员。他可以否决立法机构的法案,但是两院三分之二的大多数可以推翻其否决。

这引起了一些人的恐慌。因"不自由,毋宁死"这句话而永垂史册的帕特里克·亨利宣称这是"朝君主制的倾斜"。《自由人》杂志的说法是总统被赋予的权力"比现代那些最为专制的君主有过之而无不及"。因为这些原因,以何种方式选举大权在握的总统似乎成为一个难以解决的问题。于是就出现了一个"不彻底的妥协",①"一个别扭的、有悖常理的"、②"为应急而临时创造"的制度,③即选举团制度。选举团成员由各州人民或者是各州的立法机构选举产生,每个州的选举人名额和该州在参议院和众议院人数的总和相当。所有这些选举团成员在同一天选举总统和副总统,但是副总统必须来自和总统不同的州。获得选举团选票最多者为总统,其次为副总统。这似乎是这次会议所能达成的最终和最佳方案了,于是该方案被采纳。

这一方案有十分重要的影响。根据这一有悖常理的制度,总统一

---

① McDonald,《美利坚共和国的形成》,第186页。

② 同上,第185页。

③ Roche,"开国元勋:行动中的自由党改革派系",第459页。

职拥有了属于自己的选举人,他们独立于国会,由于同样的原因,司法机构的任命权从国会转移到了总统手中,参议院必须提供建议并批准提名,但是做出任命的是总统。“在 9 月 6 日之前,美国宪法本来可以组建国会式政体的,但是从那一天起,美国政体成为一个混合政体,因为在让总统独立于国会的过程中,与会代表也让司法机构变得相对独立。”①

[1500]宪法草案要想生效,必须要获得至少 9 个州的正式批准,而这一草案被公开之后,马上遭到来自“反联邦主义者”的激烈反对。他们最有效的理由就是这一宪法缺少一份“权利法案”,因此他们开始要求再次召开大会。虽然最后凑够了 9 个州的名额,宪法获得了法律效力,但是纽约和弗吉尼亚拒绝通过这一宪法,而没有它们的批准,新的联邦就相当于痴人说梦。《联邦党人文集》之所以能够面世,正是为了赢得纽约市民的批准,但是这一目的并没有能够达到。最后,出于策略上的原因,以麦迪逊为代表的联邦党人决定对修订宪法的要求做出让步。1789 年,新宪法之下的第一届国会召开,麦迪逊开始以宪法修正案的形式起草“权利法案”。被提出的修订意见多达 186 条,麦迪逊通过整理,将其削弱到 80 条,最后又进一步浓缩到 19 条。他就此罢手,但是在这些修正案被提交到国会之后,参议院进行了干预,将其数量减少到了 10 条,它们就是著名的、构成“权利法案”的“十条修正案”。

5.4 1789 年宪法

人们一致认为美国宪法的文体优雅而简洁。拿破仑曾说过,“宪法应该简短而含糊”,而美国宪法就证实了这一点,因为在该宪法中,一些主要的问题被回避。选民要具备什么资格?公民的概念不是很模糊吗?有些问题不是被忽略了吗?如最高法院能够在多大程度上对国会法案做出裁决。在解释宪法的过程中,这些还有很多诸如此类的其他问题都会出现。从序言部分第一句话“我们合众国人民,为建立更完善的联盟”开始,问题就出来了,这里的“人民”是指哪些人呢?只要粗略

① Cunliffe,《美国总统和总统职位》,第 20 和 22 页。

浏览一下科温(Corwin)的《宪法及其今天的意义》,就可以找到宪法文本所引发的各种问题,但即使这些,也仅仅只是一份摘要,实际问题比这要多得多。

我们同样不能以今天的眼光来看待1789年宪法,因为在两个世纪的使用过程中,它已经被修订和改进。要知道,当时的参议院只有26位成员,就像总统实际上应该直接选举产生一样,他们也是直接选举产生的。当时最高法院的司法权还没有被明确界定,这是在1803年马伯里诉麦迪逊一案之后才完成的。实际上,实践中的应用和惯例很快就对这一模式进行了修改。当华盛顿咨询最高法院1793年的《中立宣言》是否合乎宪法时,得到的答复是提供建议并非法院的职责所在。[1501]华盛顿同样也咨询过参议院,因为在很多同时代人看来,参议院肯定和独立革命之前的总督议事会差不多,可能华盛顿本人也是这样认为的,但是他们并不愿意扮演这样的角色。他们有点为难地说对这一问题,他们宁愿自行作出决定。从此之后,双方就一直保持距离。这两个先例强化了三种权力互相独立的原则,但是他们之间是如何配合的就不得而知了。今天我们可以看到这种多个结构和职责的混搭是行得通的,灵活的,可以持久的。除了古老的英国宪法之外,这是世界上最古老的宪法了,能够经历两个世纪的考验而几乎没有怎么改动,这一事实本身就说明其适应性何其强大,以及它在公民心目中的地位何其崇高。

6. 统治艺术的六大发明

6.1 发明:概述

这里我要先简要说明一下我所说的“发明”是什么。有些统治实践源自先前的社会,一直流传到今天。要想有资格成为“发明”,仅仅能够证明最早使用是不够的,这里的“发明”不仅仅是指能够传播到其他社会的物质或观念上的创新,还要能够得到广泛的使用。换句话说,有些创新最早一次可以证明的出现也是其最后一次,它们就算不上是“发明”,因为它们是“一次性的”,没有被延续下来。

常常有类似的实践在不同的时间和地点出现，完全互相独立。士绅官僚是中国的发明，英国 19 世纪引入的做法与其十分类似，但是英国并没有直接复制中国的模式。因此我们所要讨论的不仅有发明，还有再发明。

我之所以选取这些我认为的“发明”，因为它们和“现代国家”的形成有关，而这现在已经成为全球性的统治单位。本部《统治史》所列举的后来的发明很多源自欧洲，这纯属巧合。在本书成书之时，世界上有大约两百个独立国家，并且每年都有新的国家被建立，所有这些国家都以欧洲国家模式为范例，因此，它现在已经成为全球性的国家模式。

新生的美国以六项发明对这一模式进行了改进，这些发明已经在世界范围内被接受。的确，大部分国家并没有采用这些发明，但是他们都认可一点，即事情应该如此，虽然他们没有这样做。[1502]这一事实本身就是一种致敬，就像伪善是邪恶对美德的致敬，两者道理是一样的。

美国引入到政府理论和实践的六大发明分别是：召开制宪会议制定宪法的概念；成文宪法；这一宪法所包含的“权利法案”；通过法庭或专门的裁判机构来证明违宪行为，并行使权力对其进行阻止或废除；不同于过去“混合”政体的、所谓的权力分割；最后是真正意义上的联邦制。

6.2 制宪会议

制宪会议被称为是“合法化革命”，它和随之而来的第二大发明密切相关，即成文宪法。作为根本大法，宪法规定并制约着政府的活动，或者换句话说，它承认有两个层次的法律，一个是至高无上的，另外一个是处于从属地位的。

虽然美国人对这个伟大的概念很熟悉，但是它直到 18 世纪 80 年代才成熟。在《独立宣言》之后制定宪法的 10 个州中，有 9 个州的新宪法是由州立法机构起草并正式公布的。宾夕法尼亚的确曾经召集制宪会议，但它同时也是对日常事务进行立法的机构。在其他 3 个州，殖民地宪章依然是实施统治的基础。有 6 个州的立法机构是在获得选民的授权之后才起草宪法的，并且在其中两个州，宪法经过某种程度的民众批准。但事实依然是这些宪法是由普通的立法机构所制定的，立法机构既然可以制定宪法，那么它也可以将其废除。于是在1777年，新泽西的立法机构单方面更改了宪法的文字表达。在乔治亚，立法机构曾三次对宪法的部分内容进行“解释”。在南卡莱罗纳，立法机构由于“一再违法行事”并多次中止宪法而臭名昭著。①

如果必要的话，如何对所有13个独立的州组成的联邦进行重新定位呢？过去的宪法是怎样产生的呢？有些是由外来权力所强加的，有些是由最高权威所授予的，如特许状，还有的是由现有的合法权威机构所制定的。[1503]对于新独立的殖民地人民来说，这些都行不通，他们面对的是一片空白。

美国革命的整个过程建立在一个前提之上，那就是权力源自人民。因此，只有人民才能“组建”新政府。由于人民显然不可能全部集合到一个地方，只好通过代表来完成。这些代表集合到一起召开会议，由这一会议代表人民起草宪法。正是这一宪法规定了政府的权力，在不同政府部门之间进行权力的分割，并形成这些部门相互配合所依据的机制和过程。下一步就是将这些内容写下来，最少是在理论上使其获得权力的源头即人民的批准。这一任务完成之后，宪法就正式生效，从此以后，政府就必须要在宪法所规定的范围之内行事。使命完成之后，制宪会议被解散，政府取而代之。曾经是选民的人民现在成为公民，受制于政府的权威。实际上宪法是可以更改的，但是要想这样做，必须要重新召集国民会议，或者是经过类似的建立在群众基础之上的修正程序。

这一发明的创新之处并不在于制宪会议建立在人民认可的权威之上这一事实。各种形式的民众政府并非新事物。共和国这样的广场式政体很早以前就已经出现了，但是通过召开国民会议建立新的宪政结构的做法，这还是第一次，这才是创新，这才是“发明”。1792年，法国选举出他们自己的制宪会议，开始对宪法做出修改。此后，更加常用的术语一直是

① Wood,《美利坚共和国的创建》,第274—275页。

"国民大会"，但是两者指代的是同一事物，即一个代表民众的机构集合起来，起草宪法，宪法起草完毕并被民众批准之后，它自行解散，让政府按照它所制定的规则行事。

6.3 成文宪法

在此之前，欧洲各国的宪法仅仅是以前的一些传统、惯例和章程或公告，并没有被整理编订成法典，因此曾经被称为"不成文宪法"。与其相对的"成文宪法"是指"有意为之的作品，也就是说它是国家一劳永逸地制定的一系列有条理的规定，政府的组建和运行都应该遵循这些规定"。①[1504]据我所知，欧洲最早的成文宪法是 1772 年瑞典的古斯塔夫三世制定的。②在美国，殖民地各州的宪法当然也是成文宪法，但是如前所述，这些宪法是由各个州的立法机构制定的。1787 年美国宪法是第一部由某种制宪会议或国民大会代表民众制定的成文宪法。

对于美国人来说，约束政府行为的成文法规并不是一个陌生的概念，他们熟知英国的《大宪章》和 1653 年清教徒制定的《政府组织法》，还有他们自己的《五月花号公约》，当然还有长期以来一直被各个殖民地作为宪法的《皇家宪章》。

在费城会议上，一个可以取代《邦联和永久联合条例》的方案被精心推敲出来，因此必须要将其记录在案，于是就有了成文宪法。成文宪法被现代世界广泛采用，只有三个国家是例外，它们分别是英国、新西兰和以色列。这三个国家有自己的宪政设置，但是由于纯粹是与众不同的原因，它们的"建制法"是没有充分编制成文的宪法。

成文宪法之所以可以构成发明，有两个不同方面的原因。首先，它提供了一个衡量标准，公民可以根据这一标准来判断自己的权利和义务。在法国 1789 年颁布的《人权宣言》的前言部分，这一逻辑得到了最为简洁明了的表达。它是这样说的：这些权利被记录下来，"以便本宣言可以经常呈现在社会各个成员之前，使他们不断地想到他们的权利

---

① J. Bryce，《宪法》(牛津大学出版社，纽约和伦敦，1905 年)，第 6 页。

② 见本书第四部分，第八章，原书第 1445 页。

和义务”,“以便立法机构和行政机构的行为,由于在每一时刻都能够同所有政治制度的目的相参照,从而更加受到尊重。”①

第二个方面和制宪会议这一发明有关,即对立法机构可能会干预宪法的恐惧。一位作者援引英国的例子,认为人民的自由不能“依赖于558位下议院议员的大多数模糊、贪婪而自私自利的意愿,他们不但是最固定的既得利益者,而且极容易受到或软弱或狡猾的君主及其大臣的阴险攻击”。②[1505]根据美国人对宪法的定义,它“与包括人民代表在内的整个政府不同,凌驾于整个政府之上”。③这就意味着基本法和成文法之间是有差别的,前者决定后者。这一概念也被全世界逐渐接受,今天已经暗含在宪法的定义之中。宪法是一种约束性和保障性的法规,英语里的“constitution”一词并不能充分表达其内涵。这个词的确很奇怪,因为在罗马帝国时期,这个词被用来指代皇帝颁布的诏令。德语里表示“基本法”的词是“Grundgesetz”,其意义就很强了。前苏联同样也是用“constitution”一词指代宪法(基本法)。

作为约束政府各个机构的最高法或者说是基本法,成文宪法是美国对统治史的第二个伟大贡献。

6.4 权利法案

这也是一个影响十分深远的发明,但是在费城会议上,这个法案还没有形成。有些州的新宪法为《权利法案》提供了范例,尤其是弗吉尼亚的宪法,但是它们和新的全国性宪法关系不大,因为这些州可以任意更改其宪法。作为国家最高法的一部分而包括在宪法之内的《权利法案》,是在一片喧闹声中诞生的,就像前面提到过的那样,是在联邦党人和反对联邦主义者之间,围绕是否应该批准宪法的问题而起的争吵声中产生的。后者问道:“就像在我们自己州政府的情况一样,怎样才能保障公民权利不受政府的侵犯呢?”有必要“给人民保留那些没有必要

---

① “1789年人权和公民权宣言”,S. E. Finer译,《五国宪法》(Penguin, Harmondsworth, 1979),第269页。

② Wood,《美利坚共和国的创建》,第266页。

③ 同上。

放弃的基本权利”。①而联邦党人则争辩说，既然宪法列举了联邦政府的具体权力，没有列举的其他一切权力自然就是保留给人民的。②

根据我的计算，一共有 19 个条款规定了公民的具体权利，其中 9 个包括在最初的文本之中，另外 10 个是以修正案的形式出现的。它们的共同特征是都以某种方式和“公民”权利有关，而不是今天我们所说的社会权利。例如，它们提到了适当的法律程序，被告的权利，陪审团审判，人身保护权，所有这些都已经在英国得到充分的确认，还有其他的权利，如携带武器的权利，不自证其罪的权利，良心和宗教的自由，废除出版审查制度，这些都或多或少是美国所特有的，[1506]但是也明显受到了英国的影响，因此这些是对英国公民权利的明确和扩充。

此外，这些权利必须根据宪法最早的十条修正案即《权利法案》中的两条来理解。根据第九条修正案，宪法对某些权利的列举，不得被解释为“否定或贬损”由人民保留的其他权利。著名的第十条修正案是这样说的：“本宪法未授予合众国、也未禁止各州行使的权力，保留给各州行使，或保留给人民行使。”如果将这句话转换成肯定的表达，就是说宪法把权力授予联邦政府，剩下的权力留给各州，有时允许联邦政府和州政府执行类似的统治行为，如征税。但是有些权力拒绝授予联邦政府和州政府，这些就是宪法及其修正案保留给公民个人的权利，这些权利是确立了的，如果联邦政府想要干涉这种权利，它就只好改变宪法本身，而这将是一个费力费时的过程。从这个意义上讲，宪法遵循的是约翰·洛克“公民政府”的传统。它在个人身边拉起了一道保护网，任何政府都不可以靠近。

这一概念已经几乎被全世界所接受，主要的例外除了几个彻头彻尾的独裁政权之外，还有几个是所谓的“旧联邦”国家，这些国家遵循的是英国的传统，法庭执行的是由成文法修订的普通法。法国大革命之后，尤其是在欧洲国家，在宪法中包括类似的《权利法案》的做法已经蔚然成风。只有临时性的宪法是例外，如 1812 年的西班牙宪法和 1921

① Wood，《美利坚共和国的创建》，第 356—357 页。
② 同上，第 536—543 页。

年的波兰宪法,其他在几乎所有的情况下,《权利法案》都出现在公民被授予普选权之前。例如,奥地利在1867年制定《权利法案》,但是直到1907年男性公民才被授予普选权。在比利时,这两个时间分别是1831年和1891至1892年。①

和美国人的权利一样,这些权利也主要是公民权利。在我看来,墨西哥1917年的宪法、苏联1918年的宪法和同年颁布的魏玛宪法,情况发生了很大的变化:这些宪法不仅规定了公民权利,还规定了社会权利,如接受教育的权利,社会保障的权利,等等。从1918年开始直到1960年,甚至更晚,欧洲各个帝国的继承国家几乎全部采用的是这种宪法。[1507]

在刚刚提到的那些国家,这些权利并没有得到兑现,这就要谈到美国革命的第四大发明,即确保有办法证明违宪行为并对其进行制裁,后者才是困难之所在。在美国,这是通过"司法审查"来实现的。这样做的前提条件是必须要有独立于行政权力和立法权力的法庭。因此,在探讨"司法审查"之前,我们必须要先讨论一下第四个伟大的发明,那就是根据职能所进行的权力分割。

6.5 三权分立

就像在探讨罗马共和国和意大利城邦时所表明的那样,制衡机制的使用当然并非美国的发明。在18世纪的思想领域,有两种制衡机制尤其突出,分别是"权力分割"和"混合政体"这两个概念。在相当长的时间里,美国的政治宣传家们把两者混为一谈。

虽然美国人熟知英国的宪法,他们并没有充分重视其中行政权、立法权和司法权的划分。在他们看来,英国政体最大的优点并不在此,而是作为混合政体这一事实。这一原则可以一直追溯到罗马共和国时期的历史学家波利比乌斯。②

① 更加完整的清单,见S. E. Finer,"宪法史注意事项",载于V. Bogdanor(编),《民主政治中的宪法》(Gower,Aldershot,1988年),第27—28页。

② 在《马基雅维利时刻》(普林斯顿大学出版社,普林斯顿,1975年)一书中,J. G. A. Pocock对这一原则进行了十分详细的追溯。围绕这一话题的一部杰作是M. J. C. Vile的《宪政主义和三权分立》(Clarendon Press,牛津,1967年)。

混合政体是一个社会学上的概念，在英国，它由君主、代表贵族的上议院和代表人民的下议院组成，并且三者中的每一个都有权对其他两者进行约束。

美国的发明在于以政府机构取代这一社会学上的范畴，即人们熟悉的行政机构和两院制的立法机构，两者之间根据所执行功能的不同进行区分。行政首脑指挥军队，有权宣战和缔约，执行行政事务，而这些就是行政权的职能和内在本质。两院制的立法机构制定法律，即履行立法职能。司法机构负责对争议和诉讼进行裁决。

人们广泛认为这一原则应该归功于“大名鼎鼎的孟德斯鸠”，这是《联邦党人文集》给人的印象。[1508]但是罗什教授认为费城会议“没有从理论上对‘分权’的原则进行辩护”，并且“《联邦党人文集》出现之后，孟德斯鸠的功绩才为人们所知”。①

孟德斯鸠对英国政制的分析闻名于世，其核心内容如下。②在定义（或者说是阐明）了行政权、立法权和司法权之后，他得出结论：“如果同一个人或者是由达官贵人或平民构成的机构行使所有这三种权力：制定法律的权力，执行公共意志的权力和裁决犯罪和人际争端的权力，那么自由就不复存在了。”因此，必须要将这三种权力分开，也就是说让不同的个体行使这些权力，以便让他们之间可以互相形成制衡。的确，“这三种权力可能会陷入静止或不活跃的状态，但是由于不得不随着事件的运动而运动，它们将不得不联合行动”。

在孟德斯鸠的方案里，一个含混的词语是“power”（权力），在法语里，与其对应的词是“pouvoir”，但是这个词最好翻译成“政府”，如“*l'homme contre le pouvoir*”这个表达可以翻译为“反对政府者”。作为“权力”的“power”一词在法语里应该译为“puissance”。孟德斯鸠这样做是为了暗示这三个机构各自履行特有的职能。事实上，政府活动本身无法决定应该由哪一个部门来执行，而是反过来，即政府部门的本质决定它所履行的职能。对于西红柿是水果还是蔬菜这样的问题，可

---

① Roche，“开国元勋：行动中的自由党改革派系”，第 457 页。

② 孟德斯鸠，《论法的精神》（1748 年），第 11 卷，第六章，“论英格兰的政制”。

以有三种解答方法,一种是让一个部门将其包括在水果清单上,其次是让法庭作出裁决,最后是让立法机构就此通过一项法律。为了避免一个政府部门侵占另外一个部门的权力,美国最高法院用很多时间决定某一活动到底应该由哪一部门负责。

制宪会议的代表并不关心这种形而上的抽象问题,他们主要关注的是:怎样避免他们所建立的联邦立法机构像各个州的立法机构那样,侵吞其他两个政府部门的权力。他们并不是通过思索孟德斯鸠的思想而做到这一点的。如前所述,权力分割是由于通过选举团来选举总统的新模式而出现的,因为这样一来,总统就可以独立于国会,并且在很大程度上,法官也是独立的。就这样,以一种几乎是毫无预谋的方式,三个互相独立的政府机构被建立起来。

[1509]宪法第一条第六款禁止领受俸给的公职人员在任职期间担任国会议员,这实际上强化了三个部门之间的独立。它让立法机构和行政机构之间的完全分开。在英国,大臣可以同时是立法机构的成员,这一条款就是为了避免这一现象而特意制定的。正是这一条款使得在美国根本不可能实行内阁制,而只能是"孤家寡人"的总统制,白宫在宾夕法尼亚大街的一端,而国会则位于大街的另一端。

虽然这三种权力互相独立,它们依然偏离了孟德斯鸠的方案,因为每一种权力所履行的只有属于自己的特有的职能。在9月6日宪法大功告成之前,总统已经获得了否决立法机构议案的权力,而立法机构则被授权可以通过两院三分之二的大多数推翻这样的否决。总统提名担任高级职位的人选,但是必须要接受参议院的建议并获得其同意。值得注意的是,这也同样适用于最高法院法官的任命。与此相类似,总统可以缔约,但是同样需要获得参议院的同意。众议院可以弹劾总统,但是对其进行审判的是参议院。此外,两院之间也并不和睦,任何一方都无法压倒另外一方。当然,财政法案必须要由众议院颁布,但是这并不能禁止参议院对其进行修订。

我必须重复一句话,《联邦党人文集》是一部宣传作品。其作者别无选择,只有为宪法草案的每一个字句进行辩护。麦迪逊是怎样为三种权力之间在职能方面的重合进行辩护的呢?

第一点值得注意的是麦迪逊承认行政权、立法权和司法权之间有本质上的差异,“在本质上属于立法、行政或者是司法的几种权力”。[①] 那么,怎样才能回答三种权力在职能上有所重合的问题呢?[②] 麦迪逊并不像大部分人那样断言说孟德斯鸠误解了英国的政制。恰恰相反,他认为孟德斯鸠的分析和描述是相当正确的。但是英国的宪政的确将行政权和立法权混合在一起,那么接着要证明的就是这种混合并不和他的三权分立理论相矛盾。于是他对论证进行延伸,表明虽然大部分州(尤其是弗吉尼亚)的宪法规定了三权分立的原则,但是在实践中,各个权力之间在职能上是互相有重合的。[③]

[1510]此时论证朝着一个完全不同的方向发展,对于这一转变,只能这样来形容,那就是十分大胆。这一理论不仅不要求三个部门之间应该“完全互不相干”,反而很应该互相关联。三种权力必须“互相关联,互相混合,以便让一种权力可以对其他两种形成法定的制约”。[④]“仅仅在书面上划分各部门的管辖范围”根本无法达到目的。通过国民大会或其他方式向人民呼吁,也无法对违反这一原则的行为做出令人满意的制裁。[⑤]后面这段话很著名:“防止把某些权力逐渐集中于同一部门的最可靠办法,就是给予各部门的领导者抵制其他部门侵犯的必要手段和个人动机。野心必须用野心来对抗。人的利益必然是与当地的法定权利相联系。”接着,他说:“用这种种方法来控制政府的弊端,可能是对人性的一种侮辱。但是政府本身若不是对人性的最大侮辱,又是什么呢?”[⑥]

这些话的确很有先见之明,美国后来的情况正是如此。虽然今天所有的国家都遵循三权分立的原则,但是它们并没有像美国这样极端化,在这些国家,行政部门和立法部门之间有一个联系纽带,那就是内阁。必须承认,真正让三个互相独立的部门“不越过所定界线”,就会造成机能失调。就像孟德斯鸠预言的那样,“这三种权力可能会陷入静止

① 《联邦党人文集》,第 48 篇(麦迪逊)。
② 同上,第 47 篇(麦迪逊)。
③ 同上,第 48 篇(麦迪逊),第 47 和 48 篇。
④ 同上,第 48 篇。
⑤ 同上。
⑥ 同上,第 51 篇(麦迪逊)。

或不活跃的状态,由于不得不随着事件的运动而运动,它们将不得不联合行动。"无论围绕政策会产生什么样的争议,最终基本的行政必须继续。由于三个部门之间互相掣肘,也就不难理解为什么"美国政府"被说成是"时断时续"了。

6.6 司法审查

虽然美国人谈论的总是"三种权力",但是对于司法权,他们有点敷衍塞责。独立之前的殖民地人民对法庭没有多少好感。有人不喜欢法庭是因为在他们看来,法庭的判决常常是"私人特权和公众错误的混合物,并且每一个法庭都行使立法权"。①这些人害怕司法独立和司法裁量权。[1511]也有些人仅仅把法庭看作是一个附属部门,从属于行政部门。法官是行政官员,而1776年的人心所向是以州立法机构所代表的民众政府,取代或至少是控制所有的行政官员。到了18世纪的80年代,人们对州立法机构大失所望,开始强烈反对不负责任的州立法机构,尤其是因为它们侵占了本来应该属于司法机构的权力。最后有人利用法庭作为武器,反对英国的议会,他们援引首席法官柯克在1610年伯纳姆案中的裁决,即"如果议会法案违背共同权利和理性……普通法将对其予以审查并裁定该法案无效"。②在18世纪80年代的一些孤立案件中,州法官将这一观点用于其立法机构制定的法规,③但是这种做法很不常见,被理所当然地认为违背了布莱克斯通的理论,即君临议会拥有绝对主权。随着宪法被公认为国家最高法律,"在一个自由国家,意志和法律并不是同义词"这一概念重新出现。这不是意味着政府的所有法案都是次要的并受制于宪法吗?虽然如此,制宪会议在司法审查的问题上只用了一天的时间,因为没人提出司法审查是否适用于联邦法令的问题,会议的记录并不能让我们更好地理解这一问题。④此外,既然宪法的

---

① Wood,《美利坚共和国的创建》,第298页。

② E. S. Corwin,《宪法及其在今天的意义》(普林斯顿大学出版社,普林斯顿,1978年),第221—222页。

③ Wood,《美利坚共和国的创建》,第455页。Corwin,《宪法及其在今天的意义》,第221—222页。

④ Roche,"开国元勋:行动中的自由党改革派系",第462页,脚注64。

主体思路被确定下来，关于司法权的第三条就变得很简单、含糊而敷衍。

关于宪法第三条是何意义以及开国者想用其表达什么意图，至今仍然有很大的争议。制宪会议只用一天来探讨司法权的问题，并且根本没有提到对联邦法令的司法审查，考虑到这样两个事实，开国者的意图起码将依然难以定论。仔细研读一下宪法原文，不由让人再次疑窦顿生。宪法第六条规定："本宪法及依本宪法所制定之合众国法律……皆为全国之最高法律。"第三条第二款规定：除了有限的一些例外之外，"在上述所有其他案件中，最高法院有关于法律和事实的受理上诉权"。毫无疑问，这就授予最高法院推翻各州当局的决策和行动的权力。对于这是否适用于联邦法令的问题，宪法保持沉默。

1778年，杰斐逊争论说如果允许"法官无视人民代表所制定的法律，就会让司法部门在事实上高于立法部门，这是人们永远所不愿意看到的，也永远是不应该的"。①[1512]汉密尔顿的观点与此相反，②《联邦党人文集》中的第78篇就出自他之手，该文以雄辩的文采盛赞了司法审查。文中十分明确地指出："如果个别法案与宪法相违背，法庭应遵循后者，无视前者。"

事实上这个问题不是通过辩论来决定的，而是通过司法部门的"突击"而决定的。1798年国会已经通过《司法条例》，该条例特别授予最高法院签发职务执行令状的权力。马伯里本来被承诺一份下级联邦法官的职务，但是后来却被拒绝。1803年，他依据1798年的《司法条例》向最高法院上诉，要求它签发职务执行令状，强制时任国务卿麦迪逊发出职务委任状。无论是在权利上还是在法律上，马伯里都有权获得他所要求的委任状，对此大法官马歇尔毫无疑问，但是他认为最高法院无权签发职务执行令状。最高法院对《司法条例》中和执行令状有关的内容进行了仔细考察，发现这一规定违宪，因此是无效的。这一判决从来没有受到质疑。在解释宪法、宣告违宪法令无效这一方面，司法机构拥有最高权威。

法院可以裁定法令是否违宪，并拒绝采用违宪法令，以此迫使政府

---

① Wood，《美利坚共和国的创建》，第304页。

② 同上，第454页。

要么将其撤销,要么采取步骤改变宪法,这样一个原则已经被广为接受,尤其是自从二战之后,通过美国的军事占领。一个显著的差异之处在于在有些国家,宪法法院不是普通法院的最高法院,而是一个专门委任的机构,爱尔兰就是这样一个例外。在德国、奥地利、意大利和日本,要想成为宪法法院的一员,必须要拥有法定资格,但是他们被任命或被选举的方式各种各样,通常要有立法机构的参与,例如在德国,国会两院都有权利提名宪法法院的人选。

6.7 联邦政府结构概述

让我们简要概括一下美国联邦政府的本质,它由三个大的分支构成,分别是行政机构、立法机构和司法机构。行政机构名义上由选举团任命,实际上是由 50 个州的人民选举产生,每个州的选票数量主要由其人口来决定。[1513]这样选举产生的总统任期 4 年,可以连任,但是连任不能超过一次。立法机构可以对他提出弹劾,由参议院作为审判法庭,但是除此之外,不可将其免职,立法机构不可剥夺或修改其宪法赋予的权力。国会是立法机构,由参议院和众议院组成,两院拥有同等权力,这样任何一方都不可以否决另外一方的决议,众议院只有一项特权,那就是只有它可以提出财政法案。两院成员都由选举产生,但是任期不同,选区也不同。每个州两个参议员的名额,其任期为 6 年,每年有三分之一的参议员退职。众议员由全国范围的选区选举产生,每两年选举一次。这样一来,两院之间完全相互独立。

总统不能制定任何法律,只有国会可以这样做。总统可以否决国会的法案,但是国会两院三分之二的大多数可以推翻总统的否决。总统无权从财政拿钱,除非国会允许他这样做。总统可以缔结条约,但是要接受参议院的建议并经过其同意。总统对高级职务的任命权也是如此,而最高法院法官也属于这样的高级职务,因此总统对最高法院法官的提名也要获得参议院的批准。他们一旦接受任命,将终身任职。他们拥有解释宪法的权力,并且一旦发现任何法令违宪,可以宣告其无效。

宪法作为国家的最高法律,列举了一系列的具体权利,根据我的计算,共有 19 条。联邦政府和州政府都不能侵犯这些权利。要想改变或者撤销这些权利，唯一的办法就是修定宪法，而这是一个漫长而艰难的过程，首先要由国会两院三分之二多数通过必要的决议，或者是先由州立法机构的三分之二多数通过决议，然后再由全国代表大会批准，或者是由四分之三的州的立法机构批准。

这样，我们就把美国在统治史上的几大发明联系到了一起，扼要重述一下就是：制宪会议，三权分立，成文宪法及其作为国家最高法律的地位，最高法院进行司法审查并对所有法令划定界限，其中包括《权利法案》的内容，还有州政府与联邦政府颁布的、有关两者权力划分的法令。到现在为止，我们还没有讨论这种联邦制之下的“分权体制”。

6.8　联邦制

[1514]在美国对统治史的众多发明之中，最为突出的就是“联邦制”。在制宪会议召开时，这个词语还没有确定的意义，今天“联邦制”仅仅是指 1787 年宪法所建立起来的那种混合政体。“邦联”是指由几个独立主权国家组成的同盟，这些国家有自己的官员负责自己的事务，它们如果想要建立共同的机构或者采取共同行动，就会将适当的权力授予邦联议会，无论它是怎样组成的，而议会本身不能采取任何活动，如征税或募集军队，除非通过成员国家的机构。在《联邦党人文集》中，麦迪逊和汉密尔顿用了几页的篇幅，对这样的同盟进行了精彩的分析，从希腊的近邻同盟到荷兰的各省邦联议会。① 相比之下，美国人所开创的联邦制将政府的权力在两个层面的政府之间进行划分，它们分别是中央政府和各个州政府，两者都直接作用于人民，并且在司法上是平等的。无论是中央政府，还是各个州政府，都不能通过妨碍另外一方履行宪法规定的职权的法律。在美国，宪法中列举了中央政府或者说是联邦政府的权力，所有其他的权力“保留给各州行使，或保留给人民行使”。②

这种性质的联邦制据说是麦迪逊的大胆创新，事实也许如此，但是这和麦迪逊先前的形象不符，他曾是中央政府至上原则最坚定也最彻

① 《联邦党人文集》，第 18、19 和 20 篇。

② 美国宪法，第十条。根据宪法中的《权利法案》和其他条款，有些权力联邦政府和州政府都不能行使。这一状况只有通过宪法修正案进行纠正。

底的倡导者,在他看来,各州仅仅处于微不足道的附属地位。①在1787年的制宪会议上,他曾声称中央政府应该至高无上,各州的存在"仅仅是为了作为附属而发挥作用"。②布莱克斯通的影子和一个半世纪的立法主权依然萦绕在大部分代表的心头,其他一切都是不可能的。格雷森(Grayson)这样感叹:"我以前从来没有听说过在同一个国家可以有两个同等地位的政府",塞缪尔·亚当斯也抑扬顿挫地说:"国中之国……是一个政治上的谬误。"③

[1515]就像伍德所说的那样,事情的真相是"在宪法被起草并接受讨论之前,实际上很少有人想过其整体应该是什么样子。"④但是在整个制宪会议期间,这样一种联邦制国家的构成要件一点一点地被积累起来。当新泽西方案的制定者威廉·帕特森(William Paterson)"明白表达了他的观点,即无论是采用弗吉尼亚方案,还是新泽西方案,中央政府都会……作用于个人,而不是各个州",这是一个关键的时刻。对于州权主义者来说,这简直是一个诅咒,因为对他们来说,最基本的原则就是构成联邦政府的是各个州,而不是人民。他接着抵制"统一主义者"的唐突建议,即要推翻各州政府的权力,仅仅把它们当成是地方议会。他说:"但是据说这个中央政府将会作用于个体,而不是各个州;难道不能建立同样运作的联邦政府(或者说'邦联'政府)吗?肯定是可能的"。⑤就在这一立场被接受那一刻,真正的联邦制产生了。这一核心前提使这种政体具有很强的独创性。本来不可能完成之事被变成了现实,那就是让两种主权机构共存于同一个国家之中。

其他的事情就顺理成章了。各个州在参议院拥有同样多的席位,这样它们就和立法机构、缔约和高级职务的任命有了密切的联系。联邦政府失去了否决各州法律的权利。它获得了明文规定的权力,而不是所有的权力,其余的权力留给各个州政府。把这些因素综合起来,不

① Roche,"开国元勋:行动中的自由党改革派系",第447页。
② Wood,《美利坚共和国的创建》,第525页。
③ 同上,还有这一观点的其他表达。
④ 同上,第525页。
⑤ 引自Farand的《联邦会议记录》,第1卷,转引自Roche,"开国元勋:行动中的自由党改革派系",第451页。

难建立这样一种制度,它既可以满足州政府和联邦政府,又可以让两者处于一种平衡状态,尤其是还有高级法院的监督,防止一方侵犯另外一方的特权。因此,当他们着手说服纽约市民批准这一宪法时,麦迪逊和汉密尔顿别无选择,只有为整个一揽子方案辩护,虽然这和他们最初“统一政府”的计划相差甚远。麦迪逊的辩护文采飞扬,他先是承认在多个方面,宪法的确是“全国性的”或者说是统一的,接着他话锋一转,说在其他方面,宪法是他所谓的“联邦制的”,实际上是我们所说的邦联制的。最后他得出结论,被提出的宪法“既不是全国性的,也不是联邦制的(或者说是邦联制的),而是两者的混合”。

就像我曾经说过的那样,正是从此开始,“联邦”和“邦联”之间、“联邦国家”和“国家联盟”之间有了区别,[1516]这种区别产生了巨大的影响,不仅在欧洲,而是在全世界。印度采取的是属于自己的联邦制,马来西亚也是如此,此外还有澳大利亚、加拿大和德国等国家。所有的国家都可以作为联邦处理其事务,困难的是联邦怎样才能避免解体。失败的联邦要比成功的多得多。在1861至1865年之间的南北战争期间,就连美利坚合众国也在毁灭的边缘摇摇欲坠。其他有些联邦国家则在内战或战争的骚乱中土崩瓦解,如前苏联和南斯拉夫。

这样我们就结束了对美国革命主要发明的叙述。这是一种极其复杂的、作茧自缚的政体:在联邦政府层面,有三种权力之分;在地理层面,又有联邦政府和50个州政府之分,而这些州政府又按照联邦政府的模式,同样有三种权力之分。在实践中,内部的制衡机制更加繁多,例如联邦国会的两院制,国会被细分成众多强大的职能委员会,还有在州这一层面,全民投票的广泛使用。这些例子只是管中窥豹,并非囊括无遗。这是全世界最墨守成规的政体,在理论上是不应该行得通的,现在也不可能行得通,然而它却在正常运行。

它提供了各种统治的技巧,其中很多已经被世界上大部分国家所采用;它表明了应该怎样对政治权力进行约束;作为守法性的终极实践,它经历了两个世纪的风雨而岿然不动。这是一个惊人的成就,在我看来,就像后面的章节所要讲述的那样,它把现代国家的概念带入到了倒数第二个发展阶段。

第三章　法国大革命的遗产

[1517]法国革命是整个统治史上最重要的一个事件，与其相比，美国革命也相形见绌。这是一场地震，它摧毁并夷平了法国所有的古老制度，侵蚀了其他欧洲国家的政治基础，至今世界上其他地方依然受到其影响。

在赞美者的心目中，它是一部史诗，是一部英雄主义的戏剧，多姿多彩，充满激情。在其他人看来，它不过是一连串血腥的凶杀、叛乱、虐待狂、歇斯底里的民众暴行、以司法名义进行的谋杀和大规模的屠杀。

和美国革命相比，法国大革命的破坏性并不难理解。美国革命完全是对美国具体情况所做出的反应，只不过是在现有的、可行的代议制政府之上建立一个新的上层结构。对于法国的改革者来说，这条路是走不通的。特权网络，不同地方在税收、法律和地方行政方面的差异，社会等级结构，还有这个结构中的第一等级（教士）和第二等级（贵族），要想建立新的制度，必须先将所有这些一扫而光。美国的国情使美国革命可以仅限于统治者的更换，在法国则需要打破整个制度，而欧洲大陆的其他国家都是实行的这个制度。

它赋予"革命"这个词以崭新的涵义。在狄德罗的《百科全书》中，革命"从政治上讲，是指一个国家的统治发生了很大的变化"，在包括我们在内的后人看来，美国革命开创了一个新时代，但是美洲殖民地的居民本人当时并没有这样认为。他们声称要回归到以前古老的、合法的统治基础。事实上，“革命”一词很少被用来指代美国的独立战争。最先使用这一表达的似乎是托马斯·潘恩（1793 年）和理查德·普莱斯（1784 年）。①但是在法国大革命中，这一概念获得了如下几种涵义：和改造社会旧秩序有关的政府的改变；就像孔多塞认为的那样，是世界历史的一个新阶段；②[1518]完全超越宪法的极端暴力，如国民公会和恐怖统治，以及从此以后“直到恢复和平，法国政府将革命到底”这样的宣言。③

法国大革命的规模是无与伦比的，实际上如此规模的革命在 1917 年的俄罗斯革命之前再也没有出现过。这次革命比其他地方的革命更加激进，更加持久，也更加广泛，因为它延伸到了美国革命基本上没有触及到的社会阶层。早在 1794 年，孔多塞在将两者进行比较时就注意到了这一点：

> 法国大革命比美国革命的涉及面更为广泛，因此它也更加暴力。美国人满足于从英国接受的民法和刑法；他们没有糟糕的税收制度需要改革；没有封建专制，没有世袭的等级差异，没有富有、强大并且享有特权的自治机构，也没有宗教上的不宽容需要打破，因此，他们的任务仅限于建立一个新的权威，以取代英国人的统治。这种革新既没有影响到普通人，也没有改变个人之间的关系。法国的情况与此相反，各个社会阶层都被卷入大革命的洪流，每一种社会关系都被改变，其影响一直延伸到政治链条的最后一环，甚至连这样的人也受到其影响：他们依靠私人产业或自己的劳动果实，过着与世无争的生活，因此没有理由参与公共事务。对他们来

---

① F. Gilbert，“革命”，P. P. Weinder（编），《历史思想词典》，第 4 卷（Scribner，纽约，1973—1974 年），第 155 页。

② 孔多塞，《人类思想进步历史图景概述》，S. Hampshire 编（伦敦，1955 年）。

③ Gilbert，“革命”，P. P. Weinder（编），《历史思想词典》，第 4 卷（Scribner，纽约，1973—1974 年），第 157—158 页。

说,舆论、官职、对财富、权力和声望的追求都与己无关。

美国人给人的印象是他们斗争的对象仅仅是母国的专制偏见,因此有英国的敌人可以作为其盟友……整个欧洲都团结起来反对压迫者。但是法国大革命攻击的对象十分广泛,有国王的专制,有政治上的不平等,贵族的骄横,有教士阶层的支配地位、财富和宗教上的不宽容,还有封建制度的种种弊端,在当时的欧洲,所有这些都依然十分猖獗,因此不可避免地,欧洲的各个国家会团结起来,站在暴政的一边……①

我再其他地方曾经这样说过:

法国大革命是和以前整个生活模式的决裂……在短短几个月的时间里,原来7天为一周的制度被废除,改以10天为一周……本来为人们所熟知的月份的名称也被改变,传统的重量单位、长度单位和距离单位全部被新的系统所取代……所有省与省之间的古老边界和原有的省名被废除,整个国家被重新分成新的区域单位,这些区域单位以其某个地理特征而命名,如河流和山脉等等……[1519]国教不仅仅被推翻,而且受到严重的破坏,教堂被用作各种新奇的、常常是怪诞的狂热活动的场所。其他的革命很少能够延伸到普通生活的各种常规,但是法国大革命做到了。它并没有远离普通人,而是深入到他们生活中的每一个琐碎细节。法国大革命动摇了整个社会。②

法国的历史大纲把1789年作为近代历史的开端,把1814年作为现代历史的开端,这并不是没有道理的。对于前人的很多希望和信仰,法国革命要么使其合法化,要么将其破坏。它代表了启蒙思想、救主论和革命主义的交叉点,其结果是不可逆转地改变了莫斯卡(Mosca)所

① 孔多塞,《人类思想进步历史图景概述》,第147页。
② 引自S. E. Finer,《比较政府学》(Penguin,Harmondsworth,1984年),第263—264页。

说的“政治公式”，即让民众认为一个政府是否合法的原则或信念。从此以后，是否由民众选举产生成为判断政府合法性的一个标准。这一原则在中欧的流行很缓慢，也许我们可以说它一个世纪甚至是一个半世纪之后才到来，但是它终究还是到来了。与此同时，这一原则从欧洲传播到整个世界——拉丁美洲，亚洲，然后是非洲。伴随着欧洲几个帝国(包括俄罗斯在内)的瓦解而产生的新生国家全部建立在这一原则之上，即只有民众的选举才能让一个政府拥有合法性，必须服从大多数人的意愿。这一原则被用来创建代议制政府，直到今天依然如此，但是就像法国大革命的结束所表明的那样，它同样可以用来使拿破仑·波拿巴的民粹主义专制合法化。

1. 法国大革命

我必须高度强调一点，即本章的标题不是“法国大革命”，而是“法国大革命的遗产”。后面几个连续的标题，“法国大革命”，“革命的周期”和“大事年表”，只是“革命的遗产”部分的序言。要想了解革命的经过，这样的序言是必要的。与此同时，它还介绍了在“革命的遗产”部分所涉及到的某些事件和人物。虽然经过了煞费苦心的精心裁剪，还是难免冗长，因为这段极其动荡的时期虽然并不太长，但是却发生了太多突然性的变化。

1.1 修正主义

[1520]我怀疑还有什么其他的历史事件能够像法国大革命一样，受到如此众多的解析和再解析，并且如此的众说纷纭。①似乎没有一种

① 关于1962年之前的情况，见G. Rudé,《法国大革命的解析》，小册子第47，历史协会(Routledge & Kegan Paul，伦敦，1964年)；A. Cobban,《历史学家和法国革命的原因》，小册子第2，历史协会(Routledge & Kegan Paul，伦敦，1946年)。Hufton在《欧洲：特权和抗议》一书的第十二章彻底反驳了大部分所谓的“传统”观点，这有点像裁缝把一件夹克完全翻过来。D. M. G. Sutherland的《1789至1815年之间的法国：革命和反革命》(Fontana，伦敦，1985年)颇有修正主义色彩，S. Schama的《公民：法国大革命史》(Viking，伦敦，1989年)一书也是如此。

解析能够站稳脚跟。幸好我没有必要加入这一争执,而仅仅是简单回顾一下革命之前的社会状况和导致革命的直接原因。在此过程中,文中的观点仅仅代表在众声喧哗中我个人的判断。

1.2 18世纪的历史背景

1.2.1 贵族的堕落

就像我们前面看到的那样,路易十四通过强大的个人权威,震慑了传统意义上国王政策的阻挠者,其中包括自治市、自治机构、行会和高等法院,并且同样确保了宫廷贵族和各个省级议会的贵族的配合。[①]就像已经提到过的那样,路易十四自己担任自己的首席大臣,虽然到了1700年左右,他所建立的制度已经在瓦解,但是他依然对国家事务有足够的控制,能够为法国提供比较统一的中央行政。现在所有这些都要发生变化。成年之后的路易十五懒惰成性,无法像其强大的祖父那样励精图治。此后,法国只有两个时期拥有统一的中央行政,一个是1726至1743年弗勒里(Fleury)统治法国时期,另外一个也许是1758至1770年舒瓦瑟尔(Choiseul)统治时期。在其他的时期,大臣之间勾心斗角,在蓬巴杜夫人和杜巴丽夫人的影响之下,宫廷阴谋接连不断。用柯班的话说,法国是"朋党首脑的共和国"。随着国王失去控制,本来就难以驯服的阻挠者重新登上舞台。省议会开始蠢蠢欲动,尤其是高等法院,甚至再次获得了路易十四之前曾经享有的谏诤权和拒绝登记国王敕令的权力。可怜的路易十六于1774年即位,正是他个人让1787至1789年间遍布法国各地的不满情绪爆发成全面的革命。

1.2.2 对地方显贵的依赖

[1521]达尔让松在其《回忆录》中通过约翰·劳之口宣称对地方议会可以不予理睬。当然事实并非如此,原因很简单,没有足够多的官僚对桀骜不驯的地方显贵执行政府的意志,到现在为止我们所遇到的所

---

① 见本书第四部分,第七章。

有农业社会，在实现中央集权之前都会出现这种情况。此时的法国由32位监察官实施统治，①这些监察官的职责已经大大增加，但是其下属人员并没有增多。在1787年，布列塔尼的监察官在总办事处只有十名办事人员，而他的63位“代理人”的薪酬很低，甚至没有报酬，因此其中很多并不可靠，无法胜任。②结果是监察官别无选择，只好寻求地方显贵的合作。另外一种选择就是破坏性的对抗，这种对抗也很常见，在路易十五统治时期，“监察官和各省军事总督以及桀骜不驯的高等法院之间的直接对抗时有发生”。③

1.2.3　高等法院的复兴

不满于路易十四遗嘱中授予他在摄政委员会中的角色，奥尔良公爵让巴黎高等法院将遗嘱废除，作为回报，高等法院可以恢复其谏诤权。从此之后，他们又开始阻碍国王的行动。1771年，大臣莫普(Maupéou)解除了高等法院法官的职位，将他们流放，并设立了一系列完全不同的新法庭。高等法院称这种做法为“暴政”。路易十六最早的行动之一就是恢复高等法院，这让伏尔泰深感遗憾，但是特权等级和普通百姓都很高兴，虽然如此，他们并没有停止阻挠财政改革。

在高等法院和国王之间的角逐中，阻挠也许是破坏性最低的行为。长远说来，他们的自我辩护要更加重要得多，这种辩护削弱了国王专制的合法性。从根本上说，高等法院想要的是君主立宪制，这样他们就可以和国王分享专制权。如果达不到这一要求，就会被谴责为“暴政”。公民，法律，祖国，宪法，民族，民族权力，民族呼声，人们或许会认为这些是卢梭的思想，认为它们是大革命本身的创造，但其实这些词语之所以会广为流传，并且在贵族阶层深入人心，应该归功于高等法院，而不是启蒙哲学家。④

[1522]18世纪中叶之后，巴黎高等法院越来越强调其作为王国宪

---

① R. L. V. 达尔让松，《回忆录》，Rathery版，9卷本(巴黎，1859—1867年)。

② Schama，《公民：法国大革命史》，第114—115页。

③ 同上。

④ 帕尔默，《民主革命时代》，第449页。

法捍卫者的角色。1753 年的《大抗议书》明确宣称在国王的专制权力和“他对国家的服务”发生冲突时，法院选择尊重后者，而不是前者。①路易十五 1766 年颁布的著名《鞭笞训词》强调了国王的立场，他宣称统治权只能源自他本人，法院的权威源自国王的权威，因此“法院不能对抗王权”，“法官的行动凭借的是我一个人的权威，他们不能制定法律，而是负责登记、公布并执行法律”。

1776 年，国王颁布了几条敕令提议废除徭役，取而代之以一种简单的、人人都能负担得起的赋税，此时的徭役制已经几乎被废弃，最多就是一年有一周的义务劳动。还有就是废除行会管事会这一限制性的机构，因为它限制人们从事很多产业。巴黎高等法院拒绝登记这些敕令，其理由是“正义的第一原则就是保护每个人所应得的一切，这是自然权利的基本原则，也是公民政府的第一原则，它不仅仅包括要维护财产权，还要捍卫和人身有关的、与生俱来的权利”。将徭役改为对每一个人征收普通税就是在建立一种“职责上的平等”，就会“推翻公民社会，公民社会的和谐仅仅建立在权力、权威和地位的等级分化之上，只有这样才能确保每个人恪守本分，确保各个等级不会发生混乱……从其构成上看，法国的君主政体由几个不同的等级构成。这种地位和境况的不同源自于民族这一概念，是伴随着这一民族的传统和生活方式而产生的。”②就像帕尔默指出的那样，“一方面是农民一周的劳动，一方面是法国君主政体的本质、宪法、与生俱来的出生特权、三个等级和天意，高等法院将两者等量齐观”。③他们以类似的方式反对杜尔阁的政策，为行会的特权辩护。于是，行会的事业成为三个等级的事业，贵族的事业成为平民的事业。政府提议为贵族和非贵族子弟开办一所军事学校，高等法院反对说：“每个等级都各自的职业、想法、职责、才能和生活方式，不应该通过教育将这些混杂在一起”。④帕尔默提出这样的问题：为什么国民大会从一开始

---

① Hufton,《欧洲：特权和抗议》，第 316 页。
② 引自帕尔默《民主革命时代》，第 450—451 页。
③ 同上，第 452 页。
④ 同上，第 452 页。

就如此激进呢？[1523]他给出的回答很机智："1789 年之所以要废除一切，是因为所有这一切都一起受到捍卫。"①

1.2.4 贵族的诱惑

反常的是，到了 1786 年和 1787 年左右，一些贵族的成员拒绝了上述的论点。他们遵循的是启蒙思想家的观点，这些观点在社会上和司法上都是平等主义的，并且也不排斥各个等级在财政上的平等。把贵族等级和第三等级对立起来，认为前者是世袭的、享有特权，而后者没有特权，并相应遭罪，这样的看法是错误的。还有一个是物质上的原因，特权现在影响到的人比以前任何时期都要多，通过花钱买官晋身贵族的现象越来越常见。冒着夸大其词的危险，我们甚至可以这样说：当每一个人都享受特权时，谁也不用坚持说自己享有特权了。正是这部分具有平等主义思想的贵族加入到第三等级，对"封建主义"构成第一波攻击，并发出了实行君主立宪制的呼声。

1.2.5 面包的价格

面包的价格很关键，因为在大部分人的饮食结构中，有大约四分之三是面包。通常情况下，有些家庭的收入有三分之一至一半要花在面包上。如果面包的价格升高到饥荒之年的水平，就像时有发生的那样，这些家庭就会在饥饿线上挣扎。在法国，政府参与粮食贸易的历史由来已久，如设定价格，限制粮食向其他地区的运输。当价格飙升到过于

① 引自帕尔默《民主革命时代》，第 453 页。我关于高等法院的观点引起了修正主义者的强烈质疑甚至是反驳，他们也有一定的道理，例如君主及其内阁的办事能力配不上德行和进步典范之名，还有就是政府可以咄咄逼人地和高等法院作对，但是这一论证最终的结论似乎是为了说明国王的"非法"或者说是"违宪"行为过于频繁（参见 Hufton，《欧洲：特权和抗议》）。但是无论是御临法院，还是敕令书，甚至还有对高等法院法官的放逐，都并不违法，如果说这些做法违背了宪法，就必须要问这样一个问题：法国的宪法是什么？是由高等法院说了算？还是依照路易十五的《鞭笞训词》？如果是前者的话，就和美国高等法院的情况相类似了，区别在于在法国，法官的职务是买来的或者是继承的。在我看来，在修正主义观点背后，似乎有对专制君主制的厌恶，喜欢看到其受到挑战。当然，高等法院情有可原，但是就像有人反驳一位认为希特勒情有可原的人所说的那样，"人人都情有可原"。高等法院坚决抵制对已有政治和社会秩序的丝毫改变，作为现代人，怎么可以为其辩护呢？

高昂的程度时,无论是农民还是城镇居民都会发起骚乱,要么是惩罚磨坊主或粮食商人,因为他们认为是这些人抬高了价格,要么就让他们打开粮仓,将粮食出售,要么就自己设定价格并强制执行,要么就禁止自己村庄或社区的粮食流动到王国的其他地方。[1524]再没有比粮食价格的上涨更让他们愤怒的了。

城镇居民往往比农民受害更重,但是农民也有自己的烦恼。据说在革命爆发之前的最后几年,领主征收的赋税增加了,但这是不可能发生的事情。①此外,在法国的不同地区,这种赋税有很大的差异。150万人口依然是农奴,他们无论是结婚还是葬礼都要缴费,没有行动自由,外出时要缴费,财产的买卖也受到限制。另一方面,在王国的其他地方,这样的情况很少出现,②但是他们十分贫穷。确实有极少数人拥有的土地多一点,需要其他村民帮忙耕种,但是对于剩下的人来说,生活难以为继,甚至那些拥有土地的人也是如此,他们不得不依靠在其他地方找到工作的亲戚救济,或者是通过在家庭作坊工作或从事季节性的劳动以填补家用。

大一点的城镇有大批的穷人、赤贫者、流浪汉、犯罪分子和娼妓,虽然他们可能也曾参与18世纪80年代的多次因面包引发的骚乱,但是他们在政治骚乱中的作用并不大,甚至一点作用也没有,而那些以“无套裤汉”自称的人就不同了,他们中间有小店主和小雇员,也有雇佣劳动者,这些人被称为是“细民”。正是他们构成了革命的“暴民”,而不是流氓无产者,尤其是在巴黎,他们变得极其激进,成为这次革命的主要推动力量。③

---

① Sutherland,《1789至1815年之间的法国》,第70—71页。

② 同上,第71—72页。

③ G. Rudé,《18世纪的巴黎和伦敦》(Fontana,伦敦,1970年),第21,51,59页。作者坚决反对“把群众当作乌合之众和暴民的传说”(第29页),我认为这是不可接受的。“群众”是具有虐待成性的残忍一面的,看一看德·洛耐(de Launay)的头是怎样被用铅笔刀割下来的,再看看卖鱼妇是怎样喊叫着要用玛丽·安托瓦内特的心肝做炖肉丁的。这些人群反复无常,当这些卖鱼妇杀气腾腾地冲进杜伊勒里宫时,他们受到拉法耶特的哄骗,又开始高呼“天佑皇后”的口号。滥施私刑,将人头挑在长矛之上,肢解尸体,这些算不上是“值得尊敬的小人物”的行为。

1.2.6 国家财政

将法国推向革命对抗的是财政上的危机，或者说是资金流动上的危机。这并不同于导致君主政体的解体，因为专制统治的结束未必一定要发生革命。

除了隐性破产之外，处理法国财政的传统方法就是税收和贷款。当然，特权阶层享有的赋税豁免权减少了政府的财政收入，但是即使他们完全丧失这些豁免权，这部分额外的收入也"不大可能"对财政赤字产生什么影响。①[1525]1789 年，出借者对法国的偿还能力失去信心，拒绝继续对其借款，于是就出现了资金危机。法国政府别无选择，只好增加其担保，而这就意味着要增加税收。

法国是所有欧洲民族国家中人口最多、也是最富有的国家，因此也就一心想要维护其大国地位。18 世纪 80 年代的财政危机就源自于此，因为这样就需要不断发动战争，而每一次战争都会让法国背上沉重的债务负担，而后来的战争只会让债台筑得更高。虽然有财务大臣的警告，路易十六还是和新成立的美国结盟，而后来的事实证明这一举动是致命的，它让法国耗费了 13 亿里弗尔。②财政大臣内克尔（Necker）1781 年的著名汇报表明当时的财政收支平衡，这是因为他考虑的是和平时期国王的花费。1786 年，财政大臣卡隆（Calonne）发现财政预算不但没有盈余，反而有多达每年 1 亿 1200 万里弗尔的赤字。为了解决当时所面临的问题，他大肆从阿姆斯特丹证券交易所借款。知道高等法院会像以前那样阻挠他为了增加国王收入而进行的财政改革，他召集了显贵会议讨论他的提案，这样做并非没有先例。结果却让形势一路下滑，发展成为对抗，最后不得不召集三级会议。

1.2.7 1787 至 1789 年危机

1789 年，三种危机同时发生：一种就是我们前面已经提到过的政

① Schama，《公民：法国大革命史》，第 68 页。
② 同上，第 63—65 页。

府急需资金。第二种危机是财政大臣和高等法院之间连续不断的激烈斗争,前者想方设法要获得资金,而高等法院这一时期则受到舆论的热情支持,人们普遍认为高等法院的举动是对"暴政"的抵抗。第三种是经济上的严重危机。面包的价格飙升,城镇的细民几乎要被饿死,巴黎的情况尤其如此。与此同时,成千上万的纺织工人失业。大批人群开始以传统的暴力方式获得便宜的面包,形势一触即发。①就这样,除了财政和宪政上的危机之外,普通百姓突然成为最为重要的政治力量。

1787 年 2 月,卡隆召集显贵会议,参加者都是王国之内的重要人物,他们拒绝了卡隆的提议,而卡隆的继承者布里埃纳(Brienne)并不比他顺利多少。[1526]显贵会议将此事移交给高等法院定夺,而高等法院则宣称根据王国的根本大法,要想征收新税,必须要经过三级会议的赞同,而三级会议自从 1614 年之后就没有召开过。对此,国王的反应是解散高等法院,将其成员流放,并且建立了一个新的法院,即全体法院。但此时国库已经空虚,布里埃纳别无选择,只好同意在 1789 年 5 月 1 日召集三级会议。布里埃纳的继任者是前任财政总监内克尔,他立刻重新召集巴黎高等法院,9 月 23 日,在人群的欢呼声中,高等法院的成员从流放中归来。

两天之后,高等法院就永远失去了人们的欢迎和原有的声望,因为他宣称在即将到来的三级会议上,三个等级必须和在 1614 年一样分开投票,而不是根据人数多少。虽然后来国王同意第三等级的代表增加一倍,但是依然于事无补,因为只要三个等级按照等级而不是人数进行投票,第三等级代表的增加没有任何意义。另一方面,如果可以让政府改变主意,第三等级就可以和其他两个等级联合起来的人数相当,而这时只要有一两位贵族或教士站到第三等级一边,第三等级就占到了多数。从此以后,政治斗争的本质发生了改变,成为第三等级对其他两个等级的斗争。

---

① 见上文;Rudé,《18 世纪的巴黎和伦敦》,第 72—73 页。

2. 革命的周期

2.1 一些特征

这里我只想挑出三个似乎和本章论点关系最密切的特征。第一个特征和法国大革命与启蒙运动之间的关系有关，这是对前面第四部分第八章关于启蒙运动的内容的延续。法国大革命有两张面孔，分别是个人主义和国民共同体，后者在卢梭的作品中得以体现。在法国，1789年8月4日所宣告的彻底改革体现了启蒙运动的一揽子计划，在上述的章节我们已经这些计划进行概括式的描述。在法国，这些改革获得了国民共同体即祖国这一概念的坚定支持。此前，启蒙运动的一揽子计划是受过教育的有产阶级的改革，并没有被广大民众所接受，在大部分情况下甚至让他们感到反感。这就是为什么启蒙思想家会把他们的希望寄托在“专制政体”之上，虽然说是开明的专制政体。法国所实施的改革计划和或公开或秘密地主张实行君主制者无关，而是成为共和国的民众军队和拿破仑的军队愿意为之战斗的一项“事业”，甚至可以说是一种“准宗教”。[1527]看到一派又一派人起来破灭他对理性和德行的梦想，罗伯斯庇尔发出这样绝望的呼号：“有且只能有一个意志”，这一呼号很好地概括了启蒙思想中的个人主义和对国民共同体的渴望这两者的结合。①个人主义，启蒙思想家冷静的理性主义，国民共同体情感上的诱惑，在1814年之后的欧洲，这三者之间的紧张关系会进一步加剧。

法国革命的进程从所谓的右倾即君主立宪制，发展到极左的救国委员会，再到1795年督政府时期的中间派立场，这已经是人所共知的事实。这一进程有两个值得注意的特征：首先，主要的推动者是革命政府和无套裤汉，前者的领导者直到最后都来自职业人士和商人阶层，也就是马克思主义者所说的资产阶级，后者起初处于没有组织的状态，后

---

① 我们甚至可以这样认为，法国革命者在告诉人们：“你们必须接受启蒙运动，即使我们不得不杀掉你们才能让你们接受。”果不其然，他们马上就开始这样做了。

来集中在他们的“区队”和选举产生的机构即巴黎公社周围,根据1790年的《国内法》,巴黎被分成很多个这样的区队。法国革命的进展就是通过两种力量之间的互动来实现的。有时由无套裤汉组成的人群会迫使政府作出不受欢迎的决定,而有时立法机构中的一派或由其选举出来的政府煽动人群对其对手进行威胁。直到1793年和1794年,中央政府才将无套裤汉制服,虽然其中有些人为了维护自己的地位又发动了几次反叛。从1789年开始,无套裤汉的激进主义有两个主要原因:一个是担心贵族势力的反扑,担心1789年及以后所颁布的法令会被废除。这种担心并非无中生有,只要看一看各省爆发的反革命叛乱和国王的阴谋就知道了。另外一个主要的原因是战争。每当战争形势不顺时,民众的歇斯底里就要求采取极端的措施,就像1792年前几个月和1793年的情况那样,而后面这次更具灾难性。一旦遭遇失败,更加“极端”和“残忍”的那一派政客就会取代右派而占据上风,如1792年对杜伊勒里宫的攻击和其后的九月大屠杀,这场屠杀一直延续到9月20日,在这天的瓦尔密战役中,法国炮兵阻止了外敌的入侵。还有就是1793年,当战争形势不利时,吉伦特党的统治被推翻,雅各宾派开始实行恐怖统治,直到1794年6月在弗勒吕斯战役中法国取得决定性的胜利。与此相对,每当战争一帆风顺时,国内的压力就会大大缓解,因此,在弗勒吕斯大捷之后,国民会议的代表感到继续实行恐怖统治是没有意义的,因此继续这样做的罗伯斯庇尔被逮捕并被推上断头台。从此之后,激进主义的潮流被扭转。

[1528]革命进程的第二个特征是它缺少明确的方向性。旧制度有自己的逻辑,这种逻辑有历史久远的传统作为支撑,建立在三个等级的分化、自治机构、自治市和教会的特权之上。虽然这一制度并非固若金汤,但是它却具有凝聚力,是一个完整的系统。法国革命把这一制度的一切都一扫而空,它所创造的是一个和美国相类似的公平赛场,人人平等,个人自由,信仰自由,依法治国,而美国就是从这些概念起步的。但是在完成这一任务之后,后面该做什么呢?美洲的每个殖民地都是可以延续下去的政体,本来是可以继续独立下去的,他们要做的就是创造一个新的上层结构,以取代旧有的帝国机构。《国际歌》中有一句话,说是

要把“旧世界打个落花流水”，这正是法国革命者所做的。他们义无返顾地踏上一条打破一切从头再来的道路，但是他们不知道自己想要建立什么样的新型的统治机构。这就是为什么会出现一连串让人目不暇接的宪法，1789 年三级会议选举的安排，1791 年宪法，1793 年宪法，1795 年宪法，1799 年宪法，1802 年宪法，还有 1804 年宪法。根据最后一个宪法，法国将整个国家及其机构置于一位皇帝独裁者的监护之下。1814 年以后，法国重新开始探索为国人所接受的政府形式，但是并没有成功。此时这个国家已经连续出现了至少 16 种宪法。对此，伯克有深入的认识，他说：“如果一个结构多年以来已经在可以忍受的程度内满足了社会的普通需求，任何人如果想要将其推翻，在眼前没有行之有效的模式或范例的情况下，重新建立一个结构，必须要十万分地小心谨慎。”①

3. 事件经过

大事年表

君主立宪制

1789 年	
1 月	西耶斯《第三等级是什么？》
5 月 5 日	三级会议召开，三个等级分开。粮食危机
6 月 10 日	第三等级邀请其他等级进行普遍的代表资格审查
6 月 17 日	以 491 比 89 票的表决结果成立国民议会
6 月 20 日	第三等级宣誓在王国宪法制定之前，不会解散。对专制君主制的这次攻击可以看作是法国革命的开始
6 月 22 日	[1529]巴黎第三等级的 407 位选举人开始在市政厅定期集会
6 月 27 日	巴黎第三等级的选举人自己组成一个政府
7 月 11 日	内克尔被免职
7 月 12 日	巴黎叛乱，政府失去控制

① 引自 Rudé，《法国革命的解析》。

7月13日	巴黎人民寻找武器,巴黎第三等级选举人组成永久性的地方议会,组织国民自卫军
7月14日	攻占巴士底狱。贵族开始移居国外。内克尔被召回。巴黎选举人组成一个公社。在外省,国王派往各地的监察官逐渐消失。农民起义增多,大恐慌。城堡被烧,文件被毁
8月4日	农奴制结束,徭役被废除。在粮食暴动中,女性起到了十分重要的作用
8月26日	《人权和公民权宣言》颁布
10月4日	妇女和拉法耶特及两万国民自卫军向凡尔赛进发
10月5日	王室被迫搬到巴黎。君主立宪派控制了国民会议
11月2日	教会财产被收归国有
1790年	
5月21日	巴黎被分成48个区队
6月19日	废除贵族
7月12日	《神职人员民事组织法案》
8月16日	高等法院被废除,新的司法系统被建立
11月27日	教士宣誓
1791年	
3月2日	行会被解散
4月13日	教皇谴责《神职人员民事组织法案》
6月20日	国王一家逃到瓦朗纳斯,被抓捕并返回巴黎
9月30日	国民议会被解散,其成员没有资格参加新的立法议会的选举
10月1日	立法议会召开

立法议会

1792年	
4月20日	法国对奥地利宣战,《马赛曲》
6月13日	普鲁士对法宣战,吉伦特派的布里索(Brissot)内阁受到雅各宾派和巴黎各个区队的支持,他

	们占立法议会的大多数席位。战场失利，南方出现反革命活动：粮食暴动，食物匮乏，大肆掠夺，国王解散了布里索内阁
6月20日	无套裤汉暴民侵入杜伊勒里宫
7月22日	宣布祖国处于危急中
7月27日	不伦瑞克宣言，威胁巴黎平民和国民自卫军万一法国王室受到伤害将进行报复
7月30日	马赛志愿军到达巴黎
8月9日	[1530]巴黎公社解体，由一个非常激进的公社取而代之，新公社由288位委员组成
8月10日	左翼的雅各宾派（山岳派）和国民自卫军在新巴黎公社的指挥下冲进杜伊勒里宫，国王职务被中止，丹东领导临时政府
9月2日	普鲁士军队占领凡尔登
9月2日至7日	九月大屠杀
9月20日	瓦尔密战役，法军击退敌军

国民公会

国民公会选举	
9月21日	国民公会开幕，废除君主制
9月22日	宣告成立共和国
11月19日	法国愿意帮助任何民族反对其国王
12月3日	决定审判路易十六
12月11日	对路易十六进行审问
12月15日	颁布关于占领地区的法令
1793年	
1月21日	路易十六被处决
2月1日	对英国和荷兰宣战
3月14日	旺代地区发生革命起义
3月29日	设立革命法庭，对其判决不得上诉
4月6日	成立救国委员会

4月29日	马赛爆发反对雅各宾派的"联邦派"叛乱
5月3日	对粮食的第一限价法令颁布
5月30日	里昂的雅各宾派被推翻
5月31日	巴黎爆发第一次反对吉伦特派的起义,中央革命委员会,两万民兵,警钟响起
6月2日	国民公会对起义者投降。吉伦特派的领导者的被捕。雅各宾派(山岳派)占国民公会多数席位
6月10日	联邦派的叛乱蔓延,旺代军队攻占索缪尔
6月24日	1793年宪法或共和元年宪法
7月10日	救国委员会选举,罗伯斯庇尔为其首脑,其恐怖统治一直延续到1794年7月27日
7月17日	最终废除封建制度
7月27日	罗伯斯庇尔加入救国委员会(丹东已经于7月10日辞职)
8月23日	宣布实行普遍义务兵役制,募集100万人
9月4日至5日	无套裤汉游行示威,给贫穷者发放救济。建立革命军,利用恐怖政策收复叛乱城市
9月17日	颁布《惩治嫌疑犯法令》,开始实行恐怖统治
9月29日	总限价法令
10月	[1531]通货膨胀被抑制,食物供应更有保障,采取行动巩固救国委员会在巴黎的权力
10月10日	国民公会宣布:"直到恢复和平,法国政府将革命到底"
10月16日	玛丽·安托瓦内特被处决
10月24日至30日	吉伦特派被审判
10月31日	吉伦特派被处决
11月10日	在巴黎圣母院举行崇拜理性之神的盛典
12月4日	通过法令成立革命政府,救国委员会拥有对国内行政和治安的最高权力,派往各地的全权特派员

	受中央管辖,地方行政移交给区或市镇的地方议会,这些地方议会对救国委员会负责。每个地方议会指派一位国民代表对中央政府汇报。巴黎公社从属于公安委员会
1794 年	
3 月 24 日	极左的埃贝尔企图发动叛乱,被处决
3 月 27 日	地方的革命军被解散
4 月 5 日	丹东和德穆兰被送上断头台
6 月 8 日	“最高主宰节”
6 月	巴黎公社被清洗,革命军被解散,区队的民众社团被关闭,区队成为雅各宾派的橡皮图章,基本上不起作用
6 月 10 日	牧月 22 日的法令加快了“司法”的进程,不允许囚犯有辩护律师。大恐怖时期,受害者有 1300 多人
6 月 26 日	弗勒吕斯战役的胜利使法国摆脱了所有入侵者
7 月 27 日至 28 日	罗伯斯庇尔下台并被送上断头台
7 月 29 日	巴黎公社的 71 位议员被送上断头台
8 月 1 日	牧月法令被废除
8 月 24 日	救国委员会和公安委员会权力削弱,恐怖时期结束,被处决的人数减少,囚犯被释放
9 月 22 日	共和三年开始
11 月 12 日	雅各宾俱乐部被关闭
12 月 8 日	剩下的吉伦特派成员恢复职务
12 月 24 日	废除最高限价。入侵荷兰
1795 年	
1 月 21 日	恢复信仰自由
1 月至 3 月	粮食自由贸易,通货膨胀,工资滞后,外省出现饥荒

4月12日	芽月,暴民骚乱和抗议,向国民公会行进,被国民自卫军驱散。巴黎陷入“被包围状态”,原来的恐怖分子和山岳派代表被逮捕并驱逐到圭亚那
5月20日	牧月20日至23日,大规模的巴黎人民起义,国民公会被包围,梅努将军和两万正规军发起攻击,将起义队伍驱散。对雅各宾派的严酷镇压。无套裤汉作为一股政治力量的结束
5月31日	[1532]革命法庭被废除
1月至10月	比利时和荷兰被攻占,法国和普鲁士签订和约,普鲁士将莱茵河以西的领土割让给法国
7月22日	法国和西班牙签订和约

督政府时期

8月22日	果月5日,通过共和三年宪法。为了将保皇党排除在外,三分之二的代表保留了其席位。
9月23日	共和四年开始。宪法被公布
10月5日	葡月13日,每一个巴黎区队都拒绝接受新宪法,保皇党人武装起来,两万人向国民公会进军。拿破仑的“一串葡萄弹”,驱散了暴乱分子
10月26日	国民公会终结
11月2日	组成督政府
12月10日	经济崩溃,不得不借贷
1796年	
3月至11月	拿破仑征服意大利
1797年	
4月18日	保皇党人在立法机构选举中获得多数席位
9月3日至4日	果月22日,卡尔诺和皮什格鲁被逐出督政府,军队在拿破仑的副手奥热罗指挥下发动政变,对保皇党人代表的选举被宣告无效
10月18日	拿破仑签订干波佛米奥条约

1798 年	
3 月 22 日	立法机构选举，雅各宾派在选举中获胜
5 月 11 日	花月 22 日，督政府宣布 106 名当选代表资格无效
5 月 19 日	拿破仑离开法国，前往埃及
12 月 24 日	第二次反法同盟
1799 年	
3 月至 9 月	法国军队连续遭遇重创
9 月 26 日	法国重新掌握主动权，反法同盟开始解体
10 月 9 日	拿破仑返回法国
11 月 10 日	雾月 18 日和 19 日政变，督政府被推翻
12 月 25 日	共和八年宪法，组成三人执政团，拿破仑任第一执政

拿破仑时代从此就开始。

4. 1789 至 1791 年：革命的工作

4.1 1789 至 1791 年：国内的景象

[1533]这一时期是国民议会时期，大革命所有的破坏性工作基本上都是在此时完成的，此后痛苦的建设工作是在拿破仑的选举式独裁统治时期完成的。《人权和公民权宣言》(以后简称《人权宣言》)就是这一时期颁布的，对此后文会进一步讲解。这一时期还见证了对过去整个社会秩序的破坏，国家被授予不受限制的权力，但与此自相矛盾的是国家行政的分裂。革命对教会的致命打击使后来的反革命有了圣战的特征。

社会差异、外省和首都之间的差异以及行会之间的差异全部消除。世袭头衔，盾徽，甚至连仆人制服的差异都被废除。官职不再是私人财产，而是被收买回来，而费用出自国债。财政和经济上的其他不平等也被废除，这并不仅仅意味着税务负担的平等。1789 年 8 月 4 日，国民议会宣告“封建制被废除了”，他们的意思是说农民对贵族的所有义务被废除了,而这些义务源自农奴制、劳役服务、狩猎权、狩猎法和领主法庭。这并不适用于历史性的财产关系,农民必须要出钱购买,直到1792年和1793年,这些关系也被彻底废除。法律面前,每个公民都是平等的,对于同样的犯罪行为,不再会有不同的惩罚。历史悠久、曾经对行政机构构成有效制约的"中间机构"也被一扫而光,尤其是傲慢的高等法院,先是被暂停活动,其成员的资格被收买,后来又被关闭,取而代之以选举产生的法庭。各行各业的行会和自治机构也被废除。

有一个"中间机构"幸存下来,那就是天主教会。掠夺性的政府取消了教会的什一税和年金,不允许教士兼职。1789年11月,政府更进一步,将教会的所有财产收归国有。他们的说法是教会的财产和普通的私人财产不同,因为它是不可转让的,只是委托管理,因此国家完全有理由将其接管过来,并且给教士发放津贴。这样实际上是将教士当作公务员来对待,教士阶层肯定不愿意这样。革命势力坚持自己作为公共道德终审法官的地位,巴纳夫(Barnave)说:"教士是依靠国家而存在的,因此只要国家愿意,完全可以将其消灭。"①[1534]但是教会和国家同在,这一直就被天主教奉为真理。巴纳夫的说法是即将到来的"军人统治"的另一面,如果可以这样称呼国家主权专制的理论和实践的话。面对教会的反抗,革命势力提出更进一步的要求。1790年7月12日,国民会议颁布《神职人员民事组织法案》。从此以后,教区牧师不再由主教任命,而是由地区的议会选举产生,主教也不再由教皇任命,也是由各个郡的议会选举产生。对于革命者来说,既然教士已经成为公务员,他们就应该和其他人一样宣誓执行宪法。因此,他们要求教士对宪法宣誓效忠,其中包括《神职人员民事组织法案》。1791年3月,教皇对这一法案提出谴责,让法国的教士不得不在革命和信仰之间做出选择,大部分教士选择不宣誓。国民议会对他们变得越来越敌视,直到最后他们被逮捕、流放、屠杀,他们的宗教仪式也被放逐到了丛林中和地下室里。②教会和革命势力之间的圣战就这样开始了。

---

① 引自Schama,《公民:法国大革命史》,第489页。

② C. Brinton,《革命的十年,1789—1799年》(Harpers & Bros,伦敦和纽约,1934年),第51页。

通过这一系列的措施，国民议会已经把历史一笔勾销。既然除了世袭的君主制之外过去的什么都没有留下，一切都要从头开始。“他们都能平等地按其能力担任一切官职、公共职位和职务，除德行和才能上的差别外不得有其他差别。”每一个公民都拥有行动自由、和平集会的自由和不经审查发表观点的自由。对所有人开放的全国性的学校系统也即将被引入。①

但由此产生的结果不是自由，而是放纵，不但糟蹋了本来就很拙劣的宪法，而且加剧了国家政权的支离破碎。《人权宣言》宣称：“整个主权的基础，从本质上在于国民”，“法律是公共意志的表现；所有公民都有权亲身或通过代表来参与法律的制定”。②

这种说法是很含糊的，例如是直接选举还是间接选举呢？是普选制还是只有成年男性公民才有选举权呢？但重要的是它强调了人民选举的原则，无论这种选举是直接的还是间接的，这一原则被用于各个方面，甚至也适用于法官和教士，只有一个是例外，那就是世袭的君主。

[1535]1791 年宪法努力要让立法机构和拥有主权的人民之间尽可能保持距离，它将男性公民分为积极公民和消极公民，前者需要达到一定数量的收入标准，而后者的收入比前者要少。在 2400 万居民中，有大约 430 万是积极公民。只有他们可以参加选举，并且在选举立法议会时，采取的是间接选举。在基层，先由积极公民选举出选举人，然后再由选举人选举出议会代表。这一选举原则被延伸到其他一切领域。国民议会废除了历史悠久的省级区划，取而代之以根据地形特征设置的 83 个郡，这些郡又被进一步划分为区、县，最后是最基本的行政单位，通常是历史极其久远的市镇。每个市镇都有一个选举产生的地方议会、一位市长和一位检察官。每个区也有选举产生的地方议会、一个行政委员会和一位检察官。在理论上，这些下级行政单位从属于作为最高行政单位的郡，而每个郡也有一个选举产生的机构，这个机构由地方议会和行政委员会构成。由于人们对于国王派往各地的监察官依

① 1791 年宪法，第一章。
② 引自 Finer，《五国宪法》，第三条和第六条。

然记忆犹新,所以没有从中央向这些地方机构派遣官员,甚至也没有向各郡委派官员,因此实际上行政指挥系统已经消失,法国成为大约四万四千个几乎完全自治的行政单位。村庄基本上不关心政治,但是市镇在政治上却很活跃,并且十分激进。这种支离破碎状态之下的法国实际上是一个“联邦”,并且当时也是这样叫的。人们的想法是,既然所有公民都沉浸在对祖国的热爱之中,不必要再有其他什么东西把人们凝聚起来了,于是就有了著名的国家性庆典,如一年一度庆祝攻克巴士底狱的活动,在拟人剧和缤纷的烟花中,公社的每个公民眼含热泪,互相拥抱。此时的法国被看作是一个巨大的友爱之邦。

取代高等法院的司法系统也要遵循同样的选举原则。在首都、各郡和全国层面,一系列的新法院被设立,法官由选举产生,但是必须要具有法律资质,其任期为 6 年。对于新型的地方政府和司法系统的影响,哥德肖是这样总结的:“中央政府对于行政机构的权威被减少到几乎消失。”国王只能暂停官员的职务,但是立法机构可以将其复职。由于法院的权力被警务总监、大陪审团主席、地方法院院长、公诉人和皇家专员所分割,其权力被削弱。立法机构的情况并不比国王好多少,它没有办法让人们缴纳税赋,也没有办法让人们遵守法律。哥德肖补充说,实际上这些选举产生的地方机构成为一种反革命力量,利用“抵抗压迫的权利”来反对国民议会。①

[1536]这样一种宪政设置是让人无法理解的,除非我们可以意识到这是直接从启蒙运动时期流传下来的成见,即要打破“暴政”。其目的是为了在可能的范围之内尽量削弱中央行政。这里应用的是最字面意义上的权力分割原则,行政部门比美国的还要弱很多,而司法系统完全被禁止干涉其他两个部门。作为立法机构,国民议会被解散之后,取而代之的是立法议会,只有一个院,有 745 位成员组成,这些人通过前面提到过的间接选举产生,并且选举权是有限制的。立法机构完全独立于国王,既不能将其中止,也不能将其解散。国王的所有法令都必须

① J. Godechot,《革命,1770—1799 年》(法国大学出版社,巴黎,1970 年)。“抵抗压迫的权力”这一说法源自《人权宣言》,第二条。

要经过大臣的连署，而任何大臣都不能成为议会成员。另一方面，由于他们的刑事职责，这些大臣实际上可能会因为政治上的责任受到攻击，如果出现这种情况，国王就只能将其免职。国王本人可以在议会的两个会期即四年连续中止法律的公布，虽然如此，立法机构可以在宣战、议和与缔约等方面干涉行政机构。立法机构基本上无所不能，这也体现在它和改革后的司法系统之间的关系上。高等法院对其不能构成任何障碍，与此相反，根据宪法第五章第三条，“法院不能干预立法机构行使职权或者中止法律的执行，不能承担行政职能，不能就行政人员的职责传唤行政人员”。

4.2 战争和中央权威的恢复

1792 年 4 月，由于国内错综复杂的原因，法国对奥地利宣战，但是其军队却连战连败。愤怒的巴黎暴民要求血的复仇。6 月 20 日，他们对杜伊勒里宫发起攻击。7 月 11 日，政府发出了“祖国陷入危急”的呼号，号召组织志愿军保卫祖国，于是就有了著名的马赛志愿军。古老的巴黎议会被激进分子推翻，巴黎公社成立。8 月 10 日，暴民冲进了杜伊勒里宫，屠杀了那里的瑞士卫队，将国王软禁起来。议会实际上已经对雅各宾俱乐部和巴黎公社投降，丹东控制了临时政府。[1537]到了 8 月，在普鲁士人攻占凡尔登之后，暴民变得完全疯狂了，他们打开监狱的大门，挑选出一些人，对其进行简易审判，然后成批将其杀害，这就是九月大屠杀。

两周之后发生了著名的瓦尔密炮战，敌军总算被击退。此时的权力掌握在通过男性公民普选而产生的国民公会手中，此时的法国已经完全实行的是共和制，君主制主义者已经被排除在外。国民公会中出现了三个派别，分别是右翼偏温和立场的吉伦特派，左翼山岳派中的雅各宾派，还有就是两者中间所谓的沼泽派或平原派。9 月 21 日，国民公会召集会议，宣布废除君主制，此时的法国成为“统一的、不可分割的共和国”。

随着法国军队继续前进，国王接受审判、被判刑并被处决。1793 年，反法联盟成立，其中包括英国、荷兰、西班牙和奥地利帝国。战争形势再次发生逆转。1793 年 3 月,奥地利军队重新夺回比利时。同年 7 月,普鲁士军队前进到了瓦朗谢纳。与此同时,法国各省的权力机构已经完全瓦解,其中包括波尔多、阿拉斯、南特和里昂,旺代地区已经完全陷入叛乱状态。国民公会建立了公安委员会和救国委员会,前者负责维持社会秩序,后者对外交事务、战争和国内的安全拥有专制权,罗伯斯庇尔、圣茹斯特、卡尔诺和丹东都是这个委员会的成员。他们的直接目标是要消灭右翼的吉伦特派敌人。他们煽动激进的、共和派的巴黎公社对抗国民公会,公社成员冲进国民公会,强迫其将 22 名吉伦特派代表逮捕,后来又将这些人送上断头台。但是与此同时,巴黎公社的权力被削弱。地方政府失去了大部分重要权力,要完全对国民公会负责。在首都和各个省,到处是恐怖统治,有大约 1300 人被处决。为了平息各省的叛乱,由忠诚的革命者组成的专门队伍被编成革命军,和特派员一起镇压城市的叛乱。就这样,通过最为血腥残忍的恐怖手段,他们成功了,这种成功何其可怕!富歇曾这样吹嘘自己的成就:“里昂不再是里昂了”。在南特,受害者被淹死,这就是所谓的溺刑。旺代的人口大大减少。

后来,战争的形势又一次发生逆转,这是因为卡尔诺组织了新的军队,后面我们马上就会对其展开讨论。1793 年 12 月,反法联盟的士兵开始撤退。1794 年法军连获大捷,先是 5 月的图尔克万战役,然后是 6 月 25 日的沙勒罗瓦战役,接着是决定性的弗勒吕斯战役,在这场战役中,革命军队占领了比利时。

[1538]不需要继续实行恐怖统治了,罗伯斯庇尔的战友害怕自己会成为后面的受害者,而公众也对大规模的屠杀心生厌恶。7 月 27 日,罗伯斯庇尔被捕,然后被处决。从此,“革命政府”开始逐渐退出,直到最后被完全平淡无奇的、中产阶级的督政府取而代之。革命的势头就此结束。巩固革命成果并将革命终结的任务落到了拿破仑的身上。

5. 大革命的遗产一:《人权宣言》

理解《人权宣言》的最好方法就是去阅读它。现代的很多批判都是空洞而狭隘的，例如说它没有提到结社的自由、受教育的自由和居住的自由；说在“自然的、不可剥夺的权利”中，没有提到平等；说财产（即私有财产）被宣布“不可侵犯”。还有人指出其中很多条款都有时间性，反映了当时的迫切需要，例如里面提到了“抵制压迫”的权利，是为了在事后为攻占巴士底狱辩护，这不是为了支持穷人对抗富人（当然不是！），而是作为粉碎所有邪恶旧制度的武器，保护其起草者不受皇权“暴政”的报复。

所有这些都是完全真实的，但是和我们的主旨无关。《人权宣言》的原文如下：

> 组成国民议会的法国人民的代表认为，无视、忽视或蔑视人权是公共灾难和政府腐败的唯一原因，所以决定把自然的、不可剥夺的和神圣的人权阐明于庄严的宣言之中，以便本宣言可以经常呈现在社会各个成员之前，使他们不断地想到他们的权利和义务；以便立法权的决议和行政权的决定能随时和整个政治机构的目标两相比较，从而能更加受到尊重；以便公民们今后以简单而无可争辩的原则为根据的那些要求能确保宪法与全体幸福之维护。[1539]因此，国民议会在上帝面前并在他的庇护之下确认并宣布下述人与公民的权利：
>
> 第一条：在权利方面，人们生来是而且始终是自由平等的。除了因公共利益而出现的社会差别外，其他社会差别，一概不能成立。
>
> 第二条：任何政治机构的目的都在于保护人的自然的和不可剥夺的权利。这些权利即自由、财产、安全及反抗压迫。
>
> 第三条：整个主权的基础，从本质上在于国民。任何团体、任何个人都不得行使主权所未明白授予的权力。
>
> 第四条：自由就是指有权从事一切无害于他人的行为。因此，个人的自然权利的行使，只以保证社会上其他成员能享有同样权利为限制。这些限制只能由法律来规定。
>
> 第五条：法律仅有权禁止有害社会的行为。凡未经法律禁止的行为即不得受到妨碍，而且任何人都不得被迫从事法律所未规定的行为。

第六条：法律是公共意志的表现。全国公民都有权亲自或经由其代表参与法律的制定。法律对于所有的人，无论是施行保护或处罚都是一样的。在法律面前，所有公民都是平等的，故他们都能平等地按其能力担任一切官职、公共职位和职务，除德行和才能上的差别外不得有其他差别。

第七条：除非在法律所规定的情况下并按照法律所规定的程序，不得控告、逮捕或拘留任何人。凡动议、发布、执行或令人执行专断命令者应受处罚；但根据法律而被传唤或被扣押的公民应当立即服从；抗拒则构成犯罪。

第八条：法律只应规定确实需要和显然不可少的刑罚，而且除非根据在犯法前已经制定和公布的并且依法施行的法律以外，不得处罚任何人。

第九条：任何人在其未被宣告为犯罪以前应被推定为无罪，即使认为必须予以逮捕，但为扣留其人身所不需要的各种残酷行为都应受到法律的严厉制裁。

第十条：意见的发表只要不扰乱法律所规定的公共秩序，任何人都不得因其观点、甚至宗教见解而受到干涉。

第十一条：自由传达思想和观点是人类最宝贵的权利之一；因此，各个公民都有言论、著述和出版的自由，但在法律所规定的情况下，应对滥用此项自由承担责任。

第十二条：（武装力量的必要性。）

[1540]第十三条：（为了武装力量的维持和行政管理的支出，征税就成为必不可少的。）赋税应在全体公民之间按其能力作平等的分摊。

第十四条：（公民都有权确定赋税的必要性，自由地加以接受，并监督其使用情况。）

第十五条：社会有权要求机关公务人员报告其工作。

第十六条：凡个人权利无切实保障和分权未确立的社会，就没有宪法。

第十七条：私人财产神圣不可侵犯，除非当合法认定的公共需要所显然必需时，且在公平而预先赔偿的条件下，任何人的财产不得受到剥夺。

这份宣言中有五点值得注意：首先就是对“守法性”的含蓄假定，我们整卷书都在讨论这个问题，和亚洲文明相比，这是西方文明的特征之一，可能是最为重要的特征。尤其值得注意的是，在十七个条款中，至少有九条明确提到了法治的概念。

毫无疑问，美国宪法以及宪法所保障的权利与这份宣言在传统上一脉相承，并且出现得更早，但是两者之间有一点不同。美国人继承的是英国议会传统，或者可以说是封建传统，他们可以确定具体的合法权利，并且知道这些权利会在一个众所接受的法律的普通框架之内运行。守法性和有限君主制是英国对欧洲统治传统的两大典型贡献，但是在法国，守法性并不是理所当然的事情，秘密逮捕令和酷刑的存在本身就足以说明这一点。因此，虽然美国的宪法和《权力法案》主要由自由权构成，尤其是针对国家的法律保证条款，在殖民地人民看来，这不过是要回了本来属于自己的、与生俱来的权利，而法国《人权宣言》的条款不是具体的，而是普遍性的，实际上在实用性方面，是普适的。在具体性上失去的，在普适性上得到了补偿。因此，美国的权利在法律上是可以执行的，可以在法庭上用来控告国家，而法国的权利则是一种意向宣言。

第二点是法国革命明确主张“整个主权的基础，从本质上在于国民”（无论国民到底是指哪些人），“法律是公共意志的表现，全国公民都有权参与”。“公共意志”这一表达比“国民”一词更加含糊不清。这两条合在一起实际上是说国家就是“民族国家”，虽然未必是国民国家，当然就像后面在探讨民族和民族主义时会看到的那样，如果是更好。[1541]无论这个国家的构成如何，也无论其边界何在，都要归其公民所有，而不属于其他任何人。通过延伸，这两个条款表明一个国家可以根据自己的意愿自行处理自己的事务，而不是像在以前的王朝协议中那样听从他人安排，也就是说，它拥有固有的自决权。

第三点是在这样的国家，所有人在法律上都是平等的（无论如何给国家定义，这里都将其作为公民的集体或公民共同体），这种平等包括法律上的平等,财政上的平等,还包括在担任公职的机会上的平等。没有任何个人、自治机构或社会等级享有特权,作为一个国民就意味着一切。

第三点是整个文件显然已经成为几乎所有现代国家的蓝图,可能私有财产不可侵犯的原则算是一个例外。我将几个伊斯兰国家排除在外,尤其是那些有原教旨主义特征的国家。这一点几乎不再需要进一步阐明。今天几乎任何国家如果想要和过去的制度分道扬镳,如欧洲帝国的继承国家,必须要建立一套新的制度,就必须要遵循《人权宣言》所规定的原则,虽然要根据实际情况做出适当的变动,只有这样才能被认可为"现代国家"。

最后一点让人喜忧参半,虽然我们已经讨论过守法性和公众对于政策制定的参与,这些是我们今天认为构成"宪政国家"或"自由国家"所必不可少的特征,但是《人权宣言》可能会被以完全迥异的方式进行解读,并且会导致完全矛盾的结果,这样的情况时有发生。这是因为它本身包括一个致命的自相矛盾之处。一方面,它宣称所有的权力都源自公共意志,但与此同时,它又声明个人拥有自然的、不可剥夺的权利,而这两者是无法兼容的。法国革命者的行动本身就很充分地表明了这一点。没收教会财产;强制将神职人员转化为公务员;在恐怖统治时期,所有的司法保障都被中止;还有就是以司法的名义对路易十六的杀害,所有这些都被证明是正当的,其根据就是所有这些行为都源自于公共意志,国民议会和国民公会仅仅是公共意志的体现者。有点反常的是,这却使得《人权宣言》比以前任何时候都更加具有普适性。如果它仅限于捍卫个体的权利,就会和美国宪法中的权利保障机制差不多,就会仅仅对那些想要约束公共权力不要侵犯人民权利的国家有吸引力。《人权宣言》让任何暴君都可以声称自己是某种公共意志的最高体现者,并借此掌握大权。这样一来,古老的广场式政体和宫廷式政体之间的对立就会以更加现代的形式出现。

6. 大革命的遗产二:民族主义

[1542]流行的观点是:与其说法国"发明"了民族主义,不如说法国

的侵略激发了欧洲其他国家的民族主义，尤其是在德国。很少有概念像“民族主义”这个词这样纠结。欧洲其他民族所反对的不就是法国人的“民族主义”吗？如果不是的话，这又是什么呢？不仅在巴黎，而是在几乎每一个市镇所举行的联盟节上，那种强烈的友爱和团结应该怎样形容呢？“自由，平等，共和国，民族，如阵阵雷声般的《马赛曲》，革命歌舞的旋律，在营房里，在战场上，他每天都会看到三色旗”，①这样一种鼓舞着革命队伍奋勇杀敌的情感该怎样描述呢？还有像“人民”，“民族”“祖国”和“公共意志”这样一些词，它们让事情变得更加复杂。

这种混乱的源头在于“民族主义”有时被用来形容一种心态，一种情感，有时被用来指代一种理论，甚至是一种意识形态。有一点是不言而喻的，即必须要先有一种民族情感，才能形成这样一种意识形态，反过来这句话并不成立。基于这样一种划分，这里可以说直到大革命和拿破仑时代的后期，法国人所体验到的是一种慷慨激昂的民族情感。随着这种情感变成为一种对被征服民族居高临下的傲慢，法国人开始认为自己是优等民族，这种民族情感为此后很久才出现的、作为一种原则或计划的民族主义奠定基础。

什么是“民族”呢？在法国革命期间，有两个词语反复出现，分别是“国民”和“祖国”。第一个词语随处可见，尤其是作为形容词，如“国民议会”，“国民徽章”，“整个主权的基础，从本质上在于国民”。在这些表达中，“国民”实际上就是指“民族”，因为这两个词在英语里是一样的，都是“nation”。“祖国”一词往往出现在一些比较庄严宏大的场合，如《马赛曲》的第一句“祖国的儿女们”，“祖国陷入危急”，“最神圣的职责和最宝贵的法律就是为了祖国可以忘记法律”，②“当祖国陷入危急时，一切都属于祖国”，③“人民呀，热爱祖国的马拉死了”。④

[1543]西耶斯对“民族”一词的定义毫无感情色彩，它不是一个民族实体，而是“个体之间的平等联合”。作为一个真正意义上的政治实

① R. P. 帕尔默，《十二人委员会》(普林斯顿大学出版社，普林斯顿，1965 年)，第 80—81 页。
② 引自 1792 年七月颁布的敕令，转引自 Schama，《公民：法国大革命史》，第 611 页。
③ 同上，第 626 页。
④ 同上，第 741 页。

体,法国在本质上就是这样一种联合。它不是自治机构之间的联合,不是各省之间的联合,也不是各个等级之间的联合,这些都是"多重"联合,即联合体的联合。民族的本质就是由组成所有其他联合体的成分所构成的一个联合体,这里"一个"的概念要注意。在西耶斯的著作中,"一个"和"民族"这两个词语一再地同时出现。[①]他说:"民族是什么?民族就是个体的联合,他们受同一法律的约束,因此为同一个立法议会所代表。"[②]在革命力量占领比利时、莱茵区、尼斯和萨伏伊的前几年,这一定义在某种意义上当然是可以成立的,但是此后不久它的不足就变得很明显了。1794 年,救国委员会中有两位成员发起批判,说"共和国之内除了法语之外,还有四种语言,分别是德语、布列塔尼语、巴斯克语和意大利语"。他们宣称这些语言的存在会导致"语言上的联邦主义和共同体的分裂,因为说这些语言的人无法理解公共事件"。巴雷尔断言两万阿尔萨斯人之所以会远走他国,是因为他们说的是德语,这"让他们在情感上更加倾向于德国,而不是法国。如果没有掌握通用的表达媒介,任何人都不会成为一个遵纪守法、参与公共事务的公民。"[③]在原则上,共和国可以通过兼并无限地扩大,因此就有了卡尔诺关于法国"自然边界"的理论,即可以界定法国民族的自然边界,如山脉、河流和海洋。

"祖国"这个词比"民族"要更加温馨,更有家的感觉。"直到 1776 年,法国科学院还是以'故乡'一词来定义祖国的,法国人的国家仅仅是他碰巧出生的地方。"此前用来描述法国的词语是"王国"。此时,随着大革命的暴发,"法国正在确立自己的身份,它不再是一些'故乡'的联合体,而是单一的祖国。"[④]简而言之,它是法国人的国家。

[1544]很快"祖国"和"民族"这两个词语的意义开始出现重叠。民

① M. Forsyth,《理性和革命:西耶斯的政治思想》(莱斯特大学出版社,莱斯特,1987 年),第 72 页。

② J. P. Mayer,《从西耶斯到索雷尔的法国政治思想》(Faber & Faber,伦敦,1943 年),第 10 页。

③ 帕尔默,《十二人委员会》,第 320 页。又参见 J. Talmon,《极权主义民主的起源》(Mercury Books,伦敦,1961 年),第 110—111 页。

④ J. M. Thompson,《法国革命》(Blackwell,牛津,1944 年),第 121 页。

族不再被看成是由个体组成的“法理社会”，这和西耶斯的概念是相接近的，而是被看作是统一的道德体，一种具体化，一种和“拥有主权的人民”这一概念紧密联系的“礼俗社会”，而拥有主权的人民这一概念又和公共意志这个难以把握的概念密切相关。“救国委员会的一大目标是建立一个民族，一个有共同信仰的共同体。在这里，各个地区、各种宗教、各种方言、各种教育程度、各种社会地位、各种兴趣爱好的人精诚合作，忠诚于一个共同的国家。”①这个共同体不仅仅是一个统一体，而是唯一。在罗伯斯庇尔看来，“并不是每一个出生在法国领土上的人都能称得上是法国公民，只有当他在精神上和构成法国民族性的成分相认同时，他才成为一位公民，而这种成分就是公共意志。”②对于以罗伯斯庇尔为代表的山岳派来说，这种公共意志不允许任何形式的社会多元主义。就像他说的那样，“有且只能有一个意志”。③这一概念是和当时的其他革命情感相结合的，其中包括共和国的内涵、平等和公民权。因此，这实际上是一个大的自治机构取代旧制度的大杂烩。

因此，大革命成为一种宗教，一种人人都应该信奉的宗教。④1793年8月23日，救国委员会颁布普遍义务兵役制，我们完全可以说这是共和国时期法兰西的一种“民族情感”。在其早期，它对邻邦是善意的。1791年5月，国民议会宣称：“法兰西民族放弃从事任何旨在征服的战争，永远不会利用其武力侵犯任何民族的自由”，这实际上是其第一份意向宣言。1792年共和国的军队占领比利时之后，其立场有所改变，此时的国民公会命令被解放的民族必须募集军队，并且要为法国的占领军贡献财物。到了1795年，法国军队所向披靡，其立场再次发生变化，被兼并的省份或“姊妹共和国”的法律，要通过当地雅各宾式的傀儡政府，和法国的法律相一致。原有的国王和总督被废除，新的革命政权和国民军队被建立，法国的法律和宪法被强加到这些地区。被征服地区必须为共和国的战争花销贡献财物的做法已经沦为赤裸裸的剥削。

① 帕尔默，《十二人委员会》，第385页。
② Talmon，《极权主义民主的起源》，第113页。
③ 同上，第116页。
④ Thompson，《法国革命》，第425页。

无论当时法国的政府颁布什么样的命令,被派往各地的代理人“像蝗虫一样扑向被兼并的省份,他们大肆强取豪夺,以至于整个地区被洗劫一空”。①[1545]在拿破仑远征意大利时,敲诈勒索的行为被公开承认,当然这种行为也让拿破仑获得了充分的行动自由。就这样,从最初要求和平,共和国逐渐沦为一个巨大的掠夺机器,而其将军们(尤其是拿破仑)公开遵循吉贝尔(Guibert)“必须以战养战”的著名格言。这样做的结果是在法国占领军和当地人民之间产生了一道憎恨之墙,前者开始自认为高人一等,后者则被侮辱、被剥削。根据以赛亚·伯林的看法,民族主义正是产生于这样一种局面,他认为“民族主义和民族意识不同,后者是一种民族归宿感,而前者首先是一个社会的传统价值受到歧视和贬低时所产生的反应,是其社会意识最为强烈的成员自尊心受到伤害并产生屈辱感的结果,而这些在适当的时机就会产生愤怒和对自己权利的捍卫。②

当然,法国的军队在很多被占领国家所激起的这种愤怒和对权利的坚持,以及拿破仑在欧洲的征服和重组,将整个国民意识的问题推到重要位置,在此过程中产生了“民族主义”的理论和意识形态。

1808 年 2 月,拿破仑入侵西班牙,同年的 3 月 3 日,他占领了马德里。后来就是著名的 5 月 2 日起义,这是一场反对入侵者的起义。乍一看,奥地利似乎最不可能发生民众起义,但是奥地利朝廷正在为报复做准备,其军队被重组,建立了由公民组成的后备军,还模仿法国的普遍义务兵役制,规定所有年龄在 18 至 45 周岁之间、可以拿得动武器的男人都要响应号召,保卫祖国。在爱国主义歌曲和宣言的鼓舞之下,全国人民充满了对法国的仇恨。不幸的是,奥地利的朝廷错误地估计了形势,1809 年 3 月 13 日,法军攻占了维也纳。

所有这些起义和反抗(如在意大利的部分地区)所表现出来的都不过是狂热的民族意识,当然谈不上理性。这一任务落到了德国的头上。“德国”最多可以算是一个地理上的表达。当然,日耳曼民族分布在大

---

① Rudé,《法国大革命的解析》,第 214 页。

② I. Berlin,《逆流而动:观念史论文集》(Hogarth Press,伦敦,1979 年),第 346 页。

约300个公国和很多自由城市之内。中产阶级还没有被疏远，当时的官员也相对诚实而高效。在这种情况之下，在政治上发挥重要作用的是大学和秘密社团。[1546]尤其是大学，超脱于实用政治的考虑，致力于对国家、自由、法律和权利之类的抽象本质的思考，他们不但对此有充分的自觉，而且以此为荣。“他们也有自己的革命，和法国革命一样光荣，这是一场思想领域的革命。”①

1806年，在耶拿和奥尔斯塔特的惨败将德国人（至少是普鲁士人）从其自命不凡的状态中惊醒。从此，作为一种意识形态的民族主义产生了，这要归功于反对启蒙运动的浪漫主义者。在他们眼中，启蒙运动将个人从其社会传统中割裂开来。他们和伯克一样，更愿意尊重传统，但是伯克有广泛的政治实践经验，而这些德国人却一点经验也没有。他们将目光投向过去的中世纪，投向民间传说和传奇，投向表明身份的徽章。赫尔德是这方面的先驱，他把语言看作是最为重要（如果不是唯一重要）的身份徽章。“一个民族可以失去其独立，但是只要其语言还活着，这个民族就会生存下去。”“自然通过语言、习俗和性情所分开的，不要通过化学人为地将其连在一起。”②民族作为使用同一语言的群体这一概念十分重要，后来影响更大的哲学家费希特也提到这一点。费希特是德国浪漫主义的理性主义之父，这一观点是他1808年在热情洋溢的《对德意志民族的演讲》中提出的。他认为德国要履行一项特殊的使命，那就是要发扬欧洲的文化遗产。没有权力就无法完成这一使命，德国人必须要先建立一个民族国家。“民族主义成为一个宗教。为了被历史赋予了神圣性的民族，个人要牺牲自我。”③

史密斯称这种观点为“有机论民族主义”：历史的对象是民族，它凌驾于构成它的个体之上。这些个体拥有共同的思想特征，这些特征可以作为其身份的徽章。这种文化上的个体性源自自然本身，这种个体性通过语言、习俗、历史等方面的显著差异表现出来。因此我们可以由此推导出一种精神，一种融为一个有机整体的民族精神。史密斯是这

① 引自帕尔默，《十二人委员会》。

② 转引自 A. D. Smith，《民族主义理论》(Duckworth，伦敦，1971年)，第181页。

③ H. S. Reiss，《德国浪漫主义政治思想》(Blackwell，牛津，1955年)，第18页。

样总结的：

> 德国关于民族主义的有机论……建立在国家拥有“通过民族意志的运作塑造历史的能力”这一基础之上。它涵盖了三个不同的概念：首先是文化多样性，[1547]也就是赫尔德关于世界被分成与众不同的有组织的“民族”或语言群体的概念。其次是民族通过政治斗争完成自我实现的概念。最后是个人意志必须融入作为有机整体的国家意志这一概念。后面这两个概念都是费希特的独特贡献。①

通过对从19到20世纪代代相承的众多理论家的思想进行总结，史密斯给民族主义下了一个抽象得枯燥乏味、但是却很全面的定义：“为了实现并维护一个群体的自治和独立而进行的意识形态运动，这个群体的有些成员认为这就构成和其他民族一样的、实在或潜在的‘民族’。”②我之所以说这一定义枯燥乏味，是因为它忽视了民族主义这一意识形态的巨大情感蕴藉。通过这一意识形态，个体会觉得每一个人都要对民族国家保持最高度的忠诚。

这样定义的民族主义注定会成为本卷后面所有章节持续出现的主题，因此这里不必继续对其发展进行更加详细的探讨，但是有三点可能会对澄清这一“遗产”的本质有所帮助。

首先，民族主义理论是《人权宣言》中两个原则的结合，首先是民族决定自己命运的原则，其次是“民族”即人民的原则。这两个原则合起来构成“民族自决”的原则，即任何认为自己可以构成一个民族的群体都有权拥有自己作为统治者的国民，有权拥有与其民族的地域分布相一致的边界。在其1861年的《代议制政府》一书中，J. S. 穆勒以简单得几乎有点幼稚的语言对其进行了描述：

---

① Smith，《民族主义理论》，第17页。
② 同上，第171页。

> 当民族情感以一种强有力的形式出现时，它就拥有充分的根据可以将这一民族的所有成员团结在同一个政府之下，并且这一政府是属于他们自己的政府。这不过是说政府的问题应该由被统治者来决定。如果不先确定在各种人类集体组织中，他们愿意参加哪一种，人们几乎无从知道任何一部分人应该自由地做什么。①

其次是这一意识形态迅速并且无所不至的传播，这至少在部分上是因为它可以和19世纪产生的各种其他意识形态相结合。总之，这一意识形态蔓延到了拉丁美洲，引发一场殖民地国家脱离西班牙和葡萄牙王室管辖的浪潮，然后又从西欧和东欧一直向东蔓延。欧洲各个帝国的瓦解使民族主义先是在亚洲、然后在非洲获得了充分的发展。[1548]在20世纪60年代，大部分殖民地国家获得独立。世界上没有一个国家可以不受其影响。

第三点是其语气的改变。直到1848年欧洲的自由革命，民主主义是自由的②、国际主义的。世界被看作是各种民族国家的和谐共处。马志尼这样写道："欧洲的版图将会被重新划定。在君主和特权等级的国家的废墟之上，代表自由呼声的人民的国家会崛起。这些国家之间充满和谐和友睦。"③我们可以将这种说法和历史学家特赖奇克（Treitschke）的话做一个比较。在思考德意志帝国的暴行时，他断言说国家通过"战争的考验"而存在，"世界上没有一个国家可以宣布放弃其主权中的'自我'"，"历史的宏伟和壮观就在于民族之间无休无止的冲突。"他对其他民族居高临下，尤其是对法国人和波兰人，还有比利时人和荷兰人，但是他最仇视的是英国人，从中可以看出他对条顿骑士团和古老的德意志民族的热爱。④在此过程中，自从1870年之后，民族主义意识形态更加充满活力，但是它不再是自由主义者的崇拜对象，而是成

① J. S. 穆勒，《代议制政府》（Everyman 版；Dent，伦敦，1910年初版，1971年重印），第360—361页。

② 这一表达的定义，见下一章。

③ J. Mazzini，《人之职责，1844—1858年》（Everyman 版；J. M. Dent，伦敦，1907年），第52页。

④ 引自 J. Bowle，《19世纪的政治和观点》（Jonathan Cape，伦敦，1954），第353—355页。

为社会上最保守的势力的最爱,其中包括宫廷、贵族和军队。在这些势力的领导之下,大量的追随者加入他们的队伍。德雷福斯事件将法国分成两个激烈对立的阵营,通过双方所持的立场,可以很好地看出这一点。

但这绝对不是说它影响到了所有的人。在民族主义自由主义衰落和民族主义军国主义兴起之间的间隙,产生了一种国际社会主义的意识形态,这一意识形态获得了广泛的支持,尤其是在德国,社会民主党的势力十分强大。此外,所有这些社会主义政党都团结在第二国际周围,当然这种团结是松散的。毕竟血浓于水,由于国家的原因或者是想要复仇,法国、德国、奥地利和俄罗斯的沙文主义者互相宣战,后来英国也勉强加入其中,第二国际就解体了,交战各方的所有人都支持各自的战争领导者。

最后一个可悲的发展是极端民族主义的纳粹德国寻求报复性的战争。[1549]希特勒的《我的奋斗》虽然文笔一般,但是却将种族主义和军国主义推到了极致。他所发动的战争表明100年前的海涅是多么先知先觉:

> 武装起来的费希特主义者会登上历史舞台,恐惧和私利都无法约束他们意志的狂热,因为他们过的是精神的生活,他们藐视物质,就像早期的那些基督徒,肉体的折磨和愉悦都无法将他们制服……他已经和大自然最为原始的力量结盟,他能够唤起古老的日耳曼多神教中的恶魔,这样之后,他身上古老的日耳曼民族对战争的渴望也被激发出来,作战不是为了破坏,甚至不是为了获胜,而仅仅是为了战斗本身……于是,北欧神话中古老武士的残暴就会再次释放出来,这就是诗人们传诵已久的、狂暴战士巴萨卡(Berserker)的愤怒。古老的石头神像会从被人遗忘的废墟中站起来,抹去眼睛里几个世纪的灰尘。手握大锤的雷神会复活,他会将哥特式的大教堂粉碎……①

---

① H.海涅,《德国的宗教和哲学》,J. Snodgrass译(伦敦,1882年),第159—160页。

7. 大革命的遗产三:公民军队

对民族的大众崇拜还反映在同样大众化的防御之中,大规模的公民军队是法国革命的第三个遗产。这一概念随着法国革命的消逝而销声匿迹,但是又随着 1870 年的普法战争而复兴。从此之后,这一模式被欧洲普遍采用,只有英国一个国家是例外。

要想理解 1789 年之前的军队和 1914 年的军队之间的巨大差异,只要比较一下两者的相对大小和种族构成就可以了。在 1740 年,普鲁士和平时期的军队有 8 万人,法国有 16 万人。①在 1914 年,德国和平时期的军队有 75 万人,到了战时,其编制膨胀到了 170 万人,如果加上后备军人,能够上战场的人数多达 530 万。同年,法国和平时期的军队有 80 万人,战时增加到了 160 万人,如果算上后备军人,可以上战场的军人总数高达 440 万。②

这并不是唯一的重大变化。在 1914 年,几个欧洲强国的军队全部由各自的国民构成。这和 18 世纪的情况形成鲜明的对比。在 1789 年前后,法国军队中有四分之一的士兵是外国人。在 1742 年,只有三分之一的普鲁士士兵是其国民,但是到了 1750 年,这个比例增加到了一半,到了 1763 年,则有三分之二的士兵是本国国民。③

法国革命和拿破仑帝国给当时的军事战略和策略带来了彻底的变化。[1550]燧发枪和插座式刺刀让每一位士兵既是火枪手,同时又是矛兵,其结果就是又细又薄的线性阵形。军队在行军时是纵队,训练时马上排成一条线。于是就产生了又长又细、位置严格确定的步兵列队。作战时,先排成细长的一条线,然后再在野战炮火的掩护下向前冲,并在前方形成一道火力网,然后在距敌人 20 英尺的地方,以刺刀杀敌。此时骑兵放马过来,或攻或守。士兵要经过长期的精心训练才能执行这一战术,这就让士兵成为一种稀有资源,其费用也十分高昂。

---

① 《新编剑桥近现代史》,第 7 卷,第 179 页。
② J. Archer,《西方世界的战争艺术》(伦敦,1987 年),第 422 页。
③ 《新编剑桥近现代史》,第 7 卷,第 180 和 182 页。

1792年4月20日,法国满怀信心地派出攻打奥地利的士兵其实缺乏战斗力。军队里最有能力的军官远走他国,这大大削弱了军队的实力。①与此同时,其人员和物质都很短缺。根据一位高级军官的说法,他们"互不信任,桀骜不驯,缺少训练"。②兵败之后,他们拔腿就跑,通往巴黎的道路畅通无阻。政府号召志愿军行动起来,于是就有了著名的《马赛曲》,但是只募集了60个营的兵力,并且这些营也不完整。显然他们无法迎击入侵者,于是在7月11日,政府宣布"祖国陷入危急",命令每一位身强力壮的男性公民入伍,但是却将决定谁应该奔赴前线这一招人反感的任务交给了市镇和区政府。这样募集的士兵素质很差,虽然有"祖国陷入危急"这样的呼号,还是只募集到6万人,其中只有一半到所在连队报到。此外,法律规定他们只需要参与某一场战役就够了,因此到了12月份,他们就离开了部队,征兵工作必须重新开始。1793年2月,政府命令再次强制征募30万人,结果只募集了一半。正是有了这样一种经历,政府产生了需要大规模强制征兵的想法,卡尔诺命令将所有身强力壮的男性公民"永久征用",正是这一想法的体现。这一命令和以前的命令不同,因为它平等适用于所有某些年龄段的身强力壮的男性公民,因此被证明是可以接受的。只有第一个年龄段(18至25岁)的人就够了,有425000人被募集。从此以后,在此后的5年,每年都会有一批符合年龄要求的人加入队伍,这样就可以保证共和国军队的实力。与此同时,在1793年,以前的部队、各种各样的志愿军和新入伍的士兵一起,被混编成一支队伍。除了原有一个营的正规军之外,又新组编了两个营。[1551]部队的总人数多达75万人。这些,再加上卡尔诺高效率的后勤安排和对智勇双全的军官的精心选拔,形成了一支新的军队。这支部队不但击退了敌军,还向四面征服,所向披靡。

直到此时,军队作战时使用的依然是18世纪的古老战术,但是这种情况即将改变。新战术主要采用的是吉伯特伯爵打破旧习的新思想,他

---

① 根据拉法耶特的估计,三分之一的军官已经辞职,还有另外三分之一马上就要辞职(Thompson,《法国革命》,第266—267页)。

② 引自同上,第267页。

参加过七年战争，后来写了两本讨论战略战术的书。他的主要理论包括：军队应该依靠它所入侵的国家来养活自己，即"以战养战"；军人的行囊和供应应该越少越好，不足的部分可以通过掠夺和征用来获得；放弃原来细薄的线性阵形，取而代之以横队，即横向 300 人，纵向 28 排。除了这些新型战术之外，还有部队的共和热情和在人数上的优势。在此之前，步兵一直十分宝贵，不敢轻易浪费，现在即使有巨大的人员伤亡，也可以承受得起。就像在奥斯特里茨战役之后，拿破仑对梅特涅所说的那样："我一个月损失 3 万人也没有关系。"①

在 1798 年的儒尔当法的基础之上，拿破仑采用了吉伯特的理论和义务兵役制，并且在兼并一个地区之后，就在该地区强制执行这一法律。虽然如此，这一制度本身也包括会导致其自身衰落的因素。到了 1813 年，已经有 130 万公民被征入伍，在 1813 至 1814 年之间，拿破仑又征募了 100 万人。到此时为止，人们对征兵制似乎还没有产生过于不好的想法，逃避兵役者和桀骜不驯者的比例不超过百分之三四。随着人们意识到帝国带来的不是和平，而是无休止的战争，逃避兵役者的人数开始急剧增加。此外，军队中法国人的比例越来越低。拿破仑募集了 30 万人参加瓦格拉姆战役，但是其中有一半是外国人。在拿破仑的 70 万大军中，只有 30 万是法国人。②

我们前面已经提到过，在俄罗斯、奥地利、尤其是普鲁士掀起一股反对法国、反对雅各宾派的浪潮。耶拿战役的直接影响就是将普鲁士的格奈斯特(Gneist)、哈尔登堡(Hardenburg)和沙恩霍斯特(Scharnhorst)这些改革者推上前台。拿破仑将普鲁士的有生力量限制在区区 42000 人。[1552]为了规避这一限制，普鲁士让新兵补充服役期满的士兵留下的空缺，然后再通过征募补充新兵留下的空缺。这样一来，实际上一旦战争爆发，本来很小的军队马上就可以用后备军人来扩充。但是对拿破仑作战的决定来得太早，这种做法的效果还没有充分发挥

---

① F. N. Maude，"征兵制"，《大英百科全书》，第 11 版(1910—1911 年)，第 6 卷，第 971—974 页。

② Finer，"欧洲的国家和民族建设：军事的角色"，载于 Tilly(编)的《西欧民族国家的形成》，第 151 页，第 146 页。

出来,政府只好号召志愿军填充人数。

在 1815 年之后,法国和普鲁士的公民军队回到了打“有限战争”时采用的正规军模式,只有俄罗斯保留了征兵制。在普鲁士,改革之后的军队基本上依然是正规军,但是有后备军人作为补充,并且后备军人有自己的连队和军官。领导正规军的国王和贵族认为后备军人在政治上不可靠。1862 年,罗恩伯爵(Roon)对军队进行改革,为新型的公民军队奠定了基础。普遍义务兵役制的概念被保留下来,但是和以前有所不同,这个不同就是“去平民化”。被征募者在军队中服役 3 年,然后成为后备军人,每年要接受几周的再训练。在这些后备军人后面,还有另外一支后备军人队伍。欧洲其他国家嘲笑这种军队,他们认为在不到 7 年的时间里,要想训练出一名士兵是不可能的,因此他们认为普鲁士的军队中一半是缺乏训练的民兵。但他们大错特错,在 1866 年,这支军队只用了 6 周时间就将奥地利的军队打得落花流水,后来又于 1870 年打败了法国的正规军。

这是一个转折点。复辟时期法国的军事法允许被征士兵花钱找人代替服役,这一做法变得十分盛行,在第二帝国时期,军中几乎全部是已经服役 7 年的志愿军。1870 年被普鲁士人打败之后,法国国内出现了一场激烈的论战,一方坚持维持原有的正规军模式,另一方则想要模仿普鲁士的模式,论战的结果是后者占据了上风。除了英国这个例外,欧洲大陆上每个国家的军队都是建立在普遍义务兵役制的基础之上,都像德国一样被组织成作战部队和后备军。在 1914 至 1918 年的第一次世界大战之前,一种“全民武装”就这样形成了。

如果把作战部队和后备军都算上,此时军队的规模已经十分庞大,就像前面的数字表明的那样,其人数大约在 450 万和 550 万之间。在以前,任何国家也无法负担这么多士兵的花费,但是现在只要付给他们少量的津贴就够了。这和 18 世纪的情况形成极大的反差,毕竟,导致法国财政危机和大革命的就是其在美国战争中的开支。现在情况完全变了,而这种变化的原因就是此时的民众已经拥有了民族主义这种意识形态。当兵似乎不再是什么特别的事情了,每一个身强力壮的男人都认为这是一种神圣的职责。[1553]这就是为什么在第一次世界大战到来时，几百万人像驯服的绵羊一样走向坟墓。

和 18 世纪的围困战截然不同，这些新型的民族主义战争中，围困的对象不再是城市，而是整个社会。为了不让敌人获得物质供应，整个国家被封锁，于是就出现了潜艇战，对食物和其他物质的封锁，并且随着航空技术的发展，开始了对敌对国家平民的伤害，因为这些平民会生产战争物质。在国内，所有的平民都要为战争做贡献。如果没有入伍，就要在火药厂或田地里工作。如果男人不够，国家会动用女人从事这些活动。国家的任何一个部门都要或直接或间接地为战争服务。拿破仑的公民军队是通过私人供应商获得后勤供应的，而此时的国家不仅负责军队常规的后勤保障，而且更进一步，将经济国有化，利用技术为其服务，甚至还利用意识形态为自己服务，编造谎言进行战争宣传，控制出版和其他的大众传媒。一切都被吞噬在巨大的征用和说服的循环中。

这样，卡尔诺"普遍义务兵役制"的全部威力最终得以实现。

> 从这一刻开始，直到将敌人从共和国的领土上驱逐出去，每一个法国人都要为军队的需求服务。年轻人要走上前线；结婚的男人要锻造武器，运输食品；妇女要制作帐篷和衣服，要在医院里照顾伤员；小孩可以将旧的亚麻布制成绷带；老人可以被抬到广场上为战士们鼓气加油，并教他们仇恨国王，维护共和国的统一。①

全民武装的概念已经回来了，其规模和社会本身一样广泛和彻底，于是时光的轮回带来了它的报复。

8. 大革命的遗产四：新型专制政体—广场—宫廷式政体

8.1　1793 至 1794 年：雅各宾派专政

8.1.1　"专政统治"?

"专政统治"是一系列相关词语之一，其中包括"专制君主制"和"暴

---

① 引自 Thompson，《法国革命》，第 425 页。

政”,在整部《统治史》中,我们曾多次顺便提到这两个概念。遗憾的是,这些是专门术语。[1554]学者赋予这些词语的精确意义往往会出现重叠,因此它们的定义只有极其细微的差别。为了本书的目的,重要的是要分清专政和威权政体之间有什么样的差异。

这里的定义必须是限定式的,但是又不能违背常规的用法。例如,你现在不会说“仁慈的僭主统治”,但是如果你生活在古希腊,你会这样使用。这些词语的总称是“威权主义”,这个词出现于1880年前后。威权主义的特征就是对人民的权威源自于政府,而不是反过来,并且统治方法、选举和讨论都是建立在政府意志之上。可见,威权主义描述的是一种政府形式,要么是个人政府,要么是合议制政府。

威权统治范畴之下包括“暴政”和“暴君”,“专制主义”和“专制君主”,“僭主统治”和“僭主”,“独裁统治”和“独裁者”,最后还有“专政统治”和“专政者”。对于专制主义和暴政,我们已经讲了很多,因此这里将重点放在“僭主统治”上。在本书第二部分第二章讨论古希腊时,我们已经探讨过这个词语,当时我曾指出直到公元前4世纪,尤其是在亚里士多德的作品中,“君主”一词才获得了积极的意义,而“僭主”(tyrannos)一词则被赋予很强的贬义,被用来指代“以非正当的方式夺取或行使权力;个人统治;独裁统治;军事威胁;排场和仪式,但是还可以是民粹主义统治”。在亚里士多德的《政治学》中,这一定义相当混乱,此外,他也承认有些僭主统治是仁慈的,值得赞扬的,如他庇西特拉图在雅典的僭主统治就被称为是一个黄金时代。①

这些特征和我们从1918年以后赋予“专政统治”一词的特征有很多重叠之处,例如在著名历史学家艾力·哈勒费(Elie Halévy)1936年的一篇文章中,他所说的“专制统治时代”很明显就是其他人所谓的“专政统治”。

顾名思义,“独裁”一词的意思是“独自统治”,是指独立的、自我授权的统治,不受其他任何法律权威的限制。这样进行统治的人就被称为独裁者。这个表达的意义在合法统治(例如一位国王可以实施独裁

---

① 本书第二部分第二章。

统治)与篡位统治之间。抽象意义的“独裁统治”还可以用作集合名词,如在莱昂纳多·夏皮罗的《共产主义独裁的源头》中。①

现在我们开始看“专政”这个词,这里其用法已经和其本来的意义有了很大的不同。[1555]专政仅仅是一个抽象名词,它和专政者的职位或政府有关,可以用来指代某个个体的统治,也可以指代由多个个体组成的机构的统治,如在“雅各宾派专政”和“无产阶级专政”这样的表达中。

就像以前谈到过的那样,最初的专政统治是罗马共和国早期的宪政手段。当以这种形式出现时,这个词语是指为了应对一种紧急情况,在有限的时期内,合法地将最高权威授予某个个体。这就是罗西特所说的“宪制专政”,他还注意到这和授予美国总统的“战争权力”相类似。②到了苏拉和恺撒掌权时期,罗马共和国早期的这种用法发生了变化。在苏拉的压力之下,公民大会任命他为“制定宪法、改革共和国”的独裁官,而这就意味着他对共和国拥有全权。不仅如此,这一职位的任期没有时间限制。在内战期间,恺撒同样对当局施压,任命他为独裁官,任期为一年,此后不久,又将任期延长为十年。在公元前 44 年,他被任命为“终身独裁官”。就这样,“专政统治”获得了一种新的含义,即在危机时刻篡夺最高权力的行为。③

从此以后,这个词语就消声匿迹,一直到法国革命。当然,有一点是显然的,即现在所使用的这个意义就是苏拉和恺撒时代所获得的意义。词语的使用有时非常混乱,各种让人反感的词语被当作同义词来使用,例如“暴君”、护国王统治和护国主,后面两个用法都是始于克伦威尔。这个词还可以用作积极的意义,如在 1792 年,马拉并没有抵制要将权力交给一位强大而睿智的人的政策,这个人可以被称为是护民官或独裁官。

---

① L. Schapiro,《共产主义独裁的源头》(伦敦经济学派/Bell,伦敦,1955 年)。

② C. Rossiter,《宪政独裁:现代民主国家的危机政府》(Harcourt Bruce and World,纽约,1963 年)。

③ [译注]在古罗马历史语境中,“dictator”被译为“独裁官”,在近代语境中,被译为“专政者”,而“dictatorship”被译为“专政统治”。

从1852年白芝浩“关于法国1851年政变的书信”中，很容易可以看出这个词意义的模糊性：“两个事物没有被区分开来，一个是路易·波拿巴为了应对1852年预料中的危机而实行的临时专政统治，一种是此后在新的帝国对这种专政统治的延续。”①

1860年，当加里波第宣布自己为那不勒斯专政者的时候，他使用的是这个词的前一个意义。他要控制当时的形势，直到意大利未来的政府形式被确定下来，这一任务刚一完成，他马上就从这一职位上退下来后来在法国，这个词依然被用作贬义词，被用来指代1871年的压迫和1869年的暴政。[1556]注意这个词和恺撒主义是同义的，“恺撒主义是指成为一种永久性的政府制度的专政统治。”②到了19世纪末，“专政统治”一词就以其现代意义出现，如布莱斯在1912年谈论南美洲时，说南美次大陆对美国总统制的模仿“通常直接导致‘专政统治’”。③自从1918年之后，这个词被普遍用来表达这样一种含义：危机管理＋最高权力＋永久性＝不合法性。

8.1.2 救国委员会

简要陈述一下救国委员会的历史就可以看出为什么说它实行的是“专政”。根据1791年宪法，中央政府包括由国王挑选的大臣组成的内阁和一个独立选举产生的立法议会。1792年8月，这一设置失效，因为国王被禁止继续行使职权。从此一直到1793年6月吉伦特派被驱逐，山岳派获胜，法国没有通常意义上的政府。行政活动源自大臣和一些立法委员会之间的互动，前者由立法议会选举产生。一边是革命的阵痛，一边是四面大敌压境，根本没有办法治理国家。1793年4月，杜穆里埃(Dumouriez)将军投靠敌人，针对这种情况，立法议会建立了革命法庭和两个委员会，即救国委员会和公安委员会，前者负责将领任命、议和缔约和控制国内形势，后者主要负责社会治安。同时，还批准了巴黎各个区队的革命委员会，并派遣全权特派员到各省执行革命。6

① W. 白芝浩，《文学研究》，第四版(Longman，伦敦，1891年)，第309页脚注。
② M. Jourdeuil，《法国君主专制》(Librairie Muzard，凡尔赛，巴黎，1871年)，第5页。
③ J. Bryce，《南美洲：观察和印象》(Macmillan，伦敦，1912年)，第538页。

月，处于统治地位的吉伦特派建立“革命军”，这支队伍“由爱国的治安队员和可靠的无套裤汉组成，他们到农村或其他任何地方执行任务，惩罚铲根除囤积居奇者、叛国者和温和派”。①救国委员会迅速镇压了旺代地区的叛乱，并通过其全权特派员残酷无情地镇压了较大城市的叛乱，这些特派员后来被称为“恐怖分子”。

为了将外敌驱逐出去，1793 年 8 月 23 日，立法议会命令实行普遍义务兵役制。在一些大一点的城市，依然面临着新一轮的反抗，于是就有了新一轮的残酷屠杀，此时这已经成为一种习惯性的做法。[1557] 1793 年 9 月 17 日通过的《惩治嫌疑犯法令》更加助长了这一势头，地方性的警备委员会可以逮捕任何人，只要他的社会联系、言谈举止或文字等表明他支持专制统治。这些嫌疑犯被拉到革命法庭，而革命法庭把其中大部分都送上了断头台。

10 月 10 日，国民公会宣告：“直到恢复和平，法国政府将革命到底”，简而言之，也就是说为了捍卫共和国，它可以毫无顾忌地采取任何行动。与此同时，1793 年的雅各宾派新宪法被中止，圣茹斯特提议救国委员会应该控制整个国家机器。在此期间，各省的残酷镇压依然在继续，三分之二的处决发生在旺代的三个郡。

对于救国委员会来说，1793 年的 12 月 4 日，即霜月 14 日，是十分关键的一个日子，因此从这一天开始，它实现了向专政统治的转变。除了要服从国民公会的权威之外，救国委员会被赋予支配所有负责国内行政和治安的委员会的最高权力。内阁的确是存在的，但是它仅仅是救国委员会和公安委员会发布命令的工具。这些委员会依靠的是什么呢？其支持来自何方呢？答案是武装起来的巴黎公社和遍布各地的雅各宾俱乐部，前者总是有反对国民公会的倾向。最早的雅各宾俱乐部是在巴黎建立的，后来各省的中心城市也仿效巴黎建立的自己的俱乐部。这些俱乐部之间互相通信，1790 年春天，它们成为巴黎俱乐部的分部。到了 7 月份，其数量增加到了大约 900 个。②

---

① W. Doyle,《牛津法国革命史》(Clarendon Press，牛津，1989 年)，第 244 页。

② 同上，第 142—143 页，第 153 页。

从此之后,救国委员会建立了自1787年以来的第一个强大的中央政府。在地方层面,对法律的执行被移交到区和市镇的议会手中,而这些议会要在每个共和历的第10日向两个委员会报告。每个议会由一位"国民代表"进行监督,代表由两个委员会任命,并对委员会负责。地方上的所有非官方机构,如地方的革命军,全部被废除。1794年3月27日,巴黎的革命军被解散,这预示着无套裤汉即将丧失在政府中的支配地位。4月1日,内阁被正式废除,由救国委员会的成员领导的各个部门投入使用。这些措施不但没有结束恐怖统治,反而使其变得更加广泛和深入。艾贝尔、隆赞(Ronsin)和其他的"左翼反对派"被逮捕,在被操纵的法庭接受审讯并被判刑,最后被送上断头台。[1558]此后不久,丹东、德穆兰和法布尔(Fabre)这三个童年伙伴被"构陷"并被处决。他们被控涉入一场财政丑闻,但是对于罗伯斯庇尔和圣茹斯特这些人来说,他们的真正罪过就是想要缓和当时的恐怖统治。4月16日,所有的阴谋案件都被从各省专门成立的临时革命法庭转移到巴黎的革命法庭。6月10日,即牧月22日,一项法令规定可以不需要目击者就判罪,被告人不能聘请辩护律师。这一法令马上生效,从1793年3月至1794年8月,有2639人被送上断头台,其中有一多半(1515人)死于1794年的6月和7月。①

此时在救国委员会内部,12名成员之间发生了激烈的争执。不仅如此,它还侵犯了公安委员会的司法权。1794年6月26日弗勒吕斯战役的决定性胜利成为变化的催化剂。总体说来,立法议会中的平原派和巴黎的公众舆论已经厌倦了人头落地的场面。但是罗伯斯庇尔和圣茹斯特认为没有理由停止这一切,在他们眼里,到处都是"德行"的敌人。圣茹斯特以威胁的口气暗示迫害还会继续,但是并没有明确指出受害者是谁。国民公会的代表要求通过法律,使他们能够对牧月22日的法令拥有豁免权。1794年7月26日,只是偶尔出席国民公会的罗伯斯庇尔现身了,点名谴责了一些人,但是似乎在威胁每一个人。很快那些最感到威胁的人开始密谋,当次日罗伯斯庇尔来到国民公会时,在

① W. Doyle,《牛津法国革命史》(Clarendon Press,牛津,1989年),第274—275页。

阵阵“打倒暴君”的口号声中，他被赶下台，并被逮捕。他的朋友们企图号召巴黎公社反对其指控者，但没能成功。国民公会宣布这些朋友为反叛分子，并将他们一个个抓了起来。1794 年 7 月 28 日，罗伯斯庇尔和圣茹斯特被送上断头台，这就是著名的热月政变。

救国委员会及其恐怖机器的废除可以帮助人们对其本质有更好的理解。从此以后，每个委员会每月要有四分之一的成员退出，并且不能立即参与下一任的选举。8 月 1 日，牧月 22 日的法令被废除。10 日，革命法庭被整肃，其臭名昭著的审判官富基埃·坦维尔(Fouquier-Tinville)被送上断头台。恐怖统治就此结束，从此直到这一年的年底，一共只有 40 个人被送上断头台。8 月 11 日，救国委员会在政府的监督角色被剥夺，只负责战争和外交事务。

救国委员会在多大程度上符合前面所述的专政统治的特征呢？[1559]当然，它是一个危机委员会，成立的目的就是为了应对极端的紧急情况。其次，它当然拥有专制权力，为了拯救共和国，可以任意行事，只有与其形成功能互补的公安委员会可以对其形成限制。但是第三点它似乎并不符合。救国委员会要对一个更高权威即国民公会负责，它是在国民公会的命令下成立的，权力也是国民公会赋予的，当然国民公会也可以将其终结，最终它就是这样做的。但是即使我们承认这一点，也没有必要否认救国委员会实行的是专政统治这一事实，这和罗马共和国早期的情况相类似，但问题是我们有必要承认这一点吗？通过控制武装起来的、激进的巴黎公社和一系列的雅各宾俱乐部，而不是通过在国民公会自由表决，救国委员会控制了国民公会。这样一来，它就可以对国民公会施压，让国民公会允许它自由行事。至少从 1793 年 12 月直到 1794 年 7 月罗伯斯庇尔被送上断头台，我们完全可以将救国委员会说成是“专政统治”。

这是少数人的创造，即山岳派中胜利的领导者，而山岳派本身只是共和派的政党之一，同样，共和派也无法包括所有的法国人。以自由的名义，此时法国拥有了其有史以来最为专制的政府，因此，以人民的名义，它现在拥有了一个在其历史上所有政治制度中最少有人喜欢的制度。统治集团知道在自由选举中,他们是不会受到支持的。①

8.1.3 军事对政治的干预

罗马和中世纪意大利城邦的经历,还有埃及的马穆鲁克、土耳其和俄罗斯的禁卫军的活动,都表明军事对政治的干预历史悠久,并且无所不在。这些队伍没有任何的政治动机,他们仅仅是为了个人利益,希望自己的人能够掌权,这样他们就可以获得更好的待遇。②这种军事干预和我们今天所了解的军事干预有本质上的不同。法国革命和拿破仑帝国是产生军事干预的温床,因为由此产生了三个因素,三者或分别或共同构成了这种新型军事干预的必要条件。

第一个因素是军官阶层的专业化。这就在武装力量和政客之间划了一道界限,因为在旧制度之下,制定政策和从事战争的任务都落在同一批人的手中,那就是贵族。[1560]第二个因素是民族主义和民族国家的兴起。民族取代王朝成为军队效忠的对象,它为军队提供了一种公民宗教和一套最重要的价值观,还提供了一种意识形态。因此,在旧制度之下,效忠国家和效忠统治者是同一回事,但现在不一样了,必须要向军队证明他们所服务的政府就是民族的代表。第三个因素和第二个因素无论是在历史上还是在逻辑上都密切相关,那就是人民主权的信条取代了君权神授的观念。在王朝国家,士兵能够做的最多就是以一个君主取代另外一个君主,要么就是亲自统治。只有君主才能授予合法性。但是一旦公众舆论成为神之声音,则每一个凡夫俗子都可以建立合法政府,只要他能够表明自己受到民众的支持,即使这种支持只是表面上的。一般认为正是因为有了这样的民众支持,救国委员会才能实行专政统治,巴黎公社或其区队才会利用军队对抗国民公会。所有这些活动,他们一次也没有和法国人民商量,但是没有一个活动不是以人民的名义进行的。拿破仑

---

① 帕尔默,《十二人委员会》,第128页。

② 英国1642至1660年革命是一大例外,但是其情况独一无二,没有产生世界性的吸引力,因此后来没有仿效者。

充分掌握了这种新型政治模式的无限可塑性，他写道："诉诸人民有双重优势，既可以使我权力的延续合法化，又可以净化权力的源头。以其他任何方式，我的权力都会显得可疑。"他还说："我绝对没有篡夺王冠，我只是将其从排水沟里捡起来而已，是人民把它戴到了我的头上。"①

"军事干预"可以有几种程度，我们可以将这些程度进行排列，一端是军队以符合宪法的方式行动，"对文官政府形成帮助"，但是随着政府对其产生依赖，军队可能会利用这种依赖性要挟政府。这又会进一步发展为军队在实际上间接进行统治，也就是说从幕后决定政府的政策，包括将政府驱逐，让更听话的人取而代之。另外一端是由军队直接进行统治，这通常会以一部分军人接管政府的形式发生，这部分军人能够代表所有士兵，或者声称如此。这里我们必须十分小心，军队可能会在政府活动中积极扮演主导角色。通常情况下，军队的首领会形成一个军人集团，由这个军人集团任命文官内阁，负责执行其命令。也有可能是另外一种情况，即军队在推翻文官政府并将军事领导者推上统治地位之后，就回到兵营，让"自己人"进行统治，最多在其遭遇反对时给予支持。由一批代表(或声称代表)军队政治观点的军人直接进行积极统治，[1561]这种情况应该有一个专门的名称，将其和通常意义上的"军事政权"或"军事专政"区分开来，这个名称就是"军人统治"，即军队的积极统治。这是所有军事政权的最高形式，但是有一点怎么强调也不过分，那就是军队的干预并不一定会形成军事政权。通过军事干预而建立的政权未必就一定是"军事政权"，而可能仅仅是有军事渊源的政权。这方面最著名的例子也许是戴高乐将军，他就是在法国面临武装叛乱的情况下才掌握政权的。②

之所以进行上述分析，是为了将督政府时期军队的角色和拿破仑

① 引自拿破仑，《政治观点》(巴黎，1939年)，第65页，第66—67页。

② 以上分析根据的是 S. E. Finer 的"军事政权的形态"，载于 R. Kolkowicz 和 A. Korbonski(编)的《士兵、农民和官僚：共产主义和现代化进程中社会的军民关系》(G. Allen & Unwin，伦敦，1982年)，第281—310页；"回到军营"，《第三世界季刊》，第7卷，第1期(1985)，第16—30页，和《马背上的人》。

时期区分开来。在 1795 年之前,篡夺权力的活动都是由巴黎的无套裤汉们进行的,这种活动具有民众和叛乱的性质。到了 1795 年,军队的势力已经恢复,再次成为一股政治力量,并且从此开始扮演越来越具有决定性的角色。8 月 22 日,国民会议表决通过一个新宪法,行政权交给五位督政官,对立法两院负责。在第一次选举中,两院三分之二的成员要来自国民公会。巴黎的各个区队马上发起抗议,因为此时他们受到保皇派的影响。葡月 13 日,也就是 10 月 5 日,他们朝杜伊勒里宫前进。面对他们的是巴拉斯(Barras)领导的正规军,拿破仑则负责火炮。就是在这里,他发射了"一串葡萄弹"。[①]叛乱分子四散逃跑,此时正规军再次被证明是文官政权的最终保障。右派就这样被击败,1797 年果月 18 日,即 9 月 4 日,该轮到左派了。在葡月暴动中军队确立了热月党人的统治,但是在果月政变中,军队又被热月党人中的一派用来镇压另外一派。此时拿破仑身在意大利,他命令奥热罗将军镇压督政府中"左倾"的成员,奥热罗听命行事,命令逮捕"软弱的"督政官卡尔诺和巴泰勒米(Barthélemy),还有皮什格鲁将军和 53 位国民公会代表。这些被捕者中有一位质问奥热罗他有什么权力这样做,将军的回答是:"以剑的权力。"接着,五百人议会的余党被军队包围,被迫通过法律,宣布至少 49 个郡最近的选举无效,获胜的一派负责填补职位上的空缺。

[1562]拿破仑此时正在远征埃及,但这次远征并不太成功。在他不在期间,敌人重新发起进攻,在莱茵地区和意大利取得了极大的胜利。国内的形势也每况愈下,财政状况十分糟糕。正是在这种情况之下,西耶斯和罗遏·迪科(Roger-Ducos)决定必须推翻督政府,制定新的宪法。他们需要寻找"一把剑",当他们的首选朱伯特(Joubert)死于战斗之后,他们想到了拿破仑。10 月 8 日,拿破仑从埃及不宣而至。

直到此时,军队的参与都是支持文官政府,但是在雾月 18 日(11 月 9 日),军队是反对文官政府的,这预示了执政府和第一帝国时代的到来。

---

① 这个著名的表达源自卡莱尔。

8.1.4 执政府和第一帝国:民粹威权体制

拿破仑的执政府和帝国不是军事政体,而是一个威权政体,统治它的不是一个“专政者”,而是一个“独裁者”。1799 年雾月 18 日政变的军事色彩并不太强。这次政变实际上完全失败了,拿破仑的弟弟吕西安·波拿巴及时采取行动,才将其拯救。立法两院被 300 名士兵包围起来,当两院拒绝建立一个委员会制定宪法时,士兵们将其驱散。剩下的议员凑够法定人数,宣布立法议会休会 6 周,由专门成立的委员会的起草新宪法。与此同时,临时政府由三位执政负责,他们是罗遏·迪科、西耶斯和拿破仑。如果这次失败的政变也算得上是“军事干预”,它肯定仅仅是名义上的。此外,鸟尽弓藏,军队并没有得到任何特殊的照顾,而它自己也从没有想过要干涉文官政权,例如在拿破仑由高级顾问组成的参政院里,只有四位成员是将军。

这次政变的结果是共和八年宪法,即成立执政府。行政权力掌握在三位执政手中,但实际上是掌握在作为第一执政的拿破仑手中,其他两位只是作为顾问。他们要对立法机构负责。这个复杂的结构反映了西耶斯对普通民众的厌恶,这一结构建立在十分复杂的间接选举的基础之上。每个市镇以十分之一的比例选出一些被认为能够执行公务的代表,然后再由这些代表选出其中的十分之一组成郡一级的代表,最后郡代表再选出十分之一作为全国代表。最终选举产生的代表组成一个新的机构,即元老院。执政府先从元老院中选出 24 位成员,由他们选出其他 60 位成员组成一个机构,[1563]再由这 60 位成员选出 100 位成员组成保民院,选出 300 位成员组成立法院。保民院可以讨论或提议立法,但是没有立法表决权,而立法院可以表决,但是不能讨论立法,并且两院都没有立法创制权。立法创制权掌握行政权力实际上就是拿破仑及其参政院手中。可见,行政机构的权力是十分巨大的,但是不能因此就认为这些机构的成员都是徒有其名。事实与此相反,所有这些成员几乎都来自原来的立法两院。不仅如此,虽然他们的权力受到限制,他们依然可以让行政机构感到为难。最后,元老院还可以就通过的法律是否合乎宪法提出建议。

然后,这一宪法接受人民的投票表决,官方的数据是3011007票赞成,只有1562票反对,但是这一统计是有造假的。主持公民投票的吕西安·波拿巴告诉手下的官员要给每一位候选人增加8000至14000个赞成票。根据萨瑟兰的估算,调整之后的数据表明大约1500000票赞成,1500票反对。①

从此,执政府变得越来越独裁,尤其是在1801年拿破仑获得马伦戈战役的胜利之后。这次胜利使他获得了不容争辩的权威。他开始进行一系列让他的盛名名副其实的民事改革,其中包括:平定旺代地区的叛乱;成功的财政改革;在每个郡指派一位郡守,只对他本人负责;建立了全国范围的中小学教育体制;将共和国时期的法律和政令编制成一部明白易懂的成文法典。他最大的困难就是怎样和教会相处,1801年,他和梵蒂冈签署了政教协定。但是在他眼中,立法院变得越来越碍手碍脚,例如对他签署的和平协议,如1801年的吕内维尔和约,还有就是在起草《民法典》的问题上,他们似乎在无限期地拖延。虽然直到1801年春,拿破仑的议案只有6个没有通过,但是他担心他们会拒绝通过他和教廷签订的政教协定,因为在1801至1802年的立法会议期间,这份协定引发了很多争议。他很精明地利用了宪法的一个条款,该条款规定在1802年,保民院和立法院中有五分之一的成员必须更换,但是并没有说明怎样更换,具体什么时间更换。于是拿破仑让对他俯首听命的元老院指定谁去谁留,这样一来,他轻而易举地将立法院中的60名反对者和保民院中的20名反对者淘汰出去。这次整肃很有效,拿破仑的政教协定得以通过。

[1564]就在这一年,拿破仑还和英国签署了《亚眠和约》,法国终于实现了和平。在这种形势之下,拿破仑向独裁更进一步,让立法院提名他为终身执政。在立法院获得通过之后,由全民投票表决。与此同时,一个新的宪法正在被起草。拿破仑要指定自己的继承人。第一执政有权提名14位元老院成员,还可以让那些没有被选举团推举上来的杰出人物进入元老院,这样一来,元老院的独立性被进一步削弱。立法院失

---

① Sutherland,《1789至1815年之间的法国》,第339—400页。

去了审批和约或盟约的权力，这些只有第一执政才能谈判达成。保民院的成员被减少到只有 50 名。两院都不必定期集会。不仅如此，只要元老院以元老院法令的形式予以同意，他本人可以修订宪法，并且只有他有权提名元老院成员的人选。

在公民投票的结果出来之前，新宪法就被起草。对终身执政的表决有 3568000 票赞成，8374 票反对。两年之后，拿破仑完成了通往独裁的旅程：1804 年 5 月 3 日，被驯服的保民院表示希望“波拿巴能够被宣布为法国人的世袭皇帝”。元老院和立法院起草了一个法案，接着，这一法案成为元老院法令，最后由公民投票表决，结果是3572000票赞成，2569 票反对。1808 年之后，立法院和保民院都无疾而终，皇帝成为唯一的统治者。

这种统治是怎样维持的呢？肯定不是通过军事力量的展示，甚至军事力量根本就没有出现。这部分上是因为拿破仑的确深受人们的欢迎。此外，通过政教协定和平定旺代地区的叛乱，两个主要的不满情绪的源头被排除。当拿破仑从马伦戈战役凯旋而归时，他发现那些逃避了征兵的人已经结成匪帮，盗贼活动十分猖獗，他很快就结束了这种局面。此外，拿破仑征兵的人数比革命政府时期少多了，在共和七年至八年之间，他只征用 20 万人左右，这大约是共和七年一次征兵人数的一半。在 1808 年，超过 90%的被征新兵履行了其职责，这和 1801 年的情况形成鲜明的反差。①

但是其统治也有更加黑暗的一面。法国到处都是间谍和告密者，到处都处于警觉而高效的警察的监控之下。“这一结构的基础首先是《拿破仑法典》，然后是司法体制，接着是警察和监狱，然后是审查制度和军事法庭、特别法庭、任意监禁和放逐。”②[1565]不但有法庭的判决，还有首席法官或警务大臣签署的逮捕令，让各种监狱人满为患。公民有没有什么补救的办法呢？在理论上是有的。如果没有定罪，警务大臣不能将囚犯关押超过 10 天，但是如果他这样做了，就会有极其漫

① Sutherland，《1789 至 1815 年之间的法国》，第 377 页。
② J. M. Thompson，《拿破仑・波拿巴的人生起伏》(Blackwell，牛津，1951 年)，第 196 页。

长而曲折的司法程序,最终在理论上立法院会向高等法院对其提出谴责。在实践中,在十多年的时间里,这一制度从没有宣告任何一个人被非法逮捕过。①

报刊被一家一家地关闭。在1800年,巴黎的报纸从原来的13家减少到了9家,到了1811年,仅剩下4家。1805年事先审查制度被引入,在1807年之后,每个郡只允许保留一家报纸。与此同时,官方的报纸《通报》根据皇帝的意愿发表或扭曲或完全隐瞒实情的新闻。期刊也没能幸免。在1810年,一套帝国审查制度被建立,巴黎的157家报刊中有97家被关闭,而出版商必须要出示许可证并且要发誓。

我们必须记住一点,即这个皇帝可不心慈手软,而是一个飞扬跋扈的角色。就像他在1805年重新引入间接税时所说的那样:"我不是有宪兵、郡守和教士吗?如果有人胆敢反叛,我会把五六个叛乱分子绞死,每一个人都要付出代价。"②

拿破仑不是"专政者",因为他的统治不是为了应对危机。拿破仑是一位独裁者,他的政权是一种威权政体,威权主义的色彩十分浓厚。我们已经概述过1802年宪法的威权主义内涵。随着越来越多的任命权落到波拿巴的手中,其中包括选举人、行政长官、元老院议员和各种公务人员,一个名义上的民主政府成为一个寡头政府,官员的任免全部由一个人来决定。在汤普逊(Thompson)看来,这是"19世纪之初的一种新型政府理论"③。

篡位者自定规矩,并通过诉诸人民使其合法化,这样建立的、非正统的政体代表了一种新型的政体,只有希腊时期的"僭主统治"可以与其相比。这是一种通过人民主权获得合法性的宫廷式政体。因此,这是一种宫廷和广场的结合,前者是指行政机构,后者是指其民众基础。亨利·梅因让人们关注的就是这样一种民粹主义独裁政体。"从罗马帝国的皇帝受制于禁卫军的那个世纪开始,政府就失去了安全感,但是

---

① J. M. Thompson,《拿破仑·波拿巴的人生起伏》(Blackwell,牛津,1951年),第198页。

② G. Lefebvre,《拿破仑:从雾月十八日到提尔西特和谈,1799—1807年》,H. F. Stockhold译(Routledge & Kegan Paul,伦敦,1969年),第186—187页。

③ Thompson,《拿破仑·波拿巴的人生起伏》,第190页。

自从统治者成为共同体的代表，这种安全感就又回来了。”①[1566]以各种不同的方式，在拉丁美洲、非洲和东南亚这些欧洲帝国的继承国家，这种宫廷/广场式政体已经成为一种常规，这些方式可以是对叛军的胜利，如在1810年之后的拉丁美洲和现在的一些国家如阿尔及利亚，也可以是通过军事政变让军人或军人集团成为最高统治者，然后再通过民众选举使其“合法法”，但是这种选举往往伴有恐吓和作弊。

我为什么称法国大革命为统治史上一个最为重要的事件呢？原因有下面几点：大革命的那些年代，给我们带来了普世性的“人权宣言”，这是未来所有民族国家的宪章，在历史悠久的欧洲国家及其海外殖民地，这也成为一种常规；作为一种新的世俗宗教的民族主义意识形态；公民军队和普遍义务兵役制；军事对政治的干预和宫廷/广场式政体，后者即民粹主义的独裁。此外，还有一点也很重要，那就是所有这些都依然在全球范围内通用，像发酵剂一样发挥着作用。在此意义上，法国大革命是一场永久性的革命。这场革命前无古人，并且在可以预见的将来，也会后无来者。后面的章节可以为此证明。

① H. Maine,《民众政府》(John Murray,伦敦,1885年),第158页。

第四章　1815 至 1871 年：欧洲专制君主制国家的宪政化

1. 政体类型的新划分

[1567]美国革命和法国大革命改变了社会的组织方式，尤其是后者，因此，彻底改变了我们到现在为止所探讨的政体类型。由于 1776 年尤其是 1789 年之后社会的世俗化和民主化，两个此前在原则上都可以单独统治国家的社会等级失去了其统治权，这两个等级就是教士等级和贵族。因此，两种纯粹的政体形式即教会式政体和贵族政体完全消失了。由于同样的原因，包括这两个等级的混合政体也随之消失。这样，原来的十种政体模式现在只剩下三种，分别是纯粹的宫廷式政体，纯粹的广场式政体和宫廷/广场式政体。由于民主化在世界范围内的发展，纯粹的宫廷式政体只存在于第三世界的一些公国，如沙特阿拉伯。因此，我们基本上可以将其忽略，这样一来，就只剩下两种主要的类型，即宫廷式政体和宫廷/广场式政体，在一些民主国家和威权主义国家，我们可以一眼将其识别出来。这有点像马基雅维利的划分，他把政体分为两种，一种是由君王统治的政体，另外一种是集体统治的政体。这些范畴过于宽泛，它们所揭示的至少和掩盖的一样多，我们需要

的是更加详细的分类。

通过探讨教士和贵族这两个等级在失去统治精英身份之后的地位，我们可以得到这样的分类。这里的贵族包括大庄园主和被称为卡西克(cacique)的农村精英，简而言之，即“历史寡头”。[①]这两个等级并没有消失，他们仅仅是衰落了，成为了中间机构，即压力集团之类的组织。此外，提前透露一下后文的内容，两者都是在经过激烈的挣扎之后才从统治地位上退下来的。在整个19世纪，他们依然十分强大，其势力是逐渐衰弱的，可能直到1918年，他们才真正失势。

[1568]在此意义上，他们依然是宫廷/广场式政体和广场式政体的一部分，并且还把两种主要的政体进一步细分，如果这两个等级存在，并且很活跃，我们称这样的政体为多元政体，如果不存在或者完全不活跃，我们称其为一元政体。在1800年之后，教会和贵族并非国家仅有的势力，又出现了两种新生力量，它们是工业革命的产物，和依然活跃的教会和贵族一起发挥作用，它们就是有组织的工人阶级和资产阶级。无论是在广场式政体，还是在宫廷/广场式政体，这两个群体都构成了多元社会等级结构的一部分。必须承认，纯粹意义上的一元广场式政体是可能的，罗伯斯庇尔掌权时的雅各宾派专政就与此相接近，但是在实践中，真正意义上的一元广场式政体是不存在的，对此后面会有进一步的说明，正是这一概念和要将其变为现实的做法形成了两种可能的宫廷/广场式政体：一种是多元的宫廷/广场式政体，即威权主义政体，这很像是以前专制君主制的扩大化，如佛朗哥统治之下的西班牙；另外一种是一元的宫廷/广场式政体，我们过去称其为极权主义。

我们可以用下面的方式来表达

	多元的	一元的
宫廷/广场式政体	威权主义政体	极权主义政体
广场式政体	自由民主政体/宪政主义	雅各宾派专政

这里的“多元”是指以下两个因素的积极参与：一个是教士和贵族这样的历史寡头集团；另外一个是有组织的工人阶级和资产阶级。所

① 就像芬纳在《马背上的人》第九章“表象民主制”中所描述的那样。

谓的"极权主义"模式是20世纪的现象,因此后面再对其展开讨论。其中有两个术语前面已经出现过,但是我们却没有对其进行定义,它们是"自由民主政体"和"宪政主义"。

2. 自由民主政体和宪政主义

一个政体可以是自由的,但并不民主,如1997年之前的香港。同样,一个政体也可能会有宪法,但并不是宪政主义,如君主制时期的埃塞俄比亚虽然有宪法,但是所有的权力都掌握在皇帝一人手中。

就当前目的而言,可以这样定义"民主政体":政治决策由人民中的大多数人制定,或者是要获得其同意。这一定义会引出这样的一个问题,即"人民"是指哪些人?[1569]对这一问题的回答可以解释为什么要使用"自由"一词,以及什么时候使用和怎样使用的问题。作为19世纪的主要意识形态,"自由主义"一词需要更加详细的探讨,但我们必须要将其留到后面,因为这个词的意义很多变,它可以指代一种意识形态,还可以指代一种运动或者一系列的措施,而这些在不同的国家又会有不同的意义。在所有这些方面,它都和启蒙运动很类似,实际上它就是启蒙运动在19世纪的呈现。和启蒙运动一样,虽然其形式错综复杂,依然有一个最核心的原则。这个原则就是个体凌驾于国家之上,因此就要求保护个人的基本政治自由不受国家的侵犯。有多种方式可以推导出这些政治自由的本质,如自然权利学说,如洛克所说的"生命、自由和财产",或美国《独立宣言》中的"生命、自由和对幸福的追求"。这些权利被认为是不言自明的,也是不可剥夺的。这里只要说明一点就够了,即在19世纪,这些权利大致包括美国宪法所赋予的和法国《人权宣言》所列举的权利的混合。对于自由主义者来说,复辟的波旁王朝在《1814年宪章》中勉强授予法国人民的权利,也许就是可以接受的最低限度的权利。这份宪章规定法律面前人人平等;全体公民都有平等机会担任文武职务;除非根据在犯法前已经制定的法律确系犯法,不能对任何人进行指控或逮捕;个人有宗教自由和发表观点的自由;除非是出于合法的原因进行强制购买,个人财产不可侵犯。

根据是否将特定的自由权保护起来不受国家的侵犯，可以判断一个国家是否是民主政体。如果一个人的财产被剥夺，无论是暴君干的，还是民众大多数干的，对他来说没有任何差别。这就是为什么像我们说过的那样，一个政体可以是不民主的，但是却是自由的，这种情况在原则上是可能的。开明专制的倡导者的目标就是建立这样的政体。问题是无法确定在不同统治者的统治之下，这些公民权利会被保护多久，会被怎样解释。正是在这种情况之下，才有了明文规定的宪法的概念。让我们暂时把这些抛到一边，思考一下由“人民”进行统治的情况，因为我们探讨的不是自由主义本身，而是自由民主政体这一概念。

“人民”并不是铁板一块，也未必和选民相一致。人民是指哪些人呢？如果人民的范畴小于社会上所有成年人的总数，那么以怎样的标准对其进行限定呢？用法国人的话说，也就是怎样来划分“实际领域”和“法律领域”呢？[1570]是根据是否识字，还是是否了解宪法，还是其他类似的教育水平上的差异？或者是根据财产或收入上的限制，实行“纳税民主制”？如果这样的话，应该受过多少教育或者是拥有多少财产才能符合要求呢？“人民”的大多数是指什么呢？对于特定人数的选民来说，无论对选举资格是否有限制，有多大比例才算是构成多数并有权立法呢？这个问题是有关系的，因为如果一个国家包括一些永远无法成为多数的少数派，因此要服从国家的摆布，就像要服从专制君主的摆布一样，在这种情况下，相对多数甚至绝大多数都可能会被认为是不足够的。有时事情会更加复杂，因为有些问题是没有商量余地的，如宗教或民族问题。在这样的情况下，虽然自由主义最终不得不承认“司法上的大多数”的有效性，但是要像保护个体的公民权利一样，努力保护少数派的权利，并且方法也基本上是一样的。必须要保护他们不受“纯粹的”多数主义统治的侵犯，而这就要求放慢决策制定的过程，以便让少数派有时间可以对多数派进行说服，甚至自己成为多数派。为了确保有争议的决定不会轻易通过，人们设计了各种各样的制度手段，如两院制，权力分割和类似的制衡机制，联邦主义或复杂的立法和行政程序。对于那些极为棘手甚至无法着手的问题，可能必须要通过修改宪法才能解决。

对于这样的论证方式无论有什么样的异议,其大意必须明白无误,那就是自由民主政体是有限制的民主,多数派的最终权利得到承认,但是这种权利的行使并非轻而易举。

自由民主政体的这一定义和我们要探讨的第二个概念即宪政主义有重叠之处。在某种意义上,就像我们前面说过的那样,如果把宪法看作是一个国家政治设置的总称,那么所有的国家都有宪法,甚至可以说在德国的第三帝国时期,希特勒的遗嘱就是宪法。但是宪政主义是另外一回事,它包括一下几条内容:第一,限制政府的权力,以符合自由主义理想,而这个理想就是限制专制统治,保障构成社会的个体和社团的权利;第二,对这些统治进行限定,要么通过成文法、惯例和习惯法原则的混合,如英国就是这样做的,其他这样的情况很少见,要么就是通过制定法典,这种做法几乎为所有国家通用;[1571]第三,把宪法看作是国家的最高法律,所有的政府行为都必须符合其规定;第四,遵守宪法。如果这四条原则缺少一条,个体的公民权利就会遭到统治者的任意解释、篡改甚至中止。要注意,无论统治者是选举产生的立法议会,还是君主,都会发生这种情况,原因我们前面已经阐述过。简而言之,一切都会变得不确定。美国人之所以会起草一部成文宪法,这就是最重要的原因之一。他们感到英国的君临议会违背了英国宪法中历史悠久的原则,侵犯了他们与生俱来的权利。为了夺回这些权利并对其进行改进,为了赋予这些权利一种稳定性,他们将其写入成文宪法,并设计了很多制度上的手段,以确保这些权利得到保护。此后所有的成文宪法,从法国的宪法和《人权宣言》开始,都是出于同一个动机。

并非所有的宪法都是约束权力的,也有的是为了授予权力,如勃列日涅夫制定的宪法。①但是通常情况下,在宪政主义国家,宪法主要是为了保障公民的权利。萨托利对宪法的定义是:根本大法或一套原则,以及与其相应的制度设置,其目的是为了约束专制权力,确保有限政府。在另外一个地方,他把宪法定义为"通过法律组织起来的社会政治

---

① 见《五国宪法》,第28—29页,关于1977年勃列日涅夫宪法部分。

框架，其目的是对专制权力形成约束”。①在对“宪法”一词的历史进行考查之后，他认为“在 1776 至 1787 年之间的美洲，今天所理解的宪法才开始盛行起来并有了特定的含义”。②但是到了 19 世纪，这个含义已经传播到了美国和整个欧洲。

> 在 19 世纪，不但在美国，而且在整个欧洲，人们对“宪法”一词的基本含义形成了共识。在 1830 年，尤其是在 1848 年革命期间，英吉利海峡两岸的人都很清楚人们所要求的宪法到底是什么。如果在英国“宪法”意味着英国的自由制度，那么其他欧洲人想要的与此完全相同，即保护个体自由的制度，如果用美国人的说法，就是宪政体制。不得不从零开始，欧洲大陆上的人们想像美国人那样，拥有一份书面保证，一个宪章，而这样的宪章可以牢牢确立国家的最高法律。③

3. 对立的意识形态：欧洲新版图和正统原则

[1572]在 25 年的时间里，欧洲一直动乱不断：法国革命，无休止的战争，君主被废黜，边界被不停改动。1815 年，在滑铁卢战役之后，各个国家的首脑和政要聚集在维也纳，他们的强烈愿望就是能够回到以前的状态，但这有时是不可能，尤其是在被拿破仑征服并占领过的地区。维也纳会议尽力而为，在尽可能少改变欧洲版图的情况下，对其进行了重组，如果必须要做出改变，也是遵循势力均衡的原则和补偿原则，即不同王朝之间进行领土上的交换。这次会议尽可能恢复了流亡君主的统治权，而这就是正统原则。

法国恢复了 1790 年的版图。比利时当时被称为奥属尼德兰，被奥地利割让给荷兰，组成联合荷兰王国。普鲁士得到了莱茵区中部很重

① G. Sartori，“关于宪政主义的初步讨论”，《美国政治科学评论》，第 56 卷，第 4 期（1962 年 12 月），第 860 页。

② 同上，第 859 页。

③ Sartori，“关于宪政主义的初步讨论”，第 854 页。

要的一大块区域。建立了由39个邦国组成的德意志邦联,其中包括普鲁士和奥地利。奥地利在邦联中居主导地位,为了对其放弃尼德兰进行补偿,奥地利收回了伦巴第和维尼西亚。教皇回到了其教皇国。波旁王朝恢复了在那不勒斯的统治。帕尔马、摩德纳和托斯卡纳这些小公国被交给奥地利的王公们统治。皮埃蒙特重新获得萨伏伊并且得到了热那亚。波旁王朝恢复对西班牙的统治,布拉干萨王朝(House of Braganza)则恢复了对葡萄牙的统治。在波罗的海地区,挪威脱离丹麦,成为瑞典的一部分。瑞士被宣布永久中立。

这些国家都是实行的君主制,除了很少的例外,大部分都是专制君主制。这种情况很快就要发生改变,到这一阶段结束时,只有俄罗斯还不是"立宪"君主制。这一重大转变是以对立意识形态之间的斗争实现的。我这里不再浪费时间对"意识形态"一词进行解释。16和17世纪的大规模战争和内战都是敌对宗教之间的战争。有些启蒙人物对他们的信念也有一种宗教般的狂热,但是直到法国大革命,我们才见到人们如此热情地信奉这种具有现世特征的、一以贯之的精神哲学,这种热情是人们在宗教冲突中才会具有的。[1573]这些意识形态实际上就是很多个世俗宗教。

我们可以将其分为四种,分别是自由主义;传统主义或保守主义;民族主义,有时具有自由主义倾向,有时具有保守主义倾向;社会主义的早期阶段,此时欧洲大陆还基本上没有被工业制度所触及,而英国在这方面十分早熟。

3.1 民族主义的传播

前面我们已经探讨过民族主义,讲过法国的民族主义是怎样引发其他国家的反法民族主义,这些国家包括西班牙、普鲁士和德属奥地利。这种狂热的意识形态以星火燎原之势很快蔓延到几乎整个欧洲大陆和爱尔兰。在法国以前的"姊妹共和国",尤其是意大利、莱茵区和波兰,其传播十分迅速,然后又传播到了巴尔干地区,先是塞尔维亚人接着是希腊人发起了反对奥斯曼统治者的斗争,直到塞尔维亚在1829年获得自治权,而希腊则于1830年完全独立。与此同时,它还传到了德意志邦联，不仅影响了日耳曼人，还影响到了奥地利的非日耳曼人，尤其是在匈牙利和南方与北方的斯拉夫人所在地区。在所有这些国家，民族主义都和自由主义携手前进，至少是直到1848年，此后它开始和保守主义产生联系，后来还走到了一起。不管怎样，在1848年之前，很难找到哪一个国家没有受到这种狂热的影响。

在很大程度上，这种狂热是中产阶级的事情。除了西欧的民族国家和爱尔兰之外，民族主义运动并没有群众基础。一个国家最传统、最落后、最贫穷的那部分人也是最后参与这一运动的人。最深受其影响的人是贵族、大地主和资本家这些等级之间的那一小部分人，实际是那些受过教育的人，如教师、教士、店主、手工业者和学生。在1848年革命中，学生起到了十分重要的催化剂作用。

在受过教育的中产阶级看来，民族国家必须足够大，能够自给自足，能够延续下去。这就意味着要仿效西欧那些历史悠久的民族国家的模式，如法国、英国和西班牙。越是向东，这一模式越不适用。这里的民族要么很小，要么和其他民族混合在一起，统治这些小民族的是较大民族的中产阶级民族主义者，如普鲁士人，奥地利人和马扎尔人，他们还没有做好要让这些小民族独立的准备。[1574]有人认为他们不是“真正的”民族，还有人认为随着事情的发展，他们会成为一些与众不同的省，就像西班牙的加泰罗尼亚人和法国的奥克西坦人那样。通过学校体制和系统地迫使他们说统治阶级的语言，统治民族让这些小民族变得更加柔弱，这就是马扎尔化、日耳曼化和意大利化的过程。

3.2 自由主义

我们已经说过，自由主义的本质就是利用制度上的控制，通常包括代议制议会，对专制政府进行约束，确保个体的具体权利不受政府的侵犯，无论这个政府是怎样构成的。但是在英国、法国和德国，自由主义的版本与此有很大的不同。

英国已经拥有了欧洲大陆国家所要追求的，它有代议制议会，可以对行政权力形成十分强大的约束。事实上，自从1834年之后，这个议会甚至可以控制行政机构，亲自掌握最高权力。很长时间以来，英国人民一直享受着欧洲自由主义者所要求的个人权利。英国自由主义的独特之处是其实证主义。这是杰里米·边沁和法学家约翰·奥斯汀的典型特征，也是哲学激进派的总体特征。法律没有体现的任何“权利”都和他们无关，他们也不依赖于历史上的先例或规定。边沁曾嘲讽“无与伦比的宪法女士”，称自然权利为“一派胡言”，还这样取笑德国萨维尼(Savigny)的历史法学：一个人想要做饭，得到的不是一个食谱，而是家庭过去的账本。判断一个制度的唯一标准就是看它能否为实现某一目的服务。每个人都是其个人利益的法官，每个人都必须被当做一个人来对待，不多也不少。因此，选举产生的议会可以作为人们利益总和的一个快照。这样，根据定义，议会中的绝大多数也就可以代表绝大多数人的最大福祉。这里的问题是虽然必须要尊重个体的选择，但是个体有时未必会以开明的方式行事，于是要有了“邪恶利益“的有害干预。自由意志的利益总和为最大多数人创造最大的福祉，这样一个概念被李嘉图和其学派用于经济学，形成了自由贸易和放任自由的理论。后来，这一理论被通俗化，成为曼彻斯特学派的信条。边沁以一种粗糙而坚定的方式努力要将问题进行量化，后来，约翰·詹姆斯·穆勒对他的“成本-收益”和“快乐与痛苦的微积分”做了很大的修改，以便将快乐的“质量”纳入进来。[1575]这样一来，这一哲学观点更加具有人性化，但是却丧失了其一致性。

和边沁与詹姆斯·穆勒不同，约翰·穆勒和英国的其他自由主义者十分害怕普选权，事实上这是整个欧洲在 19 世纪早期的突出特征，是中产阶级的信条。这一特征在法国最为突出，他们把民主等同于暴徒统治，考虑到法国近期的历史，这一看法还是有一定道理的。法国的自由主义建立在财富的基础之上，这也就是“实际领域”和“法律领域”之间的差异。它倡导一种温和的宪政主义，通过分权和议会的控制，往往“不是取代国家和政府的行动，而是对其进行限制”。①

本杰明·贡斯当是这一思想的典型人物。他强烈反对扩大选举

---

① G. de Ruggiero,《欧洲自由主义史》(牛津大学出版社，牛津，1927 年)，第 75 页。

权，狂热地要求捍卫个人自由。对他来说，人民主权意味着只要没有人民的授予，任何派系或个人都不应该妄称拥有统治权。但是他马上接着补充说："人生有一部分必须要保持独特性和独立性，有权立于一切社会控制之外。个体的独立生命开始之处，也就是统治权威的管辖权终结之处。"①贡斯当和像罗耶·科拉尔(Royer-Collard)这样的自由主义者所要捍卫的很多权利，都可以在法国复辟波旁王朝的路易十八颁布的1814年宪章中找到，在前面的第二部分内容，我们已经简要介绍了其内容。在这些内容之上，自由主义者又增加了个人和家庭安全、产业自由和接受陪审团审判的权利。但是就像贡斯当和罗耶·科拉尔所坚持的那样，这些权利必须要有政治上的保障机制。第一个机制就是由两院组成的代议制议会，两院构成不同，但是地位平等。第二个机制是三权分立，但是贡斯当想让大臣对议会负责，就像在英国的情况那样，国王在政府中的作用并不活跃，而仅仅是在三种权力之间发生不和时起到调停者的作用，而罗耶·科拉尔想让大臣对国王负责。法官不能被解除职务，所有和公民的法定权利有关的案件都要由陪审团进行审判，在这两个问题上，意见是一致的。出版自由是另外一个政治保障，因为它可以在政府和公众之间起到良心和解释者的作用。第四个保障是授予地方当局独立性，但是这一点被证明是空想，因为拿破仑的中央集权过于根深蒂固。最后一个是通过建立国民卫队抵制压迫，这些卫兵来自中产阶级，独立于宪兵队和军队。

[1576]德国的自由主义注定要和日耳曼或者说泛日耳曼民族主义混合在一起。德国被分成39个邦国，这构成一个很大的挑战。但是要求自由宪法和权利法案的呼声几乎全部来自中产阶级专业人士，律师和大学教授在其中占主导地位。广大民众对他们的支持很少，甚至并不支持，其中依然有90%是农民，剩下的生活在一些小城镇里。

德国的自由主义没有像贡斯当或罗耶-科拉尔这样大名鼎鼎的人物，除非我们把费希特和洪堡特早期的作品也归入这一范畴，尤其是后者，他主张政府活动越少越好，即所谓的"守夜人国家"。德国自由主义

① G. de Ruggiero,《欧洲自由主义史》(牛津大学出版社，牛津，1927年)，第161页。

者的诉求更多地是对法国自由主义者的呼应。我们不妨以法兰克福议会为例,这个议会在法国 1848 年革命所引发的一系列革命期间成立,其目的是起草一部宪法。对于其在制度上的设置将在其他地方展开讨论,这里我们只对其中包括的自由感兴趣,其内容涉及到公民权、移民权、法律面前的平等权、废除贵族头衔和特权、人身自由、言论自由、教育自由、集会和请愿的自由、个人财产安全、法庭上的程序性权利和地方自治权。从这份清单可以看出德国的自由主义诉求和法国十分接近。因此,在德·拉吉罗看来,在自由主义思想的发展过程中,意大利所起的作用"一般",而比利时的自由主义思想和法国走的基本上是同一路线,①但是其政治制度仿效的是英国的宪政。我们完全可以得出这样的结论:除了一些很小的差异之外,欧洲大陆的自由主义运动提出的一揽子计划是相同的,其诉求也是类似的,在精神上也是一脉相承的。

3.3 传统主义

自由主义的敌人是传统主义,或者说是保守主义。传统主义坚持"王座与祭坛"的原则,其倡导者把法国大革命看作是启蒙运动的高潮。在他们看来,启蒙运动最终导致了血腥、无政府主义、战争、屠杀和对神圣教会的亵渎,这是一种误入歧途。复辟时期的统治者寻求一种可以取代所有这些的新型权力原则。教会已经经历了一场大规模的复兴,尤其是天主教会,成为构成这一原则的传统主义要素之一。"王座"即和人民主权相对立的君主制,是构成这一原则的另外一个要素。[1577]对于中欧和东欧的国家如普鲁士、奥地利和俄罗斯来说,只要回归到神权统治即"神的恩典"就够了,就像维也纳会议上复辟的很多小邦国的统治者所做的那样。司汤达笔下的帕尔马公爵认为每一张床下都有雅各宾派,这样的讽刺并非没有根据。无论在哪里,当权者听到"雅各宾派"就为之色变。他们受到了惊吓,但是并没有得到教训。

① G. de Ruggiero,《欧洲自由主义史》(牛津大学出版社,牛津,1927 年),第 158 页,注 1,第 275 页。

中欧和东欧国家转向"王座和祭坛"并不需要任何哲学上的支撑，宗教和传统就够了。但是西欧的情况并非如此，尤其是在法国和德国，在这里，一连串的思想家构思出一套全面的反对自由主义的哲学。他们反对启蒙运动，认为国家不是机械的发明，而是有机的发展。国家的本质在其终极目标中表现出来，而这一终极目标只能从共同体的历史中去发现，并在历史发展的过程中被不断赋予新的含义。因此，个人的人格并非像自由主义者认为的那样源自"自然秩序"，国家也不是源自这样的人格，而是恰恰相反，国家（或者说它所代表的社会）先于个体并超越个体，个人的人格只能源自国家。从这一论点出发，所有的传统主义者都否认权力源自人民的思想，否认只要有理性就可以建立一个新社会的观点，也否认有先于社会有机整体并凌驾于其上的社会秩序。他们认为个体的自由生命是国家的创造，而不是反过来。他们反对成文宪法，因为在他们看来，这些宪法体现了所有这些虚妄的说法。

这样的教条和1814年之后进攻性的、以梵蒂冈为中心的天主教思想是完全一致的，这就是所谓的教皇绝对权力主义。传统主义和教皇绝对权力主义互相呼应，互为支撑。因此，在阐述传统主义思想之前，最好先探讨一下教皇绝对权力主义的概念。

由于法国的教会曾经受到迫害，在复辟之后，这里迅速接受了教皇绝对权力主义，因此，教皇绝对权力主义对法国传统主义的影响尤其突出。在法国的统治阶层中间，这种复兴的天主教思想拥有狂热的追随者。通过培养天主教世俗社团，教会的势力得到了进一步扩张。这些社团中，最为重要的是1815年之前建立"圣童贞女会"，其创始人是耶稣会士的弟子。在这个社团中，神职人员和普通信徒宣誓要利用一切可用的信息和影响为教会服务。这个组织由中央机构和附属机构组成，前者有成员1400名，后者多达4万8000人。①[1578]这些极端主义者让法国的统治阶层充满了极端的天主教思想，查理十世的行为正是这种极端思想的体现，而1830年的革命也正是因此而起。

① F. B. Artz,《反动和革命，1814—1832年》(Harper & Row，纽约，1963年)，第15页。

从教皇庇护九世1864年颁布的《邪说汇编》中,可以很清晰地看出教皇绝对权力主义和传统主义之间的关系。其中罗列的邪说正好是自由主义者的"真理",其中包括:

> 教会应当宽容哲学的谬误,让哲学自行纠正……每一个人可以在理性的指导之下,自由信仰他所信服的宗教……所有那些不在真正的基督教会的人至少可以期望永久的救赎……教会无权动用军队或其他任何直接或间接的世俗权力……教会对神职人员世俗生活的审判权应该被废除,无论是民事方面,还是在刑事方面……公民政府对宗教事务拥有间接的和消极的权力,即使这个政府的元首是异教徒……根据公民社会的最佳理论,向各个等级开放的公共学校应该免受一切宗教的干预……对于正统的君主,可以拒绝服从,甚至发起抵抗……当前,不再需要把所有其他信仰排除在外并将天主教作为国家的唯一宗教……罗马教宗可以也应该接受进步、自由主义和现代文明。①

在此背景之下,让我们通过传统主义几位最重要的倡导者的视角来对其进行回顾。在法国,最突出的人物有德·梅斯特(de Maistre)、伯纳德(Bonard)和拉梅奈(Lamennais),其中第一位被称作是"梵蒂冈的禁卫军"。②谁也没有像他这样如此精妙地将国家作为有机体的概念表达出来,如"一粒一粒地计算沙子,认为其总和就是一个房子"。③国家是一个有机体,受到来自遥远过去的力量的驱动。国家的凝聚力来自人民的精神,这种精神的表现就是"爱国主义",而这个词语里已经包含了"祖国"的概念。祖国的体现者是君主,对君主的热爱就是对祖国的热爱。那么,如果君主是祖国的化身,其权威源自何处呢?梅斯特的答案是上帝。从哪里寻找上帝的声音呢?梅斯特的回答是教会。在教

① 引自H. Bettenson(编),《基督教教会文献》(牛津大学出版社,牛津,1943年),第379—381页。

② E. Faguet,《19世纪的政治思想家》,第1卷(巴黎,1899年),第96页。

③ 同上,第10页。

会的什么地方呢？[1579]教会本身实行的就是一种君主制，这就意味着教会就是指教皇。教皇的权力是绝对的，是永远正确的。①

伯纳德以与此完全不同的方式得出了同样的结论。在说明国家这一概念时，他持的是父权制的观点。正如在家庭中，父亲是一家之长，因此在国家，国王乃一国之尊，而在整个宇宙，上帝乃最高主宰。整个宇宙就是君主制的。②伯纳德曾这样说过，“我属于1789年之前的那个时代”。以一种过于乐观的方式，他为旧制度进行辩护，将其看作是建立在结社自由、个人自由和财产自由基础之上的自由制度。他甚至还说“我是一位自由主义者”。③但是对于现在和将来，他没有什么实质性的思想。他所倡导的似乎是一种纯粹的专制主义，没有定期召开的议会，没有法官的独立，没有成文的宪章以取代法国古老的不成文的宪法，也没有信仰自由。④天主教的天启是绝对的，以至于自由讨论甚至宗教宽容都必须被禁止。人民服从国王，国王服从上帝，而要想了解上帝的意志，只有通过教会及其首领，即教皇。

拉梅奈比两者都更具独创性。他在布列塔尼一个虔诚的天主教家庭长大，在整个法国，这个地区的天主教色彩最为浓厚。对他来说，怀疑就像是一种缺氧的状态。从如此绝对的信仰开始，他毫不费力地建立了一种毫不妥协的神权统治理论。在这方面，他和梅斯特和伯纳德相类似：“对个人主义深恶痛绝，需要以一种思想和一种独特的道德观将全人类团结起来，否则人类就会如同一盘散沙。”⑤这里，他的思想和关于国家的有机理论产生了联系，并且和伯克的观点相呼应。他说如果认为我们通过阅读获得信息，那就大错特错了。此刻的思想，即使是所有人的思想，也仅仅是孤零零的观点，是一种幻觉。事实上，人类是由过去的人、现在的人和将来的人所组成的，应该被看作是一个整体。过去的人、现在的人和将来的人的判断只能是基督教。

① E. Faguet,《19世纪的政治思想家》，第1卷(巴黎，1899年)，第47—50页。
② 同上，第80页。
③ 同上，第114页。
④ 同上，第115页。
⑤ 同上，第92页。

1830年革命使他的极端观点发生了彻底的变化,他变得坚信君主制在法国注定要灭亡。因此,他认为教会犯了一个错误,那就是把自己和某一具体政体联系在了一起,而这一政体会成为沉重的负担。经过这样的突然转变,拉梅奈不仅倡导教会要和国家分开,[1580]还转而支持先前深恶痛绝的所有自由主义诉求,其中包括信仰自由、思想自由、言论自由、出版自由、宣传自由、结社自由和教育自由。通过这个大转变,拉梅奈成为"自由天主教主义"的创始人,到这个世纪末,这一思想的影响将胜过教皇绝对权力主义。他和几位朋友创办了一份报刊,即《前途报》。他真的以为教皇会听从他的建议,还跑到罗马,企图说服教皇,但是却遭到严厉的拒绝,最终他干脆完全脱离教会。他的朋友依然在天主教会正统所允许的范围之内延续着其思想路线,其中比较突出的是拉克代尔(Lacordaire)和蒙塔朗贝尔(Montalembert)。这种天主教思想潮流变得十分盛行,甚至连巴黎大主教也对1848年革命表示支持,而制宪大会的主席比谢(Buchez)是一位基督徒社会主义者。

在德国,政治上的传统主义不像法国那样广泛植根于教皇绝对权力主义的教条,然而意味深长的是,施莱格尔、诺瓦利斯、亚当·缪勒、斯托伯格(Stolburg)和哈勒(Haller)都去过罗马。如果我们把黑格尔算作是传统主义者而不是自由主义者的话(在一定程度上,他两者都是),他肯定不是一位教皇绝对权力主义者,而是新教徒,他的思想既不是源自罗马天主教会,也不和教会的思想相一致。

所有这些德国人都是社群主义者(communitarian),都反对机械的国家观,都认为国家的本质是有机的、发展的。他们的观点也混有一些其他因素,其中最为重要的是民族主义。另外一个因素是浪漫主义,这让他们追慕中世纪。浪漫个人主义和有机国家观之间的连接点正是民族。例如,法学家萨维尼否认了权利作为内在原则的观点,而是将其看作是民族精神自发的、不断发展的创造,这和语言、习俗和民间传说等相类似。他之所以会反对成文宪法,正是因为宪法是不能人为创造的,而只能以其自己的方式发展。他希望能够恢复古老的条顿法。皈依天主教的施莱格尔认为以语言上的统一性所定义的民族是历史的基本单位。国家的存在就是为了民族的延续,这就是为什么保守主义原则最有助于实现历史的真正目的。他以中世纪为典范，因为中世纪不但将政治上的权威和宗教上的权威结合到一起，并且还保留了民族个体的完整性。亚当·缪勒的思想和天主教教义相一致，以权威、传统和有机的共同体的名义，反对个人主义。在他看来，个体人格的最高实现，在于能够成为强大领导之下的基督教国家的一员。

毫无疑问，在提到的所有这些人物中，黑格尔最具独创性、影响也最大，[1581]几句话不可能概括他的观点。在他看来，社会是一个巨大的有机体，它就是民族。要想把握民族的本质和精神，必须要诉诸其历史。国家是对民族的概括，并“理顺”其内在的矛盾。个人只有在作为这个共同体成员的时候才具有其人格。这种人格代表了一种比日常的心血来潮更高形式的自我，因此，人的全部职责就是服从国家。这并不意味着可以任意行事，而是恰恰相反，国家和公民之间的关系必须通过法律来表达。在这样进行解释的过程中，黑格尔给人的印象不仅仅是一个反动人物，还是一个法治国的倡导者，在此意义上，他是一位宪政主义者。

他的理论可以归结如下，首先是国家凌驾于个体之上：

> 国家是神意在世上的体现，因此我们必须将国家作为神在世上的显示进行崇拜，如果理解自然是困难的，那么要想把握国家的本质则难上加难……国家是上帝在世上的行进……必须要将国家看作是一个有机体。①

并且由此得出如下结论：

> 保持并不断产生着国家及其政体的真正有生命的整体，就是政府……在作为有机整体的政府里，君主统治权是维持一切、决定一切的国家意志，是国家至高无上的顶端和无所不在的统一

① 引自K. R. 波普尔，《开放社会及其敌人》，第2卷(Routledge & Kegan Paul，伦敦，1962年)，第45页。

体……在完美形式的国家,每一个因素都达到了自由存在的状态……这个意志就是实际做出决定的个人的意志……这就是君主统治。因此,君主制政体是发达的理性的政体,其他的政体都属于理性发展和自我实现的较低阶段。①

所有这些论点虽然表达得晦涩难懂、错综复杂,但是从中却只能得出一个结论:那就是:世界上最好的、最高形式的政体、政府和国家就是普鲁士威廉三世的君主统治。

我们下面本来可以谈论圣西门和傅里叶的社会主义思想的,但是在此阶段(也就是 19 世纪的前 70 多年),这些乌托邦主义者在意识形态的冲突中所起的作用并不重要。在 1848 年的每一个革命首都,贫穷的工人阶级所拥护的都是"民主的、社会的共和国"。这三个词语都意味深长:"民主"是因为盛行的自由主义政策是有限的或间接的选举;[1582]"共和国"是因为自由主义者依然寄希望于君主制的行政首脑能够"颁赐"一部宪法,而不是让宪法反映选举产生的制宪会议的意志;"社会的"是因为自由主义者完全是以政治术语来思考的,不敢有任何财产并不神圣的想法。但是在实践中,"社会"一词到底是指什么呢?实际上它可以归结于路易·勃朗所倡导的"工作的权利"。因此,在巴黎和维也纳,临时政府建立了所谓的"国家工场"。这个想法很高尚,但是在实践中,整个计划沦为一种临时的贫民院外救济制度。直到 19 世纪 80 年代,欧洲大陆才像英国那样实现工业化。在 60 年代之前,马克思主义意义上的无产阶级还不存在,只有收入很低的手工业者、一些工厂工人和工资劳动者。作为一股群众性力量,社会主义最早是在 19 世纪 60 年代开始发展的,因此我们在后面探讨工业化时再对其进行讨论比较合适。

我说过自由主义和民族主义是中产阶级的信条,但是事实上我们很难对意识形态和社会分层进行一一对应。为了简化,我们可以将其分为四个范畴,分别是土地贵族,新生的金钱贵族,中产阶级,贫穷的劳

① 引自同上,第 45—46 页。

动者和农民。金钱贵族就是所谓的大资产阶级。在不同的国家，这些阶层的政治势力和态度大相径庭。法国的统治阶层由以前的贵族构成，其中很多是土地贵族，并且正在迅速和富有企业家新贵族走到一起。为了和包括手工业者、商人和店主在内的小资产阶级区分开来，这些新贵族被称为大资产阶级。在德意志各邦国和奥地利，革命并没有触及贵族的特权，他们在政治上的影响和以前任何时候一样强大，而"中产阶级"包括受过教育的专业人士和官员，这就是为什么这些国家的 1848 年革命有时被称为是"知识分子革命"。在匈牙利，中产阶级几乎不存在，这个国家由两个阶层组成，分别是农民和或大或小的地主，而发起 1848 年革命的那些激进的自由民族主义者就来自后者。

有一点必须要强调：这些处于领导地位的有产阶层害怕"贫穷的劳动阶层"。在很多国家，统治者和朝廷看待劳动阶层的态度就像当年南非白人看待班图人一样，充满愤怒、恐惧和蔑视。简而言之，他们不愿意接受任何民主的概念。在他们看来，民主就是法国大革命时期的暴民统治，他们最害怕的就是失去自己的财产。[1583]他们下定决心要不惜一切代价守住自己的财产，这一点将他们和贫穷的劳动阶层及其"社会"共和国区分开来。1848 年，马克思说"共产主义的幽灵在欧洲游荡"时，他所说的正是有产阶层对于财产被剥夺的恐惧，这个幽灵并非我们今天所理解的"共产主义"，而是对于丧失财产的恐惧。在巴黎、巴黎和维也纳，两者之间的对立最终引发了劳动阶层的暴动，而社会上更加富有的阶层则利用警察和军队，以极其残酷的方式将其镇压下去。例如，在维也纳，最突出的自由主义领导者是学生牧师福斯特(Füster)，从他对工人们怒不可遏的慷慨陈词中，不难看出自由主义者和工人阶层之间的分歧。他问道："你认为我们把贵族领主赶走，就是为了让你们统治我们吗？那你们就大错特错了。"①

就这一时期而言，意识形态的斗争发生在三方之间，分别是自由主义者、传统主义者和民族主义者，这种三角关系在欧洲宪政化进程的速

① 引自 P. Robertson，《1848 年革命：一部社会史》(Harper Torchbook，纽约，1960 年)，第 227 页。

度和形式上体现了出来。

4. 大事年表

本年表并不能涵盖从1815年到1875年之间欧洲发生的所有主要事件,而仅仅是选取了在专制国家实现宪政化过程中一些最为重要的事件。这一过程有很强的阶段性。在1815年的维也纳会议上,欧洲大陆被重新分割,此后就是一波未平一波又起的革命和镇压,如1820年、1830年和1848年的革命浪潮。接着,到了60年代,革命活动最为不屈不挠的三个国家最终实现宪政化,它们是德国、意大利和奥地利,但是这一过程不是通过革命来实现的,而是通过战争的结果和对治国之术的发挥。

大 事 年 表

1809年	瑞典通过新宪法
1812年	西班牙通过自由主义宪法
1814年	拿破仑退位,路易十八成为法国国王,颁布宪章 维也纳会议开幕 瑞典接受挪威的宪法 西班牙的斐迪南废除宪法
1815年	[1584]拿破仑再次掌权,路易十八逃亡,拿破仑遭遇滑铁卢之败并退位,反法联盟进入巴黎,路易十八复辟。第二次巴黎和约。维也纳会议闭幕
1816年	德国,撒克逊-魏玛公爵卡尔·奥古斯特颁布宪法
1817年	德国,学生在瓦尔特堡举行自由主义庆典
1818年	德国,巴伐利亚和巴登通过宪法
1819年	德国,符腾堡和汉诺威通过宪法。德意志邦联议会通过卡尔斯巴德敕令,镇压革命和自由主义运动
1820年	西班牙爆发革命,1812年宪法被恢复。意大利的那不勒斯发生起义

1821 年　奥地利镇压那不勒斯的革命。希腊发起反抗土耳其人的起义

1823 年　法国人扶植西班牙的斐迪南复辟。宪法被废除

1824 年　法国的教皇绝对权力主义者查理十世继承王位

1826 年　葡萄牙通过自由主义宪法

1828 年　葡萄牙国王米格尔废除宪法

1830 年　法国的查理十世颁布五条反对自由主义的法令。"光荣三日"，即七月革命。查理十世出逃，奥尔良公爵路易·菲利普成为国王。希腊的独立得到承认。德国的不伦瑞克、萨克森和黑森-卡塞尔爆发革命

1813 年　在意大利，帕尔马、摩德纳和教皇国的革命被奥地利镇压。德国的萨克森和黑森-卡塞尔通过宪法。比利时在1830 年的起义之后，从荷兰分裂出来，成为一个主权国家，议会通过宪法

1832 年　英国通过第一个改革法案

1833 年　德国建立关税同盟。颁布汉诺威宪法。西班牙爆发内战，1840 年才结束，宪政主义者获胜

1837 年　汉诺威宪法被废除

1838 年　英国通过人民宪章

1844 年　希腊通过宪法

1845 年　瑞士信奉天主教的州组成分离主义联盟

1846 年　德国的教授在法兰克福集会

1847 年　瑞士爆发分离主义联盟战争，分离主义联盟被击败并解散。普鲁士召开联邦议会

1848 年

1 月　[1585]西西里爆发革命

2 月　10 日，那不勒斯通过宪法

17 日，托斯卡纳通过宪法

21 至 24 日，法国爆发革命，路易·菲利普退位，法国宣告成为共和国

3月	18至19日,维也纳爆发革命,梅特涅辞职,19日,柏林爆发革命
	12日,威尼斯爆发革命;19日,帕尔马爆发革命;22日,米兰爆发革命;14日,罗马爆发革命
	23日,皮埃蒙特(即萨丁王国)对奥地利宣战
4月	4日,德国法兰克福召开预备议会
	25日,奥地利宪法被废除
	27日,法国召开国民会议
5月	2日,俄罗斯入侵丹麦
	15日,维也纳第一次爆发革命
	18日,德国国民议会在法兰克福召开
	22日,普鲁士国民议会召开
6月	10日,奥地利人在维琴察击败萨丁王国
	17日,奥地利人镇压捷克人的叛乱
	23至26日,卡芬雅克(Cavaignac)将军镇压工人起义
7月	22日,奥地利帝国议会召开
	奥地利在库斯图萨击败萨丁王国
	14日,萨丁王国通过宪法
8月	9日,奥地利和萨丁王国之间休战
	12日,皇帝斐迪南回到维也纳
	26日,普鲁士和丹麦之间休战
9月	12日,科苏特(Kossuth)被宣告为匈牙利国王
10月	6日,维也纳第三次爆发革命
	31日,温狄什格雷茨(Windischgraetz)重新占领维也纳
11月	12日,法国通过共和国宪法
12月	2日,奥地利皇帝斐迪南退位,其侄子弗兰茨·约瑟夫(Franz Joseph)即位
	5日,普鲁士国民议会被解散,宪法颁布
	10日,法国路易·波拿巴被选举为第二共和国的总统
	28日,德国国民议会颁布“根本权利宣言”

1849 年

1 月　23 日，普鲁士提议建立德意志联邦，将奥地利排除在外

2 月　[1586]7 日，托斯卡纳大公出逃

9 日，罗马宣告成为共和国，由马志尼领导

3 月　4 日，奥地利颁布宪法

7 日，帝国议会被解散

12 日，萨丁王国和奥地利之间再次发生战争

23 日，诺瓦拉战役，奥地利获胜，国王查理·艾尔伯特(Charles-Albert)退位，维克托·伊曼纽尔二世(Victor-Emanuel II)即位

腓特烈·威廉四世被选举为统一的德意志帝国的皇帝

4 月　3 日，腓特烈·威廉拒绝国民议会授予的皇帝头衔

14 日，匈牙利宣布从奥地利独立

25 日，法国向教皇国派遣部队

5 月　3 至 8 日，德累斯顿起义被普鲁士镇压

11 至 17 日，巴登爆发军事叛乱

11 日，加里波第进入罗马

26 日，法国国民会议被解散

30 日，普鲁士把选民分为三个等级

6 月　5 日，丹麦通过自由主义宪法

12 日，巴黎工人阶级示威游行

18 日，德国国民议会被军队驱散

7 月　3 日，法军占领罗马

23 日，巴登叛乱分子对普鲁士军队投降

26 日，奥地利扶植托斯卡纳大公复辟

8 月　13 日，匈牙利向俄罗斯军队投降

22 日，威尼斯对奥地利投降

奥地利拒绝普鲁士的联盟计划

1850 年　普鲁士从丹麦撤军

黑森-卡塞尔发生叛乱，普鲁士和奥地利进行干预，在俄

国沙皇的支持之下,奥地利占据上风
普鲁士颁布宪法
德意志联盟议会在埃尔福特召开
法国废除普选制,出版自由受到限制
萨丁王国,加富尔被任命为农商大臣

1851 年 法国,路易·拿破仑发动政变。公民投票通过新宪法
德意志邦联议会建立“应对委员会”,废除“根本权利宣言”
奥地利,宪法被废除

1852 年 托斯卡纳,宪法被废除
[1587]法国,路易·拿破仑称帝,成为拿破仑三世
萨丁王国,加富尔成为首相

1853 年 法国,公民投票通过法兰西帝国宪法
俄土战争

1854 年 英法对俄罗斯作战
克里木战争,阿尔玛战役,巴拉克拉法战役,因克曼战役,包围塞瓦斯托波尔

1855 年 萨丁王国加入克里木战争,对抗俄罗斯
联盟士兵攻占了塞瓦斯托波尔和卡尔斯
亚历山大二世取代尼古拉斯一世成为沙皇
萨丁王国,修道院和僧侣阶层被废除
奥地利和梵蒂冈签署政教协定,政府掌握了对教育、审查制度和婚姻法的控制权

1856 年 巴黎和会,克里木战争结束
奥地利,匈牙利叛乱分子获得大赦

1858 年 法国,奥尔西尼(Orsini)企图刺杀拿破仑三世
法国和萨丁王国之间签订普隆比埃协定
普鲁士国王患上精神病,威廉担任摄政,

1859 年 萨丁王国拒绝奥地利要其解除武装的要求
托斯卡纳、摩德纳、帕尔马发生革命

萨丁王国和法国联合起来对奥地利作战，在马真塔和索尔费里诺取得大捷。《维拉弗兰卡条约》将伦巴第和帕尔马割让给萨丁王国。加富尔辞职

法国宣布大赦，扩大了人们的政治权利

1860年 意大利，托斯卡纳、帕尔马、摩德纳和罗马涅举行公民投票，同意和萨丁王国合并。加里波第占领巴勒莫和那不勒斯。萨丁王国入侵教皇国。那不勒斯、西西里、翁布里亚和教皇国举行公民投票，赞同统一。加富尔重新担任首相。第一届意大利议会在都灵召开。奥地利通过宪法，即“十月文告”。

1861年 那不勒斯国王弗朗二世放弃对加埃塔的防守。维克多·伊曼纽尔被宣告成为意大利王国的国王。加富尔去世

威廉一世继承普鲁士王位。德意志进步党成立

奥地利二月宪法。匈牙利议会被解散，由皇帝委派代表进行统治

1862年 [1588]加里波第企图攻占罗马，在阿斯普罗蒙特被击败

俾斯麦成为普鲁士首相，在其统治期间，没有预算的状态一直延续到1866年

1863年 比利时和俄罗斯镇压了波兰的起义

1864年 意大利王国定都佛罗伦萨，声称放弃罗马

丹麦被普鲁士击败，割让石勒苏益格、荷尔斯泰因和劳恩堡

俄罗斯开始建立省级议会

1865年 奥地利，宪法被临时废除。特兰西瓦尼亚并入匈牙利

1866年 意大利和普鲁士联合对奥地利作战。普鲁士在撒多瓦击败奥地利。普鲁士将威尼西亚割让给拿破仑三世。威尼西亚举行公民投票，同意并入意大利。普鲁士宣布解散德意志邦联，入侵并攻占萨克森、汉诺威和黑森，和符腾堡、巴登、巴伐利亚签署合约。奥地利从德国撤军。

国家自由党建立
瑞典,两院取代四个等级会议成为立法机构
丹麦,宪法被改,有利于国王和上议院

1867 年 加里波第企图攻占罗马,在门塔那被击败
北德意志邦联成立,以普鲁士为首
奥匈协定,组成奥匈帝国,匈牙利 1848 年宪法被恢复,实行二元君主制,有共同的外交和军事政策

1870 年 普法战争。法国战败,巴黎发生革命,宣布成立共和国,巴黎被包围
意大利攻占罗马

1871 年 巴黎投降。国民大会在波尔多召开。梯也尔当选为法国总统。巴黎公社起义。法国割让阿尔萨斯和洛林和德国议和德国,威廉一世在凡尔赛宫加冕称帝

5. 1809 至 1875 年:欧洲的宪法

概括说来,欧洲宪政化的过程是从专制主义到议会政体发展,从西向东发展,到了德国和奥匈帝国,其势力已经衰弱下来,我们只能称其为君主立宪制,具有浓厚的威权主义色彩,而俄罗斯则根本就没有受到其影响。[1589]直到 1875 年,只有法兰西第三共和国和瑞士邦联是民主政体。虽然德意志帝国从 1870 年就开始实行普选制,但选举产生的帝国议会权力十分有限,并不拥有统治权。在其他所有国家,选举权都是建立在纳税能力和财产基础之上,有时还有其他的不利条件,如间接选举。随着时间的推移,扩大选举权的运动蓬勃发展,蔓延到越来越多的国家,但是在 19 世纪 90 年代之前,实行男性公民普选制的国家依然很少。

最少在起初,大多数的宪法往往是一种颁赐,如法国 1814 年的宪章,不过是路易十八作为恩典赏赐给法国人民的,他依然享有神授王权。但是有些宪法是革命的产物,如比利时 1831 年的宪法和匈牙利 1848 年的宪法。其他国家是由君主召集制宪议会制定宪法。

最早的模式是所谓的君主立宪制，最后大部分是议会制。下面我们对其进行解释。

首先，在复辟政府，很多君主政体和以前一样，实行专制统治。

其次，在其他政体，专制君主以恩典的形式颁布宪法，但是他既然能够自由颁布，也自然可以轻松将其废除。这些政体可以被称为是自我约束式专制政体。其中很多延续了一个世纪，并且在此期间变得根深蒂，以至于很难想象君主会将其废除，这时就会出现以下两种情况。

第三，"君主立宪制政体"。我之所以用引号将其括起来，是因为这一定义取自一本影响很大的系统政治学名著，其作者是瑞士学者约翰·布伦奇利。作为一位法学教授，他的大作是《现代国家学说》，由三部作品组成，分别是《国家学说》、①《国家法》和《政治学》。布伦奇利对于"君主立宪制政体"的概念十分明确，是指这样的一种君主制政体，其行政首脑是独立的、世袭的，和选举产生的立法机构合作。国王所有的行政决策都要通过大臣来执行，这些大臣只对他本人负责，而不是对选举产生的机构负责。布伦奇利一再强调这一点，为了证明自己的观点，还列举了关于君主立宪制的"虚妄观点"，[1590]其中包括：国王只拥有行政权力，完全是消极被动的，"王权由大臣行使"，"国王统而不治"，国王必须服从大多数人的意志。②

大臣的职责是判别的依据，布伦奇利所定义的君主立宪制和议会制之间的区别就在于此。在前者，大臣由君主任免，并且只对君主一人负责。在后者，他们要对立法机构负责，立法机构可以迫使他们辞职，如果立法机构十分强大，甚至可以将大臣强加于君主。于是就有了第四种政体，即议会制政体。这样我们就要谈到第五种、也是最后一种政体，即议会共和国，这就是一种议会政体，世袭的君主被选举产生的总统所代替，如在法兰西第三共和国。

从 1815 年开始，在那不勒斯和意大利的邦国基本上都是专制政

---

① J. K. 布伦奇利，《国家学说》，授权译本，译自德语第六版(1892；第二版，1895)。

② 同上，第 426—431 页。

体。西班牙也是如此,但是其间 1812 年宪法曾经被恢复,后来在 1815 至 1820 年之间和其后又通过了自由主义宪法。在自我约束型的专制政体中,我们首先会注意到荷兰。1814 年,国王威廉一世颁布一部宪章,和法国的宪章相类似,但是却没有那么宽容,他说:"我可以不通过大臣进行统治,我一人统治,全权负责"。这和挪威的宪法形成鲜明的对比,后者是由选举产生的制宪会议在 1814 年制定的。1815 年,挪威和瑞典组成联合王国之后,这份宪法被保留下来。德意志邦联的小邦国出现的宪法最多,在 1818 至 1820 年之间和 1830 至 1834 年之间,这里的统治者颁布了大量的宪法。邦联议会代表了整个邦联,但是拥有的权力很少。梅特涅操纵着整个邦联。作为一位最著名的反动人物,他在整个哈布斯堡领地(此时包括伦巴第和威尼西亚)大肆镇压,实行审查制度,到处都有他的耳目。这种政策不仅延伸到了德意志邦国,还到了意大利的小邦国。邦联法案的第十三条规定德意志的君主应该向臣民颁布宪法。在 1818 至 1820 年之间,很多邦国的统治者都颁布了宪章形式的宪法,其中包括巴伐利亚、巴登、拿骚、符腾堡、利佩和黑森-达姆施塔特。根据这些宪法,议会往往很软弱,大臣对统治者负责。虽然如此,这些统治者及其继承者往往会遵守这些宪法。在此后的几年里,这些宪法发生了一些变化。1820 年,在梅特涅的策划之下,联邦议会颁布了卡尔斯巴德敕令,结束了这股颁布宪法的浪潮。[1591]但是在 1830 年的法国七月革命之后,这一运动在不伦瑞克、黑森-卡塞尔和萨克森再次蓬勃发展,直到 1834 年,在梅特涅的坚持之下,通过了《最后议定书》,再次将其结束。这些宪法大部分是两院制,上院代表土地贵族阶层,下院和以前的议会相类似。在所有这些国家,统治者都被授予充分的权力和权利。

最后我们要谈一下新成立的希腊王国,这里是先是实行君主专制,到了 1843 年,有了自己的宪法。国王奥托实行高压统治,1862 年,他被废黜,由新国王取而代之,此后通过了议会制宪法。

君主立宪制政体数量更多,也更为重要。此外,其中很多在很短的时间之内就转变成为议会制政体。最早的现代宪法是 1809 年瑞典的宪法,这部宪法建立在古斯塔夫三世 1772 年颁布的宪法基础之上。法国也是君主立宪制，直到1830年的七月革命，一直遵循的是1814年宪章。为了方便分类，我们还可以把丹麦、1848至1852年的法兰西第二共和国和1852至1870年的法兰西第二帝国算作是君主立宪制。后来在1850和1870年之间，又出现了三个十分重要的君主立宪政体，它们分别源自1850年的普鲁士宪法、1867年的奥地利宪法和1867年与1870年的德意志宪法。

在此期间，一些君主立宪政体演变成为议会制政体。1830年至1848年之间的七月王朝曾经朝这一方向发展，但是最终没能实现这一过渡。威权主义的法兰西第二帝国与此类似，从1860至1870年帝国最后几个月，越来越倾向于议会制，最后一切权力都落到了立法机构手中，除了大臣要对立法机构负责的原则依然受到怀疑。比利时由于1831年的革命议会而成为君主立宪制政体，和英国的情况相类似。德国短命的法兰克福宪法和匈牙利的1848年宪法都是议会制的。在荷兰，原来的君主立宪制在1848年变成了议会制，在1848至1849年之间丹麦也发生了同样的情况。萨丁王国和希腊分别于1848和1862年开始实行议会制。这一阶段随着法兰西第二帝国的解体和1870年临时政府的成立而结束。1875年的《组织法》建立了长命的第三共和国(1875至1940年)，实行的是议会制，选举产生的总统取代了世袭的君主。

宪政化的过程有一个粗略的时间顺序。[1592]1814年是法国、荷兰、挪威和德国的很多小邦国，还有西班牙(部分时间)、萨丁王国(很短暂)和那不勒斯。法国的七月革命为宪政化的进程提供了新的动力，比利时和德国的其他几个小邦国加入了这一行列。1848年2月，法国的七月王朝被推翻，这引发了新一股宪政化浪潮。萨丁王国、丹麦和瑞士都跻身宪政化国家之列，此外，德国、奥地利和匈牙利也都有几个月的时间成为宪政化国家。因此，到了1848年出现了一个君主立宪制国家的集团，其中包括整个斯堪的纳维亚、英国、法国、比利时、荷兰、萨丁王国和德国的一些邦国。在此名单之上，我们还要加上瑞士，这个国家自成一格，1848年颁布的宪法影响深远。西班牙和葡萄牙也都有短期的宪政化时期。总之，从斯堪的纳维亚到西班牙，从大西洋到皮埃蒙特和德国的部分地区,欧洲整个西半部都实现了宪政化。

1848年即"革命之年"之后,是一段反动时期,所有对宪法的更改都朝着威权主义的方向发展,在法国、普鲁士、德国的邦国、奥匈帝国和皮埃蒙特南部的意大利邦国,情况都是如此。再向西就是上述的宪政化国家,向东是三个专制君主制国家,即普鲁士、奥地利和俄罗斯。在1860至1870年之间,事情像决堤之水,一发不可收拾。在此期间,拥有议会制政体的萨丁王国统一了整个意大利,并在全国实行自己的宪法。从1867年至1870年,普鲁士统一了所有的小邦国,在新生的德意志帝国实行君主立宪制,这是一种威权主义色彩最为浓厚的君主立宪制,并且在实践中比在理论上更为糟糕。在1866年的"六周战争"中,奥地利被普鲁士和意大利击败,最终做出让步。统一的奥地利国家不复存在,取而代之的是由奥地利和匈牙利组成的二元君主制政府,两个国家有共同的防御和外交。奥地利本身成为布伦奇利所定义的严格意义上的君主立宪制政体,具有浓厚的威权主义色彩,而匈牙利则恢复了1848年宪法,成为议会君主制政体。因此,到了1870年,欧洲所有的国家都已经以某种方式实现宪政化,只有一个国家是例外,那就是俄罗斯,在这个国家,沙皇依然行使着神授君权,实行专制统治。

如果在本章详细描述所有这些宪法,既耗费时间,也无所裨益,但是我们有足够的理由对1875年欧洲几个大国的政体进行探讨,其中包括英国、法国、意大利、德国和奥地利。

5.1 英国

[1593]在前面的概述中,我们基本上没有提到英国。英国的"正统主义"传统及其独特的旧制度,一直延续到1832年。在此之前,君临议会的结构平衡一直没有发生变化。通过利用国王授予的任免权和作为其代表的大臣的腐败,立法机构驯服地为执政党即托利党服务。在拿破仑战争期间,大臣相对于国王的重要性增加,尤其是在1820年乔治四世即位之后,"国王的势力衰落"。①1830年,围绕《天主教解放法》,

① A. S. Foord,《国王陛下的反对党,1714—1830年》(Clarendon Press,牛津,1964年)。

托利党内阁发生分裂。在此后的选举中，现任政府被击败，这在一个多世纪里还是第一次。辉格党获胜并掌握政权。他们通过了一个法案，对选举制度进行改革。通过这一法案，在一些人口变得十分稀少的古老选区，以及一些控制在几个选民手中的选区，议席被减少或取消，前者被称为“衰败选区”，如老塞勒姆，后者被称为“口袋选区”，因为这些选区已经成为该选区大地主的囊中之物。通过控制这种选区，地主阶层可以推选自己的代表到下院。这些选区被新的选区所取代，而这些新选区大部分是中部和北部地区的新兴工业化城镇，然而和以前一样，绝大多数议员来自南部。此外，建立在财产基础之上的选举权也被扩大，在自治市镇，那些每年缴税10英镑的户主就可以拥有选举权。在各个郡，那些每年缴纳10英镑租金的承租人，以及那些能够每年缴纳超过3.5英镑房租的房客，都可以获得选举权。选民人数从原来的4353991增加到了652777，相当于总人口的3.5％。

这一改革是议会主权的前提条件。1834年的事件证明了这一点，国王威廉四世将辉格党政府解散，让托利党的威灵顿公爵担任首相。威廉四世解散议会，举行新的大选，结果辉格党在选举中获胜，重新掌握政权。这件事不容置疑地表明国王不能像以前那样自行任命首相了，而是必须要接受在下院掌握多数席位的人担任首相。同时，由于这个多数是民众选举的结果，因此也就意味着是选民通过下院选择政府，而不管君主喜欢与否。这一制度的目的本来是为了方便国王控制下院，结果却被下院用来通过其领导人控制国王。[1594]这样一来，下院的所有权力和国王的所有权力都集中到同一个人身上，他同时负责立法和行政。由于同样的原因，上院的权力被切断，因为在两院发生分歧时，国王可以应内阁的要求册封更多的贵族，压倒这种分歧。君主权力旁落，内阁大臣可以不受约束地对下院负责，这标志着英国的议会制已经发展成熟。1867年，《第二次改革法案》进一步扩大了选举权，通过自然增长，选民的人数几乎翻了一番，增加到了1995085，占总人口的7.7％。从此，政党开始成为团结一致的组织，并且拥有中央机构，两个主要政党之间轮流执政，形成一种根深蒂固的两党制，而实际上早在17世纪60年代，政党就开始以“关系”的形式存在，但当时是地方性的组织,没有中央机构。

5.2 法国:第三共和国

法语里有个谚语,“临时的安排最持久”。法国已经习惯于成文宪法,但是相比之下,第三共和国的宪法仅仅是1875年通过的三部《组织法》。这些法律本来为国王复辟创造了条件,但是他并没能成功,这是因为波旁王朝正统派王位竞争者尚博尔伯爵(Chambord)过于顽固,拒绝接受三色旗。[①]随着时间的推移,共和派成为多数派,保皇派永远失去了机会。

1870年9月2日,皇帝拿破仑三世在色当向普鲁士投降,第二帝国灭亡,法兰西第三共和国宣告成立。国民议会在波尔多召开会议,选举梯也尔为临时政府首脑。巴黎沦陷,法国和德国签署《法兰克福和约》,正式投降。新的选举产生了由保皇派组成的议会,巴黎的工人爆发起义,巴黎公社成立,掌权一个月,最后被梯也尔的军队血腥镇压。由于尚博尔伯爵坚持波旁王朝的白色旗帜,议会中的保皇派大多数只好选举梯也尔为第三共和国的总统。1873年,梯也尔辞职,保皇派麦克马洪将军(MacMahon)成为总统。[1595]由于尚博尔伯爵依然固执己见,1875年,议会将麦克马洪的总统任期延长为7年,并且通过三部《组织法》,确定了政府的组织框架。这样,如果尚博尔伯爵回心转意,他依然可以复辟,但这并没有发生,于是这些《组织法》就成为了新的宪法。

它们在本质上非常简单,通常作为“序言”的“权利宣言”被省略。政府由总统和国民议会组成,国民议会由参议院和众议院组成。总统拥有行政和国家首脑通常拥有的所有特征,其中两条十分关键,一个是他可以任免所有官员,其中包括内阁成员,在参议院允许的情况下,他可以解散众议院,并举行新的选举。众议院有597名成员,其中包括来

---

① 阿纳托尔·法朗士在《企鹅岛》一书中对此进行了嘲弄,书中保皇派的色彩是绿色,而不是波旁家族的白色,竞争王位者的名字叫克鲁苏王子,当一群保皇派拥护他登上王位时,他十分严肃地回答道:“我要骑一匹绿色的马才能进城”(Calmann-Lévy,巴黎,1908年,第2卷)

自殖民地的代表，这些殖民地被当作宗主国的一部分，而这些代表是通过男性公民普选产生的。参议院有300名成员，由选举委员会选举产生，而选举委员会由市议会成员和一些社会名流组成。根据1875年的《组织法》，参议员终身任期，但是根据1884年的修正案，参议员任期为9年，每三年就有三分之一的成员退出。和总统一样，参议院和众议院都拥有立法创制权，但附带条件是预算和税收必须由众议院提出。

内阁成员不必是议会成员，但是有权参加议会讨论。实际上，只有议会成员才被任命为内阁成员，这反映了这一政府的议会制本质。《组织法》明确指出在一般性的政策方面，内阁集体对两院负责，但是在个人行为方面，实行个人责任制，这实际上是英国的模式。这看似清楚明了，但实际上含糊不清。在1877年的5月16日的危机中，其意义被明确化。新选举已经产生了以共和派为主体的众议院，麦克马洪迫使众议院选出的首相朱尔·西蒙(Jules Simon)辞职，让布罗伊公爵(Broglie)取而代之。接着，他解散众议院，要求重新进行选举。在此过程中，政府动用了一切手段进行施压，例如通过更换地方长官来打击共和派，让保皇派占据多数席位。在甘必大(Gambetta)的领导之下，共和派奋起反击，发出了"要么服从，要么辞职"的呼声。结果，共和派虽然人数被削减，但是在议会中依然占据明显优势。麦克马洪别无选择，只好任命共和派的领导人作为首相。从此，很显然首相必须是众议院大多数成员的选择。此外，总统再也不敢解散众议院，从此众议院总是可以持续到法定的四年任期。[1596]总统的权力变得无足轻重。众议院大权在握，内阁要为其服务。众议院可以解除全体内阁成员的职务，也可以一个一个地将其解除职务。

法兰西第三共和国的政体是一种不折不扣的议会制政体，但是它和英国的议会制大相径庭，这主要有三个原因。首先，英国的内阁受到两个主要政党之一的控制。法国没能形成这样的两党制，而是与此相反，出现了很多小规模的派系，这些派系在大选中难以控制，在众议院更是如此。结果，各个派系之间不断组合，力量对比不断发生变化，因此内阁也在不断变换。第三共和国的内阁变换之快和行政部门之弱都是臭名昭著的。其次，这种分裂的局面无法通过解散众议院重新举行选举来改变,而在英国就可以。因此,议会代表在考虑他们的政策或者采取行动时,从来不用担心选举随时都可能会发生。这样一来,众议院成为"密封窗户的议会"。最后,众议院内部的法规赋予其成员过多的权力。法案在递交国民议会之前,先要经过一个专门委员会,议会所辩论的往往不是法案的文本,而是这个委员充满敌意的报告。每周的议程不是由政府来决定,而是由参议院里各个互相斗争的派系组成的一个委员会来决定。任何议会代表都可以提议增加公共支出。内阁总是在和对议会代表提出的"质询"所做的匆忙表决作斗争。第三共和国放弃了强大的行政部门,转而实行两院制,而两院则放弃了它们的权力,将其交给参议员或议会代表个人。可见,这是一种走上极端的议会制。

5.3 意大利

就像前面提到的那样,1848 年,萨丁王国的国王查理·艾尔伯特颁布了一部宪法。后来,这部宪法为意大利的各个邦国所采用,成为统一的意大利的宪法。有趣的是,在此过程中,该宪法并没有经过修改,这是因为宪法没有对此作出规定。和英国的情况一样,只要议会制定法案就可以对宪法做出修改,而这样的法案和议会通过的其他法案没有什么区别。这部宪法十分重要,意大利现行的宪法就建立在其基础之上。

正如 1848 年是自由主义之年,这部宪法也是一部自由主义宪法。[1597]查理·艾尔伯特之所以会颁布这部宪法,正是因为他想赢得自由主义者的支持,以便将奥地利人从意大利驱逐出去。事实上,和法国或德国的宪法不同,这部宪法包括一份权利法案,该法案充分体现了自由主义之年那种纯粹的自由主义精神。虽然天主教被宣布为"国教",其他的各种宗教都被容忍。根据这一宪法,法律面前人人平等,人人都拥有平等的担任所有文武职务的权利,禁止擅自逮捕,住所神圣不可侵犯,出版和集会自由(户外集会例外,要受到警察的控制),各种形式的财产都神圣不可侵犯,"无一例外",国家要想征用,必须通过适当的、合法的形式。

在此基础上建立的政府结构基本上和英法两国的相类似,都是充分的议会制，最高权力掌握在立法两院和国王手中。国王拥有否决权，但是在实践中从来没有动用过这种权力。在其他方面，他的权力和其他国家的行政首脑相类似，其中当然包括任免所有官员的权力。正如英国的内阁是女王的内阁，在意大利，内阁也是国王的内阁。他们所有的权力都是以国王的名义行使的。虽然宪法中并没有明确说明，但是按照传统，内阁要对议会中的下院负责。所有的内阁会议国王都会参加。通过此举本身，国王并不能对国内事务施加重要影响，但是在实践中，国王拥有相当大的权力，尤其是在战争和外交政策方面，因为由于政党比较分散，他可以拥有很多首相的人选。最后，国王有权解散众议院，由于政党的不稳定性，事实上他也经常这样做。

两院享有平等的权力，但是财政法案必须要先经过众议院，并且参议院通常会对众议院做出让步。参议员实行终身任期，其中有些是因为职务成为议员，有些则必须要每年至少缴纳 3000 里拉。众议员任期为 5 年，但是经常在任期结束前被解散，举行提前选举。众议院有 508 位代表组成，选民的范围很狭窄，勉强占到人口总数的 2.5％。此时的法国实行的是普选制，而英国 7.5％的公民拥有选举权。此外，选举权并不仅仅建立在财产资格的基础之上，也就是说并不仅仅是纳税选举制，而是有各种教育测试。

最后，和其他大部分宪法不同，这一宪法规定两院的法定人数要占到其成员的绝对多数。在自由主义理论和政府实践之间有很多矛盾之处，例如，虽然在刑法方面，意大利走在欧洲国家的前列，但每年有成千上万的人涉嫌被捕，[1598]有时囚禁数年，但最后常常因为证据不足而被释放。此外，虽然这一宪法和英国的模式非常相似，但是其运作方式却和英国截然相反。在这方面，它和法国的模式更为接近，并且在实践中也有和法国宪法相类似的缺陷，并且更加严重。1861 年，萨丁王国的首相、意大利统一的总设计师加富尔去世，其支持者分裂为左翼和右翼，两派之间的分歧最初在于完成统一的速度和方式上。在 1876 年之前，一直是右翼掌握政权，成功解决了巨大的预算赤字问题，并且通过新统一的国家，在总体上确立了宪法的统治。到了 1876 年，这些工作被完成之后，民众开始反对右翼的贵族式统治和高税收。这一年，“右翼下台”,是意大利宪政史上的一个里程碑式事件。在右翼和左翼的施政方案之间并没有多少选择的余地,两者同样都实行高税收。但是在政治生活的风气方面,两者有很大的差异,这种差异直至今天依然可以看得出来。

因为所谓的右翼和左翼并不是团结一致的政党,而是一些派系的松散联合,每个派系在议会都有自己的领导者。在 1876 年之后,左翼就没有过具体的施政方案,也从没有组成统一的政党,而仅仅是一些家族族长及其追随者组成的联合。这种联合建立在保护人和被保护人之间的庇护关系之上。这种庇护关系始于落后的南方,几个世纪以来,这里的人们感觉到个体在当权者面前是多么势单力薄,结成了秘密的社团以自保,这些社团如科莫拉(Camorra)和黑手党。出于对当权者的恐惧(这种恐惧有充分的原因的),他们投奔这些帮派在地方上的头目,寻求庇护。从意大利南部开始,这种非法组织蔓延到了意大利各地。意大利的政治生活也为这种延伸的家族关系和庇护网络所渗透,伴随有行政压力、腐败和地方行政滥用职权。因此,众议院的效忠关系在不断发生变化,一届政府和上一届政府之间几乎没有区别。意大利语里有一个词叫“trasformismo”,意思是改头换面,即改变自己的名称,但是不改变政治立场。

此外,和法国的情况一样,议会的程序让政党制度更加分裂。所有的法案都必须要经过一个专门的委员会,内阁对来自这些委员会的威胁十分清楚,尤其是对预算委员会,因此他们经常会对委员会的构成保密。此外,内阁大臣要受到议员的质询,但是选举不能在质询后立刻举行,而是要等到次日,这对质询制度有一定的约束作用。[1599]因此,意大利的内阁要比法国的更加稳定一点,但是也好不了多少。此时,在法国,每一届内阁的平均寿命为 8 个半月,在意大利则是 13 个半月。[1]总之,意大利的政治制度建立在地方操纵的基础之上,腐败盛行,缺少真正的首领。内阁可能会不断更换,但是政治立场总是一样的。

---

① A. L. Lowell,《欧洲大陆的政府和政党》(伦敦,1896 年),第 1 卷,第 211 页,注 2。

5.4 “德国”

为了争取对邦联议会的控制权，普鲁士和奥地利这两个强国之间总是斗得不可开交。受到1848年革命浪潮的惊吓，普鲁士国王颁布了一部自由主义宪法，但是他很快又将其废除。在1848至1849之间，法兰克福议会起草了一部邦联宪法，这个邦联包括除奥地利之外的所有德意志邦国，由普鲁士国王来领导，并推选他为德意志帝国的皇帝。但是普鲁士国王拒绝了这个头衔。到了1849年，奥地利的军队已经镇压了各省的叛乱。法兰克福议会被解散，普鲁士和奥地利再次围绕邦联议会支配权展开角逐。两国的国王依然坚持君权神授，从1849年开始，两者都进入了一个反动时期。中央集权不断加强，贵族等级的官僚和军事机构不断强化，这些打破了自由主义者的梦想。促成法兰克福议会的民族主义并没有湮灭，但是由于两个反动强国虎视眈眈，争夺邦联议会的控制权，民族主义情感找不到发泄的渠道。1866年，普鲁士首相俾斯麦对奥地利挑起战争，并在将其击败之后，建立了北德意志邦联。1871年，在击败法国之后，在北德意志邦联的基础之上，普鲁士把南方的邦国合并，完成了德国的统一，成立了德意志帝国。在这个邦联制帝国，普鲁士最为富有，人口最多，也最强大。帝国的政治制度之所以会那样运作，是因为帝国的宪法和普鲁士的宪法有千丝万缕的联系。总之，普鲁士国王同时又是德意志帝国的皇帝，在权力方面，他可以失之东隅，收之桑榆。这就是为什么在描述帝国宪法之前，必须要先描述一下普鲁士的宪法。

5.4.1 普鲁士

[1600]1848年“三月前夕”，普鲁士国王腓特烈·威廉四世解散了国民议会，并于同年12月颁布了他钦定的宪法。本来该宪法要由选举产生的议会进行修订，但是这冒犯了国王，于是他在1849年4月将议会解散。接着，他废除了普选制，取而代之以选民资格限制极其严格的选举制度，对于这个选举制度我们后面会在适当的地方进行讲解。这样选举产生的制宪议会对以前的宪法进行修订，使其朝着比以前任何时候都更

加保守的方向发展。1850年,威廉公布了这部宪法,其效力一直延续到1918年德国战败和霍亨索伦王朝的统治被推翻。

这部宪法包括一份权利法案,但这份法案没什么价值,因为根本无法将其付诸实施。例如,它规定了"教育自由",但没有法令使其生效,因此,古老的学校法依然在发挥作用,这就意味着未经政府允许,不准办学。对室内集会自由的保障与此相类似,讨论公共事务的每一场集会都要告知警察部门,警察有权参加这样的集会,也有权将其解散。只要两院有两次投票、多数人通过,并且两次投票之间间隔21天,就可以对宪法进行修订。国王是国家首脑,这一职位在霍亨索伦王室代代相传。所有法令都要经过国王同意,所有官员都要由他直接或间接任命,他可以授予贵族头衔,他可以永久享有议会划拨给他的王室专款。大臣由国王任命,只对国王负责。虽然大臣可以应要求参加两院的会议并发言,但他们不会因为反对票而辞职,因为他们没有组成内阁,每个成员都是独立的,而这是因为他们各自对国王负责,而不是对立法机构负责。

立法机构是议会,由上议院和下议院组成。上议院的构成由国王决定,实际上主要是土地贵族。下议院有433位代表,任期5年,实行的是三级投票制度和间接的公开选举。最基本的选举单位是250名选民选举产生的选举人。每个区的选举人举行集会,选出下议院的代表。要进行这些初选,会编制一份个人所得税的名单,他们所缴纳税额的总量被分为同样多的三部分,三个等级的划分就是根据这三部分来确定的,首先是那些最富有、纳税最多的第一等级,其次是那些纳税少于第一等级的,构成第二等级,[1601]其他的选民构成第三等级。三个等级分别进行选举,但选出的代表人数相等。这样做很明显是要削弱大多数选举人的选举权,提高富有等级的选举权。因为根据道森在1908年的估计,在初选中,第一等级的选民只占全体选民的3%—5%,第二等级占10%—12%,第三等级占到了85%。工人阶级根本就没有自己的代表,直到1908年,社会民主党才选举出第一位自己的议会代表。①

两院的权力是相等的,所有的法律、税收、借款和年度预算都要经

① W. H. Dawson,《现代德国的演进》(T. Fischer Unwin,伦敦,1908年),第435页。

过两院的同意。1862 年，俾斯麦发动了臭名昭著的“宪法政变”，两院失去了划拨税款的权力。两院都拥有立法创制权，但是通常是政府提出立法。虽然如此，帝国议会可以阻挠法律的通过，并且有时就是这样做的，因此大臣们必须十分谨慎。

5.4.2 德意志帝国

德意志帝国是一个联邦国家，普鲁士占据主导地位，其他小一点的邦国各自保留其特权，特权的多少和其面积大小相照应。帝国的主要统治机构是皇帝、联邦议会和由民众选举产生的帝国议会。

联邦的行政权力掌握在皇帝手中，乍一看来，皇帝的权力似乎并不广泛。即使这些权力，皇帝也要和联邦议会分享，因此除了在军事和外交政策方面，皇帝的权力很少。但与此同时，他也是普鲁士的国王，而普鲁士在联邦中占据支配地位。由于他既是帝国的皇帝，又是普鲁士的国王，因此权力还是相当大的。作为皇帝，他拥有对军队的最高指挥权，军队的高级将领由他任命，作为普鲁士的国王，低级官员也要由他任命。同样，作为皇帝，他可以命令首相制定法案，作为普鲁士的国王，他又可以命令普鲁士在联邦议会中的代表支持这一法案。此外，作为普鲁士国王，他还可以告诉首相普鲁士代表团应该接受哪些修正案，而普鲁士代表团队伍庞大，很可能构成大多数。至于内阁，在法律上，只有一个联邦大臣，那就是首相。他下面有一些大臣，但是他们之间不是同僚的关系。首相绝不会因为帝国议会的反对票而被迫辞职。作为首相，他领导着所有的联邦官员，操纵着帝国议会并且对其提出法案。

[1602]乍一看来，似乎帝国议会更加重要，议会每 5 年选举一次，实行的是直接普选制。俾斯麦一下子让这个帝国变得似乎和法国一样民主，比英国则要民主很多。议会的权力也给人这样的印象，因为所有的法律都要经其批准。但事实上其权力受到很大的限制，因为主要的税收法是固定的，不经联邦议会的同意，不能对其做出改变。此外，对军队的拨款实际上是由设定军队大小的法律所决定的，而这不是每年表决一次，而是几年一次。事实上帝国议会的主要职能是对政府的法

案提出批评并进行修订。在这方面,它很有效,但这无法改变这样一个事实,即它是受动的,而不是主动的。

只要有联邦议会的支持,皇帝可以随时解散帝国议会,这进一步削弱了其权力。在议会制政体,解散议会的权力和内阁了解自己是否拥有国民信任的能力是相辅相成的,但是德意志帝国的内阁只对皇帝负责。事实上,解散议会的权力仅仅被用来克服帝国议会的抵制,如1878年当帝国议会拒绝通过反对社会主义的法律时,还有当它拒绝设定此后7年里军队的大小时,再如1893年当它拒绝通过对军事制度的改变时。在这几个事件中,每次议会被解散之后,重新选举产生的帝国议会总是会支持政府的方案。

事实上,我们越是考察帝国的政治结构,就越是感到联邦议会在两院中的地位更加重要。联邦议会由各邦君主任命的代表组成,这些代表几乎可以说是各个邦国的大使,一个邦国的代表团必须一起投票。联邦议会共有58个席位,其中普鲁士占有17个,根据和瓦尔德克之间的协议,还占有另外3个席位,因此一共拥有20个席位。此外,拥有席位较多的是巴伐利亚,有6个席位。不难看出,普鲁士只要再获得十票就可以在议会中占据绝对优势。

联邦议会的权力很大,虽然它很少使用其立法权,大部分法案都源自帝国议会,但是联邦议会还是行政机构的一部分,因为它可以颁布关于法律制定的法令,可以对行政进行管理,还拥有广泛的审计权,可以任命各个部门的官员。此外,在联邦政府和邦国政府之间对于联邦法令的理解出现冲突时,在各个邦国之间围绕公共法而产生争议时,联邦议会都可以做出裁决,从这个意义上讲,它还拥有司法权。不仅如此,它还拥有特权,可以在帝国议会休会期间主持事务,但是反过来却不行。[1603]因此,它的会期可以一直延续到完成当前的工作。作为由各个邦国的使节组成的集会,与会代表要不断妥协,这种会议必须秘密举行,以免其争执为公众所知。

最为重要的是,普鲁士就是通过联邦议会对整个帝国实施统治的。这是因为帝国的中央政府对各个邦国拥有十分广泛的权力。宪法第四条对此做出了规定,其中包括关税、海军和陆军、领事服务和对外贸的保护，还包括许多国内事务，如邮政和电报事业、跨邦国的河道交通、邦国之间的引渡工作、铁路、运河、公民权、旅行和度量衡等。此外，还包括所有的民法和刑法。虽然涵盖了这么多的权力，但是并没有与此相应的庞大的官僚机构，这是因为和美国的情况不同，这些权力往往是由各个邦国自己行使的，中央政府只是对其进行监督。例如，中央政府会制定关税，然后制定法规，但是关税的征收由邦国的官员负责。

这些邦国的权力并不一致，和其他的邦国相比，拥有帝国五分之三人口的普鲁士拥有特权。首先，普鲁士的国王永远是帝国的皇帝。其次，要想修改宪法，在帝国议会只需要一次普通的投票，但是在联邦议会，如果有 14 票反对，修改就无法通过。由于普鲁士在联邦议会拥有 17 票，这也就意味着它可以否决掉对宪法的任何修改。普鲁士甚至可以否决所有与军队和关税有关的法案，因为如果想要维持现状，普鲁士在联邦议会的投票是决定性的。根据各个邦国之间的协议，大部分邦国的军队都在皇帝的支配之下，只有巴伐利亚、萨克森和符腾堡保留了对军队的控制权，尤其是任命最高指挥官以下所有军官的权力。

在其他方面，各个邦国保留的权力也有差异。南方的邦国享有大部分特权，如巴伐利亚、符腾堡和巴登免交对啤酒和白兰地所征的税，巴伐利亚和巴登保留了各自的邮政服务，巴伐利亚在和平时期还可以完全支配其军队，而汉堡和不莱梅保留了其自由港的地位(这一特权后来被取消)。

[1604]和前面刚刚探讨过的那些政体不同，这个政体是一种典型的君主立宪政体。通过帝制和君主制的混合，内阁只对皇帝本人负责，以皇帝的名义对国家实施统治。联邦议会对君主的专制倾向并不构成制约，因为它被控制在普鲁士手中。本来可以指望通过普选制产生的帝国议会将民众的意志加于政府的，但事实上这只是俾斯麦巧妙设计的一个工具，有议会民主之形式，而无议会民主之实质。帝国议会中有足够的党派让首相可以在其间斡旋并进行操纵，主要政党就有 4 个。这样一来，政府的措施通常都可以得以执行。帝国议会的立法创制权，即使其结果是通过自己制定的法案，如果受到首相的反对，也会无效。结果，帝国议会的主要功能就是在它所不赞同的事务上，像牛虻一样让

政府烦恼,因为政府要想通过一项措施,必须要经过其同意。这种阻挠作用使其获得了和政府进行谈判的权力,但是这种权力是受到限制的,因为政府能够在主要政党之间之间斡旋以获得足够的支持。事实上,帝国议会很像美国的众议院,用白芝浩的话说,是“依附在政府边缘的机构”,是受动的,而不是主动的,是阻挠性的,而不是创造性的。

5.5 奥地利

1848 年的自由主义革命浪潮也波及到了维也纳,皇帝匆忙颁布了一部宪法,而匈牙利议会在自由主义者《十二条》的基础之上起草了自己的宪法。到了 1849 年,皇帝的军队已经镇压了所有哈布斯堡领地的起义,接着是一段惨淡的反动时期,这种情况一直延续到 1866 年和普鲁士之间的 7 周战争。被打败之后,奥地利中央政府只好对匈牙利和本土不依不饶的自由主义者做出妥协,著名的 1867 年协定就是这一妥协的结果。两个国家有共同的国王,外交、战争和财政由共同的部门负责。每个国家有 60 位议会代表,通过集会决定和双方利益有关的事务,两国代表团之间用拉丁语进行书面交流,以此表明德语和匈牙利语之间没有高低之分。对于和关税、货币和军事有关的问题,由双方每 10 年签订一次协议来决定。

[1605]匈牙利回到了我们前面描述过的 1848 年议会制政体。奥地利由原来统一国家的 17 个省组成,通过了自己的宪法,由五部分构成,这些被称为是“根本大法”,其中一部分是权利法案。要想对宪法的条款做出更改,必须要有议会两院三分之二成员的同意。

这种政体的基本形式很常见,由作为最高行政首脑的皇帝和由参议院和众议院组成的帝国议会构成。和其他国家元首的权力一样,皇帝所有的法令都要经过首相的复签。在名义上,首相只对立法机构负责。但是根据宪法第五部分“关于行政权力”的规定,事实似乎并非如此。这一部分规定可以对首相任职期间的违宪行为进行弹劾,但是却没有更加重要的一个原则,即内阁和首相一样,也需要获得立法机构的信任。这就意味着只有在出现违法行为的情况下,才可以将行政部门解散,否则,只要拥有皇帝的信任就可以了。无论奥地利是否比普鲁士更加遵守议会制政体的原则，其结果是一样的，即行政权力独立于民众的控制。此外，非比寻常的第十四条更加强化了君主的这种独立权力，它规定在紧急情况下，如果不在帝国议会会期，政府不必经过其同意就可以立法。由于议会的会期是由皇帝决定的，在实践中，只要皇帝愿意，经常动用这一权力，以绕过帝国议会。

参议院由贵族和皇帝提名的人选组成，其权力和众议院一样，但是后者最早获得了政府预算和限定军队大小的权力，因此可以否决帝国议会的法案。

帝国议会每6年选举一次，除非被提前解散。最初，议会成员由各省议会选举产生，但是在1873年，这种做法被废除，选举权完全交到了选民手中。在此基础之上，每个地区选举一名代表，但是这种选区基本上是按照中世纪的方式组成的。每个省的代表通过4个选民团进行选举，分别是地主选民团，城市选民团、工商选民团和村社选民团，后来又增加了一个"普通"选民团。在选民团的基础之上，每个省被分成几个选区。但是要想进入任何一个选民团，都需要符合财产方面的条件要求，要么是土地的多少，要么是纳税能力(每年至少要缴纳10个荷兰盾)。[1606]因此，到了1896年第五个选民团即普通选举团被增加时，选举权相应扩大，这个新生的选民团550万选民只选出72名代表，而第一选民团即地主选民团大约5000选民选出了85名代表，人数有限的工商选民团选出了21位代表，而大约40万城市选民选出了118名代表，拥有150万选民的村社选民团选出了129名代表。

帝国议会的权力受到省级议会特权的限制，这些特权是宪法所明文规定的，因此奥地利并不像看起来那样统一。在地方行政、高等教育、征收地方税和改变选举方式等方面，这些省级议会拥有绝对权力。在帝国议会制定的法律之下，省级议会还拥有其他一些权力，其中包括与教会和中小学教育有关的立法，还有就是帝国议会委托给它们的权力。

可见，奥地利实行的也是一种宪政式的，但是完全是威权主义的君主制。内阁实际上是君主的仆人，而不是帝国议会的仆人。由于帝国议会可以进行阻挠，内阁总是在迅速更迭。在1871到1917年之间，德国有 5 位首相,但是奥地利有 20 位首相。这大部分是因为帝国议会的构成,因为它反映了每一个民族的利益,而奥地利是一个高度多民族的国家,不同民族之间会争执不休,这让政府难以维持,但是却很容易被皇帝和朝廷所操纵。奥地利有大约 40 个党派,它们在议会里形成了 20 来个俱乐部,这些俱乐部主要是根据民族而组成的。在代表各个民族的同时,这些俱乐部还代表了教士、自由派、农民甚至社会主义者的利益。让事情更加复杂的是,他们不断更改名称。

皇帝绝不仅仅是名义上的首脑,他甚至可以否决两院通过的法案,还常常利用自己的权力颁布紧急敕令。因此,任何议会制意义上的内阁职责都是虚幻的,他们远离民众的支配,这就让他们所领导的巨大官僚机构拥有了广泛、侵入性的权力。宪法中的确有一份权利法案,但是它却并没有对立法机构的权力进行约束,其中有些条款很宽泛,需要立法机构赋予其效力,还有些条款要受到种种限制,有些法令甚至与其背道而驰。对官员在执行公务过程中的不公行为进行控诉是不可能的,因为没有制定这方面的程序。限制性的立法几乎逆转了议会的权利。[1607]要想成立社团,必须要获得官方授予的许可证书,但是如果当局认为该社团非法或者具有煽动性,可以拒绝授予。此外,社团还要向当局提供其章程和报告,还要汇报其活动。警察有权参与其集会,如果活动超出了其章程所列的范围,可以将社团解散。为了防止叛乱阴谋,社团之间禁止交流。对于由不属于任何社团的个人所召集的公共集会,警察几乎可以随意禁止。洛威尔曾评价说:“奥地利警察是世界上最爱盘根究底、最事无巨细、最高度警惕的警察。”①对于出版自由也是如此,宪法保障了这一点,并且进一步规定不能有审查制度。事实上,没有执照是无法从事出版业的,每一期报刊在出版之前都要上交给警察检查,两周一期或者周期更短的报刊要先交一笔定金,确保能够缴纳罚款,然后才能办刊,否则就会被禁止。

个体公民只能诉诸行政法庭,即帝国法院,但是这里有两个问题。首先,这个法院进行的是道德审判,而没有机构可以执行其判决。其

① Lowell,《欧洲大陆的政府和政党》,第 2 卷,第 92 页。

次，一旦法令以适当的形式获得通过，帝国法院就无法质疑其合法性，而是只能质疑官员执行这一法令的行为本身的合法性。

6. 结论

于是，到了19世纪80年代，除了俄罗斯之外，几乎每一个欧洲国家都是实行的君主立宪制。英国、法国和意大利这三个大国实行的是议会君主制，奥地利和普鲁士的立法机构只是起到辅助作用，是“依附在政府边缘的机构”，从属于世袭君主和他所领导的官僚和军事机构。前面三个国家是自由主义的，后两个是威权主义的。君主宪政化运动的发展势头已经超越了欧洲，逐步向东发展，1905年在俄罗斯初试牛刀之后，又到了印度和中国，而英国的模式被加拿大、澳大利亚、新西兰和南非所复制。

[1608]此时西方国家在军事和经济上所拥有巨大优势更加强化了这一势头，而这种优势要归功于工业革命。工业革命让英国成为世界工厂，到了1860年，在欧洲大部分地区获得迅速发展，尤其是德国，在统一之后，工业发展如火如荼，到了1900年前后已经超过了英国。

如果仅仅在此背景之下探讨工业化，只能贬低其重要性，使其显得更加狭隘，仿佛其意义仅仅在于推动欧美国家宪政形式的出口。事实上，工业化是5000年前农业取代采集和狩猎之后世界历史上最为重要的事件。到现在为止，我们前面所探讨的一直是农业时代。从现在开始，农业社会结束了，工业社会到来了。

第五章　工　业　化

[1609]1770 年前后开始的工业和技术革命开创了世界历史上一个全新的时代，至今方兴未艾。“自从车轮被发明出来之后，再也没有什么像它一样让世界和过去完全决裂。”①“从此以后，世界被改变了……任何革命也没有像工业革命这样具有如此重大的革命意义，也许新石器革命是一个例外。可以说，两者都改变了历史的进程，都导致了历史进程的中断。”②

这次革命有三个主要的特征。第一个是机械取代人力，即不知疲倦、连续不断的机械能取代人工技能和劳动；第二个是无生命的动力来源，尤其是将热能转化为动能，于是就有了几乎取之不竭的能源供应以驱动机械；第三个是有了大量的新型原材料，例如用矿物质（如煤）取代动物或植物（如木材和木炭）。

我们在前文所探讨的政治发展—欧洲专制政体的宪政化—和这一工业化进程没有什么关系。只有早熟的英国是例外，在这里工业中产阶级的发展得到全世界的认可，比利时可能是另外一个例外。在欧洲

---

① 《剑桥欧洲经济史》，八卷本（剑桥大学出版社，剑桥，1953—1978），第 1 卷，第 275 页。

② C. Cipolla（编），《方坦那欧洲经济史：工业革命》（Collins/Fontana Books，格拉斯哥，1972 年），第 7 页。

其他地方,我们必须赞同巴勒克拉夫的论断,即“工业化是19世纪最后20多年的成果,而不是19世纪前半叶的成果;它是‘铁路时代’的结果而不是伴其产生的,到1780年,铁路已经为整个大陆提供了一种新的通讯系统”。①人们常常模糊表达的一个观点是错误的,即宪政化是随着工业化和“工人阶级的兴起”而产生的。当然,工人阶级为自由主义革命提供了炮灰,但是一旦战争胜利,其影响就变得微不足道。或许我们可以援引路易·勃朗关于社会工场的计划,[1610]或者是《共产党宣言》的发表,来表明工人阶级的重大作用。这些少量的例外表明了规律的存在,即一花独放不是春。直到1870年之后,我们才开始看到由工人组成的强大的社会民主政党,以及最后选举权的延伸。宪政化不是工业化的结果,而是自由主义的成就。随着工业化在1870年之后全面兴起,它所带来的不是宪政化而是民主,两者是截然不同的事物。

因此,工业化是世界历史的转折点,但是要想探讨这一伟大事件的全部影响,将远远超越本部《统治史》有限的篇幅,这里我想重点关注该过程中和本书关系最密切的三个方面,首先是工业革命对于政府目标和统治方法的影响,其次是对战争的影响,最后是它所产生的两个新阶级,即资本家和“无产阶级”,还有随之而来的整个政府议程的改变。

1. 工业化对政府的影响

在新的工业化时代,政府有了两个新的特征,随着时间的推移,这两个特征不断强化,直到今天依然如此,并且毫无疑问,在将来这一趋势还会延续下去。第一个特征就是政府变得越来越具有侵入性,这种侵入性是无间断的。就像简·敦巴宾认为的那样,在某种意义上,“在19世纪后期之前,没有人是被统治的。如果认为12世纪的君主制政府根据既定的法律对某一特定区域的所有居民实施统治,这肯定是愚蠢的”。②怎样才是被统治呢?我们必须对蒲鲁东的观点持很大的怀

---

① G. Barraclough,《当代史导论》(Penguin,Harmondsworth,1966年),第43页。

② J. Dunbabin,《形成中的法兰西,843—1180年》(牛津大学出版社,牛津,1985年),第277页。

疑,毕竟,他是最早的无政府主义者之一,是中央集权的激烈反对者,主张工人通过互助实现自治。此外,他写作时正是路易·拿破仑威权主义总统制期间。虽然如此,他的回答中包含了一句潜台词,对我们来说,有价值的就是这句潜台词,即统治是一种侵入。他在1851年写道:

> 被统治就是被看守、被视察、被监督、被命令,就是为法律所驱使,就是被编号、被管理、被登记、被灌输、被布道、被控制、被检查、被评价、被责备、被表扬,而那些对我们做这些事情的人既没有这样做的权利,也没有这样做的智慧和德行。被统治就是一举一动,一切活动都要被注意、被登记、被统计、被征税、被盖章、被测量、被编号、被评估、被准许、被授权、被警告、[1611]被阻止、被禁止、被改造、被纠正、被惩罚。打着公众需求的幌子,以公共利益的名义,要贡献,要被训练、被欺诈、被剥削、被独占、被勒索、被榨取、被哄骗、被抢劫。只要稍有反抗,只要有一声怨言,马上就要被镇压、被罚款、被辱骂、被骚扰、被追捕、被虐待、被棒打、被缴械、被捆绑、被窒息、被监禁、被审判、被定罪、被枪杀、被驱逐、被牺牲、被买卖、被背叛,最可怕的是,被嘲笑、被讽刺、被戏弄、被凌辱、被侮辱。这就是政府,这就是司法,这就是其道德。①

2. 政府的职能

政府获得的新能力可以用一个首字母缩略词来表达,那就是"PEP","P"代表"plenty"(丰裕),是说国家财富的迅猛增长,其增速超过了巨大的人口爆炸。欧洲已经从农业时代勉强维持生存的社会走出来,并且会越走越远。"E"代表"energy"(能源),是指几乎取之不尽用

---

① P. J. 蒲鲁东,《19世纪革命的总观念》,J. B. Robinson 译(自由出版社,伦敦,1923年;1851年在法国初次出版)第293—294页,对本杰明·塔克(Benjamin Tucker)在《以此代书》(*Instead of a Book*,纽约,1893年,第26页)中的译文做了一些改动,引自 R. Nozik,《无政府主义,国家和乌托邦》(Basic Books,Blackwell,牛津,1974年)。

之不竭的自然能源,利用这种能源,无生命的机器取代了人类的技术和劳动。最后一个"P"代表"penetration"(渗透),这个表达需要一番解释。

渗透是指政府能够通过自己的代理人直接作用于民众的能力,而不再需要通过中间的地方要人。利用前文的一个词语,这样的渗透可以表达为政府对公民的家庭、职业和日常生活的一种"侵入"。这里讨论的"渗透"由三个因素构成,分别是对人口的监控,对其活动的控制和管理。其中第一个因素是指信息的获取,其他两个是指政府的职能。

这种情况可以实际上是必须从其参量来解释。一个参量就是信息技术的发展情况,另外一个是移动,即信息和货物可以传送的速度,第三个参量是能源技术,第四个是官僚机构,最后一个是财富,这是以能够获得的资源的总量来定义的。

其中有些参量迄今为止基本上维持不变,而其他的已经有了很大的进步。

2.1 一些常量

[1612]直到工业革命都基本上没有发生变化的参量是移动。信息的传递速度比军队的行进要快很多。烽火、旗语、狼烟,甚至鼓声(如在非洲)都可以迅速传递信息。但是这些都是简单的信号,如"敌人来了","步行","陆上","发现舰队,马上会发起攻击"。复杂的信息必须要通过信使来传递,而这取决于马匹的速度和中继站之间的距离。在火车出现之前,最快的信息传递服务是快马邮递,可以在 10 至 11 天从密苏里州的圣约瑟送到萨克拉门托,距离为 1966 英里。每 10 英里一个中继站,用了 80 位信使,40 位向一个方向行进,另外 40 位向另外一个方向行进。每个信使通常行进五六十英里,如果遇到紧急情况,要比这个距离长很多。平均行进速度在每天 179 至 196 英里之间。①再早

① 这一有趣信息多亏了我的同事罗德尼·尼德海姆(Rodney Needham)教授,他参考的是 W. W. Beck 和 Y. D. Haase 的《美国西部历史地图册》(奥克拉荷马大学出版社,奥克拉荷马,1989 年)。

一些,在16世纪,最快的信使在威尼斯和纽伦堡之间送一次信要用四天时间,平均每天90英里。两地的直线距离大约360英里,但是实际上要经过阿尔卑斯山弯弯曲曲的山间小道。在马德里和威尼斯之间,平均速度是每天40英里,君士坦丁堡和威尼斯之间平均速度是每天41.5英里。①

事实在工业革命之前,陆上的行进速度取决于完全不会发生变化的因素,那就是要么步行,要么骑马。如果罗马的兵团要从一个地方如高卢转移到另外一个地方如伊利里亚,他们需要步行走完这段距离,这是需要很大的想象力才能够理解的。在这方面,亚历山大和拿破仑的军队都不例外。因此,行军的速度要比送信的速度慢很多,要知道,国家和帝国的统一依靠的就是军队。亚历山大的军队每天行进7至19英里不等,平均下来每天大约12.5英里,但这是全军的行进速度。骑兵或骑马的步兵行进的速度可以达到每天30至46英里。②根据勒特韦克的估计,罗马步兵的行军速度为每天25英里。在公元三四世纪,这样的速度太慢了,无法适应新的运动防御战术,因为这种战术需要有能够迅速到达危险之处的后备骑兵,[1613]其结果就是行军的速度被提高到了每天50英里。③

骑兵突袭与此不同。为了突袭600英里之外的古吉拉特,阿克巴和他的3000名骑兵路上花了9天的时间。再看一看大规模的步兵与辎重队伍的行进速度:阿拔斯王朝的军队用了一整年的时间才从呼罗珊到达美索不达米亚。工业化以前的军队通常的行军速度为每天15英里,而运输辎重的牛车每天只能行进4至5英里。拿破仑的通常行军速度是每天10至12英里,但是如果军情紧急,他会高速前进。例如在1805年的战役中,苏尔特(Soult)在22天的时间里,连续行军,行程

---

① F. 布罗代尔,《文明和资本主义,从15至18世纪》,第1卷,《日常生活的结构》,S. Raynolds译(Collins,伦敦,1981年),第424页;《菲利普二世时期的地中海和地中海世界》,二卷本,第二版(Collins,伦敦,1973年),第1卷,第364页。

② D. W. 恩格斯,《亚历山大大帝和马其顿军队的后勤》(加利福尼亚大学出版社,洛杉矶,1978年),第153—155页。

③ E. N. Luttwak,《罗马帝国的大战略》(约翰·霍普金斯出版社,巴尔的摩和伦敦,1976年),第186页。

只有 275 英里,而达伍(Davout)率领的第三师在 48 个小时行军 80 英里,其中只有 36 个小时在路上。在第一次远征意大利时,在卡斯蒂格里纳,奥热罗率领他的队伍在 36 个小时行军 50 英里。①

第二个参量是在能源方面,的确有一些进步的迹象。在中世纪,对风力和水力的应用更广,也更复杂。靠水力驱动的磨面机出现于 6 世纪,到了 11 世纪,水力被用来漂洗布匹,驱动锯机和车床,扬水,到了 14 世纪,在理论上,水力可以用来驱动任何机器。实际上,在水力资源丰富的法国,水车直到 19 世纪 60 年代还可以和蒸汽能一争高下。自从 1350 年前后,这方面的发明缓慢下来。

最后,官僚机构和人口的比例也发生了变化,但是这种变化并非单向的。在苏美尔,公务员对人口的比例很可能要高于 18 世纪的法国。此时中国的人口为 2 亿左右,有 3 万名公务员进行管理,这些公务员构成了官僚机构中的高低等级。当然这一数字并不包括多得数不清的"差役",他们大批出入于衙门。由此可见,在比较公务员人数时会遇到一个普遍性的问题,那就究竟把哪些人算作是公务员。在今天的法国,学校老师和警察都算是公务员,但是在英国,他们却不是。

2.2 前进的参量

[1614]在工业革命之前,进步最大的参量是信息技术,其进步可以用两个词来总结,分别是字母化和印刷术。

当然,书写技术和有组织国家的出现是同时代的,此前的一切在定义上就是史前的。最早的书写系统实际上将书写以及它所揭示的秘密仅限于极少数人。象形文字的书写要花很长的时间才能掌握,美索不达米亚的楔形文字也是如此。我们今天有当时学校的识字课本,从中可以看出当时是怎样传授的。中文与其相类似,中文里有大约 3 万个不同的汉字,每个汉字有不同的意义,都必须要记住。现代的学童的确可以掌握足够的汉字,获得读写能力,但是必须要经过好几年的努力操练。在所有这些国家,读写能力曾经是极少数人的特权,掌握了读写能

① D. G. Chandler,《拿破仑的远征》(Weidenfeld & Nicolson,1966 年),第 148—149 页。

力就可以拥有巨大的社会、政治和宗教上的权力。字母表的出现使读写能力实现了民主化。在公元前1100年前后,字母表就已经在利凡特地区充分使用。大约公元前900年,希腊人接受了腓尼基人和犹太人的字母表。字母表很灵活,只有20至26个字母,可以适用于任何语言。我们说它使读写能力实现了民主化,并不是说每一个犹太人或希腊人都能读会写,这是我们无从知晓的,但是显然在公元前四五世纪,就连没有受过教育的雅典人也会阅读。例如,雅典人在描述一个无知者时会说"他不会读书,他不会游泳"。罗马军团的士兵未必识字,但是从布告栏里张贴的竞选讽刺文章和招贴可以看出这是一个有文化的社会。①整个帝国到处都有学校,读写能力造就了新型的、更加广泛的选民队伍。

这种情况持续了2500年左右,直到1455年,一种辅助性的发明,即印刷术,让识字能力变得比以前更加普及,甚至可以说已经变成很平常的事情了。印刷术使普通人也可以接触到文字作品,这大大扩大了政治公众的范围。《圣经》被翻译成各地方言,成为一份革命性的文件。作为其产物的宗教改革促生了众多互相竞争的教派:仅仅英国内战时期的小册子就多达几卷。这些小册子并不仅限于宗教事务,如法国的宗教战争对政治理论做出了十分重要的贡献,攻击枢机主教马萨林的文章就是政治论文。

3. 前工业时代的政府

3.1 边疆控制不善

[1615]由于军队行动缓慢,首都和军队之间的信息传递要花很长时间,中央对边疆的控制很薄弱,帝国往往会先从边缘开始失控,然后土崩瓦解。我们已经遇到过几个这样的情况,如波斯帝国的瓦解就是从爱琴海地区的边界开始的,阿拔斯帝国则是从东西两边不断丧失领土,直到最后只剩下中心部分,即伊拉克。

① C. Cipolla,《西方的文化与发展》(Penguin,Harmondsworth,1969年),第38—39页。

3.2 公共政策有限

一般说来，国家越小，政府如果愿意能够做的就越多，在这方面比较极端的情况如欧洲的一些特许城市或自由城市，还有亚洲的要塞城市。在这样的城市，当局可以执行很多地方性的法规，其中大部分和市场管理有关，其他的和宗教行为有关，尤其是在穆斯林城市，也有些法规和学校与医院有关，但是这种情况很少。虽然如此，大部分服务都是自愿提供的，如希腊和罗马城市的公益捐。通常情况下，教堂、清真寺和商队客店、喷泉和引水道之类的都源自这样的捐赠，而不是来自中央政府。中央政府仅仅负责军队、治安和税收，有时可能会采取一些重农学派的措施，如中国的运河系统，还有 18 世纪法国和普鲁士的国家工厂。这些都是用来为财政系统服务的，其目的是为了扩大税基。国家的核心职能极其有限。

3.3 对地方精英的依赖

由于通讯缓慢，行政人员很少，政府只好求助于非行政人员，除了在当地最有影响的人物之外，还能找谁呢？常见的情况是政府行政人员只能到这里，然后和当地人士有一个交接口，这些当地人士名义上听命于他们，但实际上权力很大，可以和他们讨价还价。封建领主，显贵，士绅，在工业化之前的国家，我们已经多次遇到并描述过这些人物，因此这里不再重复。有一点值得回顾一下，那就是维护社会秩序并控制人民的基本设置，即侦探和告密者队伍，共同责任制，如英国的十家联保制或中国的里甲制和保甲制。

3.4 官僚机构无能

[1616]政府的渗透不深入，并不仅仅是因为行政人员太少，而是因为腐败，更是因为信息检索方面的不足。

前面的章节已经讨论过前工业国家的腐败，这种腐败很普遍，甚至可以说无所不在。在很大程度上，无私奉献的公务员的理想是 18 晚期和 19 世纪欧美国家的现象。在此之前，进入政府部门就是为了赚钱的想法被认为是理所当然的。普遍存在的腐败导致的结果就是扭曲甚至挫败政府的本意。政府想要的和政府所得到的常常大相径庭。

在信息检索方面,大一点的帝国如阿拔斯帝国、中华帝国和莫卧儿帝国成功地将政府的行政职能在专门的部门之间进行划分,但是在很多情况下,要么部门太多,行政职能出现重叠,要么部门太少,每个部门要履行很多不同的职能。这方面,彼得大帝之前的俄罗斯就是一个例子。此外,即使对行政职能进行了令人满意的划分,工作上的惯例有可能会妨碍其效率。例如,如果一个官员想要和另外一个部门与他同级别的官员交流,只能通过其所在部门的领导,由该领导将文件送给那个部门的领导,然后再由那个领导传下来,交给相应级别的官员,这样一来,决策过程就会很耗时间。

也许比这更耗时间、也更容易出错的是对存储信息的检索。即使在今天,一个文件放错了位置也可能会导致整个行动的中止,这种情况经常出现。据我所知,还没有研究对过去采用的方法进行总结。我们知道古时候的泥版被分类整理之后放进陶罐子里,罗马帝国的记录被卷起来放进小匣子里,但是还没有一本书追溯这一方面的发展。

虽然如此,我们通过列举400多年前英国财政部的工作实践来说明这个问题。1677年,财政部开始投入使用,当时决定让财政大臣负责保管活动的记录。这一实践的提出者是乔治·唐宁爵士,他还首创了很多其他方面的记录,如海关记录和书信集等,后者包括财政大臣写给监事会的全部书信的副本。[1617]财政部的文书被对折两次,然后在背面和两边附上摘要和编号。随着事务变得越来越复杂,并且摘要的内容越来越多,零散的纸片上被写上字,和其他的文件一起折叠起来。直到1868年,财务大臣才命令每个文件的原件都要摊平了放,用标签对其进行归档,然后再装进一个封套,这就是当时的文件夹!

关于文件来源的信息被写在封套的前面,其中还注明其他地方的相关文件。后来,这个封面被划线分开,一栏记录备忘,一栏记录摘要。1904年,文件的内容被重新安排,可以像书本一样往前翻。这些做法一直延续到第一次世界大战。寻找文件常常会花很长时间,而战争完全改变了这一制度。在此之前,和一封信有关的每个文件和其他信件都捆扎在一起，成为一个“文件包”。此时的概念成为“一个主题，一个封套”，因此所有这样的信件被放进一个文件夹，当然会变得十分臃肿。与此同时，现代的检索方法也逐渐开始被应用。最早的电话出现于1881年，当时只有三部电话。打字机出现于1889年，直到1892年才开始雇佣女打字员，而她是第三个打字员。电灯出现的时间基本上与此差不多，在1894至1895年，而在此之前，办公室里都是使用蜡烛。

关于信息检索还有最后一点需要说明，这一点十分重要，那就是即使地方上的信息被有效收集并被上报到中央政府，绝不意味着适当的权威可以得到这些信息。我们已经看到过国王和皇帝是怎样被朝臣和官员团团围住的，他们可能会成为上下沟通的障碍，因此整个政治制度的指导者可能会根据错误的信息发布命令。有一个关于乾隆皇帝的故事，很能够说明这方面的问题。就像我们在相关章节提到过的那样，满清的皇帝设立了属于自己的信息收集系统，可以获得帝国每一个地方的信息。乾隆这个人很细心，尤其是在接见来访的贤者时。有一天他听说来了一位贤者，就邀请他一起吃早饭。这个可怜的人不敢和皇帝共餐，就说已经吃过早饭了。于是皇帝问他说“那你吃的什么呀？”贤者毕恭毕敬地说：“两个鸡蛋，皇上”。“两个鸡蛋！”皇帝大吃一惊，“那你一定很富有。鸡蛋太贵了，朕都吃不起。每个鸡蛋几乎要花十两银子。”贤者马上意识到怎么回事，他回答说：“哦，您看，皇上您吃的是皇宫的鸡蛋，是专门为皇上您精选的，而小人只能买市场上最便宜最不好的鸡蛋，每个只要几文钱就够了。”

[1618]如果必须要总结一下前工业化时代国家本质的话，我们可以说政府的角色是结构性的，即其作用就是为各种个人自发活动和利己活动提供一最为基本的框架。

4. 工业革命：从1800年左右至今

4.1 能源和财富

取之不尽用之不竭的自然资源提供了能源，而能源创造了丰盈。这就使工业化国家脱离了以前勉强维持生存的经济状态，不仅如此，还产生了大量的过剩,可以将其转化为民用和军事用途。与此同时,也为公共机构创造了新的任务,那就是要预防工业事故,规定工作时间,改进公共卫生环境,等等。

遗憾的是,我们并没有关于18世纪国家收入的准确数据,因此也就无从衡量此后人们生活水平和舒适程度的提高。我们必须满足于一些指示性的数据,而不是完整的时间序列。也许最值得注意的一个指标就是从工业革命之后,人类"的生产率已经提高了100倍"。[①]如果我们对比一下煤炭的消耗和与其相对应的假设性的营养能量,会发现"在1800年之前,英国每年消耗煤炭大约1100万吨,到了1830年,这个数字翻了一番还要多,到了1845年,又翻了两番,到1870年,已经超过1亿吨"。最后一个数字相当于8亿卡路里的能量,足以喂养8亿5000万人口一年,而当时英国的人口只有3100万。

换句话说,到了1870年,英国的蒸汽能大约是400万马力,相当于4000万人所能产生的力量。[②]还可以比较一下这些数据,在1860年,英国燃烧1亿3200万吨煤炭,相当于11亿5700万兆瓦时。[③]但是1960年的数字是当时的13倍左右,即18亿900万吨煤炭,可以产生144亿7200万兆瓦时。煤炭并不是唯一的自然能源,在1860至1890年之间,石油开始被开采,内燃发动机也得以完善。到了20世纪之初,电力也成为一种能量来源,在20世纪中期,又出现了原子能。因此,在兆瓦时方面,这些扩张远非英国煤炭产量所能及。[1619]在1860年,世界范围内所有无生命能源所产生的能量为11亿兆瓦特,而1960年的数字为335亿兆瓦特。[④]由此带来的人们生活水平的提高可以通过两个指标来说明。在前工业社会,人们的预期寿命为30岁左右,现在已经超过60岁。在前工业社会,一个家庭将收入的三分之一至一半用于购买食物,现在这方面的开销只占到家庭收入的四分之一。欧洲在工业化之前的整个历史都偏重于农业经济,有大约80%的人口从事耕作,

---

① 《剑桥欧洲经济史》,第1卷,第328页。

② 同上,第2卷,第326—329页。

③ Cipolla,《方坦那欧洲经济史:工业革命》,第11页。

④ 同上,第12页。

就像我们看到的那样，人们勉强能够维持生存，经常发生的饥荒和苛捐杂税逼得人们不得不揭竿而起，①但这样的欧洲已经成为历史。盈余取代了饥馑，人们不仅要生存下来，还要追求各种舒适和方便。

4.2 大发明

如果这里列举构成工业革命的技术进步的年代表，会很不恰当，更会显得很多余，因为这段历史已经被讲述过太多次。我们只需要关注一下和本章有关的要点就可以了，即能源、信息和货物与人员运输方面的发展。这里必须要先进行两个一般性的评论：首先，英国是早熟的。在欧洲大陆，工业化的明显迹象直到 19 世纪 60 年代才出现，现在的欧洲强国德国直到 1870 年之后才以极快的速度完全实现工业化，并赶上了英国。第二点是铁路在工业化过程中的重要地位。长期的熏陶已经让英国的小学生知道了纺织飞梭和纺织机，也知道了此后利用动力织布机的工厂生产的兴起，但是深思一下，我们可能会有这样的想法，即这些仅仅是伴随着工业革命而产生的，而不是最主要的推动者，最主要的推动者无疑是铁路。铁路的发展经历了很长的时间，从 1712 年纽科门发明蒸汽泵，到 1765 年瓦特发明蒸汽冷凝器，并为将该机器变换为旋转运动申请专利，再到 1829 年从斯托克顿到达灵顿第一个铁路客运线的出现。但是 19 世纪 50 年代兴起了一股对铁路的狂热，全国很快布满了纵横交错的铁路。欧洲大陆也对此进行效仿，虽然还有一些差距。[1620]到了 60 年代，欧洲大陆也开始对铁路建设大肆投资。火车燃烧煤，铁路需要钢铁，而钢铁的生产也需要煤炭，结果就是一个自然发生的过程，在此过程中，三个重工业都取得了发展，并且都设在容易获得煤炭和铁的地方，如德国的萨尔和鲁尔。

到了 1985 年，世界上煤炭的产量为 31140 亿吨。1880 年前后的时代被称为蒸汽机和铁的时代。在其后的时代，两种不同形式的自然

---

① 关于这一问题的详细讨论，见 C. Tilly，“近现代欧洲的食物供应和公共秩序”，载于 Tilly（编），《欧洲民族国家的形成》（普林斯顿大学出版社，普林斯顿，1975），第 380—455 页。

能源出现了,并开始与其形成竞争,那就是电和石油。在此期间,世界也开始从铁转向钢。这是因为德国的基尔克里斯特·托马斯发明了碱性转炉炼钢法,全面利用这种方法进行炼钢始于1879年,主要是在德国,英国依然使用原来的老办法。到了1890年,在欧洲大陆生产的钢材有64%是利用这种方法,而在英国,这个比例只占到14%。世界范围内钢材的产量从1870年的50万吨左右到1900年的接近2800万吨。埃菲尔铁塔完工于1889年,这是很有象征意义的。据估计,在1985年,世界上钢材的产量为6亿9000万吨。

在18世纪,电一直是绅士的业余爱好,和棉织机与蒸汽机不同,这两者都是自学成才的技术工人的发明,而电是科学探索的结果。基本的原理相对发现得早一些。伏特在1800年就制造出了一个电池组,到了1831年,一些探索者已经为和电报、光和能有关的所有现象找到了解释,这些人中包括戴维和法拉第。虽然法拉第已经证明了怎样利用机械运动产生电流,但直到60年之后,电力产业才开始发展起来。于是,电就被用于电镀,然后被用于电灯泡,然后是电力牵引,最后是将电力送到工厂和每一个家庭。到1985年,世界范围内电的产量已经达到96750亿千瓦时。

与此同时,石油也于19世纪80年代开始为人所用,当时每年的产量只有550万桶。石油产业的发展直到它被"破解",即被转化为汽油之后才开始。这样,它就成为一款发动机的潜在能量来源,这款发动机就是1786年奥托发明的内燃机,在1886年,这款发动机被用于运输,即汽车。这款发动机的应用是多方面的,于是很快就流行起来,如机动船只、潜水艇和飞机都是从最初的戴姆勒二冲程发动机衍生出来的。到了1985年,原油的产量已经高达26亿6900万公吨,汽油的产量为27亿7700万公吨。

[1621]内燃机带来了巨大的社会和政治影响,因为它大大延伸了政府能够触及的范围。1985年生产的客用机动车有3040万辆,商用车辆为1140万辆。于是,除非在十分窘迫的情况下,军队不用再步行上前线了,其速度比工业革命之前快一倍还要多。在距离较长的情况下,铁路明显保留了其优势。这方面更加重要的因素是飞机被越来越

多地用于民用和军事用途。现在军用飞机的速度已经超过声音，客机从伦敦到圣弗朗西斯科、东京或香港只需要 13 至 16 个小时。距离被缩短了。从英国寄一封航空邮件到意大利，只需要一天半的时间就到了，如果是古老的分选系统至少要花上一周半的时间。发往美国的邮件也基本上是这种情况。从下面的这些指标可以对交通领域的革命有所认识：在 1985 年，铁路的乘客公里数为 17700 亿，飞机为 13610 亿。这样一来，国内和国际间的距离缩短到几乎是瞬间可至，至少国内是如此。这种情况的影响是国家的渗透能力大大提高。

接着我们必须转向信息技术。莫尔斯和惠特斯通同时发明了通过电线传递电脉冲实现长距离发送信息的方法，信息技术就此改变。发展中的铁路企业马上成为其客户。此外，有人发明了同时向相对的方向发送信息的方法。到了 1850 年，美国电报公司已经可以每小时发送 2000 个单词。这个发明十分方便，就连欧洲经济落后的国家奥地利也将其引入，1860 年，土耳其也开始使用。1849 年，电线杆只延伸了 2000 英里，在 1869 年，这个数字增加到了 11 万英里。通过电报发送的信息也从 1852 年的不足 25 万条，增加到 1869 年的接近 1900 万条。①更为重要的是海底电缆电报，最早是 18 世纪 50 年代敷设了穿越英吉利海峡的电缆，后来在 1865 年，一条电缆横穿大西洋。由此引发了一股国与国之间敷设电缆的高潮，全球各地纵横交错。到了 1872 年，已经能够从伦敦向东京和阿德莱德发送电报。电报的成功最惹人注意的象征性事件就是在 1871 年，德比赛马比赛的结果只用了 5 分钟就传到了加尔各答。②

电话是又一个缩短距离的发明，是贝尔在 1876 年发明的，但是和电报不同，电话是家庭消费品。到 1985 年，世界上平均每 1000 人拥有 123 台电话。[1622]远程通讯上的下一个飞跃更加惊人，那就是不需要电线，通过发送无线电波远距离传递信号的可能性，1864 年，克拉克·麦克斯韦从理论上演示了这种可能性，1886 年，赫兹通过实验对

---

① E. Hobsbawm，《资本时代》(Weidenfeld & Nicolson，伦敦，1962 年，1975 年重印)，第 76 页。

② 同上。

其进行了证实,但是直到1895年,马可尼才安装了第一个工作装置。从此,“无线”这个表达被那些购买了商用接收机的人所使用。这种给人们带来方便的装置像野火一样蔓延开来。现在,在西方工业化国家,我们完全可以大胆地说它已经达到了饱和点。在1983年,在世界范围内有14亿5000万台,平均每1000人有310台。从此,语言的交流几乎实现了同步化,或者是电话,或者是无线电话,或者是利用莫尔斯电码的无线电报。到1926年,通过巧妙地改编远程通讯,贝尔德将第一个移动的图像传送到了电视上,从此,这个产业就一发不可收拾。在这方面,有些国家如美国和英国,电视的普及也已经几乎达到了饱和点。到了1983年,在世界范围内有电视机6亿3000万台。通过电视,政府可以和全国人民在他们家中进行面对面的交流。

在远程通讯方面的所有发明中,最伟大的是1946至1947年前后发明的晶体管。晶体管的出现为微处理器的到来铺平了道路,在有些人看来,微处理器是这个世纪最为伟大的技术突破,这一突破在今天与昨日之间划清界限,以至于被人称为是“第二次工业革命”的创始者。

在20世纪的上半叶,人们将电子管(通常被称为“真空管”)利用于收音机、电话机和电视机。它还被用于“计算机”,一种能够在极短的时间内完成上百万次运算的机器,它更加复杂的操作就是人脑所完全不及的了。这样的计算机体积巨大,著名的电子管计算机使用了17,468根电子管,一个大房间被装得满满的。1947年晶体管被发明出来,这是一种用半导体制成的元件,而半导体中最便宜也最适合的就是硅。它最早的实际使用是在1960年,当时每台计算机要使用成百上千个这样的晶体管,到了70年代,已经被改进成为我们今天所熟悉的微型计算机。现在,在美国,这是发展最为迅速的产业,日本和西欧也在大量生产。

根据不同的用场和速度方面的要求,这些机器可以分为计算机,大主机,小主机,桌面电脑,手提电脑和“笔记本”,今天它们已经无处不在。[1623]我们可以跳过它在生活设施中的应用,如微波炉和录像机等。它在产业上的应用和前面的探讨更有关系,因为它加速了生产过程，使制造商能够生产出一些形状不规则的产品，如飞机的机翼，甚至能够使工厂实现自动化，让由程序控制的机器从事生产，只需要很少的人作为监督就可以了。在此意义上，微处理器可以被看作是加强了前面描述过的对能量的征服。

这里我们感兴趣的是它在信息方面的使用。它可以在极小的空间内(如几张软盘)储存极大数量的资料。利用适当的程序，它可以将所有储存的信息系统化，现在这些程序已经由软件系统做好。如果需要，只要操作一下键盘，就可以对信息进行检索，在毫秒之间，它就可以完成任务。这里可以举一两个简单的例子：图书馆曾经利用卡片来索引，除非像牛津大学博德利图书馆那样，至今依然将索引手写在巨大的皮革对开纸上。从卡片索引后来发展到缩微胶片，将书名和作者缩微到胶片上，通过读出装置来阅读。在今天的图书馆，只要一敲键盘，所需的书名就会马上出现在屏幕上。再举一个简单但是不太让人愉快的应用，这种应用的侵入性要强很多，那就是在税收方面。对于有些收入，政府会在源头上直接把税扣除。要想执行这样的操作，政府首先必须要对你的情况有足够的了解，这样才能发给你一个"号码"，这个号码会作为后面征税工作的指南，而这必须要经过计算机的处理，然后再对税额进行计算，只有这时才可以从源头上将税扣除。简而言之，信息的获取、检索和交流被彻底改变。

现在我们就到了工业革命带来的四个创新中的最后一个，那就是官僚机构的发展。我已经说过国家之间的比较是很困难的，让我们以赫尔曼·芬纳提供的数字为基础，虽然这些数字有其固有的不确切性。在1821年，英国的官僚人数为27000名，在普鲁士，为27000名，美国有8000名，没有法国的数字。到了1881年，我们发现英国有8000名官僚，法国有379000名，德国(不是普鲁士)有452000名，美国有107000名。[①]理查德·罗斯在1985年提供的数据如下：英国，1056000名，德国855000名，美国3797000名。[②]这些数字只包括中央政府的公

① H. Finer,《现代政府的理论和实践》，第1167页。

② R. Rose,《理解大政府》(Sage，伦敦，1984)，第130页。1980年，各种形式的国家雇员所占比例分别为英国，31.7%；德国，25.8%；美国，18.8%(第132页)。

务员，并且遗憾的是没有提到法国。[1624]简而言之，英国的官僚人数从 27000 名增加到 1056000 名，德国的从 23000 名(加上联邦内其他小国的官僚，大约有其四分之一，因此大约为 30000 名)增加到 855000 名，美国的从 8000 名增加到 3797000 名，这在很大程度上是因为其庞大的军事计划。

我们已经考察过能源生产方面的惊人增长，在收集、储存、和检索信息方面巨大的新能力，还有公务人员数量的巨大增加。理所当然地，政府的渗透应该也相应地大大增强，事实的确如此。安东尼·吉登斯教授已经很精妙地总结了本章的全部论点：

> 现代政治秩序中监控的强化，对“异常因素”的控制，两者一起从根本上改变了国家政权和被统治人民之间的关系。现在，行政权力越来越多地进入人们日常生活的细枝末节和个人最为私密的行动与关系。在一个以电子方式储存、整理和散播信息的时代，积累和政府职能有关的信息的可能性几乎是无限的。在现代的和平国家，利用最快捷的通讯和交通体系，加上高明的隔离手段，对信息的控制可以直接和对行为的监督结合在一起，以此把国家权力高度集中。监控是国家行政的一个必要条件，无论这一政权意欲何为。这不仅和多头政治有关系，更和公民权的实现有关。如果没有对人们生活密切而详细的监控，就无法组织并资助福利的提供，无论他们是否是福利的接受者……①

这样兜了一圈之后，我们又回到了开头。在本章的开头，我们列举了蒲鲁东眼里国家对我们日常生活的侵入，这里必须指出一点，即他只是比他的时代超前了 50 多年。他的描述的确十分适合今天的世界。同时我们也不能忘记简·敦巴宾富有洞察力的话：在某种意义上，在 19 世纪后期之前，我们并没有被“统治”。虽然有长达 5200 多年的历史，统治实际上是从昨天才开始的。

---

① A. 吉登斯，《国家建设和暴力》(剑桥大学出版社，剑桥，1985 年)，第 309 页。

5. 工业化对战争的影响

[1625]在前面的一个章节,我们描述了法国大革命和第一帝国的公民军队,以及在被搁置很长时间之后,到了1870年之后,这样的公民军队是怎样越来越席卷整个国家,最终导致1914年至1918年的第一次世界大战和1939年至1945年的第二次世界大战,这两次大战真正将参战国每一个身强力壮的成年人都卷入进来。这种军事上的大爆炸是工业革命的结果。

1870年前后,欧洲大陆在实现工业化之后,变得富裕起来。在1871至1914年之间,人口增加了70%,从原来的2亿9300万增加到4亿。英国、法国和德国三个国家消耗的褐煤和煤炭从每年1亿6000万吨增加到6亿1200万吨,而这些国家的生铁产量几乎翻了四番,从每年750万吨增加到1913年的2900万吨。在原则上,所有这些新增财富都本来可以用来提高人们生活水平的,但是满足战争的需求是首要任务。新增财富有很多被用于军事扩张,但是任何一个国家军力的增强立即会引起其对手迎头赶上。事情这样逐步升级,在1709年,通常每1000个士兵有两三门火炮,但是到了1916年,法国前线每10公里有2000杆枪,到了1942年,斯大林格勒前线每4公里有4000杆枪。军队的大小也经历了类似的增长,在18世纪,大型野战军平均有47000人,在美国内战中,仅联邦军队就有622000人,但是到了第一次世界大战,被动员起来的总人数多达6300万,而到了第二次世界大战,这个数字增加到了1亿700万。①随着军队的扩大,军费也随之增加。以德国为例,1870年的军费支出为1800万马克,1880年为2880万马克,但是到了1914年,增加到了1亿1080万马克。奥匈帝国的军费开支从1870年的82亿马克增加到了1914年的3044亿马克。在1914年,军费占国民生产总值的比例分别是德国,6.1%,奥匈帝国,6.1%,英国,3.4%。

虽然军事技术的大部分进步都源自于工业化,但有些是对现有武器

---

① 除非特别注明,此处和后文的数据都源自于1989年版的《大英百科全书》。

的逐步改进,在枪支方面尤其如此。刺刀的出现让火枪手也可以同时作矛兵,但从此之后,这一领域再也没有什么重大的进展。一个个的新发明虽然看似微不足道,累积的效果却彻底改变了战略战术。第一个这样的发明是膛线,以前的枪支是滑膛的。[1626]膛线已经在猎枪上使用了很长时间,可以提高猎枪的准确性,但是给这样的枪装子弹很费时间,因为子弹只能被捅进枪管才能和管口相匹配,而这个过程需要时间,并且有时不能成功,因此不适合军事上广泛使用。1849 年,米涅(Minié)发现了一个简单的原则,即铅弹可以被滑进枪口,气体的冲击力会让其膨胀并进入膛线的凹槽。这样一来,枪的射程一下子从原来的大约 200 码增加到了 1000 码。这立刻颠覆了骑兵的作用,此时再在开阔的土地上冲锋就不亚于自杀,因为可能吃到的子弹是原来的五倍。同样,对炮兵的利用也必须要变化。以前是先把大炮推到距离敌人两百码左右的地方,然后再发射葡萄弹和霰弹。米涅式步枪可以将对手阻挡在这个距离之外,而这时大炮是无法发挥作用的。后来在 1865 年前后,后膛炮取代了旧式的前膛炮。1866 年,普鲁士的士兵在战斗中使用了撞针枪,法国则使用了更加先进的后膛步枪,其射程增加到了 1200 码。

后来就是尝试将单发武器变成多发武器,并且出现了很多试验品,在 1889 年之后,毛瑟枪成为通用的模型。无烟火药最早由法国人于 1885 年使用,大大增加了步枪的初速度,此时在 3000 码左右的距离就可以致命,在 1000 码可以达到精准射击。此时人们开始努力制造一种可以在很短的时间内连续发射的武器。加特林机枪就是这方面最早的发明之一,它可以装 400 发子弹,因此可以连续射击很长时间,但是除了 1898 年美国入侵古巴时用过之外,还从没有用于战斗。法国的老式机枪是早期机枪的另外一个变体,但是在普法战争期间,法军并没有好好发挥其战术上的作用,因此连发机枪的概念曾一度被搁置。第一个真正成功的机关枪是海勒姆·马克西姆(Hiram Maxim)于 1884 年发明的,它可以单发,也可以每分钟发射 13 发,也很适合无烟火药。在 1895 年的一场殖民战争中,英国人最早使用了这种枪,后来在 1905 年的日俄战争中被广泛使用。

步枪和机关枪的出现是可以带来步兵战术上一场巨大变革的,在美国内战中,南北双方花了很长时间才充分意识到这一点。为了躲避敌人的火力,他们开始挖战壕,修筑防御壁垒保护自己。除了拼命式的正面攻击之外,这些措施可以抵御其他的各种攻击,战壕里的一个人可以抵挡三个进攻者。从俄日战争中也可以得到同样的教训,这种战术被用来抵御机关枪的攻击。骑兵冲刺的时代已经过去了,静态防御战胜了正面攻击。[1627]欧洲人将美国内战看作是一种异类,也根本不去注意日本。实际上他们更加坚定了自己的信条:让骑兵在1000码的距离处对着后膛枪发起冲击。他们以封闭的阵形让步兵前进,暴露于直径25厘米的野战膛线火炮。虽然经验已经表明正面攻击无效,他们依然坚持使用这种战术。正是利用这一战术,敌对的联盟开始在1914年发起进攻。这些进攻很快就被阻止,他们只好后退到美国内战中所使用的壕沟和带刺铁丝网后面,直到一道道由机关枪守卫的战壕让作战双方都无法前进,于是就形成了消耗战。

在其他方面,战略战术和工业化的模式是相一致的,先是蒸汽机和铁带来的铁路,然后是内燃机的各种使用,如汽车、飞机和轮船,最后是原子弹和火箭推进器。

5.1 交通

铁路能够以比以前任何时期都更快的速度运送更多的军队,例如在1830年,一个团的兵力从曼彻斯特运送到利物浦(距离为34英里)只用了两个小时,而不是像以前那样要行军3天。在1859年拿破仑三世远征意大利时,法军的12万士兵用了11天到达目的地,而如果步行则需要两个月的时间。①此外,铁路还可以在运送士兵的同时运输军用物资,这样一来,军队就可以长时期作战。第三,军队能够以良好的状态参加战斗,还可以更快地将受伤人员转移到野战医院。最后,铁路运送士兵的能力几乎不受限制,能够募集多少士兵铁路就能够运送多少,而在以前,简单的后勤问题限制了作战部队的人数。②

---

① M. Howard,《欧洲历史上的战争》(牛津大学出版社,牛津,1976年),第97页。
② 同上,第98—99页。

事实上并不是所有这些优势都可以实现,最早利用铁路运送士兵是为了镇压叛乱分子。在19世纪60年代,法国和普鲁士都意识到利用火车直接将队伍送上前线的优势,但是他们最初的努力遇了最为严重的障碍。1866年,普鲁士利用铁路调动队伍和奥地利作战,但是这种方法徒劳无益,这支队伍根本就没有能够用上。和过去一样,他们在物资供应方面是就地取材。普法战争对此并没有多少改进,但在铁路方面是个例外,德国人之所以能够持续包围巴黎,铁路功不可没。这方面的不足不是因为铁路本身,而是因为想象力的贫乏,没能预见铁路运输的重要性。[1628]例如,运输军用物资的卡车和运送士兵的卡车混在一起,要花很长时间才能将两者分开,队伍只好通过掠夺获得供给。此外,即使火车及时到达终点,要把军用物资从火车上卸下来并运到部队所在地,也需要很长时间。还有就是拥堵的问题,有时路上会堵好几天。不仅如此,铁路网并不稠密,也不灵活,而军队必然会部署到铁路沿线和军需站周围的很多地方,怎样才能把军需品在这些队伍之间进行分配呢?要解决这些问题需要很长时间。虽然如此,到了1914年,由铁路运输的物资重量是1870年的很多倍,铁路的长度也翻了一番。在1870年,13条双轨铁路在15天的时间里将35万德国士兵送上战场,而在1914年,13条铁路线将150万士兵送上西线,是1870年的4倍还要多。①如果没有铁路,两次世界大战就不可能会打起来,也不可能会是那个样子。

蒸汽能的使用并不仅限于陆军。炸弹的使用表明克里米亚战争中的木质战船已经完全过时,取而代之的是装甲汽船。这些新型战舰的第一次较量发生在著名的梅里麦克号和莫尼特号(Monitor)之间,时间是1862年,而1905年日本人在对马海峡大败俄罗斯人,充分显示了装甲汽船的优势。1906年,正在和德国展开海军竞赛的英国发明一种新概念的战舰,即无畏舰,在日德兰海战期间,正是这种大型战舰成功地将德国舰队封锁在其海军基地。

此时蒸汽机和钢铁的时代即将结束,交通领域又有了一项新的发

① M. van Creveld,《战争供应》(剑桥大学出版社,剑桥,1977年),第111—112页。

明，那就是燃烧汽油的内燃机，它开创了石油动力时代。这种发动机用途极其广泛，可以用于汽车、飞机和潜艇。①机动车并没有取代马拉的交通工具，但是用途更多，速度也更快。在第一次世界大战期间，机动车除了被用来运输物资之外，主要是用于铁路沿线的小规模战役，还用于将军用物资从军需站送到前线。它在关键时刻的使用同样可以起到决定性的作用。在1914年的马恩河会战中，德国人决定不再向西延长战线绕到法国首都后方，而是缩短战线，将兵力转移到东部，[1629]这样就暴露了其右翼，但是英法联军无法及时把部队送到那里，以利用这个千载难逢的机遇。在巴黎有整整一个师的兵力，但是不可能用火车及时把他们运送到前线，因为火车只能运送半个师，即3000人。此时，巴黎城防司令加利埃尼(Galliéni)集中了巴黎的所有600辆出租车，每车装5个人，分两次将整个师的兵力全部送到前线。战争结果表明他的干预起了决定性的作用。由于右翼的力量得到增援，法军第六集团军对德军侧翼发起攻击，迫使德军全线后退，巴黎得救了。

此后不久就出现了装甲车，但是这种车辆不具备越野功能，直到最后车轮被履带所取代，这就是英国人发明的坦克。坦克最早被用于1916年的康布莱突袭，在这一战役中，坦克突破了密集的地雷和德军的壕沟，但是由于没有步兵随后，这种深入很快停止。1917年，盟军加快了坦克的生产，结果证明它们在深入德军后方时起到了决定性的作用。

内燃机在军舰上的使用同样被证明可以起到决定性的作用，但这次是通过德军的视角。内燃机让潜艇成为可能，直到1916年，英国被潜艇击沉的军舰数量一直维持可以承受的范围之内，但是从这一年开始，德军决定发起不受限制的潜艇战。英方的对策就是护航制度，这一制度非常成功，但是却无法避开给养紧张的难题。

最后，内燃机导致了飞机的过早发展。起初飞机只被用于火炮侦察和一般的侦察任务。在携带炸弹方面和瞄准装置方面都很原始，执行这一任务的主要机型是德国的齐柏林飞机。它们在空袭时不分军事

---

① M. van Creveld，《战争供应》(剑桥大学出版社，剑桥，1977年)，第111—112页。

目标和平民目标,从1915年1月直到战争结束,一共执行了51次空袭任务,丢下大约两百吨的炸弹,击毙了557人,还有1358人受伤。这种空袭对英国的士气产生了很大的影响,妨碍了其军工生产,牢牢拴住了陆军航空队的12个飞行中队和由1200人组成的高射炮部队。如果没有1916年发明的燃烧弹,英国的伤亡还会更大,这种炮弹可以在飞机的机体表面爆炸,让飞机起火坠毁。

就这样,技术革命决定性地改变了军事战略的参量。现在的战争是一种三维战争:机动车的早期使用让人们有了装甲纵队和坦克,在空中有飞机,在海里有潜艇。总之,就有了1939年德军作战计划的三个基本组成部分:闪电战,对非军事对象的密集轰炸和潜艇封锁。

5.2 信息和通信

[1630]信号通信是一个军队的神经系统,没有了它,实际上装备最先进的军队也不过是一些散兵游勇,谁也不知道同伴在哪里、在干什么。

在这一领域,技术再次让情况为之一变。通过电报和莫尔斯密码,最高指挥部可以和成百上千英里之外的将领保持沟通。在克里米亚战争中,英国人最早将其应用到战场上。在1858年镇压印度兵变的过程中,这一使用起到了决定性的作用。此后,在美国内战中,这成为和远方的部队进行交流时所采用的常规手段。另一方面,在19世纪,电话的使用被人们忽视,但是在19世纪即将结束时,无线电话出现了,并且很快就被广泛使用,因为它消除了野战电话的一大缺点,那就是电话线很容易被切断,尤其是在炮轰之后。在军事上,1914年马可尼发明的无线电报技术很快以战地无线电收发报机的形式得以应用。起初,这种收发报机的用处有限,因为无法携带,后来虽然可以携带了,但是很笨重,不适合到处移动。到了第一次世界大战,随着无线电成为各地通用的通讯系统,这些缺点被克服。就这样,一种无所不在的通讯网络被建立,并且其信息传递是即时的。

在第一世界大战中,法国和德国都投入了六个集团军,如果没有有效的信号系统,就无法对其进行控制或协调。从托尔斯泰对奥斯德立茨的反法同盟军队的描述中，我们可以对战马时代的“战争迷雾”有一个生动的了解，而索尔尼仁琴在讲述一战早期东线岁月的《1914 年 8 月》一书中，为我们描述了机动车时代俄罗斯军队与此相类似的混乱和灾难。虽然两者的时间不同，但是两个和兄弟部队失去联系的队伍的境遇是类似的。

5.3 第一次世界大战：1914 年至 1918 年

在最初的几周，战争双方的军队都想方设法保持机动性。现在也许让人难以置信，但是当时的骑兵真的对着机关枪发起正面冲锋。没过多久，随着德军在马恩河战役中遭遇失败并被迫撤退，这种机动性就结束了。[1631]从此，双方尽量保存实力，而所采用的是将领们以前读到过但是没有采纳的方法，即由带刺铁丝网和泥土保护起来的战壕，后来不久又有了机关枪的保护。在这方面，德国人比盟军更早意识到机关枪的优势，例如，英国的战争部提出要在每个营两支机关枪的基础上进行增加，却遭到基钦纳勋爵(Lord Kitchener)和参谋们的拒绝，而黑格(Haig)将军则称其为“过于被人高估的武器”。①事实上这一武器在后来的战场上起到了支配作用。像迷宫一样的战壕让防御有了深度，使援军可以迅速向前，带刺铁丝网和机关枪支配着作战双方之间的地面。双方的最高指挥部得出类似的结论：最重要的是要破坏敌人的炮兵掩体，利用炮火阻止敌军获得增援，然后再对其发起冲击。这一战略取决于重型火炮的发展，到现在为止，我们还没有涉及到这一点。除了轻型火炮之外，双方都研发出了重型火炮，例如在 1915 年 5 月，英国军队使用了 80 台 4.7 英寸的火炮，50 台 5 英寸的榴弹炮，130 台 4.5 英寸的榴弹炮，40 台 6 英寸的榴弹炮，还有 12 台 9.2 英寸的榴弹炮。在 1916 年的索姆河战役中，在英军长达 18 英里的进攻线上，每 57 码就有一台重型火炮，在后来的麦西尼斯战役中，已经增加到每 20 码一台重型火炮。此外，火炮也已经被改进。德国的远程大炮射程达到 76 英里，轻型火炮的射程也都达到 10000 码左右。敌对双方多次企图取得

① B. H. Liddell-Hart，《第一次世界大战史》(Pan Books，伦敦，1972 年)，第 142—143 页。

突破,但结果仅仅是造成了大量的人员伤亡,却无法打破僵局。炮击、带刺铁丝网和机关枪成为战争的常规。于是就有了威尔弗雷德·欧文充满愤怒的诗句:

他们像牛一样死去,
是什么为他们敲响丧钟?
只有那愤怒的炮声轰鸣,
只有那步枪响不停。①

这种战争不仅仅牺牲大量的生命,还需要越来越多的炮弹和其他火药。这种对炮弹和枪炮永无餍足的需求造成了从和平时期的自由主义到无所不包的全国性征用。

这一点在德国得到了最为显著的表现,因为必须要记住一点,德国被盟军所封锁。[1632]在这里,沃尔特·拉特瑙(Walter Rathenau)是一个伟大的组织者。他成立了专门的军事公司经营产业,以合作取代竞争,鼓励科学家研发代用物质,控制物价,对食物实行限量配给,规定每周有两天不能吃肉,而是吃面粉拌萝卜和土豆。1916 年,国民服役法将每一位年龄在 17 和 60 岁之间的男性公民至于战争部长的统一指挥之下。在英国,由于火药短缺的问题已经到了危急关头,因为消耗式的堑壕战用掉了大量的火药,其量之大超乎想象。阿斯奎斯任命劳合·乔治为新成立的军需部大臣,有权对各个产业实行几乎是独裁式的控制。法国也有自己的军火危机,建立了由工业家组成的专门委员会,负责执行政府命令,对稀少的原材料进行分配,工会必须接受国家对劳动力的引导。

5.4 第二次世界大战:1939 年至 1945 年

在本质上,第二次世界大战和第一次世界大战有很大的不同,前者是一场运动战、战略战和突袭战,但是这些基本上和新技术无关。

---

① 威尔弗雷德·欧文,"青春挽歌",载于《威尔弗雷德·欧文诗选》(伦敦,1990 年),Jon Stallworthy 编并做引言。

实际上，技术在整体上没有发生多少变化，唯一的差异就是各种军事装备的改进，而这一差异意义重大。两个伟大的创新是雷达技术和导弹技术。

雷达极大地影响了海上战争，因为它削弱了德军的潜艇封锁。这种封锁依然很有破坏性，但是如果没有雷达，它可能会起到决定性的作用。最早在军事上使用导弹的是德国人，但仅仅是在1944年年末战争接近尾声时，先是“飞弹”，后来是V2型导弹密集地发向英国。第三个发明很具有革命性，那就是原子能的利用。1945年，美国人向日本的两个城市丢了两颗原子弹，结果日本很快就投降了，东方的战争也就此结束。这仅仅是萌芽阶段，原子弹和原子炮的使用刚刚开始，而这将引入一种全新的战争方式。

现在回到以前的技术运用：海战的本质是一小部分受过高级训练的军人利用十分复杂的武器系统。在技术的第二种运用即空战中，情况更是如此。自从1918年以后，轰炸机和战斗机已经取得了长足的进步，此时的战斗机是单翼飞机，轰炸机则更大，飞行速度更慢，但是配备有复杂的瞄准设备。所有的飞机都装有雷达系统，既可以发觉正在靠近的敌机，又可以辨认己方的飞机。这种飞机的潜力如此巨大，至少在英国人们广泛认为没有轰炸机到不了的地方，[1633]人们甚至会以末日预言似的话语来理解其影响。仅仅通过空军的力量就可以获胜的景象深深吸引了一批理论家，尤其是意大利的杜黑（Douhet）和英国的特伦查德（Trenchard），后者提出了“地毯式轰炸”的理论，而轰炸的对象，自然会是平民。当然，对飞机的使用并不仅限于此。例如，德国人开始用飞机提供战术上的地面支持，他们的斯图卡式俯冲轰炸机对地面作战的敌军起到了致命的作用。人们开始意识到，如果受到空中的袭击，装甲纵队就无法施展手脚。此外，飞机还彻底地改变了海上作战的战略战术。随着日本空军炸掉英国的两首军舰，“威尔士王子”号和“反击”号，一个时代成为了历史，航母开始取代战舰。

乍一看来，21年的和平时期彻底改变了陆军作战的战术，长期以来，德军的“闪电战”概念和对这一概念的应用一直给人这样的印象。蒸汽机已经显示出其自身的价值，坦克的行进速度大大提高，机动化部队紧随其后。实际上事情并没有这么简单。德军之所以能够在波兰、然后在低地国家和法国接连取得胜利,主要原因不是其坦克数量上的优势,而是因为这些坦克有很多被集中到一起,编成了六个装甲师。德军的计划是让这些装甲师突破敌人的封锁线,深入其后方,然后再从敌后以扇形向外展开,让两侧已经被分散开来的敌军丧失斗志,与此同时,机动步兵冲进去,占领阵地。这就是重点突破战术,这一战术之所以能够如此成功,一个原因就是法军还在打上一场战争。为了预防另一个施里芬计划,他们已经在东北边界修筑了防御工事,即马其诺防线。对于正面攻击来说,这条防线可以说是坚不可摧,但是德军纵队从侧翼包抄过去,深入到了防线之后,防线也就一点用处也没有了。与此同时,他们的坦克部队在向巴黎进军。事后看来,我们很容易就可以看出应该如何阻止德军坦克的进攻,如通过埋地雷,通过快速移动的步兵和履带式火炮。

对于作战双方来说,这些新型的、更为先进的作战技术都会发生故障,而这些故障需要受过专门训练的人来排除,如机械员、司机、无线电报务员和邮电工程师等。因此,部队后面会跟着这样一条巨大的"尾巴",只有这样才能让战争继续下去。

在战争的前几年,德国遭受的损失要比英国小很多,但是在"巴巴罗萨计划"和军队在俄罗斯受挫之后,德国的平民开始感受到战争带来的困苦。德国的经济自从纳粹掌权之后就一直处于半战时体制。[1634]1939 年,德国实行的是彻底的管制经济,其主要特征就是强制参加并服从工业联合会和经济协会,这些组织以前就存在,但当时是自由的。实行固定工资,物价也被控制,对原材料和劳动力都实行配给制。虽然如此,德国的经济依然没有为战争做好充分的准备。在 1939 至 1942 年的闪电战期间,这还没有什么关系,因为这一时期的战争无论是在人力还是在物力上都代价很小。到了 1942 年 1 月,即巴巴罗萨计划的第一阶段,军备部长斯佩尔(Speer)加快了军火的生产。德国战时经济的第三个阶段从 1944 年中持续到 1945 年 5 月。在这一阶段,武器的数量远比质量更重要,受到高级训练的工人、专业人士和普通人一起被征用,军需品的生产要依靠妇女和奴役式的劳动。盟军的空袭越来越有效,尤其是对主要的铁路交通线。大部分城市被炸成了一堆堆瓦砾,德国只好于1945年5月投降。

英国的经历与此不同。在英国,主要是要确定所有的步骤建立影子部门,为战争的爆发做好准备。实际上在这样做之前,在英国刚刚答应保护波兰之后,英国政府就表达了要建立军需部并实行普遍兵役制的想法。我们可以很容易看到第一世界大战遗留问题的阴影。战争一爆发,这些影子部门马上活动起来,人员配备已经到位。配给票证簿也已经印刷好。但是所有这些都是纸上谈兵,也许"虚幻的战争"让政府失去了危机感。无论怎样,一旦战争真的爆发,德国开始实施封锁,英国显得准备不足。事实证明对于能够进口的物资的数量估计过高,于是开始实行食物定量配给。1940年5月,议会通过了最为激进的一系列法案,即《紧急权力法案》,政府被授予对平民及其财产的几乎全部支配权。到了1941年中,政府已经充分行动起来。贸易部对零售贸易进行管控,民用工业被集中起来,所有空闲的工厂都被利用起来,消费品由政府提供,对衣服和食物实行定量配给。到了1941年底,49%的人在以某种方式为政府工作。即使如此,劳动力依然不够,政府对劳动力实行分配和引导,还征用妇女。

这样一来,英国的战时经济就和德国相类似了。整个经济都处于国家的控制之下,对物质和商品实行分配和定量配给,[1635]最重要的是,所有成年人都为战争服务。一方面是德国的轰炸机对英国城市的狂轰滥炸,另一方面是盟军对德国城市如德累斯顿和汉堡变本加厉的报复性轰炸,由此我们可以对全面战争的概念有一个了解。

战争将平民和士兵全部融入一个服务性的共同体,它超越了社会地位,让富人和他们的仆人接受同样的定量供应。同样的经历,同样的职责,同样的牺牲,还有共同参与一项伟大事业的过程产生了一种新的社会意识,一种新的政治观。在此意义上,它让政治变得更加民主化,让每一个公民都意识到了自己的价值。要想更好理解这一点,我们必须了解工业革命第三个大的方面,即工业资本家的兴起和工业无产阶级的产生,还有两者之间的斗争。因此我们必须再次退回到1870年,追溯工业化国家工人阶级运动的发展轨迹。

6. 工业化对社会的影响

6.1 工业化如火如荼:从1900年前后开始

“冲突的因素很明显:工业的发展;科学的惊人发现;雇主和工人之间关系的变化;一部分人积累了巨大的财富,而广大民众却很贫穷;工人阶级越来越自力更生,也越来越团结;最后是道德水平的总体下滑。”这是教皇1891年“新通谕”的原文。虽然最后一点很值得商榷,但其他的内容却都十分确切,简单而到位地总结了那个时代的本质。

整个时期的核心事件和关键是工业无产阶级的出现。无产阶级队伍随着工业化程度的发展而相应扩大,人数最多的是“老”工业化国家,其中包括英国、德国和比利时,而法国在这方面有点落后。在瑞典、荷兰、意大利北部、匈牙利、俄罗斯和日本的工业城市和大都市,工人阶级队伍也取得了很大的发展。虽然大城市会像磁铁一样吸引大批内陆来的穷人,但在欧洲情况并非如此,这里的城市是工业中心,或者是港口,或者是商业中心。在1850年,欧洲和美国分别有19%和14%的人口生活在居民超过5000人的市镇里。[1636]到了1910年,两地城市居民的比例都增加到了41%,其中有80%左右的人口生活在居民超过两千的市镇里,有超过一半的人口生活在居民超过10000人的城市里。①

有些历史学家用“无产阶级”一词来指代法国大革命中的贫穷手工业者之类的人,是他们组成了革命暴徒,但是我们这里观察到的是一种新现象:一个新阶级的出现,即工业无产阶级。这个阶级是第二个新阶级即工业企业家或者说资本家的产物。在有产阶级中,资本家有属于自己的特征。他们的资本并非来自土地,也不是来自专业资质或商业,甚至不是大规模的家庭手工业。富有的地主阶级把他们看作是庸俗的暴发户,知识分子阶层鄙视他们出身低微、自学成才,而富有的商业贵

---

① E. J. Hobsbawm,《帝国的时代,1875—1914年》(Cardinal,伦敦,1987年),第49页。

族高高在上，和他们保持距离。这是一个自给自足的等级，他们出身很普通，通过自学成才，拥有了卓越的机械方面的才能，并有足够的眼光将这种才能转化为利润。

通过创造工作条件，资本家创造了无产阶级。他们关闭了家庭手工业，使工人和工具疏远，剥夺了工人自行决定工作时间和工作条件的自由。资本家将工人集中到了城市，这就意味着使乡村城市化。在这种集中内部，还有进一步的集中，那就是工厂。工厂生产或者是与其同样的矿井或码头作业，使工人阶级必须接受他们以前没有见到过的工作条件，他们必须用他人的工具在同一屋檐下工作，要受铃声的约束，迟到或者失职就会被罚款，并且时刻都有可能被解雇。集中到一个工作场所的工人很快产生了共同的关心，一种观点上的一致，也产生了一种集体行动的意识。和去教堂的情况一样，大家共赴一个地方，在这里大家会产生一种共同体意识，可以了解周围发生了什么，可以通过讲道坛聆听上帝的声音。正是在这里，广大民众可以同时获得各种信息。在这个意义上，在全国范围之内，工厂起到了一种代理教堂的作用。

这些就是新的历史角色，他们的出现代表了三个新发展：首先，选举权不断延伸；其次是建立了保护工人阶级不受资本家迫害的协会；最后是社会主义和个人主义，这些表达了对新型社会秩序的追求。这三者的结果就是群众性政党的产生，[1637]这些政党之间在全国范围内展开竞争，以国家干预的承诺获取群众的支持，随之而来的就是官僚机构的膨胀和专业化。自由贸易被放弃，自由放任政策结束，“新自由主义”哲学风靡一时，它倡导国家应该对公民起到积极的支持作用，由此产生了越来越“集体主义”的政策，对自由市场进行干预。

这些新发展互不排斥，虽然他们在源头是互相独立的，但是在行动上有很强的互动性。例如，选举权的延伸绝不仅仅是因为工人罢工的压力，但是1893年比利时的大范围罢工为1894年选举权的延伸创造了条件，在这方面，1902年的瑞典工人罢工和1912年之前意大利爆发的罢工浪潮与其相类似。同样，据我所知，只要有社会主义政党，这些政党很少会不支持选举权的延伸。此外，在有些国家，工会构成了群众性社会主义政党的基础,在这方面,英国最为典型,但是在其他国家,如德国,虽然大部分工会有马克思主义倾向,但是在组织上和社会民主党并没有关系。就此而言,并不是工会的压力迫使政府对选举权做出延伸。总之,延伸选举权的决定绝非仅仅是由于来自下层的压力,而是同样可能来自上层的政治斗争。作为保守派的迪斯雷利和俾斯麦在1867年同时扩大了选举权,这一点意味深长。他们之所以这样做,是因为他们相信新的选民会是保守的,而不是激进的。1912年,意大利的齐奥利地(Giolitti)政府推行普选制,其目的就是为了能够让新的选民打破原来少数富有选民的支配地位。总之,要想了解三者之间的相互关系,我们必须对每一个国家具体问题具体分析。

6.2 选举权的延伸

有一个问题似乎还没有人提出过,那就是为什么会有人要求扩大选举权。事实上,托克维尔讨论过这个问题,要想了解他的回答,只要看一下英国的情况就可以了。《1832年改革法案》将选举权扩大,延伸到年收入10英镑的不动产所有者。1837年,约翰·罗素勋爵宣称事情应该到此为止,他因此被人鄙视,赢得了"终结者杰克"的绰号。宪章运动很大程度上就是为了要求获得男性普选权,但是当局没费多大力气就将其镇压下去。1867年,政府赋予人们比这更加广泛得多的选举权,因为对于一个简单的问题,没有合乎逻辑的回答,这个问题就是:"如果收入10英镑的不动产所有者可以选举,为什么收入9英镑的就不能选举呢?如果收入9英镑的可以参加选举,那么……"以此类推。托克维尔这样写道:

> [1638]如果一个国家改变选举者的资格限制,不难预料,早晚这一资格限制会被废除,这是历史上最恒定不变的规律。选举权延伸得越多,要求继续延伸的呼声就越高,因此政府每一次让步,民主的力量都会相应增强,其要求也就会相应提高。资格限制之上的人数越多,资格限制之下的人就会越不安。最后例外成为了规律,一个让步跟随另一个让步,这样一发不可收拾,只能实行普

选制。①

下面是欧洲选举权被不断扩大的一份简要年表：

奥地利	1907 年	男性普选制
比利时	1894 年	男性普选制
法　国	1870 年	男性普选制
德　国	1870 年	男性普选制
匈牙利		依然只有 5%的人口拥有选举权
意大利	1882 年	扩大到 200 万人，相当于总人口的 14%
	1912 年	男性普选制
荷　兰	1857 年	《改革法案》，由原来的 2%，增加到 14%
	1894 年	男性普选制
挪威	1898 年	从 16.6%增加到成年男性的 34%
西班牙	1900 年	男性普选制
瑞　典	1909 年	男性普选制
瑞　士	1874	男性普选制
英　国	1830 年	大约 2%的人拥有选举权
	1832 年	《改革法案》，扩大到 3.5%
	1867 年	大约 7.7%的人拥有选举权
	1884 年	438 万人拥有选举权，占总人口的 15%
	1918 年	21 岁以上男性普选制，30 岁以上女性拥有选举权
	1928 年	普选制

6.3　工会主义

[1639]"工人运动"包括几个不同的组织，每个组织都有自己的目的，它们中间包括合作社，互助和丧葬俱乐部，还有教育协会，等等。在

① 托克维尔，《美国的民主》(Vintage Books 版，纽约，1954 年和 1990 年，最早由纽约的 Alfred Knopf 于 1945 年出版)，第 1 卷，第四章。

不同的国家,这些组织之间互动的方式也不同。在广义的工人运动中,主要构成部分是作为保护性组织的工会,为了更好的待遇和工作环境而斗争,这将是我们所要关注的对象。工会在工业革命之前就已经存在,最早由小工厂的手工业者组成。

英国被认为是工会主义的故乡,在英国,工会的确起步比较早,因为英国这方面的法律比较宽容。在其他国家,如奥地利,直到1870年都不允许随意"结社"。在法国,直到1884年,禁止工人成立工会的夏普雷法才被废除。在英国,1799年和1800年的"结社条例"宣布工会为针对公众的犯罪阴谋组织,但是在1824年和1825年,这些法案分别被废止。但这并不意味着从此以后工会成员就不会再受到骚扰,例如多塞特郡6位不幸的农场工人就被流放到殖民地,罪名是非法宣誓结社,他们被称为"托尔普德尔烈士"。1871年,法律宣布工会可以免除因为"限制贸易"而受到的起诉。这一时期的工会都是行业工会,更加受人尊重,模仿的是1851年成立的工程师联合会。奇怪的是,1901年塔夫谷案的法官推翻了1871年的法律,判定工会赔偿因为其罢工行为而造成的损失,1906年的《劳资纠纷和解条例》对这种情况进行了纠正。从此,工会几乎享有完全的法律豁免权,直到20世纪80年代的撒切尔改革这种权利才被削弱。

1868年,英国的工会联合召开了"工会大会",这次大会成功地抵制了要将其政治化的企图,但是欧洲大陆各地的工会都正在被政治化。1880年,海德曼(Hyndman)建立了一个马克思主义社会民主联盟,但是没能吸引多少参与者。1893年,在基尔·哈迪(Keir Hardie)的领导之下,独立工党成立,其主要根据地是苏格兰。1900年,大部分工会和社会主义组织结合起来,组成了一个名为"工人代表委员会"的新组织,其目标很明确,那就是选举工人进入议会。1906年,这个组织更名为"工党"。就这样,英国的工会没有和社会主义尤其是马克思主义理论卷到一起,而获得批准的社会主义组织在选举中却可以依靠来自工会的群众支持。就像被人们一再重复的那样,工党"产生于工会运动"。

[1640]在德国,工会和马克思社会主义的的关系更加密切。第一个社会主义性质的工会是由两位社会主义者建立的。1878 年,俾斯麦注意到国会选举中出现的社会主义苗头,强制通过了一条反社会主义的法律,根据这条法律,很多工会被解散。此后取代其位置的是地方性的工会,据说是和政治无关,但是却常常可以成功规避法律。1890 年,反社会主义的法律被废除,全国性的核心机构即工会总理事会成立,从此德国的工会主义开始蓬勃发展。绝大多数工会成员服从工会总理事会的领导,工会成员从 1897 年的 419162 人增加到 1902 年的 743296 人,再到 1907 年的 1886147 人。和英国不同,德国还有另外两个全国性的工会联合会。这里有一个仿效英国模式而成立的非政治性组织,即最早成立于 1868 年的工会,定期将社会民主党成员排除出去。在 1907 年,这个工会只有 10889 人。还有一个是基督教工人联合会,显然不是社会主义性质的,这个组织的核心机构建立于 1894 年,也就是梵蒂冈颁布新通谕并积极主张保护工人权益的那 10 年。在 1907 年,这个组织的成员有 54760 人。总起来,在 1907 年,加入工会的工人数量在 250 万左右。

总体说来,奥地利、瑞士和比利时仿效的是德国。在奥地利,允许工会成立的法律是 1870 年的"组织法",这条法律取消了对为改善工作环境而成立工会的限制。工会的发展深受 19 世纪 80 年代大萧条的影响,到了 1888 年,工会运动重获生机,此时大部分工会都建立在社会民主党的基础之上。1907 年,501094 名工会成员加入社会民主党工会,他们构成了工会劳工的绝大多数。

在比利时,1898 年的法律规定了工会的地位,这条法律规定,只要不参与政治,可以成立工会。事实上,很多工会的确和政治无关。这里的工会运动包括一些核心组织,如社会主义工党和天主教政党以及自由主义政党,每个政党都有自己的分部。在 1903 年,工会成员的总数为 148483 人。

在法国,一直到 1884 年工会活动都是被禁止的,从此以后,工会开始迅速发展。在 1906 年,工会成员有 896012 人。和我们前面列举的情况不同,法国的工会活动很分散,也很分裂。[1641]首先,有的工会相信车间谈判并寻求议会支持，而有的工会对议会和选举没有信心，相信直接行动，两者之间的差异非常显著，在很多方面甚至是对立的。影响工会运动的一个因素是马克思主义，其代表是茹尔·盖德（Jules Guesde）所领导的派别。在很大程度上，法国依然是一个农业国家，其工业常常是小规模的，并且也很分散。这种情况比较符合蒲鲁东的思想，这一思想强烈反对政府，希望由全国的合作生产单位组成联邦。以一种混乱的方式，这些思想和马克思主义的正统思想结合了起来，根据这种正统思想，最重要的是要控制国家机器。盖德主义者不愿意和“资产阶级政党”产生任何联系，虽然他们参加议会。让·饶勒斯（Jean Jaurès）的思想代表了另外一个倾向，他是一位人文主义者，成为一名社会主义者只是因为他的激进主义，他全身心地投入于为德雷福斯辩护。由于天主教徒、军队和社会上的保守势力联合起来攻击并“陷害”德雷福斯，由于“其方式如此粗俗和恶劣”，饶勒斯将其追随者、甚至还有其他的“资产阶级”政党团结“在共和国周围”。他拒绝遵循盖德的路线，即由于马克思主义的自我封闭，让新成立的共和国内阁走向衰落。这两种倾向之间的分裂越来越大，但是在 1905 年，为了国际社会主义的团结，他们同意合并起来组成工人国际法国分部，但是明确表达不会和资产阶级合作。

两个派别都对直接行动的倾向不满，这种倾向在工团主义（syndicalism，在法语中，“syndicat”的意思是工会）理论中得到最为充分的表达。工团主义认为应该不断和资本家进行斗争，无论他们提出什么样的条件，都要拒绝。这样一来，无产阶级和资产阶级就会对立起来，最后不得不一决胜负。这必须要由无产阶级一方发起，所有的工会集体罢工，扰乱资本主义秩序，大获全胜的工会接管政权，建立新型的无产阶级国家。这一模式有很多巴枯宁式的无政府主义因素，受到拉丁国家的欢迎，尤其是在西班牙的安达卢西亚和加泰罗尼亚地区，还有意大利从罗马涅一直到“脚后跟”的地区。这些地方采用的是法国的模式，只是根据当地具体情况加以必要的变更。

说到这里，我们不得不提社会主义，那个时代的新生意识形态，因为它影响了欧洲很多个国家的工会运动。

6.4 社会主义

[1642]马克思的《资本论》发表于 1867 年，这部著作让人无法卒读，除非是极少数十分关心这一领域并习惯于阅读这种作品的人，普通人根本就看不懂。但是到了 1880 年，这本书已经几乎被奉为圭臬。工人阶级的领导者将该书的思想传播给广大工人，以形成一种新的意识形态，一种世俗宗教，在此过程中，不同领域的工人阶级团结了起来，其中包括手工业者、小店主、从事非体力劳动的白领工人，当然还有工业无产阶级。所有这些人走到一起，围绕共同的社会主义纲领组成了一个政党。欧洲大陆社会主义政党的特色就是每个政党都形成了这样的一个纲领，通常是先说明一下基本观点，然后是一系列的直接诉求。

这种社会主义的基本主题就是国家属于更强大、更富有的阶级，这个阶级对社会上的其他人行使事实上的专政。这种情况过去如此，现在依然如此。在精英阶层和普罗大众之间有一条鸿沟，这样的例子我们已经见过很多，如中华帝国、罗马和中世纪的欧洲，所有这些例子完全证实了这一点。精英阶层和普罗大众之间会发生无休无止的斗争。精英阶层以剥削普罗大众为生，并且过着安逸享乐的生活，而普罗大众的劳动成果被剥夺，勉强能够维持生存。此前企图消灭精英阶层的尝试都无果而终，最多也就是用一个精英取代另外一个精英，因为他们是国家或帝国的缔造者，没有他们，国家就会无法运行。随着工业化的发展，这一切都变了。围绕谁应该从工厂得到什么的问题，工业企业家、资本家和工业无产阶级这三股新兴力量之间注定要一决雌雄。于是就有了围绕工资、工作条件和工作时间而展开的斗争。随着工业化的到来，处于统治地位的少数人和广大被统治阶级之间的冲突发生了变化。马克思声称已经证明了一个基本原理，这个原理表明通过成功的兼并和垄断，资本主义自身固有的特征注定要让工业资本家的人数越来越少，也越来越富有，而工人阶级的人数会越来越多，也越来越贫穷。两者之间的白领阶层也会被迫加入到无产阶级队伍，境况和无产阶级一样悲惨。这样一来，在少数极其富有的资本家和广大工人阶级之间的差距会继续扩大，阶级斗争会变得更加激烈。但是和工业化以前的社会相比,情况会有所不同。[1643]在工业化之前,最可能发生的情况就是一个精英取代另外一个精英,但是现在情况不同了,没有了工人,经济就无法运转,但是资本家却是可有可无的。工人阶级需要做的就是展示自己的力量,消灭资本家,建立无产阶级的统治。为了确保资本家不会反扑,一开始要实行无产阶级专政。这样,社会上就会只有一个阶级,而这就相当于一个没有阶级的社会,在这样的社会,才会有劳动产品的公平分配:"各尽所能,各取所需。"

可见,这一学说主张通过革命推翻资产阶级,认为无产阶级必定会胜利。这是资本主义生产固有法则的结果,这就是为什么说它是"科学"社会主义,而不是"乌托邦"社会主义。

这是一种让工人阶级兴奋陶醉的学说,因为根据这一学说,他们胜利在握,历史站在他们一边。就像《国际歌》中所唱的那样:

旧世界打个落花流水,
奴隶们起来,起来!
不要说我们一无所有,
我们要做天下的主人!
……
从来就没有什么救世主,
也不靠神仙皇帝!
要造就人类的幸福,
全靠我们自己。
这是最后的斗争,
团结起来,
到明天,
英特纳雄纳尔的理想
就会扩展到全人类。①

---

① 引自鲍狄埃的《国际歌》(1888年)。

1891年,德国的社会民主党通过了埃尔福特纲领,我们可以称其为主流社会主义,在这份纲领中,"革命"一词的意义含糊不清。建党者竭尽全力让更多的人入党,到了1912年,它已经成为最大的一个党派,拥有110个国会席位和4500000张选票。"社会民主党宣称自己和其他党派不同,是一个革命的政党",因为去除私有资本主义企业"毒瘤"的努力是乌托邦式的,"要想去除这些企业,就必须要去除其源头,即资本主义"。"其他的党派都是一样的,我们团结起来对付它们,不和它们议和,不和它们妥协……"。①

[1644]在埃尔福特会议上的讲话中,李卜克内西还说:"如果不掌握政治权力,我们就无法将生产工具交给社会所有……也就是说,我们要为获得国家权力而斗争,要夺取我们的敌人为了本阶级利益而垄断的立法权。"②

如果想从这种纷繁复杂的理论中找到什么具体的东西,在我看来,社会民主党的领导者们想要建立一个群众性的政党,以便通过投票和拥有议会多数席位获得立法权,而不是通过暴力革命达到这一目的,但是他们不会和其他任何政党进行妥协。其措辞和一般推理方式都是马克思式的,这使其神圣不可侵犯。归根结底其主旨就是两条:第一,其目的就是为了获得议会多数席位;第二,不和其他党派妥协。

那么这个党派是在倡导以议会路线实现社会主义,还是倡导暴力革命呢?由于其官方学说比较模糊,这就产生了两种截然对立的观点。右翼就是所谓的"修正主义",其代表人物是伯恩斯坦。

在1896年的一系列文章中,伯恩斯坦最早表达了他的批判观点,到了1898年,他又写作了一本大部头的著作,此后不久就被翻译成为英文,题目为《社会主义的前提和社会民主党的任务》。他对马克思的正统学说进行了广泛的批判,但是就目前而言,我们可以集中看他是怎样推翻马克思主义理论核心预言的。首先,马克思以一种绝对的口气断言革命一定会发生,因为工业资本主义已经建立了社会的基础设施

---

① R. C. Ensor(编),《现代社会主义》(Harpers & Bros.,伦敦,1907年),第7和8页,1891年李卜克内西在埃尔福特会议上的讲话。

② 同上,第13页。

和真正的财富，时机已经成熟，无产阶级只需要把这些从其所有者手中没收过来就行。在资产阶级兴起时，他们曾经从原来的非工业资产阶级手中夺过政权，这就是“资产积极革命”。社会必须重新经历这一过程，无产阶级才能从工业资产阶级手中夺过政权，这一过程就是无产阶级革命。这就是“成熟”理论，即在无产阶级革命之前，必定要有资产阶级革命。伯恩斯坦完全不赞同这种历史决定论，尤其不满于这一理论让社会民主党远离其他非社会主义政党，不愿意进行渐进式的改革。

伯恩斯坦表明马克思所做的预言和分析是站不住脚的。[1645]马克思认为资本主义的危机很明显地表现在其固有的一个趋势，即社会两个阵营的两极分化，工人阶级的命运永远不会改进，反而会越来越贫困。伯恩斯坦认为事实和两极分化相反，中产阶级的人数和所占人口的比例都在不断增加，社会上无产阶级的人数实际上在减少。其次，他指出一个不容争辩的事实，那就是虽然有产阶级得到的好处可能要多于无产阶级，但是后者依然享受着生活水平的不断提高，而不是越来越贫困。马克思还说通过卡特尔、托拉斯和垄断，财产会被集中到越来越少的人手中，有产阶级的人数会减少。伯恩斯坦表明其人数不但没有减少，反而增加了，因为个人可以通过新出现的有限责任法持有公司的股份。如果这些都是事实，伯恩斯坦就把马克思的立论依据给推翻了。伯恩斯坦所倡导的不是神圣的革命，而是通过和其他党派与统治当局进行联合和妥协，以便引入渐进式的改革并发挥一定的影响，就像费边主义者所做的那样。要知道，伯恩斯坦在英国度过了 6 年的流亡岁月。

可以想象这种颠覆性的思想对社会民主党的正统马克思主义有多么大的冲击，于是，一场激烈的论战就此产生，伯恩斯坦的观点受到排斥。实际上，社会民主党所追求的就是有限的目标，只是将其用马克思主义的术语和意识形态将其包装起来而已。伯恩斯坦所做的不过是让该党的行为与其理论相匹配而已。到了战后，还是伯恩斯坦主义在这个党内占据了上风。

正如修正主义是社会主义运动中一股持异议的思潮，还有另外一股思潮与其截然相反。这股思潮认为马克思的理论是正确的，不能坐等革命的到来，必须通过暴力革命夺取国家权力。这是少数地下的俄罗斯社会民主党的看法，或者至少是从这个党分裂出去并成为“多数派”的布尔什维克党的看法，这个党的建立者、理论家和核心人物是列宁。根据这一理论，既然俄罗斯连议会也没有，就不可能像德国的社会民主党那样，通过获得立法机构的多数席位掌握权力。列宁认为要想在俄罗斯实现社会主义，就必须通过真正意义上的暴力革命，这就需要采取和德国的群众性政党完全不同的方法。列宁对群众性政党并不感兴趣，[1646]与此相反，他想培养一支具有献身精神的专业化的革命队伍，这支队伍纪律严明，由其领导者牢牢控制，随时保持待命状态，一旦出现大规模的危机，马上可以采取行动，夺取权力。军事上的失败所导致的混乱很可能就是这样的一种危机，1905 年所发生的一切就证实了这一点。这一年，俄罗斯被日本打败，全国上下十分震惊，于是爆发了反对沙皇专制的革命，要求建立议会式政府。这次革命远不是昙花一现，先是一月份的“流血星期日”，加彭神父领导的工人队伍遭到血腥屠杀，随之而来的是罢工和暴力的游行示威，革命活动一直持续了一整年。在革命期间，很多城镇自发形成了代表会议，即“苏维埃”，掌握了地方权力。党内两个派别之间对这些苏维埃展开争夺，而列宁所领导的派别总是属于少数派。虽然最后革命被镇压，党的领导者逃亡国外，列宁牢牢控制着他的布尔什维克党，既不和其他党派妥协，也不容许任何党内竞争，而这就为 1917 年的十月革命做好了准备。

所有这些马克思主义派别都认同一点，那就是目标在于夺取国家政权，因为只有掌握了国家机器，才能实现无产阶级专政，才能建立社会主义社会。但是这并非唯一的社会主义立场，还有无政府主义。正统的马克思主义者认为革命之后社会要经历两个发展阶段，一个是社会主义阶段，继续资本主义式的财富创造，等到财富积累到一定水平，国家就会消亡，这才是真正的共产主义阶段。巴枯宁完全不赞同这一理论。

在工人组织的重要性和进行暴力革命的问题上，巴枯宁和马克思是一致的，两人之间的分歧在于革命活动的目标究竟是什么。在巴枯宁看来，革命活动的目标不应该像马克思所认为的那样是控制国家机器,将其原封不动地用来为无产阶级服务,而应该是消灭国家,因为国家本身就是人类所有苦难的源头。最理想的状态就是没有国家机器的存在,而是由自发组成的组织自由合作。他和马克思之间发生了激烈的争执。1864 年,一些具有国际主义思想的社会主义者组成了第一国际,由来自多个国家的工人阶级代表组成,紧密团结在中央委员会周围。马克思是第一国际的核心人物,但是 1868 年,巴枯宁加入第一国际,对马克思的权威构成挑战。1872 年,似乎巴枯宁的支持者要占据上风,马克思设法把巴枯宁驱逐出去,第一国际瓦解。[1647]但这绝不意味着无政府主义思潮的结束,在一些工业和农业的发展比较适合的地区,巴枯宁的思想受到欢迎。在西班牙的安达卢西亚和加泰罗尼亚,还有意大利南部的一些地区,这一思想牢牢扎下根来。1892 年,新成立的意大利社会党将无政府主义者驱逐出去。在西班牙,无政府主义运动发展比较早,在 1873 年,有 270 个中心,有 300000 名拥护者。其势力主要是在南方,这里实行的是大庄园制度,受外居地主的剥削,人们生活困苦。这里的村庄要国家干什么?他们基本上自给自足。而巴塞罗那就不同了,它像磁铁一样吸引了大批从穆尔西亚来的移民,这些移民心怀不满,很有暴力倾向,对于加泰罗尼亚的分裂主义者很有吸引力,直到今天,这里的人依然反对马德里的中央集权。

此外,作为一种松散的、缺少组织性的运动,无政府主义也衍生出各式各样的小派别,其中很多组织很小,其目标几乎是虚无主义的,致力于恐怖和刺杀活动。1894 年,法国总统萨迪·卡诺被刺杀,1898 年,奥地利的伊丽莎白王后被刺杀,1900 年,意大利国王翁贝托被刺杀,1901 年,美国总统麦金利被刺杀,这些都和无政府主义者有关。

巴枯宁的无政府主义思想受到了蒲鲁东的影响。蒲鲁东倡导的是一种联邦制,根据这一制度,社会应该由小社团组成,这些社团之间互相合作,受中央的管理很少,甚至不需要任何管理。他还主张废除私有财产和国家机器,只有这样人才能得到解放,只有这样才能充分发挥人性中好的一面。他所设想的社会由自给自足的工场和农民组成。此时法国的工业化并没有高度集中,在全国范围之内,都是一些分散的小城镇雇佣少量的工人。因此,和马克思与德国社会民主党所设想的、集中的群众性政党的概念相比，蒲鲁东主义更加符合法国经济生活的客观事实。因此，就像我们看到的那样，在19世纪90年代，法国的社会主义出现了三个倾向：一个是我们刚刚描述过的蒲鲁东主义；另外一个是马克思主义的群众性政党，这是茹尔·盖德所领导的派别；第三个倾向形成于国民公会内部，由代表中的社会主义者组成，起源于德雷福斯事件。盖德主义者认为这是资产阶级的事情，没有参与这场斗争。让·饶勒斯则认为这是最黑暗的反革命势力联合起来威胁共和国的存在，其中包括天主教和军国主义，他渴望能够和其他党派联合起来，共同捍卫共和国。在法国当时的背景之下，由此引发的争执和伯恩斯坦在德国引起的争执相类似。[1648]虽然如此，到了1904年，饶勒斯已经成为一个统一的社会主义政党的主要调解人和创立者，这个政党就是工人国际法国分部，它代表了所有这些倾向，但是内部很不团结。

法国的社会主义还有另外一个倾向，这一倾向至少具有一定的历史意义。就像我们讲过的那样，蒲鲁东主义和无政府主义在法国工人阶级中产生了某种共鸣，他们和好斗的工会主义联合起来，构成了无政府工团主义，前面我们已经概述了这一观点。无政府工团主义的代表人物是活动分子乔治·索雷尔，这一阶段的他还是一个马克思主义者。和英国的费边主义者韦伯夫妇不同，索雷尔不愿意浪费时间一点一点地反驳总罢工的可行性或工会控制各个生产领域的可取性。对他来说，至关重要的是总罢工可以造成一种新秩序这一信念。这就是他的"神话"，总罢工的神话。索雷尔说神话是无法推理掉的，它是非理性的，它只需要信仰。因此，无政府工团主义者不愿意和任何形式的议会主义产生联系，他们主张直接采取暴力行动。

英国的情况与众不同，就像我们说过的那样，在两个关键的方面，英国和欧洲大陆不同。首先，它有强大的工会运动。其次，它有两个根深蒂固的政党，即自由党和保守党，两个党派虽然对很多问题有意识形态上的分歧，但是都以其自己的方式致力于增加工人阶级的福利。1908年实行养老金制度，1909年开办了职业介绍所，1911年实施医疗保险和失业保险，自由党所采取的这些措施可以很好地说明这一点。但是工会最想要的就是能够在议会有工人兄弟代表自己的利益，而不是让自由党的候选人间接地代表自己。于是就有了 1900 年的劳工代表委员会,1906 年成为工党。

对于所有这些社会主义运动,还有最后一点也是最为重要的一点,那就是他们都是国际主义者。马克思在其《共产党宣言》中宣称:“工人无国界”,要求“各国工人联合起来!你们失去的只是枷锁,你们得到的将是整个世界。”正是这种国际主义精神让各国的政府感到紧张,他们害怕会有秘密的国际阴谋推翻现有的社会。1889 年,第二国际建立,这是由各个国家的社会主义政党组成的松散联合,直到 1900 年才有了中央执行机构。第二国际主张实行议会制,并在 1896 年将无政府主义分子驱逐出去。虽然它主要是为了阻止战争,但是却重申了阶级斗争的重要性和革命的必然性,这显然是行不通的。[1649]1914 年,除了少数的反对者之外,第二国际的各国政党开始支持各自的国家。这标志着全世界工人团结起来的国际主义理想的结束,毕竟血浓于水。

6.5 意识形态的逆流

从 19 世纪 90 年代开始,三种强大的思想潮流便开始互相渗透。第一种就是社会主义者的国际主义思想,这种思想和民族主义是相对立的。民族主义不仅仅是新兴资本家和传统地主的意识形态,而是迅速成为一种民族至上的大众意识形态,如英国的“侵略主义”,德国的特赖奇克之流的思想,还有德皇威廉二世身边的军国主义分子,但是这同时也是普通百姓自发的呼声。在法国,阿尔萨斯和洛林之耻依然让人难以释怀。在这方面,唯一的例外就是奥地利帝国,在 1907 年实现普选制之后,议会里有了狂热的社会主义者,但是同时作为民族主义者,他们要求获得独立,至少是能够实行自治。

第二个潮流就是我们前面一直在谈论的资本家和工人阶级之间的斗争。

第三个潮流是强大的罗马天主教会的暧昧态度。教会和社会主义者一样,也是国际主义的,这将其和社会上的民族主义因素区分开来,但是在具体的政治和社会理论方面,它都不同于民族主义者和社会主义者。它勇敢尝试改善和现有政权的关系,但是在德国,围绕国家对学校控制权的问题，它和俾斯麦发生了冲突，这次教会取得了有限的成功，因为俾斯麦认为最好能够尽快结束争执，和建立在天主教价值观之上的新政党即中央党达成协议。在意大利，教皇禁止天主教徒参加新君主制之下的任何公共生活，包括选举。在法国，梵蒂冈在1891年曾尝试通过“新通谕”，在1894年又努力调解，想让其信众团结在共和国周围。由于法国天主教右翼势力在德雷福斯事件中的态度，所有这些不但没能达到团结的目的，反而以灾难告终，教会发现自己被剥夺了对公立学校的控制权，并且在1905年，完全被从国家事务中分离出来。

在这一时期，工人阶级获得了重大收获，奇怪的是，这些收获并不违背这些基本思想。在“新通谕”中，教会表达了对工人阶级的同情，希望财富的分配能够更加公平。[1650]反动的、保守的阶级常常会聪明地实行一种“预防式现代化”，19世纪80年代俾斯麦采取的社会保障制度就是这方面的最佳例证。由于社会主义的贡献，政府的政治议程发生了重大的变化，此前，政府的职能仅限于战争、司法、治安和征税。

6.6 新的政治议程

政治已经进入一种新模式。政治危机此起彼伏，例如德国的“文化斗争”，列强之间在亚洲和非洲争夺领土的斗争，法国的布朗热事件和后来的德雷福斯事件，英国的妇女解放运动和北爱尔兰问题。这个时期的整体氛围是围绕选举权、工作条件、工作日的长度和类似问题展开的斗争，但是政治活动始终围绕资本家和工人阶级之间的关系而展开。通过群众性政党这个新生事物，工人阶级此时处于攻势。非社会主义政党可以对资本主义有不同的理解，因此无法形成一个统一的政党，除了罗马天主教党是例外，而社会主义者必须要组成一个统一的政党，因为他们的是“阶级”政党，其目标是动员整个阶级。因此，他们广泛吸纳新成员，形成庞大的政党，以获取议会多数席位。群众性政党是一个新的政治现象。就像杜瓦杰(Duverger)在其《政党论》一书中表明的那样，最初的政党，如英国18世纪的政党，实际上是贵族的追随者。第二阶段是19世纪的显贵政党，政党的候选人和地方领导者是地方显贵，当地的选举是由他们组织的。这些地方团体就是法国人所说的“委员会”。在19世纪,这些团体被某种形式的中央组织逐渐联合起来,这种中央组织有可能像在法国那样弱小,也有可能像在英国那样强大,如英国的两个主要政党自由党和保守党。在普选制出现之后,地方显贵失去了他们在政党的地位。总的说来,此时这些中央机构对其成员所在的地区组织负责。随着这些政党变得越来越庞大,权力落到了专业的政党官员手中。在罗伯特·米歇尔斯(Roberto Michels)看来,所有的大型组织最后都必定会出现这种结果。政党可能会声称并自认为是民主的,其成员可能会认为政策是他们制定的,但事实并非如此。和所有的大型组织一样,这样的政党已经成为寡头统治的牺牲品。[1651]“只要一提到组织,其实说的就是寡头统治。”实际上,政党不过是一小撮专业领导者背后的追随者,这些领导者制定政策,并在广大党员中通过。

此时的思想氛围也和1848年的自由主义有了很大的不同。不再是自由市场,不再是供求的自然运行。社会思想家一致认为为了工人阶级的利益,国家应该进行干预。在英国,这一过渡十分有趣,这里是以约翰·穆勒为代表的个人主义式自由主义的故乡,这一思想的原则就是利他主义行为和利己主义行为的区分。国家真的应该袖手旁观个体的利己主义行为吗?当然了。但是如果这种行为显然对他们有害呢?国家不应该禁止此类行为吗?如果应该,早期个人主义式的自由主义被格林(T. H. Green)的思想所超越,然后在德国哲学的影响之下,通过布拉德雷和鲍桑葵,又被英国化的黑格尔思想所赶超,这一思想认为国家不过是对人性中更好的一面的彰显。在实践中,这一思想只会导致这样的观点,即“白厅的绅士们最英明”。

历史就这样进入了群众性政党的时代,巨大并且还在不断扩大的官僚机构的时代,阶级斗争的时代,所有这些因素的结果就是社会福利的政治。1914年并不标志着这一阶段的结束,而是与此相反,仅仅是这一阶段的门槛。由于我们前面已经说过的原因,两次世界大战强化了所有这些特征,第二次世界大战尤其如此。此后,这些特征又将成为东欧非民主的共产主义和社会主义制度的标志。这些趋势是整个欧洲范围的,19世纪的宪政国家就这样被改变。

参 考 文 献

Archer, J., *The Art of War in the Western World* (OUP, London, 1987).

Artz, F. B., *Reaction and Revolution*, 1814—1832 (Harper & Row, New York, 1963).

Bagehot, W., *Literary Studies*, 4th edn. (Longman, London, 1891).

Barraclough, G., *An Introduction to Contemporary History* (Penguin, Harmonds worth, 1966).

Beck, W. W., and Haase, Y D., *Historical Atlas of the American West* (University of Oklahoma Press, Oklahoma, 1989).

Berlin, I., *Against the Current*: *Essays in the History of Ideas* (Hogarth Press, London, 1979).

Bettenson, H. (ed.), *Documents of the Christian Church* (OUP, Oxford, 1943).

Bluntschli, J. K., *The Theory of the State*, authorized trans. from the 6th German edn. (Clarendon Press, Oxford, 1885).

Bogdanor, V (ed.), *Constitutions in Democratic Politics* (Gower, Aldershot, 1988).

Bowle, J., *Politics and Opinion in the Nineteenth Century* (Jonathan Cape, London, 1954).

Braudel, F., *The Mediterranean and the Mediterranean World in the Age of Philip II*, 2 vols., 2nd edn. (Collins, London, 1973).

——*Civilisation and Capitalism*, *Fifteenth to Eighteenth Centuries*, vol. 1, *The Structure of Everyday Life*, trans. S. Reynolds (Collins, London, 1981).

Brinton, C., *A Decade of Revolution*, 1789—1799 (Harpets & Bros., London and

New York, 1934).
BRYCE, J., Viscount, *Constitutions* (OUP, New York and London, 1905).
BRYCE, J., *South America, Observations and Impressions* (London, Macmillan, 1912).
Cambridge Economic History of Europe, 8 vols. (CUP, Cambridge, 1941—89).
Cambridge Modern History, The New, 12 vols. (CUP, Cambridge, 1957—71).
CHANDLER, D. G., *The Campaigns of Napoleon* (Weidenfeld & Nicolson, London, 1966).
CIPOLLA, C., *Literacy and Development in the West* (Pelican Books, Penguin, Harmonds worth, 1969).
——(ed.), *The Fontana Economic History of Europe: The Industrial Revolution* (Collins/ Fontana Books, Glasgow, 1972).
COBBAN, A., *Historians and the Causes of the French Revolution*, Pamphlet, General Series, no. 2, The Historical Association (Routledge & Kegan Paul, London, 1946).
COMMAGER, H. S., *The Empire of Reason: How Europe Imagined and America Realized the Enlightenment* (Weidenfeld & Nicolson, London, 1978).
CONDORCET, MARIE-JEAN-ANTOINE-NICOLAS DE CARITAT, Marquis de, *Sketch for a Historical Picture of the Progress of the Human Mind*, ed. S. Hampshire (London, 1955).
CORWIN, E. S., *The Constitution and What it Means Today* (Princeton UP, Princeton, 1978).
CUNLIFFE, M., *American Presidents and the Presidency* (Eyre & Spottiswoode, London, 1969).
D'ARGENSON, R. L. V., *Journal et Mémoires*, édition Rathery, 9 vols. (Paris, 1859—67).
DAWSON, W. H., *The Evolution of Modern Germany* (T. Fischer Unwin, London, 1908).
DE RUGGIERO, G., *The History of European Liberalism* (OUP, Oxford, 1927).
DE TOCQUEVILLE, A., *Democracy in America*, vol. 1, H. Reeve text as revised by F. Bowen, further corrected and edited by P. Bradley, with a new introduction by D. J. Boorstin (Vintage Books edn., New York 1954 and 1990; orig. pub. Alfred Knopf, New York, 1945).
DOUGLASS, E., '*Sturm und Drang*: German Intellectuals and the American Revolution', in Toth, *Liberté* ..., 48—63.
DOYLE, W., *The Oxford History of the French Revolution* (Clarendon Press, Oxford, 1989).
DUNBABIN, J., *France in the Making*, 843—1180 (OUP, Oxford, 1985).
ECHEVERRIA, D., 'Mirage in the West: French *Philosophes* Rediscover America', in

Toth, *Liberté ...* , 35—45.

Encyclopaedia Britannica (1911), (1989).

ENGELS, D. W., *Alexander the Great and the Logistics of the Macedonian Army* (University of California Press, Los Angeles, 1978).

ENSOR, R. C. K. (ed.), *Modern Socialism* (Harpers & Bros., London, 1907).

FAGUET, E., *Politiques et moralistes du dix-neuvième siècle*, 1st Ser. (Paris, 1899).

FARRAND, M. (ed.), *Records of the Federal Convention of* 1787, rev. edn. (United States, Yale Paperbound, New Haven &c., 1966).

FINER, H., *The Theory and Practice of Modern Government* (Methuen, London, 1932).

FINER, S. E., *Five Constitutions* (Penguin, Harmondsworth, 1979).

——'The Morphology of Military Régimes', in R. Kolkowicz and A. Korbonski, (eds.), *Soldiers, Peasants and Bureaucrats*.

——*Comparative Government* (Penguin, Harmondsworth, 1984).

——'The Retreat to the Barracks', *Third World Quarterly*, 7: 1 (1985), 16—30.

——*Man on Horseback*, 2nd edn. (Westview Press, Boulder, Colorado, 1988).

——'Notes towards a History of Constitutions', in Bogdanor (ed.), *Constitutions in Democratic Politics*, 17—32.

——'State- and Nation-building in Europe: The Role of the Military', in C. Tilly (ed.) *The Formation of National States in Europe*, 84—163.

FOORD, A. S., *His Majesty's Opposition*, 1714—1830 (Clarendon Press, Oxford, 1964).

FORSYTH, M., *Reason and Revolution: The Political Thought of the Abbé Sieyès* (Leicester UP, Leicester, 1987).

FRANCE, A., *L'Île des Pingouins* (Calmann-Lévy, Paris, 1908).

GIDDENS, A., *The Nation-State and Violence* (CUP, Cambridge, 1985).

GILBERT, F., 'Revolution', in P. P. Weiner (ed.), *Dictionary of the History of Ideas: Studies of Selected Pivotal Ideas*, iv 152—67.

GODECHOT, J., *Les Révolutions* (1770—1799) (Presses Universitaires de France, Paris, 1970).

GREENE, J. P., *The Re-Interpretation of the American Revolution*, 1763—1789 (Harpers & Row, New York, 1968).

HEINE, H., *Religion and Philosophy in Germany*, trans. J. Snodgrass (London, 1882).

HOBSBAWM, E. J., *The Age of Capital* (Weidenfeld & Nicolson, London, 1962 and 1975).

——The Age of Empire, 1875—1914 (Cardinal, London, 1987).

HORNWILL, H. W., *The Usages of the American Constitution* (Kennikat Press, Port Washington, 1925).

HOWARD, M., *War in European History* (OUP, Oxford, 1976).

HUFTON, O., *Europe: Privilege and Protest*, 1730—1789, Fontana History of Europe (Fontana Paperbacks, London, 1980).

JOURDEUIL, M., *Du Césarisme en France* (Librairie Muzard, Versailles, Paris, 1871).

KOLKOWICZ, R., and KORBONSKI, A. (eds.), *Soldiers, Peasants and Bureaucrats: Civil—Military Relations in Communist and Modernising Societies* (G. Allen & Unwin, London, 1982).

LEFEBVRE, G., *Napoleon from 18 Brumaire to Tilsit*, 1799—1807, trans. H. F. Stockhold (Routledge & Kegan Paul, London, 1969).

LIDDELL—HART, B. H., *A History of the First World War* (Pan Books, London, 1972).

LOWELL, A. L., *Government and Parties in Continental Europe* (London, 1896).

LUNDBERG, F., *Cracks in the Constitution* (Princeton UP, Princeton, 1980).

LUTTWAK, E. N., *The Grand Strategy of the Roman Empire* (Johns Hopkins Press, Baltimore and London, 1976).

McDONALD, F., *The Formation of the American Republic* 1776—1790 (Penguin, Har mondsworth, 1967).

MADISON, J., HAMILTON, A., and JAY, J., *The Federalist Papers* (Penguin, Harmonds worth, 1987).

MAINE, H., *Popular Government* (John Murray, London, 1885).

MAUDE, F. N., 'Conscription', *Encyclopaedia Britannica*, 11th edn. (1910—11), vi. 971—4.

MAYER, J. P., *Political Thought in France from Sieyès to Sorel* (Faber and Faber, London, 1943).

MAZZINI, J., *The Duties of Man* (1844—1858) (Everyman edn.; J. M. Dent, London, 1907).

MIDDLEKAUF, R., *The Glorious Cause: The American Revolution*, 1763—1789 (OUP, Oxford, 1982).

MILL, J. S., *Representative Government* (Everyman edn.; Dent, London, 1910, repr. 1971).

MILLER, J. C., *Origins of the American Revolution* (Faber, London, 1945).

MONTESQUIEU, C. DE SECONDAT, *The Spirit of Laws*, trans. T Nugent and revised by J. V Pritchard (Encyclopaedia Britannica Inc., Chicago and London, 1990).

NAPOLEON I, *Vues Politiques*, Avant—propos de Adrian Dansette (Fayard, Paris, 1939).

NOZICK, R., *Anarchy, State, and Utopia* (Basic Books, Blackwell, Oxford,

1974).

NYE, B. B., and Morpurgo, J. E., (eds.) *The Birth of the U. S. A.* (Penguin, Harmonds worth, 1964).

PALMER, R. R., *Age of the Democratic Revolution*, 2 vols. (Princeton UP, Princeton, 1959), vol. 1.

——*Twelve Who Ruled* (Princeton UP, Princeton, 1965).

POCOCK, J. G. A., *The Machiavellian Moment* (Princeton UP, Princeton, 1975).

POPPER, K. R., *The Open Society and its Enemies*, vol. 2 (Routledge & Kegan Paul, London, 1962).

PROUDHON, P. J., *General Idea of the Revolution in the Nineteenth Century*, trans. J. B. Robinson (Freedom Press, London, 1923; French edn. first published 1851).

REISS, H. S., *Political Thought of the German Romantics* (Blackwell, Oxford, 1955).

ROBERTSON, P. S., *The Revolutions of* 1848: *A Social History* (Harper Torchbooks, New York, 1960).

ROCHE, J. R., 'The Founding Fathers: A Reform Caucus in Action', in Greene, *The Re-Interpretation of the American Revolution*, 437—69.

ROSE, *R.*, *Understanding Big Government*: *The Programme Approach* (Sage, London, 1984).

ROSSITER, C., *Constitutional Dictatorship*: *Crisis Government in the Modern Democracies* (Harcourt Brace & World, New York, 1963).

RUDÉ, G., *Interpretations of the French Revolution*, Pamphlet No. 47, The Historical Association (Routledge & Kegan Paul, London, 1964).

——*Paris and London in the Eighteenth Century* (Fontana, London, 1970).

SARTORI, G., 'Constitutionalism: A Preliminary Discussion', *American Political Science Review*, 56:4 (Dec. 1962), 853—64.

SCHAMA, S., *Citizens* (Viking, London, 1989).

SCHAPIRO, L., *The Origins of the Communist Autocracy* (London School of Economics/ Bell, London, 1955).

SIEYÈS, *What is the Third Estate*?, ed. S. E. Finer (Pall Mall Press, London, 1963).

SMITH, A. D., *Theories of Nationalism* (Duckworth, London, 1971).

SUTHERLAND, D. M. G., *France* 1789—1815: *Revolution and Counter-Revolution* (Fontana, London 1985).

TALMON, J., *The Origins of Totalitarian Democracy* (Mercury Book, London, 1961).

THOMPSON, J. M., *The French Revolution* (Blackwell, Oxford, 1944).

——*Napoleon Bonaparte*: *His Rise and Fall* (Blackwell, Oxford, 1951).

TILLY, C., 'Food Supply and Public Order in Modern Europe', in (next entry), 380—455.

——(ed.), *The Formation of National States in Europe* (Princeton UP, Princeton, 1975).

TOTH, C. W. (ed.), *Liberté, Égalité, Fraternité: The American Revolution and the European Response* (Whitston, New York, 1989).

TUCKER, B., *Instead of a Book By a Man Too Busy to Write One: A Fragmentary Exposition of Philosophic Anarchism from the Writings of B. R. Tucker* (Facsimile, New York, 1893).

VAN CREVELD, M., *Supplying War* (CUP, Cambridge, 1977).

VILE, M. J. C., *Constitutionalism and the Separation of Powers* (Clarendon Press, Oxford, 1967).

WEINER, P. P. (ed.), *Dictionary of the History of Ideas*, vol. 4 (Scribner, New York, 1973—4).

WOOD, G. S., *The Creation of the American Republic*, 1776—1787 (University of North Carolina Press, Chapel Hill, 1969).

索　引

（译者注：索引中的页码均为原书页码，正文中括号里的数字即为原书原码。）

原书编辑后记

这就是芬纳教授在有生之年完成的部分。按照他本来的计划，后面还有两个大的章节，其中一章关于“典型的”西方国家模式的出口，一章关于极权主义。如果他还在世，他肯定也会为本部《统治史》写作一篇适当的后记。

这里我们选择芬纳 1982 年一次演讲的结尾为本书作结，本讲演被收入《政府与反对党》1982 年第一期，文中他对即将开始写作的《统治史》进行了展望，现在呈现在读者面前的本部作品结构宏伟，分析精当，正像他当年所展望和希望的那样，这实在是对其心无旁骛的专注精神的一种礼赞。

> 我没有提出什么涵盖一切的理论，也没有提出什么无所不包的公式，更没有发明出一把神奇的钥匙，可以打开所有的国家机密，而仅仅是尝试着以一种有点浮光掠影的方式，浏览了一下与此有关的一些问题，并简述了一些可能的解决方案。我还记得前面说过要把第一章留到最后写作，现在看来似乎在完成整部书之前，根本就不应该写作序言。
>
> 我一直在探讨如何写作这样一部著作，但是到了真正着手写

作时,事情又会有所不同。这就是思考"作为艺术品的国家"和创造"关于国家的艺术品"之间的差异。我们可以把一个又一个政体放上历史舞台,以一种赋格曲的方式,先是一个主题,然后是另一个主题,与此同时,把每一个主题以三种方式进行排列,分别按照结构、人物和信仰系统,并且在此过程中,把所有这些因素融为一体。这里我们只能努力一试,至少这种抱负是要有的,就像诗人布朗宁通过阿布特沃格勒(Abt Vogler)之口所说的那样:

人类还能拥有什么更好的天赋,

从三个音阶中,他所构造的,不是第四个音阶,而是星辰。

译　后　记

窗外蛙声阵阵，又是一个春暖花开的季节。50余万字的《统治史》第三卷总算翻译并校对完毕，很快就可以和读者见面，多年的辛劳总算有了交代。

回顾起来，从澳大利亚南端美丽的塔斯马尼亚岛，到北太平洋上的东海渔政船，芬纳先生这本书里丰富的内容一直陪伴着我。为了一个译名的确立，有时牵肠挂肚，有时绞尽脑汁，更多的时候是多方请教，其中包括身边的同事，如法语老师黄冠乔，日语老师王海涵和黄春玉，当然还有翻译上的老搭档、上海社科院的王震老师。本书的翻译耗时多年，在此过程中离不开众多师友的鼓励、鞭策和支持，尤其是倪为国老师和彭文曼编辑，这里我要诚挚地感谢他们对译者的耐心、宽容和关爱。还有一个人不得不提，她就是上海师范大学的裔昭印教授，虽然到现在为止我和她只有一面之缘，但是与她的一席长谈，不但帮助我对第一卷古希腊罗马部分进行了大幅的修订，更重要的是帮我明确了人生的目标和兴趣所在。

对于译者本人而言，翻译的过程也是不断学习提高的过程。在语言上，力求流畅易懂，把翻译腔调降到最低，既要忠实于作者，又要对译文的读者负责。我认为，在很大程度上，译者多吃点苦，多费点心，读者就可以多一份轻松和愉快。当然,这只是译者追求的目标,这一目标在多大程度上得以实现,要由读者来裁判。虽然译者已经尽心尽力,经过多次校对和修改,但是由于水平和学识所限,不尽如人意之处在所难免,欢迎读者提出建设性的批评和建议。

马百亮

2014 年 3 月

图书在版编目(CIP)数据

统治史.第3卷,早期现代政府和西方的突破:从民族国家到工业革命/(英)芬纳著;马百亮译.--上海:华东师范大学出版社,2014.8

ISBN 978-7-5675-1403-4

Ⅰ.①统… Ⅱ.①芬…②马… Ⅲ.①政治制度史—世界—近现代 Ⅳ.①D59

中国版本图书馆CIP数据核字(2013)第265821号

VI HORAE

华东师范大学出版社六点分社

企划人 倪为国

上海市版权局著作权合同登记 图字:09-2007-737号

统治史(卷三):早期现代政府和西方的突破
——从民族国家到工业革命

著　　者　(英)芬　纳
译　　者　马百亮
责任编辑　倪为国　彭文曼
封面设计　吴元瑛

出版发行　华东师范大学出版社
社　　址　上海市中山北路3663号　邮编　200062
网　　址　www.ecnupress.com.cn
电　　话　021-60821666　行政传真　021-62572105
客服电话　021-62865537　门市(邮购)电话　021-62869887
地　　址　上海市中山北路3663号华东师范大学校内先锋路口
网　　店　http://hdsdcbs.tmall.com

印 刷 者　上海盛隆印务有限公司
开　　本　787×1092　1/16
插　　页　6
印　　张　46.5
字　　数　502千字
版　　次　2014年8月第1版
印　　次　2024年8月第8次
书　　号　ISBN 978-7-5675-1403-4/D·172
定　　价　132.00元

出 版 人　王　焰

(如发现本版图书有印订质量问题,请寄回本社客服中心或电话021-62865537联系)